社会变革与妇女全面发展

第五届中德性别平等与发展研讨会论文集

刘伯红　周琪卓兰 / 主编

图书在版编目（CIP）数据

社会变革与妇女全面发展：第五届中德性别平等与发展研讨会论文集 / 刘伯红，周琪卓兰主编 . -- 北京：当代中国出版社，2024.3
ISBN 978-7-5154-1318-1

Ⅰ.①社… Ⅱ.①刘… ②周… Ⅲ.①男女平等—学术会议—文集 Ⅳ.① D440-53

中国国家版本馆 CIP 数据核字（2024）第 015882 号

出 版 人	王　茵
责任编辑	隋　丹
责任校对	贾云华　康　莹
印刷监制	刘艳平
装帧设计	鲁　娟
出版发行	当代中国出版社
地　　址	北京市地安门西大街旌勇里 8 号
网　　址	http://www.ddzg.net
邮政编码	100009
编 辑 部	（010）66572154
市 场 部	（010）66572281　66572157
印　　刷	中国电影出版社印刷厂
开　　本	710 毫米 ×1000 毫米　1/16
印　　张	33.25 印张　1 插页　470 千字
版　　次	2024 年 3 月第 1 版
印　　次	2024 年 3 月第 1 次印刷
定　　价	158.00 元

版权所有，翻版必究；如有印装质量问题，请拨打（010）66572159 联系出版部调换。

了论文集的第二部分。

  挑选论文的主导思想是审慎使用学术方法，介绍最新认知，或者正如我一开始表述的那样：交流最终能拓展学术文献的涉及领域。这本论文集正想达到这一目标，我希望它对研究者和师生们有所裨益。

德国弗里德里希·艾伯特基金会北京代表处首席代表

康怀德（Alexander Kallweit）

2022 年 5 月

序言一

中华女子学院和弗里德里希·艾伯特基金会之间的合作进展得极为顺利。其背后的原因在于，我们挑选的主题对双方都十分重要，学者们可以交流借鉴彼此的经验，再将讨论的结果呈现在专业论文中。

本论文集的第一部分探讨了新冠疫情对性别平等和妇女发展的影响。新冠疫情是全人类共同面临的前所未有的挑战，一方面，妇女与男人一样全力以赴投入到战胜新冠疫情的斗争中，作出了非凡的贡献；另一方面，新冠疫情在政治、经济、社会、文化、环境、法律等方面又给性别平等和妇女的全面发展带来一定的负面影响。许多论文都审慎地汇总了目前受疫情影响出现的新情况以及必要的应对措施。在后疫情时代，我们面临的共同任务是，帮助妇女最大限度地摆脱疫情带来的不利影响，将性别平等纳入恢复社会生活、促进经济增长、保持公共健康和社会可持续发展的主流。在研讨会和论文集中，德中的代表们毫无保留地探讨了这方面的有益经验，为后疫情时代的性别平等和妇女发展提供了借鉴和智慧。

2021年和2020年，德国政府和中国政府分别向联合国消除对妇女歧视委员会（简称"消歧委员会"）提交了各自政府履行《消除对妇女一切形式歧视公约》（简称《消歧公约》）的第九次报告，正在等候消歧委员会的审议。两国的女学者利用这次研讨会的机会讨论了各自国家执行《消歧公约》取得的进展和面临的挑战，从而推进这部妇女人权公约最大限度地得到贯彻落实。此外，德国女学者们针对当前德国《联邦政府第三次性别平等报告》的重点话题进行详细的阐释。这份报告是一部官方文件，由政府主管部门委托专家学者们编撰，他们在这份报告里确定了哪些领域未来仍有改善空间，而挑选出的观点都是德方学者认为对于中国也同样具有重要意义的。这些内容组成

序言二

　　中华女子学院妇女发展研究中心与德国弗里德里希·艾伯特基金会北京代表处基于共同的理念和目标,合作多年,围绕社会政策和妇女发展的主题,共同举办了多次学术研讨会,此次呈献给大家的这本论文集是2021年11月双方共同举办的"后疫情时代与妇女发展——第五届中德性别平等与发展研讨会"上,来自中、德两国多所大学和研究机构的专家学者们的研究成果。妇女发展,一直是两个合作机构关注的领域。之前,在这个主题下,围绕就业政策、家庭政策、社会保障政策等议题,我们已经召开过四次研讨会并出版了两本论文集。一如既往,这次研讨会仍在妇女发展这个主题下,聚焦"新冠疫情与妇女发展"和"后疫情时代《消除对妇女一切形式歧视公约》的履行和审议"两个热点问题。

　　众所周知,新冠疫情给妇女的生存与发展带来了新的挑战,那么,新冠疫情对于性别平等发展产生了什么影响?妇女在全球抗击新冠疫情中发挥了什么作用?作出了什么贡献?新冠疫情时期给妇女的家庭和职业生涯都带来了什么影响?各国政府在后疫情时代针对妇女面临的特殊问题采取了什么行动和出台了什么有针对性的社会政策?在国家治理现代化的背景下,妇女自身和妇女组织都有什么思考、行动、经验和建议?女性群体在疫情防控中有什么特殊需求和实践经验?后疫情时代妇女的生存环境和发展面临什么挑战?这些大家关心的问题,希望我们不仅可以从这部论文集中分享作者的经验,并在阅读中一同探究问题的答案。

　　研讨会的第二个聚焦点是"后疫情时代《消除对妇女一切形式歧视公约》的履行和审议"。之所以选择这一主题,是因为根据联合国《消除对妇女一切形式歧视公约》(以下简称《消歧公约》)的要求,中德双方分别在2020年和 2021 年向联合国消除对妇女歧视委员会提交了第九次履约报告。《消歧公约》要求除各国政府按时递交履约报告外，还欢迎各类社会组织对国家报告提出补充意见和建议。因此我们也希望此次研讨会能给专家学者们搭建一个平台，从《消歧公约》审议的角度，回顾、总结和交流中德双方在履行《消歧公约》方面的进展、经验和挑战。中国学者们的 6 篇文章，基于中国国家报告和消歧委员会结论性意见，总结了中国 2014 年至 2021 年履行《消歧公约》取得的进展，指出了存在的问题和面临的挑战。德国《联邦政府第三次性别平等报告》不仅全面介绍了德国政府在推进性别平等、消除对妇女一切歧视方面所做的努力，还评估了以往相关法规和政策的影响以及效果。在国家层面和相关领域如何进一步维护妇女权益、消除对妇女一切形式的歧视、促进妇女全面发展方面，中德双方专家学者的交流，有着重要和积极的相互借鉴意义。

最后，感谢出席研讨会并赐稿的所有专家学者，正是他/她们的参与、分享和奉献，论文集才得以面世。感谢中华女子学院和德国弗里德里希·艾伯特基金会，正是由于他们的鼎力支持，面临新冠疫情的重重困难，第五次中德学术研讨会才能如期和成功举办。还要特别感谢德国弗里德里希·艾伯特基金会北京代表处驻中国代表康怀德博士。数次国际学术会议，几本学术论文集，从会议的选题，到德国专家的邀请，从翻译到设备，康怀德博士事无巨细，一一过问。他对工作的认真、负责、细致，对推进两国学者在性别平等领域中的执着努力，给我们留下了深刻的印象。可以说，五年来我们两个机构的携手共进，和他的致力推动是分不开的。

衷心期望中德双方的学术交流活动持续发展，希望专家学者们的视角和成果有助于推动性别平等与妇女发展领域的理论研究与政策实践，有助于实现"让性别平等落到实处"的国家承诺。

中华女子学院妇女发展研究中心主任、中华女子学院前院长

张李玺

2022 年 5 月

目 录

第一部分　新冠疫情与妇女发展

003　在回归传统与妇女解放成果之间——疫情对于性别平等发展的影响
　　（［德］克拉丽莎·鲁道夫）

019　从全球视角看新冠疫情对女性发展的挑战及应对（马瑜骏）

032　新冠疫情时期女性遭遇的生计困境与应对策略研究（孙继静）

051　中国女企业家迎难而上，谱写创业新篇章（张丽琍）

062　新冠疫情期间山东省返乡入乡创业就业妇女现状分析与对策研究
　　（赵　真　李桂燕）

084　后疫情时代中国促进平衡工作与家庭的行动计划研究（杨　慧）

096　后疫情时代职场新模式：女性职业发展的挑战与机遇（宋　茜）

110　突发公共卫生事件对健康的影响及性别差异研究——以"非典"疫情和"新冠"疫情为例（王献蜜）

123　后疫情时代女性医务工作者保障的需求研究（付　妍　延　柳）

136　新冠疫情防控攻坚期女性媒介形象及其教育意义——以新浪微博为例
　　（尚宇菲　闫广芬）

157　基于视觉修辞理论下当代女性形象的建构研究——以漫画绘本《看我巾帼战"疫"七十二变》为例（姚　建　郭　静）

168　国家治理现代化背景下妇联组织建设——基于妇联参与新型冠状病毒肺炎防控实践的思考（中华女子学院课题组）

178　妇女在抗击疫情中的作用与贡献——以"中华女子学院支援湖北联合志愿服务团队"为例（齐小玉　郭雪莲）

第二部分　后疫情时代《消除对妇女一切形式歧视公约》的履行与评估

191　《消除对妇女一切形式歧视公约》在后疫情时代的审议和履行——德国视角的观察（［德］朱丽安娜·罗欣）

200　中国认真履行《消除对妇女一切形式歧视公约》取得的进展（2014—2021）（张　立）

222　中国妇女平等权保障的推进与展望——基于中国国家报告和消歧委员会结论性意见的分析（李　勇）

234　中国履行《消除对妇女一切形式歧视公约》的法治进展与展望（戴瑞君）

250　学校中性与性别平等教育的推进与完善（刘小楠）

266　德国《联邦政府第三次性别平等报告》（［德］乌尔里克·施潘根贝格）

283　我国性别平等与反对家庭暴力的实践与思考（杜爱萍　朱晓婧）

299　社会性别视角下的妇女组织参与社会治理：思想演进与核心问题（王晓莉）

309　在性别平等的基础上塑造德国的未来——《联邦政府性别平等战略》研究（刘越莲）

附　录

329　性别平等地打造数字化——德意志联邦共和国联邦政府《第三次性别平等报告》（节选）

第一部分

新冠疫情与妇女发展

在回归传统与妇女解放成果之间
——疫情对于性别平等发展的影响

[德]克拉丽莎·鲁道夫

一、引言：讨论与开放式问题

2020年2月至3月期间，新冠病毒显然已经在全球范围内扩散，世界卫生组织（简称"世卫组织"）很快宣布这是一种大流行病，各国政府最初关注的问题是对大流行病作出卫生政策方面的评估，同时也注意到了可能的防治措施。之后许多国家的反应是叫停所有社会生活，在某些情况下甚至进行经济封锁：除了在私人和公共领域全面限制人们之间的接触外，还关闭了商店和文化机构，尽可能让雇员居家办公，在家里完成他们的工作任务；幼儿园、中小学和大学被迫关闭，仅剩维系社会运转必需部门的员工还能正常上班。

幼儿园和学校关闭，那些有子女或家里有护理需求的人被迫面对极端挑战——而居家办公或继续外出工作的人也需处理同样的难题。一面是照顾和看护孩子的需求，另一面又必须通过工作换取报酬，大家被迫同时处理多线任务，往往出现时间上相互冲突、沟通和工作流程无法协调、无法保障基本的思路清晰等情况，令人不堪重负（Bücker，2021）。"对许多家庭来说，目前的防疫措施意味着他们要承担以前从未经历过的多重负担。家务、育儿、家庭教育、工作（在更困难的条件下）和一个几乎没有休闲活动的世界，这一切该如何协调——这不啻为一种情感的折磨。"（Krohn，2021）

由于在德国护理工作仍然分配不均，而且无论是在公共领域还是在家庭之中仍然主要由妇女承担，在一些就社会议题进行的辩论中，有人担心这种超负荷的工作和对耐力的考验会令广大女性不堪重负。例如，柏林科学中心主席尤塔·阿尔门丁格（Jutta Allmendinger）就封锁措施产生的后果这样评论道："我们正在经历一场令人震惊的重新传统化。男和女之间的任务分配就像又回到了过去。"（Allmendinger，2020）然而，这种观点也遭到了其他人的批评，认为其结论有些武断，没有充分考虑到社会变化和年轻家庭中的角色重新分配（Krohn，2021）。

新冠疫情现在为性别关系的改变提供了哪些条件，又导致了何种后果？是否已经出现了社会性的倒退，或者性别关系恰恰因为新冠疫情带来的挑战又重新达到一种平衡？在下文中，我将借助大量关于这个主题的研究和一些经验数据来探讨这一问题。虽然我对性别关系的关注点略微偏重有（小）孩子的家庭以及有亲属需要照顾的家庭，但我也参考了一些关于就业和科研、公共参与机会和家庭暴力导致后果的研究。首先我将对初始状况做概述性的描述，即用新冠疫情之前德国的性别关系来作参照物，对比分析情况是否在发生变化，也借此厘清这些变化的发展方向，同时我也要对疫情的变化过程以及政府的反应和措施做一个非常粗略的概述。在介绍了疫情背景下的性别关系后，我还会讨论数据及其解读，以及由此产生的关于性别平等的一些开放性问题。

二、初始情况：德国的性别状况

德意志联邦共和国（简称"德国"）在《基本法》中对男女平权做出了规定，并就如何保障这一权利明确了国家的任务："男女享有平等权利。国家应促进男女平等权利的实际落实，并应努力消除现有的不利条件。"（德国《基本法》第3条第2款；Rudolph，1996）但实际上在很多社会领域如今仍然不能说已经实现了《基本法》的规定，很多不平等现象仍然存在。皮明戈认为："性别公正可以被理解为在资源分配、发挥影响力和价值观的基础上，拥有不同的存在和生活方式的自由，而选择何种方式不受性别的预先决定。"

（Pimminger，2014）此种意义上的性别公正还未实现，这一点在不同层面均有体现。仔细分析就可看出，性别公正的概念可以分为结构、个人和象征三个层面。在象征层面上，德国社会以异性恋秩序体系为导向，其特点是两种不同性别（女人和男人）的伴侣在异性夫妻关系（婚姻和家庭）中共同生活并因这两种性别差异被赋予不同的社会角色和个人特征。女性被描述为擅长社交的、情感丰富的、软弱的和体贴的，因此得出她们应该承担家庭照管任务（个人层面）的结论；男性则被普遍认为更适合活跃在公共领域，他们更加理性，更有技术能力和拥有此类性格。即使妇女解放进程中对性别的描述和归类已经发生了变化，但这些基本观念还是在结构层面得以延续：如今的社会仍然存在护理上的性别差距，妇女在家庭内部从事的照管工作是男性的1.5倍。这导致了妇女的就业参与率较低：一半的就业妇女从事的是兼职工作——再加上她们明显比男性更经常从事低薪（护理）工作，导致收入较低，在性别比较中，女性的收入要低19%（性别薪酬差距）（Zucco and Lott，2021），导致晋升机会减少，进入老年后养老金较低：德国的养老金性别差距几乎达到60%（Flory，2011）。

因此，德国可以被称为一个"修辞上的现代化国家"，在这个国家里，话语上假设的平等与结构上存在的不平等现象同时存在（Wetterer，2008）。

三、德国新冠疫情——框架条件

新冠病毒显现出对健康的极大危害，甚至是致命后果，对此德国政府做出了相对迅速的反应，在2020年3月至5月进行了第一次封锁。这次封锁的特点是全面限制接触，关闭幼儿园、大中小学，禁止了养老院、疗养院和医院的一切亲友探视。雇员应尽可能地居家办公。经过2020年夏季的解禁之后，在2020年底至2021年初的冬季又采取了一轮封锁，从2021年1月起，学校和幼儿园再次关闭。随着疫苗接种和温暖季节的开始，在2021年春夏季又基本撤销了限制措施。

关闭儿童保育设施，特别是关闭学校，从几个方面引发了激烈的讨论：父母因照管居家的儿童和青少年而负担沉重，无论是对他们的情绪还是工作都造成极大的压力；教师同样担心，如果学校继续开放，病毒会蔓延，可如果关闭学校，教育质量下降，无法保障学生的平等机会，而且这一点已经得到了教育研究者的证实（Anger and Plünnecke，2021）。作为这场社会性大辩论的结果，教育界政策制定者们努力让学校和幼儿园在2021—2022年第二个新冠疫情冬季保持开放，甚至在奥密克戎病毒肆虐期间也未关闭。尽管如此，目前病毒的传播仍然给家庭带来了极为沉重的负担：一方面，必须反复权衡疫情给社会和个人带来的健康威胁与负担；另一方面，又必须顾及工作和经济需求。而且往往伴随着这种感觉：无法肆意地享受社交生活，不得不放弃文化或者体育活动，因此在自由自在地规划生活方面受到了很大限制。

四、疫情对性别平等的影响

因此，如果要分析和讨论疫情对性别关系的影响，必须注意到在疫情暴发之前就已经存在的性别不平衡的问题。此外，有必要对不同领域进行区分并进行跨学科的考察。

（一）疫情对家庭内部的影响——照管工作和家庭暴力

关于家庭内部的照管任务，可以归纳为一句话：当学校和幼儿园关闭时，女性为了照顾孩子而减少工作的频率明显高于男性（Zucco and Lott，2021；Jessen等，2021）。男性也减少了有偿就业，但往往因为他们要么失去了工作，要么是其所在公司登记为短时工作制。然而，在少数情况下，照顾亲人也是男性减少有偿工作的原因（Zucco and Lott，2021；Jessen等，2021）。不同于疫情暴发之前的家庭内部分工，护理工作的分配情况如下（Zucco and Lott，2021；Jessen等，2021）：

1. 在疫情暴发之前就按照传统进行分工的家庭（男主外、女主内）没有任何改变，即妇女主要负责家庭内部的照管工作。

2. 在那些以平等方式进行劳动分工的家庭里，有一部分回到了传统的分配方式，而且这种传统的分配方式在封锁解除后也被固化；这种情况称得上是一种重新的传统化。

3. 在一些家庭中，特别是女性从事维系社会运转必需部门（护理、零售）的家庭中，出现了平等化或反传统化（女主外、男主内），特别是在第一次封锁时期——但这些新情况绝大多数都是暂时的。玻尔等人还指出，这种角色转换主要是基于需要，而非由于观念转变（Boll，2021）。

还有一个现象值得我们关注：妇女承担更多照管责任的趋势虽然是暂时的，但也会影响到家庭内部对照管工作分配的态度。例如，但策等人发现，尤其是在西德，一些年轻的父亲改变了以往对母亲就业所持的平等态度，对女性就业的支持率下降了 10%（Danzer，2021）。

在家庭内部的照顾工作中，除了照管子女之外，对老人的护理也占了很大比重。大约 2/3 需要护理的人生活在家里，要么完全由自己的亲属照顾，要么部分借助于门诊护理服务，有时也需要邻里帮助。超过 60% 的照顾者是女性（Hobler 等，2017）。女性倾向于承担更多的护理工作，并额外承担家务劳动，而男性更倾向于将亲属送到护理机构，花在家庭照顾上的时间较少（Hobler 等，2017；Klaus and Ehrlich，2021）。此外，就业年龄段的女性更频繁地陷入既要护理老人又要照顾孩子的两难境地：她们往往需要照顾父母或公婆。而到了退休之后的阶段，就业后，男性更有可能承担起对其伴侣的照顾（Hobler 等，2017）。新冠危机令多重负担越发难以承担，由于人员短缺或缺乏防护服而无法安排护理人员到岗，而所谓的住家护理员——住在家里的移民护理人员（Benazha and Lutz，2019）由于边境关闭而无法入境，因此无法再提供支持。根据对家庭照料者的调查，在疫情期间，超过 50% 的有护理需求的家庭情况发生了变化；家庭照料者在疫情期间不得不承担更多的照顾任务，超过 70% 的受访者表示自己在如何协调护理和工作方面遇到的问题比疫情暴发之前更多。其中部分护理工作可以通过增加邻里互助来完成，但在某些情况下，护理的亲属还是不得不减少他们的工作时间（Rothgang，

2020）。虽然女性照顾者更有可能从周边得到支持，但与男性照顾者相比，她们明显更容易产生抑郁情绪和孤独感（Klaus and Ehrlich，2021）。总之，家庭照料者的整体生活质量明显恶化。同时，"大多数护理者认为，尽管疫情防控措施在其他方面得到了广泛认可，但是并没有充分考虑到他们还要承担照顾亲属的情况"（Rothgang 等，2020）。

新冠疫情导致人们不得不独自面对家庭和伙伴关系造成的压力，而这种压力强度是大多数人以前几乎没有经历过的。育儿、教育、护理和工作都发生在同一个家庭空间内，由于接触限制，所有人都被迫大大减少与朋友或亲戚的其他社会接触。因此，社交互动和交流仅限于小家庭的极少数成员之间。这使得一些家庭中的伙伴关系和家庭关系被减速和强化，也使得另一些家庭中的暴力事件增加，伙伴关系压力增强。慕尼黑工业大学的一项调研表明：德国约有 3% 的妇女在严格限制接触期间成为家庭暴力的受害者；3.6% 的妇女被其伴侣强奸（Steinert and Ebert，2020）。在所有家庭中，有 6.5% 的家庭曾对儿童进行过体罚。联邦刑事警察局对伴侣间暴力事件的统计评估也显示，2020 年伴侣间的暴力行为增加了 4.4%（联邦刑事调查局，2021）。[①] 许多受害者并没有联系救助机构或试图获得咨询服务，因为他们无法在施暴者没有注意的情况下使用电话或互联网。全国性的妇女庇护所协调机构也指出了这一点，这也解释了妇女庇护所入住率略有下降的原因。然而，由于检疫条例和接触限制，妇女庇护所的入住可能性有限，这使得遭受家暴的妇女更难入住庇护所（妇女收容所协调协会 FHK，2021）。

（二）疫情引发的职场挑战

即使在就业领域，疫情造成的后果也不尽相同：起初，妇女似乎成了受益者，因为她们在维系社会运转必需部门中的就业比例超高，例如护理（Rudolph and Schmidt，2020）。这些工作领域没有受到封锁的影响，事实恰好相反：尤其在护理部门人员短缺特别严重，迫切需要增加人手时；同时，

[①] 由于采集数据的条件极为困难，所以，联邦刑事警察局强调，并不能明确证明数据与疫情之间的关联。

即使在疫情之前，该行业的工作条件也被认为是糟糕的（Auth，2019）。尽管如此，在开始时期，护理人员不仅因为新冠病毒导致死亡率超过了平均水平，而且由于缺乏防护服和大量病人涌入不得不超负荷工作，他们的工作条件也更加恶化（Arend，2021）。另外，他们还要承受巨大的心理压力（Schulze and Holmberg，2021）。作为对这种超负荷工作的一种认可，政府特意设立了护理奖金，但并没有支付给所有的护理人员，而且在某些情况下仅有300欧元，不过，工资总算是有了显著的增长。因此，可以说之前就反复被提及的护理危机在这场疫情中更加严重了，因为更多的护士离开了这个工作领域。因此，这个以女性为主的就业部门无法从疫情的后果中受益（HBS，2021）。

然而，还有很多女性也在受到疫情严重冲击的行业工作，例如酒店和餐饮业，2020年3月，96%的雇员（主要是女性）受到短时工作和失业的影响——但这些行业的工资或雇员人数往往很低（低工资部门；性别工资差距），短时工作的工资或失业津贴无法满足生活需求，或就业关系（迷你型工作）往往会被终止（Hammerschmid等，2020）。在文化和艺术领域，大多数从业者也都是女性——自第一次封锁以来，文化领域基本上处于停摆状态，很多活动也一再被迫取消；不涉及日常生活的零售业情况也大致如此——这也导致自由职业的女性比自由职业的男性收入损失程度更大（Seebauer等，2021）。

在另外一个完全不同的方面——科学研究领域，男女之间的差异也很明显。例如，女性的出版生产率比男性下降得更多（经济合作发展组织，2021）；总的来说，为人父母的科研工作者（也是女性科学家占比过半）比没有孩子或家里有大孩子的科研工作者受到的负面影响更为严重（Rusconi等，2020；Sander and Grauer，2020）。从中期来看，可能对年轻女学者的晋升前景产生比较大的负面影响。此外，研究表明，女教师在转换为网络教学方面投入了更多的时间，尽管她们认为这对自己的学术生涯不利（Rusconi等，2020），因为出色的教学与科学领域的职业投入在评职称时不如出版物的数量（同行评议）那么有用。

(三) 公开讨论与应对疫情的政治举措

正如大家预期的那样，疫情也成了公开讨论和媒体关注的话题。虽然最初的重点是科普新冠病毒会引发大流行病以及让公众了解目前的实际情况，但话题很快转移到疫情后果以及如何抗击疫情和进行危机管理。虽然在一般的科学领域，特别是医学领域有许多女性专家，但讨论性节目的参与者主要为男性。当媒体就疫情采访专家时，发言人只有1/3为女性，而且她们涉及的主要是教育与社会事务领域的话题和讨论。在媒体讨论类节目中更是很少见到女医生和女病毒学家（Prommer and Stüwe, 2020）。不过在疫情流行的第二年，这种情况略有改变。

在内容方面，公众和政治家们最关心的是经济区位和健康保护；负责男女平等、家庭和教育的部长们几乎没有机会公开发表看法。2020年5月，德国国家科学院成员在就时局发表的文章中投票赞成关闭幼儿园和学校几个月——26位作者中仅有两位是女性——而他们并没有研究这项措施对儿童和年轻人及其家庭可能产生的后果（利奥波第纳, 2020）。这篇文章被前总理默克尔称为"一项非常重要的科学研究"，却遭到了尖锐的批评，但是它非常典型，代表了抗击疫情和对疫情影响进行评估时的一种常见态度。迄今为止，在克服危机时德国过于低估了疫情对福利制度及社会生活造成的影响。

封锁和持续的限制措施对社会的各个领域都产生了影响，尤其对经济和就业的影响极为负面。为了缓冲对社会经济造成的不良后果，联邦政府已经在2020年推出了一个经济刺激计划，财政总额为1674亿欧元。克劳迪娅·威斯纳（Claudia Wiesner, 2021）从性别主流化角度研究了这套方案，并研究了由哪些人决定财政支持的条件和支出款项以及哪些人将从中受益。事实证明，由于妇女在政治和公司管理中的代表性较低，主要是由男性做出支出的相关决定。此外，威斯纳总结说："一揽子经济刺激计划的措施……是以不分性别的方式制定的，……但在绝大多数情况下，男性比女性受益更多。……因此，一揽子经济刺激计划总量的约73%被用于男性占多数的领域。只有4.2%的资金总额流向妇女占多数的部门和领域。"（Claudia

Wiesner，2021）

五、开放性问题和必要的讨论

第一眼看上去我们似乎可以说，新冠疫情并没有导致性别关系的全面重新传统化。然而，由于幼儿园关闭、家庭教育和娱乐设施关闭，妇女承担的额外照管工作明显增多。而且，由于在大多数情况下，他们没有同时完全放弃工作，坚持参与劳动力市场，整个情况导致了持续的多重负担，这在很大程度上影响了有小孩的家庭，甚至更多的单亲家庭——这种多重负担还是主要由妇女承担的。因此，在应对新冠疫情产生的后果的过程中确实显现出一些妇女解放的成果，然而，这并不是由疫情直接造成的，而是几十年来性别平等进程的结果，也是妇女在劳动力市场上持续发力的结果（Brand and Rudolph，2014）。与此同时，家庭内部照管儿童方面已经持续存在的不平衡现象将会继续，可以说，在性别平等和解放进程中，女性已经强烈地进入了以前为男性保留的领域，而男性对所谓的传统女性任务的参与却仍然非常有限。这导致了本文第二部分中列出的性别差距在新冠疫情的背景下几乎未发生变化。

1. 性别薪酬差距最初略有下降，因为失业和短时工作津贴制最初对所谓的"男性职业"的冲击更大。不过，在疫情第二年，性别薪酬差距再次缩小。

2. 工时上的性别差距，即花在就业上的时间增加了，因为妇女在更大程度上减少了她们的工作时间——妇女从事非全日制工作的比例很高，所以她们的整体就业程度比男性低得多。

3. 在家庭照料上的性别差距中，"现有的特定性别的劳动分配模式得以延续，因为即使在疫情暴发之前，就主要由妇女照管子女"。此外，很明显，在低收入阶层的家庭中，"公平分工的余地较小"（Kohlrausch and Zucco，2020），也就是说更难实现平等意义上的分工。教育背景高、家庭收入也高的夫妇在疫情期间能够更平等地分担照管子女的任务。

4. 至于养老金上的性别差距会如何发展，取决于疫情的持续后果和劳动力市场的发展情况，现在还无法做出预测。

这些状况显示出疫情政策以及相关规则和决议有一个根本性问题。迄今为止的危机应对和处理政策在制定的过程中都以传统的家庭结构和概念为出发点，也就是默认为子女的照料和看护工作都应由家庭承担。自21世纪之交开始的促进就业市场及平权政策的一切努力都以推动女性融入就业市场为核心，而与疫情相关的所有政策都背离了这一出发点，因此必须尽全力扩建家庭以外的儿童照管机构。传统的家庭运转模式突然之间被设定为先决条件，甚至都未曾讨论这样做是否合理。这种做法无异于质疑平权的严肃性。在疫情时代，女性权益大受限制，家庭或伴侣必须竭尽全力才可维持生活。尽管如此，还有那么多人在努力，这可视为一种社会政治变迁的证据。虽然这种变迁仍未得到彻底的贯彻以形成固定模式，但也不会出现完全的倒退。

可惜这种积极的解读只适用于异性伴侣关系。单亲家庭，其中绝大多数为单亲母亲，如果不违抗接触限制去寻求朋友和亲戚的支持，那么就更加无法满足这种对家庭的照管要求。不住在一起的夫妇——无论是否有孩子——或者家庭和生活安排不符合异性伴侣关系的夫妇也被疫情防控条例边缘化或面临特殊挑战。如果不住在一个屋檐下，需要轮流照顾孩子的重组家庭并不符合相关政策要求，同性伴侣关系也是如此。因此，疫情导致人们回归传统的家庭模式和类型，而这些模式并不符合德国人对多样生活方式的追求，并导致了这种多样性的不确定性和边缘化。

这些状况从总体上表明德国的性别平等和解放进程已在某一阶段止步不前，这在（抗击）新冠疫情的过程中表现得尤为明显。无论在就业领域还是家庭内部照管子女方面，性别平等的缺陷都很明显：男性没有承担大量的育儿或家庭护理工作，也没有在可持续的程度上让那些维持社会运转所必需但报酬低的职业岗位实现价值提升，也没有适当地改善工作条件和薪酬——至今这些职业仍大多由女性从事。而且目前的公共辩论和政治决策也由男性主导，他们更侧重经济发展。2022年初，针对学校和幼儿园对于教育和社会化进程我们仍然没有持续性战略,这一事实令人难以理解。

总而言之,已有的结构性不平等被疫情放大了,但这与其说是疫情引发的,不如说是由于性别平等在德国还没有实现的事实。因此我们努力的目标是在政治讨论中强化性别平等这一主题,即使在危机时期也应如此。

参考文献①

1. Jutta Allmendinger 2021: Die Frauen verlieren ihre Würde. In: Die Zeit-online. (https://www.zeit.de/gesellschaft/zeitgeschehen/2020-05/familie-corona-krise-frauen-rollenverteilung-rueckentwicklung?utm_referrer=https%3A%2F%2Fwww.google.de%2F; Zugriff 21.1.2022)(尤塔·阿尔门丁格:《女性丧失了尊严》)

2. Christina Anger/Axel Plünnecke 2020: Schulschließungen - Auswirkungen und Handlungsempfehlungen. IW-Kurzbericht, Nr. 44, Köln. (https://www.iwkoeln.de/studien/christina-anger-axel-pluennecke-schulschliessungen-auswirkungen-und-handlungsempfehlungen-513768.html)(克里斯蒂娜·安格、阿克塞尔·普伦内克:《关闭学校——影响及行动建议》)

3. Stefan Arend 2021. Mit systemrelevantem Applaus in die anstehende Pflegereform. Die deutsche Langzeitpflege in Zeiten von Corona – ein Erfahrungsbericht. In: Marco Bonacker/ Gunter Geiger (Hg.). Pflege in Zeiten der Pandemie. Opladen/Berlin/Toronto, S. 159-183.(斯蒂芬·阿伦特:《掌声欢迎即将到来的护理改革——德国疫情期间的长期护理——一份经验报告》)

4. Diana Auth 2019: Der Wandel der Arbeitsbedingungen in der Pflege im Kontext von Ökonomisierungsprozessen. In: Clarissa Rudolph / Katja Schmidt (Hg.) 2019: Interessenvertretung und Care. Voraussetzungen, Akteure und Handlungsebenen. Münster, S. 54-71.(戴安娜·奥特:《在经济化进程的背景

---

① 为便于读者查找,德文作品的参考文献保留了原文;同时,为便于读者阅读,德文作品的参考文献括注了中文提要。此类文章全书共三篇,采取同一方法处理。

下护理工作条件的变化》）

5. Aranka Vanessa Benazha / Helma Lutz 2019: Intersektionale Perspektiven auf die Pflege. Geschlechterverhältnisse und Migrationsprozesse. In: Clarissa Rudolph / Katja Schmidt (Hg.): Interessenvertretung und Care. Voraussetzungen, Akteure und Handlungsebenen. Münster, S. 146-160.（阿莲卡·瓦妮莎·贝纳扎、海尔玛·卢茨：《关于护理的交叉观点——性别关系和移民过程》）

6. BKA Bundeskriminalamt 2021: Partnerschaftsgewalt. Kriminalstatistische Auswertung – Berichtsjahr 2020. Wiesbaden.（德国联邦刑事警察局：《伴侣间的暴力，刑事犯罪统计分析2020报告年度》）

7. BMFSFJ 2021: Kinder, Haushalt, Pflege – wer kümmert sich? Berlin.（德国联邦家庭、老年、妇女与青年事务部：《儿童、家务、护理——谁来照顾？》）

8. Christina Boll / Dana Müller / Simone Schüller 2021: Neither Backlash nor Convergence: Dynamics of Intracouple Childcare Division after the First Covid-19 Lockdown and Subsequent Reopening in Germany. München, CESifo working paper Nr. 9091.（克里斯蒂娜·玻尔、达娜·米勒、西蒙娜·舒勒：《既不反弹也未趋同——德国第一次疫情封锁和重新开放后夫妻间育儿的动态变化》）

9. Ortrun Brand / Clarissa Rudolph 2014: Auf zu neuen Ufern? Geschlechterleitbilder im Wandel. In: WSI-Mitteilungen, 67. Jg., 2/2014, S. 89-96.（奥特伦·波兰德、克拉丽莎·鲁道夫：《出发去新海岸？变化中德性别纲领》）

10. Theresa Bücker 2021: Zeit, die es braucht. Care-Politik als Zeit-Politik. In: Bundeszentrale für politische Bildung (Hg.): Corona. Pandemie und Krise. Bonn, S. 357-368.（特蕾莎·毕可：《护理政策作为长期政策》）

11. Natalia Danzer、Matthias Huebner、Astrid Pape、C. Katharina Spieß、Gert G. Wagner 2021: Kita- und Schulschließungen haben bei westdeutschen Vätern Einstellung zur Erwerbstätigkeit von Müttern verändert. DIW Wochenbericht 34/2021.（娜塔莉娅·但策等：《幼儿园和学校关闭导致西德的

父亲们改变了对妻子就业的看法》）

12. FHK (Frauenhauskoordinierung) e.V. 2021: Frauenhäuser und ihre Bewohner_innen 2020 in Deutschland. Berlin.（妇女之家协调协会：《2020年德国妇女之家的居民们》）

13. Judith Flory 2011: Gender Pension Gap. Entwicklung eines Indikators für faire Einkommensperspektiven von Frauen und Männern. Hg. v. BMFSFJ. Berlin.（朱迪特·弗拉瑞：《性别退休金差距——男女收入平等的一个指标的发展情况》）

14. Anna Hammerschmid / Julia Schmieder / Katharina Wrohlich 2020: Frauen in Corona-Krise stärker am Arbeitsmarkt betroffen als Männer. DIW aktuell, No. 42, Deutsches Institut für Wirtschaftsforschung (DIW), Berlin.（安娜·哈默施密特等：《就业市场上女性比男性更受新冠疫情危机的冲击》）

15. HBS (Hans-Böckler-Stiftung) 2021: Arbeitsbedingungen in der Pflege. (https://www.boeckler.de/de/auf-einen-blick-17945-zahlen-und-studien-zum-pflegenotstand-und-wege-hinaus-17962.htm; Zugriff 2.2.2022)（汉斯·伯克勒基金会：《护理行业的工作条件》）

16. Dietmar Hobler / Christina Klenner / Svenja Pfahl / Peter Sopp / Alexandra Wagner 2017: Wer leistet unbezahlte Arbeit? Hausarbeit, Kindererziehung und Pflege im Geschlechtervergleich. Aktuelle Auswertungen aus dem WSI GenderDatenPortal. WSI Report, No. 35, Hans-Böckler-Stiftung. Düsseldorf.（迪特玛·霍布勒等：《谁在做无偿工作？家务、儿童教育和护理的性别比较》）

17. Jonas Jessen / C. Katharina Spieß / Katharina Wrohlich 2021: Sorgearbeit während der Corona-Pandemie: Mütter übernehmen größeren Anteil – vor allem bei schon zuvor ungleicher Aufteilung. In: DIW-Wochenbericht, Vol. 88, No. 9. S. 131-139.（约纳斯·杰森等：《疫情期间的护理工作：母亲承担了更大的份额——尤其是在分工本来就不平等的情况下》）

18. Daniela Klaus / Ulrike Ehrlich 2021: Corona-Krise = Krise der

Angehörigen-Pflege? Zur veränderten Situation und den Gesundheitsrisiken der informell Unterstützungs- und Pflegeleistenden in Zeiten der Pandemie. (dzaaktuell: Deutscher Alterssurvey, 01/2021). Berlin.（达尼埃拉·克劳斯、乌尔里克·艾里希：《新冠危机等于家庭成员护理危机？关于在疫情期间非正式支持者和护理人员的情况变化以及健康风险》）

19. Bettina Kohlrausch / Aline Zucco 2020: Die Coronakrise trifft Frauen doppelt – Die Folge der Re-Traditionalisierung für den Gender Care Gap und Gender Pay Gap. In: Feministische Studien 2/2020, S. 322-336.（贝蒂娜·科尔劳什、艾莉娜·萨寇：《新冠危机对妇女的打击是双重的——再传统化对性别护理差距和性别薪酬差距造成的影响》）

20. Philipp Krohn 2021: Retraditionalisierung? Care-Arbeit und Geschlechterverhältnisse in der Corona-Krise. In: Bundeszentrale für politische Bildung (Hg.): Corona. Pandemie und Krise. Bonn, S. 369-377.（菲利普·克罗恩：《再传统化？新冠危机下的照管工作和性别关系》）

21. Leopoldina Nationale Akademie der Wissenschaften 2020: Dritte Ad-hoc-Stellungnahme: Coronavirus-Pandemie – Die Krise nachhaltig überwinden. O.O.（德国国家科学院：《第三份特别意见：新冠疫情——可持续地克服危机》）

22. OECD 2021: OECD Science, Technology and Innovation Outlook 2021. Times of Crisis and Opportunity. (DOI:https://doi.org/10.1787/75f79015-en)（经济与合作组织：《科学、技术和创新展望2021——危机与机遇并存的时代》）

23. Irene Pimminger 2014: Geschlechtergerechtigkeit. Ein Orientierungsrahmen für emanzipatorische Geschlechterpolitik, Berlin.（伊雷娜·皮明格：《性别公正——解放的性别政策的参考框架》）

24. Elizabeth Prommer / Julia Stüwe 2020: Geschlechterverteilung in der Corona-Berichterstattung im deutschen Fernsehen. Rostock.（伊丽莎白·普罗莫、尤莉亚·施蒂瓦：《德国电视中关于疫情报道的性别分布》）

25. Heinz Rothgang / Karin Wolf-Ostermann / Dominik Domhoff / Anna-

Carina Friedrich / Franziska Heinze / Moritz Heß / Thomas Kalwitzki / Katrin Ratz / Annika Schmidt / Kathrin Seibert / Claudia Stolle-Wahl / Henrik Wiegelmann 2020: Zur Situation der häuslichen Pflege in Deutschland während der Corona-Pandemie. Ergebnisse einer Online-Befragung von informellen Pflegepersonen im erwerbsfähigen Alter. Bremen. （海因茨·罗特冈等：《关于新冠疫情期间德国的家庭护理情况——对工作年龄的非正式护理人员进行的在线调查的结果》）

26. Clarissa Rudolph 1996: Einflußpotentiale und Machtbarrieren. Frauenpolitik in der Verfassungsdiskussion, Baden-Baden. （克拉丽莎·鲁道夫：《影响力之潜力与权力障碍——宪法辩论中的妇女政治》）

27. Clarissa Rudolph 2017: Soziale Ungleichheiten im Geschlechterverhältnis. In: Rolf Frankenberger / Siegfried Frech (Hg.): Soziale Milieus. Lebenswelten in Deutschland. Schwalbach/Ts., S. 165-183. （克拉丽莎·鲁道夫：《性别关系中的社会不平等现象》）

28. Clarissa Rudolph / Katja Schmidt 2020: Vergeschlechtlichung und Interessenpolitik in Care-Berufen - das Beispiel Pflege. In: Ingrid Artus / Nadja Bennewitz / Annette Henninger / Judith Holland / Stefan Kerber-Clasen (Hg.): Arbeitskonflikte sind Geschlechterkämpfe. Sozialwissenschaftliche und historische Perspektiven. Münster, S. 229-248. （克拉丽莎·鲁道夫、卡珈·施密特：《护理专业中的性别化和利益政治——以护理为例》）

29. Alessandra Rusconi / Nicolai Netz / Heike Solga 2020: Publizieren im Lockdown. Erfahrungen von Professorinnen und Professoren. WZB Mitteilungen 170, S. 24-26. （亚历山德拉·罗斯康尼、尼古莱·乃茨、海克·索尔加：《封锁时期的论文发表——教授们的经验》）

30. Alena Sander / Claire Grauer 2020: Forschen und Schreiben in der Krise. (https://www.fes.de/themenportal-gender-jugend-senioren/gender-matters/gender-blog/beitrag-lesen/forschen-und-schreiben-in-der-krise; Zugriff 8.2.2021) （阿雷娜·桑德、克莱尔·戈劳尔：《危机中的研究与写作》）

31. Susanne Schulze / Christine Holmberg 2021: Bedeutung und Belastung von Pflegekräften während der Corona-Krise. In: Public Health Forum. 29. Jg., 1/2021, S. 32–35.（苏珊娜·舒尔茨、克里斯蒂娜·霍尔姆贝格：《在新冠危机期间护理人员的重要性和负担》）

32. Johannes Seebauer / Alexander S. Kritikos / Daniel Graeber 2021: Warum vor allem weibliche Selbstständige Verliererinnen der Covid-19-Krise sind. DIW Wochenbericht 15/2021. Berlin.（约翰娜斯·西鲍尔、亚历山大·克里提克斯、达尼尔·格拉波：《为什么新冠危机的失败者主要是女性自营职业者》）

33. Janina Steinert / Cara Ebert 2020: Gewalt an Frauen und Kindern in Deutschland während COVID-19-bedingten Ausgangsbeschränkungen: Zusammenfassung der Ergebnisse. München.（娅尼娜·斯泰纳特、卡拉·埃伯特：《新冠禁足措施期间德国女性与儿童遭受的家暴——调查结果汇总》）

34. Angelika Wetterer 2008 (Hg.): Geschlechterwissen und soziale Praxis. Königstein/Ts.（安格莉卡·维特尔：《性别知识与社会实践》）

35. Claudia Wiesner 2021: Das Konjunkturpaket der Bundesregierung und seine Auswirkungen auf Frauen und Männer. In: Wirtschaftsdienst, 101. Jg., 1/2021, S. 21-24.（克劳迪娅·威斯纳：《联邦政府的经济促进一揽子方案及其对男性和女性的影响》）

36. Aline Zucco / Yvonne Lott 2021: Stand der Gleichstellung. Ein Jahr mit Corona. WSI Report 64/2021. Düsseldorf.（艾莉娜·萨寇、依翁娜·洛特：《平权的现状——疫情一年》）

（张晏 译）

作者简介

［德］克拉丽莎·鲁道夫，女，博士，雷根斯堡应用技术大学应用社会学和健康科学学院政治学和社会学教授，性别平等研究教席、教授。

从全球视角看新冠疫情对女性发展的挑战及应对

马瑜骏

一、引 言

突如其来的新冠疫情给各个国家的经济社会生活都带来了巨大的冲击，给全世界人民都带来了不同程度的影响。但社会危机带来的影响并不是性别中立的，由于女性在经济社会结构中的脆弱性，她们在这场危机中面临着更大的挑战。联合国秘书长古特雷斯多次强调，应将妇女置于联合国新冠疫情应对和复苏工作的核心，敦促各国采取措施支持女性参与经济、关注女性健康、解决暴力侵害妇女的行为等。结合当前全球范围内女性发展的情况来看，疫情主要在经济活动、家庭暴力、家庭无偿劳动、个人健康和女童受教育情况等几个方面给女性群体带来负面影响。在此基础上，各国政府和非政府组织开展了相关活动和计划，为女性群体赋能以缓解其在疫情中受到的冲击。

本文将从女性受到影响的具体方面展开，结合世界上很多政府的应对措施，论述女性在新冠疫情背景下的特殊处境，重点探索国际社会在疫情防控和推动经济社会复苏进程中关注女性特殊需要、帮助妇女摆脱疫情影响、巩固来之不易的性别平等发展成果的政策措施及其成效，为后疫情时代进一步发展性别平等事业提供参考。

二、新冠疫情对妇女和女童发展的挑战

新冠疫情的全球蔓延在一定程度上加剧了政治、社会、经济体系中存在的性别不平等现象，或导致过去几十年性别平等领域取得的成果面临倒退的风险。具体体现在女性在经济活动、贫困、无偿劳动、家庭暴力和健康等方面面临着更加严峻的挑战和风险。

（一）疫情加大了妇女参与经济活动的风险

从就业领域看，女性在新冠疫情期间承受了不成比例的就业和收入损失，也面临着不断加剧的工作场所性别不平等。在全球范围内，2019—2020年，女性就业率下降了4.2%，而男性的就业率则下降了3%。国际劳工组织预计：2021年，全球适龄女性就业率仅能达到43.2%，而适龄男性就业率则将恢复到68.6%；2021年实现就业的女性人数将比2019年减少1300万，而男性就业人数则能够恢复到2019年的水平。这一影响在不同地区也不同。疫情期间，美洲国家的女性就业率下降最为严重，达到9.4%；其次是阿拉伯国家，为4.1%，同期阿拉伯国家男性的就业率则下降了1.8%；亚太地区女性在疫情期间的就业率下降了3.8%，男性则下降了2.9%；在欧洲和中亚，女性就业率下降了2.5%，男性则下降了1.9%；非洲的男性就业率在疫情期间的下降幅度最小，仅为0.1%，而当地女性的就业率则下降了1.9%（ILO，2021）。从具体的就业领域来看，在正式就业领域，女性集中的手工制造业和服务行业（如轻工业、零售、旅游等）①受疫情冲击严重，使女性比男性更多地面临失业、薪酬降低等风险。例如，疫情将使阿拉伯地区女性失去约70万个工作岗位，世界第二大纺织品出口国孟加拉国在疫情期间有数百万妇女失业，柬埔寨、越南和缅甸等其他主要纺织品和服装出口国也出现了类似的情况（Alam and Kurtenbach，2020）。联合国妇女署2020年的调查数据显示，在女性就业较多的住宿、食品、餐饮等服务行业，其失业风险比男性高19%。在

---

① 全球有约40%的女性集中在这些行业，中美洲和东南亚地区的比例则分别高达60%和50%左右（见图1）。

非正式就业领域，全球近六成女性在非正式就业部门工作，疫情使她们承受着更高的失业和陷入贫困的风险。如在欧洲和中亚地区，25%的女性个体经营者失去工作，而男性的这一比例为21%。这一性别差异将随着失业率的提升而不断扩大（UN Women，2020）。

从工作方式看，受工作性质和经济发展水平的影响，居家隔离女性远程办公的可操作性并不强。在美国和巴西，分别有约54%和67%的社会部门从业女性无法远程办公，而在低收入国家和地区，性别之间的数字鸿沟与信息不对称也使得居家办公在低收入女性群体中难以实现（IMF，2020）。

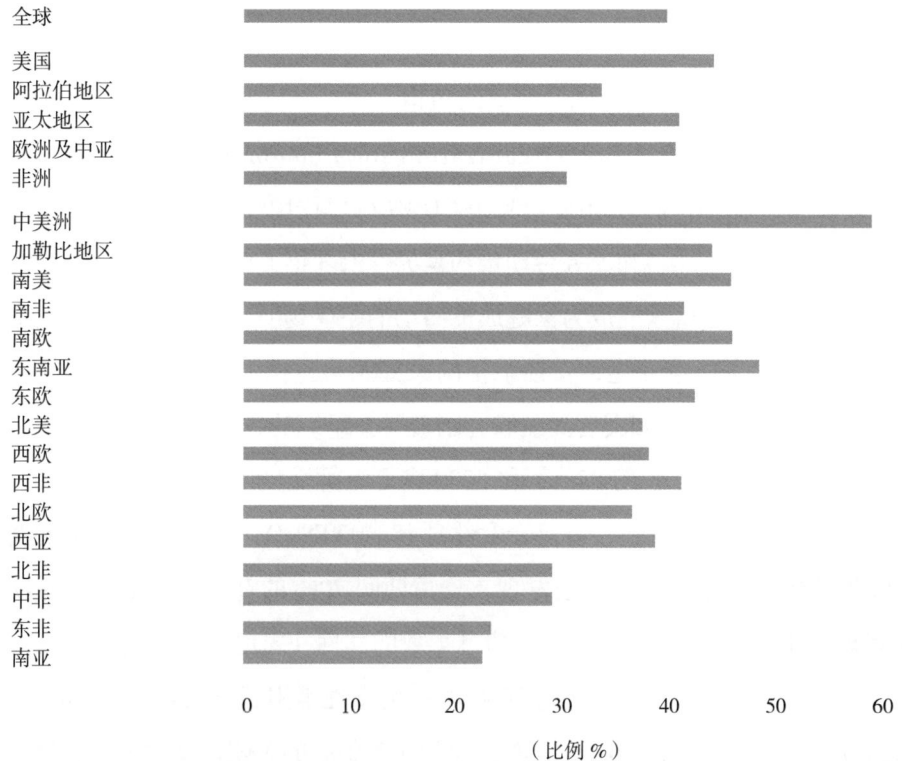

图1 受疫情严重冲击①的就业部门女性比例（按区域和次区域划分）
资料来源：国际劳工组织（International Labour Organization，ILO）数据库。

---

① 受疫情严重冲击的部门指制造业、服务业、批发和零售贸易、房地产等。

（二）疫情导致了更严重的妇女贫困问题

在疫情冲击下，女性面临着陷入或返回贫困甚至极端贫困的风险，且性别间的贫困差距进一步拉大。联合国妇女署 2020 年统计数据显示，新冠疫情将使 2019—2020 年全球妇女贫困率上升至 9.1%，到 2021 年，将有 9600 万人陷入极端贫困，其中 4700 万是妇女和女童。联合国有关数据显示，疫情将使拉丁美洲和加勒比地区的贫穷人口数量增加 1590 万，贫困人口总数达到 2.14 亿人，其中多数是女性（UN，2020）。联合国妇女署的数据显示，极端贫困的性别差距在青壮年群体中不断扩大，预计到 2030 年，全球 25—34 岁极端贫困人口中，女性与男性之比将由 2020 年的 118∶100 扩大到 121∶100（UN Women，2020）。

（三）疫情加重了妇女无偿劳动的负担

经济合作与发展组织（Organization for Economic Co-operation and Development，简称"经合组织"或 OECD）应对新冠疫情的政策报告指出，全球女性承担的无偿照料和家务劳动量约是男性的 3 倍（OECD，2020）。在疫情期间，停工停学使得家庭成为家庭成员活动的主要场所，然而家庭内的性别分工却并没有发生根本变化，女性承担的家庭照料负担大大增加且更容易出现"工作—家庭"冲突。妇女署援引联合国教科文组织的数据显示，全球 15 亿学生（约占全球学生总数的 87%）和 6000 多万教师受疫情影响改为居家授课学习，由此产生的照料负担主要落在女性身上（UNESCO，2020）。联合国妇女署对欧洲和中亚国家的一项调查发现，疫情期间 70% 的女性至少承担着一项家务劳动，比男性高 11 个百分点；超过半数的女性在家庭中承担着两项以上的家务劳动，而男性的这一比例为 30%；43% 的女性承担着三项以上的家务劳动，而男性的这一比例仅为 16%。随着学校和托育中心的关闭，女性承担额外照料责任的比例增加了 38%，比男性高 9 个百分点。率先复工的职业女性则面临着学校和托育机构仍未开放、家中儿童无人看管的问题（UN，2020）。

（四）疫情增加了妇女和女童遭受家庭暴力的风险

随着疫情扩散带来的停工停学及居家隔离，家庭成员的经济压力、防护压力和紧张焦虑的情绪增加,受暴力女性可能享有的基本保护服务和社会支持网络却因疫情防护中断。亚太地区安全报告称,疫情期间性暴力和性虐待的风险增加,失业或无法为家庭提供经济支持的流动女性遭受心理暴力的风险增加。哥伦比亚波哥大地区警方接到的家庭暴力热线电话增加了两倍;新加坡的家暴求助电话增加了33%(Janetsky,2020);从2020年3月份开始居家隔离以来,法国有关家庭暴力的报告增加了30%。此外,加拿大、德国、西班牙、英国和美国家庭暴力的报道以及对紧急庇护所的需求都有大幅上涨(CCSA,2020)。

(五)疫情使妇女面临更大的健康风险

在世界多个国家和地区,女性心理/精神健康受疫情影响的比例都高于男性(见图2)。例如,在西班牙和意大利两国医护人员感染者中,女性比例分别高达72%和66%(见图3)。

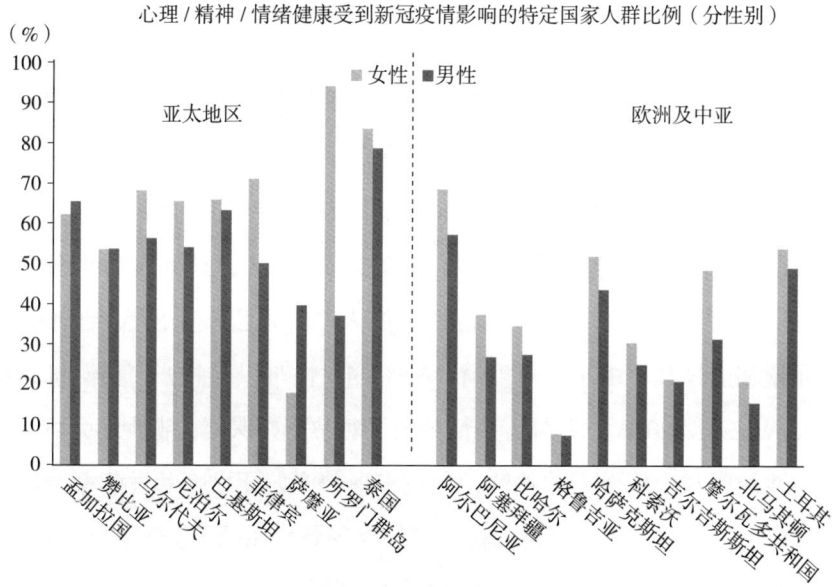

图2 在疫情传播中心理健康受到影响的男女两性比例(按国家和地区划分)
资料来源:联合国妇女署在亚太、欧洲及中亚地区快速性别评估(UN Women Rapid Gender Assessments in Asia and the Pacific, and Europe and Central Asia)。

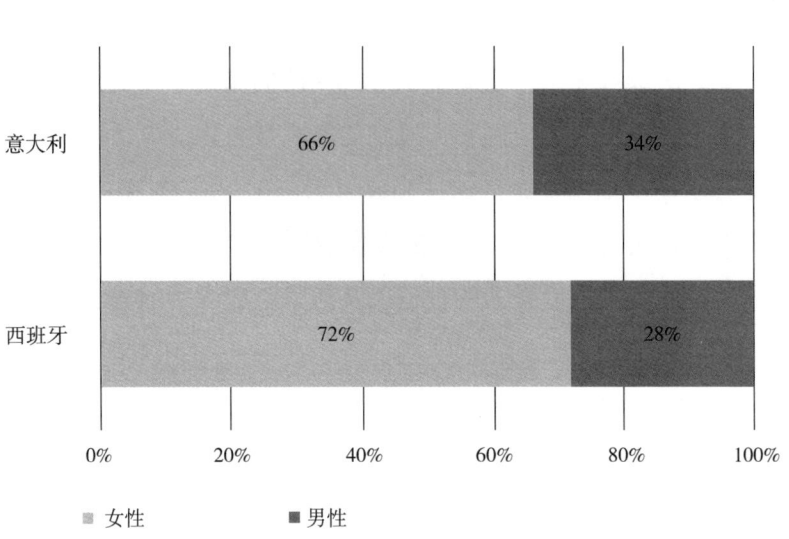

图 3 新冠肺炎疫情中意大利和西班牙两国男女医护人员感染比例
资料来源：联合国妇女署根据西班牙健康部（2020 年 4 月 6 日）和意大利国家卫生院（2020 年 4 月 2 日）的数据计算。

此外，疫情期间妇女和女童特有的保健需求与服务往往难以得到满足，这可能导致孕产妇死亡率和发病率升高、少女怀孕率增加等问题。根据联合国妇女署的快速性别估算，在欧洲和中亚 40% 的国家，至少有一半的女性在疫情期间难以获得性与生殖相关医疗服务。在撒哈拉以南地区，只有 60% 的分娩孕妇得到了专业医护工作者的服务；在巴西，黑人产妇死亡率是白人产妇的两倍；在阿塞拜疆和土耳其，由于新冠疫情，60% 的女性难以得到妇产科医护人员的护理（UN Women，2020）。此外，疫情分散了对孕产妇保健、青少年怀孕、艾滋病治疗等性健康和生殖健康的关注，导致出现孕产妇死亡率和发病率升高、少女怀孕率增加、艾滋病毒和性传播疾病增加等现象。在拉丁美洲和加勒比地区，由于新冠疫情大流行，或有 1800 万妇女无法定期获得避孕药具（UN，2020）。

（六）疫情对贫困地区女童教育产生负面影响

在经济欠发达地区，疫情使大量女孩被迫辍学，其中贫困女孩、残疾女孩或生活在偏远农村地区的女孩受到的影响更大。联合国教科文组织数据显示，全球约 7.7 亿因疫情被迫停课的女生中，约 1100 万无法继续学业（NESCO，2020）。不仅如此，疫情期间欠发达地区少女怀孕和童婚现象也有所增加（UNICEF，2020）。

在数字化教育方面，疫情期间网络课堂的使用进一步加剧了性别之间的"数字鸿沟"。同时，女孩的学习时间和对互联网的使用还受到来自家庭的限制，联合国妇女署的调查数据显示，疫情期间女孩花在家务上的时间明显多于男孩，学校关闭意味着女孩在家里承担更多的家务，这些都直接或间接地影响着女童的学习质量和效果（UNESCO，2020）。

三、国际社会帮助妇女摆脱疫情影响的应对策略

面对新冠疫情带来的挑战，国际机构、各国政府和非政府组织纷纷采取积极的应对策略，帮助妇女减轻疫情的负面影响，缩小性别差距。联合国妇女署与联合国开发计划署共同发布《新冠疫情全球性别应对追踪数据》（*The Covid-19 Global Gender Response Tracker*），为各国应对疫情提供性别分析和分性别统计数据，该数据从性别角度对 206 个国家和地区的 2500 多条政府政策加以分析，主要关注解决针对女性和女童的暴力、为无薪看护工作提供支持以及加强女性的经济安全等方面，或有助于引导各国投入更多资金和精力，弥补现有政策的不足，加速政策改革。除此之外，联合国开发计划署发布《性别复苏工具包》（*Gender and Recovery Toolkit*）为后疫情时代的妇女发展提供了指南，包括如何预防和应对危机中的性别暴力、在经济复苏中提供新就业机会促进性别平等、鼓励妇女参与危机恢复等议题。综合国际组织和各国政府的抗疫实践，帮助女性摆脱疫情的负面影响，增权赋能促进女性发展所采取的措施主要包括以下三个方面。

（一）赋权女性，提高女性应对经济风险的能力

联合国妇女署及各国非政府组织开展了一系列帮扶计划，重点帮助经济欠发达国家和地区的女性抵御疫情带来的经济冲击和贫困风险。在阿拉伯国

家、拉丁美洲和加勒比地区，联合国妇女署针对受疫情打击严重且雇佣妇女比例较大的旅游业和酒店业，开展了有关女性雇员能力建设的活动；联合国妇女署还与谷歌等机构合作制定了线上学习课程，帮助南非4500家由女性创办的企业获得了政府的经济刺激发展基金；在多哥，应对疫情的移动现金转移支付计划有65%的参与者是女性，该计划为非正规部门劳动者提供相当于最低工资30%的赠款；在巴布亚新几内亚，联合国妇女署筹集了紧急资金，使获得社会保护的女商人数量增加了一倍，缓解了11个省约2.6万名妇女的困境；这些措施提高了妇女应对疫情带来的经济风险的能力。

另外，多国政府通过移动支付或现金等方式给予妇女经济支持，并将社会保障体系延伸至在非正规领域就业的女性，为受疫情影响严重的行业提供补贴和减税政策，为妇女创办的企业提供金融支持以及相关培训和技术支持，减轻疫情对妇女参与经济的冲击。比如，智利和哥伦比亚政府为新聘用的职员提供工资补贴，且女性的补贴额度高于男性；哥伦比亚和塞内加尔加强了对女性企业家的支持；墨西哥和肯尼亚则设立了相关配额，确保女性能够从公共就业项目中受益。在黎巴嫩，有14万个女户主家庭获得国家扶贫项目提供的紧急现金援助；在哥斯达黎加，政府降低了面向妇女、青年、老年人、残疾人等特定人群的商贷利率，帮助特定人群更易获得金融信贷；在尼泊尔和马里，政府通过专门的手机应用程序和电子商务网站，支持妇女在线销售农产品和手工艺品。此外，中国和新加坡等国正采取措施，提高女性在科学、技术、工程和数学领域的参与比例，充分利用这些行业所能够提供的更加理想的就业机会；而法国和西班牙等国则正在推广工资透明报告制度。

（二）实施缓解女性家庭照料压力的计划

联合国妇女署在2020年开展"男性分担家务工作（He for She at Home）"活动，鼓励成年男性和男孩帮助女性分担家庭照料责任。联合国妇女署驻黎巴嫩办公室与联合国开发计划署还共同发起"因为我是男人（Because I am a Man）"的意识和行为改变运动，鼓励男性分担家庭照料工作、参与抵制家庭暴力。此外，奥地利、意大利、葡萄牙和斯洛文尼亚等国家进一步完善相关政策，使低龄儿童的父母能够在疫情期间享受带薪休假；法国则将病假范围扩大到因学校停课受到影响、无法获取替代保育服务或工作安排的父母；罗马尼亚为有照料负担的员工安排了额外的育儿假和更加灵活弹性的工作方式；澳大利亚扩大补助金发放范围，使照顾新冠病毒感染者的人群也能获得补助金。

（三）为应对家庭暴力提供资金和服务支持

国际组织对疫情期间性别暴力高度关注，并采取多种措施帮助受暴女性摆脱困境。联合国秘书长古特雷斯敦促各国政府"将预防和纠正针对妇女的暴力行为作为应对新冠肺炎疫情国家计划的关键部分"，并提出"家庭和平（Peace in the home）号召"，有近150个国家已同意将消除暴力侵害妇女和女童行为作为关键组成部分纳入新冠疫情应对计划。世界卫生组织总干事谭德塞发表声明称"暴力绝不是借口"，并呼吁各国将解决家庭暴力的服务列为应对疫情必须持续提供的一项基本服务。联合国妇女署等10个联合国机构合作并发表联合声明，呼吁为消除对妇女的暴力应采取六项行动：支持妇女组织工作；确保服务保持开放并及时响应需求；优先考虑出动警察和采取司法措施；采取预防措施；收集数据应合乎道德与法律；改善服务。在欧洲，联合国妇女署与欧盟共同开展"聚光灯倡议（The Spotlight Initiative）"，强调应确保预防和应对妇女暴力的措施能在疫情期间继续开展。

在国际组织的具体援助活动中，主要包括专项资金投入和相关服务支持。联合国人道主义事务协调厅（OCHA）向联合国妇女署捐款800万美元，作为专项资金解决紧急情况下的性别暴力行为。联合国妇女署对一些低收入国家和地区的妇女和女童遭受暴力的情况进行实时监控与快速评估，对面临家暴风险的妇女和女童提供包括卫生、司法和警务、社会服务、求助热线等相关服务。联合国妇女署还组建"性别暴力问题行动联盟"，促进政府、民间组织、青年领袖、私营企业和慈善机构等方面的合作，旨在通过募集资金来消除新冠疫情期间暴力侵害妇女和女童的行为。

各国政府也纷纷采取措施解决家庭暴力问题。加拿大政府在疫情应对方案中设5000万加元用于为性别暴力受害妇女提供庇护；澳大利亚将1.5亿澳元国家应急资金指定用于应对家庭暴力；墨西哥政府计划投入 4.05 亿墨西哥比索用于解决家庭暴力问题，并要求 21 家家庭暴力庇护所在疫情期间必须保持开放。此外，部分非政府组织也相继扩大针对家庭暴力的热线电话或虚拟会议空间等远程服务。

四、中国在抗击新冠疫情中的性别平等实践

2020 年 10 月 1 日，国家主席习近平在联合国大会纪念北京世界妇女大会 25 周年高级别会议上通过视频发表重要讲话，充分肯定中国女性在抗击新冠疫情中所作的贡献，并指出新冠疫情还在全球蔓延，妇女仍面临更大挑战，在抗击疫情和推动经济社会复苏进程中，尤其要关注妇女特殊需要。在讲话中，习近平总书记主张帮助妇女摆脱疫情影响，提出要关注一线女性医务工作者身体健康、社会心理需求、工作环境，要把保障妇女和女童权益置于公共卫生和复工复产计划重要地位，打击侵犯妇女权益的行为，要强化社会服务，优先保障孕产妇、儿童等特殊人群，格外关心贫困妇女、老龄妇女、残疾妇女等困难群体，为她们做好事、解难事、办实事。

在两年来的抗疫实践中，中国政府始终贯彻男女平等的基本国策和性别平等的施政理念，在政策制定和执行过程中充分考虑女性群体的需求和权益，做到了分类施策、针对执行，既保证了精准防控，又充分巩固了性别平等的成果。

第一，关爱女性医护人员，提供全方位保障。女性医护人员是疫情防控一线的主力军，在疫情防控中面临着更大的健康风险。为了保障女性医护人员的权益，解决其特殊需求，全国妇联所属中国妇女发展基金会紧急募集定向援助一线女性医务人员款物 225 万元；多地妇联、志愿者组织相继发起"安心行动"计划等活动，为女医护人员捐赠卫生用品。在心理健康疏导上，全国妇联指导各地妇联联合心理服务专业机构或组织心理咨询师志愿者，调整心理援助热线和 12338 妇女维权服务热线的服务时间和内容，为女医务人员等群体送上精准服务。除此之外，为解除女性医务人员家庭照料的后顾之

忧，全国妇联协同团体会员和社会组织，动员和组织各级妇联守护女性医务工作者的家庭，提供送菜上门、陪护其父母和孩子等各种暖心服务。

第二，精准施策，保障孕产妇健康。受疫情防控政策的影响，孕产妇保健需求及相关服务往往难以满足。为了保障孕产妇健康和相关医疗服务资源的获得，国家卫健委先后发布《关于做好儿童和孕产妇新型冠状病毒感染的肺炎疫情防控工作的通知》（肺炎机制发〔2020〕17号）、《关于加强新型冠状病毒肺炎疫情防控期间孕产妇疾病救治与安全助产工作的通知》（肺炎机制发〔2020〕25号）。分别就居家儿童及孕产妇、相关医疗机构、助产机构、托幼机构等各方面工作提出具体要求，并围绕指导孕产妇做好防护和孕产期保健、做好发热孕产妇就诊管理、切实保障疑似和确诊孕产妇产检和安全助产服务、加强疑似和感染孕产妇产时管理和新生儿救治等具体问题进行详细规定。

第三，提供技能支持，助力复工复产。在疫情防控关键时期，各地妇联积极探索利用"互联网+"模式，开展网上技能培训活动，实现战"疫"路上技能培训"不打烊"，帮助广大妇女实现复工复产。除此之外，联合国妇女署与全国妇联携手开展"支持女性应对疫情及后期经济恢复项目"，该项目于2021年9月16日在武汉启动，将支持女性领导的中小企业摆脱疫情影响，并促进其积极参与科技创新活动，实现后疫情时代的高质量发展。

第四，开展家庭教育，缓解家庭教养压力。在疫情防控期间，由全国妇联主办，人民网和中国妇女网联合推出了"特殊时期特别家教"专题服务，为广大家长提供有针对性的家教服务。具体包括战"疫"学起来、战"疫"动起来、战"疫"读起来、战"疫"写起来四个版块，在新冠疫情特殊时期给家长提供特别的家庭教育指导，通过引导科学育儿、合作育儿的理念，有效地缓解了女性在疫情隔离期间的家庭教养压力。

第五，开展国际援助，展现大国担当。中国政府通过非洲第一夫人发展联合会向53个非洲国家妇女儿童和青少年捐助抗击新冠疫情的医疗物资。克服了疫情形势下国际运输受阻等困难，物资顺利抵达非洲各国，并得到分发和使用。非洲各国政府和社会各界人士对此予以积极评价，表示援助物资有助于增强非洲妇女儿童和青少年的抗疫能力，各国守望相助、团结合作对于战胜疫情至关重要。

五、结　语

新冠疫情进一步放大了女性在经济社会结构中的脆弱性，使中低收入国家的妇女和女童面临更大挑战。联合国妇女署的报告显示，新冠疫情沉重打击了近年来全球性别平等事业取得的成果，或使全球性别平等事业倒退 25 年。面对女性在经济参与、婚姻家庭、健康与教育等方面受到的重创，各国应将妇女和妇女组织纳入疫情应对政策，充分考虑女性特殊需求和妇女权益；加强性别统计监测和评估，从性别视角分析新冠肺炎疫情对不同性别群体的影响，采取积极政策和应对措施；帮助女性获取数字工具、争取数字资源，为她们提供更加灵活的就业方式与教育资源，确保女性可以平等地从数字化发展中获益。后疫情时代是一个独特的机会，我们或可借此机会更有效、更包容地开展重建工作。与此同时，确保所有妇女都能参与经济建设，同时加快解决收入不平等问题。在后疫情时代的政策安排中，充分将性别平等的观念纳入政策考量，更加重视困难妇女群体的利益诉求，努力建设一个更加平等、更具韧性和包容性的世界。

参考文献

1.CCSA: *How covid-19 is changing the world: a statical perspective*, https://unstats.un.org/unsd/ccsa/documents/covid19-report-ccsa.pdf.

2.ILO: *Building Forward Fairer: Women's rights to work and at work at the core of the COVID-19 recovery*, https://www.ilo.org/gender/Informationresources/Publications/WCMS_814499/lang--en/index.htm.

3.IMF: *The Covid-19 Gender Gap*, https://www.imf.org/zh/News/Articles/2020/07/20/blog-the-covid-19-gender-gap.

4.Janetsky, M.: *Violence against women up amid Latin America Covid-19 lockdowns*, Al Jazeera, 20.

5.Julhan Alam and Elaine Kurtenbach: *Fashion labels cancel order during coronavirus, garment workers go unpaid*, viewed 27 April 2020. https://fortune.com/2020/03/27/coronavirus-fashion-industry-workers/.

6.OECD: *Response, recovery and prevention in the coronavirus (COVID-19) pandemic in developing countries: Women and girls on the frontlines*, http://www.oecd.org/coronavirus/policy-responses/response-recovery-and-prevention-in-the-coronavirus-covid-19-pandemic-in-developing-countries-women-and-girls-on-the-frontlines-23d645da/.

7.UN: *Policy Brief: The Impact of COVID-19 on Women*, https://unsdg.un.org/sites/default/files/2020-04/Policy-Brief-on-COVID-Impact-on-Women.pdf.

8.UN: *The World's Women 2020 Trends and Statistics*, https://worlds-women-2020-data-undesa.hub.arcgis.com/.

9.UN Women: *The COVID-19 boomerang effect: new forecasts predict sharp increases in female poverty*, https://data.unwomen.org/features/covid-19-boomerang-effect-new-forecasts-predict-sharp-increases-female-poverty.

10.UN Women: *From Insights to Action: Gender Equality in the Wake of COVID-19*, https://www.unwomen.org/sites/default/files/Headquarters/Attachments/Sections/Library/Publications/2020/Gender-equality-in-the-wake-of-COVID-19-en.pdf.

11.UNESCO: *Covid-19 school closures around the world will hit girls hardest*, https://en.unesco.org/news/covid-19-school-closures-around-world-will-hit-girls-hardest.

12.UNICEF: *COVID-19: A threat to progress against child marriage*, https://data.unicef.org/resources/covid-19-a-threat-to-progress-against-child-marriage/.

作者简介

马瑜骏，女，全国妇联妇女研究所国际妇女研究室实习研究员，主要研究方向为性别与家庭。

新冠疫情时期女性遭遇的生计困境与应对策略研究[①]

孙继静

2019 年暴发的新冠疫情，是一场健康危机，更是一场严重的社会经济危机，在对人类的健康和生命造成巨大影响的同时，也扰乱了全球经济和各国人民的生计。然而，受到社会性别规范和权力秩序的影响，大范围流行病的暴发对男女两性日常活动的影响并不相同，后者往往更具脆弱性。《中国疾病防控中心周报（英文）》（*China CDC Weekly*）表示，依据性别分列的新冠病毒数据显示，男女两性迄今为止的病例数相等，但在死亡率和对该疾病的脆弱性方面，似乎存在性别差异（The Novel Coronavirus Pneumonia Emergency Response Epidemiology Team，2020）。为抵抗疫情而采取的贸易封锁和社交隔离政策阻碍着全球劳动力市场的恢复与发展，进一步放大了就业领域中的结构性缺陷和各种不平等问题，甚至有学者表示"当我们从这场危机中走出来时，不平等程度可能会比我们进入危机时更高"（Naila Kabeer，Shahra Razavi and Yana van der Meulen Rodgers，2021）。国际货币基金组织也发出警告，认为如果不加以控制，"日益扩大的差距将导致长期的不满，并最终引发社会动荡"（Georgieva Kristalina and Gita Gopinath，2020）。因此，作为社会边缘化和服务不足的女性群体，在这场灾难中遭受着更为严峻的生计困境，应当受到格外关注。

[①] 基金项目：本文系湖南省教育厅科学研究优秀青年项目《突发公共卫生事件中女性脆弱性问题及对策研究》（项目编号：20B315）的研究成果。

一、新冠时期女性遭遇生计困境的表现

（一）女性失业率更高

国际劳工组织的报告显示，从全球范围来看，新冠疫情期间，女性就业率下降了 5%，男性则为 3.9%，有近 90% 的女性离开了工作岗位（International Labour Office-Geneva，2021）。图 1 显示了部分国家疫情期间在就业率上的性别差异，可以看出，除以色列外，其他包括美国、澳大利亚、加拿大和西班牙等 11 个国家和地区的男性就业率均较女性高。依照学者马加弗卡（Anu Madgvkar）等人的计算，新冠疫情期间全球男女失业率分别为 3.1% 和 5.7%，后者是前者的 1.8 倍，女性只占全球就业人数的 39%，但却占总失业人数的 54%，可见这种性别间的差异和不平等是惊人的（Anu Madgavkar，Olivia White，Mekala Krishnan，Deepa Mahajan and Xavier Azcue，2020）。

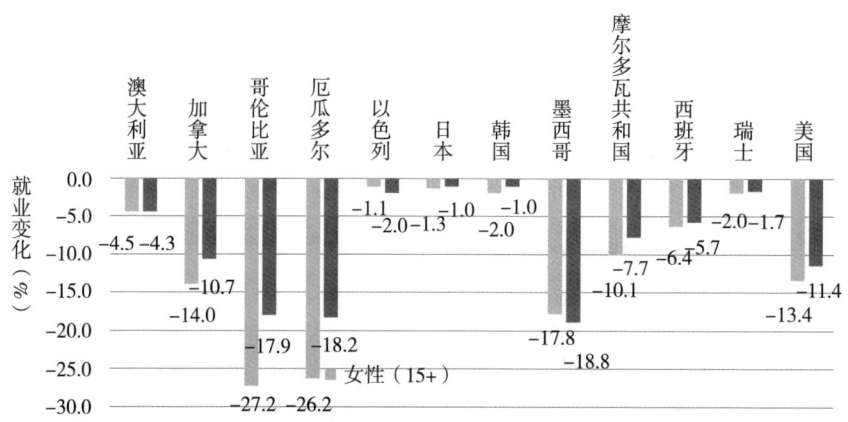

图 1　2019 年 4 月—2020 年 4 月部分国家的就业变化

注：美国的被调查对象为 16 岁以上。
资料来源：Naila Kabeer, Shahra Razavi & Yana van der Meulen Rodgers (2021): Feminist Economic Perspectives on the COVID-19 Pandemic, *Feminist Economics*, 27: 7（《新冠肺炎大流行病的女性主义经济学视角》，《女性主义经济学》27 卷，第 7 页）。

其他国家和地区也呈现出相似的趋势。比利（Lauren Billi）等人利用一系列快速性别评估调查的数据，探索了新冠病毒对亚太地区的性别影响。他们发现，平均而言，除少数例外，女性的工作时间比男性更易损失，报告失业的可能性也比男性高（Lauren Billi, Jessamyn Encarnacion, Ghida Ismail, Papa Seck and Rea Jean Tabaco, 2021）。根据河善宇（Sunyu Ham）的调查，疫情期间韩国女性失业率也高于男性（Sunyu Ham, 2021）。此外，郑恩里（Calvin Cheng）估计，与2019年新冠危机前的平均水平相比，疫情期间马来西亚女性就业人数的降幅约为男性的5倍；与2019年相比，2020年第二季度女性就业人数的降幅为2.5%，而男性仅为0.5%。这意味着，尽管女性仅占马来西亚所有就业工人的39%，但在2020年第二季度就业下降的总人数中，女性占到近2/3。同时，在2020年第三季度，随着隔离封锁政策的逐步取消，劳动力市场条件稍有改善，男性就业已经复苏，但女性就业人数仍持续减少（Calvin Cheng, 2020）。疫情暴发后，柬埔寨和肯尼亚女性的失业占比分别为34%和22%，远高于男性的25%和9%（Lauren Billi, Jessamyn Encarnacion, Ghida Ismail, Papa Seck and Rea Jean Tabaco, 2021）。

从全球各地的报告和数据中可以看出，疫情造成的劳动力市场中断带来的经济后果，对女性劳动者造成的损失和影响明显大于男性，这体现了女性面对突发公共卫生事件时的性别脆弱性，同时也反映了传统的性别鸿沟在非常时期的进一步加深。

（二）女性收入下降幅度更大

一般来说，贫困程度的加剧会将贫富差距拉大，加深全球和国家内部的收入不平等。新冠疫情的暴发破坏了劳动力市场原有的雇佣关系，进而扩大了收入不平等的差距。联合国妇女署的报告明确显示，疫情大流行和相关限制政策导致了就业损失、带薪工作时间减少和收入降低。和就业率的情况相同，公共危机对男女收入的影响也有所不同，女性受到的冲击更大。

全球薪资报告（2020—2021）选取了包括英国、法国、德国、西班牙、比利时等在内的28个欧洲国家样本，调查了新冠疫情期间这些国家的工人工资状况。报告显示，如果没有薪资补贴的话，2020年第一、二季度的工人工资总额将减少6.5%。其中，女性工人的工资总额下降了8.1%，男性则下降

5.4%（International Labour Office-Geneva，2020）。

中低收入国家男女之间的差距虽没有欧洲国家明显，但这种情况也普遍存在。2019 年，撒哈拉以南非洲地区女性人均国民总收入为 2937 美元，男性则达到 4434 美元（UN Women East and Southern Africa Regional Office，2021）。芬马克信托公司（Finmark Trust）对加纳、肯尼亚、尼日利亚、卢旺达、南非、乌干达和赞比亚这 7 个撒哈拉以南国家的追踪调查数据显示，平均而言，26% 的男女工人都认为其收入与疫情前持平，但有 69% 的女性和 68% 的男性表示其收入有所下降，只有 5% 的女性和 6% 的男性表示稍有增加。其中，差距最大的国家是加纳，收入下降的男女人数比分别为 59% 和 52%（Megan O'Donnell，Mayra Buvinic，Charles Kenny，Shelby Bourgault and George Yang，2021）。

封锁隔离措施导致的市场渠道受限、投入成本增加及从经济作物向自给自足的经营模式转变，使得农民群体的收入也有所下降。然而，从长远来看，女性受到的影响更大。针对新冠疫情对肯尼亚农村地区影响的两轮调查结果显示，2020 年 9 月至 12 月期间，肯尼亚男性农民收入损失比从 82% 下降到 64%，而女性农民收入损失比始终居高不下，保持在 85% 左右。这说明男性农民生计已经开始恢复，但女性农民却没有。类似的情况也在加纳出现，与 9 月相比，10 月报告收入损失的男性农民减少了 10%，而女性仅减少 2%（Megan O'Donnell，Mayra Buvinic，Charles Kenny，Shelby Bourgault and George Yang，2021）。

（三）女性经营的企业处境更艰难

面对突发危机事件时，大部分劳动力市场都受到影响，企业首当其冲。实际上，疫情如何影响工人的就业和薪资，很大程度取决于其雇主受到了怎样的影响。新冠疫情暴发以来，女性经营的企业多集中在受冲击较严重的消费行业，其规模相对较小，资本缓冲能力相对更为薄弱，因此更易面临倒闭。如图 2 所示，国际贸易中心开展的新冠疫情期间业务影响调查报告发现，63% 的女性领导的公司其业务运营受到疫情的影响更加严重，而男性领导的公司的这一比例约为52%（International Labour Office-Geneva，2021）。梅根等人基于脸书平台（Facebook）数据的分析也显示，疫情期间，全球女性经营的企业比男性经营的企业关闭的可能性高出5.9个百分点（Megan O'Donnell，Mayra Buvinic，Charles Kenny，Shelby Bourgault and George Yang，2021）。

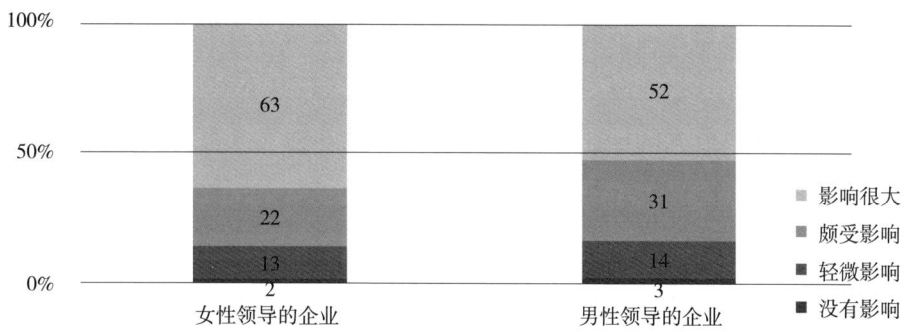

图2 2020年新冠疫情对男女领导的企业的影响程度（%）

注：该项调查涵盖120个国家的2109个企业。

资料来源：据国际贸易中心2020年4月21日至6月2日基于新冠疫情对企业影响的调查数据。

一项针对30个非洲国家1300名女性中小企业主的调查发现，疫情期间，80%的受访者不得不暂时关闭所经营的企业。那些仍在完全或部分运营的公司中，41%已经缩减了工作时长，34%进行了裁员，还有25%降低了员工的工资。在撒哈拉以南非洲地区，新冠疫情致使41%的女性企业倒闭，而男性企业倒闭的比例为34%；拉丁美洲和加勒比地区的情况是40%、29%；南亚的这一比例为51%和45%（Efe Ukala，Elena Ruiz Abril and Esther Dassanou，2020）。

同时，疫情的暴发进一步扩大了企业盈利的性别差距。尽管男性和女性拥有的公司在这期间都出现了销售额的急剧下降，但这种趋势在后一类公司中往往更为严重。在乌干达，61%的女性领导的小企业主表示没有收益，而男性领导的企业只有22%；卢旺达和南非的情况类似（Megan O'Donnell，Mayra Buvinic，Charles Kenny and Shelby Bourgault George Yang，2021）。在埃塞俄比亚，女性拥有的公司所创造的销售额不到上一年同月销售收入的20%。此外，疫情前，该国女性拥有的企业的销售收入约占男性公司销售收入的11%—18%；但在新冠疫情后，该比例降至6%，到2020年6月略有回升至10%（Abebe Girum, Bundervoe T. and Wieser Christina, 2020）。此外，在公共危机情境下，面对企业收益的流失，女性经营者常常因缺乏相关的政策支持而不得不耗尽自己的储蓄或依靠借贷来维持企业生计，最终导致公司陷入运营困境甚至倒闭。在对约旦1190家企业（其中8%为女性所有）进行电话调查时发现，许多女性经营的企业由于缺乏资金储备，无法维持一个月以上的运营（Kebede T., Stave S., Kattaa M. and Prokop M., 2020）。

（四）职业女性的长期发展更受限

新冠疫情带来的家庭护理和远程工作时间的短期重组，对于职业女性来说，意味着作为家庭照顾的主要提供者和居家办公的职员双重责任的叠加。被学者们称为"双重负担"或"二次轮班"的模式，在特殊情况下造成了对家庭和工作的压倒性需求。这种情况不仅局限了女性参与就业市场和竞争的机会，而且也压缩了她们的发展空间，对其职业生涯产生了长期影响。

疫情期间，由于幼儿园关闭和学校停课，许多职场女性不得不申请育儿假或提出辞职。有报道称，该时期韩国职场妈妈因申请育儿假被拒或被劝辞退的案例数量大幅增加。美国社会学家惠特尼·皮尔特尔（Whitney Pirtle）本有望在2020年获得终身教职，但为增加获得此职位的胜算，她申请了为期一年的延期，以便能在照顾孩子的同时完成其著作的出版。皮尔特尔坦言，因新冠疫情而推迟任命的风险很高，这可能导致她失去工作（Meredith Nash and Brendan Churchill, 2020）。意大利社会人口统计学家亚历山德拉·米内罗（Alessandra Minello）是一个两岁孩子的母亲，她在《流行病与女学者》（The Pandemic and Female Academic）一文中描述了一位居家工作的学者母亲的困境："自从大学关闭以来，我看到的日出次数超过之前所有的日子。因为现在我必须在天亮前工作，为学生录制在线课程时，必须尽量减少背景噪声……"（Minello A., 2020）对比来看，男性学者的情况截然不同。一位男性管理学教授甘斯（Gans）仅用19天的时间，就撰写并出版了一本关于疫情经济学的书。他在叙述中说道，家中有两个分别上初中和大学的孩子，但在写这本书的时候，唯一感到疲惫而不得不偶尔"倒在沙发上"休息的情况，是因为思考得太多了（Gans J.，2020）。

有报道称，新冠疫情流行期间，女性提交和发表的学术论文数量低于预期，而男性的论文数量则增加。在天体物理学领域，女性提交的论文减少了50%；相比之下，男性提交给政治学科杂志的稿件增加超过了50%，这种趋势也反映在科学、技术、工程、数学和医学等学科的预出版物上（Kitchener Caroline，2020）。根据莫莉（Molly）和弗雷德里克森（Frederickson）的数据，与2019年3月至4月相比，2020年3月至4月期间，预印本数据库（arXiv）上男性作者增加了1648人，而女性作者只增加了189人，数量悬殊（Molly M. King and Megan E. Frederickson，2021），公共危机的发生削弱了女性学者的学术生产力，降低了其与男性学者的行业竞争力，使她们的绩效受损或失去晋升的机会，直接影响了她们职业生涯的长远发展。

二、新冠时期女性遭遇生计困境的原因

正如斯托林斯（Robert A. Stallings，1998）所强调的那样，所有灾害都是社会性的，它是除物理因素外还包括政治、经济与文化等因素构建而成，灾害冲击会造成社会结构混乱或者使部分功能丧失。由性别角色所产生的社会权力关系，嵌入具体的危机情境中，令女性更具脆弱性。因此，新冠疫情给女性带来的生计困境，除从生物学和医学领域解释外，更应注重复杂的社会因素。

（一）二元劳动力市场的结构性不合理，女性多集中在更加脆弱的行业

工业化进程中劳动力市场的二元划分选择了女性充当次要劳动力市场工

作者，被相对集中地安排在低层次、劳动密集型的职位上。新冠疫情暴发带来的经济发展受阻和社会秩序混乱，加剧了传统行业的性别隔离，使劳动力市场二元结构的弊端加深，非正式行业相对于正式行业的脆弱性愈加明显，而持续的全球封锁、隔离及保持社交距离等措施使女性占主体的行业成为受疫情影响的"重灾区"，导致女性愈加缺乏经济上的稳定感。

花旗银行的一份调查报告显示，全球零售业、服装业、食品服务业、酒店业等行业受新冠疫情的影响而损失惨重，这些行业中有4400万人失去工作，其中女性失业人数为3100万（Dana M. Peterson，2020）。国际劳工组织发布的《世界就业与社会前景：2021年趋势》（World Employment and Social Outlook：Trends 2021）报告指出，新冠疫情期间，几乎所有职业类别中的女性都受到了不成比例的影响。由于女性在服务业中人数比例占比过高，她们受到的影响相对更大。包括市场服务（批发和零售贸易）和非市场服务（公共行政、社区、社会和其他服务）在内的服务业，男女就业出现变化的比例分别为53%和67%（见图3）（International Labour Office-Geneva，2021）。孟加拉国是世界第二大纺织品出口国，由于美国和欧洲服装零售商取消订单或无法支付货款，供应链中断导致公司亏损，数百万女员工面临失业或被迫休假。全球工人权利中心（Center for Global Workers Rights）和工人权利联盟（Workers Rights Consortium）对孟加拉国的316家工厂进行了调查，结论显示近60%已经关闭了大部分生产线（Mark A.，2020）。埃塞俄比亚女性服装工人代表通过电话调查发现，41%的女工提出休假或终止工作（Meyer C. J.，2021）。受疫情影响，酒店订单普遍取消，大量餐饮企业将业务转向外卖或面临关闭，旅游业停滞不前，经行业组织保守估计这些行业的收益将比疫情暴发前预测的减少40%—50%，收益的减少导致企业无法负担过量劳动力而裁员，而这些女性又占到这些行业中从业人数的一半以上，因此面临更加严重的生计困境。

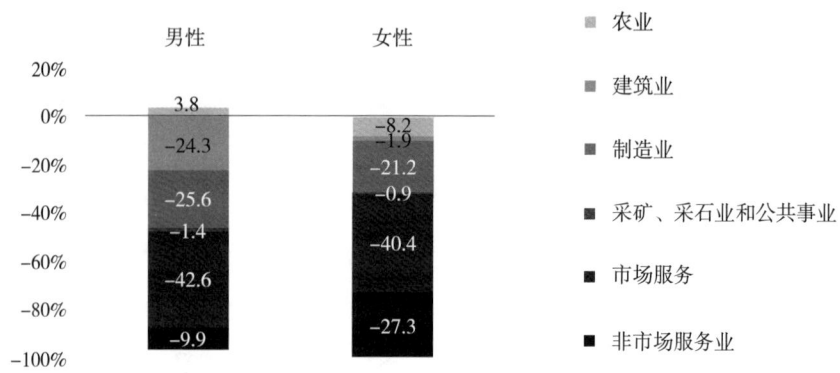

图 3　新冠疫情对 2020 年全球就业的影响（与疫情前对比）

资料来源：国际劳动组织《世界就业与社会前景：2021 年趋势》，第 98 页。

劳动力市场的二元划分还表现为女性多集中在如小时工、保姆、清洁工等没有固定收入和缺乏社会保障措施的非正式行业。联合国妇女署的报告显示，全球 65% 的女性从事非正规经济。新冠疫情期间，由于与雇主的雇佣关系薄弱，这些群体出现大面积失业的现象；同时，许多非正式就业中的经营模式是家庭作坊或个体生产，未能纳入国家政府的正规就业体系，有时女性在这些非正式就业中仅充当着"帮工"的角色，劳动报酬都无法保障，更不要说获得稳定的失业保护、疾病福利或护理假等，因而其抵御风险的能力较差，在特殊时期她们因难以得到社会福祉的庇护而失业。例如在孟加拉国、柬埔寨、越南和缅甸等国家主要以纺织品和服装出口的企业中，特别是以家庭经营为基础的中小型企业中，存在许多未纳入国家就业体系的雇佣女工，疫情导致的全球服装贸易的短期崩溃对亚洲和太平洋地区的供应链产生了连锁反应，大批服装女工失业或工资减少，失业女工中的极少数拿到了遣散费。

家政行业是二元劳动力市场体系中的典型，数以百万计的女性是家政行业的从业主体，占到该行业的 80%。这些女性，散布在世界各地提供各类家政服务，填补了国家和市场遗留的空白，但也因此游离在《劳动法》保护和社会保障范畴之外，社会危机加重了她们劳动的不稳定性。国际劳工组织的报告称，全球 72.3% 的女性家庭佣工中有 55% 的非正式女佣的就业受到新冠疫情的负面影响（ILO，2020）。疫情期间，美洲、欧洲和亚洲的全职住家型和兼职型家政人员都遭受了大规模的无补偿裁员（Women in Informal

Employment: Globalizing and Organizing，2020）。在印度的艾哈迈达巴德（Ahmedabad），97%的家政工人在疫情封锁期间没有收入（Roever S. and Rogan M.，2020）。受到移民法和实际情况的限制，国际移民家政工人的处境更加艰难。新冠疫情暴发以来，出行限制使"全球保姆链"断裂，那些常年在东南亚穿梭于菲律宾、印度尼西亚和新加坡之间的外籍女性家庭佣工，遭受了沉重的打击。疫情封锁期间，她们的工作被迫中断，无法获得工作地国家的社会援助计划的支持，也较难寻找到其他工作，甚至由于旅行限制无法返回家乡。

尽管在疫情最严重的时期，部分非正式女工获得了新的工作机会，成功实现了职业转型，如印度的垃圾收集工转向医院清洁工的工作等，但这些适应性措施是市场在特殊时期做出的短期调节，政府的经费支持、物资援助或其他福利保障措施对非正式工作的女性影响仍旧十分有限。可见，二元体系造成的行业的性别隔离，是形成劳动力市场性别歧视的原因之一，突发的疫情充分暴露了女性职业低层化的缺陷，加大了经济活动中的性别利益分化。

（二）性别权力的原始性不公平，女性获得的社会支持相对有限

社会建构主义认为，真正意义上的"自然灾害"是不存在的，灾害研究不只是揭露客观发生的灾害事实，也不仅反映灾害造成的重大社会冲击，更要强调将复杂的权力关系、行政组织、政治制度和意识形态嵌入其中（周利敏，2015）。性别作为一种社会权力关系的表现，置于新冠疫情的具体情境中，表现为男女两性不同的社会地位和决策机制如何制约或促进其应对灾害的能力。

在"新自由主义"的引导下，虽然妇女从家庭中"解放"出来，作为工人和消费者融入经济，被认为能够在性别不平等的制度下获得平等的成功机会。然而，这种意识形态否认基于社会身份的结构性特权或劣势，使不平等变得更加隐蔽和自然。在新自由主义框架中，女性的经济参与和发展会因职业的性别隔离及不平等受到冲击，男性对女性劳动权的控制使得女性不可能占有某些关键性的生产资源或机会，因此无论是在工作性质还是薪酬水平上女性都处于弱势地位。在许多行业和公司中，男性话语权都占主导地位，当危机来袭时，正如前文所述，女性更容易遭遇失业、裁员及降薪等困境。

传统性别分工的存在导致两性的市场机会不平等是等级化的性别制度在经济领域的体现，市场经济的逐利本性进一步加剧了该局面。毫无疑问，效率被放在了优先考虑的位置。这样一来，企业、国家和政府的发展目标与个体劳动权利之间存在"效率优先兼顾公平"的关系（李慧英、刘澄，2014），更倾向于雇佣低成本、高效率的群体。这种"相对优势分配法则"普遍存在于灾后恢复和援助的资源分配与获取途径上，两性之间在劳动权利的实现上差距更大了。与男性企业家相比，女性管理的企业较难获得政府支持或银行贷款，融资问题成为困扰女企业家恢复生产的难题。来自45个国家的性别快速评估报告显示，女性从政府获得与疫情相关的现金救济的可能性较小（女性为10%，男性为16%）（Lauren Billi, Jessamyn Encarnacion, Ghida Ismail, Papa Seck and Rea Jean Tabaco, 2021）。对32个国家的女性企业家进行的小规模抽样调查发现，在由女性领导的企业中，仅有8.4%的受访者获得了政府的融资，6.3%的人获得了正式的商业贷款（Megan O'Donnell, Mayra Buvinic, Charles Kenny, Shelby Bourgault and George Yang, 2021）。

（三）传统性别角色分工不平衡，女性承担更多的家庭责任

虽然现代化劳动力市场和"新自由主义"精神鼓励女性参与社会活动，但传统的"男主外、女主内"分工模式和由此衍生的性别角色规范并未发生根本变化。突如其来的疫情使工作场合和私人场合短期重叠，模糊了职场与家庭的边界，有报酬、有价值的公共劳动和无报酬、只有使用价值的家务劳动在空间上相融合，隔离措施又切断了将这部分劳动转向社会化的途径，这必然增加家庭成员无报酬家庭照顾的工作量，而传统性别角色的内化和陈规定型的观念，使这些增加的工作更多地落在了女性的肩上。

美国、英国和德国的最新数据表明，疫情期间女性在照料儿童和家庭教育上花费的时间比男性多。澳大利亚技术与工程学院和澳大利亚科学与技术学院（The Australian Academy of Technology and Engineering and Science &

Technology Australia）的报告声称，新冠疫情使澳大利亚女科学家承担的临时性家庭工作是男科学家的 1.5 倍。来自亚太地区的新冠疫情报告显示，在覆盖的国家中，男女两性的无偿家庭和护理工作都有所增加，但男性只增长了一两项活动，女性则增加了三项或三项以上（UN Women and Women Count，2020）。哥伦比亚一项具有全国代表性的研究发现，自疫情暴发以来，女性将家务作为主要活动的概率增加了 5.7 个百分点（Garcia-Rojasa K., Herrera-Idarraga P., Morales L., Ramirez-Bustamante N. and Tribin-Uribe A., 2020）。在黎巴嫩，81% 的女性认为家务负担增加。亚洲和太平洋地区，有 63% 的女性认为无偿家务劳动加重（Megan O'Donnell、Mayra Buvinic、Charles Kenny、Shelby Bourgault、George Yang，2021）。2020 年，全球接受调查的女性企业主中，有 23% 的人称每天花在家务劳动上的时间超过 6 个小时。在南亚和撒哈拉以南非洲地区，超过 80% 的女性企业家坦言，过多的家务活动限制了她们的企业管理与运营。截至 2020 年 10 月，仍有 18% 的女性企业主反馈在家务劳动上花费了 6 个小时或更多的时间（Megan O'Donnell, Mayra Buvinic, Charles Kenny, Shelby Bourgault and George Yang, 2021）。正因如此，男性拥有的企业更容易受到政府扶持计划的青睐。

另外，沉重的家庭责任往往迫使女性首当其冲地脱离劳动力市场，淡化个人发展观念，这也是女性就业损失严重的原因之一。新自由主义强调的"个人自由选择"并未考虑已婚妇女的现实经验，繁重的家庭照顾往往使她们不得不选择临时性、低酬劳、非正式的工作。同时，"家庭护理人"角色加重了女性对家庭的责任感，进一步内化疫情前就存在的传统性别角色，使其在后疫情时期回归工作中出现"倦怠"情绪，难以全身心地投入工作，一些因新冠疫情造成生计短期受损的女性甚至直接放弃就业。疫情封锁期间，女性以牺牲劳动力市场活动为代价提供儿童保育和家庭照顾，带来性别角色"再传统化"的风险。与男性相比，家庭责任的增加挤压了女性有限的工作时间，对其造成了更大的生计压力。

三、新冠时期女性应对生计困境的策略

新冠疫情给全球商业发展、劳动力市场、生产资源和基础设施都造成了极大的破坏，各行各业的人们都经历着生计危机。与此同时，受到经济秩序、政治秩序和文化秩序的影响，女性的生计脆弱性更加严重，表现出更多潜在的忽视、剥削与暴力。立足于特殊时期性别身份的不同经验，从社会性别视角探寻深藏在看似性别中立的现有体制和政策中的不合理，在突发公共卫生事件中融入性别生态的反思，是增强女性抵御风险、促进社会关系和谐与可持续发展的必然要求。

（一）构建注重性别的公共危机评估体系

公共危机事件干预政策的科学性、有效性和合理性，很大程度上取决于对现有社会结构的了解。性别关系是所有社会经济制度的一个重要方面，对惠及全体女性的社会保护系统进行长期投资是经济复苏和未来复原力的关键，因此，灾害风险评估应着重关注性别维度。关于女性在突发公共卫生事件中的生计问题，应将性别指标纳入评估体系，根据针对性别的数据来预测、监测并处理灾害对男女两性经济影响的差异，其中包括家庭结构、人口趋势、劳动分工和地方权力结构等基本信息，以及关于妇女失业率和贫穷程度、妇女从事的主要行业和职业的工作条件以及妇女对主要生产资料的相对控制等具体情况。在这些性别分类数据的基础上，给予妇女充分的话语权和领导权，运用性别视角优化政策，避免造成弱势群体在获得救济与服务等方面出现性别偏见。

（二）创造性别友好的就业环境

表现为主次、内外之分的二元体系造成的就业领域的性别隔离，是两性在突发公共事件中脆弱性、差异性的根源。打破性别隔离，意味着所有职业与行业要向两性平等开放。经济市场自身的局限必然排斥这种平等开放，因此需要政府的政策干预。新冠疫情的全球经验向我们展示了，就业脆弱与教育分化之间存在着一致性。从源头上说，职业隔离与女性教育的社会化定向

有关。因此，政府须强力推行性别公正的教育政策，保障女性适应多样化就业市场的需求。同时，政府应充分肯定女性的平等就业权利，突出妇女在抗击疫情时期及后疫情恢复阶段的重要角色和独特力量，开发多元的就业形式，建立国家促进平等就业的政策支持体系，从法律上保障就业选择的自主与公平，为女性提供平等的就业培训机会和法律保护。除此之外，企业单位和求职个人都需努力突破传统的就业思维定式，抛开社会性别偏见，尽可能地抛开各种外在因素的限制。

（三）实行灵活多样的"弹性就业"计划

政府在制订疫情防疫行动计划和方案时，需同妇女组织、群团组织和民间社会组织等进行深度协商，将解决边缘女性在突发公共卫生事件时期失业和收入不稳定等问题纳入政策中。根据女性劳动力的市场竞争优劣势，分析疫情后期的主要矛盾，推出相应的就业计划，增加女性的就业机会，鼓励多渠道灵活就业。隔离期间，网络平台经济弱化了女性体力上的性别局限，为女性提供了有利的就业平台。与此同时，地方应形成联动治理机制，通过教育培训增强边缘女性的"回复"能力，提高女性自身的内驱力。用人单位应注重人文关怀，结合弹性的办公策略和实际情况，合理安排孕期、哺乳期及无人照料子女等女职工居家远程办公、灵活休假及工作时间，为女性工作者提供必要的外部支持。

（四）加大针对女性的灾害救助专项资金投入

事实证明，经济的恢复与增长不能通过涓滴效应自动惠及脆弱群体，也并不会自觉对男女两性平等覆盖。因此，针对后疫情时期的发展，政府和社会在制定政策与分配资源时应考虑到不同群体，注重资源分配的性别平衡。同时，也要注意缓和政策对于市场经济管理中"效益优先—平等保护"的矛盾，为女性在市场经济中的生存提供更有力的支持。

联合国亚太经济社会理事会和联合国资本发展基金会等组织共同投资的"女性生计系列债券"项目，创新针对女性的货币、财政和结构性措施，为新冠疫情中生计受损的女性提供专项信贷资金、小微贷款及保险等，这些做法为妇女灾后可持续生计援助提供了参考。从性别角度来看，德国实施多年的"STW 计划"将女性相对集中的非正式工人纳入其中，为缓和女性在新冠疫情中的受灾程度取得了不错的成效。马来西亚将失业救济金的覆盖范围扩大到自营职业者或独立工作者，也在一定程度上缩小了疫情中生计更为艰难的女性在脆弱性方面与男性的巨大差距。目前，已有 54 个国家和地区推行或修订了针对妇女和女童的社会保障措施，性别分析应当成为全世界应对危机和重建规划的指导方针。

（五）提供充分的家庭照料支持

性别作为一种社会建构的定义，意味着文化理想和社会制度塑造着不同的性别角色。这种性别结构反过来导致所有层面上的结构性不平等，生计领域也不例外。防疫封锁和居家隔离增加了女性对家庭照料的责任，加剧了这种结构不平等。双重负担是女性实现工作与生活平衡的障碍之一。在这种平衡中，有偿工作与家庭责任之间的负面溢出效应对女性产生了非常大的影响。

因此，提供充分的家庭照顾支持是纾解女性生计困境和职业生涯发展问题的重要举措。首先，雇佣机构可针对特殊时期的具体情况，减少一定的工作时长或相应地调整业绩考核标准，增加弱势家庭的照料福利，为脆弱群体提供更多的人文关怀。其次，优先保障托育、家政和医疗保健等行业或部门的恢复。出于疫情防控的需要，建议以社区为模块，依托基层组织和专业的社工人员，提供规范可靠的服务支持，灵活实现家庭责任的社会分担。最后，利用危机时期的特殊情境，发挥媒体的宣传效应，大力提倡社会对家庭照料工作给予重视和尊重，改变根深蒂固的性别分工，强化男性的家庭责任心，鼓励男性与伴侣共同分担家务劳动。

参考文献

1. 蔡昉、张丹丹、刘雅玄：《新冠肺炎疫情对中国劳动力市场的影响——基于个体追踪调查的全面分析》，《经济研究》2021 年第 2 期。

2. 李慧英、刘澄主编：《社会性别与公共政策（之二）》，中国社会科学出版社 2014 年版。

3. 周利敏:《社会建构主义与灾害治理：一项自然灾害的社会学研究》，《武汉大学学报（哲学社会科学版）》2015 年第 2 期。

4.Abebe Girum, Bundervoe T., and Wieser Christina, Monitoring COVID-19 Impacts on Firms in Ethiopia: Does the COVID-19 Pandemic Affect Women-owned Firms Differently, Report No. 7 [R]. World Bank Group, 2020.

5.Anu Madgavkar, Olivia White, Mekala Krishnan, Deepa Mahajan, and Xavier Azcue, COVID-19 and Gender Equality: Countering the Regressive Effects [R]. McKinsey Global Institute, 2020.

6.Calvin Cheng, Pushed to the Margins: The Unequal Impacts of the COVID-19 Crisis on Marginalised [R]. Institute of Strategic and International Studies, 2020.

7.Dana M. Peterson, COVID-19 to Erode Female Labor Force Participation Gains [R]. Citi: Global Perspective and Solutions, 2020.

8.Du, Z. X., Lai, X. D., Long, W. J. and Gao, L. L., The Short-and Long-Term Impacts of the COVID-19 Pandemic on Family Farms in China: Evidence From a Survey of 2324 Farms [J]. *Journal of Integrative Agriculture*, 2020 (19) : 2877–2890.

9.Efe Ukala, Elena Ruiz Abril and Esther Dassanou, Transformative Policy Solutions to Support Women-led Businesses in Africa in a Post-COVID-19 World [R]. UN Women, Impact HER, and AFDB., 2020.

10.Gans, J., How I Wrote and Published a Book about the Economics of Coronavirus ina Month. [OL]. https://theconversation.com/how-i-wrote-and-published-a-book-about-the-economics-of-coronavirus-in-a-month-137489, 2020-5-25.

11.Garcia-Rojasa, K., Herrera-Idarraga, P., Morales, L., Ramirez-Bustamante, N., and Tribin-Uribe, A., (She)cession: the Colombian Female Staircase Fall [R].

Borradores de Economia, 2020 (1140).

12.Georgieva Kristalina and Gita Gopinath, Emerging Stronger from the Great Lockdown[OL]. https://giftedanalysts.com/emerging-stronger-from-the-great-lockdown/, 2020-9-12.

13.iKebede, T., Stave, S., Kattaa, M and Prokop, M., Impact of the COVID-19 Pandemic on Enterprises in Jordan [R]. ILO., Fafo, and UNDP., 2020.

14.ILO., Impact of the COVID-19 Crisis on Loss of Jobs and Hours Among Domestic Workers [R]. International Labour Organization, 2020.

15.International Labour Office-Geneva, Global Wage Report 2020–21: Wages and Minimum Wages in the Time of COVID-19 [R]. International Labour Organization, 2020.

16.International Labour Office-Geneva, World Employment and Social Outlook: Trends 2021 [R]. International Labour Organization, 2021.

17.Kitchener Caroline, Women Academics Seem to be Submitting Fewer Papers During Coronavirus: 'Never seen anything like it,' says one editor [OL]. https://www.thelily.com/ women-academics-seem-to-be-submitting-fewer- papers-during-coronavirus-never-seen-anything-like-it-says-one-editor/, 2020-4-24.

18.Lauren Billi, Jessamyn Encarnacion, Ghida Ismail, Papa Seck and Rea Jean Tabaco, Women and Girls left Behind: Glaring Gaps in Pandemic Responses [R]. UN Women, Women Count, 2021.

19.Mark A., Abandoned? The Impact of Covid-19 on Workers and Businesses at the Bottom of Global Garment Supply Chains [R]. Center for Global Workers' Rights, 2020.

20.Megan O'Donnell, Mayra Buvinic, Charles Kenny, Shelby Bourgault and George Yang, Promoting Women's Economic Empowerment in the COVID-19 Context [R]. Center for Global Development, 2021.

21.Meredith Nash and Brendan Churchill, Caring During COVID-19: A

Gendered Analysis of Australian University Responses to Managing Remote Working and Caring Responsibilities [J]. *Gender Work and Organization*, 2020 (27) : 833-846.

22.Meyer C. J., Hardy, M., Witte, M., Kagy, G. and Demeke, E., The Market-reach of Pandemics: Evidence from Female Workers in Ethiopia's Ready-made Garment Industry [J]. *World Development*, 2021 (137): 105-179.

23.Minello, A., The Pandemic and the Female Academic [OL]. https://www.nature.com/articles/d41586-020-0113 5-9, 2020-4-17.

24.Molly M. King and Megan E. Frederickson, The Pandemic Penalty: The Gendered Effects of COVID-19 on Scientific Productivity [J]. *Socius Sociological Research for a Dynamic World Github*, 2021, 7(3): 1-25.

25.Naila Kabeer, Shahra Razavi and Yana van der Meulen Rodgers, Feminist Economic Perspectives on the COVID-19 Pandemic [J]. *Feminist Economics*, 2021 (27): 1-29.

26.Quarantelli, E. L., *What is a Disaster: A Dozen Perspectives on the Question* [M]. Routledge, 1998.

27.Roever, S. and Rogan, M., Informal Workers See a Long Road to Recovery Ahead Unless Governments Act [OL]. https://www.wiego.org/blog/informal-workers-see-long-road-recovery-ahead-unless-governments-act, 2020-11-22.

28.Sunyu Ham, Explaining Gender Gaps in the South Korean Labor Market During the COVID-19 Pandemic [J]. *Feminist Economics*, 2021 (27): 133-151.

29.The Novel Coronavirus Pneumonia Emergency Response Epidemiology Team, The Epidemiological Characteristics of an Outbreak of 2019 Novel Coronavirus Disease (COVD-19) [J]. *China CDC Weekly*, 2020 (2) : 113–122.

30.UN Women East and Southern Africa Regional Office, Impact of Covid-19 on Gender Equality and Women's Empowerment in East and Southern Africa [R]. UN Women, Women Count, 2021.

31.UN Women and Women Count, Whose Time To Care: Unpaid Care and Domestic Work During COVID-19 [R]. UN Women, 2020.

32.Women in Informal Employment, Globalizing and Organizing, Impact of Public Health Measures on Informal Workers Livelihoods and Health [R]. WIEGO., 2020.

作者简介

孙继静，女，博士，湖南女子学院女性学专业讲师，湖南省妇女研究会成员，长期从事妇女/性别研究。

中国女企业家迎难而上，谱写创业新篇章

张丽珣

一、问题的提出

2020年至2022年，新冠疫情的大流行是一场史无前例的全球性公共卫生危机。截至2021年10月底，新冠疫情波及了200多个国家，全球累计确诊新冠肺炎（COVID-19）病例超过2亿4623万例，造成逾500万人的死亡。全球新冠确诊病例超过100万例的国家达36个，超10万例的国家达111个。中国的新冠疫情防控取得了重大战略成果，为世界各国提供了宝贵经验。本文研究的重点是：新冠疫情对全球女性的创业活动有哪些影响，中国女企业家的创业活动特点以及疫情背景下中国女性如何把握创业机遇。

二、新冠疫情对全球女性创业活动的影响

（一）新冠疫情对女性参与经济活动的打击严重

新冠疫情的全球蔓延在一定程度上加剧了政治、社会、经济体系中存在的性别不平等现象，或导致过去几十年性别平等领域取得的成果面临退步风险。联合国秘书长古特雷斯多次强调，应将女性置于联合国新冠疫情应对和复苏工作的核心，敦促各国采取措施支持女性参与经济、关注女性健康、解决暴力侵害女性的行为，等等。联合国妇女署、国际劳工组织、世界卫生组织等多家联合国机构发表一系列报告，重点探索国际社会在疫情防控和推动经济社会复苏进程中关注女性特殊需要、帮助女性摆脱疫情影响、巩固来之

不易的性别平等发展成果的政策措施及其成效。国际劳工组织发布的《应对新冠肺炎：实现性别平等，为女性创造更加美好的未来》（The COVID-19 Response: Getting Gender Equality Right for a better Future for Woman at Work）政策报告显示，新冠疫情对女性的打击尤为严重，具体表现为：比起男性，女性更易失去工作、面临降薪；女性就业多集中在非正规领域，疫情使她们更易陷入贫困且得不到充分的社会保障和救济；疫情加重了女性承担无酬劳动和照料工作，使她们更难平衡工作和生活。女性参与经济活动也受到严重冲击。国际劳工组织发布的《冠状病毒与劳动世界报告（第七版）》（Monitor: COVID-19 and the World of Work. Seventh Edition）指出：相比 2019 年，2020 年全球损失 1.14 亿个就业岗位。本次疫情中受影响最大的旅游、房地产、制造业、餐饮住宿、行政服务、批发零售业等行业，从业者多为女性，约为 5.1 亿，占全部女性劳动力的 40%。由于疫情封锁造成的停业、裁员、降薪，女性首当其冲。联合国妇女署 2021 年 2 月发布的报告显示，虽然女性仅占全球劳动力市场的 39%，却占失业人口的 54%。

联合国《新冠疫情对女性的影响》（The Impact of COVID-19 on Women）政策报告指出，全球范围内，女性和女童在疫情中受到了更大的经济影响。该报告显示，2017 年全球仅有 65% 的女性拥有银行账户，这意味着女性相对难以获得贷款等金融服务。全球 7.4 亿女性在非正规领域就业，占女性劳动力总数的 70%。由于非正规领域员工获得的健康保险、失业保险、养老金、带薪休假等福利缺乏，一旦失业、停业，女性将无法获得充足的社会保障与救济。同时，疫情还加剧了女性的家庭照料负担。根据联合国妇女署关于疫情期间无偿照料与家务劳动的报告，疫情暴发前，全世界每天 160 亿小时的无偿工作中，女性负担了约 75%，是男性的 3 倍。疫情期间，停工停学、居家办公使得家庭成为活动的主要场所，由于传统的性别分工并没有发生根本变化，女性进行无偿劳动的时间至少增加一倍，家庭照料负担加重，且更容易出现工作与家庭无法平衡的现象。而在此背景下，女性的创业活动也受到严重影响。作为家庭成员的女性不得不放弃全职工作而专心照顾家人。

据调查，疫情期间有相当数量的女性退出职场，仅 2020 年 9 月，美国就有 86.5 万女性辞职或失业，同期男性则为 20 万。联合国妇女署副执行主任安妮塔·巴蒂亚（Anita Bhatia）表示，疫情带来的家庭护理负担，或将令性别平等状况倒退至 20 世纪 50 年代的水平。

（二）新冠疫情对女性创业活动的融资和绩效提升产生影响

创业绩效是衡量创业成功与否的重要因素之一，余绍忠（2013）认为目前学者对创业绩效通常从过程和结果两个视角来衡量；其中，过程指标具体指和企业发展、成长相关，结果指标主要指创办企业的销售收入、净利润等财务指标。在疫情尚未发生时，女性创业者的创业绩效与男性创业者相比就存在一定的差距。姚晓芳等（2014）学者的研究数据表明，到 2010 年，美国女性创业者的企业占比只有男性企业的 50%—60%，倒闭概率也比男性企业高 12.9%，销售额比男性企业低大约 80%。在德国，彼得·赛尔内尔斯（Pieter Serneels）等（2013）发现只有 42% 的女性创业者在 5 年之后能继续维持企业，而男性的这一比例为 63%。王飞绒（2011）梳理了国内关于女性创业的研究现状，发现在创业绩效方面，在控制了创业者年龄、工作经历和行业领域等变量之后，男女创办企业的生存率没有明显差别。有时由女性创办的企业表现得更好。但从全球总体情况看，女性创业者创办的企业数量偏少、利润偏低且绩效偏差。各国政府通过实施相应的推动女性创业的政策或措施来消除创业过程中的性别障碍，努力激发女性创业者的潜力，充分调动社会各方面资源，以促进当地经济的快速发展。疫情发生后，各国在这方面的工作显著放缓。

疫情对女性创业和就业活动的冲击必然传导到女性的收入层面。女性创业者的个人收入水平显著下降，使女企业家们创办的企业在销售收入、净利润等财务指标方面都出现了不同程度的下滑，特别是从事批发零售业、旅游、房地产、餐饮住宿、制造业等行业的女企业家，她们殚精竭虑，开源节流，想要努力维持企业的正常运营和发展。中国女性创业者从 2019 年底到 2021 年 10 月的收入变化也呈现出"V"型的发展趋势，即触底后反弹的特征。女企业家们如何正确地预测和展望未来市场的发展方向，特别是在如此严峻的疫情时期也能把稳前进的方向盘，已经成为对所有女性创业者的巨大考验。

三、新冠疫情下中国女企业家创业活动的特点

由于全球化竞争所导致的女性经济地位的逐渐攀升、女性意识的加强等诸多方面的因素影响，造成了女企业家在全球范围内的创业活动的空前活跃。从 2006 年开始，世界范围内女性创业活动的活跃程度已经超出了男性。在全球 76 个国家中，已有 1.26 亿女性正在开创及经营自己的企业。从发展经济体来看，女性迫于生计创业的比例比男性高出 28%。而在创新型经济体中，女性创业参与度较低，她们迫于生计创业的可能性平均仅比男性高 19%。随着经济发展水平的提高，女性创业水平不断下降。

20 世纪 90 年代以来，中国女性创业以及女企业家的崛起引人瞩目。数据显示，目前中国女企业家已占企业家总数的 1/4 左右。与此同时，全球主要经济体正在进入一场"性别红利"竞赛，各国政府都不同程度地聚焦女性商业力量的挖掘。进入 21 世纪后，女性创业的蔚然兴起，是我们这个时代最突出的标志之一。中国女性对经济的贡献率高达 41%，女性创业不仅成为社会常态，更重要的是她们已经成为商界的中坚力量。中国女性自主创业的比例接近男性平均水平。全球创业报告（GEM）显示，早在 2010 年前中国女性创业水平居世界第 5 位。中国女企业家协会的调查数据显示，截至 2010 年前后，中国女企业家约占企业家总数的 25%，其中个体和私营经济中的女企业家占总数的 40% 以上。2015 年之后，我国政府工作报告中首次明确提出"大众创业，万众创新"，中国已成为全球创业最活跃的国家，《安利全球创业报告》（Amway Global Entrepreneurship Report）数据显示，中国的女性创业指数得分 80，远高于全球女性 47 分的平均值。在中国经济最发达的地区如浙江、江苏，平均每 20 个左右女

性中就有一个是老板。

与全球女企业家一样，中国女企业家具有更低的风险偏好，所创企业的规模一般较小，而且多处于利润低的行业，在追求经济目标的同时，她们更看重工作与家庭关系的平衡、工作满意度、客户满意度等社会性和心理性的因素。

中国女企业家与国外女性创业者创业绩效表现的不同之处在于，中国女企业家创办的企业成功率高达97%，而女企业家经营的企业中，利润持平企业占43%，亏损企业仅占10%左右。有关调查显示，60%以上的女企业家经营的企业，主动招聘了50%以上的女性在其企业工作，为广大女性就业提供了更多的机会。中国女性创业活动主要呈现以下特点：

（一）数字平台为女性创业者提供多种路径

数字平台为中国女性创业者提供了许多可供选择的路径，中国的阿里、腾讯等企业在其中发挥了突出的作用。在中国淘宝网店中，女性店主占50.1%，超6万残疾女性在淘宝开网店，创下销售额44.3亿元，而在最近4年，每年有超过10万55岁以上的阿姨"入淘"开店，女性创业者占比为49.25%。而全球的平台数据显示，女性创业者比例达到了53.67%。处在数字经济时代的女性，实现了"创业、创新、创富"全过程"开花"。在淘宝平台的女性店主2018年年均交易金额超20万元，相比2014年增长超过1倍，比男性店主的增幅高出三成。目前，淘宝平台的女性创业者多数进入创业稳定期，她们有着较高的自我效能感和教育程度，营业额也正在稳步拓展。在企业运营过程中，她们感到国家的创业文化和政府政策的大力支持正是她们企业发展乃至成功转型的关键所在，女性创业者们对所办企业需要的融资渠道、人才环境、基础设施、培训指导与物流现况都越来越满意。

（二）女企业家创办的科技型小微企业发展迅速

女企业家创办的科技型小微企业得到了快速发展。科技型小微企业是指拥有少数科技人员，或女企业家本身就是科技人员，她们掌握一定的自主知识产权、专有技术或先进知识，通过科学技术的投入，积极开展创新活动，提供创新产品或服务的小型及微型企业。科技型小微企业虽然小，但分布在农业、工业、科技服务业三大类产业领域，涉及电子信息和生物医药技术、新材料和光机电一体化技术、环保技术、新能源与高效节能技术以及科技农业等领域。如何为女性创办的科技型小微企业构建普惠金融体系，解决她们融资难的问题是当前各级政府亟待解决的难题。女性科技企业的发展解决了女性现实生活中的各种问题，比如智慧养老、儿童教育等，从而提升了她们自己和其家庭的幸福感。

（三）年轻化、高起点、自生长成为中国女性创业者的新特色

有关研究发现，近些年，"85后""90后"女性创始人数最多，30岁前后是女性创业的"黄金年龄"，有近七成的女性第一次创业的时间在30岁左右。这在经济学研究中有一个"M"型曲线，也就是说女性劳动参与率的生命周期的特点为：在15—20岁，女性劳动参与率迅速上升，形成第一个高峰。20岁以后，女性由于婚育而退出劳动力市场，女性劳动参与率下降，形成第一个低谷。孩子长大以后，女性大约在35岁，劳动参与率再次上升，形成第二个高峰。50岁以后，女性劳动参与率一直呈下降趋势。

创业女性大多拥有本科及以上学历，并有多年的工作经验，她们能够打破常规，积极创造融资机会，解决融资的能力成为女企业家创业成功的关键所在。但研究同时也发现，女性创立的企业获得风险投资的比例不足4%，与男性所创立的企业所占的85%—95%相距甚大。女性创业者在创业活动中，为不断获取信息流、人脉流、资金流、技术流做出了巨大努力。四成以上女性创业者第一次创业前拥有从商经历，女性创业的行业覆盖面广泛，而且更愿意选择独立创业。在女性创业活动中更容易兼顾商业价值与社会可持续发展的融合，比如从事文创产品、家庭教育管理、直播带货等。

（四）机会型创业已成为女性创业的主体力量

2001年《全球创业观察》（The Global Entrepreneurship Monitor，简称

GEM）首次提出生存型创业和机会型创业两种模式：所谓生存型创业，是指面对现有的市场，为了生存的需要捕捉创业的机会，具有很强的现实性。生存型创业资金主要来源于个人和家庭自筹。而且所从事行业的技术壁垒较低，不需要拥有很高的技术和技能人员。人工成本较为低廉，多为非正式经济组织。总之，是人们因为生活所迫，从事低门槛、低成本、低风险、低利润的行业。所谓的机会型创业，是指创业者有更多的资金支持和政策支持，融资渠道主要来源于商业贷款和政府的政策支持，在创业商机把握上更注重寻求蓝海市场[①]，而且所选择的市场无论是资金壁垒还是技术壁垒都要更高，具有更大的经营风险，同时寻求更高的投资回报。机会型创业不仅解决了自身的就业问题和其他人的就业问题，而且在改善国家的经济结构、创造更大的经济效益方面发挥着巨大作用。近些年来，中国的女性创业者的创业动机越来越趋向于机会型创业。研究发现，中国女性创业动机为：发现市场机遇的占到35%，其中从过去的工作经历中找到商机的占近25%；个性喜欢挑战、渴望获得事业成功的占近30%；作为技术拥有者而创业的占15%；而没有更好的职业选择只占到20%。

（五）女性创业行业领域趋向智能化、数字化、服务化和绿色化

全球女性创业的初期大多处在维持生计的简单循环中，对创业中风险存在"模糊风险厌恶效应"，因而对当地的经济和社会发展影响甚微。伴随着科技革命的兴起，越来越多的中国女性投身于绿色生态、高科技的制造业、科技农业等领域，以智能化、网络化、服务化和绿色化为方向的经营范式正在形成。在创新驱动顶层战略的引导下，围绕技术研发、人才激励、财税体制、投融资环境以及开放创新等方面的企业改革不断深入。女性创业者在此过程中得到了赋能。

中国女性创业的领域占比：互联网占25%，金融占15%，服务行业占15%，房地产占10%，外贸占10%，汽车占8%，咨询业占5%，环保业

---

① "蓝海市场"属于市场的一种类型，市场由两种海洋所组成：红海和蓝海。红海代表现今存在的所有产业，也就是我们已知的市场空间；蓝海则代表当今还不存在的产业，这就是未知的市场空间。

占3%，珠宝业占3%，新型农业占2%，新能源占2%，生命科学占2%。北京女企业家协会在2015年统计的女企业家行业分布情况：房地产业占比20.9%，外贸商业占比20.5%，金融咨询业占比14.7%，旅游餐饮占比13.7%，文化教育产业占比13.3%，高科技企业占比7.6%，新型农业占比6%。而且，近年来高科技企业和新型农业比例持续提升。因为疫情的影响，生命科学和医疗服务行业成了女性创业者关注的重点领域，从发展的眼光来看，这些行业的资金、技术和人才未来将十分短缺。目前，我国的技术升级、迭代、更新以及硬件的广泛应用，已经成为企业捕捉市场商机的热点所在，女性创业者只有不断进行技术更新，才能赶上时代的发展步伐。

中国女性创业的优势是明显的，问题和障碍也是显而易见的。中国女性创业者普遍务实理性，精力旺盛，脚踏实地，富有创意，积极求变，喜欢迎接各种挑战。但她们在创业过程中也常常面临融资渠道不畅，社会资本薄弱，项目选择不佳，资金周转不良，经营管理不善等问题。当融资渠道不畅时，如何寻求到足够的资金来支持创业，是所有创业者必须思考的问题。诺贝尔奖获得者孟加拉国经济学家穆罕默德·尤努斯（Muhammad Yunus）教授创立了"格莱珉模式"，即农村互助金融模式，它旨在通过小额信贷帮助女性创业者建立信用，战胜贫困。另外，前景好、门槛低的许多行业往往被更有实力的男性所获取，市场环境存在垄断现象，不能实现良性竞争。法规和政策不够完善，审批手续过于复杂，政府的政策法律法规不够精准透明。女性缺乏必要的技术支持与信息支持，缺少先进的管理理念等。男性主导的商业世界对女性存在许多偏见，女性必须照顾家庭的传统观念以及来自工作和家庭的双重压力，都成为女性创业的巨大障碍。

女性要想获得创业成功，就必须掌握关键性技术和流程，就要在商业领域里不断积累工作经验，就要努力掌握所在行业的商业模式并运用好物流技术和运营经验。只有这样才能立于不败之地。

(六)中国女企业家越来越注重家业平衡

在中国传统的"男主外、女主内"思想的影响下,女性常常受到来自家人和环境的双重压力。解决好子女的教育问题、老人的养老问题,实现家务劳动的社会化是帮助女性创业者处理好家业平衡问题的有效途径。现实中,许多女性创业者经常面临家业不平衡的困扰,例如在创业最艰难的时刻,被老师叫家长,瞬间觉得自己突然被贴上一个"不称职妈妈"的标签。或是在资金出现短缺时,家里老人得了重病。这些常常比面对合伙人、投资者和工作伙伴所施加的形形色色的压力来得更加痛苦。所以,今天的女性创业者比起她们的前辈更加注重合理地分配时间,注重子女的教育与陪伴,注重父母的养老,将家务劳动更多地交给社会机构去解决。中国女性创业者普遍认为创业使她们结交了更多新朋友,并改善了她们与家人、朋友的关系。

四、疫情背景下中国女性要积极把握创业机遇

创业活动是不拘泥于当下的资源约束,不断寻求机会,不断进行价值创造的行为过程。创业者只有勇于创新、敢担风险、团结合作、坚持不懈,才能创造出新的业绩。但同时,创业者还要牢牢把握住创业机遇。创业机遇有三大特点:一是该产品和服务市场会不断成长;二是机遇会持续一段时间;三是创业者拥有资金、技术等条件可以加以利用。而疫情对女性创业的融资渠道和方法明显具有负面效应。尽管如此,在2020年这个特殊年份中,所有企业的人工成本因为疫情影响有了大幅增长,企业的营销成本,包括宣传、媒体投放等成本也有了大幅增长,市场竞争环境更趋严峻。但在国家"深入推进创新创业巾帼行动"(国务院《关于推动创新创业高质量发展打造"双创"升级版的意见》,国发〔2018〕32号)等系列政府战略政策的引领下,在我国产业不断调整与技术不断进步的趋势下,在我国数字经济不断变革的情境下,如何发挥"性别红利"的作用,深入挖掘女性的商业潜力,推动中

国女性自由选择创业的"黄金路径",为她们提供技术性解决方案,为她们开发新的技术平台,带领她们突破时空的束缚,通过数字技术的赋能和支撑,使她们能够积极参与到创业创新活动中去。

尽管目前疫情仍在肆虐,但是依托我国新经济、新技术的不断进步,依托各级政府不断出台多形式、多渠道的激励政策,中国女性创业者就能够不断发现和抓住商机,就能持续改善自身的经营管理理念,就能做好家业平衡。中国女性创业者只有积极推动所在企业的变革,不断提高所在组织的有效性,切实维护好自身的合法权益,才能够为国家的经济和社会的发展作出新的贡献。

参考文献

1. 蔡昉、张丹丹、刘雅玄:《新冠肺炎疫情对中国劳动力市场的影响》,《经济研究》2021年第2期。

2. 金泉、李辉文、苏庆新、马文杰:《新冠肺炎疫情突发事件对中小微企业企业家信心的影响及对策——基于中国企业创新创业调查(ESIEC)数据库的分析》,《产业经济评论》2020年第2期。

3. 吕童玉、邢慧敏、刘晓丽、管庆艺、王鹤、赵连展、张瑜:《新冠肺炎疫情期间居家隔离的护生心境状态及其影响因素分析》,《卫生职业教育》2021年第10期。

4. 王飞绒:《国内女性创业研究的现状及展望》,《中华女子学院学报》2011年第5期。

5. 徐铭蔚:《在新冠肺炎疫情影响下中小企业如何实现创新发展》,《广东经济》2020年第7期。

6. 杨静、王重鸣:《女性创业型领导:多维度结构与多水平影响效应》,《管理世界》2013年第9期。

7. 姚晓芳、乔珊、龙丹:《基于性别差异的女性创业绩效研究综述》,《华东经济管理》2014年第7期。

8. 余绍忠：《创业绩效研究述评》，《外国经济与管理》2013 年第 2 期。

9.Pieter Serneels, Elena Bardasi, Kathleen Beegle, Andrew Dillon: *Do Labor Statistics Depend On How And To Whom The Questions Are Asked? Results From A Survey Experiment In Tanzania*, Policy Research Working Paper, Feb. 2010.

作者简介

张丽琍，女，中华女子学院管理学院院长、教授，长期从事女性创业及女性人力资源开发相关研究。

新冠疫情期间山东省返乡入乡创业就业妇女现状分析与对策研究[①]

赵 真 李桂燕

一、引言

2021年3月15日，农业农村部、退役军人事务部、全国妇联联合召开全国推动返乡入乡人员创业就业工作视频会。会议强调，要深入贯彻落实党中央、国务院决策部署和全国两会精神，做好返乡入乡农民工、大学生、退役军人和农村妇女等"四支队伍"创业就业重点工作，确保"十四五"返乡入乡创业就业开好局、起好步。会议指出："2020年返乡入乡创业就业工作取得重要成效，返乡入乡创业创新人员累计达到1010万人，比上年增加160万人，增长19%。同时，1900多万返乡留乡人员实现了就地就近就业，为经济社会大局稳定作出了积极贡献。"[②]

返乡入乡人员的创业就业对经济、社会发展的推动作用已经得到了广泛的认可，成为落实"六保六稳"政策的重要举措之一。"返乡入乡"是随着城镇化进程的加快和地方经济的发展，与"外出务工"对应的一个现象，这个群体不论因何选择返乡入乡，在他们身上都有着不同于普通创业就业者的一些特征。返乡入乡人员创业就业，不仅能解决他们本身的就业问题，增加他们的家庭经济收入，而且还能为当地创造更多的就业机会，解决更多人的就

[①] 本课题在调查和研究中得到了山东省妇联及各市县（区）妇联发展部的全方位支持，提供了多位返乡入乡创业就业女性典型，并有针对性组织返乡入乡创业就业女性填写电子问卷。

[②] 郁静娴：《去年返乡入乡创业新人员达1010万》，《人民日报》2021年3月16日。

近就业问题；不仅能促进当地经济发展，而且还能解决乡村空壳化、"留守"儿童和"留守"老人等一系列的社会问题。

为满足返乡入乡创业女性发展的内在需求，引领更多女性人才参与乡村振兴，2019 年，山东省妇联成立巾帼返乡下乡[①]创业联盟，目前有会员 231 人，其中女大学生占 63%，联盟领导班子成员全部为女大学生。通过联盟，返乡创业女大学生学习新产业、新技术、新业态、新模式和先进管理理念，加强了交流、增进了协作，更好地带着农民干、帮助农民赚，实现共赢多赢和可持续发展。

山东省妇联及各级妇联发挥巾帼返乡下乡创业联盟、女致富带头人发展联盟等合作组织的人才聚集、示范引领优势，把创业联盟作为组织动员妇女投身乡村振兴、贡献巾帼力量的重要抓手，协调各方资源，精准对接服务，多元化"引才"，全方位"育才"，多渠道"留才"，大力支持返乡入乡女大学生创业发展，搭建互通交流的有效平台，形成强强联合、抱团发展的新格局，为农业发展注入新要素，为农村繁荣注入新动能，成为乡村振兴战略中不可或缺的巾帼力量。

本文研究的返乡入乡创业就业妇女是指：返乡女农民工、中高等院校女毕业生、退役女兵、返乡女企业家和有意愿、有能力返乡入乡的城镇女科技人员等。

本调研小组先后调研了济南、威海、滨州、淄博、潍坊、德州等市返乡入乡创业就业妇女，并且通过电话和网络了解到返乡入乡创业就业妇女典型的一些情况，还组织了部分妇联工作人员、返乡入乡创业就业妇女典型进行开放性的访谈[②]。

本次调研通过问卷网在山东省 16 市有针对性地发放调查问卷，回收有效问卷 9005 份。

具体研究方法如下：

---

① 返乡下乡、返乡留乡：与返乡入乡意思相同（下文皆同）。
② 遵照知情同意原则，本文对所有受访者均做了匿名化处理。

（1）文献分析。研究国内相关创业理论，分析目前对返乡入乡创业就业研究的最新进展，分析当下返乡入乡创业就业妇女的现状，总结山东返乡入乡创业就业妇女的现状。

（2）深度访谈。到返乡入乡妇女的企业、合作经营社和相关主管服务机构进行实地调研访谈，掌握一手、真实的资料。

（3）问卷调查。设计信度和效度较好的调研问卷，收集我省返乡入乡创业就业妇女现状及对策的相关数据。

二、调研分析

本次问卷共设置39个问题，一共3个部分，分别是：个人基本情况、女性创业就业是否存在隐性歧视等问题、创业就业意向及政策支持。

个人基本情况分析统计如下：36.3%的被调查者年龄集中在31—40岁，34.4%的被调查者年龄集中在41—50岁，17.5%的被调查者年龄集中在51—60岁，10.5%的被调查者年龄集中在20—30岁。被调查者年龄主要集中在31—50岁，这也和当下返乡创业的女性年龄相吻合，年轻时在外闯荡，积累一定经验后返乡发展，所以被调查者年龄普遍偏大（见图1）。

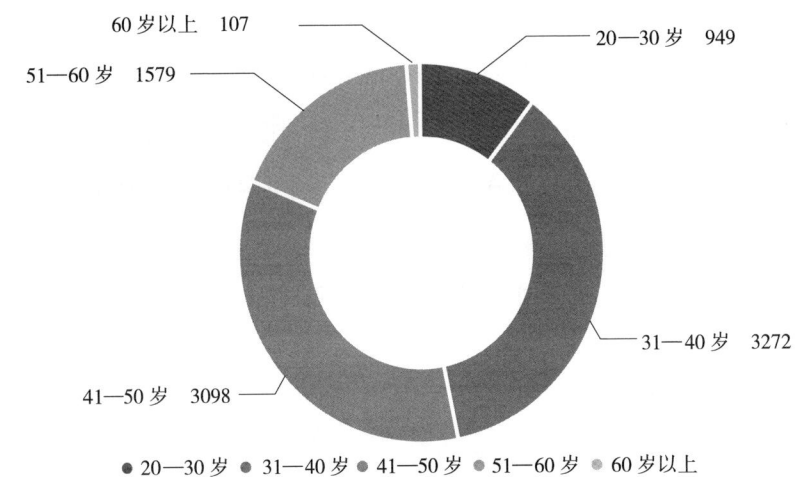

图1　被调查者年龄分布

关于被调查者的学历问题，中学及以下占 50.52%，专科占 31.58%，本科占 16.57%，研究生及以上占 1.33%，被调查者学历普遍偏低（见图2）。

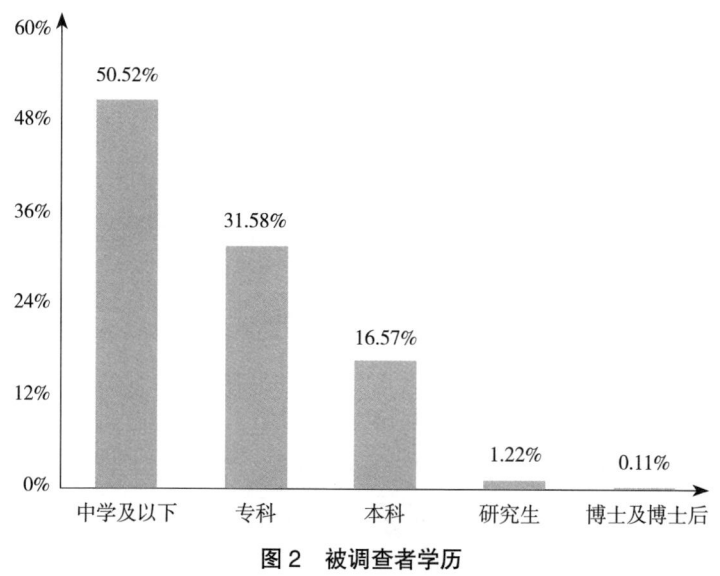

图2　被调查者学历

关于被调查者的婚姻状况，92.9% 已婚，475 名女性未婚，106 人离婚，54 人丧偶。这符合调查中夫妻共同创业居多现状。

关于被调查者的身份职业问题，最多的是村干部，占比 31.43%，务农占 17.85%，个体经营户占 8.96%，在企业打工的占 8.23%，全职家庭主妇占 7.47%，农村知识分子（农技员、医生、教师、文化工作者等）占 7.01%，企业管理者占 3.11%，其他占 15.95%（见图3）。

关于家庭年收入情况，统计分析如下：最多的是 3 万元—5 万元，3648 人，占比 40.5%；2 万元以下 2478 人，占比 27.5%；6 万元—10 万元 2036 人，占比 22.6%；11 万元—15 万元 433 人，16 万元—20 万元 176 人，20 万元以上 234 人（见图4）。

家庭收入主要来源方面：3925 人是工资收入，2224 人是种植收入，1295 人是经营收入，187 人是养殖收入，45 人是财产性收入（见图5）。

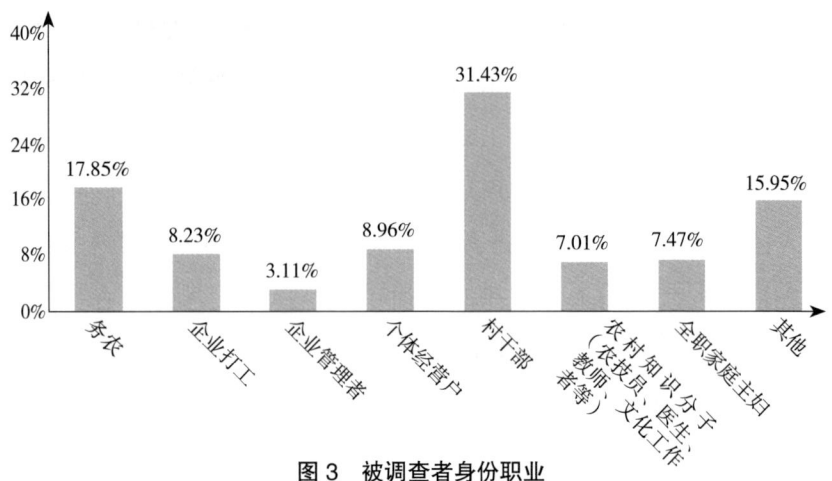

图3 被调查者身份职业

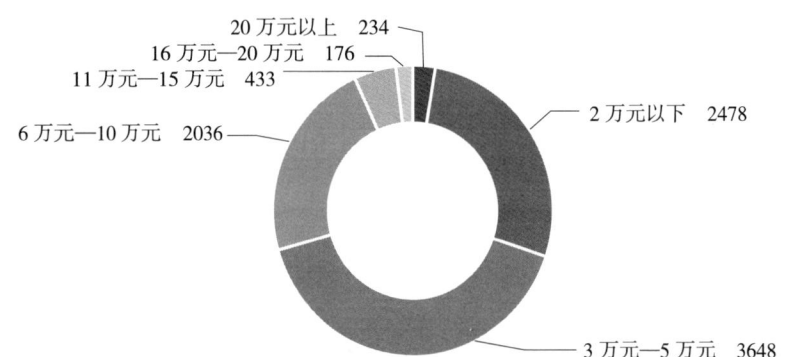

图4 被调查者家庭年收入

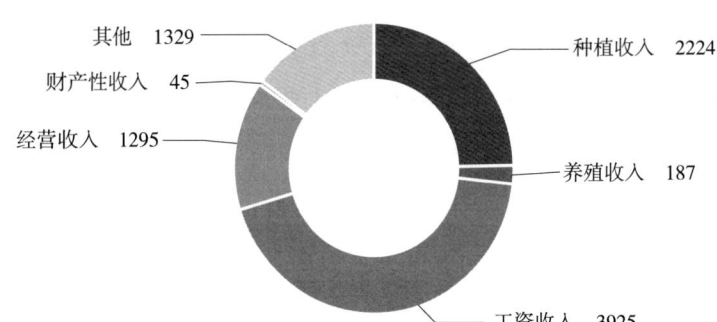

图5 被调查者家庭收入主要来源

关于被调查者"主要从事的行业"的问题：2342人从事种植业，占比26%；772人从事医教文卫事业，占比8.5%；671人从事加工制造业和手工业，占比7.5%；513人从事批发零售商贸服务业，占比5.7%；218人从事养殖业，占比2.4%；212人从事家政服务业，占比2.4%；211人从事餐饮住宿旅游服务业，占比2.3%；179人从事交通运输业，占比2%；其他3887人，工作不固定，多是零散打工，占比43.16%（见图6）。

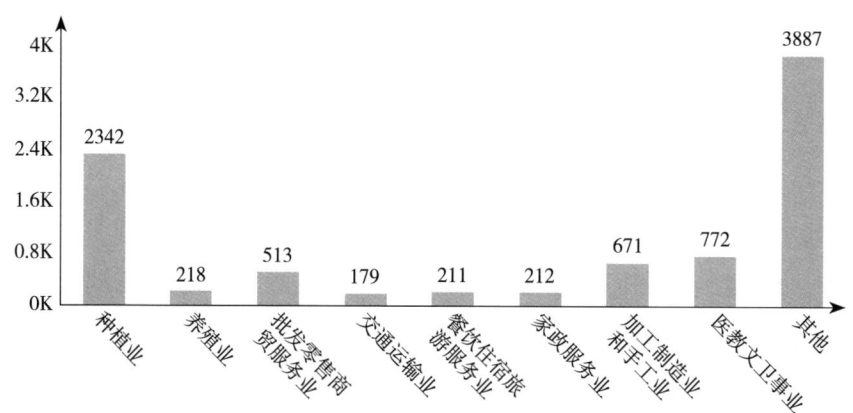

注："K"代表"千"（人数）。

图6　被调查者主要从事的行业

在对"您是否愿意返乡创业"的回答中，选择愿意的7432人，占比82.5%；选择不愿意的1573人，占比17.5%。表明绝大部分的被调查者对返乡入乡创业抱有希望，而且也显示出她们的爱家情怀。

关于选择创业的原因，统计结果如下：6248人选择经济原因，占比69.4%，想要改善经济状况，提高经济水平；3096人选择个人追求原因，占比34.4%，她们有职业发展的目标，想要自己做老板，同时具有较强的能力，认为创业可以更好地实现个人价值，展示自己的能力；2185人选择环境原因，所在地区或家乡具备优良的创业环境；1220人选择技术原因，所在地或家乡行业信息获得比较便利；1184人是受创业成功者的启发。这个结果也和后来的访谈相一致，谈及创业经历的时候，开始创业绝大部分人是因为经济原因，觉得工资少或者是想挣更多的钱（见图7）。

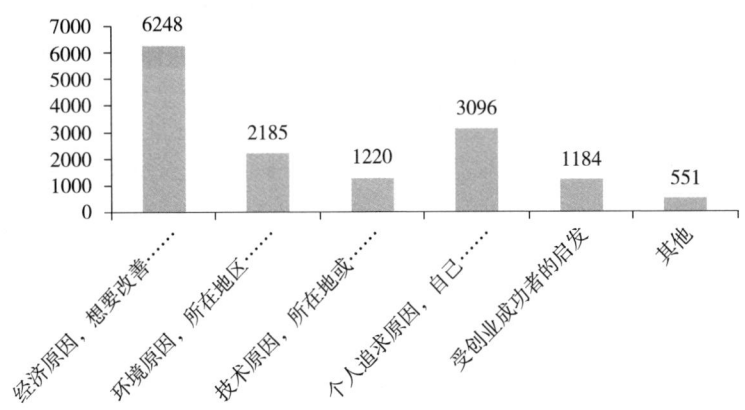

图 7　被调查者选择返乡创业的原因

关于"您之前是否有过创业经历"的调研：2741人有过创业经历，占比30.4%；6264人没有创业经历，占比69.6%（见图8）。很多在城市创业成功的，一般选择就地发展；近几年由于政策变化才有返乡创业的高峰。另外还因为新冠疫情，一些企业受影响比较大，不少打工者回乡发展。

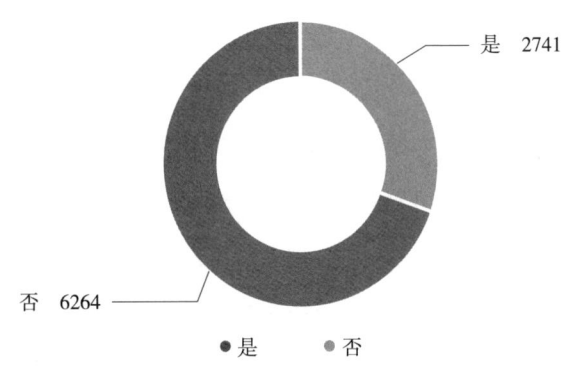

图 8　被调查者是否有过创业经历

关于"通过哪种形式进行创业"的数据如下：夫妻合作形式的4235人，占比47%；独立自主创业的3746人，占比41.6%；亲友帮忙的1024人，占比11.4%（见图9）。返乡入乡妇女由于受到知识水平、能力以及资金等的限制，更多的是夫妻创业，分工模式多半是沿袭男主外、女主内的模式。

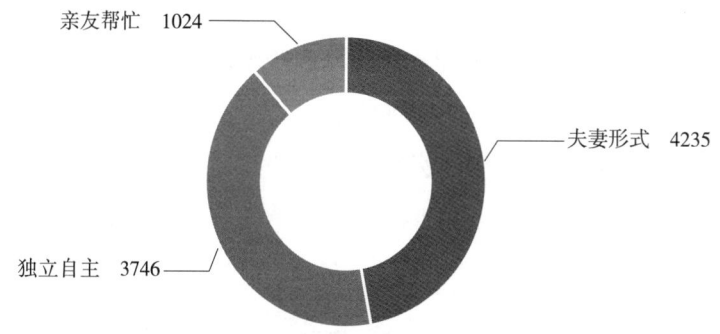

图 9　被调查者通过哪种形式进行创业

关于对创业风险的认知，选择中立的最多，3009 人，占比 33.4%；比较接受的 2729 人，占比 30.3%；完全接受的 2532 人，占比 28.1%；比较不能接受的 499 人，完全不接受的 236 人。这表明 58.4% 的女性能够接受创业风险，提前有所准备；但 41.6% 的女性对创业风险认识不足，承受能力较弱，喜欢求稳，不愿意做风险大的事（见图 10）。

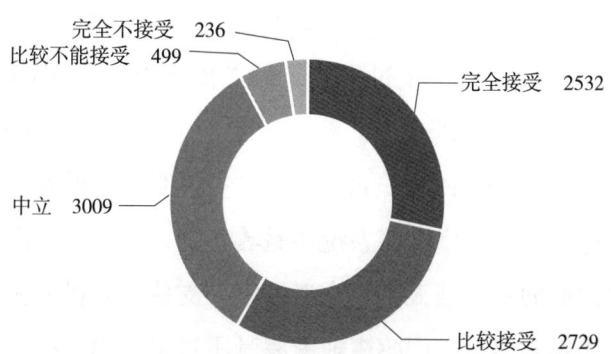

图 10　被调查者对创业风险的认知

调查问卷的第二部分有 10 个题目，关于女性创业就业是否存在隐性歧视。关于当下创业就业形势的性别认知统计结果如下：认为形势比男性严峻的 3947 人，占比约 43.8%；认为和男性一样的 3940 人，占比约 43.8%；认为女性就业形势比男性好的 1118 人，占比约 12.4%。选择了女性就业形势好于男性的,主要是当地政府鼓励创业的政策比较好,大环境比较宽容,妇联争取到一些特殊优惠;43.8%的人依旧选择女性就业创业形势比男性严峻,或者一样严峻(见图11)。访谈中潍坊的一名女创业者回答:目前创业环境并不乐观,加上某些传统观念的影响,女性要想成功,必须付出比男性更多的努力。

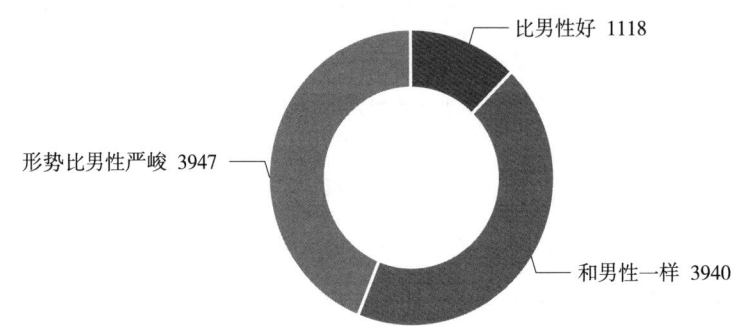

图11 被调查者对"女性的创业就业形势相比男性如何"的回答

关于"是否因为创业产生过家庭矛盾"的问题,是想调查了解女性在创业过程中家人对其支持的程度。统计发现:选择"是"的3379人,占比37.5%;选择"否"的5626人,占比62.5%。说明目前返乡入乡女性创业就业的家庭环境还不错,家庭支持系统还是具备的。访谈中济南天桥区桑梓店一名返乡入乡创业的女科技人员,在谈及家人支持的时候泪流满面:娘家在外地,由于丈夫经常出差,深感事业家庭顾不过来,幸好弟弟舍弃百万收入的工作来自己公司帮忙;娘家妈80多岁了,还在帮忙带孩子,甚至还帮忙干家务;婆家是福建的,老两口年事已高,身体不好,但因为工作繁忙、疫情影响,她和老公已经三年没有回婆家了,非常内疚。两口子即使特别辛苦和烦躁的时候,想想老的小的都不容易,争吵也就吵不下去了。

关于"您或者您的朋友在创业就业过程中是否遭遇过性别歧视"的问题，选择"是"的3467人，占比38.5%；选择"否"的5538人，占比61.5%。说明目前创业就业的性别环境总体上比较好（见图12）。

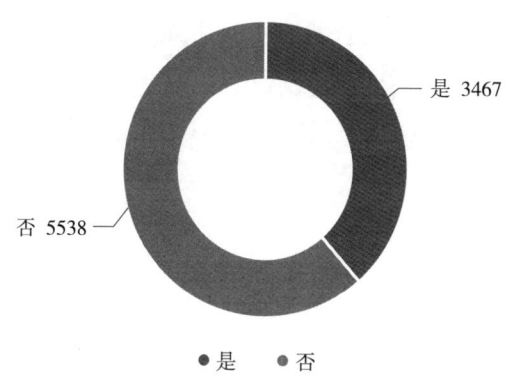

图12 被调查者对"您或朋友在创业就业过程中是否遭遇过性别歧视"的回答

关于"解决当前女性创业就业难的最有效办法"的调研，选择希望颁布专门反就业歧视法的3816人，占比42.4%；选择完善相应的社会保障机制，普遍建立生育保障的3757人，占比41.7%；选择加强性别平等宣传，消除用人单位重男轻女的观念的4647人，占比51.6%；选择制定操作性强的两性平等就业政策并大力推广的3524人，占比39.1%；选择女性应提高自身素质，积极参加社会实践5303人，占比58.9%（见图13）。根据统计结果和访谈资料，由于习得的男主外、女主内的模式，以及被调查者的年龄偏大，本调查组认为缓解就业难，应该提高女性素质。多参加社会实践，提高自身素质是解决就业难的重要方面之一。在章丘访谈一位创业女性时，她说虽然提倡男女平等、机会平等，但女性创业还是难，主要原因是自己受村里女孩读书无用影响，初中辍学打工，文化水平低。贷款不会填表、不懂流程、做生意不会包装……

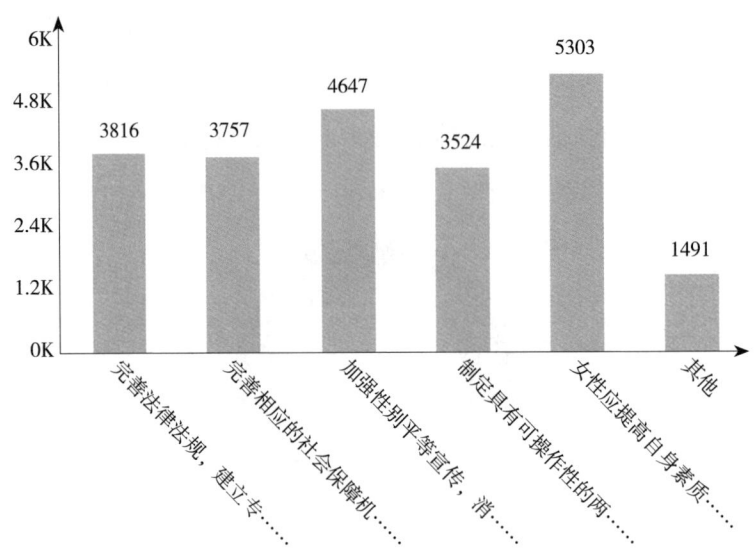

注:"K"代表"千"(人数)。

图13 被调查者对"解决当前女性创业就业难的最有效办法"的回答

调查问卷的第三部分有16个题目,关于女性就业创业的意向及支持系统分析。

关于"创业就业信息渠道"的问题,选择亲朋好友推荐的4811人,占比53.4%;自己寻找打拼的4536人,占比50.4%;中介组织推荐的1729人,占比19.2%;政府提供的3506人,占比38.9%;单位招聘的2673人,占比29.7%;其他1803人,占比20%。数据表明,选择最多是亲朋好友推荐,可见人际关系的支持是信息获取的主要途径,也说明在女性职业发展中社会支持的重要性;选择最少的是中介组织的推荐。在访谈威海环翠区一位创业女性时,她提及最大的帮助来自政府部门提供的创业就业信息渠道及优惠政策(税收、土地等)。

关于"制约和影响您创业就业的因素"的多项选择问题,选择照顾家人精力有限的4482人,占比49.8%;选择缺少创业就业信息渠道的4108人,占比45.6%;选择创业资金和政策不足的3889人,占比43.2%;选择家务劳动繁重的3667人,占比40.7%;选择创业技能和素质不足的3075人,占比34.1%;选择文化水平有限的2623人,占比29.1%;选择性别歧视的724人,选择身体不好的561人,选择其他的1414人。大部分的女性认为制约因素主要在缺少创业就业信息渠道、技能不足、资金不到位这几个外部条件,内部制约因素主要是繁重的家务和照顾家人的负担(见图14)。访谈德州一位返乡入乡创业女性时,她多次谈及对不起自己的孩子,因为工作繁忙、创业前期特别艰辛,家里啥事也顾不上,尤其对第一个孩子疏于管理,导致亲子关系不好,这是她最愧疚的地方。对于家务劳动的分工,她觉得自己付出少,应该多干一点。

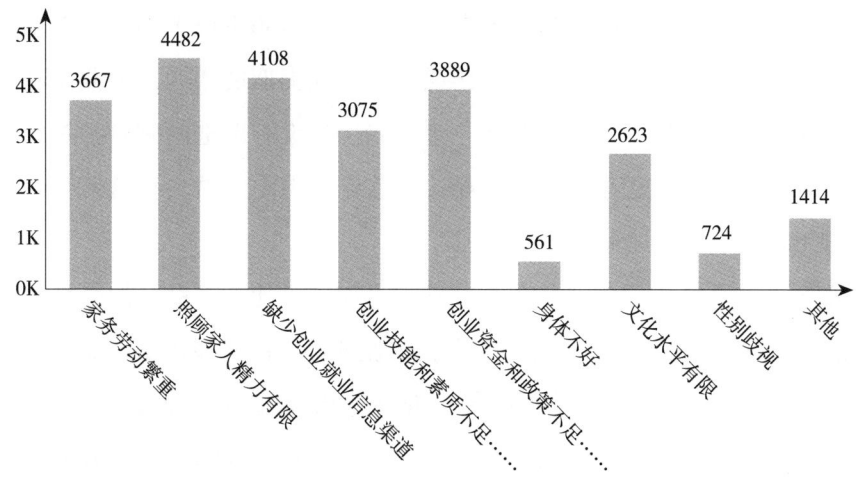

注:"K"代表"千"(人数)。

图14 被调查者对"制约和影响您创业就业的因素"的回答

关于"创业资金的主要来源"的问题,回答自己在外打工时积蓄的4217人,占比46.8%;选择自筹的4064人,占比51.5%;选择亲戚朋友的借款的2359人,占比26.2%;选择通过银行贷款的2383人,占比26.5%;选择申请政府补贴的1857人,占比20.6%;选择股份集资的296人,占比3.3%;选择其他的1575人。通过这个多选题的回答,可以看到资金的筹集来源主要是自筹、个人积蓄。访谈中一位种植蒲公英的女老板说,从济南到文登创业,后期资金缺口越来越大,所有积蓄都搭进去,无以为继,申请贷款较难,有些优惠政策仅本地人能享受,自己享受不到。

关于"是否参加过职业技能教育培训"的调研,没参加过的6554人,占比72.8%;参加过的2016人,占比22.4%。调研时发现:妇联、农业部门、人社部门、商务部门等均开设过培训,但是未有机整合,随机性比较大,信息发布渠道不统一，被调查者或因为长时间在外打工不知道，或自己创业后没时间，参加培训很少，但是参加过培训的 2000 多人反馈，通知更到位的是当地妇联。这说明村级妇联组织健全、有活力。

关于"没有参加职业教育培训的原因"的问题，不知道渠道和信息的 4133 人，家人亲友不同意的 718 人，学费和时间受限的 3138 人，感觉内容不易掌握的 1551 人，其他的 3036 人。统计发现，80% 以上的人不参加培训是因为渠道不畅或者时间不合适。访谈中也发现类似的问题，创业女性很需要获得创业知识或是企业管理经验，想学习但是没有合适的时间学习，或者找不到地方学习，或者某些机构有相关的培训，但是学费贵。这使得缺少技能的妇女创业路上更加艰难。

关于"如果参加了培训，政府、妇联等提供了什么帮助"的统计，选择最多的是直接提供技能培训，5923 人，占比 65.8%；选择提供创业就业信息的 5894 人，占比 65.5%；选择提供创业就业指导的 5039 人，占比 55.9%；选择提供贷款支持的 2573 人，占比 28.6%；选择税收减免的 1896 人，占比 21.1%；选择提供摊位或场地的 1754 人，占比 19.5%；选择安置工作的 1303 人，占比 14.5%；选择其他的 462 人（见图 15）。访谈发现，妇联等部门提供最多的是创业就业信息和创业就业指导（法律、电商、政策咨询等），在推

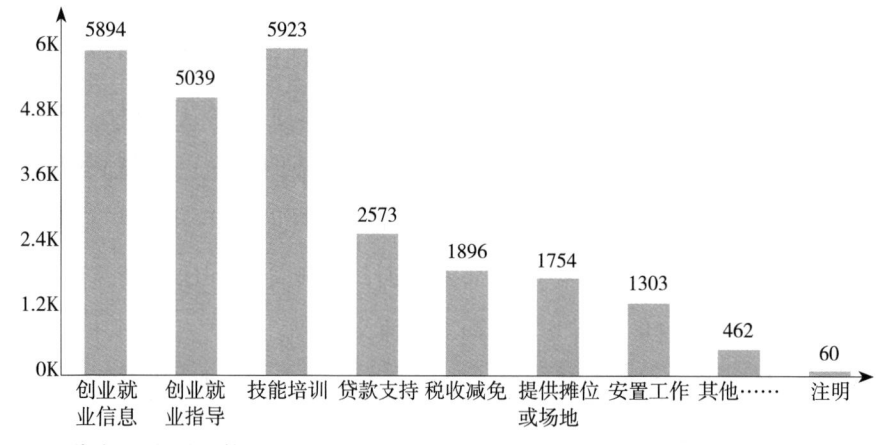

注："K"代表"千"（人数）。

图 15　被调查者对"如果参加了培训，政府、妇联等提供了什么帮助"的回答

进妇女就业创业的过程中发挥了重要作用；还有一些特殊行业，比如家政服务等，绝大部分是女性在从事，妇联不仅提供家政劳动技能培训，还直接培训相关家政机构负责人。

关于"本地文化是否鼓励女性为创业努力，包容创业失败"的回答，完全同意的4191人，占比46.5%；比较同意的2135人，占比23.7%；中立的2335人，占比25.9%；比较不同意的206人，完全不同意的138人（见图16）。由此而知，目前城镇社区的环境，特别是文化环境还是很适合妇女创业的。在访谈中，滨州的一名创业者说，现在女性在家里地位高，主要是我们能干，有收入来源，说话也有分量了，不再光依靠男人，女人挣钱比男人多的也很多，夫妻创业的更多，不分彼此。环境的包容让女性更大胆地去创业。

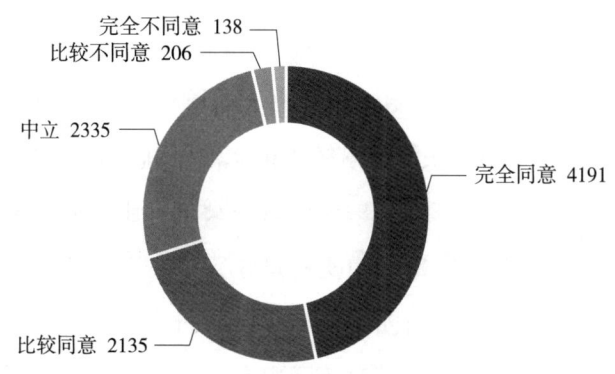

图16 被调查者对"本地文化是否鼓励女性为创业努力，包容创业失败"的回答

关于"您对创业资源需求的程度"的调研，问题用五度需求的量表进行统计，统计结果详见表1：

表1 被调查者对创业资源"需求程度"的回答

	非常需要	需要	一般	不太需要	完全不需要
资金	4435	2730	1523	208	109
技术	5575	2337	923	110	60
人才	5331	2461	1013	129	71

续表

	非常需要	需要	一般	不太需要	完全不需要
政策	5816	2376	693	68	52
信息	5962	2285	650	58	50

这五个方面都是创业不同的需求。而且不同的行业，需求的重点和内容也不一样，但是资金、技术、人才、政策、相关信息都是她们在创业的时候必需的。

关于"您期望参加哪类教育和培训"的调研，选择农业实用技术的4180人，占比46.4%；选择现代科学技术的3949人，占比43.9%；选择企业经营管理技能的3147人，占比34.9%；选择家政餐饮商贸服务技能的3012人，占比33.4%；选择学历学位教育的3011人，占比33.4%；选择不需要培训的236人。数据表明大多数人还是最注重实用性技能，尤其是迫切希望掌握新的农业技术。

关于"目前在返乡入乡创业过程中遇到的主要困难"的调研，资金不足、缺乏相关政策支持的2864人，占比31.8%；经验不足、缺乏人脉及社会关系的2575人，占比28.6%；专业技术缺乏的1277人，占比14.2%；信息不灵、缺乏服务平台的907人，占比10.1%；需要安置工作、劳动保障、团队管理等的446人，占比5%；场地问题的414人；货源渠道的252人（见图17）。

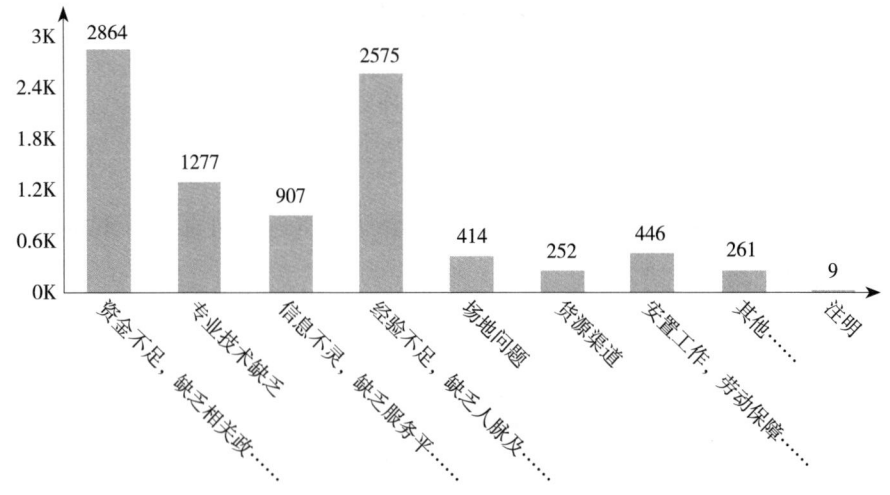

注："K"代表"千"（人数）。

图17　被调查者对"目前在返乡入乡创业过程中遇到的主要困难"的回答

遇到困难最多的是资金、人脉关系、技术支持不足。济宁的一位创业女性告诉我们：开始最难的是人脉和资金，特别是资金，如果政府能够提供无息或者低息贷款，会顺利很多。想当年东拼西凑了 3 万元创业，现在企业已经发展到几亿元的规模。但是企业发展壮大后，人脉、政策的熟悉程度便更为重要。

关于"在创业过程中遇到的最大的挑战和风险"的调研，选择最多的是经济风险（由于市场供求、价格变动和资金链变动引起的经营风险，经济形势、国际形势等），4996 人，占比 55.5%；选择自然风险（由于天气、气温、病虫害等引起的种植养殖风险等）的 1772 人，占比 19.7%；选择政策风险（由于税收加重、信贷紧缩、土地审批严格、环保要求引起的风险）的 1179 人，占比 13.1%；选择社会风险（如合伙人撤资、倒戈、管理部门吃拿卡要等引发的风险）的 693 人，占比 0.8%。调研显示，经济风险是选择最多的。访谈中济南一名创业女性说，最大的困难是资金和政策，由于场地受限，想盖厂房，但是缺乏足够资金，没有政策扶持，农业用地不能随便更改用途，现在也是她企业发展的瓶颈所在。

关于政府支持的问题，希望政府提供创业就业培训服务技能提升的 6481 人，占比 72%；希望提供市场信息、提供创业平台搭建的 4659 人，占比 51.7%；希望放宽贷款条件、提供金融支持的 3798 人，占比 42.2%；希望搭建人才平台、引入电商精英的 3491 人，占比 38.8%；希望放宽用地限制、降低使用成本的 3053 人，占比 33.9%；希望完善配套设施、提高服务质量的 2949 人，占比 32.7%；希望降低税负水平、提供税收减免的 2573 人，占比 28.6%；其他 270 人，如有人还希望提供人脉支持、提供产品的销售渠道等（见图 18）。这说明广大返乡入乡创业就业女性最希望获得的支持：首先是提供技能培训，其次是提供市场信息和经济支持。

从以上的调查分析得出，女性返乡创业就业的比例近几年逐步提高。由于各级政府部门的重视和乡村振兴战略的推行，越来越包容开放的社会环境以及女性的受教育水平的不断提高，家人关系也越来越和谐，支持女性创业。调研发现返乡入乡创业就业的妇女年龄结构以 30—50 岁为主；创业就业的

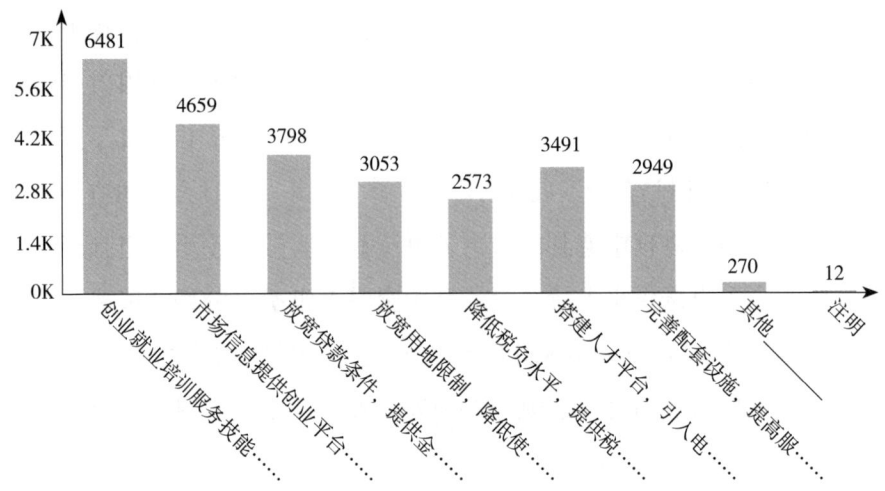

注:"K"代表"千"(人数)。

图 18 被调查者对"如政府或者妇联提供创业就业支持,您需要哪些"的回答

类型相对以低技术含量、灵活用工、低层次为主,主要是解决生计问题,有事可做;同时兼顾家庭,不耽误接送孩子,不耽误照顾家人;创业模式多以夫妻创业为主,多为小微企业,规模较小,获取资金的来源比较有限,获得技能培训的机会较少;在行业的选择上,主要是电子商务、直播带货平台、饮食服务、种养殖、农业合作社……

三、对策建议

(一)政府层面

虽然各级政府及部门已经颁布和执行了一些帮扶创业就业的政策,特别是疫情时期,多个部门更是联合出台、连续出台多项政策帮助企业和个人共渡难关。但从场地费用减免、以工代训的补助、小微企业及个人贷款辅助等方面来说,有些好政策还没有贯彻到位。调查显示,很多女性创业成功是因为政策的优惠、资金的支持。返乡入乡妇女创业原因大部分是为了生存,必须掌握一定的创业技能、一定的人力资本能力、一定的政策动向、一定的金融资本,这些条件都至关重要。政府的政策调节对返乡创业女性有明显的正相关作用。针对返乡入乡妇女创业就业过程中存在的主要困难，有必要建构一套更科学、更完备的全方位政策支持体系。

1. 坚定党的领导，加强政策宣传，全方位惠民

"要坚持以社会主义核心价值观为统领，引导妇女既要爱小家，也要爱国家"①，要"发挥妇女在社会生活和家庭生活中的独特作用"。②习近平总书记的讲话就是要激发女性内生动力，激发广大妇女的历史责任感和主人翁精神，做伟大事业的建设者、文明风尚的倡导者、敢于追梦的奋斗者。政府出台的优惠政策需要广而告之，用老百姓喜闻乐见的方式，增强吸引力，打造宣传平台，利用抖音、快手、微视、B站或者微电影等媒体，多元化、多渠道宣传。一是精心设计具有较强吸引力、感召力的实践载体，为创业政策宣传建好平台、提供好舞台。例如建立返乡入乡创业就业志愿服务宣讲团，利用新时代文明实践站所、百姓大舞台等平台，让国家的富民好政策深入乡镇社区的每一个角落；充分利用人社局或者妇联等各种基层服务平台，扩大宣传。二是创新各种培训形式，培训内容应考虑到性别差异，不仅重视培训内容的设计，还要增加培训方式的灵活性，构建参与式、体验式、感悟式等多种方式，线上与线下结合，给农村妇女提供充分的创业就业培训。

2. 加大信贷力度支持，投入更多配套资金

调查显示，多数返乡入乡女性的创业资金为自家积蓄或自筹，从银行贷款或者相关部门的资金支持比较少，而且贷款的门槛较高、手续较繁琐；妇联"小额贷款"是针对具备一定条件的目标人群。再者，有些女性的社会人脉资源比男性少，也不适应齐鲁"酒文化"交际场合。另外，由于返乡入乡女性创业的行业大多规模小、科技含量不高，某种程度上也影响了她们获取资金或相关社会资源的能力。2021年9月15日，国家发展改革委办公厅印发《关于推广支持农民工等人员返乡创业试点经验的通知》（发改办就业〔2021〕721号）。其中提及"缓解融资难问题"，要求各地"通过创新信贷政

---

① 宋鱼水：《法治视野下的新时代家庭文化建设》，《中国妇女报》2019年5月11日。
② 《习近平同全国妇联新一届领导班子成员集体谈话并发表重要讲话》，中国政府网2018年11月3日。

策、开发返乡创业金融产品、扩大直接融资渠道等举措，缓解返乡创业融资难问题"。政府要拿出一定数额的资金，设立返乡创业担保基金，提高金融机构担保贷款额度和年限，鼓励金融机构出台相应的便民措施，扶持返乡农民工创业发展，创业基金由财政部门管理，人社、工信、农业农村、工商联、妇联等配合工作，一旦返乡农民工创业达到一定发展规模后，鼓励创业成功人士积极反哺社会，扩容创业担保基金，为更多返乡创业者提供创业担保，实现良性循环，滚动发展。

3. 优化创业环境，打造孵化基地或者创业园

创业环境不仅包括营销生产的环境，还包括文化环境，加快城镇化建设，打造工业园区，培育创业孵化基地。从硬件设施上给予返乡创业女性提供环境；文化环境要创造对女性创业有利包容的软环境，宣传男女平等的基本国策，引导返乡入乡妇女树立正确的人生观、价值观、事业观，鼓励女性从家庭和职业的冲突中解放出来。同时，优化返乡女性创业项目，提供创业机会。最后，还要建构返乡创业的妇女创业平台或者专项基金，用于给创业的妇女提供决策或者政策以及资金等的服务支持。根据2021年9月国家发改委《关于推广支持农民工等人员返乡创业试点经验的通知》（发改办就业［2021］721号）指出，提供全要素全链条的返乡创业孵化服务，帮助返乡创业企业尽快发展壮大。采取众创空间、创新工场、模拟创业等模式，初创期企业可免费入驻。构建全方位的技术服务、咨询服务、政策服务、资金服务等全方位服务网络。

4. 关注返乡入乡妇女需求，提升扶持水平，大力优化政策

通过问卷调查和深入访谈，当前返乡入乡妇女最急需的是创业信贷扶持、创业政策支持、创业技能培训、人才需求等。因此，政府应及时关注，为她们提供最急需的创业信贷扶持、创业技能培训等政策。另外，政府的扶持政策还应做到稳定性与灵活性的统一，减少申请手续的繁琐性，考虑到返乡入乡妇女的知识水平、能力需求，以及工作时间的特殊性，为返乡入乡妇女做好服务。政府还要尽量做到精准对接，及时推出一系列多层次的扶持政策，有针对性地提供资金、信息、技术、人才以及合适的项目，打破返乡入乡妇

女创业就业的瓶颈。

（二）社会层面

1. 扩大社会资本积累，组建支持网络

帮助返乡入乡创业就业妇女从生育和家务的负担中走出来，利用市场、企业和社会组织的各种公共服务和关怀经济，积极组织她们参加农村开展的多种形式交流活动，扩大社会网络的规模，与不同职业类型的人沟通接触，创新思路，构建各种社会支持网络，破解城乡"二元困局"，提升城乡基本公共服务均等化水平，让公共服务的政策真正下沉到农村，切实帮助农村就业创业妇女解决生育和家庭照顾的负担。

2. 转变传统观念，倡导妇女发挥主体作用

第七次全国人口普查结果显示，山东省总人口为 101527453 人，女性人口占 49.34%，占据"半边天"。女性比男性弱势的传统观念依然存在，生理决定论的影响根深蒂固。虽然随着技术的推广，很多工种都与性别没有很大关系，但是社会上有刻板印象，认为女性成功的因素是偶然或者幸运，而将男人成功的因素归为能力强。还有，若工作需要频繁出差、喝酒宴请，女的不如男的；女性生育前后三年受孩子、身体、家庭的影响远大于男性，因此有的用人单位招聘想方设法优先录用男的。我们要倡导妇女发挥主体作用，一是必须坚持男女平等的基本国策，强调女性只有内心强大才是事业、家庭成功之源。二是倡导妇女发挥主体作用，从私人领域走到公共领域，拓宽视野，发挥才干；鼓励男性承担家庭责任，共同分担家务劳动，彻底改变"男尊女卑""男外女内"的传统社会规范和文化。三是鼓励女性创业尝试从庭院式的作坊中转型，改变传统社会文化对女性家庭主妇的角色定位，改变女性被城乡劳动力市场边缘化状况，突破劳动力市场的性别藩篱。四是广泛选树返乡入乡创业就业三八红旗手、女能手、巾帼英雄，大力表彰宣传，通过示范机制，引导返乡入乡妇女积极创业就业。

（三）妇联层面

支持女性重点群体就业创业

深化校企合作，建立创业导师队伍，举办专场招聘，提供创业孵化，加大对女大学生就业创业的支持服务。要为生育女性、女农民工、登记失业女性等提供政策咨询、技能培训、岗位信息、劳务对接等服务。加强对脱贫妇女、农村低收入妇女群体的就业帮扶，引导妇女在新经济新业态中灵活就业创业。鼓励女企业家做强做优实体经济，吸纳更多妇女就业创业。在乡村振兴中大力倡导性别平等的理念和文化，移风易俗，转变传统观念，在乡村振兴中逐步改变不平等的社会性别结构。

（四）妇女自身层面

积极参加各种创业就业培训，提升专业技能

社会对女性的传统期待仍然是希望女性照顾好家人，安分守己；而且当下的婚姻模式男娶女嫁占大多数，从夫居的婚姻模式让女性觉得自己在婆家不具备主体地位，这些因素导致女性在创业创新领域无论是人数还是数量与男性相比都还有差距。返乡入乡创业就业妇女要提高主体意识，自强不息，树立终身学习观念，充分利用"碎片化"时间，参加多种培训方式，根据自己创业的需要，对创业优惠政策以及创业的各种形势全方位把握，洞悉各种就业或者营销动向，结合当下城镇化、乡村振兴发展生态化等战略，根据自己的有利条件，开阔视野，熟悉技能，把握各类机会，争取各种支持。打造品牌意识，以品牌促发展。因地制宜，顺势而定，发展特色经济、面点、旅游、种养殖、生态等各种地域资源。

四、结　语

农村妇女在乡村振兴中规模上的绝对优势，决定了她们是乡村振兴必须要依赖的主要力量之一；返乡入乡妇女在知识结构和思想意识上的优势，决定了她们有机会成为乡村振兴真正的主力军，但还需要有形式多样、内容丰

富、各种层次、持续不断的知识教育和技能培训。期待越来越多的研究者对返乡入乡创业就业妇女给予更多关注和探讨。

参考文献

1. 程伟:《女性农民工返乡创业的困境与出路》,《太原理工大学学报(社会科学版)》2011年第4期。

2. 刘洋:《返乡农民工创业影响因素与创业活动关系研究》,博士学位论文,吉林大学企业管理专业,2010年。

3. 卢小平:《乡村经济精英参与贫困村产业培育的激励机制——基于广西地区部分县域的观察与思考》,《中国特色社会主义研究》2018年第4期。

4. 戚迪明、刘玉侠:《人力资本、政策获取与返乡农民工创业绩效——基于浙江的调查》,《浙江学刊》2018年第2期。

5. 石丹淅、王轶:《乡村振兴视域下农民工返乡创业质量影响因素及其政策促进》,《求是学刊》2021年第1期。

6. 汪昕宇、吴克强、赵鑫、陈雄鹰:《返乡农民工从机会型创业意愿到创业行为的转化机制——基于创业情境的叙事研究》,《北京联合大学学报(人文社会科学版)》2020年第2期。

7. 王林祥:《返乡创业助力共同富裕示范区建设的路径与策略——以女大学生为例》,《中国集体经济》2023年第7期。

8. 王轶、熊文、黄先开:《人力资本与劳动力返乡创业》,《东岳论丛》2020年第3期。

9. 赵西华、周曙东:《农民创业现状、影响因素及对策分析》,《江海学刊》2006年第1期。

作者简介

赵真,女,山东省妇女创业发展服务中心研究馆员,长期从事妇女发展与公共政策的研究。

李桂燕,女,山东女子学院社会与法学院教授,长期从事社会性别与公共政策的研究。

后疫情时代中国促进平衡工作与家庭的行动计划研究

杨 慧

一、研究背景与文献综述

工作和家庭冲突是一个全球性的问题。鉴于 3/4 以上的无酬照护工作由妇女承担，与男性相比，妇女面临的工作和家庭冲突更为严峻（国际劳工组织，2022）。为解决工作家庭冲突、促进妇女发展，国际社会已制定多项卓有成效的政策文件和发展议程，强调政府提供保育服务、倡导男女共担家庭照料责任。国际劳工组织 1981 年《有家庭责任的工人公约》规定，发展或促进公共 / 私营的保育社会服务，使有家庭责任的工人能够行使其自由选择职业的权利。1995 年北京《行动纲领》在经济领域提出了"促进男女在工作与家庭责任上的调和"的战略目标，要求各国政府制定政策，促进男女职业发展、平等分担家庭责任，也对各国政府、雇主及社会组织提出了可在工作场所就地提供幼儿园等设施和服务的建议（第四次世界妇女大会，1995）。2015 年《2030 年可持续发展议程》不但在目标 5 和具体目标 5.4 规定，各国视情况提供基础设施、公共服务和社会保护政策、在家庭内部提倡责任共担，而且还规定各国政府主要负责落实和评估本国各项目标的进展。2019 年国际劳工大会通过的《百年宣言》强调，需要制定实现性别平等的改革议程，使家庭责任的分担更加平衡，并为实现更好的工作生活平衡创造条件（国际劳工组织，2021）。

然而，新冠疫情暴发以来，封城、隔离等确保人民健康的疫情防控措施，在对全球经济发展带来巨大影响的同时，也对就业和性别平等带来严重冲击。与男性相比，妇女受到的冲击更大，在经济复苏中恢复正常工作的速度低于男性（Institute for Women's Policy Research，2020，2021）。2020—2021年，德勤公司对10国5000名18—64岁女性[①]调查发现，疫情降低了妇女的福利，虽然77%的妇女工作负担加重、79%的有对子女等照料责任，但只有4%的用人单位在支持妇女就业方面创造了包容性、灵活性的工作条件（Deloitte，2021）。联合国妇女署相关数据显示，疫情使妇女在家务、家庭护理等无偿工作上所花费的时间翻倍，可能会使性别平等倒退25年（巴蒂亚，2020）。为加快推进《2030年可持续发展议程》，国际劳工组织通过的《2020—2021两年期计划和预算》强调，成员国可通过实施促进更加均衡地分担家庭责任的变革性照护政策、提供优质的公共照护服务，在更平衡地分担家庭责任方面取得进展（国际劳工组织，2020）。

二、提出问题与分析框架

新冠疫情也对我国妇女的就业与工作家庭平衡产生了很大冲击。全国复工率从2020年3月初的63.1%提高到2020年11月底的89.7%（蔡昉、张丹丹、刘雅玄，2021），由于居家隔离女性需要承担更多的家务劳动和家庭照料责任（张春泥、周洁，2021），有7.4%的女性处于失业状态，10%的女性退出劳动力市场，而男性失业和退出劳动力市场的比例分别为2.4%和5.7%（张丹丹，2021）。另有研究指出，在疫情冲击下，扶贫车间女工面临着更大的平衡工作与家庭生活压力（吴丽娟、陆继霞，2021）。

党和国家始终高度关注妇女就业并把妇女发展放在重要位置，在出台法律、制定政策、编制规划、部署工作时充分考虑两性的现实差异和妇女的特殊利益，支持妇女充分发挥"半边天"作用（国务院，2021）。与法律、政策

[①] 2020年11月至2021年3月，德勤公司对中、日、英、美、德、澳、印、巴、加、南非10个国家5000名18—64岁女性（中国女性500人）进行了疫情以来女性工作负担和照料责任等方面的调查。

相比，规划纲要是国家和县以上地方政府及部门，针对一定时期经济社会总体发展、各领域事业发展、促进人的发展的全局性和基本性问题制订的中长期战略目标和行动计划（杨慧，2017）。在促进有家庭责任的工作者平衡工作与家庭方面，规划纲要既具有目标明确、措施具体、评估及时等优势，同时又是政府部门部署相关工作的重要依据，具有重要的研究价值。

那么，在后疫情时代，中共中央、国务院及相关部门已颁布了哪些规划纲要来促进有家庭责任的工作者平衡工作与家庭？与以往规划纲要相比，后疫情时代的规划纲要有哪些进步？还存在哪些差距和问题？如何解决这些问题？回答上述问题对于切实帮助和促进有家庭责任的工作者平衡工作与家庭，具有重要的现实意义。

本研究的分析框架主要参考了北京《行动纲领》。北京《行动纲领》战略目标 F.6."促进男女在工作与家庭责任上的调和"中，要求政府、雇主及相关组织采取行动，对有家庭照料责任者提供时间支持、照料服务和设施、促进男女共担家庭照料责任。本文以这三个维度为依据，对以下六个《规划纲要》促进有家庭责任的工作者平衡工作与家庭相关规定的主要进展、存在问题进行分析，提出对策建议。需要说明的是，虽然家庭责任包括照顾家庭中的儿童、老人、病人、残疾人等，但由于篇幅所限，本文仅涉及了 3 岁以下儿童的照护责任。

三、主要进展

2021 年既是我国第二个百年奋斗目标初始之年，也是新一轮规划纲要的颁布和实施之年。我国分别颁布了《国民经济和社会发展第十四个五年规划和 2035 年远景目标纲要》（以下简称"'十四五'规划"）、《"十四五"就业促进规划》、《中国妇女发展纲要（2021—2030 年）》（以下简称《纲要》）、《国家人权行动计划（2021—2025 年）》、《"十四五"公共服务规划》、《"十四五"时期妇联事业发展规划》六个包含平衡工作与家庭相关内容的规划纲要，其发布机构、发布时间、资料来源等信息见表1。

表1 2021年发布的促进男女平衡工作与家庭的行动计划

序号	规划名称	发布机构与网址	发布日期
1	《国民经济和社会发展第十四个五年规划和2035年远景目标纲要》	中共中央　国务院　全国人大 http://www.gov.cn/xinwen/2021-03/13/content_5592681.htm	3.11
2	《"十四五"就业促进规划》	国务院 http://www.gov.cn/zhengce/content/2021-08/27/content_5633714.htm	8.23
3	《中国妇女发展纲要（2021—2030年）》	国务院 http://www.gov.cn/zhengce/content/2021-09/27/content_5639412.htm	9.08
4	《"十四五"公共服务规划》	国家发展改革委、中央宣传部、教育部、公安部、民政部、司法部、财政部、人力资源社会保障部、住房和城乡建设部、农业农村部、文化和旅游部、国家卫生健康委、退役军人部、国务院国资委、广电总局、体育总局、国家统计局、国家医保局、国家中医药局、全国妇联、中国残联等21部门 https://www.ndrc.gov.cn/xxgk/zcfb/ghwb/202201/t20220110_1311622.html	12.28
5	《国家人权行动计划（2021—2025年）》	国务院新闻办公室 http://www.news.cn/2021-09/09/c_1127843179.htm	9.09
6	《"十四五"时期妇联事业发展规划》	全国妇联 http://paper.cnwomen.com.cn/html/2021-08/19/nw.D110000zgfnb_20210819_1-2.htm	8.19

（一）促进平衡工作与家庭的具体规定

1.提供时间支持

在促进平衡工作与家庭的时间支持方面，"十四五规划"、《"十四五"就业促进规划》和《纲要》规定了提供产假、育儿假、陪产假等支持方式。

"'十四五'规划"不但设定了未来五年我国经济社会发展的主要目标，而且设定了未来10—15年基本公共服务实现均等化、人的全面发展取得更为明显的实质性进展的远景目标，与其他规划纲要相比，其重要程度无需赘述。

"十四五规划"在"促进男女平等和妇女全面发展"专节，明确提出了以下要求："保障妇女平等享有经济权益，……依法享有产假和生育津贴"。鉴于我国《女职工劳动保护特别规定》（2012年）明确了我国女职工享有98天带薪产假，与《国民经济和社会发展第十三个五年规划纲要》相比，"'十四五'规划"既有效回应了2000年国际劳工组织《保护生育公约》（183号公约）中妇女有权享受不少于14周产假的国际要求，也强调了我国带薪产假的法律规定。

《"十四五"就业促进规划》要求创造生育友好环境，鼓励用人单位采取有利于职工平衡工作和家庭关系的措施，依法协商确定有利于照顾婴幼儿的灵活休假和弹性工作方式。因此，与《"十三五"就业促进规划》尚未提及平衡工作与家庭的目标或策略措施相比，《"十四五"就业促进规划》在落实北京《行动纲领》和《百年宣言》有关男女从业人员平衡工作与家庭责任方面具有重大进步。

《纲要》在妇女与家庭建设领域的第8项策略措施中，明确了国家继续加强制度建设、强化制度执行力。强调采取有效措施完善产假制度，探索父母育儿假实施办法，鼓励用人单位实施灵活休假和弹性工作制度，支持男女职工共同履行家庭责任。同时，该策略措施还强调建立促进家庭发展的政策评估机制。

2. 提供服务或设施支持

增加公共托育服务机构、托位及家政服务，作为促进有家庭责任的工作者平衡工作与家庭的重要内容，在以下五个规划纲要中均得以强调。

在"'十四五'规划"专栏1设定的总共20个主要目标中，第12个主要目标明确规定"每千人拥有3岁以下婴幼儿托位数4.5个"。在《国民经济和社会发展第十三个五年规划纲要》（以下简称"'十三五'规划"）中，仅提出"提高……托幼等公共服务水平"。与"'十三五'规划"相比，设立千人托位数的主要目标是满足我国现阶段人民对公共托幼服务需求的重要举措。需要特别强调的是，在国民经济和社会发展规划仅有的20个主要目标中，国家能将3岁以下婴幼儿托位数作为主要目标加以设定，体现了国家对公共托育服务的高度重视，在促进有家庭责任的工作者平衡工作与家庭方面具有举足轻重的作用。

此外，在"实施积极应对人口老龄化国家战略"专章中，明确提出健全婴幼儿发展政策、完善养老服务体系，在专栏18"一老一小"服务项目中，设定扩容普惠托育服务和建设儿童友好城市两个项目。其中，在扩容普惠托育服务中，提出了支持在150个城市新增50万个示范性普惠托位，在100个城市开展儿童友好城市示范，完善儿童公共服务设施，对于促进有家庭责任的工作者平衡工作与家庭提供了硬件保障。

为贯彻落实中共中央、国务院的决策部署，国家发展改革委会同有关部门编制了《"十四五"公共服务规划》，对我国未来五年乃至更长时间促进公共服务发展进行了顶层设计。《"十四五"公共服务规划》针对公共托幼服务需求旺盛、但供不应求的现状，在第一节"推动重点领域非基本公共服务扩容"中，明确规定发展普惠托育服务，着力构建覆盖城乡范围的多元化、多样化婴幼儿照护服务体系。

在对托育服务机构资质管理方面，该规划明确在积极引导社会力量举办托育服务机构时，建立健全备案登记、信息公示与质量评估制度，并对婴幼儿照护服务机构进行动态管理，同时将依法建立并实行婴幼儿照护工作人员职业资格准入制度。既有效落实了"'十四五'规划"中第12个主要目标，也有效落实了北京《行动纲领》对各国政府促进公共托幼服务的建议。此外，该规划还针对家务劳动负担偏重问题，在家政服务方面提出通过实施"领跑者"行动，对家政服务业进行提质扩容、对家政服务规范化水平进行提升，同时推进家政培训和就业服务，加快建立家政服务体系。在供给侧为职业妇女减轻家务负担、促进工作与家庭平衡创造了一定条件。

《纲要》在经济领域的第十项策略措施中，明确了促进妇女平衡工作与家庭所需的服务和设施要求：首先，明确提出为女性生育后回归岗位或再就业提供培训服务等支持；其次，为在科研机构、高校等用人单位就业的女性科研人员，探索设立生育后科研回归基金；再次，推动用人单位根据女职工实际需要，建立女职工哺乳室、孕妇休息室等设施，支持有条件的用人单位为职工提供福利性托育托管服务。此外，在妇女与家庭建设领域的第三个策略措施中，明确提出发展普惠托育服务体系，增加托育服务供给。

以上目标不但落实了北京《行动纲领》关于促进妇女获得适当工作条件、生育后重新进入劳动力市场不受歧视以及提供幼儿园等设施的规定，而且要求为产后回归岗位或再就业的女性提供培训支持、探索设立女性科研人员生育后科研回归基金，通过为女性劳动者和女性科研人员创造生育友好型环境，支持她们在就业创业和科技创新中发挥更大作用。此外，与上一轮《中国妇女发展纲要（2011—2020年）》相比，上述策略措施均为适应新发展阶段、促进工作与家庭平衡、满足妇女职业发展的创新性举措。

《国家人权行动计划（2021—2025年）》继承了《国家人权行动计划（2016—2020年）》明确的大力发展3岁以下孩子的托幼机构，减轻家庭生育、养育、教育"三育"负担，为有家庭责任的工作者平衡工作与家庭提供支持。例如，在促进工作场所性别平等方面，要求用人单位帮助职工平衡工作与家庭责任、推动建立家庭友好型工作场所，缓解妇女的家庭育儿负担。支持150个城市利用社会力量发展综合性、社区性托育服务机构或设施，加强为中小学生提供课后服务，探索实施父母育儿假等，促进男女职工平衡工作与家庭责任。《国家人权行动计划（2021—2025年）》很好地落实了北京《行动纲领》关于提供托育服务、促进工作家庭平衡的目标任务。

2013年以来，以习近平同志为核心的党中央高度重视妇女发展和妇联工作，"'十四五'规划"设立了三个专节，对"促进男女平等和妇女全面发展""提升未成年人关爱服务水平""加强家庭建设"作出战略部署，为"十四五"时期妇女儿童事业和妇联事业发展提供了重要机遇。为落实党中央决策部署和国家"'十四五'规划"的重大举措，全国妇联编制了有史以来第一个贯通妇联系统的《"十四五"时期妇联事业发展规划》。换言之，与以往规划纲要由政府部门编制和实施不同的是，《"十四五"时期妇联事业发展规划》由人民群众团体编制，体现了人民群众团体在党和国家的整体框架下，为促进相关政策的贯彻落实提供了有力的、具体的、行动上的保障。

《"十四五"时期妇联事业发展规划》在深化促进妇女就业创业工作方面，明确提出要推动将3岁以下婴幼儿照护服务纳入地方政府民生实事，鼓励幼儿园开展托幼一体化服务，利用现有服务阵地提供临时托管。与政府相关职能部门相比，妇联系统在直接提供托育服务方面，虽然没有相应职责和权限，但通过推动地方政府将婴幼儿照护服务纳入民生实事，可协助解决妇女在平衡工作与家庭方面面临的挑战。此外，通过整合现有资源，鼓励幼儿园将服务对象的年龄向下延伸，配合有关部门推动放学时间与父母下班时间相衔接，也将有助于解决3岁以下婴幼儿照护及幼儿园、中小学儿童的课后看管问题。由此可见，《"十四五"时期妇联事业发展规划》也在人民群众团体中落实北京《行动纲领》方面开创了历史先河。

3.倡导夫妻共担家务劳动

在《纲要》的家庭领域第7个主要目标中，明确提出"倡导和支持男女共担家务，缩小两性家务劳动时间差距"；此外，在第9个主要目标中，明确提出要"促进夫妻共同承担未成年子女的抚养、教育、保护责任"。

同时，在策略措施中，分别从完善家庭政策、提供公共服务、履行雇主责任和家庭内部分工方面做出如下明确规定：完善育幼和青少年发展等政策，形成促进男女平等和妇女全面发展的家庭政策体系；大力发展家庭公共服务，扩大托育服务供给，促进家务劳动社会化；督促用人单位落实配偶陪产假、职工带薪休假及探亲假等制度，鼓励用人单位实施弹性工作和灵活休假制度，支持男女职工履行家庭责任；增强父母共同承担家庭教育责任的意识和能力，倡导夫妻在家务劳动中分工配合，共同承担子女照料与料理家务的责任。

以上目标和策略措施既有效落实了北京《行动纲领》和《2030年可持续发展议程》中对各国政府制定政策、促进男女平等分担家庭责任的要求，也回应了国际劳工组织《百年宣言》中为实现更好的工作和生活平衡创造条件的目标。

（二）组织实施与监测评估

在"'十四五'规划"的实施部分，明确规定加强对本规划实施的组织、协调和督导。首先，要求各地区、各部门要根据各自的职责分工，制定本规划主要目标任务的实施方案。其次，在年度计划中贯彻本规划设定的发展目标和重点任务，合理确定年度工作重点，做好年度目标的综合平衡。在加强规划实施监测评估中，"'十四五'规划"要求开展规划实施情况动态监测、中期评估和总结评估，并将实施情况纳入各有关部门、地方领导班子和干部评价体系。此外，"'十四五'规划"还特别强调要坚持规划定方向、财政作保障、其他政策相协调，着力构建规划与宏观政策相协调的联动机制，强化规划编制实施的法治保障。

其他五个规划纲要的组织实施与监测评估，虽然基本都包含了加强党的领导、强化经费保障、完善落实机制、有效利用评估结果等相关内容，但其具体要求及详尽程度各异。如《"十四五"公共服务规划》仅明确了加强党的领导、凝聚实施合力和动态监测评估三方面内容；《国家人权行动计划（2021—2025年）》要求各地各部门细化《行动计划》实施方案，开发并建立量化评估指标体系，对各级党政干部培训《行动计划》相关内容，切实提高实施工作的自觉性和主动性，鼓励媒体在宣传、监督中发挥作用。《"十四五"时期妇联事业发展规划》在实施与评估中，一方面，强调积极争取把规划中的重点目标任务纳入当地党委和政府的工作安排，通过争取财政支持，促进规划落实；另一方面，要求各级妇联把落实规划列入重要工作日程，明确任务分工并建立落实规划目标任务责任机制，适时开展规划评估并将评估结果纳入工作绩效，确保规划如期完成。

相比其他规划，《纲要》的实施与评估措施最为详尽，分别由11项组织实施措施和5项监测评估措施组成。特别是《纲要》强调实施议事协调制度、督导检查制度、示范制度和表彰制度，有助于国务院妇儿工委协调相关部委有效实施《纲要》。此外，与《中国妇女发展纲要（2011—2020年）》相比，《纲要》既特别突出坚持党的领导，贯彻中共中央关于妇女事业发展的决策部署，又强化了对妇儿工委协调及制度建设的要求，定期对《纲要》实施情况开展督导、检查和促进工作，通过树立良好典型，对省、市、县进行示范引领，以便更好地实施《纲要》。

虽然上述规划纲要并非专门针对前文分析的时间支持、服务或设施支持以及夫妻共担家务劳动而设定的实施和评估机制，但将每千人拥有3岁以下婴幼儿托位数作为重点目标、将托育机构作为公共服务的重要组成部分、鼓励用人单位促进有家庭责任的工作者平衡工作与家庭、为倡导夫妻共担家务劳动提供服务和支持，作为上述规划纲要的重要内容，在相关规划纲要中确定的各司其职、逐年分解以及系统有力的实施与评估手段，既有助于促进男女平等和妇女全面发展，促进有家庭责任的工作者平衡工作与家庭，也有助于促进《2030年可持续发展议程》《百年宣言》等各项目标的落实。

四、进一步完善平衡工作与家庭的建议

首先，建议规划纲要的编制部门根据实施三孩政策带来的新情况、新问题，适时启动规划纲要调整程序。例如，针对在落实《中华人民共和国人口与计划生育法》过程中，有些省份由用人单位承担延长产假的生育成本，可能增加对女性就业的排斥，给职业女性生育与就业、平衡工作与家庭带来新的挑战，建议调整规划纲要相关内容，明确将延长产假等时间支持的工资津贴由用人单位、公共财政或生育专项基金共同承担，促进女性平等就业。

其次，建议相关部门各司其职，认真落实好本部门负责的规划纲要中明确的重点任务、目标、策略措施，并在年度计划、指标监测及中期和终期评估中，认真评估相关目标任务的达标情况。例如，在监测评估报告中，明确对有家庭责任的工作者平衡工作与家庭的评估结果，明确带薪陪护假和托育机构发展的具体进展与面临的挑战，并针对落实这些目标、任务、策略措施

中存在的问题改进工作，以便有效促进有家庭责任的工作者平衡工作与家庭。

最后，在未来规划纲要的编制中，建议提高对时间支持和夫妻共担家务劳动等促进有家庭责任的男女劳动者平衡工作与家庭的目标或策略措施的重视程度。例如，进一步强调政府和用人单位为有家庭责任的职工提供时间支持、倡导夫妻共担家务劳动的责任，对延长产假、实施育儿假的时间支持政策，以及对夫妻共担家务劳动等促进平衡工作与家庭的目标或策略措施进行量化规定，并将其纳入相关规划的重点任务，将对有效促进平衡工作与家庭关系发挥重要作用。

参考文献

1. 联合国：《北京宣言》《行动纲领》，1995 年。

2. 联合国妇女署：《新冠疫情恐将令女性地位倒退 25 年》，见 https://www.chinanews.com.cn/gj/2020/11-27/9348538.shtml，最后访问日期 2022 年 2 月 26 日。

3. 国际劳工组织：《2020—2021 两年期计划和预算》，2020 年第 1 版。

4. 国际劳工组织：《不平等和劳动世界》，ILC.109/ 报告四（修订版），2021 年。

5. 国务院：《国务院关于印发中国妇女发展纲要和中国儿童发展纲要的通知》，见 https://www.chinanews.com/gn/2021/09-27/9574812.shtml，最后访问日期 2022 年 2 月 14 日。

6. 蔡昉、张丹丹、刘雅玄：《新冠肺炎疫情对中国劳动力市场的影响——基于个体追踪调查的全面分析》，《经济研究》2021 年第 2 期。

7. 吴丽娟、陆继霞：《疫情冲击下的扶贫车间女工：风险与应对——基于河南省的一个案例研究》，《妇女研究论丛》2021 年第 3 期。

8. 杨慧：《第四章　发展规划纲要与男女平等》，载于国务院妇女儿童工作委员会办公室编：《男女平等基本国策的贯彻与落实》，人民出版社 2016 年版。

9. 张春泥、周洁：《国内新冠肺炎疫情下的工作、家庭关系及其对负面情绪影响的性别差异》，《妇女研究论丛》2021年第2期。

10. 张丹丹：《新冠疫情导致女性劳动力市场地位下降》，见 https://www.ghd.pku.edu.cn/xwzx/fcaf52c69d4440d6aa6d98698adf19c9.htm，最后访问日期2022年2月14日。

11. Institute for Women's Policy Research. *Women and the COVID-19 Pandemic: Five Charts and a Table Tracking the 2020 Shecession by Race and Gender*. Institute for Women's Policy Research, 2021, http://www.jstor.org/stable/resrep28438.

12. Institute for Women's Policy Research. *Women are falling further behind men in the recovery and are 5.8 million jobs below pre-COVID employment levels, compared with 5.0 million fewer jobs for men*. Institute for Women's Policy Research, 2021, https://iwpr.org/wp-content/uploads/2020/10/QF-Jobs-Day-October-dft-HM-Fact-Checked.pdf.

13. Deloitte：*Women @ Work: A global outlook*，https://www2.deloitte.com/global/en/pages/about-deloitte/articles/women-at-work-global-outlook.html，最后访问日期2022年2月14日。

作者简介

杨慧，女，社会学（老年学）博士、人口学硕士、性别研究硕士，全国妇联妇女研究所政策法规研究室副主任、副研究员，长期从事妇女就业与公共政策、妇女经济地位研究。

后疫情时代职场新模式：
女性职业发展的挑战与机遇

宋 茜

一、引言

新型冠状病毒传播速度快、感染面广、感染人数和死亡人数多，堪称冷战结束以来最严重的全球性公共卫生突发事件。此次全球性的新冠疫情对人类健康、经济增长、社会发展、国家安全和国际关系等方面都产生了深刻影响。尤其在经济增长和社会发展方面，新冠疫情对全球就业市场造成了严重的冲击（张晓艳、舒蕾，2021）。联合国报告指出，女性作为劳动市场中的重要部分，新冠疫情期间往往在就业和收入方面遭受了比男性更多的打击（联合国，2020）。已有多个国家的研究发现，虽然女性感染新冠病毒的死亡率低于男性（Pérez-López et al., 2020），但女性的就业和家庭生活比男性受到了更大的负面影响。其中，在经济和就业上，除少数国家外（Witteveen, 2020）女性比男性更可能面临失业、工作产出下降和收入减少的问题（Collins et al., 2021）。国际劳工组织（International Labor Organization，以下简称ILO）数据进一步显示，在全球范围内，女性就业率在2019年至2020年间下降了4.2%，等同于5400万个工作岗位的消失；而男性的就业率下降的幅度较小，为3%。由此可见，全球性的新冠疫情加剧了劳动市场的性别不平等，给女性职业发展带来了新的挑战。

职业女性在疫情期间受到比男性更严重的冲击，主要源于三方面原因：第一，女性劳动者较多集中于住宿和餐饮服务业、批发零售和行政活动等行业，而这些行业在疫情期间往往比其他行业受到更多的影响；第二，因疫情防控产生的居家隔离使职业女性回归家庭劳动，承担主要的家庭照顾责任；第三，疫情期间形成的职场新模式给职业女性带来了前所未有的机遇和挑战。与以往重大危机时期的情况不同，为满足新冠疫情防控的需要，企业已广泛推行远程办公和会议的新工作形式，学校和教育机构虽关闭但也采用了线上教学模式。这些举措正逐渐推动职场新模式形成，以实现在疫情的大环境下居家办公、停课不停学的目标。

疫情期间形成的职场新模式对职业男性和女性均有不同程度的影响。其中，居家隔离和社区封闭管理意味着更多的男性留在了家中，让其有时间承担一定的家务（张春泥、周洁，2021）。有观点认为远程办公提供了兼顾家庭和工作事务的弹性方案，提高了男性对家务劳动和育儿的参与率，产生了新的平等分工模式，并预测此分工模式将在后疫情时代得以保留，帮助推动家庭内部性别的平等分工（Shockley et al.，2021）。但另一些研究观察发现，远程居家办公完全模糊了原有的工作和家庭两者间的界限，造成工作和家庭事务相互干扰，使职业女性更难平衡家庭和工作，更容易筋疲力尽和感到焦虑。而对于职业男性来说，则可相对置身事外（Hjálmsdóttir，Bjarnadóttir，2021）。此外，在居家隔离期间，女性往往要承担更多的家务和照料家庭成员的责任（张春泥、周洁，2021），甚至增加了女性遭受家暴的风险（Roesch et al.，2020）。虽然在后疫情时代全球为营造男女平等的社会已做了多方努力，但目前的研究结果显示越来越多的职业女性仍挣扎在家庭、职场、婚恋与生育的漩涡中，而此次疫情以及后疫情时代的职场新模式正在进一步扩大女性在职场上与男性的差距。

综上所述，以往研究虽然指出了在疫情期间职场新模式对两性的影响差异，以及疫情期间两性平衡工作和家庭关系的差异，但对于职场新模式如何消除性别差异，促进女性职业发展的探究依然不足，也缺乏更多来自中国的经验实证。本文将首先考察疫情时期出现的职场新模式对女性职业发展的影响，并讨论其原因。在此基础上，结合当前疫情状况，本文也将探索在此新模式背景下女性职业发展的机遇：虽然疫情对于职业女性是一次严重的冲击，但在后疫情时代，转型后的职场新模式也可以萌生新的职场文化，构建女性友好职场，推动女性职业发展。

二、疫情时期职业女性面临的挑战

女性一直是全球劳动力市场中的重要组成部分，同时女性在劳动力市场中的表现也直接影响她们在家庭中的地位。随着女性劳动参与率的提高，工作对如今的女性而言已成为其人生非常重要的组成部分。在过去几十年间，许多国家政府为女性提供支持，以减少女性就业的阻碍，降低劳动力市场上就业的性别差异，并已取得一定成效。例如，中国的女性劳动参与率一直以来持续领先于发达国家，维持在全球最高水平。不少国家也积极采取措施，促进女性就业。国际劳工组织发布题为《更加公平的重建：将女性参加就业和就业期间的权利作为复苏核心》（Building Forward Fairer: Women's Rights to Work and at Work at the Core of the COVID-19 Recovery）的政策简报指出，智利和哥伦比亚政府为新聘用的职员提供工资补贴，且女性的补贴额度高于男性；哥伦比亚和塞内加尔推出一系列政策并加强了对女性企业家的支持；墨西哥和肯尼亚则设立了相关配额，确保女性能够从公共就业项目中受益。在推进女性劳动参与率的同时，中国、新加坡等国家正进一步提升女性在科学、技术、工程和数学领域的参与比例，充分利用这些行业所能够提供的更加理想的就业机会，而法国和西班牙等国则正在推广工资透明报告制度。

但是新冠疫情的到来彻底打破了这一利好局面，截至2021年1月，美国女性劳动力参与率已降至56%以下，250万女性失业。疫情期间的日本也有100万女性脱离了劳动力市场。相比疫情对职业女性的冲击，男性的就业率基本保持与疫情前一致，无显著变化。由此可见，劳动力参与率的性别差异因新冠疫情正在逐渐拉大。不同国家的研究人员对疫情影响进行初步研究，综合中外各领域学者对各国劳动力市场的研究发现，疫情下女性工作主要受到来自三个方面的冲击。

（一）行业方面

国际劳工组织的政策简报指出，女性劳动者在餐饮、酒店和制造业等受疫情打击严重的行业内较为集中，且大多集中在竞争激烈的线下服务行业，尤其是教育、培训、旅游、餐饮和社会服务等。除此之外，女性创业者和她们的企业相较于男性创业者更容易受挫。因为她们的企业多为中小微企业，本身抵抗外部风险的能力有限，为了控制疫情，不少政府采取严格的紧急措施，例如关闭疫情高风险地区的市场、提倡社交距离、减少外出等，令这些企业的需求和供应链遭受重击，因此在疫情期间所遭受的就业和收入损失也尤为严重（Anneke Maxi Pethö-Schramm 和陈昊、左文超，2021）。

（二）家庭方面

随着学校、幼儿园等教育机构和照料机构的关闭，家庭照抚需求大增。在不少国家，由父母充当教育者的家庭教育以及协助子女线上学习已成为疫情期间的主要育儿模式。因疫情而形成的新育儿模式对女性就业的挑战往往大于男性。联合国报告指出，学校因疫情的关闭使传统的教育方式从教室转向了家庭，女性身为家庭的主要照料者则承担了绝大部分的子女教育（联合国，2020），进一步加重了职业女性在工作和家庭双方面的责任（Alon et al.，2021）。具体来说，虽然男性和女性在工作方面已逐渐变得平等，但女性在工作之外还需承担较男性更多的额外家务劳动和育儿工作（Costoya et al.，2021），在时间、精力和体力有限的情况下，职场母亲往往面临着更大程度的工作—家庭冲突（刘蓝惠、周蕾，2021）。意大利的研究发现（Croda and Grossbard，2021)，受疫情影响，职业女性正在大规模地回归家庭。面对同样的疫情冲击和工作内容，44%的女性选择居家办公，比男性高出14%。此外，该研究也发现，虽然与疫情前相比，男性和女性都在家务和育儿方面投入了更多的时间，但女性的时间投入显著高于男性。与一些国家的防疫措施不同，日本政府在疫情期间并未强制员工需居家办公，因此员工可以选择在办公室或家里工作。虽然防疫措施不同，但结果仍显示30%的女性选择居家办公，而只有15%的男性表示愿意在家工作（Yamamura and Tsustsui，2021）。面对社会和工作的双重压力，处于生育期的职业女性则需面临工作和生养育孩子的矛盾。女性为照顾家人往往被迫减少工作时间，接受无薪休假，甚至只能中断职业。疫情前的研究已显示，职场母亲承担了大部分育儿职责以及精神压力，这种生育和抚养角色却常常让已育女性在劳动力市场中处于劣势，陷入"收入惩罚"、劳动力市场的性别隔离、职业发展的"玻璃天花板"等多重"生育陷阱"（李芬，2015）。疫情期间形成的职场新模式对职业女性的冲击往往比疫情前更大、比男性更大，容易加剧女性在职场所面对的挑战，进一步扩大职场上的性别差距。

（三）工作形式方面

不少职业女性从事缺乏福利的兼职或临时工作，而她们往往最容易受到疫情的冲击。日本的研究显示，2020年4月宣布全国进入紧急状态后，作为非正式员工的女性最先面临被解雇或停工的危机。截至2021年，103万的日本女性因从事非正式工作而陷入失业状态，比男性高出60万人；从事非正式工作的女性比去年同期减少68万人，且连续11个月呈减少态势（郭佩，2021）。部分从事兼职或临时工作的女性往往不能享受妇女友好型职场的福利，在面对疫情期间的家庭需求，其工作意愿和动机都有所降低。已育职业女性往往更愿意牺牲收入来换取"对母亲友好的工作环境"，或者，通过从事能够兼顾有偿就业与无偿家庭照料的工作来弥补较低的收入。可见疫情已对从事兼职或临时工作的女性造成了不小的冲击。

（四）新型办公模式方面

新冠疫情期间，居家办公、线上办公、远程办公等新的工作方式正在被社会普遍接受。这一场全球性的转变，将对职场办公模式产生深远影响。但对于女性而言，更多的居家时间意味着需要承担更多的家务和育儿工作。目前，女性用于家务劳动的平均时间约是男性的2.5倍，职业女性在照顾子女、辅导孩子学习、日常打扫做饭等各项家庭无偿劳动时长均明显高于男职工。研究显示，家务劳动直接影响了职工就业、职业发展和生育意愿，职业女性收入降低、升职受阻、职业中断等情况都有可能发生。当女性的个体潜能被局限在家庭这一相对有限的社会结构中,其经济地位、社会地位都将处于更加劣势的位置,进一步加剧已有的职场性别隔离(宋月萍,2021)。

三、后疫情时代职场新模式下的机遇

此次的新冠疫情大规模改变了人类的生产和生活方式。为了降低人员流动带来的传播风险,居家办公、线上教学被大范围的采用和推广,并对控制疫情起到了重要作用。全球目前已经进入"后疫情时代",尽管生产生活逐步恢复,但却因为对疫情反弹的顾忌而无法达到疫情前的状态,用人单位采取更加灵活且有效的管控策略将是未来的新常态。美国的数据显示,在疫情前,只有5%的工作采用远程办公模式,27%的用人单位推行灵活办公。后疫情时代下的职场已比以往更加灵活和多元。44%的工作已采用远程办公模式,8%的用人单位将继续推行灵活办公。远程办公不仅是企业应对疫情影响的权宜之计,还代表了新型职场文化的发展趋势,有助于企业生产效率和创新能力的提升。在疫情的背景下,灵活办公模式正在逐渐从一开始的"可选项"变成常态化的"必选项",而这样的转变同时也为女性的职场发展带来新的机遇。

(一)有利于企业发展,促进女性就业

随着时代发展,生活水平日益提升,人们逐渐关注自我发展和生活质量。对于职业女性,弹性工作制度可以减轻女性的工作压力,有利于身心健康,提高工作效率,同时也帮助她们找到家庭和谐与工作发展的平衡点。从企业的角度,弹性工作制可以有效降低公司管理成本:一方面,减少了管理者的监督成本;另一方面,弹性工作制可以给女性更多自主的空间,进而有效提高女性的职场满意度,减少人员流失,节约人工成本(潘寓婷,2021)。我国进入疫情防控常态化阶段后,为了刺激国内消费,加快形成"以国内大循环为主体、国内国际双循环相互促进"的新发展格局,江苏、浙江、安徽、江西、河北、甘肃等地出台详细政策,鼓励有条件的单位缩短工作时间,实行

4.5 天工作周制。弹性工作制等灵活办公方式可以充当社会的调节器，有效缓解劳动力市场供大于需的矛盾，有稳定社会的作用。尤其是在金融危机背景下，对于相同的工作可以通过增加人员数量、增大工作时间弹性、减少工作时间的刚性，达到促进女性就业的目的。

（二）促进女性员工工作与家庭的平衡

弹性工作制度对减轻员工的工作和家庭冲突有积极作用。在许多研究中已经表明，对于女性员工，应在其生育孩子后的两年内尽可能地使用弹性工作制，这可以有效减轻女性员工面临的工作和家庭的冲突。多数人可根据自己的时间安排，调节工作节奏。比如有的人喜欢在晚上工作，效率更高；有的追求充足的睡眠时间，适合下午工作。弹性工作制可以为女性员工提供更大的自主权，陈万思和陈昕（2011）指出，女性更需要得到亲人的帮助、合适的生育时间、弹性工时制。Scandura 和 Lankau（1997）研究发现，实行弹性工作制的女性比其他女性具有更高的组织承诺和工作满意度；弹性工作制使有家庭责任感的女性员工具有更高的组织承诺和工作满意度。因此，弹性工作制的实施，能够满足员工的各种需求，有利于员工缓解工作和家庭冲突。企业实施弹性工作制，以便女性员工合理地安排工作时间，更好地照顾家庭，缓解员工两方面的压力，促进员工工作与家庭的平衡。

（三）展现女性多重任务工作能力和独特优势

研究显示，大部分的女性都具备多重任务处理的能力，而职场新模式则能进一步凸显女性这一独特优势。虽然职业女性疫情期间正面临工作—家庭双方面的压力，但大多数女性展现了同时处理多项事务的能力，无论在工作还是照顾家庭上，女性都展现了突出的能力（Adisa et al.，2021）。另外，女性在处理危机时往往具备独有的领导能力，相比男性更具备同理心并能顺利解决问题。在疫情期间，部分国家的女性领导者积极并有效地应对各类挑战，充分体现了女性独有的领导能力。除此之外，女性的特质在危机管理中也能发挥作用（Kniffin et al.，2021），如较高的风险敏感性（Eckel and Grossman，2008）与更专注的沟通方式（Campbell，2013）。

(四)改善性别刻板印象

在后疫情时代,男女两性共同参与育儿、共同工作的社会环境将会得到进一步推广,从而改善原有的性别刻板印象。在中国,出生率降低和育儿、工作难以两全一直是困扰社会的两个重要课题。对于职业男性,居家工作减少了加班,节省了通勤时间以及工作时间外的社交,使职场父亲能够投入更多时间于家庭,进一步促进男性参与育儿。同时,新的模式也有利于减轻职业女性的家庭负担,对于改善和促进夫妻关系、亲子关系具有积极作用。研究已显示,即使是让男性在育儿假中短暂参与到对子女的照顾中,也能为育儿责任的划分带来长期变化(Farré and González, 2019)。男性越来越多地参与家务和照顾孩子也能缩小夫妻之间的性别差距(Costoya et al., 2021)。可见,当男女共同分担家务成为一种新的生活模式时,能进一步改变女性是"理想照顾者",男性是"理想工作者"的性别刻板印象(胡澎,2021)。

总体来看,推行弹性工作制和远程居家办公等灵活办公方式能够帮助企业留住优秀的女性人才,提高女性员工工作效率。在此基础上,还可以确保家庭效用的最大化发挥,促进工作与家庭的平衡。实行弹性工作制可提高女性雇员的就业率,而就业率的提高也将带动工资收入的增加,进而提高家庭成员们的生活水平。职业女性在社会生活中扮演着多重角色,承担着越来越多的责任和压力,协调好女性工作与家庭的关系,有利于构建和谐社会(鲁冠婷,2019)。

四、职场新模式对职业女性发展的潜在影响

疫情期间逐渐形成的职场新模式,为职场人士的工作和生活带来诸多便利。它符合当代企业的特性,并且能够满足个人独立发展的需要。同时,新的模式使个人拥有了更多时间和精力协调工作—生活和家庭之间的关系,从而达到物质与精神的双富足。但在后疫情时代,职场新模式对于职业女性发展仍存在潜在影响。

（一）持续面临家庭—工作的平衡

随着后疫情时代职场新模式的形成，职业女性比以往更需要家庭的支持以兼顾家庭和事业。随着当今社会对高等教育的重视，越来越多的女性受到高等教育观念的熏陶，女性的择业理念和家庭观念也在近年来逐渐改变。新时代女性往往愿意同时兼顾家庭和事业的责任。此外，女性的教育程度提高，使人力资本、工资水平和离职机会成本增加，也让更多女性选择全职工作。由于大量女性进入劳动力市场，一定程度上让职业女性比以往更需要家庭的支持以兼顾事业发展和家庭责任。疫情时期虽凸显了家庭劳动分工的重要性，但职场新模式给女性的职业发展也带来了新的挑战。美国的数据显示，32%拥有高学历的职业女性在疫情后选择继续全职远程工作；而仅有23%的高学历职业男性愿意维持全职远程工作。由此可见，职业女性在后疫情时代仍可能持续肩负比配偶更多的家庭劳动，也需继续面临家庭和工作两方面的平衡以寻求事业发展。

（二）企业对开发弹性工作岗位存疑

弹性工作制岗位能提高员工工作积极性，但部分企业管理水平有限，对设置这类岗位心存顾虑。弹性工作制岗位需要企业制定有针对性的管理方案，部分企业在规模小、制度不成熟的情况下，对如何实行弹性工作制岗位无计可施。一些企业对开发弹性工作岗位仍然存在较多疑虑，比如，认为弹性工作制增加企业人工成本、不利于增加企业效益；认为弹性工作制加大企业的管理难度；认为缺少实行弹性工作制的鼓励扶持政策；认为育儿妇女对弹性工作制岗位接受度不高、意愿不强烈；认为实行弹性工作制相关的政策标准、依据、指导不清晰；表示管理水平不够，不知道如何实行弹性工作制。未来，要使弹性工作制在促进育儿妇女就业方面发挥更大作用，仍需完善弹性工作方式相关扶持政策和用工指导，消除企业顾虑，搭建弹性工作制岗位服务平台，引导企业设置弹性工作制岗位。

（三）女性遭到性别歧视

职场新模式包含了线上线下的多元办公模式，居家办公容易使职业女性被排除在重要的线下工作社交之外，意味着女性比以往更难融入以线下为主的非正式交流，从而影响女性建立重要的职场人际关系，对职业发展产生影响。有研究发现线上的工作交流环境对女性并非完全友好，例如女性在线上会议发言时往往比男性更容易被打断。此外，雇主往往能够关注到直观的线下办公，而线上办公能否获得同等程度的关注仍然未知。疫情期间产生的线上线下工作交流隔离，很可能在后疫情时代更趋严重，因此女性在职场新模式中仍面临着许多职业发展的未知挑战。

五、职场新模式的展望

由于新冠疫情的发展，职场新模式在各种企业中得到推广应用。但从以上讨论可见，职场新模式的形成不仅是迫于疫情需要而采用的应对机制，同时也是顺应当代社会发展趋势的一次转型。为了在后疫情时代更好地利用职场新模式给职业女性发展带来的机遇，可从企业和政策两方面采取相关的辅助措施。

（一）企业层面

企业需要营造与职场新模式相适应的企业文化。具体来说，在原有的企业文化基础上，企业可从战略的角度分析如何将企业优势融入新模式当中。例如，在对员工工作态度和精神状态严格要求时，结合后疫情时代的职场新模式，给予员工一定的选择空间，也能有效地减轻女性员工面临的工作和生活的冲突，更好地激励员工，进而为企业带来更多效益。此外，要建立与之相对应的监督、激励机制。虽然灵活的工作形式可能导致过度自由致使员工的工作效率降低，但是有效合理的激励制度，可以弥补这个缺陷，尤其对于女性员工来说，更多的自主权意味着可以同时兼顾家庭和工作，女性独特的多任务工作优势也能因此而凸显出来，提高工作效率的同时也有利于职业发展。

（二）政策层面

首先，在职场新模式下相关政策能够帮助推动对职业女性的关注和支持，积极营造全社会关心、帮助、支持营造有利于女性职业发展的社会环境。其次，遴选合适产业，试点和完善符合国情的企业环境，通过相应政策，鼓励相关产业构建女性友好职场，并为实施单位提供相应政策支持和适当的财政补贴，为职业女性提供支持和保障。最后，政策可以帮助企业转化思想观念，让企业逐渐认识到新模式对员工和企业发展的好处。例如，女性员工在更灵活的办公环境下工作，能够帮助企业留住优秀女性人才，最大化发挥其工作效率，平衡工作和家庭，促进企业价值的进一步实现。

尽管新冠疫情让职业女性一度陷入工作—家庭冲突的漩涡中，但人们在防护疫情的同时也促进了职场新模式的发展，即远程办公、弹性工作制等灵活办公模式的全面推广。这样的职场新模式给女性的职业发展带来了在家庭层面和企业层面的挑战，但挑战中存在机遇，因疫情而被广泛采用的职场新模式，也有可取之处。在后疫情时代，新模式可以充分发挥职业女性特有的优势，减少职场性别差异。虽然疫情对于职业女性是一次严重的冲击，但在后疫情时代，转型后的职场新模式也可以萌生新的职场文化，构建女性友好职场，推动女性职业发展。

参考文献

1. 陈万思、陈昕：《生育对已婚妇女人才工作与家庭的影响——来自上海的质化与量化综合研究》，《妇女研究论丛》2011年第2期。

2. 国际劳工组织（ILO）：《更加公平的重建：将女性参加就业和就业期间的权利作为复苏核心》，见 https://www.ilo.org/emppolicy/pubs/WCMS_751785/lang--en/index.html。

3. 国际劳工组织数据库，见 https://www.ilo.org/wcmsp5/groups/public/---ed_emp/documents/publication/wcms_751785.pdf。

4. 郭佩：《疫情下日本"女性困境"能否缓解》，《世界知识》2021年第9期。

5. 胡澎：《新冠疫情对日本社会的影响——兼谈"后新冠"时代日本社会

的走向》,《日本问题研究》2020 年第 34 期。

6. 李芬:《工作母亲的职业新困境及其化解——以单独二孩政策为背景》,《东南大学学报(哲学社会科学版)》2015 年第 4 期。

7. 刘蓝惠、周蕾:《儿童照顾背景下的城镇已婚女性职业中断浅析》,《社会福利(理论版)》2021 年第 6 期。

8. 鲁冠婷:《我国弹性工作制与女性员工的契合路径研究》,硕士学位论文,吉林财经大学社会保障专业,2019 年。

9. 潘寓婷:《弹性工作制:疫情影响下的居家办公思考》,《中小企业管理与科技(中旬刊)》2021 年第 4 期。

10. 宋月萍:《数字经济赋予女性就业的机遇与挑战》,《人民论坛》2021 年第 30 期。

11. 张春泥、周洁:《国内新冠肺炎疫情下的工作、家庭关系及其对负面情绪影响的性别差异》,《妇女研究论丛》2021 年第 2 期。

12. 张晓艳、舒蕾:《新冠疫情下全球就业市场新趋势及其影响分析》,《清华金融评论》2021 年第 2 期。

13. Anneke Maxi Pethö-Schramm、陈昊、左文超:《生存还是毁灭:新冠疫情下的女性创业者生存之道》,《清华管理评论》2021 年第 9 期。

14. Toyin Ajibade Adisa, Opeoluwa Aiyenitaju, Olatunji David Adekoya: The work–family balance of British working women during the COVID-19 pandemic. *Journal of Work-Applied Management* (2021): 241-260.

15. Titan Alon, Sena Coskun, Matthias Doepke, David Koll, Michèle Tertilt: *From Mancession to Shecession: Women's employment in regular and pandemic recessions*. No. w28632. National Bureau of Economic Research, 2021.

16. Anne Campbell: *A mind of her own: The evolutionary psychology of women*. New York, NY: Oxford University Press, 2013.

17. Caitlyn Collins, Liana Christin Landivar, Leah Ruppanner, William J. Scarborough: COVID-19 and the gender gap in work hours. Gender, *Work &*

Organization 28 (2021): 101-112.

18.Victoria Costoya, Lucía Echeverría, María Edo, Ana Rocha, Agustina Thailinger: Gender gaps within couples: Evidence of time re-allocations during COVID-19 in Argentina. *Journal of Family and Economic Issues* (2021): 1-14.

19.Enrica Croda, Shoshana Grossbard: Women pay the price of COVID-19 more than men. *Review of Economics of the Household* 19.1 (2021): 1-9.

20.Catherine C.Eckel, Philip J. Grossman: Men, women and risk aversion: Experimental evidence. *Handbook of Experimental Economics Results* 1 (2008): 1061-1073.

21.Lídia Farré, Libertad González: Does paternity leave reduce fertility? *Journal of Public Economics* 172 (2019): 52-66.

22.Kevin M. Kniffin, Jayanth Narayanan, Frederik Anseel, John Antonakis, Susan P. Ashford, Arnold B. Bakker, Peter Bamberger, Hari Bapuji, Devasheesh P. Bhave, Virginia K. Choi, Stephanie J. Creary, Evangelia Demerouti, Francis J. Flynn, Michele J. Gelfand, Lindred Greer, Gary Johns, Selin Kesebir, Peter G. Klein, Sun Young Lee, Hakan Ozcelik, Jennifer Louise Petriglieri, Nancy P. Rothbard, Cort W. Rudolph, Jason D. Shaw, Nina Sirola, Connie R. Wanberg, Ashley Whillans, Michael P. Wilmot, Mark van Vugt: COVID-19 and the workplace: Implications, issues, and insights for future research and action. *American Psychologist* 76.1 (2021): 63-77.

23.United Nations：Policy brief: The impact of COVID 19 on women，2020年，https://www.unwomen.org/sites/default/files/Headquarters/Attachments/Sections/Library/Publications/2020/Policy-brief-The-impact-of-COVID-19-on-women-en.pdf.

24.Andrea Hjálmsdóttir,Valgerður S. Bjarnadóttir: I have turned into a foreman here at home: Families and work–life balance in times of COVID-19 in a gender equality paradise. *Gender, Work & Organization* 28.1 (2021): 268-283.

25. Faustino R. Pérez-López, Mauricio Tajada, Ricardo Savirón-Cornudella, Manuel Sánchez-Prieto, Peter Chedraui, Enrique Terán: Coronavirus disease 2019 and gender-related mortality in European countries: A meta-analysis. *Maturitas* 141(2020): 59-62.

26. Elisabeth Roesch, Avni Amin, Jhumka Gupta, Claudia García-Moreno: Violence against women during covid-19 pandemic restrictions. *British Medical Journal* 369 (2020).

27. Terri A. Scandura, Melenie J. Lankau: Relationships of gender, family responsibility and flexible work hours to organizational commitment and job satisfaction. *Journal of Organizational Behavior: The International Journal of Industrial, Occupational and Organizational Psychology and Behavior* 18.4 (1997): 377-391.

28. Kristen M. Shockley, Malissa A. Clark, Hope Dodd, Eden B. King: Work-family strategies during COVID-19: Examining gender dynamics among dual-earner couples with young children. *Journal of Applied Psychology* 106.1 (2021): 15-28.

29. Dirk Witteveen: Sociodemographic inequality in exposure to COVID-19-induced economic hardship in the United Kingdom. *Research in Social Stratification and Mobility* 69 (2020): 100551.

30. Eiji Yamamura, Yoshiro Tsustsui: The impact of closing schools on working from home during the COVID-19 pandemic: evidence using panel data from Japan. *Review of Economics of the Household* 19.1 (2021): 41-60.

作者简介

宋茜，女，德国马克斯韦伯学院研究员，经济学博士，长期关注性别与经济相关研究。

突发公共卫生事件对健康的影响及性别差异研究

——以"非典"疫情和"新冠"疫情为例

王献蜜

突发公共卫生事件已成为全球重大的公共卫生问题（Mehand，2018），严重影响社会公众健康，本研究以两次在世界范围内影响重大的突发公共卫生事件——2003年的传染性非典型肺炎（以下简称"非典"）和2020年的新型冠状病毒性肺炎（以下简称"新冠"）为背景，以世界卫生组织推荐的"身—心—社"全人健康模式为理论框架（张秀丽，2021），从生理健康、心理健康和社会适应三个维度分析突发公共卫生事件对健康的影响。"身"指人的生理性指标，即传统健康意义上的生理功能；"心"，指人的心理性指标，包括对个人及外在的认知、情感体验等方面；"社"，指人的社会性指标，即人的社会功能，主要指个人对所处物理及社会环境的认知、适应和互动状况。"身体功能""心理功能""社会功能"三者组成互为影响的整体，任何一部分的改变都会影响其他部分功能的改变，因此健康同时包括身体健康、心理健康和社会健康，针对突发公共卫生事件对三个维度健康的影响，制定整体性干预措施，可达致全人健康水平。

一、研究方法

本研究采用定量研究方法，通过简单随机抽样的方式选取北京市的三个社区为研究现场，于2020年4月至6月期间，以年满18周岁并经历过"非典"和"新冠"疫情的居民为调查对象,采用现场调查与网络调查相结合的方式收集资料,由居民自填问卷,所得资料经过清洁整理后,运用 SPSS 23.0 统计分析软件进行性别差异分析。

二、研究对象的基本情况

本次调查共发放 400 份问卷,回收有效问卷 365 份,有效回收率为 91.3%。365 名调查对象中,最小年龄为 18 岁,最大年龄为 73 岁,平均年龄为 32.91 岁 ±11.48 岁,35 岁以上年龄段所占比例最高。女性调查对象占 71.2%。在婚状态的调查对象占 52.1%。本科文化程度的调查对象所占比例最高(55.9%)。

表 1 调查对象的基本情况分布(n=365)

调查对象的基本特征		频次(人)	百分比(%)
年龄	25 岁以下	103	28.2
	25—35 岁	121	33.2
	35 岁及以上	141	38.6
性别	男	105	28.8
	女	260	71.2
婚姻状况	未婚	167	45.8
	在婚	190	52.1
	其他(离异、丧偶、同居)	8	2.2
文化程度	高中及以下	93	25.5
	本科	204	55.9
	研究生及以上	68	18.6

三、"非典"疫情对健康的影响及其性别差异

本研究从身体健康、心理健康和社会健康三个维度分析疫情对健康的影响。心理压力主要体现在情绪表达和心理压力方面,社会生活的影响主要体现在工作、学习和家庭生活方面。

（一）"非典"疫情对身体健康的影响及其性别差异

调查对象均经历过 2003 年的"非典"疫情，54.0% 的人认为"非典"疫情对自己的生活产生影响。在身体健康方面，66.8% 的调查对象报告在"非典"期间自己的身体健康状况下降了，出现身体不适感；4.4% 的调查对象在"非典"期间原有的身体疾病加重或出现了新的疾病；有 28.8% 的调查对象在"非典"期间身体健康没有变化。

"非典"疫情对不同性别调查对象的身体健康带来的影响有显著性差异（$P < 0.05$），男性在"非典"期间出现突发疾病或原有病情加重的比例明显高于女性，而女性自感身体不适和身体健康状况下降的比例明显高于男性。

（二）"非典"疫情对心理健康的影响及其性别差异

心理健康方面的影响分析聚焦在"非典"疫情对调查对象情绪感受的影响以及疫情带来的心理压力。2003 年暴发的"非典"是全球众多国家和地区面临的一场疫病危机，波及 30 多个国家和地区，其中中国内地是重灾区，公众经历了交通封闭、停工、停产、停学等方面的传染病防控措施，出现负面情绪感受的调查对象所占比例较高，尤其表现为紧张（38.6%）、担忧（15.3%）和恐慌（9.9%）情绪，但"非典"疫情带来的负面情绪感受不存在性别差异（$P > 0.05$）。

从"担心感染非典病毒、害怕疫情扩散""担心工作危机、焦虑经济压力""疫情带来恐慌、担心物资短缺"及"怀疑周围人、避免与他人接触"四个方面测量疫情带来的心理压力。81.4% 的调查对象担心感染"非典"病毒、害怕疫情扩散，所占比例最高；其次是疫情带来恐慌、担心物资短缺，占 74.2%；有 69.3% 的调查对象怀疑周围人有风险、避免与他人接触；还有 60.5% 的人担心疫情带来工作危机、对经济压力感到焦虑。

"非典"疫情对男性和女性心理压力的影响存在显著的性别差异（$P < 0.05$），"非典"疫情给女性带来的心理压力比男性更大。女性在担心"感染非典病毒、害怕疫情扩散""疫情带来恐慌、担心物资短缺""怀疑周围人有风险、避免与他人接触"以及"担心疫情带来工作危机、焦虑经济压力"

方面所占的比例均明显高于男性。

(三)"非典"疫情对社会健康的影响及其性别差异

从家庭生活和工作/学习两个方面分析"非典"疫情对社会健康带来的影响。在家庭生活方面,"非典"疫情期间,为应对疫情带来的冲击,家庭成员之间的关系变得更加和睦的调查对象所占比例最高,为38.6%;37.3%的调查对象感受到家庭经济压力增大;还有15.1%的调查对象发现"非典"疫情期间家庭成员之间的矛盾冲突增加。不同性别调查对象在"非典"疫情对家庭生活的影响方面不存在显著性差异($P > 0.05$)。

"非典"疫情给工作/学习带来的影响较大,72.6%的调查对象受到影响。其中49.3%的调查对象报告"非典"疫情对自己的工作/学习生活影响较小;有23.3%的调查对象报告停工停学停业,"非典"疫情对自己的工作/学习生活影响较大;只有27.4%的调查对象报告"非典"疫情对自己的工作/学习生活没有影响。

"非典"疫情对工作/学习的影响存在性别差异,与女性(18.8%)相比,男性的工作/学习受"非典"疫情影响较大(34.3%)。

表2 "非典"疫情对健康的影响及性别差异分析

健康影响		性别(%)		合计(%)(n=365)	x^2	P
		男(n=105)	女(n=260)			
身体健康	突发疾病/病情加重	8.6	2.7	4.4	7.295	0.026
	没有变化	31.4	27.7	28.8		
	健康状况下降/不适感	60.0	69.6	66.8		
情绪	轻松	9.5	5.4	6.6	9.838	0.080
	平静	29.5	27.3	27.9		
	紧张	41.9	37.3	38.6		
	担忧	6.7	18.8	15.3		
	恐慌	10.5	9.6	9.9		

续表

健康影响		性别（%）		合计（%）(n=365)	χ^2	P
		男(n=105)	女(n=260)			
心理压力	担心感染SARS，害怕疫情扩散	72.4	85.0	81.4	7.857	0.005
	担心工作危机，焦虑经济压力	51.4	64.2	60.5	5.132	0.023
	疫情带来恐慌，担心物资短缺	62.9	78.8	74.2	10.000	0.002
	怀疑周围人，避免与他人接触	60.0	73.1	69.3	6.014	0.014
家庭生活影响	家庭经济压力增大	41.0	35.8	37.3	0.860	0.354
	家庭成员之间的矛盾冲突增加	13.3	15.8	15.1	0.347	0.556
	家庭关系更加和睦	42.9	36.9	38.6	1.111	0.292
工作/学习影响	一切照常进行没有影响	17.1	31.5	27.4	13.330	0.001
	影响较小	48.6	49.6	49.3		
	停工停学停业影响较大	34.3	18.8	23.3		

注：χ^2 表示列联表卡方检验的统计量，P 表示卡方检验的显著性水平，$P < 0.05$ 表示其变量间有显著性关系，表3、表4同此。

四、"新冠"疫情对健康的影响及其性别差异

"新冠"疫情对健康的影响包括身体健康、心理健康和社会健康三个方面。

（一）"新冠"疫情对身体健康的影响及其性别差异

"新冠"疫情期间，44.4%的调查对象认为自己的身体健康状况下降、有不适感，49.6%的调查对象认为自己的身体健康状况在"新冠"疫情期间没有变化，有6.0%的调查对象在"新冠"疫情期间有突发疾病或原有疾病加重的情况。"新冠"疫情对身体健康的影响不存在性别差异。

（二）"新冠"疫情对心理健康的影响及其性别差异

不同性别的调查对象在"新冠"疫情带来的情绪感受方面不存在差异。"新冠"疫情带来的不良情绪感受主要表现为紧张（38.9%）、担忧（26.0%）和恐慌（24.4%），分别还有8.2%和2.5%的调查对象是比较平静和轻松地度过"新冠"疫情暴发期间的生活。

"新冠"疫情带来的心理压力方面：88.5%的调查对象报告在"新冠"疫情期间"担心感染新冠病毒、害怕疫情扩散"，所占比例最高；85.8%的调查对象报告自己有"怀疑周围人、避免与他人接触"的想法；73.4%的调查对象出现"担心新冠疫情带来工作危机、焦虑经济压力"的表现；70.7%的调查对象觉得"新冠疫情带来恐慌、担心物资短缺"。

不同性别的调查对象在"新冠"疫情带来的以上心理压力方面均存在显著性差异。与男性相比，女性在"担心感染新冠病毒、害怕疫情扩散""担心工作危机、对经济压力感到焦虑""疫情带来恐慌、担心物资短缺"及"怀疑周围人、避免与他人接触"四个方面所占比例均明显高于男性。

（三）"新冠"疫情对社会健康的影响及其性别差异

"新冠"疫情给家庭生活带来的影响表现在家庭经济压力增大、家庭成员之间的矛盾冲突增加以及家庭关系更为和睦三个方面。77.3%的调查对象认为在"新冠"疫情期间，家庭成员之间的矛盾冲突增加；69.6%的调查对象认为"新冠"疫情期间家庭关系更为和睦了；有51.2%的调查对象认为在"新冠"疫情期间家庭的经济压力增大。

不同性别的调查对象在"新冠"期间家庭经济压力增大方面存在显著性差异，男性中有较高比例的调查对象认为家庭经济压力增大。而在"新冠"疫情对家庭带来的其他两个影响——家庭矛盾冲突增加以及家庭关系更为和睦方面没有显著性的性别差异。

69.0%的调查对象认为"新冠"疫情期间因停工停学停业对自己的工作/学习生活带来较大的影响，22.7%的调查对象认为"新冠"疫情对自己的工作/学习生活带来的影响较小，还有8.2%的人认为没有影响。

"新冠"疫情给不同性别调查对象带来的工作/学习生活方面的影响存在显著性的差异，有较高比例的男性认为"新冠"疫情对工作/学习生活有影响，而较高比例的女性则认为"新冠"疫情对工作/学习生活没有影响。

表3 "新冠"疫情对健康的影响及性别差异分析

健康影响		性别（%）		合计 (%) (n=365)	x²	P
		男 (n=105)	女 (n=260)			
身体健康	突发疾病/病情加重	6.7	5.8	6.0	1.701	0.427
	没有变化	54.3	47.7	49.6		
	健康状况下降/不适感	39.0	46.5	44.4		
情绪	轻松	1.9	2.7	2.5	3.306	0.508
	平静	6.7	8.8	8.2		
	紧张	43.8	36.9	38.9		
	担忧	21.0	28.1	26.0		
	恐慌	26.7	23.5	24.4		
心理压力	担心感染新冠病毒，害怕疫情扩散	76.2	93.5	88.5	21.910	0.000
	担心工作危机，焦虑经济压力	57.1	80.0	73.4	20.026	0.000
	疫情带来恐慌，担心物资短缺	54.3	77.3	70.7	19.131	0.000
	怀疑周围人，避免与他人接触	77.1	89.2	85.8	8.946	0.003
家庭生活影响	家庭经济压力增大	60.0	47.7	51.2	4.535	0.033
	家庭成员之间的矛盾冲突增加	83.8	74.6	77.3	3.599	0.058
	家庭关系更加和睦	76.2	66.9	69.6	3.035	0.081
工作/学习影响	一切照常进行没有影响	0.0	11.5	8.2	13.508	0.001
	影响较小	26.7	21.2	22.7		
	停工停学停业带来的影响较大	73.3	67.3	69.0		

五、"非典"与"新冠"两次疫情之下居民面临的健康困难及需求的性别差异

（一）"非典"与"新冠"两次疫情之下居民面临的健康困难及其性别差异

"非典"疫情期间，居民面临的主要健康困难依次分别为：与外界信息联系不畅及接收信息不及时（35.1%）、缺乏针对性的健康知识和行为指导（34.2%）、日常生活物资不足（32.6%）、慢病药物不足及就医复杂（20.8%）、不能获取所需的健康服务（14.0%）、政府防护措施不到位（10.7%）以及家庭关系不和睦（7.9%）。

不同性别居民在"非典"疫情期间面临的健康困难方面存在性别差异的是缺乏针对性的健康知识和行为指导，38.1%的女性认为"非典"疫情防控中缺乏对居民有针对性的健康指导，所占比例明显高于男性（24.8%）。"非典"疫情期间居民在其他健康困难方面，不存在显著性的性别差异。

"新冠"疫情期间，居民面临的主要健康困难依次分别为：日常生活物资不足（42.5%）、与外界信息联系不畅及接收信息不及时（29.6%）、缺乏针对性的健康知识和行为指导（27.7%）、慢病药物不足及就医复杂（26.8%）、不能获取所需健康服务（24.4%）、家庭关系不和睦（16.2%）以及防护措施不到位（11.8%）。

"新冠"疫情期间，居民面临的健康困难在以下四个方面均存在显著性性别差异：慢病药物不足及就医复杂、与外界信息联系不畅及接受信息不及时、缺乏针对性的健康知识和行为指导以及家庭关系不和睦。有较高比例的男性认为"新冠"期间面临的主要健康困难是慢病药物不足及就医复杂、与外界信息联系不畅及接受信息不及时；而有较高比例的女性则认为"新冠"疫情期间面临的主要健康困难是缺乏针对性的健康知识和行为指导、家庭关系不和睦。"新冠"疫情期间居民在其他健康困难方面，不存在显著性的性别差异。

（二）"非典"与"新冠"两次疫情之下居民的健康需求及其性别差异

"非典"疫情期间居民希望获得的健康支持依次分别是：家人共同维护健康（79.5%）、社区宣传教育（74.0%）、国家制定有效防控制度（64.9%）、单位重视员工健康（58.4%）以及机构组织倡导（58.1%）。

"非典"疫情期间居民希望获得的健康支持在社区宣传教育方面存在显著的性别差异，而在其他方面不存在性别差异，有更高比例的女性希望获得来自社区宣传教育方面的支持。

"新冠"疫情期间居民希望获得的健康支持依次分别是：家人共同维护健康（75.1%）、社区宣传教育（71.5%）、国家制定有效防控制度（67.4%）、单位重视员工健康（62.7%）以及机构组织倡导（60.8%）。

"新冠"疫情期间居民希望获得的健康支持的性别差异体现在家人共同维

护健康方面,在其他希望获得的健康支持方面则不存在性别差异,与男性相比,有较高比例的女性在"新冠"疫情期间更希望得到的支持是家庭共同维护健康。

表4 "非典"与"新冠"两次疫情之下居民面临的健康困难及需求的性别差异

(男性:n=105;女性:n=260)

健康需求		"非典"疫情(%)		χ^2	P	"新冠"疫情(%)		χ^2	P
		男	女			男	女		
面临的健康困难	慢病药物不足,就医复杂	22.9	20.0	0.370	0.543	34.3	23.8	4.156	0.042
	日常生活物资不足	33.3	32.3	0.036	0.850	43.8	44.6	0.109	0.741
	与外界信息联系不畅,接收信息不及时	39.0	33.5	1.025	0.311	44.8	23.5	16.288	0.000
	防护措施不到位	13.3	9.6	1.083	0.298	16.2	10.0	2.758	0.097
	缺乏针对性的健康知识和行为指导	24.8	38.1	5.889	0.015	18.1	31.5	6.754	0.009
	不能获取所需健康服务	14.3	13.8	0.012	0.913	22.9	25.0	0.186	0.666
	家庭关系不和睦	7.6	8.1	0.021	0.884	8.6	19.2	6.271	0.012
希望获取的健康支持	家人共同维护健康	82.9	78.1	1.047	0.306	54.3	83.5	34.018	0.000
	社区宣传教育	63.8	78.1	7.908	0.005	68.6	72.7	0.623	0.430
	机构组织倡导	64.8	55.4	2.701	0.100	54.3	63.5	2.643	0.104
	单位重视员工健康	60.0	57.7	0.164	0.686	61.0	63.5	0.201	0.654
	国家制定更加有效的防控制度	65.7	64.6	0.040	0.842	64.8	68.5	0.466	0.495

六、研究结论

从身体健康、心理健康和社会健康三个维度探索"非典"和"新冠"两次突发公共卫生事件对居民健康影响的性别差异发现:女性的身体健康、心理压力受到的突发公共卫生事件影响显著大于男性,而男性受到的突发公共卫生事件影响则主要表现在家庭经济压力增加以及对工作和学习生活的影响。面对突发传染病疫情,居民最希望获得的健康支持分别是家人共同维护健康、社区宣传教育以及国家制定有效的防控制度,充分体现了居民对微观、中观、宏观不同层面健康支持的需求。"非典"疫情期间有更高比例女性希望获得来自社区宣传教育方面的健康支持,而"新冠"疫情期间则有更多女性希望获得来自家人共同维护健康方面的支持。

1. "非典"疫情对身体健康的影响存在性别差异,主要表现为亚健康状况出现,身体健康状况下降,自感身体不适,尤其是在女性中,出现身体不适及身体健康状况下降的比例显著高于男性,而男性中原有疾病加重和出现新疾病的比例明显高于女性。

2. "非典"疫情带来的负面情绪感受主要表现为紧张、担忧和恐慌,不存在性别差异,而"非典"疫情带来的心理压力则存在性别差异,最明显的心理压力表现为担心疫情扩散,其次为担心物资短缺、警惕周围人带来风险以及担忧疫情带来经济压力,"非典"疫情给女性带来的心理压力明显高于男性。

3. "非典"疫情对家庭生活的影响不存在性别差异,因家庭成员团结一致共同对抗疫情,家庭成员之间的关系变得更为和睦的比例高于因疫情导致家庭成员出现矛盾冲突的比例。"非典"疫情对家庭生活的另一影响则是家庭经济压力增加。不同性别居民的工作/学习生活受"非典"疫情影响存在差异,男性中受"非典"疫情对工作/学习生活影响者所占比例高于女性。

4. "新冠"疫情对身体健康的影响不存在性别差异,有近一半的被调查对象在"新冠"疫情期间身体健康状况下降或有不适感。

5. 不同性别调查对象在"新冠"疫情带来的负面情绪感受方面不存在显著性差异,但在"新冠"疫情带来的心理压力方面存在显著性差异,女性面临的心理压力明显高于男性。

6. "新冠"疫情对社会健康方面影响的性别差异主要体现在家庭经济压力增大以及对工作/学习生活方面的影响,对男性的影响明显高于女性。

7. "非典"疫情期间居民面临的主要健康困难前三位分别是与外界信息联系不畅及接收信息不及时、缺乏针对性的健康知识和行为指导、日常生活物资不足，而"新冠"疫情期间居民面临的主要健康困难前三位则分别是日常生活物资不足、与外界信息联系不畅及接收信息不及时、缺乏针对性的健康知识和行为指导，可见，即使是两次疫情相隔17年之久，在应对突发公共卫生事件时，居民面临的健康需求是比较一致的，集中体现在生活物资、信息交流以及健康知识和行为指导方面。

8."非典"与"新冠"两次疫情之下居民希望获取的健康支持是一致的，最希望获得的健康支持分别是家人共同维护健康、社区宣传教育以及国家制定有效防控制度。不同性别居民在"非典"和"新冠"两次疫情之下对健康支持的需求差异分别体现在社区宣传教育及家人共同维护健康方面。

七、干预对策与建议

（一）加强常态化家庭健康管理，建立健康档案，发挥女性在家庭健康管理中的重要作用

在两次疫情之下，分别有38.6%和69.6%的调查对象认为在应对疫情冲击时家庭成员之间的关系变得更为和睦，这一数据表明，在应对突发公共卫生事件中，家庭是一个重要的应对资源，面对突发传染病的出现带来生活方式的调整时，家人之间可以变得更为和睦，通过家庭沟通及家庭成员间的分工合作共同应对疫情的冲击。同时女性健康水平不仅关系到自身的健康状态，同时会对儿童健康及整个家庭健康有着重要影响，突发公共卫生事件防控是在危机状态下必然要采取的措施，如何能够更好地防范突发公共卫生事件的发生，减少突发传染病疫情带来的冲击与健康风险，需要将疫情防控与健康管理相结合，开展常态化的健康管理工作，建立女性群体及家庭成员的健康管理档案，做好日常健康防护工作，改善健康环境。健康管理的对象可以包括社区中的健康人群、亚健康人群以及患病人群，尤其需要关注社区中的女性特殊群体及特殊家庭（马良坤，2019）。开展健康管理的过程中，可以通过健康需求调查与分析、健康档案的建立与管理、健康体检、健康风险分析、

健康评估、健康干预、亚健康管理、疾病管理、特殊人群管理、动态跟踪管理，做好社区中日常健康管理工作，从而提高社区家庭应对突发公共卫生事件冲击的能力，提升女性的整体健康水平。

（二）增加社区干预服务的提供，尤其是为女性提供心理干预服务，缓解心理压力，提高身体健康状况

疫情之下，社区居民面临的健康困难包括日常生活物资不足、与外界信息联系不畅及接收信息不及时、缺乏针对性的健康知识和行为指导，尤其是在女性群体中，健康困难导致其面临更大的心理压力，心理压力则影响不适症状的出现，身体健康水平下降。因此，一方面，在突发公共卫生事件期间，动员社区志愿者的力量作为社区工作人员的有效人力资源补充，解决社区生活中面临的实际困难，如日常生活物资的协调，帮助建立微信群网络购物平台及物资配送对接平台，将物资提供者与社区居民的生活物资需求相匹配，解决生活困难。另一方面，充分利用社区心理健康服务站的资源，为居民提供心理干预服务，通过微信群、社区公众号、宣传栏等平台，开展传染病防控知识、心理健康知识宣教，有意识地筛查和识别居民中可能出现的负面情绪及心理健康问题，组织专业心理健康服务人员提供有针对性的健康指导。此外，在日常工作中，将健康知识宣教和健康指导与干预服务常态化，了解居民健康需求、注重建立社区健康预警机制、组建专业健康服务志愿者队伍、提高各部门相互协调能力、完善现有的社区健康干预服务机制（邹芳芳，2022）。

（三）营造突发公共卫生事件防控常态化氛围，普及全民应急教育体系，提升突发风险识别能力

本文以2003年的"非典"疫情和2020年的"新冠"疫情为背景，两次突发公共卫生事件虽然已相隔近20年，但研究发现面对突发疫情，居民面临的健康困难几乎是一致的，因此让我们思考疫情防控常态化的必要性和重要性，应在全社会范围内加强突发公共卫生事件的应急教育，根据不同的性别、不同人群主体开展有针对性的培训和行为指导，提升风险防范知识、提高风险认知能力。首先，通过突发公共卫生事件风险防范应急演练，提高居民的应急知识、风险防范意识和风险识别能力（季婧雅，2021）。其次，采用群众喜闻乐见的多样化方式，如抖音、微博、微信短视频等形式，广泛宣传突发公共卫生事件常态化防控措施，加强健康意识及健康行为倡导。再次，发挥社区、社会团体、志愿服务组织等社会组织的作用，向不同人群提供有针对性的健康服务，增加健康风险感知能力，提高多元主体突发事件预警的协同管理。

参考文献

1. 季婧雅、曹欣、金慧、赵苗苗、高月霞：《突发公共卫生事件早期预警的协同治理路径研究》，《南京医科大学学报（社会科学版）》2021年第6期。

2. 马良坤、田莹、余梦婷：《北京协和医院面向全科医师的女性健康管理MOOCs建设》，《基础医学与临床》2019年第3期。

3. 张秀丽、张友生、何叶光、汤慧晶：《全人健康视域下的运动戒毒核心理念探讨》，《中国药物滥用防治杂志》2021年第2期。

4. 邹芳芳、殷程程、范华琨、项旭莹、韩琬莹、杨雯淑：《突发公共卫生事件中社区心理干预对策探讨——基于PPRR模型》，《产业与科技论坛》2022年第4期。

5. Massinissa Si Mehand, Farah Al-Shorhaji, Piers Millett, et al: The WHO R&D Blueprint: 2018 review of emerging diseases requiring urgent research and development efforts, *Antiviral Research*, 2018, 159: 63-67.

作者简介

王献蜜，女，中华女子学院教务部（研究生处）副部长、副教授，主要研究方向为健康社会工作、妇女社会工作。

后疫情时代女性医务工作者保障的需求研究[①]

付 妍 延 柳

一、问题的提出

自 2019 年 12 月暴发的新型冠状肺炎病毒疫情（COVID-19）（以下简称"新冠疫情"）是一场涉及全球的重大突发公共卫生事件，也是继 2003 年"非典"疫情之后，中国经历的波及范围最广、人数最多、形势最为严峻的公共卫生事件。在党中央的正确领导下，广大的医护人员持续作战，中国在较短时期内有效控制了疫情蔓延，2020 年 4 月全国各地相继进入疫情防控常态化的新阶段。能够取得如此可观的防疫成果，奔波在防疫一线的医务工作者们，特别是女性医务工作者功不可没。国家卫健委统计数据表明，各省市援鄂医护工作者人数共计 4.26 万，其中女性医护工作者 2.8 万，占所有援鄂医务人员的 2/3（熊健，2020）。女性医护工作者在患者的救治当中发挥了非常重要的作用，涌现出以李兰娟女士、乔杰院士为代表的一大批优秀女性工作者，体现了女性的奉献和担当精神。

2020 年 10 月 1 日，习近平总书记在联合国大会纪念北京世界妇女大会 25 周年高级别会议上发表重要讲话，高度肯定了女性医务工作者的贡献："广大女性医务人员、疾控人员、科技人员、社区工作者、志愿者等不畏艰险、日夜奋战，坚守在疫情防控第一线，用勤劳和智慧书写着保护生命、拯救生命的壮丽诗篇。我们要为她们点赞。在中国抗击新冠肺炎疫情最紧要的时

[①] 基金项目：本文系 2020 年度山东省人文社会科学课题《全面二孩政策下生育支持对山东省女性就业的影响研究》（项目编号：2020-NDJJ-14）的阶段性研究成果。

刻,正是成千上万这样的中国女性,以勇气和辛劳诠释了医者仁心,用担当和奉献换来了山河无恙。"① 在同一讲话中,习近平总书记进一步作出了关注女性医务工作者的重要指示:"要关注一线女性医务工作者身体健康、社会心理需求、工作环境。"② 习近平总书记还强调:"保障妇女权益必须上升为国家意志。"③

新冠疫情暴发的初期,受制于疫情的突发、人员的缺乏、物质的短缺和经验不足等原因,确实存在着一线女性医务工作者的防护服尺寸、生理期的卫生用品、劳动休息、心理健康等需求受到忽视的问题,引起社会广泛关注。现在已经进入疫情防控常态化的后疫情时代,条件改变了,那么以上需求是尚未得到满足,还是已经发生了改变?

疫情防控常态化的后疫情时代,仍然需要相当数量的医务工作者从事疫情防控工作。在现有医疗系统中女性医务工作者占比大的状况面前,将女性医务工作者作为防疫主力军是必然的选择。了解后疫情时代女性医护人员的保障需求,将对女性医务工作者贡献的尊重与关切落实到其自身切实需要的满足上,不仅是对"弱势"女性群体的保护,而且对未来人类维护公共卫生事件的顺利发展也有重大意义。

二、文献综述

(一)医务工作者的保障

一般而言,医务工作者的合法权利保障可以分为三大类:基本人身权利、行医与进修权利以及其他福利、待遇相关权利。其中,主要包括以下权利:行医权、出具医学证明的文件权利、为患者选择科学的医疗方案和预防方案

---

① 习近平:《在联合国大会纪念北京世界妇女大会25周年高级会议上的讲话》,《光明日报》2020年10月2日。

② 同上。

③ 同上。

等的权利、获得医疗设备基本条件的权利、进行科学研究、参与学术交流、参与学术团体的权利、接受培训的权利、人身安全不受侵犯的权利、获得报酬和津贴的权利、社会保障权利。

学界对于医务工作者的保障有较为系统的研究，涵盖了生命健康、医护安全、心理健康等权益保障研究。医务工作者这一特殊群体直面疾病威胁，生命健康、职业安全、心理健康等各项权益受到了最为直接而严峻的挑战。这些保障对于医务工作者的生存与发展具有极为重要的意义，因而亟须得到优先、完备的保障。

2003年"非典"疫情的发生推动了我国对医务工作者保障的研究。医务工作者作为面临公共卫生危机时为保障社会公众整体利益而在一定程度上牺牲个人利益的医事法规则下的义务主体，其面临的疾病带来的影响与冲击较之社会公众更为严峻。医务工作者是突发公共卫生事件的特殊群体之一（郝思洋，2005）。在此基础之上，研究议题延伸出医务工作者的个人利益（特殊群体利益）与公众利益的冲突与平衡问题（王铀镱，2020）。

自新冠肺炎疫情暴发以来，学者对于医务工作者的研究也呈现爆发式增长，主要包括医务工作者在防疫中面临的问题、影响因素及其对策建议三方面。其中对于医务工作者心理健康状况的研究较多，包括情绪状况、焦虑状况、睡眠状况、工作压力等基本身体状况。对该类问题的影响因素的探究，包括疫情防控中安全防护、职业能力培训、工作强度、社会支持现状、家庭与工作压力的平衡问题等。以上对于医务人员权益的界定和保障主要是不区分性别的常规性保障，这也是女性医务工作者基本权益得到保障的坚实基础。

（二）女性医务工作者的保障

女性医务工作者指的是在医疗卫生领域从事医疗相关工作的女性，从医生、护士扩展为从事医疗、护理、医技、药剂及医院管理工作的人员（房琳、张琳，2020）。

我国女性医务工作者的保障由我国《工会法》《劳动法》《妇女权益保障法》《女职工劳动保护特别规定》等相关法律法规做出了明确规定：男女同工

同酬、就业平等；不得安排女性从事高强度劳动的工作；对女职工"四期"，即经期、孕期、产期、哺乳期等特殊时期的保护；用人单位需建立女职工劳动保护设施等。

对女性医务工作者的研究，有学者提出在宏观层面增进性别生态的均衡，中观层面上将性别视角纳入制度制定、制度实施、制度评估和反馈的过程与工具选择之中，在微观层面丰富性别生态均衡的多元治理工具（徐玖玖，2020）。在保障路径方面，有学者提出从制度层面加强权益保障长效机制的建立，在社会层面加强对女性医务工作者保障的舆论关怀，在个体层面聚焦女性医务工作者的职业能力、社会价值等。

在社会形象的塑造方面，媒体在一线医务人员的形象构建中存在过分强调女性身份而忽视其社会角色的问题，媒体在对女性医务人员的身份表达与媒体形象构建上应当加强对女性社会身份与职业能力的关注（房琳、张琳，2020）。生理期相关话题在主流媒体的报道在中被消除，折射出公众议题中女性生理健康话语权的缺失（张航，2020）。女性医务人员在被媒体报道中遭遇了身体被挪用、个体价值被"遮蔽"、社会形象被过度"英雄化"等性别偏见现象（原平方，2020）。

总体来说，既有研究对女性医务工作者保障从宏观到微观提出来丰富的可操作性建议较多集中于女性医务工作者个体健康与群体形象的描述上，体现为对其群体魅力的敬仰和对个体生命的关怀，又有研究高度关注新冠疫情暴发初期的女性医务工作者。随着疫情得到有效控制，相关研究呈现减弱的趋势，较少与疫情常态化的后疫情时代女性医务工作者的切实需求紧密结合。

三、后疫情时代女性医务工作者保障需求

为了完成疫情防控工作任务，更好地关心关爱抗疫一线女性医务工作者及其家庭，更精准地为她们提供所急需的服务，必须准确了解、把握女性医务工作者保障的需求。本文主要运用了参与观察、问卷调查、深度访谈相结

合的调查研究方法，遴选了某省三地市，其中涵盖了一级医院、二级医院和三级医院三个不同层次的医院；联系了 31 名医务工作者（男女医务工作者性别比 5∶26），发放和回收问卷 31 份，有效回收率为 100%。同时对 31 名医务工作者进行了半结构式深度访谈。现将女性医护工作者保障需求整理如下：

（一）符合女性身体特征的医疗防护用具更贴切的需求

医疗防护用具包括防护服、面罩、眼罩、防护帽、手套、靴子等，作为一种Ⅱ类医疗器械，能够有效地保证行医执业活动中医务人员的安全以及疾病诊疗过程中环境的清洁，对于保障医务人员正常行使行医权有着重要的作用。在新冠疫情防控中，一线医务人员中女性占比 60%，护士中女性占比超过 90%，是疫情中防护用具的主要使用人群。然而，我国缺乏针对男女性别差异的医疗设备分类标准，现行的《医用一次性防护服技术要求》也没有标明中国成年人人体尺寸标准。以防护服为例，所有防护服的设计以男性身材为标准，男女同款，一般型号为 M、L、XL、XXL、XXXL。最小的型号 M 身长为 165 厘米，而截至 2020 年我国女性平均身高为 158 厘米。更不尽如人意的是，部分生产厂家只生产 L 号以上的防护服。医院从物资使用的效率出发，通常也购买 L 号以上的防护服。男女身材存在较大差异，除了防护服，面罩、眼罩、防护帽、手套、靴子等防护用品的设计也存在同样的问题。因为医疗防护用具设计和生产没有考虑精细，用同一个标准无法满足医护工作者身材、性别差异等多样化的需求。

这一情况在疫情暴发初期已引起社会广泛关注，遗憾的是，进入疫情防控常态化的后疫情时代，医疗防护用具的设计依然未能改变。有受访者表示："L 号其实像我们女孩子有些人特别小个子，穿上衣服裤子就特别大。腿上身上大一些无所谓的，但是头上帽子大了以后，它往下掉就会遮眼睛，还要戴防护眼镜，特别不舒服。N95 的口罩它不是有鼻梁嘛，鼻夹这个地方是个金属的，口罩往上蹭，帽子往下蹭，一会儿这个人就很难受了。"她们理解防护服的设计宽松方便活动，也有相当严格的安全标准，但希望在宽松的同时"衣服的每一部分能卡在正确的位置"。

（二）女性医务工作者的生理期卫生用品需求

针对女性生理期在工作中的特殊困难，我国颁布了《女职工劳动保护特别规定》《劳动法》等，对女职工"四期"，即经期、孕期、产期、哺乳期等特殊时期进行劳动保护。在新冠疫情中，女性医务工作者是防疫抗疫的中坚力量，她们的安全和健康是抗疫胜利的有力保障。女性医务工作者生理期以卫生巾、安心裤为主的卫生用品的刚性需求得到满足，是疫情防控中女性医务工作者保障的重要一环，直接影响她们的身心健康和工作效率。

疫情暴发初期，对女性医务工作者保障的关注点之一聚焦于生理期卫生用品。和防护服的设计一样，引起了社会各界人士的广泛关注。因为疫情突发，自备的生理期卫生用品有限，有超过10万套（含卫生巾、安心裤、一次性内裤）女性卫生用品物资需求缺口。与此同时，不少女性医务工作者在网上留言称，生理期很麻烦，的确很需要卫生用品。

女性医务工作者生理期卫生用品的供给首先由民间展开，各大企业、民间志愿者、网民积极筹备捐赠卫生巾、安心裤、考拉裤、成人尿裤等卫生用品。其中以微博为阵地的"姐妹战疫安心行动"联合了灵山慈善基金会及多家企业，取得的成果较为突出，惠及了湖北118家（支）医院和医疗队，总计超过6.9万人。与此同时，全国妇联也作出了积极迅速的响应，于2020年3月8日要求把女性生理期卫生用品纳入防疫保障用品清单，并得到相关部门确认。但国家税务总局3月11日所发布的最新版《支持疫情防控和经济社会发展税费优惠政策指引》中依旧未将其纳入。国家发改委于2020年2月20日发布了疫情防控重点保障物资具体范围，即疫情防控重点物资保障清单，将疫情中应急物资分为医疗应急物资和生活物资两种，以求最大限度上满足特殊时期的应急物资需求。"一般性"的疫情防控物资得到了基本的满足，但是生理用品未被列入其中。在防疫备灾用品的准备过程中，需要满足女性医务工作者的生理期卫生用品需求。

（三）女性医务务工作者的充分休息需求

政府一向对从事疫情防控医务工作者的休息高度重视。在新冠疫情暴发初期，政府就出台了一系列关于从事疫情防控的医务工作者的休息的文件及具体建议。例如，国务院办公厅 2020 年 2 月 11 日发布《关于改善一线医务人员工作条件切实关心医务人员身心健康的若干措施》。国家卫生健康委办公厅 2020 年 2 月 19 日发布《关于进一步加强疫情防控期间医务人员防护工作的通知》。武汉市新冠肺炎疫情防控指挥部援汉医疗队接待协调组 2020 年 2 月 22 日印发《关于进一步加强援汉医疗队服务保障工作方案》，完善一线医护人员值班、轮休等制度，规定每个班次结束后，合理安排休息时间，原则上每工作 10 天，休息不少于 2 天。

进入疫情防控常态化的后疫情时代，各级政府仍然高度重视医务工作者的休息。例如，2021 年 10 月 27 日湖北省卫生健康委印发《关于建立关心爱护医务人员长效机制的若干意见》，明确提出合理安排医务人员休息时间，"医疗卫生机构要结合岗位特点和工作强度，科学测算医务人员工作负荷，合理设置工作岗位，科学安排诊疗、护理班次，保障医务人员合理休息时间，避免过度劳累。在传染病定点医院、隔离场所工作的一线医护人员，由其所在单位结合实际情况，协调落实轮休时间，连续工作时间可适当缩短。"

不过这些文件和规定都是建议性的、原则性的，而非强制性。但是医务工作者增加有限与因为疫情防控带来工作量猛增的矛盾现实存在。2020 年末，全国卫生人员总数达 1347.5 万人，比上年增加 54.7 万人（增长 4.2%），详见图 1。

与此同时，疫情防控带来工作量猛增。比如各省市要求出省市的疫情防控工作，全员核酸检测、定期核酸抽检、隔离点的疫情防控工作等，都需要医务工作者按质按量地完成。医务工作者有限的增加满足不了实际工作的要求。

以核酸检验为例，在国家出台的具体建议中，建议一般是 4 至 5 个人一批，处理不同的工作，每批在实验室工作 4 个小时，每 4 个小时就要轮一班

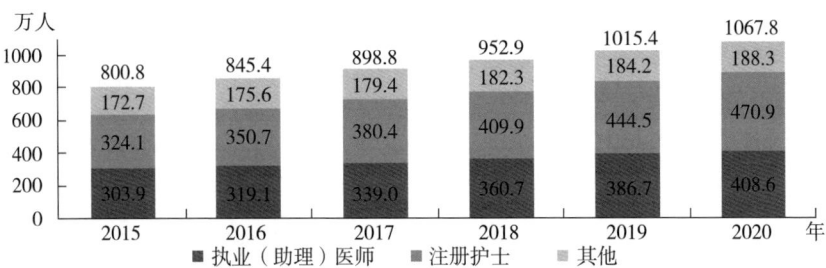

图 1　全国医务工作者表

资料来源：国家卫生健康委员会《2020 年我国卫生健康事业发展统计公报》。

岗。但是在现实中受制于医务人员的数量，有一部分医院只能做到每一批两个人，工作时间从早晨 8 点到晚上 8 点。两个人一天要处理三批标本。在调研中，有受访者提道："基本上就是一种长期的疲劳，很难缓解。""今年我们全员查体，很多同事的心电图就出了问题，像我们 30 岁左右的，甚至不到 30 岁的很多年轻的同事，心电图都有异常，虽然不是很大的问题，但有异常，就是这种工作压力疲劳导致的。"在疫情暴发初期，女性医务工作者凭着自身毅力、高度使命感出色地完成了高强度的工作。但疫情防控常态化后，仍保持高强度的工作状态可能具有不可持续性。

（四）女性医务人员的心理健康维护需求

疫情暴发的初期，女性医务工作者存在一定程度的抑郁、焦虑、恐惧和应激障碍等心理异常症状，较之平常更为普遍。这种心理状态的原因主要是对未知疫情的恐惧和对家人的牵挂。山东省济南市第五人民医院肿瘤血液科护士长、主管护师滕海霞，作为第一批援鄂队员圆满完成援鄂任务后，在先进事迹视频报告中坦诚地说过，临行前："我的内心很复杂，有对前线情况未知的恐惧，也有对一双儿女的不舍，还有对年迈父母的牵挂……"。政府、学界、民间各界都对此非常关注，不仅关注到女性医务人员的心理状态，也关注到女性医务人员家属的心理状态。2020 年 1 月 26 日，国务院应对新型冠状病毒感染肺炎疫情联防联控工作机制发布《新型冠状病毒感染的肺炎疫情紧急心理危机干预指导原则》，指出一线医务人员是心理危机干预的重点对象。2020 年 2 月 19 日厦门市服务保障办、市爱心办发布《关于做好在厦防控一线医务人员家属服务保障工作的通知》。山东济南各医院安排领导同事每周都到援鄂一线同志的家中，看望慰问家属并送上生活用品。学界迅速展开研究，以中国知网为例，以"新冠肺炎""疫情""医务工作者"为关键词，从 2020 年 3 月 1 日到 2022 年 2 月 28 日，发表论文近 1 万篇。民间力量也在行动。例如山东师范大学心理学院青年志愿者协会组建"医护人员心理关护服务队""医护人员子女关爱服务队"，为医务工作者提供线上专业的心理咨询，同时连续 76 天为援鄂医护工作者的子女提供教育服务。可以说，在疫情暴发初期，社会各界对女性医务工作者的心理关注非常细致，援助的措施也非常具体。

但进入疫情防控常态化的后疫情时代，女性医务工作者心理健康的影响因素发生了变化。尽管我们还没有发明出治疗新冠肺炎的特效药，但对新冠肺炎有了越来越多的了解，女性医务工作者都明白，在工作中只要遵守操作规程，被感染的风险很低。与此同时，医务人员实行轮休制，疫情不再像初期那么紧张，虽然有相当多的岗位需要连续值班，不能保证每天回家，但是每周回家是可以保证的，因此也减少了医务人员对家庭的惦念与担忧。

正因如此，所有针对疫情暴发初期女性医务工作者心理健康的关注和援助都没有再持续下去。在调研中，调研对象反映没有听说过有心理援助。山东师范大学为援鄂医护工作者子女提供教育服务，也在所有援鄂医护工作者援鄂结束回到山东后而停止了。

值得我们注意的是，进入疫情防控常态化的后疫情时代，引起女性医务工作者心理健康的影响因素发生了新的变化，那就是因工作强度带来的压力和对子女照顾的压力，尤其是对子女教育的焦虑增加。女性医务工作者职业感强，在工作中秉持并践行了男女平等理念。不少受访者都表示："男女都一样，我们上班时间一样，做的事也一样。而且同事中女性占了多数，谁家都有事，谁能照顾谁？所以一上班，大家都把家里的事放下，好好安心干工作。"但她们仍然承认体力上的男女差异，尤其是在生理期，体力上更显不足。女性医务工作者也仍然接受照顾家庭的传统性别分工，因为疫情防控工作的繁忙，使得女性医务人员很难照顾家庭和孩子。因为工作时间，长期性缺席子女的学习，引发对子女教育强烈的焦虑。

现阶段，体力的不足带来工作的压力，以及无法实现家庭与工作兼顾的角色冲突是女性医务工作者心理健康的影响因素，应该得到关注。

（五）女性医务工作者的社会价值和专业素养应充分弘扬的需求

新冠疫情以来媒体将女性医务工作者放在显著位置进行报道，女性医务工作者形象构建总体展现出多元化、全方位、立体化的特点，对女性医务工作者在国家危难之际勇于承担国家责任、甘于牺牲、无畏奉献的精神，高水平的医疗专业技能所彰显的女性职业精神给予了高度的肯定。

但是媒体在女性医务工作者的形象构建上依然存在固有的局限，性别刻板印象在主流媒体的报道中可见端倪。媒体报道中对女性医务工作者的性别、身体书写、家庭角色的关注多于对其社会角色、职业能力的关注，仍将其置于妻子、母亲等传统家庭角色的定位之下，以家庭角色和职业角色的冲突作为其形象塑造的焦点。作为对人民生命安全与健康有突出贡献的女性群体，其社会价值和专业素养存在充分弘扬的需求。

四、后疫情时代满足女性医务工作者保障需求的对策建议

（一）设计和生产符合女性身体特征的医疗防护用具

医疗防护用具的设计和生产要有性别视角，为从事疫情防控的女性医护工作者配备合适的医用防护用具。如果说疫情暴发初期，囿于全国调配物资的紧急性与通用性原则下的现实实情，防护服能保障提供实属难能可贵了，要求合体则属苛责。防护用具的设计和生产一时无法改变可以理解。那么进入疫情防控常态化的后疫情时代，防护服用具的设计和生产应该更符合医务工作者多样性的需求。如果继续目前的设计，防护服的不合身不仅阻碍行动，造成医疗操作不便，降低工作效率，同时还极大地增加了女性医务工作者的暴露风险。相反，改变目前的设计，提供符合女性医务工作者身体特征的防

护用具，可使她们行动更便捷，医疗操作更便利，提高工作效率，减少暴露风险，有助于疫情防控工作的顺利进行。

（二）在抗疫抗灾的紧急时期充分保障女性生理期卫生用品的特殊需求

新冠疫情暴发初期，社会各界的关注点主要集中在一般性防疫物资。在当时一般性防疫应急物资紧缺、保障不足的现状下，人们普遍认为应急物资的保障只应当关注最紧急的部分，如口罩、防护服等一般性防疫物资，而其他物资包括生理期卫生用品，在最紧急的基本物资满足之前都不予考虑，否则即是影响防疫物资保障的效率和资源的浪费。况且在长期固有观念的影响下，人们普遍认为生理期是一项专属女性的隐私话题，防疫物资的提供者一时没有考虑到也是可以理解的。值得一提的是，本文在调研时，31位医务工作者，无论男女，都认为在疫情防控工作期的生理期卫生用品应该由个人提供，因为"这是私事"。确实，生理期卫生用品在社会维持正常生活秩序的非疫情期间并不需要特别关注。但是疫情期间受制于购物的不便，可能无法购买生理期卫生用品，进而影响女性医务工作者参与疫情防控工作。男女生理的差异，不是人为能改变的，各种政策要考虑男女差异。因而生理期用品并不是私事，政府应该在抗疫抗灾的紧急时期提供女性医务人员生理期卫生用品。同时加强思想和科学知识教育，使女性特殊生理在人们意识中科学化，不再"难以启齿"。

（三）保障女性医护工作者的充分休息，加强心理健康关注，加大家庭照料支持力度

后疫情时代需要采取多种措施保障女性医护工作者在完成疫情防控工作的同时获得充分休息。需要继续关注女性医务工作者的心理健康，要为女性医务工作者定期提供专业的心理咨询服务。同时切实了解女性医务人员的家庭照料尤其是子女教育、托管需求，为女性医务人员的家庭照料提供支持，减轻其家庭负担。例如北京世纪坛医院、山东省中医院、云南省第一人民医院等多家医院举办2022年职工子女"暑期托管班"就是很好的尝试，帮助医护工作者减轻假期监护压力，让医护工作者可以全身心地投入到工作中。

五、结　语

综上所述，我国男女平等的国策基本落实，全面保障妇女权益法律体系的建立与完善，以及在疫情防控中党中央所提出的帮助妇女摆脱疫情影响，高度关注包括女性医务工作者在内的妇女相关权益等，都表明我国女性权益保障事业在有力有序推进。在疫情防控常态化的后疫情时代，女性医务工作者有着保障完善的新需求。满足女性医务工作者在医疗防护用具、生理期卫生用品、充分休息、心理健康方面的需求，为女性医务工作者在后疫情时代主力军作用的发挥提供坚实的保障。女性医务工作者保障的日益完善，也必将极大地促进公共卫生事件的应对能力和应对效率，保障人民生命安全和增进人民福祉。

参考文献

1. 北京大学社会化媒体研究中心：《新冠疫情新闻中的女性：针对23家中国媒体的内容分析》，2022年3月7日，见 http://snm.pku.edu.cn/info/1030/1973.htm。

2. 房琳、张琳：《新冠肺炎疫情报道中女性医务人员的身份表达与媒介形象建构——以〈人民日报〉官方微博为例》，《中华女子学院学报》2020年第4期。

3. 国家卫生健康委疾病预防控制局编著：《中国居民营养与慢性病状况报告（2020年）》，人民卫生出版社2021年版。

4. 郝思洋：《突发公共卫生事件中特殊群体的权益保障》，《山西农业大学学报（社会科学版）》2005年第1期。

5. 王铀镱：《突发公共卫生事件中医护安全与健康权法律保障探讨》，《广东行政学院学报》2020年第4期。

6. 熊建：《346支医疗队4.2万人抵达湖北抗疫，女性医务人员有2.8万人，占2/3》，《人民日报（海外版）》2020年3月9日。

7. 徐玖玖:《公共卫生事件的性别反思和制度优化——基于新冠疫情性别生态的观察》,《当代青年研究》2020年第6期。

8. 殷俊、周翠俭:《基于儿童照顾福利的城镇女性就业权益保障问题探析》,《社会保障研究》2020年第6期。

9. 原平方:《抗疫报道中"被偏见"的女性医护人员形象》,《青年记者》2020年第20期。

10. 张航:《被遮蔽的"需求":公众议题中女性生理健康话语权的缺失》,《新闻前哨》2020年第4期。

作者简介

付妍,女,山东师范大学公共管理学院讲师,山东大学经济学在读博士,从事社会性别与经济的相关研究。

延柳,女,山东师范大学行政管理专业本科生,关注与社会性别相关的公共政策研究。

新冠疫情防控攻坚期女性媒介形象及其教育意义
——以新浪微博为例

尚宇菲　闫广芬

一、研究缘起

在信息技术和传播手段日益发展的时代，大众传媒广泛而深刻地渗透到社会生活的各个角落，它在潜移默化中影响公众的思想态度和行为方式，成了日常生活意义建构的关键来源和重要指向（罗杰·迪金森等，2006）。由媒介树立的形象既是个体在现实生活中进行自我定位、交往活动的参照样本，又是认知他人的角色图示，具有较高的权威性与影响力。女性媒介形象深刻影响女性的自我认知与社会对女性群体的认知，第四次世界妇女大会通过的《行动纲领》将"妇女与媒体"作为重大关切领域之一，倡导媒体对女性做出"非陈规定型、平衡、多方面的"形象描绘。女性媒介形象的建构深受现实语境影响，重要的社会性事件是女性媒介形象建构的素材来源。新型冠状肺炎疫情是近年来对社会影响较大的突发性公共卫生事件。疫情暴发后，全国人民在党中央的领导下众志成城，守望相助，共同抗"疫"。其中，援鄂医疗队中女性共2.8万人，占比2/3，"顶起半边天"的女性力量足以载入史册。"新冠肺炎疫情发生后，广大女医务工作者义无反顾、日夜奋战，坚守在疫情防控第一线，展现了救死扶伤、医者仁心的崇高精神。广大党员干部、公安民警、疾控工作人员、社区工作人员、新闻工作者、志愿者等中的妇女同胞们忠诚履职、顽强拼搏，做了大量艰苦工作，用实际行动为疫情防控斗争作出了重要贡献。……"①习近平总书记的讲话进一步肯定了女性的贡献与力量。女性在疫情防控中角色鲜明、存在感强，以实际行动展现出新时代的巾帼力量，那么此时的女性媒介形象是否突破了以往的叙事时态与惯常思维？她们以怎样的媒介形象出现、具有何种意义？这是本文探究的主要问题。

二、理论与方法

女性以何种媒介形象出现在公众视野、具有怎样的形成机理与意义，不仅仅是性别议题，更是一种值得关注与研究的社会现象。社会建构论认为，人类不是静态地认识、发现外在的客体世界，而是经由认识、发现过程本身，不断构造着新的现实世界。所谓的客观实在因而不可避免地具有了社会性、情境性与建构性。如此，社会现象就不是静态的状况，而是一段时间内，由不同社会群体、社会力量，取材于真实的社会情境与经验事实，在公共话语和行动空间中互动、建构的结果（闫志刚，2006）。将女性媒介形象作为一种社会现象进行研究，需要以社会建构论为理论视角，厘清女性媒介形象生成的建构语境、建构素材、建构主体与建构方法，从而呈现出其建构理路、发掘其背后的权力关系与价值意义。

2020年1月23日受新冠疫情影响，我国各省陆续启动重大突发公共卫生事件一级响应，号召人民居家隔离，3月12日国家卫生健康委员会发言人表示疫情流行高峰已过去，人民开始有序复工复产，这期间可谓是疫情防控攻坚期。社会公众在居家隔离期间多依靠大众传媒接收外界信息。微博具有信息发布与获取即时、舆论传播广泛、互动高效且语境平等的特点，既是建构或呈现热点事件的广播台，又是当下中国社会共识的观察镜。2009年8月推出的新浪微博是目前中国用户数最大的微博产品，它的"热搜"与"话题"功能直接呈现公众最为关心的议题，可以作为有效的调查点。依托互联网进

---

① 参见《在"三八"国际劳动妇女节到来之际 习近平向奋战在疫情防控第一线和各条战线的广大妇女同胞表示诚挚的慰问 向全国各族各界妇女同胞致以节日的问候》，人民网，2020年3月8日。

行调查研究,需要运用科学的研究方法。网络民族志是在特定时间内与网络虚拟环境中持续进行参与式观察、利用互联网表达平台和互动工具收集资料,以探究和阐释虚拟社区中的文化及其内涵的研究方法(罗伯特·V.库兹奈特,2016),它适配于本研究的主题与研究情景。

综上,本文将新浪微博作为田野调查点,以网络民族志为研究方法,考察疫情防控攻坚期女性形象的媒介呈现并探究其意义。具体而言,以2020年1月23日至3月12日发布、关于疫情中女性的热门微博为研究对象,通过沉浸式调查收集文本、图片、视频等观察性数据。在数据收集时避免大量转发或评论导致的同一帖文重复计数,共获得热门微博468条,从用户认证类型来看,以中国妇女报、凤凰公益、人民日报等为代表的官方微博共172条,民间微博为296条,去除官方微博,女性发布者约占88%。从微博内容来看,可分为态度表达(29.7%)、纪实型(26.9%)、呼吁式(25.9%)、致敬性(15.8%)、表彰类(1.7%);从微博形式来看,分为图文并茂(64.7%)、纯文字(19.7%)、纯视频或图片(15.6%)。[①]同时,综合考量微博发布者的活跃度及调查的可行性并契合研究主题,选定8名女性微博用户为访谈对象进行资料补充。

三、疫情防控攻坚期女性媒介形象的分析

由于新冠肺炎传播速度快、感染范围广、防控难度大,疫情防控被视为全民"战役"。居家隔离的号召使女性群体因身处位置与行为表现自然划分为"前线"与"后方"。"前线"女性指驰援各地疫情防控一线的女性群体,如医护人员、记者、志愿者、工人等,她们的实践活动是纪实型、致敬性、表彰类微博内容的直接素材;"后方"女性指居家隔离的女性,作为微博内容的接

---

① 为便于整理登记设置如下编码,按微博内容划分的态度表达、纪实型、呼吁式、致敬性、表彰类分别对应字母T、J、H、Z、B;按微博类型划分的图文并茂、纯文字、纯图片或视频分别对应符号:TW/SW、W、T/S(S为视频)。如3月8日发布的致敬性图片和文字微博则登记为:0308-Z-TW。

收者、生产者与传播者,她们整合并宣传"前线"女性形象,其言语行为也塑造着女性的整体形象。"前线"女性形象与"后方"女性形象共同构成了疫情防控攻坚期的女性媒介形象。

(一)白描:"前线"女性纪实中的形象呈现

群体的表征总是通过特别的、具体的样例存贮。疫情"前线"女性的纪实微博内容多是对一线情况的实时、深度报道,将女性"抗疫"实践作为直接的素材来源,以白描的方式直接呈现"前线"女性形象。

1.挑战身心极限的"战士"——冲击弱者形象

"战士"多以男性形象呈现,相关微博以"战士"作为指称"前线"女性,不仅呼应着抗击疫情是一场"无硝烟的战争"的表述,而且反映出女性以强大的意志力与责任感应对严峻的身心挑战的事实。

一方面,疫情防控的紧迫性与挑战性使女性处于高度的精神紧张与压力之中。首先,因疫情传染性高且尚无特效药,身处一线的女性工作者面临感染病毒的风险,如陈薇院士及其团队承担疫苗研发任务,在科研过程中"与毒共舞"(0203-Z-SW-01);配送平台女骑手侯鲜梅参与站点春节值班时负责疫情最严重的区域(0129-J-TW-01)。其次,因疫情形势严峻,女性需要承担高强度与高消耗的工作。在争分夺秒、与时间赛跑的叙事语境中,微博文本多以数字计量工作时间与内容,如女记者马珂几乎每天工作16小时、20天采写百余篇报道(0213-J-TW-01);护士赵亚芸和5名战友在夜班期间4个小时需要完成45名患者的护理任务,累到坐下就"秒"睡(0206-J-TW-01);武汉江欣苑社区党委书记胡明荣进行疫情排查,一天要打五六百个电话,高峰期时曾3天通宵(0209-J-SW-01)。另有微博以"不间断""从未中断"等突出连续性的词语进一步反映女性的工作强度以表现其敬业精神:为保证口罩等医疗必需品的供应,广西120名女工组建巾帼突击队24小时不间断生产(0217-J-TW-01);社区后勤保障车队司机王利每天从早上7点半工作到晚上9点从未中断过出车(0227-J-TW-01)。

另一方面,深入一线的工作者还会因为长时间穿戴防护设备受到身体伤害，尤以医护人员居多。人民网的微博用视频展示医护人员防护流程，穿着防护服全程需要 27 个步骤、至少 20 次消毒双手，耗时长达 30 分钟。很多人初次穿戴笨重防护装备会出现呼吸不畅、憋闷、呕吐等症状，医护人员需要穿着厚重的防护服每天工作 6—8 小时（0219-J-SW-01）。防护服穿脱一次就作废，为了节约物资，医护人员恶心时会深呼吸甚至咽下呕吐物，或在工作期间不吃不喝不如厕，以意志力抗衡生物本能。同时，严格的消杀及防护工作对医护人员身体的伤害：护士胡佩双手终日被消毒液、洗手液、滑石粉浸泡侵蚀，皮肤受损、带血开裂（0201-J-TW-01）；陆军军医大学医疗队护士夜班 5 小时后脸上被口罩压出血印、起了水泡（0130-J-SW-01）。图片与视频中女护士面带笑容的乐观和清晰压痕或伤口带来的痛感产生反差，构成视觉的"刺激点"，以坚强勇敢的形象将公众引向"画面之外"并反思传统认知、更新对女性的认识（赵毅衡，2011）。

生物决定论将两性生理差异作为男强女弱的界定因素。达尔文在《人类的由来》(*The Descent of Man, and Selection in Relation to Sex*)中写道："男子平均明显比女子高些，重些，力气大些，肩膀宽些，而肌肉鼓得更为清晰些"[①]，体力优势使男性在社会生产生活中成为绝对的强者。然而，疫情防控攻坚期，"前线"女性在高危险、高强度、高压力的工作中勇敢无畏、不断挑战身心极限，面对精神与身体的双重压力仍以惊人的毅力坚守在岗，以"战士"的形象冲击了女性作为"弱者"的传统形象。

2. "舍小家为大家"——纠偏传统母职定位

疫情流行高峰期始于春节前夕，春节回家、事亲尽孝是每一个中国人难以割舍的团圆情结，年夜饭与守岁习俗更是不能错过的仪式。尽管如此，"前线"女性仍选择走出自己的小家庭来服务社会，如武汉市江岸区丹水池街道堤角社区工作人员彭婧春节期间一直坚守在防疫工作岗位并开展"敲门关爱行动"，为社区居民日常生活和就医提供方便（0131-J-SW-01）。姚雅极医

---

① ［英］达尔文：《人类的由来》下册，潘光旦、胡寿文译，商务印书馆 2017 年版，第 841 页。

生本打算去男方家过婚后的第一个春节，但在疫情面前她第一时间退票待命（0130-J-SW-02）。武汉市江夏区中医医院共有7位因抗"疫"而断奶的护士妈妈（0207-J-TW-01）。"前线"女性的选择使她们以"舍小家为大家"的形象出现在微博之中，在这里有三层含义：第一，"前线"女性的行为选择在春节的团圆背景与深受"家文化"浸润的中国社会更显珍贵；第二，女性从传统社会中单一封闭的家庭角色与相夫教子的片面责任者处境中解脱并具有承担社会责任、在公共领域中彰显职业能力与素质的机会，冲破私人空间的藩篱进入了公共领域；第三，显示女性家庭角色在一定程度上也是对女性的家庭贡献的肯定，而不是将女性承担家庭责任视为"应该应分"。

"前线"女性的"舍小家为大家"形象，也表现在富有同情心、不计个人得失的集体意识。首先，"前线"女性多以"请战"与"志愿"的形式主动支援一线或参与疫情防控，如医护工作者的请战书以图片的形式出现在公众视野（0123-J-TW-01）；基层防控一线的女性志愿者主动为群众提供针对性服务，米力德尔·杰克逊居住的村子地广人稀，大喇叭不能覆盖所有村户，她就骑马进行流动宣传，还为偏远群众送去防护用品和生活物资（0229-J-SW-01）。80岁的张阿婆主动请缨担任社区广播站播音员，用普通话、苏州话"双语"播报，还自编普及防疫知识的快板（0303-J-SW-01）。其次，在物资紧张时，女性主动为疫情防控提供力所能及的支持。如歌手韩红发起公益活动并带领团队冲在捐款捐物资第一线，全程公开、透明、有效力、有效率（0129-Z-TW-02）。酒店老板尹玲连续工作半个月将自家酒店改装为隔离医学观察点（0203-J-TW-02）。果农叶玉华将自家果园里16吨价值11.6万元砂糖橘全部捐赠（0221-J-TW-01）。女企业家甚至以收益损耗为代价保障员工权益、支持小微企业，在稳经济中起到关键作用：济南小微企业女老板赵鑫将账上仅余的1万元捐赠，疫情期间不裁员、不降薪、不拖薪并给员工快递生鲜蔬菜（0225-J-TW-01）；浙江七幸实业有限公司董事长黄亚琴宣布对园区创业企业实行免租一个月以减轻其运维负担，降低延期复工损失（0201-J-TW-01）。

"小家""大家"是对家庭与社会、个人与集体的隐喻。女性不为名利、不计回报的同情心,无私奉献、患难与共的行为,源于一定的泛家族主义意识,即将家庭共同体的结构形态、关系模式及处事方法推广和概化并带入非家族性的团体和组织(杨国枢,2004),由此消解了"小家"与"大家"之间的壁垒。"前线"女性并非被动归附集体、纳入国家与民族的宏大叙事,而是主动走进并贡献力量于公共领域,以"舍小家为大家"的形象活跃在公共领域。相较而言,以往的女性形象的塑造情境与生存空间多集中在家庭领域,注重凸显"贤妻良母"特质,身处公共领域的女性也以服务型、辅助性职业形象为主。这样一来,"前线"女性形象就在一定程度上纠偏了女性定位于母职的刻板形象。

3. 真实的普通女人——消解"精英化"与"无性别"误识

微博内容着眼于日常生活,从情感、行为、语言等方面多角度刻画疫情"前线"女性,跳出"高、大、全"式宣传和样板号召的模式,真实地还原了"前线"女性的人物形象。

首先,"前线"女性并未被塑造成无坚不摧、无情无欲的钢铁战士,而是有血有肉的"普通人"。如安徽金寨女警手绘漫画"我也想回家,但这场战役,我没有理由缺席"(0210-J-SW-03)。董芳医生坦言,前线人员所怕在于自己被感染、家人受伤害、病人不给时间和机会(0304-J-SW-01)。"前线"女性所表现出的害怕、想家等"人之常情"没有作为"脆弱"被隐去,她们的形象也更加真实,在这样的情况下,她们仍坚守在岗位,也更能够体现出无私与无畏的形象特点。

其次,"前线"女性作为女性的独特气质得到保留并作为优势呈现,主要表现在人际交往与共情两方面。第一,女性的亲和力、细心特质及语言能力,使之在人际交往方面具有优势(魏国英,2000)。女性医护人员与患者相处融洽。一方面,她们坚持"品质护理"的理念,留心患者的个性化需要,如医护人员陈晴晴在病区设置了自助取餐区以满足患者饮食的差异性需要(0227-J-TW-02);火神山医院ICU病房的护士陈静专门制作《新冠护患沟通手册》

（0229-J-SW-03）。另一方面，她们常与患者沟通交流，建立良好的人际交往关系，如神经内科护士彭梦妮日常照护老人并成为老人家们的"话疗"对象，被爷爷奶奶当成"亲孙女"对待（0227-J-TW-02）。第二，女性共情水平高于男性，在日常实践中更易知晓他人的情绪情感并对此有恰当的情绪反应（陈武英等，2014）。女性的共情优势，一方面表现在"认知共情"，即接受他人的情绪信息并理解其情绪状态产生的原因（余宏波等，2006）。鉴于患者在治疗过程中的恐惧与焦虑状态，雷神山医院护士创作手绘心愿墙，用卡通形象温暖患者与同行并缓和医院高压氛围（0302-J-SW-01）。另一方面表现在"情绪共情"，成都做盒饭生意的"雨衣妹妹"看到一线医护人员以方便面充饥的报道后，决定让自家百余个门店对医护人员免费、去武汉义务为一线医护人员送盒饭（0227-J-TW-03）。看到一线医护人员因长时佩戴防护装备产生的伤痕，山东德升生物董事长郭红深感心痛，将价值45万元的医用辅料原液及医用冷敷贴全部捐赠（0302-J-TW-02）。

性别角色理论认为生理基础与社会习得或社会化双向互构导致两性气质的差异，男性气质表现为进取心、主动、竞争力等，女性气质则表现为亲和力、共情、细致等。社会实践与再生产将两性气质概念化为性别差异象征性品质内涵的语义库，由此而来的刻板印象被视为"不平等"的表现。部分女性以精英或男性作为衡量自身的标准，误将压抑女性气质、嫁接男性气质中和而来的"无性化"作为"平等"的指称。平凡的劳动者群体，呈现出真实而普通的女性，而且保留了女性气质，使"平等"与"差异"互为生成（史蒂文·塞德曼，2001），这就消解了榜样女性形象的"精英化"与"无性化"误识。

（二）着色："后方"女性应援中的形象补充

微博平台海量信息与即时更新常导致某些话题昙花一现，人们转发不止于了解最新动态，更是为了呼吁社会对事件的关切和解决。"后方"女性以宣传者与突围者的身份整合信息、宣传并支援"前线"女性。

1. 宣传者：凝聚、扩散"她"力量

"后方"女性在微博平台以内容发布、参与互动的形式整合"前线"女性形象，并作为"宣传者"扩散女性力量。受访者大致分为两类，却殊途同归——出自真心实意地关切与尊敬，在微博平台上支持"前线"女性工作者、宣传"正能量"。"正能量"有两层含义，出于"正义感"的积极表达，女性劳动者对疫情防控的"正向"力量。

第一类受访者"有心栽花，目的明确"，五位受访者均坦言最终目标是为了"让公众看见并认可女性的力量"，表示"自己作为女性群体的一员应该为同为女性的她们做些什么"。这一女性集体意识源于根植性别身份认同的责任感。认同分为社会认同和自我认同（安东尼·吉登斯，2003），人们往往"通过对我从何处和向谁说话的规定，提供着对我是谁这个问题的回答"（查尔斯·泰勒，2001）。受访者立足于女性群体向社会公众发声的同时也在不断确认、深化自己的性别身份认同。

性别身份认同一方面体现在凸显性别身份的意识及行为。A 通过梳理相关消息，整合"前线"女性的媒介形象："关于女性工作者的消息仍显得零星、散乱，所以我整理了相关的图片并配文发布微博，在这场硬仗中，她们值得被记录也值得被更多人看见。"她表示自己会特别关注女性的话题："看到一些媒体反复多次强调医护人员的家庭角色我会觉得女性作为独立个体的角色与她们的专业性力量被忽视了，这是一种隐性的不平等。"因此，她常发布或转发"前线"女性个案，让大家看到女性群体的职业素养与社会贡献："人们往往从科学的性别隔离现状与日常辩理场景提炼结论并给女性盖章理性思维弱或逻辑感差，但是严格系统的职业训练加之在同一领域深耕沉淀的经验，锻造出的判断力、行动力和认知力却恰恰说明能力与性别无关。"A 从女性视角出发，以纪实型微博内容为人物轮廓，用自己的理解进一步丰富"前线"女性形象。相比之下，B 更加接近"前线"信息源，有抢先发声、补充细节并深入刻画女性人物形象的素材："我身边有在一线工作的人员，算是近水楼台吧。反映前线女性工作者的内容有些笼统，我就根据和她们的聊天内容，在关于女性的话题下面补充一些报道中忽略的细节，提升下话题热度，让大家能看到女性的力量。"

C 的微博认证是"一位女性主义支持者",长期致力于推进性别平等,她具有更为深刻的性别意识:"有一条微博致敬最早一批支援武汉的医生只放了 9 位男性的照片,但是据我所知 30 名医生中有 21 名女性。其实早期的微博里对一线女性的报道比较少,在我看来这就是一种不平等。绝对不是小题大做,真正的平等在于大家能够看到、并且认可女性的付出和努力。"她常在微博中做一些有关女性主义理论的科普内容、呼吁女性坚持"四自"精神并寻求自我提升与自我实现,在她看来现实生活中仍存在隐忧:"在很多情况下女性在一些所谓的不擅长的领域比如说科学啊、医学等,她们的能力被低估了,在这些领域女性本来就少,后来居上的更少。大家看不到她们。"而此次"前线"女性劳动者的众多案例刚好为她提供了表达契机:"无论东方还是西方多赋予英雄形象男性的性别角色,造成一种思维定式。但是这次疫情中出现了不计其数的女英雄,她们的力量与意义需要炙热的表达,我作为女性群体中的一员,有这个责任做点什么。"

性别身份认同另一方面体现在蕴含性别意识的情绪表露。其一,由于钦佩以及同属女性群体的自豪感:"作为女性群体的一员我感到自豪并与有荣焉,也想让更多的人看到女性的力量。"(D)官方机构的权威性认证以崇高的荣誉、巨大的鼓舞肯定女性工作者的付出,引导公众对女性群体形成正确与客观的认知:如中国常驻联合国日内瓦办事处陈旭大使强调疫情防控一线女性工作者是所有女性的榜样,是中国妇女事业进步的生动写照(0225-Z-W-02);饶月、张颖、邓艳琴等防疫一线女干部被"火线提拔"(0303-B-TW-02);国家卫生健康委、人力资源社会保障部、国家中医药管理局联合发布的防疫先进集体个人表彰决定(0305-B-TW-01)等。这深深激励"后方"女性:"这说明女性的力量值得肯定与尊重,我们的宣传也更要加把劲儿了。"(D)其二,因女性形象片面化、塑造方式及宣传存在不妥之处而产生的不平感,"她们作为妻子和母亲的牺牲,取代一个公民贡献专业价值的话语……如果不是 #看见女性劳动者# 的发起,她们更是销声匿迹不曾存在一样,关于她们的叙事甚至被顶替。"(0213-T-W-05)"有的视频脱离了人民的平常心和世俗认知，过犹不及……"（0218-T-TW-03）这更加坚定了 D 在微博平台为女性正名的决心："炽热的人心不该活在冷漠的凝视里。"（0213-H-W-06）E 则表示："我个人啊觉得有些新闻在赞美牺牲或者更多地凸显女性的母亲、妻子之类的家庭角色，在一定程度上忽略女性的职业素养和专业能力了。而且最开始对于一线人员的宣传漫画中的形象，女性连一半都不到。我看到类似内容可能会有比较激动的情绪。"她在微博平台表现较为活跃："我不是要引起争端，就是理性讨论。我看到同为女性的她们被局限、被误解，就该为她们发声，算是维护正义吧。"E 在与其他人的互动中甚至还会被嘲讽、谩骂，"毕竟很多想法是固化的，理性讨论未必能说服别人，但是至少能说明自己有修养。"她认为"理性"就是尊重事实、冷静思考、平等交流且言语得宜，这是对女性群体文明形象的维护，能更好地为女性争取权益。其实，阻碍"女人"成为"人"的关键不是外在压迫，而是自身的妥协与同性的麻木，而性别身份认同及相应的行为正是女性主体意识与群体意识真正觉醒的重要表征。

第二类是"无心插柳，举手之劳"，其余三位受访者表示自己认为"应该这么做"：其一，本着"求真"的想法。"我看到一些媒体发送前线医护人员的报道配图是 1 位女性，8 位男性。印象中女性支援一线的医护人员比较多来着，所以就去查了一下。我觉得我看到宣传女性劳动者的消息就应该转发一下，让大家知道一线有大量的女性劳动者在奋战。我还给那个微博留言来着。"（F）有人回复称 F"较真"，她表示："其实很多人都意识到了这个问题，应该实事求是。"F 的"求真"行为既是对女性付出的尊重，又带有还原事实的正义感。其二，出于"认同"。G 认为女性的能量理当被看见、传递，而自己点赞、转发不过是举手之劳："随手转发正能量，让大家都看到女性的贡献。"H 则表示无论是"前线"女性工作者还是"后方"女性，其凝聚力与行动力都值得称赞："转发微博也是因为认同她们的努力与付出。"这在无意中促进信息传播并扩大了"前线"女性的影响，也壮大了"后方"女性的力量。

2. 突围者：以行动应援被湮没的"她"声音

"后方"女性不仅十分重视通过媒体为女性发声、表达合理诉求，而且主动设置议程，将公共舆论中蕴含的智力资源、组织资源等转化为实践动力，成为女性窘境与刻板印象的"突围者"。"姐妹战疫安心行动"是一次典型的应援行动。生理卫生用品被视为隐私话题导致女性难以公开表达正当需求，同时它未被列入医疗物资或紧缺物资的目录清单，"失语"窘境与物资短缺导致疫情"前线"女性陷入与生理期对抗的焦灼战。博主梁钰收到求助信息后和同伴致电一线医院，发现女性医护人员众多且物资缺口极大。她一边呼吁媒体、公众关注女性需求并发起#姐妹战疫安心行动#微博话题；一边与灵山慈善基金会合作发起公益项目并组建志愿团队，实时更新项目进展与物资明细，#姐妹战疫安心行动#一度登上新浪微博热搜，引发官方关注与支持。项目开展月余，团队工作高效并克服采买物资、对接捐赠与物流运输等重重困境，将物资送达湖北省 205 家医院（医疗队）。

曾不可撼动的通则规范与价值共识，在微博这一每个人都可以发声的话语空间而加以修正、更改甚至于推翻。这次应援行动有效为女性解困，是看见并深切认知女性的付出、切实支持女性的同情心与正义感的直观表现。她们呼吁社会公众尊重常识与差异，引导女性群体坦然面对生理特征、勇敢表达正当需求，是对女性"失语"窘境的突围。同时，也是对女性偏居边缘、主体意识不强和散居、集体意识淡漠等性别刻板印象的突围。线上参与#姐妹战疫安心行动#话题的微博用户及线下志愿团队成员多为女性，可以说这是一场真正意义上由女性发起、女性主导、为了女性的行动并形成女性共同体。项目以"姐妹"冠名指称"前线"女性并作为"后方"女性之间的称呼，体现出来自强烈情感共鸣与行动互助的连结感、超越血缘与时空的情谊和团结力，这样的情意可以组构抵御误解与质疑的强大屏障，并提醒女性寻找团结一致的途径（魏天真，2003）。

（三）"前"与"后"的整合：复归于"人"的女性群像

虽然女性群体内部存在差异，但是以性别为界限的"女性"整群在多元中凝聚共性。以微博为载体的线上线下互动打破被疫情分割成"前线"与"后方"女性之间的界限，使之成为超越时空与血缘关系的"共在"，女性以群像形式出现，她们的言语行为成为"共同"素材，由此提炼的"共性"则被视为女性群体特质，如富有真心、正义、无畏、同情以及作为"人"的本质，这是女性群像有别于以往的关键特征。

历史地来看，不同时期的典型女性形象有所缺失，如"女神"作为远古先民集体无意识思维的产物远离真实生活，"贤妻良母"因权力与文化规训隔绝在公共领域之外，消费社会中"时尚女性"片面突出"美丽""性感"等女性气质以博人眼球，凸显个性的新媒体时代中多元化的女性形象则以"散居"形式存在（张红萍，2016；王蕾，2018）。女性作为"人"的本质未得到完整表达（见图1）。可见，从"人"本质的角度诠释女性形象十分必要——"首先是一个人，然后才是一个女人"已不再是基于某种"解放"或"花木兰式的心境"，而是对女性现实情境的清醒与自觉（戴锦华，1996）。

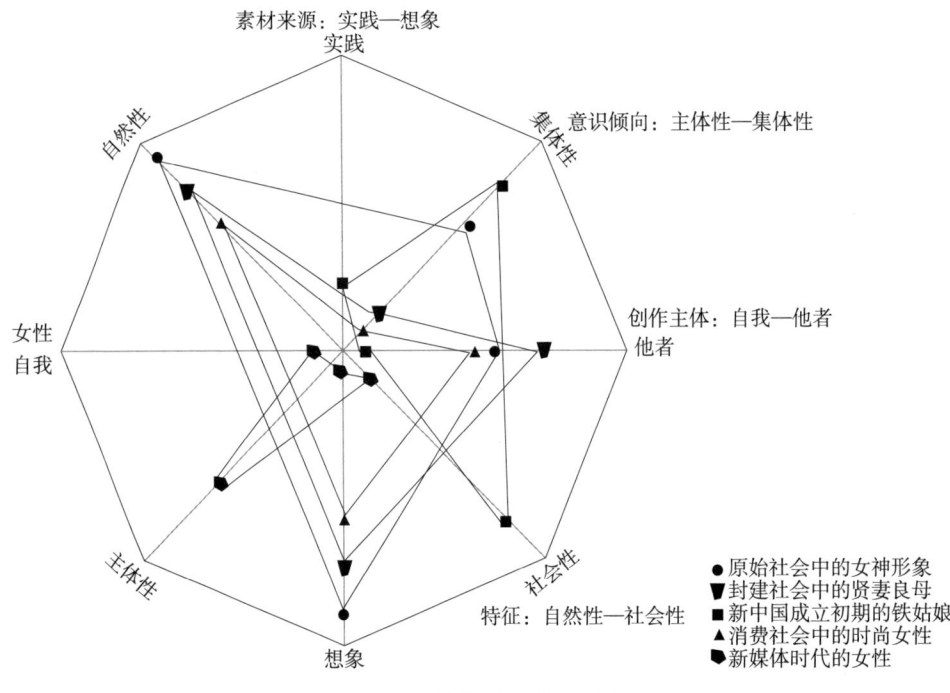

图1　女性典型形象雷达图

疫情防控攻坚期女性媒介形象兼有自然属性与社会属性，这也是"人"的本质属性。人是带着一定遗传结构的"生而已是"，其自然属性主要体现为生物本能与生理特征（麦基，1992）。首先，在微博呈现的女性形象中，无论是"前线"女性，还是"后方"女性，她们都接纳了性别这一自然属性，能够正视生理周期并勇于表达合理诉求。其次，源于生理结构差异的女性优势及气质如共情、同理心的凸显使女性形象的"女"之特性得以表达；恐惧、激动等生物本能情绪的自然表露则使女性形象更贴近现实。作为"一切社会关系总和"的人需要承担"现存世界的联系而产生的"任务，即在社会实践中承担对他人和社会的责任。"前线"女性将自身的社会角色置于家庭角色之前并奋战在公共领域、"后方"女性活跃在微博这一公共话语空间为"前线"女性发声并支持其表达合理诉求，均是女性肩负责任、在社会实践中不计回报的纯粹性利他行为，其社会属性由此表现。人作为自然存在物的自在生命与作为社会存在物的自为生命在实践中表露意识倾向。女性媒介形象兼备的主体意识与集体意识反映在作为"人"之存在方式的实践中。"前线"女性主动参与疫情防控，以专业技能和职业素养服务社会、"后方"女性借助新媒体自发宣传女性力量、发起公益项目且卓有成效，在实践中的自觉性与自为性、行动力与创造力彰显着主体意识。存在于关系之网中的人总会或主动或被动地成为某个集体中的一员并参与协作，在姐妹战疫安心行动、因职业分工或以志愿者身份参与疫情防控工作团队、作为专家组成员支援意大利等实践活动中，分属于不同集体的女性无不表现出集体意识，如根植于性别身份认同的女性集体意识，作为中华民族一员的家国意识，作为世界公民的人类命运共同体意识。

可见，疫情防控攻坚期的女性群体以"战士""舍小家为大家""普通女性""宣传者"与"突围者"的形式出现在公众视野，表现出富有真心、正义、无畏与同情的特征，呈现出自然属性与社会属性兼具、主体意识与集体意识兼容的女性群像（见图2）。

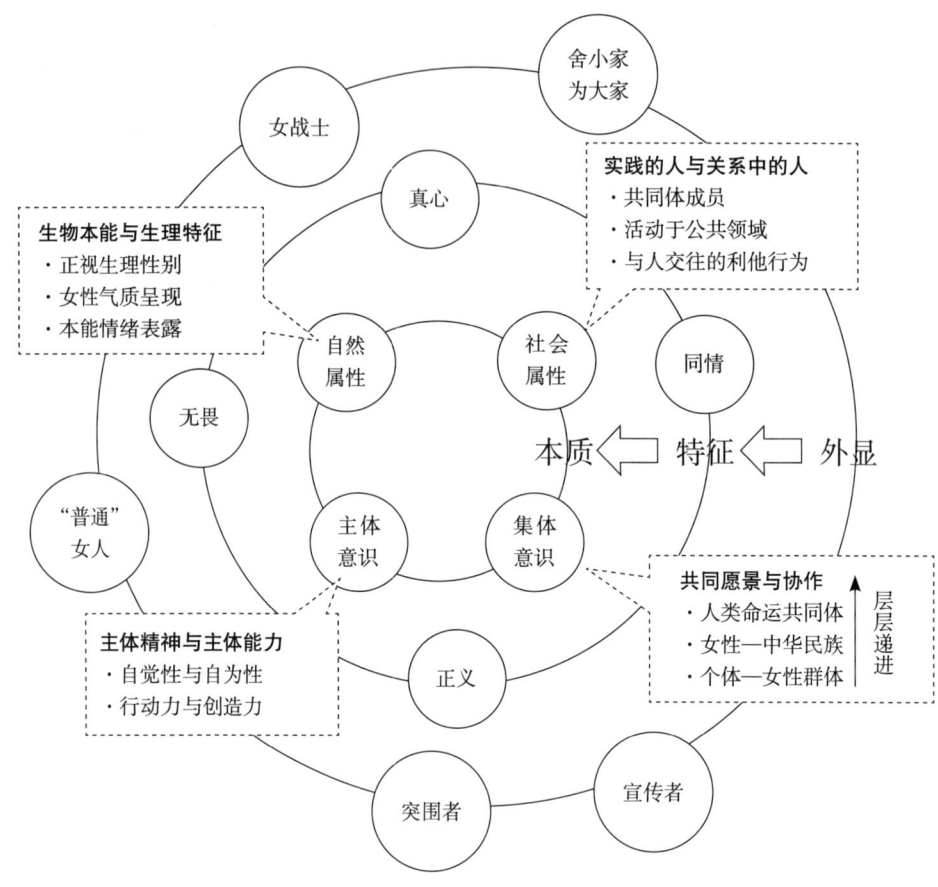

图 2 疫情防控攻坚期女性媒介形象示意图

四、疫情防控攻坚期女性媒介形象的教育意义

疫情防控中女性主体与客观世界互动中的女性实践经验为形象建构提供了丰富的事实性素材。女性媒介形象创作是女性群体、官方机构、大众传媒共同建构的结果。其中,女性经验与女性立场是这一形象建构的核心。"后方"女性通过微博平台监督大众传媒的信息采写与加工,使之贴近社会现实,在发布微博与互动中整合、宣传女性形象,同时她们进行线下应援并收效显著。"前线"女性的付出与"后方"女性的行动获得官方机构的关注与认可,官方机构以其权威性,通过致敬与表彰进一步强化女性形象,扩大受众影响

并产生鼓舞力量（见图3），女性媒介形象由此建构。

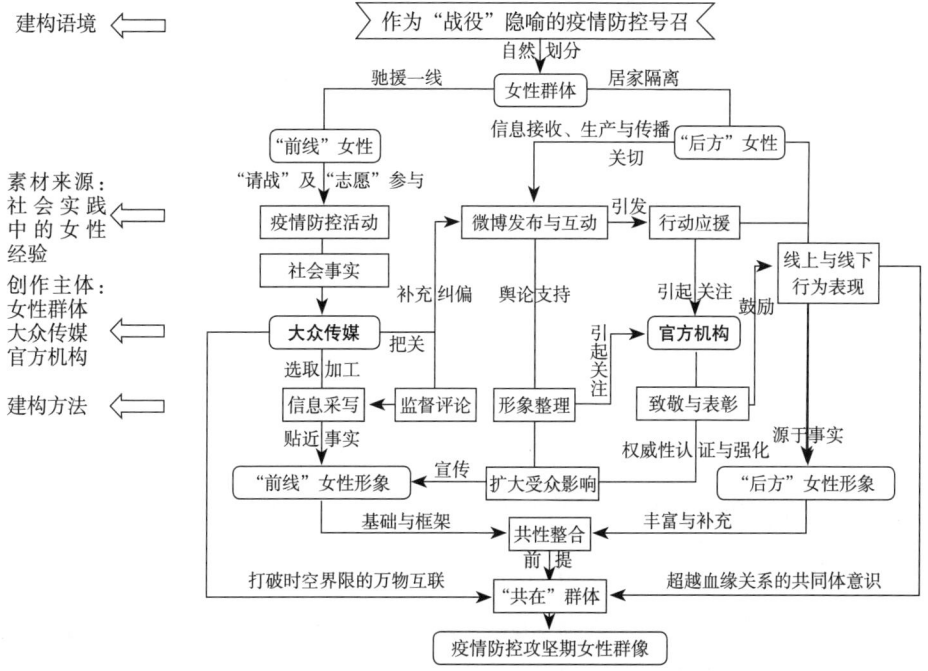

图3 疫情防控攻坚期女性媒介形象建构理路

（一）作为符号的女性媒介形象：教育即"影响"

大众传媒通过海量信息与长期投射直接作用于受众进而辐射整个社会，是社会教育的重要形式。作为传媒的存在物，媒介形象以其弥散性、渗透性和引导性，影响着人们的行为观念，具有深刻的教育力量。可以说，女性媒介形象对公众的教育意义在于"影响"（见图4）。

疫情防控攻坚期的女性媒介形象获得受众认可与意义确认，凡是为公众所承认"有意义"的事物均成为符号（池上嘉意，1985），符号是"能指"与"所指"的结合（费尔迪南·德·索绪尔，1980）。就女性媒介形象而言，"能指"是具象的女性群体及其行为本身，"所指"则是形象表达的意义或概念。媒介形象是认识主体间接经验的主要来源。媒介平台以文本与图像的形式再现女性在疫情防控活动中的言语行为与精神风貌，所呈现的女性媒介形象为

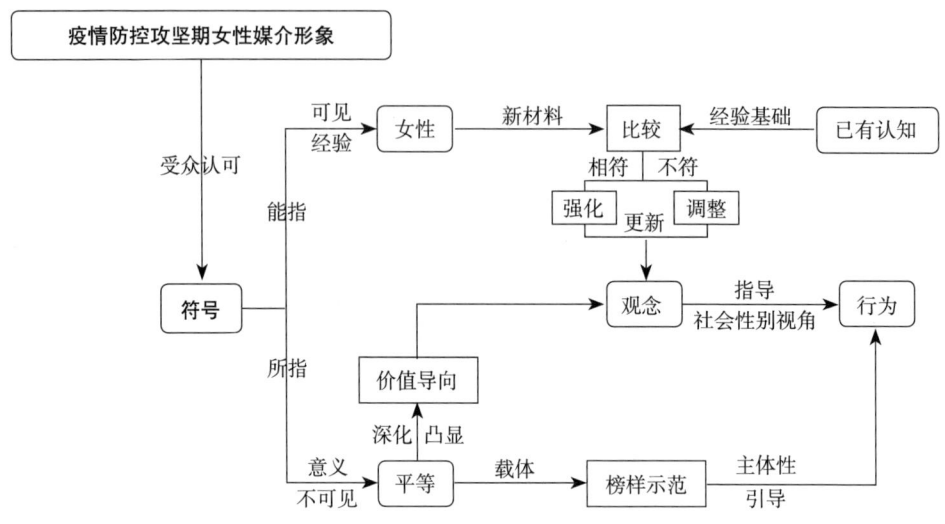

图 4　疫情防控攻坚期女性媒介形象的教育意义作用图

社会公众提供新的认知材料，人们将之与自身已有认知中的女性及相应情感态度相比较，相符则可作为经验补充以强化认知，不符则可作为参照进行调整。这在一定程度上冲击了刻板印象与默会知识，推动人们观念的更新进而影响其实践行为，即引导社会公众树立社会性别平等意识，整合直接与间接经验，运用系统和发展的眼光看待女性群体并给予其客观公正的评价，尊重女性的付出与力量，从而建构平等和谐的两性关系与先进的性别文化氛围。

　　疫情防控攻坚期的女性媒介形象是对既有形象建构过程中女性缺位与形象失真的现实性超越。它不再是"权力"和"文化"的规训结果，而是"意义"的载体，指向平等价值的凸显与深化。首先，女性群体以自身参与实践的经验事实为基础，通过言论表达及舆论监督的方式主动卷入建构过程并最终呈现出积极、完整而真实的女性媒介形象，凸显出现象层面的平等。女性在疫情防控实践过程中拥有平等的参与、表达、获得认可与尊重的机会，她们享有的权利得到行使与确认则是平等在事实层面的凸显。其次，女性媒介形象建构的过程包含着"获得承认"的诉求，最终实现"平等的人之间的相互承认"（查尔斯·泰勒，2005）：女性媒介形象的建构与呈现具有源于女性、经由女性的特点，突出女性作为现实的"人"的核心本质，最终获得权威认证与公众认可。女性主体意识发挥及其重要性说明平等需要主动争取且来之不易，深化了平等的意味。女性媒介形象在体现平等的价值导向之余，也作为榜样示范鼓励社会公众发挥主体性争取合理法的权益。

（二）化"偶然"为"常态"的可能性思考

建构、呈现在特殊语境、特殊平台的疫情防控攻坚期女性媒介形象存在偶然性与受众局限，其"时效"与"实效"有待考验，这可能会削弱其教育意义。因此，将这一"偶然"形象转化为"常态"存在十分必要，即回答"如何提高其生命力与影响力？"就这一问题而言，行动主体是明确的——青年女性。原因有二：首先，青年在现实与虚拟"两个世界"中具有高度影响。现代的命运取决于"青年人崇高奔放的激情"（马克思，1964），青年最能敏锐地感受社会脉动，在真实生活的实践中反躬自省、不断调整观念和行为，是影响社会发展的中坚力量。网民中近半数为青年，青年微博用户约占用户总数的54%，他们广泛地活跃在互联网络，勾连着真实世界与虚拟空间。其次，建构真实而完整的女性形象要求女性"在场"，即女性参与素材生产和形象创作并拥有一定的话语权。青年女性具有作为"青年"的影响力并满足"女性在场"的必要条件。

在形象创作方面，青年女性应具备"自我言说"的主体意识与"为'她'发声"的责任意识，不断提升实践能力与媒介素养：以"实事求是"与"慎独"为准则，主动参与实践、深入中国当代社会的现实，将社会性别视角作为观察与分析的工具，发掘、呈现女性实践经验与生命体验，监督大众传媒的信息生产与传播过程，使创作素材贴近生活并与时俱进，选择社会公众易于接受的呈现方式，并反映平等、公正等符合人民根本利益要求最大公约数的价值观念，使女性媒介形象呈现出本土化、科学化、大众化的特征以增加形象的生命力。在形象宣传方面，青年女性应当发挥"呈"上启下的作用以扩大女性形象的影响力。在社会变迁提速与大众传媒发展的背景下，年轻一代具有更为鲜明的生活引导力和信息世界的话语权，对年长一代产生重要的反向影响（周晓虹，2016）。青年女性的"呈"上作用，就是发挥"文化反哺"

的力量，向年长者介绍、宣传女性媒介形象及其意义表达。所谓启下，就是青年女性发挥言传身教的作用，以榜样宣传的形式向年轻人介绍女性形象，并且在这一过程中谨言慎行、展现出符合形象特质的精神风貌，引导年轻人初步形成社会性别意识和甄别与辨识能力。媒介形象是物化的世界观（居伊·德波，2006），发挥青年女性的力量，在现有基础上不断完善、呈现出真实而完整的女性媒介形象并使之常态化（见图5），实质上就是深化其承载的平等价值、巩固其教育意义，或可作为进一步推进性别平等的视角与切入点。

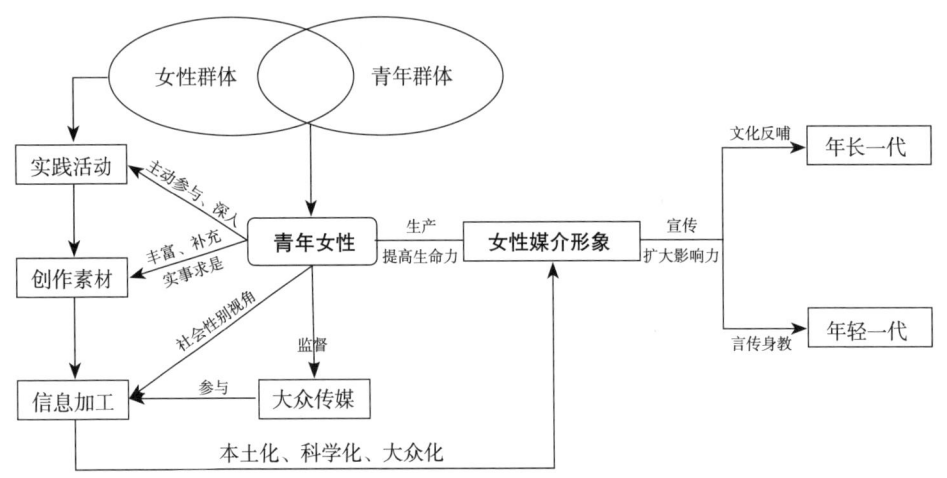

图5　青年女性的行动方案

参考文献

1.《马克思恩格斯全集》第十六卷，人民出版社1964年版。

2. 陈武英、卢家楣、刘连启、林文毅：《共情的性别差异》，《心理科学进展》2014年第9期。

3. 戴锦华：《陈染：个人和女性的书写》，《当代作家评论》1996年第3期。

4. 卢敏：《大众传播中的女性形象研究综述及对女性主义中国化的思考》，《山东女子学院学报》2019年第1期。

5. 彭程：《新中国70年影视媒介女性形象的流变及思考》，《文艺争鸣》

2019年第12期。

6. 王蕾：《媒介·权力·性别：新中国女性媒介形象变迁与性别平等》，上海交通大学出版社2018年版。

7. 魏国英主编：《女性学概论》，北京大学出版社2000年版。

8. 魏天真：《"姐妹情谊"如何可能？》，《读书》2003年第6期。

9. 闫志刚：《社会建构论：社会问题理论研究的一种新视角》，《社会》2006年第1期。

10. 杨国枢：《中国人的心理与行为：本土化研究》，中国人民大学出版社2004年版。

11. 余宏波、刘桂珍：《移情、道德推理、观点采择与亲社会行为关系的研究进展》，《心理发展与教育》2006年第1期。

12. 张红萍：《女性：从传统到现代》，北京时代华文书局2016年版。

13. 赵毅衡：《符号学原理与推演》，南京大学出版社2011年版。

14. 周晓虹：《文化反哺与媒介影响的代际差异》，《江苏行政学院学报》2016年第2期。

15. ［日］池上嘉彦：《符号学入门》，张晓云译，国际文化出版公司1985年版。

16. ［美］罗伯特·V. 库兹奈特：《如何研究网络人群和社区：网络民族志方法实践指导》，叶韦明译，重庆大学出版社2016年版。

17. ［美］史蒂文·塞德曼编：《后现代转向：社会理论的新视角》，吴世雄、陈维振、王峰、陈明达译，陈维振审校，辽宁教育出版社2001年版。

18. ［英］安东尼·吉登斯：《社会学（第四版）》，赵旭东、齐心、王兵、马戎、阎书昌等译，刘琛、张建忠校译，北京大学出版社2003年版。

19. ［英］布莱恩·麦基编：《思想家》，周穗明、翁寒松译，翟宏彪校，生活·读书·新知三联书店1992年版。

20. ［英］达尔文：《人类的由来》下册，潘光旦、胡寿文译，商务印书馆2017年版。

21. ［英］罗杰·迪金森、拉马斯瓦米·哈里德拉纳斯、奥尔加·林耐编：《受众研究读本》，单波译，华夏出版社 2006 年版。

22. ［加拿大］查尔斯·泰勒：《承认的政治》，载汪晖、陈燕谷主编：《文化与公共性》，生活·读书·新知三联书店 2005 年版。

23. ［加拿大］查尔斯·泰勒：《自我的根源：现代认同的形成》，韩震等译，译林出版社 2001 年版。

24. ［瑞士］费尔迪南·德·索绪尔著，沙·巴利、阿·薛施蔼、阿·里德林格合作编印：《普通语言学教程》，高名凯译，岑麒祥、叶蜚声校注，商务印书馆 1980 年版。

25. ［法］居伊·德波：《景观社会》，王昭凤译，南京大学出版社 2006 年版。

作者简介

尚宇菲，女，天津大学教育学院博士研究生，从事性别与教育研究。

闫广芬，女，天津大学教育学院院长、教授，教育学博士，从事教育史、性别与教育研究。

基于视觉修辞理论下当代女性形象的建构研究
——以漫画绘本《看我巾帼战"疫"七十二变》为例

姚 建 郭 静

一、研究缘起

新时代的中国正在大踏步走向世界舞台中央,为人类命运共同体的建设发挥不可小觑的力量,尤其是新冠疫情防控以来,中国力量已经在多领域全方位爆发。在此背景下,中国更加需要向世界展现一个良好的国家形象。中国女性作为国家形象展示的重要组成部分,能够在一定程度上唤起世界各国人民的情感共鸣,对于展示中国人精神风貌和中国国家形象有不可磨灭的积极作用。近年来,男女平权下的女性力量成为学界研究的热点,尤其是自2020年新冠疫情抗击及防控以来,有人称中国女性的高光时刻到了,涌现出大批战"疫"女性力量的作品和论述。

当下正值视觉文化盛行,"读图时代"已经来临,视觉行为本身成为重要的阅读和信息接受方式,同时也成为展示和建构形象的重要手段。其中漫画作为一种视觉话语表达方式,在经历百年的发展之后,以其幽默、生动、辛辣和讽喻的风格,越来越成为受众关注和喜欢的一种媒介话语形式。其视觉表达的隐喻含蓄使更多社会政治经济议题也开始走向公共交往的空间,尤其是近些年逐步崛起的女性主义以及由此带来的性别政治、女性形象建构和女性力量等社会潮流,也更多被"看见",并以视觉修辞的方式进行不断重复呈现,达到引导公众建立正确性别意识和确认女性价值的意图。

综上,笔者聚焦战"疫"中涌现的中国女性,联合山东省威海市漫画家协会主席、青年漫画家李强，于 2020 年策划出版《看我巾帼战"疫"七十二变》(以下简称《看》)一书。区别于当时社会媒介展示战"疫"女性形象的分散，《看》独树一帜，用 200 多幅原创漫画呈现中国女性参与抗击疫情及疫情防控的历程，以生动、细腻、幽默的漫画和简练、风趣的文字，强化视觉叙事力量，多维度、立体化勾勒出了中国女性主动参与重大历史事件的浮世绘，并以文字叙事对叙述事件和社会背景进行多重阐释，建构了精神独立、品质高洁、自尊自立、女性特质鲜明的中国女性形象，传达出当代女性在重塑新的价值观和社会意识中迸发出的力量。

基于此，本文从创作体验和历程出发，利用视觉修辞的理论解读该书女性形象呈现，阐释漫画呈现背后蕴藏的价值和意义。同时，通过视觉修辞理论分析该书女性形象传达背后所反映出的社会意图，研究该书在图像与文本互动的视觉修辞功能下，融入了国家和民族的集体情感和记忆，对女性群体进行主体话语建构的复杂性与辩证性。

笔者作为常年关注女性领域的《中国妇女报》记者，以敏锐的视觉记录战"疫"时代背景下形形色色的女性形象，所关注的角度和主题大多为当下国内外的热点公共话题，瞩目女性与时代、女性与疫情防控、女性与自身特征、女性与社会话语体系等议题，且以漫画绘本的形式进行出版，在国内外实属罕见，具备重要的研究价值和意义。本文将基于视觉修辞理论进行专题探讨，因此在当下女性高光背景下重新解读该书叙事特点，有着特殊价值和女性学意义。

二、视觉修辞视野下女性形象建构

视觉修辞理论是西方舶来品。当前，西方学者查理斯·希尔（Charles A. Hill）和玛格丽特·赫尔墨斯（Marguerite Helmers）合编的《定义视觉修辞》（*Defining Visual Rhetorics*）一书中对视觉修辞进行了专业论述，其中针对视觉修辞的特点进行了梳理，本文大概归纳了以下三点：一是视觉修辞中的视觉呈现元素是一体化的，比如色彩、文字、表情、体态等都具备辅助修辞功能；二是视觉修辞带有强烈的说服性和目的性；三是视觉修辞中的"视觉元素"不仅是审美性符号，而且具有了情绪和感情的指向意义。

数千年中国传统文化视野中，由于女性话语权的缺失，致使女性丧失了主体地位，其形象呈现一直以单调、刻板为主要特征，缺乏个性、多元和丰富性。"五四"新文化运动的倡导者开启了对妇女解放运动的关注，女性开始追求自身主体性，努力改变公众心目中刻板的女性形象，在寻求与探索自身主体性的过程中慢慢觉醒，并形成了新女性观，开始摆脱作为男性附庸的社会地位，实现作为"人"自身的价值。"新女性"形象出现在20世纪30年代，各种职业女性纷纷涌现，从女店员、女教员、女工、女演员，逐渐替代了女学生的公众地位，开始出离家庭，纷纷走上社会大舞台，承担起了原本男性场域内的社会政治、经济、文化等责任担当。

抗战期间，国破山河碎，民不聊生，残酷的社会现实激起了中国女性的民族觉醒和爱国热情。反抗封建道德的"新女性"开始走上革命道路，转身变为"革命女性"。从女性主义理论来审视，革命女性受集体意识和革命文化的同化，需要放弃女性本身的情感需求和自我追求，完全接受集体意识和严明纪律约束，并逐步将之内化于己。在那个可歌可泣的年代，大量的女性奔赴延安革命圣地，抗战后到延安的知识分子共4万余人，其中女性占了近一半。她们敢作敢为，剪掉长发，跟男人一起参加训练，读书、跳交谊舞，为了理想和信念，她们可以放弃个人利益，更何况属于女性的情感和权益。期间，中国女性形象的呈现更多与男性革命者一同，并肩而战，她们更多地把自己的命运与国家民族的命运和利益捆绑在一起，如同现代版花木兰，隐藏女性身份和特征，装扮和气质上呈现整体男性化形象。

当下现实的媒介环境中，女性形象在被凝视的社会语境中多呈现为被物化、被消费的特性，大众媒介对女性真实形象的呈现一定程度上出现了片面化、狭隘化倾向。尤其是政治社会领域，女性往往是缺席的性别角色。在此背景下，笔者与漫画作者沟通后选取了以女性为全部叙事修辞主体，利用图文互动的表达方式，突破了以往女性在媒介呈现中单调刻板的形象特点，增加了独特的形象元素，比如独立、勇敢、坚强、浪漫、温暖等鲜明的人物形象特征。从视觉修辞角度出发研究视觉形象构建中暗含的修辞意图和目的，确认这些视觉修辞是否具备劝服机制，对构建新时代的女性形象具有积极作用和价值。

三、多样化视觉修辞符号：色彩、体貌、服饰

媒介发展已进入视觉传播时代，笔者选择漫画作为主要表现形式，加以解释性文字作为补充增量，意图是顺应这一媒介时代公众"读图"的需求。《辞海》中对漫画的释义为：极具幽默及讽刺性质的绘画形式，取材于现实生活，常用夸张、比喻、寓意、象征等手法作画，或批判，或讽刺，或歌颂。对此，《中国妇女报》社长、总编辑孙钱斌（2020）在该书序言中提道："漫画向以诙谐、轻松见长，用来记录重大历史事件、描绘中国女性的精神肖像，这种探索需要极大的勇气"。笔者创作时同样面对该挑战，即如何呈现才能规避漫画自有的消解严肃性的特质。经过多次碰撞、修正与创意后，笔者决定利用多样化的视觉符号表达能力，在叙事内容方面力图做到准确、细腻、传神，超越了漫画原有的批判讽刺之功能，强化了其价值理念认同方面的歌颂功能，赋予了战"疫"中女性不同的精神内涵和价值意义。具体如下：

（一）色彩修辞寓意

色彩是极具感性价值的形式要素，在一定环境中被视觉辨认的程度明显。色彩隐喻与性别指向上，通常情况下，以橙、黄、红等暖色调被视为女性色系，蓝、紫色为代表的冷色调被视为男性色系，黑、白、灰等中性色调则男女皆可指向，被视为中间色。

通览全书人物形象的色彩视觉设计，主要以黑白灰的中间色为框架构图颜色，蓝色线条和配色呈现出冷静客观的冷色调频繁出现，而代表暖色调的红、橙、黄等也在色彩绘图中进行了调和使用，整体色彩呈现丰富、多元化、

立体化的效果。比如书中开篇以奔赴在一线的三位女院士为叙事主体，三位女院士均衣着简单，白色和墨绿色着装符合人物身份特征，硬朗的黑色线条勾勒人物图像，背后衬以蓝色或紫色的花束，简洁大气，展现了三位女院士冷静、独立、智慧的形象。同样的色彩运用风格也体现在书中大量战"疫"一线女性的刻画方面，图像叙事者没有将女性形象完全建构成为温暖、柔美的女性形象，而是利用中间色在勾勒人物形象的基础上添加了冷色调，赋予了女性客观冷静独立的形象特质，挑战了传统文化和大众集体意识中对女性形象的刻板印象。这种色彩修辞方式降低了漫画自身带有的调侃、娱乐性质，提升了严肃、庄重和信服性，传递给受众更加冷静客观的思考，也有了更高的辨识度。

同时，该书图像叙事者没有忽视女性自身特质的描画，利用暖色调的调和充分展现了女性自身特有的宽容、柔和、温暖等特性。比如医护人员送给病人的黄色的小花，跳舞的医护人员身边花瓶里插着粉红色的小花，女医护人员防护服上画上彩色的图案等，这些暖色调使整个叙事主体增加了女性色彩，达到了立体化、多元化重塑女性主体的修辞意图。

在女性形象漫画的视觉修辞意图中，从女性的面貌意图、服饰意图、肢体语言意图进行具体分析，可以发现该书整体呈现的女性形象是热情、正面、乐观、具有强大的力量感，其修辞意图为：强化男女平等的社会意识、弘扬女性强大的社会力量、提升女性社会地位和话语权。

（二）体貌与服饰特征

首先，战"疫"女性体貌特征展现了特殊时刻的特殊面貌。战"疫"一线医护人员特殊的工作环境使她们的体貌特征有别于常态生活，比如摘下防护罩后的她们脸上有着深深的印痕，有的磨破皮肤不得不贴上胶布，该书绘画叙事者栩栩如生地记录了这一刻她们的面貌特征，文字解释为："小时候的梦想，是戴上面具变身超级女侠，嘿，看现在的我，面具酷吧！"有的女性医护人员为了方便工作剪掉头发剃光头，这一形象也被记录下来，一幅画中四位光头女性戴着口罩，比出"必胜"的手势，图画上面一行红色大字："最美光头，坚守加油！"下面解释性的文字则是："我把命都交出去了，还在乎一头长发？"

其次，服饰造型是人类物质生活形态最为直观的表征，也是社会形态塑造的重要对象，通过服饰造型可以透视人物所在的时代背景、社会环境和身份特征。

战"疫"女性的服饰特征则突出了抗击疫情及防护工作的严峻、高风险以及高度的专业性。漫画叙事者在战"疫"女性服饰方面的刻画更加立体多元化，服饰作为女性追求外在美的一种象征元素，在该书的叙事中几乎失去了原有意义。特殊工作环境下的女性身着笨重的防护服、棉大衣，戴着宽大的护目镜、严实的口罩，这无疑跟战时背景下的女性体貌特质相仿，同样隐藏了女性柔美的外貌特征，呈现出中性化甚至男人气质。去女性化的形象塑造强化了女性在面临国家民族危机时，呈现出了与男性并肩战斗、勠力同心的性别平权精神。

由此延伸，服饰装饰之下的肢体语言的修辞呈现也展示了特殊环境下女性力量的迸发。穿上笨重的防护服的女性失去了女性身体特有的婀娜多姿的特质，但这同时成为叙事者侧重表达的一个关键点，比如穿上防护服的医护人员拿着一把扫帚做出了女侠战斗的动作，笨拙可爱，下面配文："为啥电影里的女侠穿上战衣身材傲娇，而我穿上战衣却像功夫熊猫……"甚至书中还把方舱医院中身穿防护服的医护人员称为"大白"，这一当时社会流行的称呼透出了温情幽默，书中一幕幕场景的刻画让人忍俊不禁，深刻传达了女医护人员乐观积极的精神世界。另一则漫画则记录了两位推着危重病人飞奔的医护人员，脚步匆匆，满头大汗，下面配文："银盔素甲，白马长枪，吾乃玉面美娇娘。"笔者认为，通过文图叙事的呈现效果，这已经不是传统意义上的女性美，在传统审美与现实环境的反差冲突中，叙事者借助漫画的反讽、幽默特质，展示了在岗位上尽职尽责、克己奉献的女性耀眼的精神之美。

四、图文互动视觉修辞下的零聚焦叙事

尤迪勇（2007）认为，图像叙事的模式可分为单幅图像叙事和系列图像叙事。单幅图像叙事又分为三种模式：单一场景叙事、纲要式叙事和循环式叙事。系列图像叙事则分为对比组图和主题组图等模式。笔者认为，漫画作者在图像叙事中综合利用了主题系列图像叙事和单一场景叙事两种模式，整本书划分了10个单元系列叙事，分别从女院士驰援一线、"火线"一线医护人员、方舱"大白"、全员战"疫"、志愿者、社区工作者、居家宅女、全国支援队、复工复产以及战"疫"物语十个层面，广视域、零聚焦、全景无死角地呈现了战"疫"中的女性身影。

单元叙事的优势在于同一个叙事主题下的系列图像，能够全面展示所叙事人物和事件的全部信息，形成一个立体化、多元性的图像序列。这种主题单元图像叙事的同时，每一个单元都利用了单一场景叙事，对本单元所叙述的事件和社会环境进行多重阐释，建构了各行各业中精神独立、自尊自立、理想信念鲜明的女性形象。以下将从文图对应关系中语言文本修辞方式和图像修辞意图进行分别论述。

（一）文图对应关系

文图对应关系中，该书大量运用了情绪化强烈的抒情文本，"只要有花可开，生命就不会与黯淡为伍""巡床间隙，默默地坐会儿，身上起了一丝凉意，去卫生间的阿姨轻轻帮我盖上了她的大衣。""有人能安心在家，是因为有人在路上"……与温情脉脉的女性话语不同的是，书中还有大量表态性的文本，"没什么我们就生产什么，缺什么我们就造什么""我们这帮90后已经长大了，该换我们去守护大家。""军装能脱，医护人员的职责不能脱""愿以山之名，冠以火雷之字，克瘟神，佑华夏"……更令人关注的是文本中出现大量网络用语或富有争议性的修辞话语，"从广场到方舱，你大妈还是你大妈"……之所以使用这些情绪色彩浓郁的语言文本，主要目的是强化图像文本传递的信息，形成效果更加鲜明的互文关系，试图达到更佳的修辞劝服效果。

通常公众一致认为的性别角色中,女性往往被认为是温柔、情绪化、依赖性强的,男性则是果断、坚强、独立、理性的,从感性的语言表达中,铿锵有力的表达方式与传统女性形象的话语表达形成巨大反差,这正是语义带来的修辞意图。因此,使用多样化的语言文本,才能呈现出新时代疫情防控背景下女性特有的性格特征及蕴含的多层次的价值含义。

展现人物的内心世界,往往通过暗示、隐喻、意象等手法,这与该书封面主题"看我巾帼战'疫'七十二变"的修辞意图一致。借此修辞意图,笔者打破固定的男女性别场域的固定规范,提高了女性话语权和女性身份认同,让女性形象对应的主题词更具有劝服意图和效果,达到引导受众接受的目的。

图像修辞意图中,每一个人物形象呈现的视觉中心点都有意图所在。笔者在叙事中强化肢体语言的意象,通过身体表达现实中人与人相处的沟通方式,在叙事场景中虽然表现为静态场景,但却以图像的形式暗含了多种视觉修辞手法,通过肢体语言的设计体现修辞意图,达到劝服效果。比如肢体接触中的女性与女性的拥抱,通常视觉修辞中拥抱本身具有情绪传递。但在特殊环境下人物的肢体接触往往是暗含寓意,人物往往通过体温枪、体温计等中介物质进行接触,厚重的衣着和口罩等隐藏了人物表情和部分细微肢体动作,情绪传递更加含蓄、克制。这打破了传统意义上女性"非理性"的直接情绪流露,呈现了宽容、慈悲、大爱等情感的修辞意图。这种克制带来的力量,恰恰展现了当代女性面临社会重大事件时独立担当的品质。

(二)单一场景叙事

单一场景叙事具有"瞬间"性,要求叙事者抓住事件发生的"瞬间",通过一幅有意味的图画反映整个事件或者新闻现象发生的过程。

笔者认为,该书在单一场景刻画中注重事件发生的现场感,强化了"瞬间"性,利用瞬间的静态图像,寓意前后发展的故事的连续性。比如在方舱升级打怪这一单元,医护人员督促方舱内小朋友做作业曾登上热搜,叙事者把这一事件记录下来,一位小朋友正皱着眉头,满脸不高兴地坐在桌前,旁边一位医护人员一手叉腰一手扶着他的肩头问:"布置的作业完成了吗?"活脱脱一个督查作业的母亲形象，小朋友内心崩溃："小姐姐，你是天使中的魔鬼吗？555……"图画下面配文："岂曰无课，与子同舱。山川异域，作业同样。"在志愿者单元中，面对一位刚要溜出家门的居民，志愿者立马举起大喇叭喊话："回家回家回家回家、回去回去回去回去、进门进门进门进门、进去进去进去进去进去……"之所以采取上述叙事方式，意在刻画惟妙惟肖的神情，通过抓住事件发生的有意味的瞬间，描绘一个个新闻事件的故事，呈现女性战"疫"者特殊背景下的女性特质的爱心、担当和强烈使命感。

五、唯一女性主体视觉叙事：重塑当代女性意识和力量

中国漫画作为叙事表达方式由来已久，自二十世纪二三十年代已经有过短暂的繁荣。在漫画发展史中，从上海"摩登女郎"到战争年代革命女性作为受辱者或革命者乃至到新中国成立以来新女性的漫画呈现，整个漫画叙事发展史同时也是一部女性成长和觉醒的历史。在此背景下，笔者认为，选择女性作为唯一叙事主体，结合单元图像叙事和单一场景叙事的模式，二者贯通融合，加以图文互动，如此才可以对叙事事件的主旨进行立体而多元的呈现。

社会性别理论者认为，女性形象塑造是在社会文化和社会制度的共同作用下实现的。从这个角度来看，视觉形象构建是男权社会和消费社会共同作用的结果。进入消费社会，大众传媒通过信息编码的丰富性和多元性，生产出女性形象的价值编码，并将价值编码灌输进对女性的凝视中。这种程式化背后，折射着整个社会传统文化、集体无意识和价值观，蕴含着深厚的历史动因和现实社会文化背景。

笔者作为文字记者，通过与漫画家的合作，调整叙事习惯，从视觉阅读经验出发，重塑人物类型，更加全面、多元、真实的再现女性身处社会重大事件中的历史情形，在图像叙事的构建中利用"瞬间"场景增加了叙事情节，丰富了视觉元素的表现力，建构了立体、多元化的战"疫"女性形象，这有

利于当代新女性的形象再塑，也有利于提升女性整体社会地位和社会事件参与度。

首先，《看》的人物叙事打破了女性媒介形象中的刻板印象。在数千年男权中心文化背景下，女性形象被贴上了"贤妻良母""柔顺谦卑"的正面标签以及"惟女子与小人难养也"的负面标签。女性作为男性的附庸，缺乏自主性和独立性。当下消费社会"眼球经济"的语境下，女性在男性凝视的社会文化下成为"审美对象"，甚至仍有"许多文化将女性浪漫化，尤其是将母性浪漫化"（李银河，2018），众多女性被物化成象征符号，以满足公众的想象和期待需求。疫情中的女性形象的展现则让更多女性发现了自己的主体性，有利于女性对自我价值的界定和重塑。

其次，《看》一书以女性群体为对象进行集体展示，一定程度上提升了女性话语权和社会认同度。值得关注的是，该书搜集了大量社会热点事件，并对这些热点进行了再创造，赋予其更多严肃思考下的增量社会价值和时代意义。

比如针对方舱里的广场舞事件，叙事者用了戏谑的笔法进行创作，几位身着彩色睡衣的大妈伴随着音乐正翩翩起舞，图画中还配有大妈们的心声——方舱舞王张大妈：心情好，身体好，才有力气把病毒赶跑；灵魂舞者朱阿姨：来，左边跟我一起画个龙，右边画一道彩虹。更有趣的是漫画下的解释性文字："从广场到方舱，你大妈永远是你大妈。"广场舞大妈作为一个引发过社会关注的特殊社会群体，其生活方式和行为标签已经延伸到广场之外的任何地方，比如社区、车站、机场、甚至列车车厢等。因此，方舱内的轻症患者跳起广场舞时，引发了新的关注，但是此时此刻的关注点已经从之前的心理抵制演变成了欣赏和肯定，该图的配文引用了网友的一句评论：你大妈还是你大妈，叙事者加了一句限定性地理描述：从广场到方舱，便增加了许多特殊时期内的社会意味，其潜台词包含着乐观、积极、奋进的精神含义，也引发了受众对广场舞大妈这一特殊女性群体的重新认识和再定义。

其他如对女性剪发的再解读、对宅一族的重新定义等都有着如上的特定时代价值和意义。综上所述，漫画这一形式虽然诙谐幽默，但是笔者和漫画作者利用视觉修辞的劝服功能,以温情笔触展示的是当代女性自我成长的历史,同时也构建了自我意识崛起后的女性参与社会发展的自知自觉自立精神。

参考文献

1. 李银河:《女性主义》,上海文化出版社2018年版。

2. 龙迪勇:《图像叙事:空间的时间化》,《江西社会科学》2007年第9期。

3. 孙钱斌:《万"变"不离其"宗"》,载姚建编、李强绘:《看我巾帼战"疫"七十二变》,山东人民出版社2020年版。

作者简介

姚建,男,中国妇女报社(全国妇联网络信息传播中心)山东记者站站长,长期关注与性别相关公共政策的研究。

郭静,女,通讯作者,山东女子学院传媒学院副院长、副教授,长期关注媒介与性别相关政策的研究。

国家治理现代化背景下妇联组织建设①
——基于妇联参与新型冠状病毒肺炎防控实践的思考

中华女子学院课题组

中共十九届四中全会通过的《关于坚持和完善中国特色社会主义制度 推进国家治理体系和治理能力现代化若干重大问题的决定》共出现13处"治理体系和治理能力"的表述，并从15个方面对治理体系和治理能力进行了具体论述。尤其是在"构建基层社会治理新格局"这部分内容中，特别提出要完善群众参与基层社会治理的制度化渠道，发挥群团组织、社会组织作用，推动社会治理和服务重心向基层下移。作为群团组织之一，妇联组织在基层社会治理中的作用也受到学界和社会的广泛关注。众多学者围绕群团组织改革与治理现代化，尤其是妇联组织在基层治理中的作用，进行了一系列的阐释（柴宝勇，2018；郑长忠，2018；刘亚玫等，2018；张永英等，2019）。各地各级妇联在组织建设和改革以及基层社会治理方面亦有丰富的实践经验与探索研究。然而，新型冠状病毒肺炎疫情（以下简称"疫情"）的暴发对妇联组织如何参与基层治理提出了一系列新的全方位的挑战。在此背景下，本文关注的是，在应急管理模式下，妇联组织如何有效地将自己纳入社会治理体系和治理能力建设的时代课题中？妇联组织在参与疫情防控实践中的经验和做法，为常态化参与基层社会治理提供了哪些启发？

本文以疫情中心地区湖北省、经历过应急管理的四川省、妇联工作社会化做得较好的广东省、研究团队成员所在的北京市以及"两微一端"（微博、

---

① 本文是在2020年中华女子学院《国家治理现代化背景下妇联组织建设：基于妇联参与新型冠状病毒肺炎防控实践的思考》课题结项报告基础上整合而成的。

微信和新闻客户端）现代化技术手段运用得较好的湖南省五省市妇联组织的官方媒体报道为主要分析对象，从对五省市各级妇联呈现的媒介文本阅读中，抽取关键词，结合全国妇联的倡议，探寻妇联组织是如何通过"会改联"①后搭建起来的纵横网络参与本次疫情的防控。作为参照，本文也将呈现全国妇联主管的"中国妇女报""中国妇联新闻""女性之声"等官微媒介呈现的内容，分析妇联组织采取的"纵向到底横向到边"的行动网络的独特性。本文分析的时间段为2020年1月20日至4月8日，即从各省市发布第一条相关信息的时间到武汉解封之日。本文最终选取分析的相关报道共3933篇，结合妇联日常工作，以疫情期间妇联的工作内容为例，对妇联组织参与社会应急治理的实践经验进行了深入分析。

一、妇联组织参与新型冠状病毒性肺炎防控实践经验

（一）整合"妇"字头力量

从全国妇联到地方妇联、基层妇联，再到各类团体会员、女性社会组织、妇女儿童基金会，妇联具有完善的组织制度和广泛的群众基础。在此次疫情防控中，各级妇联组织积极引导、带领广大妇女群众做出了重要贡献。

1. 妇联组织做指导

自2020年1月26日全国妇联发出《为打赢疫情防控阻击战贡献半边天力量》的倡议以来，各级妇联迅速响应，积极引领指导广大妇女群众参与联防联控工作。以四川省为例，全国妇联发出倡议后，同日，四川省妇联便转发并发出省级倡议。翌日，双流区、天全县等县市区级妇联组织巾帼志愿者也发出倡议。各级妇联充分利用妇联组织资源，立足岗位职能，借助妇联系统网站、微信微博等公众平台，及时发布疫情防控信息，组织和引导巾帼志愿者和普通妇女群众积极抗"疫"。例如，2020年1月24日，四川女性微博

---

① 村（社区）妇代会改建妇联，简称"会改联"。

发布"从武汉回来请自行隔离""要加强防护措施,民众应该意识到春节不要聚会"等微倡议,强调早发现、早隔离、重视防护。

2. 妇女之家为阵地

妇女之家是妇联做好新形势下妇女群众工作的重要基层载体和阵地,也是妇联组织参与基层社会治理和公共服务的重要平台。此次疫情防控需减少人员聚集、防范疫情传播,因线下妇女之家的功能和作用受限,各地妇联组织创新工作方式,开通"网上妇女之家",以满足妇女儿童服务需求。例如,湖北省荆门市妇联通过"网上妇女之家"等工作群层层转发市联防联控领导小组办公室通知公告,传达和部署疫情防控措施,并及时传达官方信息,在妇联系统实现信息公开,教育妇联干部不信谣不传谣。

3. 巾帼力量为主力

截至2019年底,全国已有35万支巾帼志愿服务队和2300多万巾帼志愿者(杨昊,2019)。疫情发生以后,各级妇联组织陆续发出多条倡议,号召巾帼志愿者为疫情防控贡献巾帼力量。例如,2020年1月26日,全国妇联发出《为打赢疫情防控阻击战贡献半边天力量》的倡议;同年2月5日,全国妇联又发出《千万巾帼志愿者们行动起来 在社区防控、邻里关爱、守住家门中发挥独特作用》的倡议。同年2月23日,习近平总书记在统筹推进新冠肺炎疫情防控和经济社会发展工作部署会议上明确提出要"有序恢复生产生活秩序"后,全国妇联立即组织动员广大妇女在投身疫情防控的同时,有序推进复工复产。

4. 各级执委有贡献

兼任妇联执委或主席的女企业家在抗疫中捐赠大量防疫物资、带领妇字头企业共同抗疫、积极配合开展复工复产。例如,北京市朝阳区妇联执委、北京市女企业家协会会长安钟岩积极响应朝阳区妇联的号召,充分发挥优秀女性的示范作用。四川省妇联执委、红旗连锁董事长曹世如认真落实疫情防控相关工作要求,配送中心24小时待命,全力保障近3100家门店商品配送,同时积极配合政府相关部门运送应急物资。湖南省近51万执委,基于自身才能和疫情需要开展疫情防控工作，争当防控宣传员、疫情排查员、特殊家庭关爱员、情绪疏导员、复工复产联络员。

5. 女性社会组织广泛参与

疫情发生以来，各类女性社会组织发挥自身专长为抗击疫情提供物资保障和服务。一是募集善款和物资，主要由各地的女性联谊组织牵头发起，一些非正式的志愿者组织也发挥了重要作用；二是参与社区疫情防控，以社区的各类女性志愿者组织为主；三是进行疫情期间心理疏导和危机干预，如各类女性心理援助热线、家庭教育指导机构、服务家庭的社工机构等；四是对疫情期间女性权益受损的法律援助，如各地女律师协会和法律援助中心；五是组织复工复产，主要由女性行业协会和联谊会来牵头，如女企业家协会、家政行业协会、编织协会等。

6. 妇女儿童基金会保资源

妇女儿童基金会在此次疫情防控中主要扮演募集资金和物资支援一线的角色。例如，2020年1月29日，中国妇女发展基金会将平安普惠和万事达卡捐赠的600万元资金分别拨付湖北省慈善总会和湖北省红十字会，用于购买N95和一次性防护口罩、一次性手术隔离衣、防护服、护目镜、消毒液等紧急医用物资。截至2020年2月1日16时，中国妇女发展基金会接收社会各界捐赠款物共计1725.5791万元，全部用于支援以湖北省为主的疫情较重地区，其中资金1025.5791万元，物资700万元。同年2月18日，《中国妇女报》报道了全国妇联通过中国妇女发展基金会驰援一线女性医务工作者安心裤。同年2月22日，四川幸福女性报道了四川省妇联、省卫健委、省妇儿基金会联动开展送爱心包、送爱心菜、送爱心课、送爱心话"四送到家"活动，"一对一"传递关心关爱，做实做好关爱一线医务人员工作。

（二）"联"结政府和社会资源

妇联是党和政府联系妇女群众的桥梁和纽带，是以维护妇女儿童权益为宗旨的群团组织，既具有政治属性，同时也具有社会属性。在疫情防控中，妇联组织充分发挥政治属性和社会属性，并采用线上和线下相结合的方式，链接各方资源,服务疫情防控大局。

1. 发挥政治属性,协助政府做好防控工作

疫情就是命令,防控就是责任。各级妇联主席、妇联执委、基层妇女工作者、巾帼志愿者围绕疫情防控大局,与公安、民政、物业等基层力量联防联控,包片包楼栋进行排查,确保"不漏一户、不漏一人"。她们积极投身抗疫一线,参与一线疫情排查,如在小区内进行巡查、检查药店、电话访问、路口测量体温、入户排查、资料收集与归档;开展防疫宣传,如制作发放宣传资料、张贴宣传标语横幅。例如,四川省全省妇联干部重心下移、服务下倾,为社区疫情防控主动当好宣传员、协调员、指导员、服务员,为保持生产生活平稳有序贡献巾帼力量。

2. 凸显社会属性,链接企业和社会资源

各级妇联积极链接企业和社会资源,参与疫情防控,助力复工复产。例如,广东省东莞市妇联走访多家企业,宣传东莞扶持企业复工复产新政策。东莞市各街道妇联也分别走访了当地女企业家企业,动员、引导各级妇女组织、女企业家联谊会企业、巾帼文明岗积极投身助力企业有序复工复产行动。四川省妇联组织全国巾帼脱贫示范基地、省级妇女居家灵活就业示范基地从2020年2月1日相继复工。北京市出台了系列帮扶措施,精准帮扶企业应对疫情影响,大力支持企业保持平稳发展,2020年5月9日起,"北京女性"特别推出复工复产政策解读专栏,解读相关政策,共同有效助力复工复产。

3. 线上线下相结合,不断创新工作方式

疫情对妇联组织的工作方式和工作内容都提出了挑战。各级妇联组织充分利用新媒体使用便捷、传播迅速、交互性强等特点,创造性地开展妇女宣传工作。例如,《中国妇女报》转发新华社、《人民日报》、卫健委等权威机构公布的信息,宣传抗疫行动中女性先进个人或集体的事迹;"女性之声"转发新华社、疾控中心、各省市地区妇联等消息,普及防疫知识、宣传防疫信息和地方妇联活动等。截至2020年3月4日18时,全国妇联微信公众号"女性之声"共发布有关新冠肺炎疫情防控的消息681篇。截至2020年2月29

日,四川省妇女联合会官方网站、四川女性(四川省妇联官方微博)、四川幸福女性(四川省妇联官方微信公众号)发布与疫情相关的推文共915篇。

二、国家治理现代化背景下对妇联组织建设的建议

2018年11月2日,中国妇女第十二次全国代表大会通过的《中华全国妇女联合会章程》(以下简称《章程》)为新时代妇联组织的建设与发展指明了道路和方向。在此次疫情期间,妇联组织既服务大局,又表现出了作为群团组织的优势,从工作理念、工作方式和工作模式来看,妇联组织既充分发挥其政治属性,利用政策性资源服务大局服务妇女儿童和家庭,同时还充分发挥其社会属性,链接社会组织共同战"疫"。总体而言,妇联组织在此次疫情中经受住了考验,其工作实践可为常态化工作提供参考借鉴。

(一)明确主责主业,建立常态化工作机制

为了适应新形势,团结联系各界妇女,全国妇联积极探索妇联组织的改革,不断突破行政架构的局限,调整机关机构编制,因地制宜创新妇联基层组织的设置形式和存在形态,抓牢"一根线",张开"一张网",在组织网络上实现单一纵向向多元立体的网络体系转变,使妇联组织像毛细血管一样遍布基层各角落、妇女各层面,最大限度地把妇女团结凝聚起来,为妇联发挥作用、开展工作提供强有力的组织保证。为加强妇联组织和人才队伍建设,妇联改革从顶层设计到地方实践,从专职、挂职、兼职干部的选配、管理到作用发挥,都不断探索创新妇联干部队伍建设改革的路径,形成了一系列制度改革和实践成果。但在新冠疫情下,妇联的工作能力受到挑战,在如何实现保持和增强政治性、先进性、群众性的目标,在联防联控、群防群治中发挥妇联工作特色、关注和回应特殊时期的妇女需求等问题上欠缺考量。疫情期间,妇联以服务大局为主,但在主责主业方面未能完全跟进,妇联组织的优势和妇女干部的优势未能充分发挥出来。应将在减灾工作中体现性别平等意识作为重要研究课题,建立常态化工作机制。一是建立调研制度,及时了

解广大妇女群众的思想状况，倾听和反应她们最真实、最迫切的需求，关注妇女群众内部的异质性和妇女群众需求的多样性；二是建立服务对接制度，利用"两微一端"和妇女之家等平台，通过线上线下相结合的方式，为有需求的妇女群众提供精准服务；三是延展和深化工作内容。工作内容的延展是指在社会防疫中关注危机事件后女性生活质量，培养在地的妇联组织向妇女提供有关灾难、医学、生死的知识，区别于社会工作提供的灾后心理救助工作，妇联组织的工作更倾向观念意识的传递。工作方式的深化是指在日常工作中培养储存性的反应组织，在参与社会应急管理过程快速激活反应组织。培养的组织并不仅仅是灾后发挥作用，在平时也可开展工作，传递有关灾难、医学、生死的知识，使妇女群众在面对社会灾难和个人危机时形成正确的观念、采取正确的实践，减少其心理冲击，能在一定程度上减少其参与谣言传播、迷信活动的可能性。

（二）合理利用政治属性，加强工作社会化

"会改联"后，各级妇联组织都在探索妇联如何去机关化、去行政化，已有的一些做法也呈现了各级妇联组织努力的方向。妇联工作正在从碎片化活动向体系化项目转变，通过实事工作项目化，将重点工作变为可以量化、有目标和能实施的实事，按照项目化要求、项目化管理、项目化实施，设计、研发符合妇女儿童和家庭需求的公益项目，推动一件件实事落地见效。而工作项目化又离不开项目工作社会化，也就是以开放的思维和社会化的工作理念，广泛联系各种资源，汇聚社会力量，为妇女群众提供专业、优质、高效的服务。课题组前期调研过的武汉、天津以及从研究文本中了解到的海珠模式、深圳的党群活动中心，都对妇联工作社会化方向做出了有益探索。但在疫情期间，妇联组织的工作模式仍以行政化、机关化为主，亟须进行进一步改革，突破传统的代表与动员二元的功能划分，跳出已有的"安全"工作层级模式。具体而言：一是妇联组织在"党政所需、妇女所急、妇联所能"三维关系中找准自己的目标定位与工作方向。二是从妇联组织的职能拓展思考，将其放入治理体系和治理能力现代化之下，通过妇联组织参与应急治理的实

践经验探究妇联组织如何与政府、社会（社会组织/妇女社会组织）、市场、妇女群众互动，以及如何参与基层社会治理。三是社会经济转型、社会结构分层的背景下，妇女群众的需求发生了变化，妇女群体日趋多样性及利益分化，对妇联工作提出了新挑战、新要求，妇联组织要更好地代表和反映不同妇女的利益和诉求，更好地发挥妇女群众的主体性，带领妇女群众跟党走。

（三）对家庭的关注应以改善女性地位为出发点和落脚点

如上文所述，妇联组织对巾帼志愿者、妇女干部等抗疫一线女性的无私奉献关注较多，而对抗疫一线女性的困境问题呈现得较少。由于疫情期间，家庭成员相处时间增多，矛盾更容易爆发，女性更容易受到家庭暴力的侵害，而且特殊时期女劳动者面临更加严重的工作家庭冲突问题。这些都应是妇联组织的工作重点。而从多地的报道来看，普通妇女群众在疫情中似乎被完完全全埋没在了"家庭抗疫"的口号之中。如妇联组织的"送蔬果"行动、家庭教育行动等，都更多地把妇女定位在"女主内"的传统家庭角色中。而对一线女医护人员的关注，更多的是置于医护人员这一群像之下，或者关注其前往一线以后的家庭需求，忽略了一线女性自身的特殊需求，如在抗疫前期缺乏对援鄂女医护人员的女性用品是否充足、防护服是否合身等问题的关注。故此，在应急管理或常态化治理中，妇联组织应：一是注意看待问题是基于性别的视角看待家庭问题，还是以家庭的视角看待女性问题；二是充分发挥妇女在家庭生活中的独特作用，但并不将女性捆绑于家庭之中；三是既要突出特殊时期女性的巾帼力量与重要贡献，又要关注女性的困难与需求。

（四）应将社会性别视角纳进妇联组织建设的全过程

研究发现，一直以来，无论是在多么民主和平等的家庭，女性还是承担家庭照顾的主责。疫情期间，因为照顾职责高度集中，女性不仅要操心日常家务，还要保证自己的家人没有任何生病的风险，需要为家人考虑基本的防护、物资和食物的充足、饮食的健康、作息时间的安排、情绪疏解等一系列问题，而女性自身的问题和需求是否得到关注？本文基于典型性和代表性选择了不同省市地区妇联组织的官方报道作为文本观察对象，发现尽管存在一定的地区差异，但各地妇联组织都在此次参与社会应急治理过程中呈现出双重边缘的特征，缺乏对主责主业的持续跟进，忽视了部分妇女群众的需求与诉求。因此，应将社会性别视角纳进妇联组织建设的全过程，充分关照各类妇女的需求。一是在目前的应急治理科层制中妇联处于较边缘的位置，应增强主体性和主动性，发挥妇联的独特作用；二是应急治理体系中性别议题处于边缘位置，应加强调查，把握妇女群众的急难愁盼问题，发挥妇联组织引领联系服务妇女作用。

（五）应建立从常态化工作到应急管理的工作机制

应急治理是一个动态过程。在《突发事件应对法》中，作者借鉴理论结合实际，将应急治理划分为预防与准备、监测与预警、处置与救援、恢复与重建四个阶段（孔娜娜、王超兴，2016）。要推动妇联参与社会应急治理，应当全面理解这个动态过程，才能找准参与的路径和定位，实现最大效率的参与。"急"意味着从点到线、从点到面的连环影响，即风险潜在、某一领域突发、结构性波及其他领域、后果严重、影响持续。在疫情防控的不同发展阶段，妇联组织应当实现工作内容的转变，并思考如何为社区妇女居民产生积极自我生活重建、社区认同感、社会认同感创设积极的情境和条件，如何促成从单纯防疫（提供心理、物质和信息的援助）发展到社区人际关系的共建等问题。具体而言，妇联组织可以借助其组织优势和专业优势介入应急治理的各个阶段，如事件发生前培养储备反应组织（巾帼力量），在应急治理的处置与救援阶段提供精准服务（专攻妇女儿童家庭事务），在恢复和重建阶段发挥组织和制度优势深度参与妇女儿童家庭的恢复与发展。

参考文献

1. 柴宝勇：《群团干部管理改革：历史、原则与内容》，《中国党政干部论坛》2016 年第 7 期。

2. 孔娜娜、王超兴：《社会组织参与突发事件治理的边界及其实现：基于类型和阶段的分析》，《社会主义研究》2016 年第 4 期。

3. 刘亚玫、张永英、杨玉静、石鑫：《论习近平总书记关于新时代妇女发展和妇女工作重要论述的科学内涵》，《妇女研究论丛》2018年第5期。

4. 杨昊：《全国妇联揭晓巾帼志愿者十大暖心故事》，《人民日报》2019年12月27日第7版。

5. 张永英、李文、李线玲：《新时代妇联组织改革的创新实践与思考》，《妇女研究论丛》2019年第1期。

6. 郑长忠：《面向未来的妇联组织——国家治理现代化与妇联组织发展研究》，《妇女研究论丛》2018年第1期。

作者简介

中华女子学院课题组，成员包括中华女子学院妇女发展学院院长魏开琼教授、黄河副教授，全国妇联妇女研究所石鑫副研究员，中华女子学院妇女发展学院讲师生龙曲珍和杜声红。本文执笔人为杜声红。

妇女在抗击疫情中的作用与贡献[①]
——以"中华女子学院支援湖北联合志愿服务团队"为例

齐小玉 郭雪莲

一、发起捐赠女性生理卫生用品志愿服务背景

2019年12月27日至2020年1月19日,湖北省武汉市发现不明原因肺炎病例,武汉地区出现局部社区传播和聚集性病例,其他地区开始出现武汉关联确诊病例。中国第一时间向世界卫生组织报告疫情,迅速采取行动,开展病因学和流行病学调查,阻断疫情蔓延,中国全面展开疫情防控工作。

2020年1月20日至2月20日,全国新增确诊病例快速增加,防控形势异常严峻。中国采取阻断病毒传播措施,坚决果断关闭离汉离鄂通道,全国暂停进入武汉市道路水路客运班线。武汉保卫战、湖北保卫战全面打响。

当时,湖北地区医疗部门告急,医护人员严重不足、医疗救助告急,在党中央统一部署下,全国各省市迅速组建医疗队,自备医疗物资,医务工作者义无反顾,千里疾驰赶往武汉市及湖北省各地开始驰援湖北省医疗救助行动,加入与病魔的抗击中。随着疫情肆虐传播加重,湖北地区医疗工作者严重不足,各类防护用品出现短缺。同时,从各种媒体上反映了医务工作者为了减少被感染概率、节约使用有限的防护服,每天坚持工作8—9个小时,与死神抗争,尽力挽救生命的艰难处境。年轻的女护士和医生每天从治疗间出来,浑身都被汗水湿透;因为长时间戴口罩、透气差而导致脸部出现溃烂等

[①] 本文是作者以督导老师的身份叙述的。

症状;赶上经期,不知道是汗水、尿还是经血都混杂在一起,那种感觉难以用语言形容,当时,生理用品、成人纸尿裤等用品告急。赶去湖北驰援的全国各地医疗队中的女性医务工作者也因多带了医疗物资而顾不上多备生理卫生用品,她们处在既担心被病毒感染又要救治病人的多重压力下,处境十分困难。

她们的困难很快通过媒体的反映引起公众的关注,了解到她们的特殊生理期的需求因为物资紧缺、商超关闭、时间精力有限等原因一时间得不到供应,但她们还是如此艰难地坚守岗位,她们需要心理援助和卫生用品的支援。

中华女子学院已毕业的社会工作专业学生忧心关注到奋战在救治前线的女性医务工作者、社区女性工作者的艰难处境,在校同学们也纷纷通过微信朋友圈等方式表达对她们的心疼,为她们点赞加油,同时也希望能为驰援湖北的医务工作者和当地医院医务工作者做力所能及的事情。因为当时正值寒假,学生们放假在家,毕业生也多居家办公。学生们通过网络传递信息,商讨用什么方式支援在湖北抗击疫情的女性医务工作者。

鉴于学生身份和学校不具备筹款资质,也了解到有个人以直接募集物资、输送急需的生理卫生和防护用品到医院,以最快速度支援女性医务工作者。因此,最初发起行动的成员一致同意也采用类似的方式,组建自愿行动的志愿服务团队,以募集物资捐赠方式参与到支持女性医务工作者的行动中,成为本次志愿服务行动的动议。

二、捐赠女性生理卫生用品志愿服务行动

(一)敏感识别女性特殊生理需要

鉴于湖北地区疫情发展迅速,作为抗击新型冠状病毒性肺炎的前沿阵地,湖北地区的广大妇女积极、勇敢地投入到各自的工作岗位,包括妇联干部、医务工作者、社区干部等。当时国家统一调配物资优先提供给医疗机构救治感染病人,而参与各项服务工作的女性的常规卫生用品的需求暂时被忽视了,

持续性的需求呈现在人们的视野中。

中华女子学院社会工作专业毕业生熊梅汀等同学敏锐观察到这一需求，从 2020 年 2 月 7 日晚上探讨服务行动的可行性，到 8 日在社会工作学院老师的支持下快速组建了女院志愿服务团队，从最开始的十几名队员到最多时有 30 多名成员。这支志愿服务团队的成员是由中华女子学院社会工作专业毕业生、在校本科生、研究生和其他高校的学生组成的，她们中多数在校学习期间系统接受了性别平等观念的教育，具有一定的性别敏感。当她们看到有关报道女性医务工作者在生理卫生用品和防护用品不足的艰难处境时，立刻触动了她们的性别敏感神经，认为这个情况造成了对女性医务工作者工作上和生活上的不便。她们迅速联系老师，得到全国妇联、湖北省妇联以及学校的支持，在院系专业教师指导下迅速向全社会发出支援女性医务工作者的倡议："我们团队感谢湖北省各级妇联鼎力支持，期待有企业或个人愿意捐赠以上物资的，请联系我们，让我们一起为战斗在疫情前线的她们提供支持，贡献你们的力量！"

倡议书发出后，很快接到生产那些产品的企业及热心个人的咨询，随后就收到大量卫生巾、成人纸尿裤等捐赠物品，这支自发组织起来的捐赠工作团队开始了夜以继日的志愿服务行动。

（二）充分运用所学专业知识与方法

特别强调的是，这支志愿服务团队成员的专业训练背景有女性学、社会工作和社会学等，她们集结在一起，发挥各自专业特长，凝聚团队力量，充分展示了 90 后、00 后学子的风采。她们将社会工作专业的理念和工作方法运用于实际服务行动中。她们在没有任何经验的情况下，运用所学知识，借鉴经验，制定了自我管理制度和工作流程，按照流程需要分别建立了统筹组、信息组、需求组、企业组、流通组、新闻组 6 个工作小组，每个工作小组又制定了各自的工作规则和流程，尝试各组之间的协调与配合。每天从清晨工作到深夜，电话不离手，吃饭都是抽空完成。结束一天的工作后还要进行集体讨论，接受老师的线上督导，复盘一天的工作，从吐槽、抱怨，到总结工作经验、自我检讨。她们之间许多人都不曾相识，但因为志愿服务联结在一起，不断沟通与相互理解，体验了团队合作的力量，以积极的心态迎接第二天的工作。

她们在工作中不断体验尊重、接纳、理解的理念和沟通技巧，使出浑身解数与捐赠工作相关的各人群进行积极的沟通，尽快筹集到物资、快速运送到位。

同时，无论哪个工作小组都有可能在与外界联系时遇到敏感话题和观点对峙问题，尤其是新闻组，由女性学专业毕业的小组长负责对外的一切信息发布和宣传。如团队每天都会通过学校"女院社工"微信公众号或个人朋友圈等渠道公布捐赠物资成果，写新闻宣传稿件，包括捐赠倡议书、停止捐赠活动的公示等，尤其是最后的工作总结与反思。在这一过程中，小伙伴们更深刻地理解了女性群体的生存处境，她们的权利与权益还需要努力争取，得到全社会的认可和制度的保障与完善。

（三）链接社会资源协同开展志愿行动

在全国人民齐心协力抗击新冠病毒时，无论是政府、民间组织或个人都坚决听从习近平总书记领导下的党中央的统一部署，各司其职、互通有无、资源与信息共享，很快以武汉为核心的抗击新冠疫情的社会支持网络搭建起来并有序运行，确保了在最短时间内控制住传染路径，降低死亡率，使老百姓开始恢复正常生活秩序。

因疫情暴发严重时武汉封城，通往武汉市区的各交通要道都由政府临时管控，运送最紧急的救治医疗物资，而其他生活物资等暂时不能及时送进市区、送到百姓手上，其中包括生理卫生等用品，有短暂时间堆积了大量用品而无法运送到位，医务工作者告急。我们志愿团队遇到了最揪心、最困难的挑战之一就是如何将物资顺利、及时送达医务工作者手上。

关键时刻令女院志愿服务团队感到温暖和有力量的是，通过网络和多渠道查找，终于联系上了武汉市的一支志愿运输队。那是一支自发组织起来的帮忙运送从各地捐送的各类物资的志愿运输团队，成员有政府工作者、慈善机构工作人员、妇联干部及其他社会组织的志愿者，他们冒着被感染的风险，每天开私家车，夜以继日地帮忙运输和搬运物资到指定的医院。当他们知道了女院志愿服务行动后即表示尽力帮忙运输用品及时到位，才确保了此次志愿服务行动的顺利进行。

有意义的是通过这些志愿团队间的互相合作，进一步提升了志愿服务团队成员对女性特殊生理卫生需求的认知，加深了对性别平等内涵的理解，通过他们的行动将尊重女性的特殊生理需求、倡导性别平等理念落到实处，是一次将性别平等落到实处的有益探索，这样的实践行动将会在很长时间里成为社会关注的话题。

（四）志愿服务行动成果

1.女院志愿服务团队的成果

女院志愿服务团队从 2020 年 2 月 8 日开始组建，到 2 月 19 日正式向社会公告结束本次捐赠服务的短短的 12 天时间内，在女院团队与武汉当地志愿者团队及其热心个人的共同努力下，将价值超过 2065 万元人民币的生理卫生用品、保暖衣物等物资及时送到女性医务工作者手上。为打赢抗击新冠肺炎这场没有硝烟的战役，师生们行动起来尽己所能，献上微薄之力，为一线的白衣天使们做了一些力所能及的后方支援。

中华女子学院社会工作学院 2018 级社会工作专业学生向全校同学发起自愿捐助活动，短短时间共收集到捐款 12854.32 元人民币，即刻购买了生理卫生用品，快速送达女性医务工作者手上，送去学子们对她们的尊重和支持。

2.志愿服务行动的社会影响

这支志愿服务团队的成员主要由毕业和在校的青年学生组成，她们的贡献之处在于呼唤全社会关注女性在参与国家重大抢险救灾特殊情况下的基本需要，推动社会思考女性群体的权力/权利，鼓励社会各界特别是救灾部门关注和支持女性的基本工作条件和生活需要。作为这支志愿服务团队的指导老师，我们为她们感到自豪和欣慰。

她们的志愿服务行动得到社会各界的认可与声援（石鑫，2020；田珊檑，

2020）。先后有《中国妇女报》、《人民日报》和@Vista看天下.png、@七度空间Space7.png、@新浪湖北.png等媒体发刊宣传志愿服务团队行动，湖北省妇联发来感谢信，更多默默关注和支持我们的人了解到她们的行动成果。

还有许多媒体的报道和公众号推文，其核心内容是呼吁关注女性特殊的生理需要并给予支持。媒体媒介将大众的视野聚焦到关注女性群体的实际需要和权利，其社会影响力在第四次世界妇女大会召开后的今天具有重大深远意义，掀起了将性别平等落到实处的热议。

3. 女院志愿服务团队成员的收获

这支临时组建的志愿服务团队成员遍布全国，她们开始于网上的相识、合作，结束于网上，有些成员从未谋面，但熟悉彼此的想法和声音。志愿服务行动在国家全面投入疫情防治后戛然而止，但给她们留下许多反思，收获满满。

团队新闻组小组长号称"姬哥"（女性学系毕业生）代表团队成员写下了一份意义深远、信心满满的自我总结。总结中提道："同一时间，已经有很多团队同样在为了一线女性医护人员的生理卫生需求奔走，多家媒体争先报道这一从来没有被摆到'台面'上来讨论的问题，某种程度上说，已经达到了我们想要做这件事的部分初衷。""越来越多的社会乃至官方力量参与进来，就会有越多的一线女性得到帮助和保障。而我们这个小小的志愿团队，也终于可以悄悄地谢幕退出，随着各地纷纷复工、复课，我们的许多志愿者无法再承担高负荷的工作，各方面状态也到了必须停下来休息的时候。"本次志愿行动的动议人、发起人小熊（社会工作专业毕业生）鼓励小伙伴们："最后，我的理想主义者们，保持关注，保持敏感，在我们更有力量改变世界之前，不要变坏，始终正直善良，始终相信美好。"

无须多言，以上她们的体会足以概括了此次行动的意义，从这群年轻人的行动反思（同时社会上还有一些青年人组成的志愿行动）中可以理解她们/他们学到的性别平等观念在此次社会实践中得到了进一步提升，其价值未来将会影响更多年轻人能够从社会性别视角观察重大社会事件，并将所学的专业知识用于积极参与社会危机事件的处理。她们是未来继续推动性别平等观念和行动的一粒粒亮眼的种子。这张图呈现了她们/他们的内心和美好记忆。

高校大学生志愿者成为抗疫期间一道亮丽的风景线,她们/他们不负国家、学校的培养和教育,用不同方式勇敢投入到抗击疫情的前线,展现了当代青年人的活力、使命感和社会责任感,让我们看到了国家未来的希望所在。

三、教育工作者对此次志愿服务的思考

(一)女子高等院校教师的责任

作为高校教师,特别是女子高等院校的社会工作专业的教师,应具有性别平等意识,并能敏锐地识别基于传统的不平等性别文化所导致的性别歧视,深入研究其发生根源,以及其所产生的社会负面影响,思考如何将性别平等

的理念进一步影响社会文化，进而促进国家宏观政策、法律规定和社会保障制度等建设，以减少对女性群体权益的损害，促进女性的全面发展。女子高校教师不仅仅要将性别平等的理念传授给学生，讲好课，还需要积极参与一些社会服务实践，探索消除性别歧视问题的路径、方法，并将其研究成果和服务经验带入课堂，引导学生积极关注弱势群体的生存处境，采用志愿服务的方式推动学生热心深入城市、农村，了解民生，培养学生具备性别平等意识和识别性别歧视的能力，寻找可以开展志愿服务的机会，组织、指导学生将所学知识和方法运用于志愿服务中，为权利受损群体提供力所能及的服务，帮助学生进一步提升社会责任感、服务社会的综合能力，这是高校教师实现立德树人的专业责任和使命担当。

大学生群体是国家未来发展的栋梁，习近平总书记在北京大学师生座谈会的讲话中指出，青年是国家的希望、民族的未来，衷心希望每一个青年都成为社会主义建设者和接班人，成为实现中华民族伟大复兴的生力军。[①] 这是对高校育人目标的诠释，也是对高校人才培养目标的进一步探索实践的要求，是高校教师不可推卸的使命。通过此次学生参与志愿服务所获感悟更加坚定了作为高校教师的教书育人的信心和责任担当。

（二）倡导性别平等是当代大学生的使命

从 1995 年在北京召开的第四次世界妇女大会至今，已过去了 26 年，世界各国都在努力推动性别平等进程，期待实现联合国《2030 年可持续发展议程》"性别平等和赋权妇女与女童"的目标。在《北京宣言》和《行动纲领》执行进程中，特别是在妇女参政、妇女和平与安全、平等获得体面就业、农村妇女消除贫困等领域，各个国家都仍存在障碍，尤其是面临新冠疫情这一全球性的重大灾难的挑战，世界各国都应正视女性基本生存权利的保障问题，积极采取有力措施，保护女性群体的基本生存权利不受侵害。

2015 年，习近平总书记在纽约联合国总部出席并主持全球妇女峰会时，

---

① 《团中央传达学习习近平总书记在北京大学师生座谈会上的重要讲话精神》，人民网—中国共产党新闻网，2018 年 5 月 4 日。

发表了题为《促进妇女全面发展 共建共享美好世界》的重要讲话。他在讲话中强调"为促进男女平等和妇女全面发展加速行动",并提出四点具体措施:第一,推动妇女和经济社会同步发展。第二,积极保障妇女权益。第三,努力构建和谐包容的社会文化。第四,创造有利于妇女发展的国际环境。[①] 习近平总书记的重要讲话表明了我国政府一直积极推动落实《北京宣言》和《行动纲领》的国家意志,如果我们当下能够利用现有的机会和专业知识,将性别平等意识融入疫情应对行动,尤其是疫情后的重建工作,密切关注和正视女性群体的诉求和需要,我们将有机会在后疫情时代构建性别平等的美好世界。

高等院校是培养国之栋梁的重要阵地,习近平总书记提出的措施建议将落在当代大学生身上,他们/她们应在大学期间认真学习和养成积极正向的价值观和综合服务能力,通过参与社会志愿服务,积极倡导性别平等理念,运用专业知识和方法维护女性群体权利,用他们/她们的行动讲好中国故事,国家未来的繁荣发展和实现性别平等的事业寄希望于他们/她们,这是历史赋予青年一代的使命。

(三)承认女性群体的贡献并尊重她们的权利

我国在第四次世界妇女大会前后陆续出台了如《妇女权益保障法》《中国妇女发展纲要》《中国性别平等与妇女发展状况》以及《平等 发展 共享:新中国70年妇女事业的发展与进步》等法律、发展纲要和发展状况报告,以及数次中国妇女社会地位调查报告等,实时监测评估了妇女生存与发展的现状,积极贯彻男女平等基本国策,推动将性别平等纳入决策主流,努力提高妇女地位,促进妇女的全面发展。

2020年初,当新冠疫情肆虐全球各国时,中国的女性医护工作者立即出征,克服自身生理需求困难,奋不顾身地奋战在抗疫一线,再次彰显女性的伟大力量和贡献,得到社会的广泛称赞和尊重。习近平总书记在2020年10月1日联合国大会纪念北京世界妇女大会25周年高级别会议上发表重要讲

---

① 参见《习近平在全球妇女峰会上的讲话(全文)》,新华网,2015年9月28日。

话，高度称赞了女性在社会发展进程中的作用，尤其是抗击新冠疫情阻击战中发挥的巨大作用。"妇女是人类文明的开创者、社会进步的推动者，在各行各业书写着不平凡的成就。我们正在抗击新冠肺炎疫情，广大女性医务人员、疾控人员、科技人员、社区工作者、志愿者等不畏艰险、日夜奋战，坚守在疫情防控第一线，用勤劳和智慧书写着保护生命、拯救生命的壮丽诗篇。我们要为她们点赞"。他就落实《北京宣言》和《行动纲领》进一步提出了中国主张：第一，帮助妇女摆脱疫情影响；第二，让性别平等落到实处；第三，推动妇女走在时代前列；第四，加强全球妇女事业合作。他在讲话中再次提出："建设一个妇女免于被歧视的世界，打造一个包容发展的社会，还有很长的路要走，还需要付出更大努力。让我们继续携手努力，加快实现性别平等、促进全球妇女事业发展。"习近平总书记提出的中国主张再次表明中国推动性别平等目标实现的决心，期待世界各国政府尊重和承认女性的群体贡献，积极回应女性群体的各种需求，推动本国性别平等事业的发展。

当下全球性的疫情肆虐是对人类文明发展的一次大考验，既是灾难也是一次机遇。本文谨此呼吁：通过调查研究和思考，如果未来我们能够利用现有的机遇，密切关注和正视女性群体的诉求和需要，积极推动将性别视角融入疫情应对行动尤其是后疫情时代的重建工作中，并纳入国家救灾减灾应对和保障制度建设中，进一步完善和加强政策法规与保障制度建设，我们将有可能将危机变成机会，实现《北京宣言》《行动纲领》《2030可持续发展议程》所制定的宏伟目标。

参考文献

1. 习近平：《促进妇女全面发展 共建共享美好世界——在全球妇女峰会上的讲话》，新华网，2015年9月28日。

2.《习近平在联合国大会纪念北京世界妇女大会25周年高级别会议上发表重要讲话》，《人民日报》2020年10月2日。

3. 石鑫：《抗击疫情中的女性社会组织》，转引自微信公众号"中国乡村新闻",2020年5月10日,见 https://mp.weixin.qq.com/s/UlknyP-9o9zFXjkYUGqSeQ。

4. 田珊榴:《妇联组织支援抗疫一线女性医务人员女性卫生用品》,转引自微信公众号"中国乡村新闻",2020年2月14日,见 https://mp.weixin.qq.com/s/WF8enHy1fEQz71YSiP1-iQ。

> **作者简介**
>
> 齐小玉,女,中华女子学院副教授,从事性别研究、妇女社会工作和家庭社会工作实务研究。
> 郭雪莲,女,中华女子学院辅导员。

第二部分

后疫情时代《消除对妇女一切形式歧视公约》的履行与评估

《消除对妇女一切形式歧视公约》
在后疫情时代的审议和履行
——德国视角的观察

[德] 朱丽安娜·罗欣

一、引 言

新冠疫情暴发两年后,危机仍未过去,而病毒对健康的影响,全球性危机在经济和社会方面造成的后果依然存在。尽管世界部分地区的感染数字正在下降,但德国一直未能阻止病毒的传播,并且正遭遇大流行病暴发以来的最高感染数字。

即使该病毒最初被命名为"全球平权者"——毕竟所有人都有可能感染——但大家很快发现情况绝非如此。正如此前每次危机一样,那些在疫情暴发前就已经处于弱势的人受到的冲击特别严重。收入较低者保护自己不受暴力侵害的能力较差,而且还被迫承担了大量无偿护理工作。在世界各地,妇女和女孩受到疫情的影响尤为严重,德国也不例外。然而这些后果并不是病毒本身带来的,而是因为即使是在联合国《消除对妇女一切形式歧视公约》(以下简称《消歧公约》)生效 40 年后的今天,系统性的歧视仍在发挥作用。因此,迫切需要我们真正贯彻执行《消歧公约》。早在疫情开始时,公约的"监护人"——消除对妇女歧视委员会就明确指出了这场危机对性别平等的影响,并呼吁各缔约国采取紧急行动。

除了《消歧公约》的效力和执行情况,本文还将探讨新冠疫情对德国性别公正带来的危险以及目前所处的情况,并就下一步的措施提出建议。

二、《消歧公约》的效力和执行情况

消除对妇女歧视委员会旨在消除一切基于性别的歧视并禁止生活中各个领域歧视的存在。该《消歧公约》也认识到现在的系统性权力结构内仍然延续着以往的各种歧视。为了有效地应对这种情况,《消歧公约》提供了诸如暂行特别措施等手段。例如,在持续性地消除现有不平等现象之前,配额是一种对妇女进行区别对待的合法手段。在这种情况下,《消歧公约》强调必须减少妇女群体内部的差异,而且要消除跨行业的歧视。《消歧公约》的主题和一般性建议首先包括:刻板印象、政治和社会生活、家庭、工作和经济生活、教育、暴力和健康。

因此,《消歧公约》被认为是国际法里最重要的女童和妇女人权文书,它于 1979 年通过,自 1981 年起生效,自 1985 年起成为德国的直接适用法律。为了加大《消歧公约》执行的力度,1999 年联合国还推出了《任择议定书》(以下简称《议定书》)。如果出现违反《消歧公约》规定的情况,在用尽国家法律补救措施后,《议定书》赋予妇女提出个人申诉的权利。此外,《议定书》还规定了在缔约国发生特别严重或系统性违反《消歧公约》规定的情况下可启动调查程序,德国也于 2002 年批准了该《议定书》。

消除对妇女歧视委员会的 23 名专家经选举产生,任期 4 年,担任《消歧公约》执行情况的"监督员"。目前该《消歧公约》有 189 个缔约国,消歧委员会审查缔约国执行情况,并就《消歧公约》的执行提出一般性建议。

原则上,包括德国在内的各缔约国必须每 4 年向消除对妇女歧视委员会提交一份关于《消歧公约》执行情况的国家报告。为了更全面地了解情况,公民社会的其他代表也可以参与报告程序,即撰写所谓的影子报告或替代报告。在这些方面,公民社会代表可以自由地报告《消歧公约》实施的成功和不足之处——不一定非得是德国政府提交报告中可能涉及的主题——从而为了解《消歧公约》的实际实施状况做出重要贡献。

在德国,民间团体"德国消除对妇女歧视联盟"参与了国家报告的撰写

第二部分 后疫情时代《消除对妇女一切形式歧视公约》的履行与评估

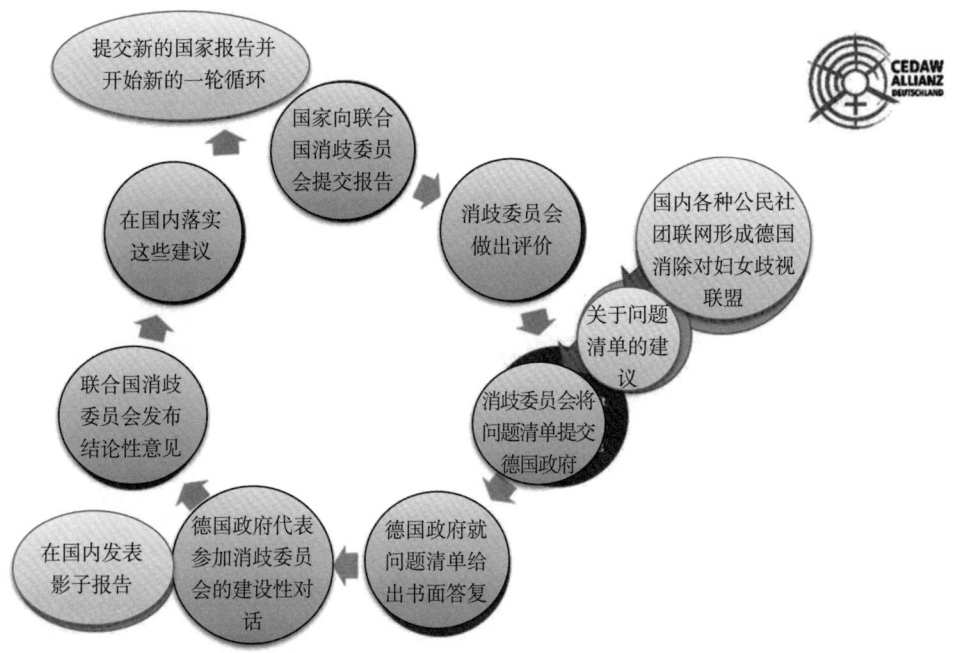

图 《消歧公约》国家报告的流程（包括公民社会的参与）
资料来源：德国消歧公约联盟绘制。

过程。除了德国妇女委员会（由大约60个妇女组织组成的联合总会）之外，该联盟还包括30多个组织，他们希望在德国推进性别平等，同时也关注基于宗教、性取向或身份、出身、残疾或外表的交叉性歧视。德国消歧公约联盟通过自己的出版物和活动向位于日内瓦的消除对妇女歧视委员会和德国联邦政府提出建议，并通过具体的行动建议和公共关系工作支持《消歧公约》的实施。

消除对妇女歧视委员会的超负荷工作是一个严重的问题，导致了一些不良后果，包括很多会议被迫推迟，只有很少的时间用来听取专家意见，不得不限制提交报告和说明的长度。现在疫情又加剧了原本就进展缓慢的进程：一些会议不得不推迟，其他会议只能在缩短的时间内改为网络会议方式。例如，还没有安排对2021年5月提交的第九次德国国家报告的审查。德国消歧公约联盟将于2022年向联邦政府和消除对妇女歧视委员会提交一份影子报告,并敦促委员会及时审查该报告。

三、新冠疫情对德国性别公正的危害

当新冠病毒2020年初在全球迅速蔓延并实际发展成大流行病时,到处都弥漫着不确定性和恐惧的情绪。来自中国的照片和报道令人不安,疫情发展迅速导致德国人以及欧洲人的自由行动受到空前的限制。各地以前所未有的形式开始实施宵禁、关闭学校和公共场所,这些措施本应阻止进一步的感染,或至少使病毒不再扩散。人们希望能够共同抵御新的病毒——毕竟所有人都有可能感染。但是,在德国联邦议院只有30%的议员是女性,如何能在统筹保护措施时平等地代表广大女性的观点?

在早些时候,德国的妇女组织就曾发出过这样的警告:如果不立即采取具体措施加以应对,此次新冠疫情将加剧现有的不平等现象。在德国,大部分有偿和无偿的护理工作都是由妇女完成的。例如,在医院和护理设施中接触到病毒的人中,妇女占比达70%,自疫情开始以来,她们的工作量是以前的好几倍,而报酬却依然很低。此外,家里还有远超平均分配的工作量在等着她们。2017年,德国的第二份性别平等报告显示,女性每天从事的无偿照管工作比男性多52.4%,相当于每天比男性多花1小时27分钟。2020年3月的时候情况就已经很明显,随着幼儿园和学校的关闭,这种无偿照管工作还将大量增加。

然而,妇女组织提出的基于性别的差异不仅仅体现在护理工作上:即使在德国,女性从事相同和同等工作的收入仍比男性少约20%。此外,她们获得的养老金明显较低(比男性少约50%)。疫情可能导致的经济后果对她们的打击更大,在餐饮、文化和旅游等部门工作的女性也更多,而这些领域受疫情影响最大。

情况似乎更糟糕,在德国,人们非常担心在封锁期间基于性别的暴力事件会增加(在经济困难时期),与此同时,又不得不眼睁睁地看着支持性服务设施(主要是为了防止病毒传播)被纷纷关闭。

消除对妇女歧视委员会很早就认识到了这种危险,并在 2020 年 4 月的一份指导性说明中敦促各缔约国迅速应对危机中的性别问题。具体而言,它呼吁各缔约国(以及其他国家)重点解决新冠疫情对妇女健康的过度影响。消除对妇女歧视委员会强调,当前我们迫切需要保护妇女和女童免受基于性别的暴力。它还提到要确保妇女平等参与决策过程,另外还有必要向妇女提供社会经济支持。

四、危机管理及其后果

正如前文已经指出的那样,德国针对新冠疫情的主要反应也是"不分性别"的。然而,一眼就能发现这种中立性是不可能存在的,暂且不论新冠疫情的影响,完全不考虑单项措施对男女产生的不同影响,即便是在最理想的情况下,这种不分性别的措施只会让现存的歧视更加固化;而在最糟糕的情况下——很不幸这才是最常见的情况——它们令这些问题更加尖锐。例如,我们注意到,尽管公民社会基于妇女政治的需求发出了呼吁,但妇女事务部长并没有获邀参加由联邦总理领导的"新冠内阁"(只有国防部长、财政部部长、内政部长、外交部部长、卫生部部长和联邦总理办公厅主任有份参与)。而且不仅德国如此,在欧盟层面也出现了同样的情况。

尽管德国妇女理事会在欧盟层面(由欧洲妇女游说团提出)和德国提出了这项要求,但至今尚无人对经济刺激措施在性别方面的影响进行评估。

同样,本意为促进性别平等的预算编制无论在欧盟层面还是在德国都没有启动,数十亿欧元被挪用作其他用途。由亚历山德拉·吉瑟(Alexandra Geese,绿党—欧洲自由联盟成员)委托进行的欧洲重建计划"下一代欧盟"的性别影响评估等研究清楚地表明,在受疫情影响特别严重的行业,女性就业比例很高(如教育超过 70%,卫生和社会服务超过 75%,以及与家庭有关的服务超过 90%)。然而,新推出的援助基金则主要针对男性就业比例高的行业(建筑、农业、能源领域、运输和电信,男性比例在 70% 至 90% 之间)。

通过对利益相关方的协调游说,至少有可能在制定欧盟多年期财政框架过程中——这对德国也很重要——比如拟定2023年的交叉任务时增加相关的性别影响评估作为欧洲议会的一项任务。

然而,事实上,妇女组织本身在疫情中所受影响也未能幸免:因为这里的绝大部分工作是志愿性质,由于接触限制和缺乏资源而被迫停止。同时,可能只有少数组织配备了必要的资源,几乎立即就将其工作转移到数字平台上。此外,德国利益相关方的态度也让人清楚地意识到:随着决策速度的加快,有可能让公民社会介绍其行动建议的窗口变得越来越小。然而,通过德国妇女委员会组织的抗疫活动等,联邦政府成功地唤醒了人们对疫情影响性别视角的关注。联邦政府主要通过以下手段进行管理。

例如,为了减轻疫情在社会和经济方面造成的恶劣影响,德国政府增加了儿童病假天数(每个孩子最多30天)。这意味着在学校或幼儿园关闭的日子里,父母可以申请工资替代福利,以便留在家里照顾孩子。此外,联邦政府还提供了经济援助,如短时津贴(净工资的67%起)和对自营职业者的过渡性援助(最高为固定费用的100%)。在疫情高峰期,以居家办公的规定作为补充。

这些措施乍听起来很公平,可惜经不起仔细推敲:正如开头所述,在疫情暴发之前,大部分子女照管工作都依靠女性来完成。根据汉斯·伯克勒基金会的调研,在疫情暴发和大范围封锁之初,大部分子女照管工作交给女性的比例曾短暂下降(根据母亲们自己的说法,在2020年4月曾下降过6个百分点),可是之后就一点一点地增加,到了2021年6月又额外增加了10个百分点(与危机前相比)。

该基金会还表示,只有很少一部分父母使用了儿童病假(20%)。而更大一部分父母表示对孩子的照料和教育与流动办公同时进行,而且占用了流动办公的时间。在疫情之前能够享受居家办公模式的大多数是男性管理人员,而现在多亏政府强制居家办公,让雇员尽可能留在家中工作,令更多德国人能尝试实现照管孩子和有偿就业的平衡。但是女性不得不面对更重的多重负担。失业数据很清楚地反映出这一点:国际劳工组织确认在全球范围内由疫情造成的失业者中以女性为主，德国也不例外。汉斯·伯克勒基金会下设的经济和社会科学研究所证实，就失业数字的相对变化而言，在 2020 年 3 月至 2021 年 6 月期间，德国女性失去有酬工作比男性多 20.8%，而男性则为 18.7%。此外，必须注意的是，受益于短时津贴的女性也比男性更少。2020 年 11 月，47.9% 的受访男性和仅 36.5% 的受访女性表示他们能从雇主支付的短时津贴中受益。

为了获得短时津贴，之前必须已经签订了受社会保险约束的雇佣关系。这个规定再次清楚地表明了德国迷你型工作的不稳定性质。仅在 2019 年 6 月底和 2020 年 6 月底之间，就有大约 51.6 万个迷你型工作岗位被取消。在将近 38.6 万个案例中，受影响的雇员除了目前从事的迷你型工作之外并没有其他雇佣关系。而这类收入低微的雇员中超过 60% 为女性。

五、结论和行动建议

尽管公民社会和消除对妇女歧视委员会发出了明确的呼吁，但德国政府并没有把性别差距因疫情而扩大的危险理解为亟待解决的一项基本任务。诸如强制居家办公和儿童病假等手段可以在家庭政策方面有所帮助，但并不能彻底消除对妇女的系统性歧视。经济负担加重对妇女的打击尤其大，因为女性就业较多的工作领域或她们可以有偿就业的岗位急剧缩减。接下来的被称为"她衰退"的现象将在疫情过后仍然持续影响女性的收入、职业和养老保障。

这次的疫情还远未结束，后疫情时代尚未到来，遵循消除对妇女歧视委员会的建议仍然很重要。《消歧公约》以及消除对妇女歧视委员会的一般性建议是一项重要的指导方针，借助一系列明确的手段，可以在性别公正方面缓冲疫情对经济和社会造成的后果。目前人类面临的其他危机，如气候变化以及武装冲突的后果，对于两性都有明显不同的后果，只有认真对待并采取具体措施才能解决。我们无法重建一个可持续的、公正的世界，系统性的权力结构只会继续固化。现在正是急需变革和采取包容态度的时候，必须让《消歧公约》得以贯彻实施。

为此，我们需要具体的行动计划、资金和政治意愿，以防止（性别之间，但也包括国家之间）差距的继续扩大！促进性别平等的法律影响评估和促进性别平等的预算、妇女参与决策过程以及按性别进行数据分类仍然是当务之急。此外，为了充分利用《消歧公约》的工具手段，迫切需要在德国更好地宣传《消歧公约》。只有这样，《消歧公约》才能在法律界，当然也在政治界得到更多的关注和应用。

德国消歧公约联盟希望就这些议题与联邦政府取得联系，它还在确认新冠疫情对德国执行《消歧公约》产生的影响，并将于 2022 年向消除对妇女歧视委员会提交一份影子报告，作为德国第九次国家报告的替代报告。

参考文献

1. CEDAW Committee (2020): Call for joint action in the times of the COVID-19 pandemic. https://tbinternet.ohchr.org/_layouts/15/treatybodyexternal/Download.aspx?symbolno=INT/CEDAW/STA/9158&Lang=en , Statement adopted on 21 April 2020.（消除对妇女歧视委员会：《呼吁在新冠疫情时期采取联合行动》）

2. Deutscher Frauenrat (2020): Bewertung der deutschen EU-Ratspräsidentschaft 2020, https://www.frauenrat.de/bewertung-der-deutschen-eu-ratspraesidentschaft-2020/.（德国妇女委员会：《对德国 2020 年担任欧盟主席国的评价》）

3. Deutscher Frauenrat (2021): CEDAW Dossier, https://www.frauenrat.de/cedaw-allianz/.（德国妇女委员会：《消除对妇女歧视委员会档案》）

4. Deutscher Frauenrat (2020): Corona. Geschlechtergerecht aus der Krise, https://www.frauenrat.de/corona/.（德国妇女委员会：《新冠疫情，以性别公平的方式走出危机》）

5. EIGE (2021): Gender equality and the socio-economic impact of the COVID-19 pandemic https://eige.europa.eu/publications/gender-equality-and-

socio-economic-impact-covid-19-pandemic.（性别平等欧洲研究所：《性别平等和新冠疫情在社会经济方面的影响》）

6. Geese (2020): Die Ergebnisse der ersten feministischen Analyse des Konjunkturpakets, https://alexandrageese.eu/die-ergebnisse-der-ersten-feministischen-analyse-des-konjunkturpakets/.（亚历山德拉·吉瑟：《对经济刺激一篮子方案首次以女性视角进行分析得出的结果》）

7. ILO (2021): An uneven and gender-unequal COVID-19 recovery: Update on gender and employment trends 2021, https://www.ilo.org/employment/Whatwedo/Publications/WCMS_824865/lang--en/index.htm.（国际劳工组织：《疫情中经济复苏中不均衡和性别不平等的现象：2021年性别和就业趋势的最新情况》）

8. Kohlrausch, Zucco (2020): Corona trifft Frauen doppelt –weniger Erwerbseinkommen und mehr Sorgearbeit, WSI Policy Brief Nr. 40, Mai 2020, https://www.boeckler.de/pdf/p_wsi_pb_40_2020.pdf.（贝蒂娜·科尔劳什、艾莉娜·萨寇：《新冠危机对妇女的打击是双重的——再传统化对性别护理差距和性别薪酬差距造成的影响》）

9. Wirtschafts- und Sozialwissenschaftliches Institut der Hans-Böckler-Stiftung (2021): Coronakrise: Weniger Minijobs. Böckler Impuls 12/2021, https://www.boeckler.de/de/boeckler-impuls-coronakrise-weniger-minijobs-34118.htm.（汉斯·伯克勒基金会下设的经济学与社会科学研究所：《新冠危机：更少的迷你型工作》）

10. Zucco, Lott (2021): Stand der Gleichstellung. Ein Jahr mit Corona, WSI Report nr64, März 2021, https://www.boeckler.de/pdf/p_wsi_report_64_2021.pdf.（艾莉娜·萨寇、依翁娜·洛特：《平权的现状——疫情一年》）

（张晏　译）

作者简介

［德］朱莉安娜·罗欣，女，德国妇女协会、国际性别平等政治研究部负责人。

中国认真履行《消除对妇女一切形式歧视公约》取得的进展（2014—2021）

张 立

一、执行《消歧公约》总体情况

中国经济持续增长和社会建设全面加强，为实施男女平等基本国策创造了有利条件，从而促进了《消歧公约》的有效执行。

2014年以来，中国经济社会发展全面进步，经济发展的平衡性、协调性、可持续性明显增强，经济实力、科技实力、综合国力跃上新台阶。2021年，中国国内生产总值（GDP）比2020年增长8.1%，两年平均增长5.1%，在全球主要经济体中名列前茅；经济规模突破110万亿元，达到114.4亿元，稳居全球第二大经济体，对世界经济增长的贡献率达到25%左右；人均GDP突破8万元超世界平均水平；国民总收入突破113万亿元，国民收入与经济增长基本同步。人民生活全方位改善，社会治理社会化、法治化、智能化、专业化水平大幅提升，人民安居乐业，社会安定有序，长期稳定。

2022年2月28日，国家统计局发布《2021年国民经济和社会发展统计公报》称，2021年末，中国大陆总人口141260万人，其中女性68949万人，占总人口的48.8%。

实现充分就业是男女平等发展的基础。2014年至2021年，中国大陆妇女就业人数不断增长，从77253万人增加到77471万人，妇女就业比例占全社会就业人数比例基本保持在40%以上，2020年为43.5%。妇女活跃在中国经济社会建设的各行各业，2017年中、高级专业技术人员中女性比例分别为

48.6%和38.3%。2018年女企业家占企业家总数的30%，在互联网领域创业者中女性占55%，越来越多的妇女投身新产业新业态，扛起了中国经济社会发展的半边天。

健康是妇女全面发展的基础。2014年以来，中国妇女健康水平显著提高。妇女平均预期寿命持续延长。2020年，中国妇女平均预期寿命为80.88岁，比2015年的77.37岁延长了3.51岁。孕产妇死亡率持续下降。2020年，全国孕产妇死亡率由2014年的21.7/10万下降到2020年的16.9/10万。2014年以来，孕产妇住院分娩率稳定在99%以上。中国妇幼健康核心指标位居全球中高收入国家前列。

教育是妇女发展的必要条件。2020年，全国女性人口文盲率降至4.1%。九年义务教育基本消除了性别差距。2015年至2019年，女童小学净入学率连续保持在99.9%，普通小学、普通初中在校女生比例分别达到46.5%、46.4%。妇女接受高中阶段和高等教育的水平大幅提升。2019年，高中阶段教育在校女性比例达到47.1%；2019年，普通高等学校本专科在校女生占比达到51.7%；2020年，女研究生占研究生总数的比例达到50.9%。

广泛参与国家和社会事务管理是妇女发展的关切领域。中国全国人大代表和全国政协委员中女性比重持续提高。第十三届（2018年）全国人大女代表占比24.9%，第十三届（2018年）全国政协女委员占比20.4%。女干部人数不断增加。2017年，全国党政机关女干部占干部总数的26.5%，中央机关及其直属机构新录用的公务员女性占比达到52.4%。女性参与基层民主管理持续广泛。2014年以来，居委会成员中的女性比例一直保持在较高水平，2020年为52.1%；企业职工代表大会中女代表占比从2014年的28%提高到2020年的30.2%。

社会保障是妇女生存发展的基本条件。生育保险制度是中国保障妇女生育权益的独特制度，2019年，参加生育保险的人数达到21417万人，其中女性9343万人，占参保总人数的43.6%。参加生育保险的女职工生育期间享有生育医疗费用报销和法定带薪产假。妇女医疗保障水平不断提升，2019年，全国参加职工基本医疗保险的女性为15790万人，占参保总人数的48%，参加城乡居民医疗保险的女性为47120万人，占参保总人数的46%。妇女养老保障水平明显提高，2020年城镇职工基本养老保险参保人数为45621万人，女性占45.7%。妇女参加失业保险和工伤保险的人数持续增加。2019年，全国参加失业保险的女性人数为8677万人，占参保总人数的42.2%；参加工伤保险的女性人数为9684万人，占参保总人数的38%。社会救助制度覆盖所有贫困妇女，2017年，全国农村贫困发生率为3.1%，男女无明显差异。2020年，全国城乡低保对象和农村特困人口中女性占比为43.1%。

（一）中国国家领导人高度重视性别平等和妇女发展事业

2015年9月，中国与联合国妇女署共同举办主题为"促进男女平等和妇女赋权：从承诺到行动"的全球妇女峰会。中国国家主席习近平发表了《促进妇女全面发展 共建共享美好世界》的重要讲话，旗帜鲜明地表达了中国对促进性别平等和妇女发展议题的原则立场，展示了中国负责任大国的使命担当。讲话中特别强调"追求男女平等的事业是伟大的。纵观历史，没有妇女解放和进步，就没有人类解放和进步"；"中国实践证明，推动妇女参加社会和经济活动，能有效提高妇女地位，也能极大提升社会生产力和经济活力"；"在中国人民追求美好生活的过程中，每一位妇女都有人生出彩和梦想成真的机会。中国将更加积极贯彻男女平等基本国策，发挥妇女'半边天'作用，支持妇女建功立业、实现人生理想和梦想"。[①] 2020年10月，习近平主席在联合国大会纪念北京世界妇女大会25周年高级别会议上发表重要讲话，提出四点中国主张：帮助妇女摆脱疫情影响，让性别平等落到实处，推动妇女走在时代前列，加强全球妇女事业合作。特别指出要"建设一个妇女免于被歧视的世界，打造一个包容发展的社会"，呼吁国际社会"让我们继续携手努力，加快实现性别平等、促进全球妇女事业发展"。[②] 这一重要讲话，

[①] 参见《习近平在全球妇女峰会上的讲话（全文）》，新华网，2015年9月28日。
[②] 《习近平在联合国大会纪念北京世界妇女大会25周年高级别会议上发表重要讲话》，《人民日报》2020年10月2日。

再次把中国促进性别平等与妇女发展事业放在积极构建人类命运共同体的全球妇女发展战略格局中加以积极推进。

（二）中国始终坚持男女平等宪法原则，积极实行男女平等基本国策，为全面落实《消歧公约》和实现性别平等奠定坚实基础

中国将坚持男女平等宪法原则和贯彻落实男女平等基本国策贯穿于国民经济和社会发展的各领域各方面，通过完善法律法规、制定公共政策，编制发展规划，持续推进性别平等与妇女全面发展，综合运用一切必要措施努力消除针对妇女一切形式的各种歧视。《中华人民共和国宪法》作为国家根本大法，始终坚持男女平等原则，并在历次修订中一以贯之。《中华人民共和国妇女权益保障法》提出"实行男女平等是国家的基本国策。国家采取必要措施，逐步完善保障妇女权益的各项制度，消除对妇女一切形式的歧视。"这一法律规定，不仅确立了男女平等基本国策的法律地位，而且就消除性别歧视作出法律纲领性承诺。目前该部法律正在进一步修改完善中。[①]2017年，中国共产党第十九次全国代表大会重申"坚持男女平等基本国策，保障妇女儿童合法权益"，成为中国共产党治国理政的重要理念和内容。2019年，中国共产党十九届四中全会《中共中央关于坚持和完善中国特色社会主义制度 推进国家治理体系和治理能力现代化若干重大问题的决定》中提出"坚持和完善促进男女平等、妇女全面发展的制度机制"，使促进男女平等和妇女全面发展为新时代中国特色社会主义制度建设的重要内容，成为衡量国家治理体系和治理能力现代化的重要标志。《中国妇女发展纲要（2021—2030年）》在妇女与教育领域提出了主要目标"教育工作全面贯彻男女平等基本国策""大中小学性别平等教育全面推进，教师和学生的男女平等意识明显增强"。在策略措施中强调将男女平等基本国策落实到教育法规政策和规划制定、修订、执行和评估中，推动各级各类学校广泛开展性别平等教育，探索构建学校教育、家庭教育、社会教育相结合的性别平等教育模式，推动男女平等真正成为全

---

① 指本文截稿时的情况。

体公民的自觉意识和行动。所有法律规定、执政党承诺、政策指引都进一步推动了《消歧公约》关于消除性别歧视要求在新时代中国的具体落实。

（三）中国持续建设社会主义法治国家，将性别平等纳入科学立法严格执法公正司法全民守法各方面，促进了《消歧公约》的执行

2014 年，《中共中央关于全面推进依法治国若干重大问题的决定》明确提出，在全面推进依法治国进程中，不断完善保障妇女权益的法律法规。2014 年以来，中国依照宪法"国家尊重和保障人权""妇女享有与男子平等的权利"原则，坚持新发展理念，依据国际人权公约基本精神，注重创新立法体制机制，保障妇女权益保护的法律法规不断完善。2015 年，制定了中国第一部《中华人民共和国反家庭暴力法》，同年《刑法修正案（九）》废除了嫖宿幼女罪。2019 年，《中华人民共和国基本医疗卫生与健康促进法》颁布实施，为保障妇女健康提供了法律依据。目前，中国已形成以《宪法》为核心、以《妇女权益保障法》为主体的保障妇女权益的法律法规体系。中国在实施全面依法治国战略中，注重保障妇女权益，在立法中实现突破，在起草法律、行政法规和制定规章、规范性文件工作中，按照《消歧公约》要求对性别歧视的全面定义，通过法规政策性别平等审查机制，严格审核相关规定内容。截至 2019 年，国家层面和全国 31 个省、区、市均建立了政策法规性别平等评估机制，将男女平等价值理念引入法规政策的制定、实施和监督各环节，开展法规政策制定前研判、决策中贯彻、实施后评估的制度化建设，积极保障制定实施的法律、行政法规、规章制度和规范性文件不存在对妇女的歧视性规定，保障妇女权益的法律实践深入推进。全面依法治国各领域广泛践行性别平等和性别公正理念。建立保障妇女权益的跨部门合作机制，严厉查处打击强奸、拐卖、家庭暴力等侵害妇女权益的各种违法犯罪行为。推行家事审判方式和机制改革，确立人性化审判理念，强化妇女权益的司法保障。在推进网络安全立法、加强备案审查、行政执法、刑事执行、公共法律服务等方面，不断扩大妇女权益的保障范围。将保障妇女权益的法律知识、法治精神、法治文化持续纳入"七五"和"八五"全民普法规划，保障妇女权益的法治宣传深入普及。

（四）中国将促进男女平等和妇女全面发展纳入国家发展规划，持续实施专项规划，积极促进社会性别主流化，推动《消歧公约》的执行

2016年、2021年，中华人民共和国经济社会发展"十三五"规划纲要和"十四五"规划纲要，先后均列专门章节对"促进妇女全面发展"作出部署，明确目标任务。将扩大妇女宫颈癌、乳腺癌检查项目覆盖范围等促进妇女全面发展的重点目标列入国家规划纲要的相关章节和部门专项行动计划，为促进妇女发展与经济社会发展的同步规划、同步实施、同步落实提供了时间表、路线图和实施方案。通过实施《中国妇女发展纲要（2011—2020年）》和《中国妇女发展纲要（2021—2030年）》，通过规划不同阶段妇女发展和性别平等目标，有计划、有步骤促进男女平等和妇女发展，消除针对妇女一切形式的性别歧视。《中国妇女发展纲要（2021—2030年）》共设置了妇女与健康、妇女与教育、妇女与经济、妇女参与决策和管理、妇女与社会保障、妇女与家庭建设、妇女与环境、妇女与法律8个优先发展领域，提出了75项主要目标和93项策略措施，基本涵盖了《消歧公约》有关消除歧视的主要内容。

（五）中国开展的脱贫攻坚战略将妇女作为重点扶贫对象，在实现脱贫的近1亿贫困人口中妇女约占一半

在中国创造的人类减贫史的伟大奇迹中，贫困妇女的获得感幸福感不断提升，成为脱贫攻坚参与和受益的双赢者。《中国农村扶贫开发纲要（2011—2020年）》，将妇女作为重点扶贫群体，同等条件下优先安排妇女的扶贫项目，有力提升贫困妇女的发展能力和受益水平。实施《中国妇女发展纲要（2011—2020年）》，把缓解妇女贫困程度、减少贫困妇女数量放在优先位置，扶贫政策、资金、措施优先向贫困妇女倾斜，帮助贫困妇女解决最困难最忧虑最急迫的问题。累计对1021万名贫困妇女和妇女骨干进行各类技能培训，500多万名贫困妇女通过手工、种植养殖、家政、电商等增收脱贫。2018年《中共中央 国务院关于打赢脱贫攻坚战三年行动的指导意见》，提出将贫困地区妇女宫颈癌、乳腺癌（简称"两癌"）检查项目扩大到所有贫困县，并有 19.2 万名贫困患病妇女获得救助。通过"母亲水窖""母亲健康快车""母亲邮包"等公益项目，投入公益资金 41.7 亿元，惠及贫困妇女 5000 余万人次。到 2020 年底，中国脱贫攻坚取得全面胜利，包括妇女在内的现行标准下 9899 万农村贫困人口全部脱贫，贫困妇女生存发展状况显著改善。提前 10 年实现了联合国《变革我们的世界：2030 年可持续发展议程》（Transforming Our World: The 2030 Agenda for Sustainable Development）的减贫目标。2021 年颁布实施的《中国妇女发展纲要（2021—2030 年）》，依据国家绝对贫困问题解决防治返贫的现实问题，提出了"巩固拓展脱贫攻坚成果，增强农村低收妇女群体的可持续发展能力"的主要目标。

二、《消歧公约》实质条文的具体执行情况

（一）第一部分：第一至六条执行情况

1. 对妇女歧视定义执行的中国化实践

中国高度重视《消歧公约》第 1 条和联合国消除对妇女歧视委员会（以下简称"消歧委员会"）对第七和第八次合并报告的结论性意见，将消除基于性别歧视的规定精神体现在《中华人民共和国宪法》《中华人民共和国妇女权益保障法》《中华人民共和国选举法》《中华人民共和国婚姻法》《中华人民共和国农村土地承包法》《中华人民共和国继承法》《中华人民共和国就业促进法》《中华人民共和国反家庭暴力法》等相关法律的制定和修订内容中，基本符合《消歧公约》消除对妇女一切形式歧视、实现男女平等的原则和要求，并在法律实践中通过单行立法严厉禁止针对妇女可能出现的直接和间接歧视。

2. 科学立法和民主立法的中国化实践

近年来，中国制定或修订的涉及保障妇女权益的法律法规基本涵盖了《消歧公约》定义的范围。这些法律法规的制定实施有效确保了《消歧公约》宗旨和目标在中国的实现，为全面保障妇女和女童权利提供了法律基础。中国坚持立法公开，截至 2021 年 4 月，国家立法机关共有 230 件（次）法律草

案向社会公开征求意见，妇女参与立法程度明显提高，包括《中华人民共和国反家庭暴力法》和《中华人民共和国民法典》等多部法律草案均向社会公开征求意见，为包括妇女在内的公众提供平台表达利益诉求，妇女组织和广大妇女积极发表意见建议。2015年制定中国第一部《中华人民共和国反家庭暴力法》，设立家庭暴力告诫、强制报告、人身安全保护令和紧急庇护四项制度。同年《刑法修正案（九）》废除了嫖宿幼女罪，对此类犯罪行为，一律以强奸论从重处罚；完善强制猥亵、侮辱妇女犯罪的规定，对强制猥亵、侮辱妇女适用更严厉的刑罚；加大对收买被拐卖妇女犯罪行为的处罚力度，对收买被拐卖妇女的行为一律作为犯罪追究刑事责任；扩大虐待罪的犯罪主体范围，保护妇女等重点人群合法权益。《刑法》第260条后增加1条，规定对未成年人、老年人、患病的人、残疾人等负有监护、看护职责的人虐待被监护、看护的人，情节恶劣的，处三年以下有期徒刑或者拘役。上述法律条文的针对性、操作性不断增强，能够有效禁止或消除对妇女的歧视。2019年，全国人大常委会表决通过《中华人民共和国基本医疗卫生与健康促进法》，为在新时代进一步保障妇女的生命健康权利奠定了基础。

3. 消除性别歧视政策措施和机制建设的中国化创新

（1）中国持续实施《妇女发展纲要》促进《消歧公约》执行。《妇女发展纲要》是指导中国推进性别平等、履行国际义务的10年政府规划。1995年以来，中国已制定实施了四个周期的《中国妇女发展纲要》，有效促进了《消歧公约》落实。2021年9月，中国国务院发布的《中国妇女发展纲要（2021—2030年）》确定了妇女与健康、妇女与教育、妇女与经济、妇女参与决策和管理、妇女与社会保障、妇女与家庭建设、妇女与环境、妇女与法律8个优先发展领域，提出75项主要目标和93项策略措施。新《妇女发展纲要》的制定充分考虑了《消歧公约》规定和消歧委员会提出的一般性建议，聚焦性别平等和妇女发展中的突出问题，强化制度机制建设，完善国家基本公共服务，促进妇女充分参与经济社会发展。

（2）中国实施国家人口发展规划促进《消歧公约》执行。2016年发布的

《国家人口发展规划（2016—2030年）》，强调妇女是人口发展中必须特别关注的重点人群，要求制定有针对性的政策措施，创造条件让妇女共享发展成果，促进社会和谐与公平正义，将性别平等全面纳入法律体系和公共政策，促进融入社会文化，切实保障妇女合法权益，消除性别歧视，提高妇女的社会参与能力和生命健康质量。营造男女平等、尊重女性、保护女童的社会氛围，深入开展关爱女孩行动，健全有利于女孩家庭发展的帮扶支持政策体系。

（3）制定实施反对拐卖人口计划促进《消歧公约》执行。2021年4月28日，《国务院办公厅关于印发中国反对拐卖人口行动计划（2021—2030年）的通知》，提出要坚持和完善集预防、打击、救助、安置、康复于一体的反拐工作长效机制，健全反拐工作协调、配合、保障机制，推进法治反拐、协同反拐、科技反拐、全民反拐的工作模式，不断提高反拐工作法治化、协同化、科技化、社会化水平。要求健全预防犯罪机制，完善维护妇女权益、促进性别平等的村民自治章程和村规民约，提高农村社区治理法治化水平，坚持男女平等基本国策，消除男尊女卑、传宗接代等落后观念，提高女孩受教育水平，营造尊重女性、保护女童的社会氛围。

（4）各级政府认真履职促进《消歧公约》执行。各级政府定期召开国家和地方各级妇女儿童工作会议，专题研究部署促进妇女发展和消除性别歧视的各项工作。加强性别平等国家机制建设。2019年，新一届国务院妇女儿童工作委员会仍由35个国家相关部门组成，部级领导任委员，主任由国务院副总理孙春兰担任。全国31个省（区、市）、地（市、州、盟）和县（市、区、旗）政府妇儿工委均进行了换届调整。各级妇儿工委积极发挥组织优势，认真履行组织、协调、指导、督促职能，统筹资源开展部门合作，通过召开工作会议、全体委员会议、专题会议、统计监测、重大事项督办督查等手段推动《消歧公约》执行。各级妇儿工委负责组织实施《中国妇女发展纲要（2011—2020年）》《中国妇女发展纲要（2021—2030年）》和《中国儿童发展纲要（2011—2020年）》《中国儿童发展纲要（2021—2030年）》，通过制度化开展年度统计监测和阶段性总结评估，促进消除性别不平等问题的有效解决。

4. 实行相关暂行特别措施推动《消歧公约》执行

2014年以来，中国在推动妇女广泛参与国家决策和管理方面采取了特别措施。

（1）2017年，党的十九大报告强调要统筹做好培养选拔女干部、少数民族干部和党外干部工作，并通过召开专题会议、制定政策文件、明确目标要求等措施保障妇女的政治权利。

（2）在各级领导干部选拔工作中提出明确要求，对省、市两级党委、人大、政府、政协领导班子和县级党委、政府领导班子中配备女干部提出明确要求，规定本地没有合适人选的，可通过交流解决；领导班子中女干部出现空缺时及时补充。并在此基础上，明确规定中央和国家机关部委，省和市级党委、政府的工作部门要保证一半以上的领导班子配有女干部。

（3）《国家人权行动计划（2016—2020年）》要求逐步提高女性在各级人大代表、政协委员中的比例，以及在各级人大、政府、政协领导成员中的比例。

（4）《中国妇女发展纲要（2011—2020年）》和《中国妇女发展纲要（2021—2030年）》都将妇女参与决策和管理作为优先发展领域，设定明确的主要目标，提出推动目标实现的策略措施。《中国妇女发展纲要（2021—2030年）》在妇女参与决策和管理领域，立足保障妇女平等享有政治权利，积极回应新时期妇女参与决策管理的新期待，从提升妇女参与社会主义民主政治建设和社会治理水平，保障女党员和各级党代会女党员合适比例，提高女性在各级人大代表、政协委员、政府领导班子和政府工作部门及事业单位等比例，提高妇女参与基层民主管理水平和社会治理等方面提出了10项主要目标、10项策略措施。

5. 消除偏见和对妇女的暴力推动《消歧公约》执行

中国持续宣传倡导、教育培训，全方位、多渠道宣传男女平等基本国策，提升社会性别意识。

（1）消除各级各类教育中的性别不平等观念。国家对各级学校的课程要求、教材编写和内容都做出具体要求。如：积极推动中小学性别平等教育进学校进课堂，提高儿童和青少年的社会性别意识。要求课程内容和案例选编增加保障妇女权利、提倡性别平等的内容。

（2）广泛开展性别平等的宣传教育。2014年以来，中央、省、市和2400所县级党校（行政学院），均将男女平等基本国策教育纳入了干部的培训课程，大力提升各级领导干部的社会性别意识。在机关、学校、企业、城乡社区、家庭以多种形式开展男女平等基本国策教育，努力促进性别平等意识成为全社会共同遵循的行为规范和价值标准。

（3）制定实施《中华人民共和国反家庭暴力法》消除歧视。2015年中国制定了《反家庭暴力法》，共6章38条，包括总则、家庭暴力的预防、家庭暴力的处置、人身安全保护令、法律责任、附则，明确了政府、司法机关和社会组织的法律职责，规定国家禁止一切形式的家庭暴力，政府承担预防制止家庭暴力的主体责任，依法保护家庭成员特别是妇女免受家庭暴力的侵害。

（4）《中华人民共和国反家庭暴力法》施行后，公安部门将该法纳入全国公安机关执法资格等级考试、执法培训、普法教育等，提升警察预防和制止家庭暴力的意识、能力。各地公安部门结合实际，出台实施意见和操作细则，加强反家庭暴力工作。

6. 禁止拐卖妇女推动《消歧公约》执行

中国通过制定实施国家反拐行动计划，开展全国打拐专项行动，建立侦办拐卖案件责任制，抓获大批人口贩卖分子，打击整治买方市场，保障妇女儿童的人身安全。

（1）《中国反对拐卖人口行动计划（2013—2020）》《中国反对拐卖人口行动计划（2021—2030）》均建立了预防、打击、救助和康复反拐工作长效机制，坚决减少或消除拐卖妇女儿童犯罪。

（2）国务院反拐部际联席会议加强组织领导。部际联席会议由31个部门组成，初步形成了政府负责、公安机关牵头，各部门齐抓共管、综合治理的工作格局。

（3）修订《刑法》打击拐卖贩卖妇女儿童犯罪。2015年，《刑法修正案（九）》对第241条收买被拐妇女、儿童罪第6款作出修改，明确规定收买拐卖妇女儿童一律入刑，并加大刑事处罚力度。2021年，全国拐卖妇女儿童案件与2013年相比，降幅达到88.3%，其中群众高度关注的盗抢儿童案件年立案不到20起。

（4）自2022年3月1日起至12月31日，全国公安机关开展打击拐卖妇女儿童犯罪专项行动，重拳出击、多措并举，快侦快破拐卖现案，全力侦破拐卖积案，严惩一批拐卖犯罪分子，解救一批被拐妇女儿童，坚决铲除拐卖犯罪滋生土壤，建立完善预防、打击、救助、安置一体化工作机制，切实维护妇女儿童合法权益。

（二）第二部分：第七至九条执行情况

1. 促进妇女参与政治和公共事务取得新成效

（1）多措并举提高人大女代表和政协女委员比例。推动落实全国人大代表选举规则和程度，在选区划分、代表名额分配、候选人推荐、选举等环节，保障男女平等权利和机会；重视从基层和生产一线推荐人大代表候选人；提名推荐、协商确定政协委员建议名单时，保障提名一定比例的妇女。第十三届（2018年）全国人大女代表占比24.9%，比上届提高1.5个百分点，第十三届（2018年）全国政协女委员占比20.4%，高于上届2.6个百分点。广西、福建、云南、辽宁几省（区）全国人大女代表均超过30%，其中广西为32.58%。少数民族妇女参政水平明显提高。第十三届全国人大代表中，少数民族女代表占少数民族代表总数的41.3%，第十三届全国政协委员中，少数民族女委员占少数民族委员总数的34.85%。

（2）将推动妇女参与决策和管理纳入各级党政重要议事日程，并提出具体目标举措。加强宣传培训，提高妇女参与国家社会事务管理的意识和能力。随着女性接受高等教育的人数不断增加，更多女性通过国家和地方公务员考试走进公务员队伍，成为国家事务管理者中的新鲜力量。目前，中央机关和直属机关新录用女公务员超过半数，2017年达到52.4%。地方新录用女公务员占比提高至 44%。

（3）不断完善村委会、居委会等基层民主选举制度，通过广泛宣传和专题培训，鼓励妇女积极参与城乡社区的基层民主管理，促进了全国村（居）委会成员中女性比例的逐步提高。村民委员会中的女性比例从 2014 年的 22.8% 提高到 2020 年的 24.2%，居委会成员中的女性比例从 2014 年的 48.4% 提高到 2020 年的 52.1%。

（4）不断深化人事制度改革，坚持公开、透明、择优的选拔原则，通过组织推荐、公开招聘、民主选举、竞争上岗等方式，推动更多妇女走上企事业单位的经营管理岗位。2018 年，全国事业单位领导班子成员中女性占比 22.2%，比 2015 年提高了 1.6 个百分点。2020 年企业董事会和监事会中女职工董事和监事占比分别为 34.9% 和 38.2%。

2. 促进妇女代表政府参与国际事务取得新突破

（1）中国妇女代表政府积极参加国际交流与合作。围绕推进"一带一路"建设、推动构建人类命运共同体等倡议和主张，中国妇女多领域、多渠道、多层次开展对外交流，加强与联合国有关机构合作，成功举办了亚太经合组织妇女与经济论坛、二十国集团妇女会议、中国—阿拉伯国家妇女论坛、首届上海合作组织妇女论坛等交流活动。加强双边和区域交流机制框架下的妇女人文交流，支持和帮助发展中国家妇女的能力建设，增进各国妇女之间的友谊，促进民心相通。

（2）参加国际会议的中国代表团女性数量和比例不断增多。2018 年 10 月统计数据显示，外交部共有女外交官 2065 人，占同级外交官的 33.1%，其中女大使 14 人，女总领事 19 人，女参赞 152 人，分别占同级外交官的 9.5%、23.2% 和 27.8%。外交部任一秘的女外交官在国内 184 人，国外 223 人，分别占同级外交官的 39.0% 和 32.2%。外交部代表中国政府推荐参加国际组织工作的女职员共有 33 人，占同类工作人员的 45.2%，其中 3 人为副司局级以上的高级职员。

3. 国籍

根据《中华人民共和国国籍法》，除国家工作人员和现役军人不得退出中国国籍外，符合法律规定条件的男女公民及其子女均享有加入、退出和恢复中国国籍的平等权利。中国法律对妇女及其子女加入、退出和恢复中国国籍方面不存在任何歧视性或限制性规定。

（三）第三部分：第十至十四条执行情况

1. 男女平等接受教育取得成就

中国坚持教育优先发展战略，保障教育领域的性别平等，在立法、政策与措施制定和实施方面做出积极努力。

（1）加快发展学前教育，保障女童接受学前教育。2014年以来，中国逐步建立政府主导、社会参与、公办民办并举的办园体制，大力发展公办幼儿园，并鼓励社会力量办园。2018年，国务院印发《关于学前教育深化改革规范发展的若干意见》，大力推进学前教育的普及普惠和安全优质发展。2019年，全国接受学前教育的女童占比达到46.9%。

（2）加快城乡义务教育一体化发展，保障女童平等接受优质义务教育。中国法律规定，年满六周岁的儿童，不分性别、民族、种族都应当入学接受规定年限的义务教育。各级政府组织和督促适龄儿童入学接受义务教育，指导地方落实政府责任，完善行政督促复学机制，加强家校联系，精准化帮扶，避免适龄农村女童辍学。积极促进民族地区、农村牧区、偏远山区、边境地区改善中小学办学条件，促进女童接受教育。城乡免费义务教育全面实现，义务教育普及程度达到世界高收入国家的平均水平。从2015年到2019年，女童小学净入学率连续保持在99.9%。2019年，九年义务教育巩固率达到93.8%，在校生中女生占46.4%。

（3）大力发展高中阶段教育和高等教育，女性受教育水平大幅提高。2014年以来，中国不断加大对中西部贫困地区高中阶段教育的扶持力度，满足农村和贫困地区女生平等接受教育的需求。对普通高中家庭经济困难女生和残疾女生给予资助，防止辍学。多渠道、多形式为贫困和残疾女大学生提供资助。2019年，高中阶段教育在校生中女性比例达到了47.1%；普通高中在校生中女生占比为50.9%，基本消除了性别差距。2019年，普通高等学校本专科在校生中女生比例和研究生中女生比例均超过半数，分别为51.7%和50.6%。

（4）妇女接受职业教育和技能培训，政府补贴性职业培训人数比例增加。农村妇女享有平等接受各类培训的权利和机会，提升了市场竞争力和就业能力，政府各项奖补政策保障女童完成职业教育。2019年，中等职业教育中女生占比为41.6%；2019年，全国女性人口文盲率由2014年的7.4%降至7.1%。

（5）保障少数民族妇女和女童的受教育权利。国家出台《"十三五"促进民族地区和人口较少民族发展规划》和《兴边富民行动"十三五"规划》，大力发展民族教育事业，在广大农牧区推行寄宿制教育，举办民族预科班、民族班，着力办好民族地区高等教育，保障少数民族受教育权利。目前，民族地区已全面普及从小学到初中9年义务教育，西藏自治区、新疆维吾尔自治区的南疆地区等实现了从学前到高中阶段的15年免费教育，有力促进了少数民族妇女和女童受教育水平的提高。

2. 妇女就业持续保持稳定态势

2014年以来，中国政府多措并举，努力消除劳动力市场的性别歧视，多种渠道支持妇女就业创业。2019年，人力资源和社会保障部等九部门印发《关于进一步规范招聘行为促进妇女就业的通知》，明确用人单位不得实施的六种就业性别歧视行为，要求建立健全多部门联合约谈、加强市场监管、开展司法服务的三条救济渠道，为保障妇女平等就业权提供了政策支持。

（1）妇女就业人数增加。2014年至2020年，全国女性就业人数占全社会就业人数比例基本保持在43%左右，城镇单位女性就业人数从2014年的35.8%提高到2019年的38.9%。

（2）女性创业人数比例增加。《关于实施创业担保贷款支持创业就业工作的通知》规定："妇女应纳入创业担保贷款重点对象范围。"妇女在大众创业、万众创新中施展才华，目前在互联网领域创业者中的女性比例达到55%

以上。

（3）技能劳动者及高级专业技术人员中的女性比例提高。2017年，公有制企事业单位中女性专业技术人员占比为48.6%，接近一半；高级专业技术人员女性占比为39.3%，比2014年提高2.6个百分点。

（4）女职工权益保护工作不断加强。国家推动将女职工劳动保护、生育保障、培训晋升、同工同酬等纳入集体合同、女职工权益保护专项集体合同，推动用人单位执行国家和地方有关女职工权益的法律法规，努力促进工作场所的性别平等。

（5）中国法律保障女职工享受带薪产假。出台《关于实施全面两孩政策改革完善计划生育服务管理的决定》等政策，依法保障女性就业、休假等合法权益，支持女性生育后重返工作岗位。全国各地完善相关产假政策，女职工产假在国家98天法定假基础上延长1—9个月不等。

3. 妇女健康水平全面提升

中国高度重视发展妇幼保健事业，将保障妇女儿童健康纳入国家战略，不断完善妇幼健康法规政策体系。国务院连续制定实施的《中国妇女发展纲要》，将妇女健康作为第一优先发展领域。实施《"健康中国2030"规划纲要》和《健康中国行动（2019—2030年）》，将妇幼健康核心指标纳入各级政府目标考核内容。进入新时代，妇幼健康信息化建设不断加强，妇幼保健网络逐步嵌入覆盖14亿人口的全国医疗保障网和全国城乡三级医疗保健网。加大妇幼保健机构建设投入。2016—2020年，国家财政下达预算内投资110.8亿元，支持617家妇幼保健机构建设。到2020年，新增174个妇幼保健机构机制创新试点，提升了妇幼保障机构的管理运行水平。大力实施妇幼卫生项目，为妇女提供全生命周期的健康服务，不断提高妇幼卫生服务的公平性、均等化，妇女健康状况不断改善。

（1）妇女健康水平显著提高。为妇女提供全生命周期的卫生保健服务，妇女平均预期寿命持续延长。2020年，中国妇女平均预期寿命为80.88岁，比2015年的77.37岁延长了3.51岁。推动母婴安全五项制度，持续提高产科服务质量和孕产妇卫生保健水平，提升孕产妇系统管理率和住院分娩率，健全孕产妇医疗急救网络，加强孕产妇危重症救治等。截至 2018 年 4 月，98% 以上的市（地、州）和县（市、区）开展了高危孕产妇专案管理，全国建立了 3364 个危重孕产妇救治中心和 3055 个危重新生儿救治中心。孕产妇死亡率持续下降。2020 年，全国孕产妇死亡率为 16.9/10 万，农村和城市孕产妇死亡率分别为 18.5/10 万和 14.1/10 万。

（2）提高妇女生殖健康服务水平。2016 年，发布《"十三五"卫生与健康规划》，实施免费的计划生育技术服务基本项目，面向妇女和家庭普及避孕节育、优生优育和生殖健康知识，2017 年全国开展相关咨询、指导、随访服务共 7000 多万人次，提供计划生育技术服务 1904 万人次。努力提高药具服务的可及性、便捷性，提供再生育技术指导服务。仅 2017 年各级政府就投入 4.6 亿元，免费提供避孕药具 2.3 亿人次。鼓励男性积极参与生殖健康活动，保障夫妻平等的生殖健康权利。2018 年，印发《产后避孕的服务规范》等规范性文件，持续提升生殖保健服务水平。

（3）坚持开展妇女常见病防治。加强妇女常见病防治知识宣传，增强妇女自我保健能力，树立个人是健康第一责任人意识。做好妇女常见疾病治疗随访，完善筛查诊疗衔接机制。不断加强妇女常见病检查工作，2019 年，妇女病检查率为 83.1%，比 2014 年的 55.1% 提高了 28 个百分点。

（4）"两癌"筛查项目使妇女普遍受益。宫颈癌和乳腺癌是妇女常见的恶性肿瘤，发病率高，对妇女健康威胁极大。农村妇女"两癌"检查重大公共卫生服务项目，从 2012 年起成为妇幼重大公共卫生服务项目，覆盖范围不断扩大，到 2019 年"两癌"筛查项目覆盖了国家 832 个贫困县。2020 年，宫颈癌检查扩展到 2599 个县（市、区），乳腺癌检查扩展到 2515 个县（市、区）。设立"贫困母亲两癌救助专项基金"，用于对贫困患病妇女的救治。到 2019 年，总共为 3 万名贫困患病妇女提供了救助。

（5）有效和防控妇女艾滋病和性病发生。自 2015 年起，中国中央财政每年投入 14 亿元，将预防艾滋病、梅毒、乙肝母婴传播扩展至全国，各级政府为所有孕产妇免费提供艾滋病、梅毒和乙肝筛查，免费为所有发现的感染孕产妇及所生儿童提供预防母婴传播综合干预服务。2017年，孕产妇艾滋病、梅毒、乙肝检测率达到99%以上。

4. 妇女的其他经济和社会权利得到基本保障

中国法律对妇女在经济和社会权利方面没有任何歧视性的限制，在法制建设进程中不断加强对妇女各项权利的保护。中国已经建成了包括养老、医疗保障、社会救助等在内的世界上最大的社会保障体系，覆盖面不断扩大，保障水平不断提高。妇女在生育保险、医疗保险、养老保险、失业保险和工伤保险以及社会救助方面的水平不断提高。国家社会救助制度惠及困难妇女。老年妇女生活得到基本保障。截至2018年底，全国城市低保对象中女性占44.8%，农村低保对象中女性占42.0%。截至2019年8月，全国31个省（区、市）均出台了老年人社会优待政策，普遍建立了高龄津贴制度、养老服务津贴制度和护理补贴制度等，特别是经济困难的高龄、失能等老年人补贴制度实现省级全覆盖。这些制度为高龄老年妇女生活提供了基本保障，使"老有所养"的获得感和幸福感进一步增强。自2016年起，中国开展长期护理保险制度试点，启动跨省异地就医直接结算，将为中国失能老年妇女提供基本生活方面的有益服务。

5. 农村妇女平等权利持续加强

中国从2014年起实行的确保农村妇女在承包地确权中证上有名、名下有权的制度，从中央到地方明确要求将农村妇女土地承包经营权记载到权属证书上，有效保障了农村妇女的土地承包与流转经济权益。2016年，中共中央、国务院联合印发的《关于稳步推进农村集体产权制度改革的意见》要求切实保护农村妇女的合法权益。2018年修订的《中华人民共和国农村土地承包法》明确规定："农户内家庭成员依法平等享有承包土地的各项权益，确保农村妇女平等享有土地承包经营权。"同年，民政部和中央组织部等七部门联合发布《关于做好村规民约和居民公约工作的指导意见》，要求纠正与法律政策规定、男女平等原则相冲突的村规民约。从改革开放初期实行农村家庭联产承包责任制到进入新时代，农村承包地确权登记颁证和农村土地"三权分置"，中国始终坚持在法律和政策上确保农村妇女平等享有土地承包经营权、宅基地使用权和集体收益分配权。国土资源部等五部委联合印发的《关于进一步加快宅基地和集体建设用地确权登记发证有关问题的通知》明确提出："农村妇女作为家庭成员，其宅基地权益应记载到不动产登记簿及权属证书上。"

（1）加强农村土地承包调解仲裁体系建设保障妇女权益。截至2017年6月底，全国设立农村土地承包仲裁委员会2463个，乡镇一级设立调解委员会约30万个，村级调解组织近60万个，确保农村妇女维权"有门"。

（2）农村妇女脱贫减贫成效显著。《2011—2020年中国农村扶贫开发纲要》将农村妇女作为扶贫重点，要求同等条件下优先安排妇女扶贫项目。《"十三五"脱贫攻坚规划》《关于在扶贫开发中做好贫困妇女脱贫致富工作的意见》，加大对妇女群体的扶贫力度。

（3）中国农村妇女健康水平提高。通过实施农村妇女"两癌"免费检查，有效提高农村妇女宫颈癌和乳腺癌的早诊早治率，降低死亡率。2009—2017年，为7398.5万名农村妇女进行了宫颈癌检查，为1363.4万名农村妇女进行了乳腺癌检查。实施"农村贫困母亲'两癌'救助项目"，截至2017年底，累计为10.22万名患病妇女提供了帮助。2014年以来，农村妇女住院分娩率持续保持在99%以上。

（四）第四部分：第十五至十六条执行情况

1.妇女签订合同、择居等权利与男性平等

中国实行男女平等基本国策，妇女在签订合同、管理财产、诉讼、人身移动、自由择居等方面享有与男子平等的权利。

2.妇女在婚姻家庭方面的权利与男性平等

《中华人民共和国宪法》规定，"婚姻、家庭、母亲和儿童受国家的保护"。《中华人民共和国婚姻法》有关婚姻和家庭关系一切事项的不歧视原则，与《消歧公约》第16条规定完全一致。2014年以来，中国通过加强法制建设和家庭文明建设，倡导平等、文明、和谐的婚姻家庭关系。2015年制定出台的《中华人民共和国反家庭暴力法》，对于预防和制止针对妇女的家庭暴力提供了法律保障。2021年《中华人民共和国民法典》颁布施行，在《民法典》婚姻家庭篇中，重视家庭文明建设，树立夫妻平等决策理念，明确夫妻共同债务"共债共签"原则，规定家务劳动补偿，加大对婚姻无过错方的保护等，突出了家庭建设中夫妻平等的权利义务关系，体现了婚姻家庭关系中的男女平等原则。

（1）出台司法解释破解夫妻共同债务认定标准难题。2017年，最高人民法院公布《关于适用〈中华人民共和国婚姻法〉若干问题的解释（二）的补充规定》，对司法实践中涉及夫妻共同债务的新问题，特别强调虚假债务、非法债务不受法律保护。

（2）完善预防化解婚姻家庭纠纷工作机制。2017年，最高人民法院、公安部、司法部、民政部等6部门联合出台《关于做好婚姻家庭纠纷预防化解工作的意见》，从5个方面指导各地做好婚姻家庭纠纷预防化解工作。目前，全国31个省（区、市）均下发了配套文件。

（3）不断完善促进婚姻家庭性别平等的政策措施。2015年，中共中央、国务院印发《关于实施全面两孩政策 改革完善计划生育服务管理的决定》，提出构建支持家庭发展的政策体系，加大对生育支持、幼儿养育、老人赡养等家庭发展政策的支持力度，推动开展创建幸福家庭活动和新家庭计划，增强家庭抚幼和养老功能。2019年5月，国务院办公厅印发《关于促进3岁以下婴幼儿照护服务发展的指导意见》，提出要全面落实产假政策，为家庭育儿提供制度支持。2021年，国家发布《中华人民共和国国民经济和社会发展第十四个五年规划和2035年远景目标纲要》，提出要建立健全婴幼儿照护服务的政策法规体系和标准规范体系，为家庭育儿提供政策支持。同年6月，中共中央、国务院印发《关于优化生育政策促进人口长期均衡发展的决定》，提出大力发展多种形式的普惠托育服务，完善生育休假与生育保险制度。同年9月，国务院颁布《中国妇女发展纲要（2021—2030年）》，增设了妇女与家庭建设领域，提出了男女共担家庭责任，发展面向家庭的公共服务，为夫妻双方兼顾工作和家庭创造条件等主要目标。

（4）发挥妇女在家庭文明建设中的独特作用。中国注重家庭、注重家教、注重家风，推动实施《公民道德建设实施纲要》，促进"尊老爱幼、男女平等、夫妻和睦、勤俭持家、邻里团结"文明新风在家庭和社区落实。在全国城乡普遍开展"五好家庭"创建工作，对家庭建设提出综合性建设要求，促进性别平等。2014年，开始创新开展寻找"最美家庭"活动，截至2017年累计4.1亿人次参与线上线下活动，评选出"最美家庭"314.5万户。2019年，妇联组织启动"家家幸福安康工程"，广大妇女发挥在家庭文明建设中的独特作用，以小家庭的和谐共建大社会的和谐。

三、总体评价与展望

2014—2021年期间，正是中国经济社会全面发展的新时代，中国共产党领导中国妇女发展事业取得显著成就，中国政府积极落实《消歧公约》条文在促进性别平等方面取得新进展。2014年以来，中国妇女参与经济社会发展的能力和贡献率明显提升，社会地位显著提高，合法权益得到保障，健康状况极大改善，社会保障水平稳步提高，发展环境日益优化。

但是，受现阶段生产力发展水平和长期历史文化影响，重男轻女、男尊女卑的落后观念尚未根除，城乡之间、区域之间、不同群体之间的妇女发展还不平衡，农村特别是边远贫困地区妇女的权益和民生保障相对薄弱，在更高水平上促进妇女与经济社会同步发展，中国还需付出更多努力。

参考文献

1. 消除对妇女歧视委员会：《中国根据〈公约〉第十八条提交的第九次定期报告》，CEDAW/C/CHN/9，联合国人权高级专员办事处网站，2020年12月16日。

2. 中华人民共和国国务院新闻办公室：《平等　发展　共享：新中国70年妇女事业的发展与进步》白皮书，人民出版社2019年版。

3. 国务院妇女儿童工作委员会办公室：《中国妇女发展纲要（2021—2030年）》，国务院妇女儿童工作委员会网站，2021年9月27日。

4. 国家统计局社会科技和文化产业统计司编：《中国妇女儿童状况统计资料2015》，中国统计出版社2015年版。

5. 国家统计局社会科技和文化产业统计司编：《中国妇女儿童状况统计资料2020》，中国统计出版社2020年版。

6. 国家统计局：《〈中国妇女发展纲要（2011—2020年）〉终期统计监测报告》，国家统计局网站，2021年12月21日。

作者简介

张立，女，国务院妇女儿童工作委员会原办公室副主任、一级巡视员，主要研究妇女发展政策。

中国妇女平等权保障的推进与展望
——基于中国国家报告和消歧委员会结论性意见的分析

李 勇

"每个了解一点历史的人也都知道,没有妇女的酵素就不可能有伟大的社会变革。社会的进步可以用妇女的社会地位来精确衡量……"[《马克思恩格斯文集》(第10卷),2009]。鉴于妇女的社会地位是社会进步的标尺,平等权的享有情况成为衡量她们社会地位的核心。另需回答的是,应基于何种视角审视中国妇女平等权的享有情况?答案非唯一。本文将从中国提交的国家报告(以下简称"国家报告")和消歧委员会的结论性意见(以下简称"结论性意见")展开分析。前者从缔约国义务视角反映中国在妇女平等权保障方面采取的行动及取得的进展,后者侧重于从《消歧公约》标准的视角指出对缔约国履约的优先关切并提出具体建议。通过这两个角度的结合,更加全面地呈现出中国妇女平等权保障的现状,并推进其迈向新的发展阶段。

一、中国签署《消歧公约》及履行提交国家报告的义务

(一)《消歧公约》及中国的签署和批准

"在联合国捍卫的事业中,很少有哪项像促进和保障妇女的平等权一样赢得如此广泛、有力的支持"。(玛莎·A.弗里曼等,2020)为消除性别歧视、推动妇女平等权的实现,联合国提出了一套由战略、方案和规范构成的有力框架。《消歧公约》是该框架的规范基础。1979年12月18日,《消歧公约》在第34届联合国大会上以压倒性多数票通过,1980年3月开放供各国签署

和批准,1981年9月3日生效。到2021年底,《消歧公约》已有189个缔约国。《消歧公约》是联合国在消除性别歧视、保障妇女权利方面出台的最重要的国际法文件。

1980年7月17日,在哥本哈根出席联合国第二届世界妇女大会时,时任全国政协副主席、全国妇联主席的康克清女士代表中国签署了《消歧公约》。同年9月29日,国务院向全国人大常委会提出《关于提请批准联合国〈消除对妇女一切形式歧视公约〉的议案》,议案强调了《消歧公约》同我国妇女权益保障基本精神及《宪法》《婚姻法》和其他法律的契合性。最终在保留第29条第1款的基础上,由第五届全国人大常委会第16次会议批准通过,同年11月4日向联合国消歧委员会交存批准书,12月4日起《消歧公约》正式对中国生效。

(二)国家报告和结论性意见

按照《消歧公约》第18条的要求,缔约国应就落实《消歧公约》提出的立法、司法、行政及其他举措、取得的进展、影响因素和困难提交报告,包括初次报告和定期报告。初次报告应在《消歧公约》生效后1至2年内提交。此后,至少每4年需要提交一次定期报告,早先可以两次报告合并提交。自提交初次报告以来,中国共提交6次报告,有3次是合并提出的,共接受消歧委员会5次审议、收到5份结论性意见,见表1。

表1 中国提交国家报告和收到结论性意见的情况

次数	年份	
	国家报告	结论性意见
初次	1983年	1984年
第二次	1989年	1993年
第三、四次	1997年、1998年补	1999年
第五、六次	2004年	2006年
第七、八次	2013年	2014年
第九次	2020年	待作出

资料来源:中国人权网,见http://www.humanrights.cn/html/gjrqwj/4/5/。

综合中国提交的国家报告可以发现，这些国家报告的结构清晰，内容主要描述中国在提高妇女地位、消除对妇女的歧视相关领域中取得的进展，并包含一些反思。结论性意见主要是消歧委员会对缔约国落实《消歧公约》情况的评价，是缔约国履行《消歧公约》的重要关切和指导。就内容而言，结论性意见是为缔约国量身定制的，主要包括积极方面、关切问题和具体建议。相较之国家报告代表的缔约国履行义务视角，消歧委员会结论性意见体现的是《消歧公约》的标准和要求，它们从不同角度呈现出中国在妇女平等权保障上的进展、不足和努力方向。

二、从中国国家报告看妇女平等权保障的进展

在简要介绍中国签署《消歧公约》、提交国家报告、消歧委员会作出结论性意见之情况的基础上，下文将开始核心问题的讨论，即基于中国向消歧委员会提交的国家报告所呈现的妇女平等权保障的进展。国家报告所涉内容繁多，本文仅就最主要的进展作以阐释。

（一）性别平等法律体系的完善

考虑到《消歧公约》对初次报告内容的要求，《缔约国的初次报告：中国》（以下简称《初次报告》）强调《宪法》对实现性别平等的作用，指出1982年《宪法》中蕴含的性别平等精神及1979年《刑法》之于妇女权益保障的价值。在《缔约国第三和第四次定期报告：中国》（以下简称《第三、四次报告》）中说明，为迎接第四届世界妇女大会的召开，中国相继出台了《妇女权益保障法》《劳动法》《母婴保健法》等妇女权益保障的重要法律。概言之，从《初次报告》到《第三、四次报告》，中国性别平等法律制度实现了根本性飞跃。

1997年，中共十五大正式提出依法治国方略。在性别平等问题上，国家不断制定和完善相关法律。1998年以来，相继制定、修订的《收养法》《预防未成年人犯罪法》《婚姻法》《人口与计划生育法》等法律从性别平等原则

出发，在成长、保健、教育、婚姻家庭和生育等方面强化了妇女权益保障（中国，2004）。就妇女土地权益问题，2002年出台的《土地承包法》做了专门规定（中国，2004）。2005年以来，中国性别平等法律体系更趋完备。与性别平等有关的法律修订包括《妇女权益保障法》《义务教育法》《村民委员会组织法》《未成年人保护法》《选举法》等。在立法方面，先后出台了《劳动合同法》《就业促进法》《社会保险法》等，完善了妇女权益保障法律体系（中国，2013）。到2020年，中国已形成以《宪法》为核心、《妇女权益保障法》为主体的妇女权益保障法律体系（中国，2020）。

（二）妇女政治参与的推动

在选举和被选举权方面，《初次报告》指出，在1981年实行的县级直选中，95%有投票资格的妇女参加了选举。遗憾的是，《初次报告》仅笼统提到各级人大女代表的比例不断增加，未以量化的形式宣明中国妇女被选举为人大代表或政协委员的情况。此后的国家报告在一定程度上解决了该问题，呈现出第八、九、十、十一、十三届全国人大女代表和全国政协女委员的情况。通过纵向比较，可以反映出中国妇女参政的曲折进程（见图1）。从全国人大女代表看，虽在第十届全国人大时稍有下降，但此后便不断增加（中国，1997、2004、2013、2020）。全国政协委员中的妇女人数总体呈上升态势（中国，1997、2004、2013、2020）。

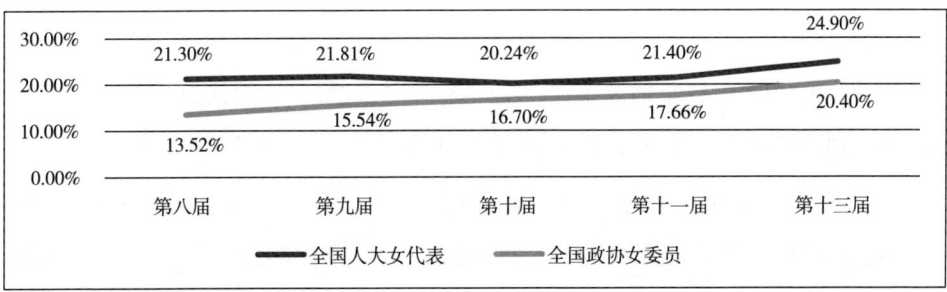

图1 第八、九、十、十一、十三届全国人大代表和全国政协委员中的妇女所占比例
资料来源：《缔约国的第五和第六次合并定期报告：中国》《缔约国第七次和第八次合并定期报告：中国》《中国根据〈公约〉第十八条提交的第九次定期报告》。

从担任领导干部的情况看,《初次报告》概括性地指出,妇女积极参与各级政府管理,越来越多妇女担任领导。具体表现为:一是国家领导人。《第三、四次报告》显示,中国曾有 1 位女副主席、2 位国务院女副总理、2 位女国务委员;《缔约国的第五和第六次合并定期报告:中国》(以下简称《第五、六次报告》)指出,第十届全国人大选出女副总理和国务委员各 1 名;《缔约国第七次和第八次合并定期报告:中国》(以下简称《第七、八次报告》)显示新增 1 名女国务委员。二是全国人大和政协领导。《第五、六次报告》指出,第十届全国人大有 3 名女副委员长,同届全国政协有 2 名女副主席;《第七、八次报告》显示,十一届全国人大有 3 名女副委员长,同届全国政协有 4 名女副主席。三是部长。《第三、四次报告》显示女部长有 17 人(正部长 3 人);《第五、六次报告》指出有 15 名正副女部长;《第七、八次报告》显示女正部长增至 3 人。四是地方领导。《第三、四次报告》显示有 23 名女副省长、375 名正副女市长;《第五、六次报告》显示省级领导中有 52 名妇女,市级领导中有 593 名妇女,县级女干部逾 4000 人;《第七、八次报告》显示,到 2009 年,省市县三级领导中妇女配备率均高于 2004 年;《中国根据〈公约〉第十八条提交的第九次定期报告》(以下简称《第九次报告》)显示,2017 年省级正职领导中妇女达 9.7%,配备妇女的市级领导班子占 52.5%,配备妇女的县级领导班子达 95.1%。

(三)妇女教育情况的改观

妇女受教育情况变好。首先,接受正规教育的女学生增多。除 2004 年、2010 年女童小学在学率稍有下降外,女中学生和大学生的比例都在上升(见表 2)。到 2020 年,女学生义务教育阶段的在学率为 46.5%,高中女学生达 50.8%,高等教育阶段女学生的占比已过半(52.5%)(中国,2020)。其次,越来越多妇女接受非正规教育。《初次报告》指出,两性得以平等参加函授课、职工学院、夜校、在职培训。1949—1981 年,430 万人从成人教育机构和培训中心毕业,妇女占半数。最后,文盲率降低。《第三、四次报告》指出,城市妇女文盲和半文盲率为 2.1%,农村妇女为 36.6%。《第七、八次报告》

显示，城镇妇女粗文盲率下降0.15个百分点，农村妇女粗文盲率下降23.68个百分点。

表2 1981—2010年接受正规教育的女学生占比（%）

年份\级别	小学	中学（初中/高中）	普通高等学校
1981	43.9	39.6	24.4
1998	47.63	45.67	38.31
2004	47.20	46.70	43.95
2010	46.23	47.91	50.86

资料来源：《缔约国的初次报告：中国》《缔约国的第五和第六次合并定期报告：中国》《缔约国第七次和第八次合并定期报告：中国》。

女教师的情况亦有所改观。女教师是探讨妇女教育需要考虑的重要维度，她们的存在不仅有助于为女学生塑造积极的榜样，亦有益于将性别平等观念纳入教育系统乃至整个社会。早在20世纪80年代初，国家便注意到女教师的重要性，并在《初次报告》中指出中国约有10万名女教师，有1/4的大学教师是妇女（中国，1983）。到2010年，普通高校中女教师的占比为46.48%、高中为47.66%、小学为57.95%（中国，2013）。由此可见，中学和大学教师的性别差距在不断缩小；在小学教育中，女教师甚至超过男教师。

（四）妇女就业的进展

在就业方面，新中国成立后，妇女成为经济建设的重要力量。到1982年，有3900多万城市妇女参与工作，占城市劳动力的36%；在农村，约有1.5亿妇女从事生产活动，占农村劳动力的半数以上（中国，1983）。1995年以来，城乡妇女从业人数从3.1亿（45.7%）增至2000年的3.3亿（46%）。妇女就业领域亦在不断拓宽。1995年以来，妇女在水、电、气、通讯、保险、旅游、广播等领域工作的人数和比例攀升。越来越多妇女成为管理和技术人员。1998年以来，女技术人员从39.3%升至2001年的41%；2000年，妇女管理人员占34.4%（中国，2004）。到2009年，79万妇女进入科技领域，占比为24.8%（中国，2013）。2017年，公有企事业单位中女技术人员达1480万，占48.6%（中国，2020）。

在劳动保障方面，中国关注两性生理差异并出台政策促进妇女就业权的实现（中国，2004）。为减轻女工负担，许多托儿设施得以建立。1980至1982年期间，共有12余万所幼儿园，可容纳111.3万名儿童（中国，1983）。到1995年底，各类幼儿园达到18万所，在园儿童达到2711万，比1990年增长37.5%（中国，1997）。1997年，政府将女工生育纳入社会再生产统筹规划。到2001年底，超过半数的城市实行职工生育费用社会统筹，近3455万女工参加生育保险（中国，2004）。2018年，参加生育保险的女工达8927万，比2014年增加1520万（中国，2020）。由于女工劳动保障要求的强化，施行女工劳动保障的企业从2004年的34%升至2009年的46%，执行女工禁忌劳动规定的企业由2004年的32%升至2009年的46%。有些地方还将女工劳动保障纳入集体合同，到2010年底，共签订女工保护专项集体合同59.25余万份，覆盖4943.9余万人（中国，2013）。截至2017年，共签订女工保护专项集体合同136.6万份，覆盖7999.9万人（中国，2020）。

在再就业方面，政府将促进再就业作为主要战略。通过再就业中心和各级职业介绍机构，提出积极主动工作的"131"工作目标。1998至2001年，劳动部门共培训下岗职工1300万人，妇女占半数；公共职业介绍组织为1506万下岗女工提供职业介绍服务（中国，2004）。在地方，唐山建立起女工培训基地和200多所女工夜校，受训率达94%；上海大量开办计算机、英语、财会等培训课程，妇女再就业率达80%（中国，1997）。在开办第三产业安置失业女工上，辽宁创办各类家政公司（站）5122个，饮食服装网点3672个，加工站2013个，其他网点5321个，安置了大量下岗女工（中国，1997）。妇联和工会亦在行动。1996年以来，妇联通过开展"巾帼助困行动""巾帼创业行动""巾帼社区服务工程"等帮助女工再就业。1995至2000年，6.7万个工会举办培训班20余万期，参训女工达185万人，安置下岗女工109万余人（中国，2004）。

（五）卫生保健条件的优化

妇幼保健机构、人员增加。《初次报告》显示，中国有2789家妇幼保健机构，与综合医院妇产科一道为妇女提供卫生保健服务（中国，1983）。1991—1993年，515所县级妇幼保健机构得到修缮和新建，其中有专业人员20万，乡村女医生34万，接生员35万。到1995年，全国有349所妇幼保健院，2832个妇幼保健所，1.4万余个县级以上综合医院均设有妇产科（中国，1997）。1995—2000年，国家补助42亿元、地方配套和自筹经费200亿元共同完成80%的乡镇妇幼保健所等医疗机构的改造。到2000年，共建成3000多个妇幼保健机构（中国，2004）。2012年，妇幼保健队伍达50万人，基本形成县、乡、村三级妇幼保健网络（中国，2013）。

常见妇科疾病筛查普及。在初次报告涵盖期间，政府主导展开妇科疾病筛查并提供必要的治疗。得知宫颈癌是城市妇女健康的主要威胁，子宫下垂和尿道瘘是农村妇女最常见的妇科疾病后，国家划拨专项资金免费治疗上述疾病，70%已治愈（中国，1983）。2004年，国家将妇女病防治列为基层妇女保健常规工作，通过开展宫颈癌普查普治，宫颈癌患病率逐步下降（中国，2004）。2007—2008年，卫生部在10个省级行政区展开妇女常见病防治情况调查，在此基础上制定《妇女常见病筛查工作规范》和《妇女常见病筛查技术指南》。从2009年6月起，政府对农村妇女实行宫颈癌和乳腺癌免费筛查（中国，2013）。2018年，"两癌"筛查工作实现了贫困地区全覆盖（中国，2020）。

生殖保健情况得到改善。主要表现为：产检率、住院分娩率、产后访视率提高，孕产妇死亡率降低。2004—2009年，产检率从89.7%升至92.2%；住院分娩率从82.8%升至96.3%，其中城市妇女住院分娩率从91.4%升至98.5%，农村妇女住院分娩率由77.1%升至94.7%；产后访视率从85.9%升至88.7%（中国，1997、2004、2013）。由此产生的积极效果是孕产妇死亡率不断降低（见图2）（中国，1997、2004、2013、2020）。

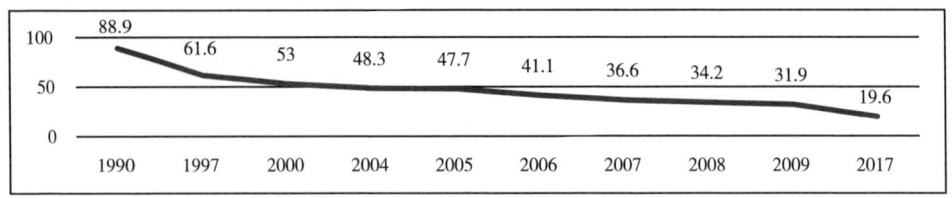

图2 1990—2017年孕产妇死亡率（人/10万人）

资料来源：《缔约国第三和第四次合并定期报告：中国》《缔约国的第五和第六次合并定期报告：中国》《缔约国第七次和第八次合并定期报告：中国》《中国根据〈公约〉第十八条提交的第九次定期报告》。

三、消歧委员会结论性意见对中国进一步履行《消歧公约》的建议

在基于国家报告呈现中国在妇女平等权保障方面取得进展的同时，消歧委员会根据《消歧公约》的标准对中国提交之国家报告的审议形成的结论性意见，为进一步贯彻《消歧公约》提出了建议，本文仅对其中比较有典型性的建议作以说明。

（一）建议在法律中明确"歧视妇女"的定义

《消歧公约》旨在消除对妇女的歧视，如何定义"歧视妇女"是达此目标的前提，缔约国在法律中明确"歧视妇女"的定义，是准确识别并消除妇女受歧视的必须。从《消除对妇女歧视委员会的报告（第十一届会议）》中有关审议中国提交的第二次定期报告的意见到《关于中国第七和第八次合并定期报告的结论性意见》，消歧委员会都提出了相关建议。为确保妇女在生活各领域中不会受直接和间接歧视，消歧委员会建议中国按《消歧公约》的要求，着力理解实质平等和不歧视的含义，并在国内法中作出"歧视妇女"（包括直接和间接歧视）的定义（消歧委员会，2006、2014）。

（二）建议采取措施改变陈规定型观念

委员会关注到对妇女和男子在家庭和社会中的作用和责任一直存在根深蒂固的陈规定型观念，对这些普遍观念继续贬低妇女价值和侵犯妇女人权表示关切，促请缔约国根据《消歧公约》第二条（f）项和第五条（a）项制订

全面办法，消除传统的陈规定型观念。包括学习法律、政策和提高认识措施，让公务人员和民间社会参与，并以全体居民特别是男子和男童为对象；包括对广播、电视和印刷品等不同媒体的使用，评价课程和教科书改革的性别敏感性，进一步确保清晰阐述男女平等的原则；加强国务院妇儿工委和其他利益攸关方在改变固化男女传统角色之社会规范方面所做的努力，巩固并促进妇女和女童权利保障的文化传统和惯例；加强执行现有法律和措施，以消除针对胎儿性别进行选择性人工流产、强迫堕胎和杀害女婴的做法；组织独立专家机构定期监督和审查用于消除性别陈规定型观念的措施，以评估这些措施的影响（消歧委员会，2006、2014）。

（三）建议加大针对妇女之暴力的解决力度

委员会促请缔约国制定一项全面的法律禁止暴力侵害妇女行为，并确保公、私领域一切形式的暴力侵害妇女和女童行为构成应依刑法治罪的犯罪；加紧打击一切形式的贩运妇女和女童的行为，下一次定期报告中说明全面打击贩运人口立法的情况，对贩运人口做出符合国际准则的明确定义；根据委员会19号一般性建议，向受暴力侵害的妇女和女童提供补救和保护，使受害人有更多机会利用司法和获得补救；对包括法官、律师和检察官在内的司法官员进行训练，加强他们以性别敏感的方式处理暴力侵害妇女行为的能力；加强缔约国收集有关一切形式的暴力侵害妇女行为的数据系统，并将这种资料列入下次报告（消歧委员会，2006、2014）。

（四）建议切实保障农村妇女的权益

委员会建议缔约国采取一切必要措施，努力争取农村妇女积极参与农村发展政策和方案的设计、制订、执行和监测，以加强《消歧公约》第14条的执行；进一步评价在无地者之中妇女所占人数特别多的原因，消除一切限制乡村妇女获得土地的障碍，包括采取措施和步骤改变导致对妇女歧视的习俗，确保此类纠纷的调解和解决给予妇女有效的补救；在农村地区提供更多负担得起的优质精神保健服务和咨询服务，以进一步降低农村妇女自杀率；采取综合办法，消除农村少数族裔妇女所面临的多重形式的歧视，并加快实现事实上的平等;在下次报告中提供全面的资料,说明农村妇女,包括少数族裔妇女的状况,特别是有关其教育、就业、健康和遭受暴力的情况(消歧委员会,2006、2014)。

(五)建议加强按性别分列的数据收集和使用

委员会促请缔约国针对《消歧公约》的每一项规定,研究在收集按性别分列统计资料方面的阻碍,包括缔约国的国家秘密法对收集、分享和传播按性别分列的数据造成的阻碍,使所有利益攸关方能够评价以性别平等主流化和增进妇女人权为目的的各项政策和计划所具有的影响和效果,以增强制订和实施促进妇女享有平等权之定向政策方案的能力;加强对政策方案可能产生之影响的监测与评估,必要时采取纠正措施;请缔约国关注委员会关于妇女处境统计数据的第9(1989)号一般性意见(消歧委员会,2006、2014)。

四、结 语

基于中国的国家报告和消歧委员会在结论性意见中提出的建议,我们得以看到中国妇女平等权保障取得的进展及有待推进的地方。在肯认中国于尊重和保障妇女权利方面取得之诸多进展的同时,也要正视消歧委员会就进一步落实《消歧公约》提出的相关建议。这些回应现实问题并与消歧委员会关切事项休戚相关的建议,对消除对妇女的歧视、提高妇女平等权利保障水平具有建设性意义。

参考文献

1.《马克思恩格斯文集》第10卷,人民出版社2009年版。

2.[美]玛莎·A.弗里曼、[英]克莉丝蒂娜·钦金、[德]贝亚特·鲁道夫主编:《〈消除对妇女一切形式歧视公约〉评注》,戴瑞君译,社会科学文献出版社2020年版。

3.联合国消除对妇女歧视委员会:《缔约国第三和第四次定期报告:中

国》，CEDAW/C/CHN/3-4，1997 年 6 月 10 日。

4. 联合国消除对妇女歧视委员会：《缔约国的第五和第六次合并定期报告：中国》，CEDAW/C/CHN/5-6，2004 年 6 月 10 日。

5. 联合国消除对妇女歧视委员会：《缔约国第七次和第八次合并定期报告：中国》，CEDAW/C/CHN/7-8，2013 年 1 月 17 日。

6. 联合国消除对妇女歧视委员会：《中国根据〈公约〉第十八条提交的第九次定期报告》，CEDAW/C/CHN/9，2020 年 12 月 16 日。

7. 联合国消除对妇女歧视委员会：《消除对妇女歧视委员会的报告（第十一届会议）》，正式记录：第四十七届会议，补编第 38 号（A/47/38），第 145—218 段，1993 年 2 月 19 日。

8. 联合国消除对妇女歧视委员会：《消除对妇女歧视委员会的报告（第二十届会议、第二十一届会议）》，正式记录：第五十四届会议，补编第 38 号（A/54/38/Rev.1），第 251—336 段，1999 年 8 月 20 日。

9. 联合国消除对妇女歧视委员会：《消除对妇女歧视委员会的结论意见：中国》，CEDAW/C/CHN/CO/6，2006 年 8 月 25 日。

10. 联合国消除对妇女歧视委员会：《关于中国第七和第八次合并定期报告的结论性意见》，CEDAW/C/CHN/CO/7-8，2014 年 11 月 14 日。

11. Committee on the Elimination of Discrimination Against Women: Initial Reports of States Parties: People's Republic of China, CEDAW/C/5/Add.14, 25 May 1983.

作者简介

李勇，女，法学博士，贵州大学法学院讲师，从事法理学、女性主义法学研究。

中国履行《消除对妇女一切形式歧视公约》的法治进展与展望

戴瑞君

1980年9月29日,第五届全国人大常委会作出批准联合国《消除对妇女一切形式歧视公约》(以下简称《消歧公约》)的决定,①1980年11月4日中国向联合国秘书长交存批准书,使中国成为《消歧公约》的原始缔约国;《消歧公约》也成为中国批准的第一个联合国核心人权条约。国际公约是对缔约国具有法律约束力的国际法,中国作为公约的缔约国有义务在国内落实其各项规定。为审查缔约国执行《消歧公约》取得的进展,《消歧公约》规定成立消除对妇女歧视委员会(以下简称"消歧委员会"),定期审议缔约国提交的履约报告,并以结论性意见(Concluding Observation)的形式向缔约国提出进一步落实《消歧公约》的建议。同时,消歧委员会可以发布一般性建议(General Recommendations),②对各国履行《消歧公约》作出指导。值得指出的是,与《消歧公约》本身对缔约国的法律约束力不同,消歧委员会作为专家机构,其意见、建议、决定在性质上仅属于建议,对缔约国均没有正式的约束力。尽管如此,消歧委员会由相关领域德高望重和有能力的专家组成,其意见或建议具有一定权威性;事实上,它的大多数意见受到缔约国重视,并

---

① 第五届全国人民代表大会常务委员会:《关于批准联合国〈消除对妇女一切形式歧视公约〉的决定》,载《中华人民共和国国务院公报》1980年第15号(总号:342),第453页。

② 截至2020年11月,联合国消歧委员会已发表38份一般性建议,主题涉及报告义务、保留、暂行特别措施、有效的国家机制、资源、统计数据、妇女的国际代表性、教育、同工同酬、女性割礼、针对妇女的暴力、健康、无酬家务劳动、残疾妇女、婚姻和家庭中的平等、政治与公共生活、移徙女工、老年妇女、缔约国的核心义务、婚姻或家庭关系解体的经济后果、冲突中的妇女、有害做法、难民和无国籍人、获得司法救助、农村妇女、气候变化、贩卖等方面。

实际发挥着指导缔约国履行《消歧公约》义务的作用。

截至目前，中国已按照《消歧公约》要求分 6 次提交定期履约报告，接受了消歧委员会 5 次审议。① 2014 年，消歧委员会针对中国的第七和第八次合并定期报告发表结论性意见。② 本文主要根据《消歧公约》的规定，结合消歧委员会针对中国的结论性意见，考察中国落实《消歧公约》义务的法治进展，并对进一步全面落实公约提出建议。

一、法律措施是履行《消歧公约》的首要措施

尽管缔约国应采取"一切适当措施"落实《消歧公约》，但法律措施是其中的首要措施。《消歧公约》第 1 至 5 条是对缔约国一般义务的规定，其中第 2 条规定了缔约国的核心义务。该条第 1 款规定："缔约各国谴责对妇女一切形式的歧视，协议立即用一切适当办法，推行政策，消除对妇女的歧视。"为此目的，该条明确要求缔约国采取以下法律措施消除对妇女的歧视：将男女平等原则列入本国宪法或其他有关法律并以法律手段保障实现这项原则；以适当立法措施，包括适当时采取制裁，禁止对妇女的一切歧视；为妇女与男子平等的权利确立法律保护，通过主管法庭保证切实保护妇女不受任何歧视；修改或废除构成对妇女歧视的现行法律、规章、习俗和惯例；废止本国刑法内构成对妇女歧视的一切规定。

消歧委员会从多个角度阐释了缔约国依据第 2 条承担的核心义务的性

---

① 按照《消歧公约》规定，缔约国应至少每四年提交一次履约报告；实践中，消歧委员会早先允许缔约国提交合并报告。中国分别于 1983 年提交初次报告、1989 年提交第二次报告、1997 年提交第三和第四次合并报告、2004 年提交第五和第六次合并报告、2013 年提交第七和第八次合并报告，并相应接受了消歧委员会审议。中国于 2020 年提交第九次报告，本文截稿时尚待审议。

② 消除对妇女歧视委员会：《关于中国第七和第八次合并定期报告的结论性意见》，CEDAW/C/CHN/CO/7-8，2014 年 11 月 14 日。

质。① 首先，以国家在人权条约下三重义务模式（Eide,1989）②进行分析，该条要求缔约国尊重、保护和实现妇女不受歧视和享有平等权利。尊重的义务要求缔约国避免通过制定法律、规章、政策、方案、行政程序和体制结构等方式，直接或间接导致剥夺妇女享有任何方面的平等权利；保护的义务要求缔约国采取步骤，保护妇女免受私人行为者的歧视；实现的义务要求缔约国采取各种步骤，包括酌情采取暂行特别措施，保障男女在法律上和实际中享有平等权利。其次，从义务的积极属性或消极属性角度分析，该条要求缔约国既要避免通过作为或不作为导致对妇女的歧视，又要对不论来自国家或私人行为者的歧视妇女行为作出积极反应。③ 再次，《消歧公约》第2条不仅要求制止已经发生的歧视妇女问题，而且要求预防私人行为者的歧视行为，为此缔约国需履行恪尽职守（due diligence）义务，对私人行为者的行为实施监管。④ 此外，第2条明文要求缔约各国"立即"采取一切适当办法，表明缔约国履行《消歧公约》义务的即刻性、紧迫性和无条件性，"政治、社会、文化、宗教、经济、资源，或缔约国的其他考虑因素或面临的限制"都不能成为推迟履行《消歧公约》的理由。⑤

《消歧公约》第2条对缔约国以法治手段履行义务提出了总体要求。《消歧公约》各项实质性规定为缔约国保障妇女在公民、政治、经济、社会、文化领域及婚姻家庭领域不受歧视地平等享有权利提出了具体要求。与此同时，

---

① 消除对妇女歧视委员会：《关于缔约国在〈消除对妇女一切形式歧视公约〉第2条之下的核心义务的第28号一般性建议》，CEDAW/C/GC/28，第6段，2010年12月16日。

② 学者最早提出尊重、保护、实现人权的三重维度的国家义务。联合国人权条约机构在监督缔约国履行人权条约的实践中，接受并贯彻了三重维度国家义务模式，并通过一般性意见或建议分析具体权利语境下缔约国的三重义务。如经济、社会、文化权利委员会：《第12号一般性意见：取得足够食物的权利（第11条）》，E/C.12/1999/5，第5段，1999年5月12日；消除对妇女歧视委员会：《第24号一般性建议：关于〈消除对妇女一切形式歧视公约〉第12条——妇女和保健》，A/54/38/Rev.1，第13段，1999年8月20日。

③ 消除对妇女歧视委员会：《关于缔约国在〈消除对妇女一切形式歧视公约〉第2条之下的核心义务的第28号一般性建议》，CEDAW/C/GC/28，第10段，2010年12月16日。

④ 消除对妇女歧视委员会：《关于缔约国在〈消除对妇女一切形式歧视公约〉第2条之下的核心义务的第28号一般性建议》，CEDAW/C/GC/28，第13段，2010年12月16日。

⑤ 消除对妇女歧视委员会：《关于缔约国在〈消除对妇女一切形式歧视公约〉第2条之下的核心义务的第28号一般性建议》，CEDAW/C/GC/28，第29段，2010年12月16日。

《消歧公约》也是一部"活的法律文书"①,消歧委员会的一般性建议、结论性意见及各类意见和决定不断赋予歧视妇女以时代内涵,使其与时俱进、适应现实发展的需要。本文以歧视定义、针对妇女的暴力、农村妇女土地权益等三个议题为例,考察中国落实《消歧公约》的法治进展。

二、中国履行《消歧公约》的法治进展

(一)歧视定义

《消歧公约》第1条对"对妇女的歧视"下了定义。明确什么是对妇女的歧视是《消歧公约》的根基,是缔约国履行义务的前提和基础,因为缔约国承担的核心义务就是要消除这一歧视。

中国现行法律中不乏对男女平等基本国策、消除对妇女一切形式歧视原则的确认,②但没有界定什么是"歧视"抑或什么是"对妇女的歧视"。③在消歧委员会看来,这一缺憾会限制国家对实质性平等和不歧视的理解,对充分利用《消歧公约》构成限制,因此反复建议中国在国内法中作出符合《消歧公约》第1条的包含直接和间接歧视的全面定义。④

对消歧委员会的建议,中国立法经历了从坚持原有规定,到接受"消除对妇女一切形式的歧视"原则,再到尝试定义歧视的转变过程。1992年的《妇女权益保障法》(以下简称《妇女法》)第2条重述了《宪法》第48条的

---

① 消除对妇女歧视委员会:《关于缔约国在〈消除对妇女一切形式歧视公约〉第2条之下的核心义务的第28号一般性建议》,CEDAW/C/GC/28,第2段,2010年12月16日。
② 例如,《宪法》第48条规定妇女在政治的、经济的、文化的、社会的和家庭的生活等各方面享有同男子平等的权利;另见《中华人民共和国妇女权益保障法》第2条。
③ 《深圳经济特区性别平等促进条例》对"性别歧视"做了定义。但作为地方性法规,该条例仅在深圳市施行。
④ 《委员会的结论性意见:中国》,载联合国大会:《消除对妇女歧视委员会的报告》1999,A/54/38/Rev.1,第一部分,第283—284段,1999年8月20日;消除对妇女歧视委员会:《消除对妇女歧视委员会的结论性意见:中国》,CEDAW/C/CHN/CO/6,第9—10段,2006年8月25日;消除对妇女歧视委员会:《关于中国第七和第八次合并定期报告的结论性意见》,CEDAW/C/CHN/CO/7-8,第12—13段,2014年11月14日。

规定:"妇女在政治的、经济的、文化的、社会的和家庭的生活等方面享有与男子平等的权利。"2005年修订后的《妇女法》第2条增加一款:"实行男女平等是国家的基本国策。……消除对妇女一切形式的歧视"。虽然此时《妇女法》仍未对"歧视"下定义,但是新增条款显然采纳了《消歧公约》的用语。此后,中国政府代表在与消歧委员会的多轮对话中就定义问题表明立场,曾认为没有歧视定义"并不影响中国在法律与实践中遵守《消歧公约》规定的各项义务",[1]认为《妇女法》"原则上体现了公约第一条的原则与精神"。[2]这两次答复似乎表明,在当时的答复者看来,中国的法律制度已经符合《消歧公约》要求,专门定义"歧视"必要性不大。而在最近提交的第九次定期报告中,中国表示"重视《消歧公约》第1条和消歧委员会对我国第7、8次合并报告的结论性意见",虽然现行法律还没有对歧视妇女专门下定义,"但通过单行立法严厉禁止对妇女可能出现的直接和间接歧视"。此外,第九次报告特别提及中国按照《消歧公约》的歧视定义开展法规政策性别平等评估,确保已经制定的法律、法规、规章、政策不存在对妇女歧视的规定。[3]这次报告没有排除专门定义歧视的可能性,并指出中国已经运用《消歧公约》的歧视定义审查现行法律体系。

与此同时,中国国内时有呼吁对歧视妇女作出定义的声音(吕秋红、郭慧敏,2008;戴瑞君,2021;林建军,靳世静,2021)。2019年"两会"期间,全国人大代表谭琳明确建议将歧视妇女的定义写入《妇女法》(王春霞,2019)。2021年4月,全国人大常委会将修改《妇女法》列入2021年度立法工作计划,[4]开启了新一轮修法工作。2021年12月24日,《妇女法(修订草

---

[1] 消除对妇女歧视委员会:《中华人民共和国关于联合国消除对妇女歧视委员会就审议中国第五、六次合并报告所提问题单的答复》,CEDAW/C/CHN/Q/6/Add.1,第2页,2006年6月8日。

[2] 消除对妇女歧视委员会:《中国政府对联合国消除对妇女歧视委员会就中国执行〈消除对妇女一切形式歧视公约〉第七、八次合并报告所提问题单的答复》,CEDAW/C/CHN/Q/7-8/Add.1,第一部分,第2段,2014年8月15日。

[3] 消除对妇女歧视委员会:《中国根据〈公约〉第十八条提交的第九次定期报告》,CEDAW/C/CHN/9,第16—17段,2020年12月16日。

[4] 中国人大网:《全国人大常委会2021年度立法工作计划》,2021年4月21日,见 http://www.npc.gov.cn/npc/c30834/202104/1968af4c85c246069ef3e8ab36f58d0c.shtml。

案)》公布，拟在第 2 条中对歧视作出定义，具体规定如下：

第二条　男女平等是国家的基本国策。妇女在政治、经济、文化、社会和家庭生活等各个方面享有同男子平等的权利。
国家采取必要措施，逐步完善保障妇女权益的各项规定，消除对妇女一切形式的歧视，禁止基于性别排斥、限制妇女依法享有和行使各项权益。
国家保护妇女依法享有的特殊权益。
国家可以为实现男女平等而采取暂时性的特别措施。

修订草案的这一规定较现行法律有明显进步。首先，给歧视下定义，第 2 款将歧视界定为"基于性别排斥、限制妇女依法享有和行使各项权益"的行为。可以说，这是众望所归的一个进展，旨在填补法律中歧视定义的空白。其次，第 4 款确认国家可以为实现男女平等采取"暂行特别措施"。第 3 款和第 4 款是对《消歧公约》第 4 条特别措施规定的转化，尤其是第 4 款首次将《消歧公约》中暂行特别措施的用语纳入国内法，突破了对平等和歧视的一般理解。根据《消歧公约》的规定，为加速实现男女事实上的平等而采取的暂行特别措施，以及为保护母性而采取的特别措施，均不得被视为歧视。[①] 包括暂行特别措施在内的特别措施，非但不是禁止歧视的例外，反而是消除歧视、实现事实平等必不可少的内在组成部分。[②] 然而毋庸讳言，修订草案的规定方式距离《消歧公约》要求还有差距。第一，本条第 1 款妇女在"各个方面享有同男子平等的权利"的措辞，仍未摆脱以男性为标准的形式平等的窠臼，未能涵盖妇女独有的、没有相应男性对照标准的经历和需求。第二，第 2 款中"基于性别排斥、限制妇女"的用语仅仅指向直接歧视的情形，对于那些虽然没有明确基于性别作出区别，但其影响或实际效果却不成比例地妨碍或

[①] 参见《消除对妇女一切形式歧视公约》第 4 条第 1 款和第 2 款。
[②] 参见消除对妇女歧视委员会《第 25 号一般性建议：公约第 4 条第 1 款（暂行特别措施）》，A/59/38（Part I）附件一，第 14、18 段，2004 年 3 月 18 日。

否认妇女享有和行使人权和基本自由的法规、政策或做法,即对妇女造成间接歧视的法规政策或做法,仅凭这条规定是无能为力的。所以,尽管尝试为歧视下定义已经是可喜的进步,但尚未达到符合《消歧公约》要求的包含直接歧视和间接歧视的全面定义的标准。目前《妇女法》修改仍在进行中,期望最终出台的《妇女法》修订案能够写入全面的歧视定义。

(二)针对妇女的暴力

《消歧公约》本身没有直接规定针对妇女的暴力,《消歧公约》仅在第 6 条规定了禁止贩卖和强迫卖淫问题。为弥补《消歧公约》在这方面的缺憾,消歧委员会通过发布一系列一般性建议,[①]论证了包括家庭暴力、性骚扰、贩卖人口在内的针对妇女的暴力问题构成对妇女的歧视,侵犯了妇女的诸项人权,属于《消歧公约》的调整范围。消歧委员会认为,对女性基于性别的暴力,即"因为妇女的性别而对之施加的暴力或不成比例的影响妇女的暴力",损害或阻碍妇女依照一般国际法或具体的人权公约享有人权和基本自由,构成《消歧公约》第 1 条所界定的对妇女的歧视[②]。经消歧委员会建议,[③]"针对妇女的暴力"已经成为缔约国定期报告的常规内容。

在消歧委员会对中国定期履约报告的历次结论性意见中,在针对妇女的暴力主题下,家庭暴力、性骚扰和贩卖人口等问题被反复提及。

1. 家庭暴力

中国以专门立法防治家庭暴力问题是国内有识之士自下而上持续推动与

[①] 围绕对妇女的暴力问题,消歧委员会先后发布《第 12 号一般性建议:对妇女的暴力行为》(A/44/38,第 392 段,1990 年 2 月 13 日)、《第 19 号一般性建议:对妇女的暴力》(A/47/38,第一部分,1992 年 2 月 1 日)、《关于基于性别的暴力侵害妇女行为的第 35 号一般性建议,更新第 19 号一般性建议》(CEDAW/C/GC/35,2017 年 7 月 26 日)、《关于全球移民背景下贩卖妇女和女童问题的第 38 号一般性建议》(CEDAW/C/GC/38,2020 年 11 月 20 日)。

[②] 消除对妇女歧视委员会:《第 19 号一般性建议:对妇女的暴力》,第 6、7 段;另见消除对妇女歧视委员会:《关于基于性别的暴力侵害妇女行为的第 35 号一般性建议,更新第 19 号一般性建议》,第 1 段。

[③] 消歧委员会最早在第 12 号一般性建议中建议各缔约国在提交给委员会的定期报告中列入保护妇女不受暴力行为之害的立法及其他措施,参见消除对妇女歧视委员会《第 12 号一般性建议:对妇女的暴力行为》,第 1—4 段。第 19 号一般性建议重申这一建议,参见消除对妇女歧视委员会《第 19 号一般性建议:对妇女的暴力》,第 5 段。

国际人权机制自外而内不断敦促的结果。从1995年第四次世界妇女大会将"家庭暴力"的概念输送到中国，到2014年11月底公布《反家庭暴力法（草案）》征求意见稿为标志正式开启专项立法进程，历时20年。在这漫长的过程中，从政府官员到普通民众对待家庭暴力的观念和态度都发生了积极转变。消歧委员会自1992年审议中国第2次报告起开始关注妇女遭受暴力的问题，此后的历次结论性意见中，消歧委员会多次建议中国制定家庭暴力问题特别法，[①]或是制定一项全面禁止暴力侵害妇女行为的法律，[②]以确保公、私领域一切形式的暴力侵害妇女或女童的行为都能依法得到惩治。2014年，在审议中国第七和第八次合并报告时消歧委员会注意到中国正在起草《反家庭暴力法》，因此建议这部法律包含关于保护令的规定，并为遭受暴力侵害的妇女提供充足而且设施齐全的救助中心。[③]

与消歧委员会的建议相呼应，中国反家庭暴力立法逐步完善。2001年修订后的《婚姻法》首次纳入"禁止家庭暴力"的原则规定，2011年《反家庭暴力法》列入全国人大五年立法规划，2016年3月1日《反家庭暴力法》正式施行。这部法律定义了什么是"家庭暴力"，规定了家庭暴力的预防、处置和法律责任。该法第14条规定强制报告制度：相关工作人员在工作中发现无民事行为能力人、限制民事行为能力人遭受或疑似遭受家庭暴力的，应当及时向公安机关报案，公安机关应当及时出警；第18条规定由县级政府为家庭暴力受害人提供临时庇护场所；第19条规定家庭暴力受害人依法享受法律援助，享受缓交、减收或免收诉讼费用的待遇。该法还用专章规定人身安全保护令制度，防止当事人遭受家庭暴力的现实危险。可以说，《反家庭暴力法》较好地回应了消歧委员会的建议。随后，最高人民法院发布司法解释，

---

① 《委员会的结论性意见：中国》，载联合国大会：《消除对妇女歧视委员会的报告》，A/54/38/Rev.1，第一部分，第286段，1999年8月20日。

② 消除对妇女歧视委员会：《消除对妇女歧视委员会的结论性意见：中国》，CEDAW/C/CHN/CO/6，第21、22段，2006年8月25日。

③ 消除对妇女歧视委员会：《关于中国第七和第八次合并定期报告的结论性意见》，CEDAW/C/CHN/CO/7–8，第27（a）—（b）段，2014年11月14日。

对人身安全保护令案件审理的具体程序问题作出指导，明确相关案件不收取诉讼费用、不需要提供担保并接受复议。① 为使家暴受害人更易获得法律救济，2022 年 1 月 1 起施行的《法律援助法》第 32 条规定"遭受虐待、遗弃或者家庭暴力的受害人主张相关权益"申请法律援助的，不受经济困难条件的限制。

《反家庭暴力法》施行后，各级各地责任主体及时出台实施细则和配套制度，并定期总结执法情况。据有关部门介绍，法律实施以来，反家暴工作呈现出"三高""两低"的变化：公众反家暴意识普遍提高、受害人自我保护意识日益增高、司法机关家暴处置能力明显增强；向妇联投诉家暴的人数降低、恶性家暴案件数量降低。就《反家庭暴力法》的具体制度而言，截至 2021 年 9 月，全国法院发出人身安全保护令 9227 份（王春霞，2021）；公安机关在涉家暴案件中积极履责，截至 2020 年 3 月，有效预防制止家暴行为 617 万余起（王春霞、田珊檑，2020）。该法的施行在很大程度上推动了全社会树立起"家庭暴力不是家事私事"的理念。2020 年 11 月，最高人民法院、全国妇联、中国女法官协会联合发布人身安全保护令十大典型案例，指导基层法院准确落实《反家庭暴力法》。② 2021 年 4 月，最高人民检察院发布 6 起依法惩治家庭暴力犯罪典型案例，引导检察机关将法律的基本理念融入办案全过程。③

2. 性骚扰

中国对性骚扰的法律规制呈现出自外而内、自上而下的特点（戴瑞君，2019）。虽然性骚扰这一现象古已有之且普遍存在，但"性骚扰"这个概念直至 20 世纪 90 年代才被公众认知（唐灿、黄觉、薛宁兰，2012）。中国关于性骚扰问题的立法进程也受到消歧委员会建议的启发。消歧委员会在第 19 号一

---

① 最高人民法院：《关于人身安全保护令案件相关程序问题的批复》（法释［2016］15 号），2016 年 7 月 11 日。
② 中国法院网讯：《最高法、妇联、女法官协会联合发布人身安全保护令十大典型案例》，2020 年 11 月 25 日。
③ 最高人民检察院：《关于印发依法惩治家庭暴力犯罪典型案例的通知》，2021 年 4 月 28 日，见 https://www.spp.gov.cn/spp/xwfbh/wsfbt/202105/t20210507_517255.shtml#1。

般性建议中即明确：工作场所的性骚扰属于对妇女基于性别的暴力。[①]《消除对妇女的暴力行为宣言》进一步指出对妇女的暴力行为包括但不限于"在工作场所、教育机构和其他场所的性骚扰和恫吓"。[②] 在给中国的结论性意见中消歧委员会也屡次论及性骚扰，"促请中国政府治理性骚扰问题，向在工作单位遭受性骚扰的妇女提供法律补救措施"[③]；"防止妇女在公、私部门的就业领域遭受歧视，包括性骚扰"[④]；敦促中国制定"要求雇主对工作场所的性骚扰承担责任的法律规定"[⑤]。

中国首次在法律[⑥]中使用性骚扰的概念始于 2005 年修订后的《妇女法》，该法规定"禁止对妇女实施性骚扰。受害妇女有权向单位和有关机关投诉"，加害人因此可能受到行政处罚或承担民事责任。2012 年国务院颁布《女职工劳动保护特别规定》，规定用人单位有义务"预防和制止对女职工的性骚扰"。遗憾的是，该行政法规并未明确用人单位如何履行义务及如果违反义务该如何承担法律责任。直至 2020 年通过的《民法典》第 1010 条才首次在全国性法律中对"性骚扰"作出界定，并将预防和制止性骚扰的责任主体从用人单位扩展至机关、企业和学校，同时明确了单位履行义务的方式：采取合理的预防、受理投诉、调查处置措施。不过，《民法典》也没有明确单位违反预防和制止性骚扰义务时应承担什么法律责任。2018 年"性骚扰损害责任纠纷"成为侵权责任纠纷的一个独立案由，解决了长期以来性骚扰纠纷立案难的问题。然而，法律中尚存的模糊规定在很大程度上阻碍了受害人获得有效的

[①] 消除对妇女歧视委员会：《第 19 号一般性建议：对妇女的暴力》，A/47/38，第 17 段，1992 年 2 月 1 日。

[②] 联合国大会：《消除对妇女的暴力行为宣言》，A/RES/48/104，第 2 条（b）项，1994 年 2 月 23 日。

[③] 《委员会的结论性意见：中国》，载联合国大会：《消除对妇女歧视委员会的报告》，A/54/38/Rev.1，第一部分，第 286 段，1999 年 8 月 20 日。

[④] 消除对妇女歧视委员会：《消除对妇女歧视委员会的结论性意见：中国》，CEDAW/C/CHN/CO/6，第 30 段，2006 年 8 月 25 日。

[⑤] 消除对妇女歧视委员会：《关于中国第七和第八次合并定期报告的结论性意见》，CEDAW/C/CHN/CO/7-8，第 37（c）段，2014 年 11 月 14 日。

[⑥] 此处的"法律"指全国人大及其常委会通过的法律。实际上早在 1994 年，地方性法规《湖北省实施〈中华人民共和国妇女权益保障法〉办法》就明确规定了"禁止对妇女进行性骚扰"。

司法救济,① 仍需加紧明确单位法律责任的性质与承担方式。

3. 贩卖人口与卖淫剥削

贩卖妇女和强迫妇女卖淫是《消歧公约》明确提及的针对妇女的暴力问题。《消歧公约》第 6 条要求缔约国采取一切适当措施,包括制定法律,以禁止一切形式贩卖妇女和强迫妇女卖淫对她们进行剥削的行为。贩卖人口和卖淫剥削也一直是消歧委员会关切的问题。在最近一次对中国的结论性意见中,委员会建议中国制定全面打击贩卖人口的立法,对贩卖人口作出明确定义;确保被判处劳教的妇女得到适足赔偿;考虑废除收容教育办法,以避免对妇女的任意羁押。②

中国显然充分重视上述意见。在新的报告周期内,上述建议得到不同程度的回应。2019 年 12 月 28 日,全国人大常委会通过《全国人民代表大会常务委员会关于废止有关收容教育法律规定和制度的决定》,废止《全国人民代表大会常务委员会关于严禁卖淫嫖娼的决定》第四条第二款、第四款,以及据此实行的收容教育制度。国务院《卖淫嫖娼人员收容教育办法》相应废止。

2021 年 4 月国务院制定《中国反对拐卖人口行动计划(2021—2030 年)》从多个方面明确了国务院各部门,法院、检察院等司法系统的任务。其中,在完善法律政策体系方面特别提到"研究论证对反对拐卖人口专门立法的必要性、可行性,推动将反对拐卖人口法纳入全国人大常委会立法规划"。③ 这一计划将制定全面的反贩卖人口法提上讨论日程。

(三)农村妇女土地权益

农村妇女的特殊经历是《消歧公约》第 14 条关注的焦点,该条不仅要求

---

① 相关司法实践表明,尽管法律规定了用人单位有预防和制止性骚扰的义务,但受害人主张单位责任时往往难以获得法院支持。参见杭州市滨江区人民法院《黄玉娇与浙江中控技术股份有限公司经济补偿金纠纷一审民事判决书》,[2014] 杭滨民初字第(1173)号,2014 年 11 月 20 日;另见北京市第二中级人民法院:《张晶晶与北京京东世纪贸易有限公司等性骚扰损害责任纠纷二审民事裁定书》,[2020] 京 02 民终(6633)号,2020 年 7 月 20 日。

② 消除对妇女歧视委员会:《关于中国第七和第八次合并定期报告的结论性意见》(2014),CEDAW/C/CHN/CO/7-8,第 28、29 段,2014 年 11 月 14 日。

③ 国务院办公厅:《关于印发中国反对拐卖人口行动计划(2021—2030 年)的通知》(国办发 [2021] 13 号),2021 年 4 月 9 日。

缔约国保证对农村地区妇女适用本公约的各项规定，而且强调应保证她们在男女平等的基础上"参与农村发展并受其惠益"，其中特别规定农村妇女有权"在土地改革和土地垦殖计划方面享有平等待遇"。

中国农村地区有"大量女性在土地承包、宅基地申请审批、土地征收补偿、集体经济组织成员资格认定、集体经济收益分配、集体产权股份量化和待遇方面受到程度不同的区别对待"（曲相霏，2019）。这些涉及农村妇女土地及相关权益的问题受到消歧委员会的关注。在2014年的结论性意见中，委员会建议中国审查妨碍妇女获得土地的各项法律、习惯和传统，采取有效措施，确保涉及土地纠纷的解决能够给予妇女有效补救，确保妇女无论其婚姻状况如何均充分享有她们的财产权。①

中国政府也一直努力解决上述问题。2002年通过的《农村土地承包法》即规定"承包中应保护妇女的合法权益，任何组织和个人不得剥夺、侵害妇女应当享有的土地承包经营权"。针对村规民约侵犯妇女财产权益的问题，《村民委员会组织法》明确规定："村民自治章程、村规民约以及村民会议或者村民代表会议的决定不得与宪法、法律、法规和国家的政策相抵触，不得有侵犯村民的人身权利、民主权利和合法财产权利的内容。村民自治章程、村规民约以及村民会议或者村民代表会议的决定违反前款规定的，由乡、民族乡、镇的人民政府责令改正。"2014年，农业农村部与全国妇联联合通过《关于在农村土地承包经营权确权登记办证过程中维护妇女土地权益的会议纪要》，要求各地在开展土地承包经营权确权登记颁证工作中，权证和登记簿上都要有妇女的名字（曲相霏，2019）。②2018年《农村土地承包法》修改，增加规定"农户内家庭成员依法平等享有承包土地的各项权益""土地承包经营

---

① 消除对妇女歧视委员会：《关于中国第七和第八次合并定期报告的结论性意见》，CEDAW/C/CHN/CO/7-8，第42—44段，2014年11月14日。
② 全国妇联办公厅：《关于印发〈农业农村部、全国妇联关于在农村土地承包经营权确权登记颁证过程中维护妇女权益的会议纪要〉的通知》，妇厅字［2014］43号。

权证或者林权证等证书应当将具有土地承包经营权的全部家庭成员列入"①，以法律确保农村妇女"证上有名、名下有权"。

然而上述法律规定在实际维护妇女土地及相关财产权益时却频繁失灵。一方面，在相当长的一段时间内，村规民约中侵犯妇女权益的规定由于上级政府的不作为而得不到及时纠正；另一方面，法院常以程序性问题为由驳回起诉，致使权益受到侵害的妇女难以获得司法救济（曲相霏，2019）。为畅通受害妇女的救济渠道，《民法典》明确"农村集体经济组织、村民委员会或者其负责人作出的决定侵害集体成员合法权益的，受侵害的集体成员可以请求人民法院予以撤销"。据此，对侵犯农村妇女土地及相关权益的村规民约，受害人既可以要求上级政府责令其改正，也可以直接向人民法院起诉要求撤销。令人欣慰的是，越来越多的司法判决开始支持妇女的主张。②

三、中国全面落实《消歧公约》的建议与展望

自批准《消歧公约》以来，经持续努力，中国保障妇女权益、促进男女平等的法律体系不断健全，取得了长足进步。尽管如此，中国对妇女权益的法治保障距离《消歧公约》的要求、距离消除对妇女一切形式歧视、实现男女实质平等的目标，依然任重道远。为此，建议从以下两方面采取措施，以进一步落实《消歧公约》义务。

首先，努力消除来自观念层面的障碍。中国反家庭暴力和性骚扰的立法推进过程，一定程度上反映出落实《消歧公约》面临的来自观念层面的挑战。《消歧公约》最具变革性的条款是第 5 条，它要求缔约国改变男女的社会和文

---

① 全国人民代表大会常务委员会：《关于修改〈中华人民共和国农村土地承包法〉的决定》，新华社 2018 年 12 月 29 日，第六、十项。

② 例如甘肃省的一个案例，原告结婚后又离婚，期间户口一直在被告村民小组。村民小组以原告已经结婚，不属于本村村民为由，未向原告发放承包地征收补偿款。法院援引《农村土地承包法》关于妇女离婚，仍在原居住地生活，发包方不得收回其承包地的规定，支持了原告的主张，判令被告村民小组向原告支付征收地补偿款。庆阳市西峰区人民法院：《鱼某、庆阳市西峰区后官寨镇后官寨村中岭村民小组承包地征收补偿费用分配纠纷民事一审民事判决书》（［2021］甘 1002 民初 1584 号），2021 年 5 月 31 日。

化行为模式，以消除基于性别而分尊卑观念或基于男女定型任务的偏见、习俗和一切其他做法。基于性别的尊卑观念和性别刻板印象是歧视妇女的根源，而建立在男尊女卑、陈规定型观念基础上的社会结构和制度是消除歧视最需要变革也是最为顽固的障碍。以贩卖人口为例，作为对妇女基于性别的暴力的一种情形，它"是将女性在地位上从属于男性及其陈规定型角色加以固化的根本性社会、政治和经济手段"①。贩卖人口行为是对人的尊严的彻底否定，是侵犯人权的犯罪行为。然而虽有法律的明确禁令，却屡禁不止。这是因为在许多国家，这类暴力被以传统、文化的名义合理化了，进而腐蚀了相关法律努力，导致有罪不罚的文化。②中国也需要警惕类似问题。正如消歧委员会所提醒的，基于性别的暴力是社会问题，而非个人问题，因此需要采取不局限于针对具体事件、个别加害人和受害人的全面应对措施。③观念的变革非一朝一夕之功，虽然道阻且长，却是必由之路。

其次，在制度层面，建议明确《消歧公约》在中国法律体系中的地位。经中国批准的国际公约虽然在国际层面是对中国有约束力的法，但中国国内法仍需回答它是否属于中国法律体系的组成部分、是否可以被法院或当事人直接援引，现行制度没有提供明确答案。这种情况无疑妨碍了《消歧公约》在国内法上的实际效力。一般认为，中国通过《妇女法》等一系列法律法规将《消歧公约》的规定转化到国内法中，这是各国履行国际公约的常见做法，并无不可。然而，若想以国内法全面落实《消歧公约》各项规定，需要立法机关深研《消歧公约》要义，结合本国实际，使《消歧公约》的各项规定具体化、实操化。与此同时，还需废除现行法律中的歧视性规定、预防未来立法包含歧视性条文。为此目的，中国各省市广泛开展的法规政策性别平等评

---

① 消除对妇女歧视委员会：《关于基于性别的暴力侵害妇女行为的第 35 号一般性建议，更新第 19 号一般性建议》，CEDAW/C/GC/35，第 10 段，2017 年 7 月 26 日。
② 消除对妇女歧视委员会：《关于基于性别的暴力侵害妇女行为的第 35 号一般性建议，更新第 19 号一般性建议》，CEDAW/C/GC/35，第 7 段，2017 年 7 月 26 日。
③ 消除对妇女歧视委员会：《关于基于性别的暴力侵害妇女行为的第 35 号一般性建议，更新第 19 号一般性建议》，CEDAW/C/GC/35，第 9 段，2017 年 7 月 26 日。

估机制不失为一种事前事后性别检审的有力措施。当下亟须在地方经验基础上，建立国家层面的法律法规性别平等评估机制。

2021 年 9 月，《国家人权行动计划（2021—2025 年）》发布，妇女权利是其中一个专门部分。《国家人权行动计划（2021—2025 年）》提出，未来五年，检察机关将针对贬低损害妇女人格、侵害妇女财产权益、就业性别歧视、针对妇女的暴力等问题积极探索开展公益诉讼。同年，《中国妇女发展纲要（2021—2030 年）》发布，在法律保障妇女权利方面提出 9 项目标及对应的策略措施，其中包括健全法规政策性别平等评估机制，出台相关司法解释，加大打击拐卖妇女、性侵害妇女等违法犯罪行为的力度，依法为妇女提供公共法律服务，保障遭受侵害的妇女获得及时有效的司法救助。期待修订后的《妇女法》和国家各项人权政策得到切实履行，推动性别平等、消除对妇女的歧视的法治保障取得实质进展。

参考文献

1. 戴瑞君：《性骚扰法律规制省思——以高校性骚扰规制为侧重》，《北外法学》2019 年第 2 期。

2. 戴瑞君：《法律如何定义对妇女的歧视》，《妇女研究论丛》2021 年第 5 期。

3. 林建军、靳世静：《"歧视"的规范内涵——基于国际人权文书的体系化考察》，《中华女子学院学报》2021 年第 6 期。

4. 吕秋红、郭慧敏：《浅析法律文本中性别歧视的定义》，《江淮论坛》2008 年第 3 期。

5. 曲相霏：《农村土地财产权益男女平等保障机制探讨》，《法学》2019 年第 9 期。

6. 唐灿、黄觉、薛宁兰：《走向法治——工作场所性骚扰的调查与研究》，中国人民公安大学出版社 2012 年版。

7. 王春霞：《全国人大代表谭琳建议：修改妇女权益保障法》，《中国妇女报》2019 年 3 月 7 日。

8. 王春霞：《最高法　针对家庭暴力签发人身安全保护令 9227 份》，《中国妇女报》2021 年 9 月 24 日。

9. 王春霞、田珊檑：《反家庭暴力法实施四年来成效显著——本报专访全国妇联、最高法、公安部相关部门负责人》，《中国妇女报》2020 年 3 月 3 日。

10.Asbjorn Eide: Realization of Social and Economic Rights: The Minimum Threshold Approach, *43 International Commission of Jurists Review* 1989, 40-42.

作者简介

戴瑞君，女，中国社会科学院国际法研究所研究员、法学所性别与法律研究中心秘书长。

学校中性与性别平等教育的推进与完善

刘小楠

作为推动人类社会不断向前发展的基本手段和保障，受教育权是在全世界范围内最具有共识和普遍性的权利之一。国家应保障公民通过学习发展其个性、才智和身心能力，以获得平等的生存和发展机会，因此除了保障所有人平等享有受教育的机会和各种有形无形的教育资源，教育的目的和内容也是至关重要的。在各级各类学校中开展性与性别平等教育既是我国作为多项国际公约缔约国的义务，也是我国《未成年人保护法》《中国妇女发展纲要》《中国儿童发展纲要》等法律政策的要求。

一、性与性别平等教育在国际层面被广泛倡导和实践

我国签署的国际公约除了强调保障提供义务教育的重要性，要求保证所有人享有平等的教育机会，还强调教育要包含性和性别平等的内容，消除性别定型观念。比如，《消除对妇女一切形式歧视公约》第 10 条要求缔约各国应采取一切适当措施以消除对妇女的歧视，并保证妇女在教育方面享有与男子平等的权利，特别是在男女平等的基础上保证：（c）为消除在各级和各种方式的教育中对男女任务的任何定型观念，应鼓励实行男女同校和其他有助于实现这个目的的教育形式，并特别应修订教科书和课程以及相应地修改教学方法。消除对妇女歧视委员会还进一步建议缔约国将关于性别平等的内容纳入公立和私立学校的各级教学大纲，并纳入基于人权办法的教育方案。内容应针对陈规定型的性别角色并推崇性别平等和不歧视的价值观，包括非暴

力的男性气概,并确保为女童和男童提供合乎年龄、有据可依、科学精准的全方位教育①。并强调应在各级教育开设适龄的强制性全面性教育课程,应对针对女童的性暴力,使教室对其更加安全和有利,促进其教育权的实现。②

《儿童权利公约》第 29 条指出,教育儿童的目的包括培养对人权和基本自由以及《联合国宪章》所载各项原则的尊重,以及培养儿童本着各国人民、族裔、民族和宗教群体以及原为土著居民的人之间谅解、和平、宽容、男女平等和友好的精神,在自由社会里过有责任感的生活等。

《北京行动纲领》把"发展非歧视性教育和培训"作为妇女的教育和培训领域中的战略目标之一,呼吁各国政府、教育当局以及其他教育和学术机构制订人权教育方案,将性别层面纳入所有等级的教育,尤其是鼓励高等教育机构特别是在大学及研究生法律、社会和政治学课程中列入有关联合国各项公约所载妇女人权的课程。

2004 年 12 月 10 日联合国大会宣布实施的《世界人权教育方案第四阶段(2020—2024)行动计划》[Fourth Phase(2020—2024)of the World Programme for Human Rights Education]将青年作为该阶段的重点群体,特别强调平等、人权和不歧视以及包容和尊重多样性方面的教育和培训,以建设包容与和平的社会,并使第四阶段与 2030 年可持续发展议程,特别是与可持续发展目标 4 中的第 7 个具体目标,也就是有关人权与社会性别的相关内容保持一致。

2015 年联合国可持续发展峰会通过的《2030 年可持续发展议程》中的目标 4 是"确保包容和公平的优质教育,让全民终身享有学习机会",其中第 7 个具体目标特别强调,"确保所有进行学习的人都掌握人权和社会性别平等方面的教育、弘扬和平和非暴力文化,提升全球公民意识,以及肯定文化多样

---

① 消除对妇女歧视委员会:《关于基于性别的暴力侵害妇女行为的第 35 号一般性建议》,CEDAW/C/GC/35,第 30 段,2017 年 7 月 26 日。
② 消除对妇女歧视委员会:《关于女童和妇女受教育权的第 36 号一般性建议》,CEDAW/C/GC/36,第 68 段,2017 年 11 月 27 日。

性和文化对可持续发展的贡献"。

2018 年，联合国《国际性教育技术指导纲要》（International Technical Guidance on Sexuality Education: An Evidence-informed Approach）中提出了"全面性教育"这一概念，指基于课程，探讨性的认知、情感、身体和社会层面意义的教学过程，意在培养相互尊重的社会关系和性关系。[①]《日惹原则》（Yogyakarta Principles）中性别教育体系包括性教育和性别平等教育（刘小楠，2019）。全面性教育具有科学准确、循序渐进、适应年龄和发展水平、依托于课程、全面综合、遵循人权原则、遵循社会性别平等、具备文化相关性和环境适宜性、能促进根本性变化、培养做出健康选择所需的生活技能这10个方面的特点。它不仅关注社会性别规范导致的不平等以及这种不平等对儿童和年轻人健康、福祉的影响，还关注艾滋病病毒、性别暴力等方面。

许多国家和地区在开展性教育或性别平等教育方面有了立法或实践的经验。比如，瑞典自1933年就成立了瑞典性教育协会（Swedish Association for Sexuality Education），在学校普遍实施性别教育。秉持着性别平等教育是儿童的基本权益的理念，瑞典至今已经形成了从学前阶段到高中阶段的全国性儿童性别教育体系。美国"性教育未来组织"（Future of Sex Education）于2011年颁布了《全国性教育标准》（National Sexuality Education Standards），该标准适用于幼儿园至高中十二年级，提供了有关性别教育的最基本、最核心的知识框架以及清晰易懂、符合年龄特征的持续性学习指导。该标准提出，建设良好的师资队伍是确保实现儿童性别教育目标的重要举措。为此制定了《全国性教育教师标准》（National Teacher Preparation Standards for Sex Education），为教师提供可利用的网络资源平台，便于教师不断提高专业素质。加拿大不列颠哥伦比亚省颁布了意在促进性别包容的公立学校性别教育指导手册（戴莉，2016）。我国台湾地区"性别平等教育法"将性别平等教育定义为以教育的方式消除性别歧视，促进性别地位的实质平等（曹书阳，2008）。

---

① 联合国教育、科学、文化组织：《国际性教育技术指导纲要》，联合国教科文组织出版社2018年版。

二、我国学校开展性与性别平等教育的发展和现状

性与性别平等教育在人的学习中是非常重要的一环。在我国,性与性别平等教育经历了长期的沿革和变化。

(一)我国法律政策关于性与性别平等教育规定的发展和要求

早在 1963 年,周恩来总理就曾提出,学校和社会都要向青年公开进行生理卫生教育,尤其要重视生理教育。①1981 年教育部颁发的《全日制六年制重点中学教学计划试行草案》和《全日制五年制中学教学计划试行草案的修订意见》中,都将生理卫生课列为必修课。由于当时一些中学尤其是农村中学未重视或未开设生理健康课,1984 年,教育部、原卫生部、原国家人口和计划生育委员会发布《关于改进和加强中学生理卫生知识教育的通知》,指出"必须提高对开设生理卫生课重要性的认识",生理卫生课的内容,包括"生殖与发育"一章内容,对于促进中学生的身心健康发展很必要,对于帮助学生正确对待恋爱、婚姻、生育问题,和将来自觉做到晚婚和计划生育,对德智体全面发展都很有意义。②

1988 年,原国家教育委员会和国家计划生育委员会联合发布《在中学开展青春期教育的通知》。该《通知》较为体系化地对中学青春期教育作出了安排。青春期教育包括性生理、性心理、性道德教育等三个方面。还指出了开展青春期教育要掌握适时、适度、适当的原则,提出要做好青春期教育的师资培训、教材大纲和教材编写(孙逊,1988)。2001 年,在国务院印发的《关于基础教育改革与发展的决定》中,要求应把思想品德类课程与青春期教育等内容结合对学生进行教育,其目标是"帮助学生掌握一般的生理和心理保健知识和方法"。同年,教育部要求将防范艾滋病、性病的知识纳入教学计划。

---

① 周恩来总理于一九六三年七月二十二日在北京市高等学校应届毕业生大会上的报告。参见《周恩来教育文选》,教育科学出版社 1984 年版。
② 教育部、卫生部、国家计划生育委员会:《关于改进和加强中学生理卫生知识教育的通知》([84]国计生委第 34 号),1984 年 3 月 6 日。

2008年，教育部编制了《中小学健康教育指导纲要》，指出中小学每学期应安排6—7课时健康教育课，其中从小学高年级起就应教育青春期生长发育相关知识、防范性侵害、了解和预防艾滋病，在高中时应教导学生避免婚前性行为。2010年，《国家中长期教育改革和发展规划纲要（2010—2020年）》发布，提出要逐步按照教学计划上好体育和心理健康教育课。①

2013年，教育部和公安部下发文件要求"提高师生、家长对性侵犯犯罪的认识"（王雪婷，2019）。2016年，《教育部在对十二届全国人大四次会议第5232号建议的答复》中提出，要加强各级各类教育中性别教育和引导工作。在各阶段教育内容充分体现社会性别理念，引导学生树立男女平等的性别观念。②中共中央、国务院印发《"健康中国2030"规划纲要》，提出"要以青少年为重点，开展性道德、性健康和性安全宣传教育和干预"，③但对课时等具体操作并无要求。2019年5月，全国妇联、教育部等九部门联合发布的《全国家庭教育指导大纲（修订）》中，提出要对12—15岁、15—18岁的儿童进行性教育。

《中国妇女发展纲要》和《中国儿童发展纲要》也将性和性别平等教育作为重要目标和策略措施。《中国妇女发展纲要》将"妇女与教育"确定为优先发展领域之一。《中国妇女发展纲要（2021—2030）》妇女与教育部分的主要目标之一即"大中小学性别平等教育全面推进，教师和学生的男女平等意识明显增强"。策略措施则包括"将贯彻落实男女平等基本国策体现在教育工作全过程。增强教育工作者自觉贯彻男女平等基本国策的主动性和能动性。将男女平等基本国策落实到教育法规政策和规划制定、修订、执行和评估中，落实到各级各类教育内容、教学过程、学校管理中。加强对教材编制、

---

① 国家中长期教育改革和发展规划纲要工作小组办公室：《国家中长期教育改革和发展规划纲要（2010—2020年）》，2010年7月29日，见 http://www.moe.gov.cn/jyb_xwfb/s6052/moe_838/201008/t20100802_93704.html。

② 教育部：《教育部对十二届全国人大四次会议第5232号建议的答复》（教建议[2016]第306号），2016年8月18日，见 http://www.moe.gov.cn/jyb_xxgk/xxgk_jyta/jyta_szs/201609/t20160921_281797.html。

③ 中共中央、国务院：《"健康中国2030"规划纲要》，新华社，2016年10月25日，见 http://www.gov.cn/zhengce/2016-10/25/content_5124174.htm。

课程设置、教学过程的性别平等评估。在师范类院校课程设置和教学、各级各类师资培训中加入性别平等内容。"同时《纲要》也强调"推动各级各类学校广泛开展性别平等教育。适时出台性别平等教育工作指导意见。推动因地制宜开发性别平等课程，加强专题师资培训。促进性别平等教育融入学校教学内容、校园文化、社团活动和社会实践活动。探索构建学校教育、家庭教育、社会教育相结合的性别平等教育模式。"《中国儿童发展纲要（2021—2030年）》在关于"儿童与健康"第14条策略措施是"为儿童提供性教育和性健康服务"，要求引导儿童树立正确的性别观念和道德观念，正确认识两性关系。将性教育纳入基础教育体系和质量监测体系，增强教育效果。引导父母或其他监护人根据儿童年龄阶段和发展特点开展性教育，加强防范性侵害教育，提高儿童自我保护意识和能力。将性与生殖健康教育纳入义务教育课程体系。

在立法方面，1999年通过的《预防未成年人犯罪法》总则当中规定，预防未成年人犯罪，应当结合未成年人不同年龄的生理、心理特点，加强青春期教育、心理矫治和预防犯罪对策的研究。2001年，《人口与计划生育法》通过审议，其中第13条规定"学校应当在学生中，以符合受教育者特征的适当方式，有计划地开展生理卫生教育、青春期教育或者性健康教育"。[①]2020年10月最新修订通过的《未成年人保护法》第30条规定学校应当根据未成年学生身心发展特点，进行社会生活指导、心理健康辅导、青春期教育和生命教育。第40条新增内容"学校、幼儿园应当对未成年人开展适合其年龄的性教育，提高未成年人防范性侵害、性骚扰的自我保护意识和能力。""性教育"首次被写入我国法律，除"心理健康辅导""青春期教育"之外，在小学和幼儿园新增"性教育"，体现了学校开展性教育的必要性。

---

① 在2021年8月修订的《人口和计划生育法》第13条中仍然保留了这个提法。

（二）我国各级学校开展性与性别平等教育的发展现状

1. 大力推进性别平等进校园

国务院妇儿工委办公室统筹谋划，采用教育培训、试点先行、辐射带动、扩面提质等方式，在中小学探索将性别平等理念和男女平等基本国策精神融入教育教学全过程。国务院妇儿工委办公室举办了一系列性别平等的活动。2014年召开"男女平等基本国策进校园工作交流研讨会"，2015年举办"教育工作者社会性别意识培训班"，2016年组织编写《男女平等基本国策的贯彻与落实》《中小学性别平等教育工作手册（试行）》。在山西、内蒙古、江西、山东、贵州等省（区）设立中小学性别平等教育进课堂项目试点；2017年召开"中小学性别平等教育进课堂项目启动暨培训会""中小学性别平等教育进课堂交流研讨会"，在天津、内蒙古、江苏、贵州、陕西等省（区、市）再次设立项目试点；2018年12月召开"中小学性别平等教育进课堂项目试点总结推进会"，在天津、江苏、山东、湖南、贵州、陕西等省（市）设立第三批项目试点。广东省早在2018年发布《关于在我省全面开展中小学性别平等教育的通知》，要求各地级市以上市妇儿工委、教育局、妇联、省属中小学坚持"教育工作全民贯彻性别平等原则""性别平等原则和理念在各级教育课程标准及教学过程中得到充分体现"，开展中小学（包含中职学校）性别平等教育。① 截至2019年，全国已有天津、山西、内蒙古、黑龙江、上海、江苏、江西、山东、广东、四川、陕西、湖南等13个省（区、市）开展了中小学性别平等教育进课堂工作，其中天津、黑龙江、广东、贵州实现了全覆盖。②

我国高校中的性与性别平等教育也有所发展，高校女性学学科化程度提高，各个院系也逐渐开始推广性与性别平等相关的课程。以高校中的法学院系为例，2000年之后，一些教师开始尝试在法学院中开设"性别与法律"的

---

① 广东省妇女儿童工作委员会、教育厅、妇女联合会：《关于在我省全面开展中小学性别平等教育的通知》（粤妇儿工委字［2018］8号），2018年8月17日，参见广东省妇女儿童发展规划信息网。

② 国务院妇儿工委："贯彻男女平等基本国策全面推进新时代中小学性别平等教育工作"，《中国妇女报》2014年1月15日第4版。

课程。2017年以后中国政法大学、广州大学和西南政法大学等高校陆续开设"社会性别与人权"课程，其他一些高校的法学院也逐渐开始教授"多元性别、社会与法律""性别与权利保障"等与性和性别平等相关的课程。

2. 开展性与性别平等教育相关的师资培训和教材编写

教育是性别文化交锋的重要场域，要促进教育性别平等需要将性别平等理念纳入教育要素，在教学设计中注重性别文化教育，在教学方法上坚持无差别对待，在教育内容上消除性别偏见。提升教师性别意识，并努力创造性别友好型教学环境。改变教师在评价方式、交流方式、教育期待、教育行为中的性别差异，强调教师在构建性别平等空间中的责任与作用，注重发挥学生在实现无性别歧视教学中的主体作用，强调无性别偏见的教学气氛与过程（林志文、南储鑫，2016）。

一些师资培训计划和师范类院校课程中增加了性别平等内容，增强了教育工作者的性别平等意识。[①] 广东省中山市是较早全面推行性别平等教育进课堂工作的城市，先后在2014年和2016年被确定为广东省性别平等教育试点市和全国性别平等教育试点市。中山市近年来已初步建立起了"学校—家庭—社会"三位一体的性别平等教育体系。2020年江苏淮安市妇联、淮阴师范学院举办"性别平等"教育进课堂工作现场推进会，淮阴小学展示了"性别平等"教育进课堂试听课。[②] 针对各类学校教师开展了性别平等教育培训工作，使得性别平等教育理念和性别平等教育进课堂共同推进。2019年湖南省长沙市在5所中小学积极推进了性别平等教育进课堂工作，湖南省在2020年进一步扩大范围，在全省展开中小学性别平等教育进课堂试点工作（匡春林、李芳，2019）。

在教学指引方面，中山市率先编写了国内首个中小学性别平等教育指导

[①] 中华人民共和国国务院新闻办公室：《中国性别平等与妇女发展》白皮书，国新网，2015年9月22日。

[②] 韩翔：《全市"性别平等"教育进课堂工作现场推进会在淮师举行》，淮师新闻网，2020年7月17日，见 http://www.hytc.edu.cn/info/1069/5884.htm。

大纲、教师手册、教案汇编。开展了"从性别视角看校园"包含校内功能场所、运动设施、公共厕所等调查分析校内资源分配情况的校园实践课（匡春林、李芳，2019）。至2018年先后培训妇女干部、教师达5000人次，成功培育覆盖了24个镇区的42所性别平等教育试点学校（陈俊宇，2018）。

为消除教育领域中的性别歧视，鼓励高校教师更多从事性别与人权方面的研究，并在教育教学中贯彻并传播性别平等及人权理念，我国的高校近年来也自发组织相关的高校教师师资能力建设的研讨和培训。比如：2017—2021年中国政法大学宪政研究所与中国政法大学人权研究院每年举办"社会性别与人权教学"高校教师师资研修班。研修班倡导消除性别歧视和偏见，鼓励教师在教学中融入社会性别视角和人权观念，并积极开设社会性别和人权相关课程，从而进一步推动社会性别主流化，促进性别平等的实现。"社会性别与人权教学"师资研修班成为推动性别与人权教学能力建设的重要平台，也形成了一系列的思想共识，为推动社会性别主流化，促进性别平等的实现提供了有力支撑。

性与性别平等教育方面的教材编写也有所发展。比如，2011年，北京师范大学的刘文利老师主编出版了《珍爱生命——小学生性健康教育读本》。2019年，《中小学性别平等教育教学案例集》一书由广东教育出版社正式出版。这本由中山市妇女儿童工作委员会和中山市教育教学研究室联合打造的中小学性别平等教育进课堂的书，选取了中山市16所中小学校、中职学校26名教师的24个教案汇编，其中专题课9个、融合课12个、实践课3个。书中每门课都可让教师们拿来作为学习和操作的专题，从而使性别平等进中小学课堂走得更科学、更专业。（葛彬，2021）适用于高校本科生和研究生的性与性别平等教材也陆续出版，以法学专业为例，2012年出版了两种性别与法教材[①]；2019年，中国政法大学出版社出版了我国第一本传播性别平等和人权，并用性别视角对人权问题进行分析的教科书——《社会性别与人权教程》。

---

① 刘明辉主编，刘小楠、张荣丽副主编：《社会性别与法律》，高等教育出版社2012年版；李秀华、李傲等：《性别与法》，中国政法大学出版社2012年版。

三、进一步推进学校中性和性别平等教育的建议

性和性别平等教育的进一步发展需要制度的保障和认识的深化，同时教育内容和教育形式也需要进一步实现专业化和多样化。

（一）进一步完善学校开展性与性别平等教育的制度保障

开展科学、全面的性与性别教育，离不开法律和政策的保驾护航，如果失去法理和策略上的支持，性与性别教育的真正实施只会是空中楼阁，难以有效地得到执行（沈飞飞、余若凡、张志敏、康子豪，2021）。

我国关于性与性别教育的政策倡导和法律制度较为薄弱。对受教育权的保障主要体现在《宪法》[①]、《义务教育法》[②]、《教育法》[③]和《妇女权益保障法》[④]中，对于教育平等的规定主要集中于受教育机会和条件的平等与保护，但是与"消除在各级和各种方式的教育中对男女任务的任何定型观念"，以及把"性别平等的内容纳入公立和私立学校的各级教学大纲，并纳入基于人权办法的教育方案"相关的内容，上述法律均没有提及。

《未成年人保护法》修订第一次将"性教育"写入法律，明确了性教育的必要性，但是与联合国教科文组织的《国际性教育技术指导纲要》中所强调的全面性教育的含义有所不同。"全面性教育"应涵盖"关系；价值观、文化、

[①] 《宪法》第48条规定："中华人民共和国妇女在政治的、经济的、文化的、社会的和家庭的生活等各方面享有同男子平等的权利。"

[②] 《义务教育法》："凡具有中华人民共和国国籍的适龄儿童、少年，不分性别、民族、种族、家庭财产状况、宗教信仰等，依法享有平等接受义务教育的权利，并履行接受义务教育的义务。""教师在教育教学中应当平等对待学生，关注学生的个体差异，因材施教，促进学生的充分发展。教师应当尊重学生的人格，不得歧视学生，不得对学生实施体罚、变相体罚或者其他侮辱人格尊严的行为，不得侵犯学生合法权益。"

[③] 《教育法》："中华人民共和国公民有受教育的权利和义务。公民不分民族、种族、性别、职业、财产状况、宗教信仰等，依法享有平等的受教育机会。"

[④] 《妇女权益保障法》第三章文化教育权益部分要求"学校和有关部门应当执行国家有关规定，保障妇女在入学、升学、毕业分配、授予学位、派出留学等方面享有与男子平等的权利。"学校录取学生的男女平等条款，即"学校在录取学生时，除特殊专业外，不得以性别为由拒绝录取女性或者提高对女性的录取标准。""学校应当根据女性青少年的特点，在教育、管理、设施等方面采取措施，保障女性青少年身心健康发展。"此外，也强调保证女性入学率以及减少妇女中的文盲、半文盲，对组织妇女接受职业教育和技术培训等工作做了简要规定。《妇女权益保障法》于2022年10月30日修订，此处为修订前的条约。

权利与性；社会性别；暴力与安全保障；健康与福祉技能；人体与发育；性与性行为；性与生殖健康"8个方面，旨在培养相互尊重的社会关系和性关系，帮助儿童和年轻人学会思考他们的选择如何影响自身和他人的福祉，并懂得维护自身的权益。我国立法中没有对性教育进行具体解释，把性教育放在"提高未成年人防范性侵害、性骚扰的自我保护意识和能力"的语境下，容易造成含义窄化。而且，开展性与性别教育的具体措施尚未出台，学校缺乏开展性与性别教育的动力和资源。

针对立法中的不足，2021年底全国人大公布的《妇女权益保障法（修订草案）》第11条增加了性别平等教育的条款："国家将男女平等基本国策纳入国民教育和培训体系，开展宣传教育，增强全社会的男女平等意识"，这无疑是呼应了国际公约的要求，弥补了立法中的不足，但是规定仍然过于简单粗略，而且将教育内容限于"男女平等基本国策"，范围有限，很多与性和性别平等相关的内容仍然难以纳入。

国家制定的性与性别教育政策是幼儿教育和学校机构开展性与性别教育的法律依据，也是相关课程设置的纲领性文件。为此，国家所制定的性教育或性别教育政策必须在确保未成年人接受平等教育的前提下，把平等教育纳入各级教育课程体系之中，颁布有关课程的国家标准和具体措施并严格实施。将性教育课程纳入必修课程，保证性教育在各级教育中的广泛性和专业性。消除对妇女歧视委员会《关于女童和妇女受教育权的第36号一般性建议》第27段提出，要对各级教育的教学人员进行强制培训，内容涉及平等问题、性别敏感度及其性别行为对教学和学习过程的影响[①]。

除了遵循国际公约中的要求，也可以参考其他地区的相关立法。比如，我国台湾地区的"性别平等教育法"把立法重点放在性别平等教育上。为了有效突破教育中的性别区隔，"性别平等教育法"明确规定学校课程、教材与教学等方面，都必须提供一个具有性别多元/平等意识的学习环境，以课程

---

① 消除对妇女歧视委员会：《关于女童和妇女受教育权的第36号一般性建议》，CEDAW/C/GC/36，第6页，2017年11月27日。

融入、课程开设、发展课程规划及评量等方式，推动性别平等教育，突破教育资源的性别区隔。我国法律和政策也应以国际公约的原则和规定为指导，借鉴其他国家和地区的立法经验，增加性别平等教育的内容。

除了不断完善法律政策，也有学者建议需建立国务院妇女儿童工作委员会办公室、中华人民共和国教育部、全国性别专家队伍、全国中小学力量四方协同合作机制，共同推进性别平等教育（李慧英，2022）。

（二）深化对性和性别平等教育的认识

儿童社会性别发展以对生物性别的理解为基础，树立儿童对自身性别的认同，在性别发展中具有重要作用（王文、王国、赵莹，2009）。缺乏性健康教育和生殖健康教育对男女都会产生严重的影响。在我国的语言和文化背景下，"性"的确是一个包含敏感意思的词。但开展性与性别平等教育并非着重"性"的单独某一方面意思。全面性教育包含了对影响人际关系、疾病和脆弱性的社会文化因素的持续探讨，比如社会性别、社会经济因素、艾滋病病毒、残障、性倾向和社会性别认同等。我国以"性道德、性责任、性健康、预防和拒绝不安全性行为"为重点[①]的性教育内容局限于性与生殖健康方面，忽视了社会性别、社会性别认同、性倾向等重要内容。因此，通过法律法规促进性与性别教育的认知，明确性与性别教育不止于艾滋病防治、防范性侵害以及性生理与性发育知识，还包括更为广阔的安全性行为知识、性骚扰、性霸凌与性侵害的相关知识与防治、性别平等相关知识和多元性别相关知识。

同时，加强对各级教师的性别和人权教育和培训，提升教师的人权观念和性别平等意识非常重要。教师是推行性别平等教育最直接的传播者、施予者和参与者。只有教师具有性别敏感度和性别平等意识，才能关注不同学生的需求，公平地对待每一个学生，才能选择适当的教材，并将性别平等和社会多元的理念传授给学生。多年来，由于教学中有明显的性别偏见和性别刻板印象，导致教学中对男女生明显或潜在的区别对待，直接或间接地导致了

---

① 全国妇联、教育部等：《全国妇联、教育部等九部门关于印发〈全国家庭教育指导大纲（修订）〉的通知》（妇字［2019］27号），2019年5月15日，参见中华全国妇女联合会官网。

教育的不公平，并扩大了学科的性别偏见与差异（赵艳红、李洋、张东洁，2010）。受过性与性别平等相关知识培训的老师数量少，专业知识缺乏，很难承担起进行性与性别平等教育的任务。因此，在教师培养方面，大中专院校师范专业应当逐步将性别平等课程纳入必修课程，中小学及幼儿园应当定期开展性别平等教育师资培训，在教师的考核和认定方面，应当将性别平等纳入日常考核标准，支持教师参与性别平等教育培训，支持教师开设性别平等相关课程。

此外，要调动家庭和社会参与性与性别教育，唤醒家庭在性与性别教育中的辅助作用。目前我们所谈及的性与性别教育主体主要在学校和政府等公共参与方，而家庭在其中并没有产生真正的教育作用。存在一些家长漠视乃至反对性教育、性教育教材的现象。此外，社会舆论和观念对性与性别教育也产生了负面影响。对待性教育，家庭和社会都有着特殊的"沉默文化"，即从不谈"性"，也不鼓励不支持他人谈"性"（陈文雯，2020）。这种舆论使性与性别教育遇到极大阻力，不只是性与性别教育的实施遇到困难，即使真正实施了性与性别教育，其影响也难以走出校园。因此，在社会上通过公益广告、合理宣传和打造标杆等多种形式来引导和改造社会舆论，在全社会范围内营造良好的舆论和正确的性与性别观念（沈飞飞、余若凡、张志敏、康子豪，2021）。

（三）加强教育内容和形式专业化和多样化

目前我国在小学至高中阶段，性与性别教育有着比较固定的教学方式，主要分为正式课程、课程关联、讲座三种形式。正式课程是指将性与性别教育以单列专门课程加入教学计划中，如小学专门开展的生理健康课；课程关联指在原有的必修课程中加入部分性教育元素，如在生物课和思想品德课中进行关于性知识的简单讲解；讲座则比较多元，是指邀请校内外人员专门对学生进行性知识相关的宣讲；小课堂是介于正式与非正式课堂之间的一种课程安排，例如将男女生分开分别讲授性生理与性发育知识；自学则更为自由化，仅仅由学生自己阅读相关的生理健康读物或生理课本来获取性知识（沈飞飞、余若凡、张志敏、康子豪，2021）。这些主要涉及生理健康、青春期教育的上课形式往往效率不高，并且非正式的、缺乏体系化的生理知识的传授往往无法引起学生的重视，反而有可能导致误解和不当的好奇心，为实现提高自我保护意识和性别尊重文化造成了障碍。性教育内容较为片面，过去所提的青春期教育往往只涉及未成年人生理发育的方面，缺乏基本的对于社会性别文化、男女平等文化的普及。高等教育中的性与性别平等课程开设比例较低，主要是通过选修课和讲座的形式进行，在高校课程设置中仍然比较边缘化。

性与性别平等教育的教育教学方式、知识体系等并非一成不变，而是需要根据人们的认识、时代的发展和不断更新的理论成果不断更新和发展。因此，应当扩大性别理论研究与性别平等教育教学工作的交流和合作，支持研究机构对性和性别教育进行调查研究，并将研究成果应用于各级各类学校的课程设置、教材编写和师资培训，推动发展性和性别平等教育的理论研究和实践教学工作。

第一，在性别理论研究方面，鼓励和支持性别研究者与教育研究者不断深入挖掘、发展性别理论研究、教育理论研究，促进对于性别教育的认知、丰富性别理论的体系知识。尤其是对于性与性别平等的理论基础，性与性别教育教学方法和知识体系的研究。通过专业的研究，能够深化性与性别平等的理论，发现性与性别教育中的问题和不足，及时改正并进一步完善，达到确保性与性别教育的先进性和科学性的目的。

第二，在性别平等教育教学工作中，鼓励和支持教学经验的分享和教学方法的探讨，可以定期召开性别平等教学工作会议，为教师提供探讨问题、交流提升的平台。

第三，在畅通理论研究与实践教学的双向渠道上，各地选取中小学作为性和性别平等的工作试点，试行开展全面性教育，通过实践发现性与性别教育中的问题和不足，为性与性别教育研究理论的发展提供经验支持，使关于性别的理论研究能够真切地回应性别平等教学实践中面临的问题，实现性别平等教育在理论和实践方面的长远发展，形成性与性别教育理论与实践的双向互动。

第四，在课程设置方面，要制订性与性别教育方案，将性别平等内容纳入所有等级的教育。从学前教育起，就应促进女孩和男孩之间平等、合作、相互尊重并共同分担责任；在中小学教育中逐渐纳入适合学生成长阶段的性和性别教育的内容；进一步扩展高校中尤其是法学学生的性别和人权教育，鼓励高校在相关课程中讲授联合国人权公约的内容，尤其是有关性别平等和妇女人权的内容。

第五，在教材编写方面，要为所有级别的教育包括师资培训，编写无性别歧视以及性别陈规定型观念的课程、课本和教具。"据统计，在语文小学教材中95%的男性形象是独立的个体，而女性只有5%为独立的个体；学前教育教材中的父亲形象有知识的占60%，母亲仅占40%，与当今男女在教育领域中平分秋色的现实不均衡。"（李慧英，2022）在各级各类教材的编写中纳入社会性别视角，并充分运用性别理论研究和性别教育教学的研究成果有助于提升教师和学生的性别平等观念，推动学校性和性别平等教育的进一步发展。

参考文献

1. 陈俊宇：《性别平等教育进课堂实现全覆盖》，《工人日报》2018年9月28日第6版，见 https://www.workercn.cn/papers/grrb/2018/09/28/6/news-6.html。

2. 曹书阳：《台湾地区性别平等教育述评》，《上海教育科研》2008年第2期。

3. 陈文雯：《性教育不能再"害羞"了》，《青海法制报》2020年7月15日。

4. 戴莉：《学前儿童性别教育的研究现状及其启示》，《中华女子学院学报》2016年第4期。

5. 葛彬：《性别平等教育实践的鲜活记录——评〈中小学性别平等教育

教学案例集〉》,《中国妇女报》2021年3月30日,见http://paper.cnwomen.com.cn/html/2021-03/30/nw.D110000zgfnb_20210330_1-6.htm。

6. 匡春林、李芳:《性别平等教育将进中小学课堂》,《长沙晚报》2019年12月31日A02版,见https://edu.rednet.cn/m/content/2019/12/31/6494166.html。

7. 李慧英:《协同推进性别平等教育模式的原则与路径》,《中国妇女报》2022年7月12日,见http://paper.cnwomen.com.cn/html/2022-07/12/nw.D110000zgfnb_20220712_1-6.htm。

8. 刘小楠:《中国跨性别者受教育权实现状况及法律对策》,载刘小楠、王理万主编:《反歧视评论(第6辑)》,社会科学文献出版社2019年版。

9. 林志文、南储鑫:《贯彻男女平等基本国策 探索中小学性别平等教育》,《中国妇女报》2016年1月4日第A3版。

10. 沈飞飞、余若凡、张志敏、康子豪:《性/别少数者在受教育权实现中面临的挑战及其对策》,载刘小楠、王理万主编:《反歧视评论(第8辑)》,社会科学文献出版社2021年版。

11. 孙逊:《国家教育委员会、国家计划生育委员会联合发出通知要求各地在中学开展青春期教育试点工作》,《学校卫生》1988年第4期。

12. 王文、王国、赵莹:《国外社会性别发展研究进展及对我国性别教育的启示》,《东北师大学报(哲学社会科学版)》2009年第5期。

13. 王雪婷:《改革开放以来中小学性教育内容演变研究——以文本分析为中心的考察》,硕士学位论文,沈阳师范大学教育史专业,2019年,第39—45页。

14. 赵艳红、李洋、张东洁:《用社会性别意识审视中国的女性教育》,《河北大学学报(哲学社会科学版)》2010年第5期。

作者简介

刘小楠,女,中国政法大学人权研究院教授,从事人权法学、反歧视法方面的研究和教学。

德国《联邦政府第三次性别平等报告》

[德]乌尔里克·施潘根贝格

一、导言：德国联邦政府性别平等报告

每届德国联邦政府都有义务在其执政期内提交一份关于性别平等的报告。性别平等报告由三部分组成：联邦政府特邀专家委员会撰写的专业性建议、联邦政府针对专家建议的声明以及对上一份性别平等报告执行情况的总结（雷吉娜·弗雷、卡特琳·朗格，2018）。

《联邦政府第一次性别平等报告》（简称《第一次性别平等报告》）于2011年6月发布，标题为《新途径——机会平等：生命历程中的性别平等》。专家委员会秉承"从人生道路的角度谈平权政策"这一预设要求，探究当前和未来在性别平等政策方面的行动需求，其核心研究范畴为"教育和工作生活中的男女平等"，与之相关的议题是法律中的榜样形象，男女在就业和家庭护理这一易构成冲突领域的时间安排以及老年人的社会保障（德国联邦家庭、老年、妇女与青年事务部，2011）。

《联邦政府第二次性别平等报告》（简称《第二次性别平等报告》）标题为《共同重塑有偿工作和照料工作》，其重点关注的问题是根据《第一次性别平等报告》的结论应采取哪些具体步骤，如何落实男女的实质性平等并消除现有的不利因素。专家们的审议集中在就业和护理工作的社会组织上，这对性别平等仍有重大影响。

二、《联邦政府第三次性别平等报告》：性别平等地打造数字化

2021年7月，联邦议会公布了《联邦政府第三次性别平等报告》（简称《第三次性别平等报告》）。与《第一次性别平等报告》和《第二次性别平等报告》的相同点在于该报告也提出了德国男性和女性实现自我的机会问题。《联邦政府第三次性别平等报告》着眼于与数字化齐头并进的经济与社会变迁，首次集中讨论了一个重点议题。

早在《第二次性别平等报告》中就已经讨论了工作领域的数字化是当前社会和性别平等政策共同面对的一个挑战。该报告特别关注远距离灵活性办公、通过数字平台中介工作、网络骚扰和将性别能力纳入（对数字化发展至关重要的）劳动力市场研究（德国联邦家庭、老年、妇女与青年事务部，2017）。

《第三次性别平等报告》更深入地分析了这些问题。联邦政府的委托函中有这样一句话："什么样的政治路线可以促使数字经济的发展服务于性别平等，使得男女在实现自身价值上拥有平等的机会？"

在联邦政府的委托下，专家委员会编撰的报告涉及各个经济部门的性别平等发展情况。其中包括女性在数字产业中的比例仍然很低这一现象以及它对数字技术发展产生的后果。报告也涵盖了工作中介平台的工作条件或数字技术在日常工作生活中的影响，如居家办公或在人员筛选上使用算法系统。该报告不仅着眼于经济领域，因为数字技术早已渗透到社会生活的方方面面，例如，社交媒体对性别形象的影响或与性别有关的数字暴力的新特性。

在技术变革过程中，性别平等是加强还是减弱，关键取决于数字化转型的框架条件和转型过程的规划安排，专家委员会对此提出了许多行动建议。在《第一次性别平等报告》和《第二次性别平等报告》的基础上，委员会还讨论了性别平等的政策结构和工具，它们对于以性别平等为导向的数字化发展来说非常必要。

三、《第三次性别平等报告》的撰写过程

《第三次性别平等报告》专家委员会于2019年4月5日受负责该领域的联邦部长弗朗西斯卡·吉菲（Franziska Giffey）委托编写该报告。数字化进程远非某个学科可以覆盖，所以专家委员会① 由来自经济学、法律、计算机科学、社会学和社会教育学的跨学科专家组成。艾瑟尔·约卢托克（Aysel Yollu-Tok）教授担任本届委员会主席，她也曾是《第二次性别平等报告》专家委员会的成员。无论是学术上还是组织工作上，专家委员会的工作都得到了社会工作和社会教育研究所《第三次性别平等报告》办事处的支持。②

专家委员会通过广泛征求专家意见和举行专家听证会让专业公众参与报告的编写过程。由于新冠疫情的出现，2020年3月以后专家报告的编写过程几乎完全是在线进行的。因此，流动性工作、居家办公的兼容性或者说私人和职业空间之间界限的消解成为生活中的真实实验。由于缺乏可靠的科学数据来佐证此次新冠疫情的影响，因此在报告中只能略微提及，而非作为重点话题。③

---

① 联邦政府第三次性别平等报告编撰专家委员会名单（按字母顺序排名）：Mitglieder der Sachverständigenkommission für den Dritten Gleichstellungsbericht der Bundesregierung in alphabetischer Reihenfolge: Prof. Dr. Miriam Beblo, Prof. Dr. Claude Draude, Prof. Dr. Thomas Gegenhuber, Prof. Dr. Stephan Höyng, Prof. Dr. Katja Nebe, Dr. Caroline Richter, Prof. Dr. Hendrik Send, Prof. Dr. Indra Spiecker gen. Döhmann, Prof. Dr. Timm Teubner, Dr. Stefan Ullrich und Prof. Dr. Aysel Yollu-Tok (Vorsitz)。

② 参见 https://www.dritter-gleichstellungsbericht.de/。

③ 2020年底，专家委员会委托编写了一份关于新冠疫情、性别和数字化的专家报告，其中显示了2021年2月之前的研究状况。报告显示，在目前的研究和公共讨论中，很少涉及新冠疫情、性别和数字化之间的重合点。尽管此次新冠是数字化社会面对的第一个大流行病，但依然缺乏跨学科的科学工作，用以阐明三个方面的相互作用。妮可·谢泼德：《新冠疫情、性别和数字化：用于联邦政府第三次性别平等报告》; Die Sachverständigenkommission hat Ende 2020 eine Expertise zu Covid-19, Gender und Digitalisie-rung in Auftrag gegeben, die den Stand der Forschung bis Februar 2021 aufzeigt. Die Expertise zeigt, dass Schnittstellen zwischen Covid-19, Gender und Digitalisierung in der Forschung und im öffentlichen Diskurs zu diesem Zeitpunkt selten thematisiert werden. Obwohl Covid-19 die erste Pandemie der digitalisierten Gesellschaft ist, stehen interdisziplinäre wissenschaftliche Arbeiten, die das Zusammenspiel der drei Aspek-te beleuchten, größtenteils noch aus, vgl. Shephard, Nicole (2021): Covid-19, Gender und Digitalisierung. Expertise für den Dritten Gleichstellungsbericht der Bundesregierung, Download at: https://www.dritter-gleichstellungsbericht.de/kontext/controllers/document.php/129.d/a/863ce4.pdf。

联邦内阁于 6 月 9 日通过《第三次性别平等报告》,随后将其转交给联邦议会和联邦参议院。德国联邦议会将其作为国会 19/30750 号印刷文件发布在官网上。2022 年 5 月,还需向 2021 年底选出的新一届联邦议会成员介绍该平等报告并进行讨论。

> 关于《第三次性别平等报告》的信息可在德国联邦家庭、老年、妇女与青年事务部主页上查阅。除了《第三次性别平等报告》,在这里还可以找到相关视频资料和更多信息的链接。www.bmfsfj.de/gleichstellungsbericht。关于《第三次性别平等报告》的部分信息和性别平等报告一般性的研究方式也有英文版本可供查询,参见 https://www.dritter-gleichstellungsbericht.de/de/topic/50.english.html。
>
> 联邦政府第三次性别平等报告办事处的主页上不仅有专家委员会的报告,还有关于《第三次性别平等报告》的其他出版物,其中包括报告的图文简介、专家委员会委托编撰的专题报告,以及关于报告某些方面的专题介绍,参见 www.dritter-gleichstellungsbericht.de。
>
> 关于《第三次性别平等报告》的信息和出版物(报告摘要、关于报告某些方面的专题介绍),英文版参见 https://www.dritter-gleichstellungsbericht.de/en。

四、报告核心视角

专家委员会撰写的报告从两种基本视角出发:首先,从社会技术角度看数字化转型;其次,是无关乎性别的实现自我价值的机会。

(一)社会技术角度

人们通常认为,不论开发者是谁或用在哪里,(数字)技术都是中性的。社会技术视角这个概念可以追溯到英国社会科学家和计算机科学家伊妮德·芒福德(Enid Mumford),它将社会和技术放在一起思考:人们必须在其各自的社会背景下观察、评判和积极塑造技术(伊尼德·芒福德,2006)。

有过外语翻译经历的人都清楚,词语只有在其上下文中才有意义,而翻译也意味着对上下文的解读,与之相似的是将世界转化为数据和算法的数学过程。纯粹以技术为中心的发展往往隐藏着错误翻译的危险,自动化流程或算法系统不是也并不会有"中立"的效果,它们在本质上和发挥影响时都依赖于其存在的社会环境。

而谈到性别平等问题,这就意味着:正如社会本身有着强烈的性别关系的特征,所以数字化也体现出性别关系。例如,大多由男性主导的数字委员会决定算法系统的核心标准。此外,在数字技术的设计规划中缺乏女性视角,这是因为计算机科学行业中的女性比例仍然很低。数字化反过来又影响社会,从而对性别关系产生影响,例如使用算法系统来评估劳动力市场机会。

(二)平等的自我实现的机会:获取、使用、设计

与《第一次性别平等报告》和《第二次性别平等报告》一样,专家委员会遵循阿马蒂亚·库马尔·森自我实现机会的准则。他认为,平等意味着"……一个不论哪个性别都有平等自我实现机会的社会;一个在生活过程中和社会转型过程中机会和风险都平等分配的社会。"(阿马蒂亚·库马尔·森,2000)这一准则超越了形式上的平等机会,例如申请一个信息和通信技术部门职位的可能性。更多的是,它意味着一个人可以真实地自主选择自己的生活,例如求职程序中没有关于女性和男性对技术理解的偏见,或者信息和通信技术部门的工作要求和工作时间允许员工能同时兼顾到照料家庭。自我实现机会的原理符合目前《德意志联邦共和国基本法》(简称《基本法》)中对平等和消除歧视的理解(第3条第2款和第3款):消除现有的结构性不利因素和促进实质性性别平等。

在数字化的背景下,人们对性别平等的理解往往仅限于对笔记本电脑或互联网的使用权,但平等的自我实现的机会其实意味着更多:

1.确保男女可以平等地获得相关的资源和服务,例如设备或互联网接入、数字化主题的知识、实现在时间和地点上的灵活性、自主决定如何处理数据的能力。

2.消除结构性障碍,实现以平等为导向的数字技术应用,例如,通过提

供良好的儿童保育设施来防止远距离办公中家庭护理工作的分配不公,或颁布保护女性免受歧视的法规,这也包括网络平台工作和社交媒体使用的框架内出现的数字暴力。

3. 努力实现以性别平等为导向的规划设计,例如,在开发新技术时、内部决议用机器人替代工作时或决议促进创新技术的公共资助金时。

五、使数字化进程服务于性别平等:分析和行动建议

在此背景下,专家委员会在报告中分析了各领域数字转型的框架条件和效果。

对数字化十分重要的领域

这些领域的结构如同一个洋葱的横切面。

1. 数字产业(信息和通信技术)相当于洋葱的核心。这里是数字技术——如计算机硬件和软件——生产和销售的地方。

2. 数字经济是包裹着洋葱核心的那一层。数字经济的突出特点是新的商业模式,如果没有数字产业的发展,这些商业模式就不会存在,平台经济就是一个典型的例子。

3. 数字化经济。这一层的洋葱包括所有使用了越来越多信息与通信技术的经济活动。现有的业务流程正因此而发生重大变化,例如,超市的自助收银台或护理领域的电子文件系统。

4. 社会的数字化构成了洋葱的最外层。这一层主要着眼于那些渗透到社会生活方方面面的数字技术,甚至超越了有偿就业和私人生活的界限。例如,社交媒体在职业和私人日常生活中的使用或数字暴力的日益蔓延。

专家委员会主席艾瑟尔·约卢托克教授在提交报告时说道:"数字化为我们打开了一个机会之窗。在这个看似纯技术性的发展过程中,我们能够让普遍的性别关系显露出来,我们也必须这样做,质疑性别陈规观念,并且重新协商权力关系。我们在性别平等方面是否能够取得进步,取决于框架条件和

数字转型的设计。"《第三次性别平等报告》为此提出了许多建议。基于其分析结果，委员会共制定了101项行动建议。一方面，它确定了广泛的研究需求，例如在网络平台工作中的性别关系、数字产业中的创业和个体户以及数字暴力；另一方面，委员会确定了从行政部门、司法部门、立法部门以及私营经济出发的行动需求。

笔者将在下文中用数字产业、社会数字化和性别平等政策结构这三个领域的例子来说明性别关系、性别平等和数字化之间的联系。

（1）数字产业

尽管已经有过许多倡议和支持项目，但女性在数学、信息学、自然科学和科技相关科目（MINT科目）的职业培训和大学教育中的比例仍然很低。以计算机科学为例，在过去20年里，一年级女生的比例从17%只上升到20%，而毕业生的女生比例则从12%上升到20%。[1] 妇女在数字和信息通信技术部门的就业比例也一直很低，仅为16%。（卡塔琳娜·登格勒、布里塔·马修斯，2020）德国初创企业创始人的男女比例也是如此（德国初创企业协会，2019）。女性比例低，行业缺乏多样性，例如在民族血统、社会背景或身体能力方面，这些都会影响对技术的设计塑造。片面单一的开发团队（例如通常只有异性恋的白人男性）往往有片面的观点（主要基于自己经验世界构建的所谓的"我的方法论"）。[2]

这一行业缺乏多样性的原因有很多。女性创业比例低的一个原因是缺少获得起步资本的机会。男性团队得到商业天使投资的可能性（22%）比女性团队（10%）大得多，风险资本也是如此，因为理想（男性）企业家的模式

---

[1] 联邦统计局引用伊夫·让雷诺（2020）：《STEM学科，为什么不呢？关于女性在科学、技术、工程和数学领域，特别是信息和通信技术领域占比例低的探究，其原因，现有措施的有效性和行动建议》；Destatis, zitiert nach Jeanrenaud, Yves (2020): MINT. Warum nicht? Zur Unterrepräsentati-on von Frauen in MINT, speziell IKT, deren Ursachen, Wirksamkeit bestehender Maßnahmen und Hand-lungsempfehlungen. Expertise für den Dritten Gleichstellungsbericht der Bundesregierung, Geschäftsstelle Dritter Gleichstellungsbericht der Bundesregierung, Berlin, S. 15 ff.

[2] 例如，在视频会议中，声调较高的妇女会处于不利地位。声音是通过算法进行传输的。然而，马格德堡大学的一项研究显示，现行的编码程序在某些较高的频率上会大大削弱与会者声音的音量。因此，视频会议中女性的声音会显得不如男性声音有魅力。

是硅谷，而硅谷是由风险资本推动的。这种刻板印象对数字产业内初创企业的财务支持的选择和资助标准产生了影响。甚至在国家级的资助项目中无疑也是男性团队领先（德国初创企业协会，2019）。

妇女在该行业比例低的另一个原因是高跳槽率。与男性相比，女性离开这个行业的速度要快得多（克里斯蒂安·霍亨丹纳，2020）。其原因远远超出了大学的平等入学条件或职场的招聘需求所涵盖的。例如，凯伦·霍尔茨布拉特和尼古拉·马斯登等专家指出，这一行业的工作文化可称为"英雄文化"。例如，在完成或"拯救"一个项目时，需要超长的工作时间（凯伦·霍尔茨布拉特、尼古拉·马斯登，2018）。尽管数字行业普遍采用灵活管理方式，例如等级扁平化和严格限制时间的工作周期，这本身对那些需要照顾家庭的员工是非常有利的。同时，也存在一种危险，即时间上的压力使人们没有空间去反思陈旧的思维方式或结构（巴尔贝尔·莫斯、格特鲁德·施拉德，2020）。

为了推动数字行业向积极的方向转变，专家委员会认为需要进行范式转变，从"修复女性"到"修复企业"，也就是说，不是单纯让女性群体奋发图强，使其更适应数学、信息学、自然科学和科技行业要求，而是在根本上调整职业教育文化、工作文化和组织文化，使之不与性别平等原则相悖，这包括以性别平等为导向来进一步发展灵活的工作方式，例如，通过委托"性别多样性专员"来关注团队的组成并及时发现和消除在性别上陈旧的偏见和排外问题。另外，必须对初创企业的资助方案进行评估，使其适应性别平等的原则；这里涉及资助评审过程的设计以及评审委员会的组成，因为是他们来制定资助项目和资助金的细则。但这也涉及究竟如何理解创新创业这个问题，到目前为止依然缺乏社会技术方面的理解，而且还必须考虑到技术发展本身。在这一点上，专家们建议促进参与性的技术设计，并为数字和信息通信技术部门引入具有法律约束力的标准。[1]

---

[1] 参见关于针对数字行业的行动建议（2021）；Zu den Handlungsempfehlungen für die Digitalbranche vgl. Bundesregierung (2021): Dritter Gleichstellungsbericht. BT-Drucksache 19/30750, Berlin, S. 114 ff。

（2）社会数字化

在德国有4300万人使用社交媒体，数字网络有多种用途，比如进行休闲活动、发表政治观点和找工作。在一项叫作"D21"倡议活动的相关研究中，超过三分之一的受访女性和男性表示，不得不下载某些应用程序或社交媒体，才能避免在任何职业或私人生活上处于劣势（D21倡议注册协会，2020）。虽然接触社交媒体最开始是低门槛的，但其使用情况因性别和年龄而异。女孩和妇女更偏向使用社交媒体进行交流；她们在照片墙（Instagram）、"阅后即焚"（Snapchat）和TikTok上特别活跃。男孩和成年男性更经常使用社交媒体来玩游戏和获取信息；他们主要活跃在YouTube和推特（Twitter）上（玛雅·格茨、伊丽莎白·普罗默，2020）。

社交媒体的使用在多大程度上能够脱离性别的影响，这一点取决于不同的框架条件，比如取决于算法是否构成歧视、关乎性别的数字暴力是否限制用户自我实现的机会等。例如，在社交媒体中，有可能使用推荐算法来显示专门针对某一性别的招聘广告（性别定位/定向广告），比如某些广告是只有男性才能看到。此外，有的招聘广告只能付费高级账户持有人可见，很明显高收入群体就在招聘过程中占据了优势地位。

针对妇女和性少数群体的仇恨言论和其他数字暴力导致受害者在社交媒体上的活动减少甚至不再活跃（"沉默"）。德国国际培幼会调查结果显示，在德国有70%的女孩已经在网上遭遇过骚扰、侮辱或威胁（德国国际培幼会，2020）。为了保护自己，许多网络用户会特别注意自己发布的内容以及发布的方式。在职业上离不开互联网的人也有可能遭遇数字暴力。例如，相比于男性，女性YouTube网红会收到更多的负面视频评论（包括性别歧视、种族主义和性攻击的仇恨言论）（尼古拉·多林、M.罗汉吉斯·莫赫塞尼，2020）。

尽管社交媒体使互动和自由设计成为现实，并为性别和政观点的多样化表现开辟了空间，但它们却再次制造了传统的性别陈规定型观念。这一点在Instagram上体现尤为明显，但其他社交媒体上也有着很多所谓不同性别标准化的身体形象。在发布照片时，94%的女性和87%的男性至少使用了一项P图效果，也就是通过使用滤镜应用程序对照片进行编辑（德国国际培幼会，2019）。

根据目前的研究，专家委员会确定了导致社交媒体中性别定型观念的四个问题领域：广告为陈规定型的性别偏见和相关网红注入资金、含有歧视的推荐性算法、男性主导的生产文化、数字暴力。

专家委员会建议推广榜样人物和积极案例。年轻人尤其需要可让他们参照学习的性别、身体和生活方式的多样化表现。传播这种多样性的项目和活动值得各方提供资金上的支持。此外，必须改变生产文化，曝光率低的群体的活跃分子应得到额外的支持，还需要对社交媒体制作方面的决策者展开专门培训，让更多的年轻受众对多样性和政治参与感兴趣。最后还应拓宽媒体教育：有必要进行提高媒体素养的教育培训和宣传，这里的媒体素养应包含对性别角色的反思并着力宣传对身材自信的生活态度，以及时刻反思地使用社交媒体。①

社会的数字化也提出了如何处理基于性别的数字暴力的问题，因为新技术使得基于性别的暴力出现了新特性。在这个过程中，模拟空间和数字空间的界限变得模糊不清。因为一方面，跟踪器和窃听应用程序等数字工具的存在，简化和扩大了在"真实"世界使用暴力的可能性。另一方面，数字空间中也存在着暴力，例如在色情网站上传裸体照片或在互联网上公布私人信息。针对这些问题，专家委员会建议学习有关数字暴力的知识：需要增强咨询中心、警察局、相关执法和监管机构以及司法部门对抗数字暴力的能力，建立一个暴力受害者保护和帮助系统，应对基于性别的数字暴力带来的挑战。针对性别相关数字暴力的受害者应迅速提供帮助，去除冗杂繁琐的程序。最后，平台运营商必须在打击数字暴力方面承担起义务，包括上报义务和证据收集义务，以便能够更好地识别嫌疑人并追究其

---

① 参见关于针对社交媒体的行动建议；Zu den Handlungsempfehlungen für Soziale Medien vgl. Bundesregierung (2021): Dritter Gleichstellungsbericht. BT-Drucksache 19/30750, Berlin, S. 195 ff。

责任。

社会数字化的另一个主题是要求数据保护和信息技术安全也服务于性别平等，这与《基本法》中规定的保护信息自决权、保证信息技术系统的保密性和完整性以及保护免受歧视的权利相一致。

（3）性别平等政策结构

专家报告还涉及性别平等政策结构和工具。在上文提到的洋葱示图中，政策结构和工具是促使数字转型服务于性别平等的"温床"，它们为在数字化背景下切实实现男女机会平等创造了框架条件。

在性别平等政策结构和工具方面，可以说该报告是第一份和第二份性别平等报告的后续，前两份报告已经包含了相应的建议，如加强以性别平等为导向的影响评估或引入性别平等战略。并且有一些战略工具已经开始启动了，例如 2020 年 7 月公布的跨部委性别平等战略[①]和 2021 年 5 月正式生效的用于建立联邦性别平等基金会的法律。而其他手段，如促进性别平等的预算管理或性别平等影响评估，都完全没有或几乎没有实施。

一方面，专家委员会建议加强现有促进性别平等的手段政策。另一方面，专家认为，性别平等政策的手段和结构必须满足数字化的要求。这包括，将跨部委性别平等战略和数字化相关战略结合起来。根据这一要求，需尤其注意联邦政府发布的"打造数字化"战略，系统地审查其对性别平等的影响并作出相应调整，例如在人工智能或数字学习等方面。最后，抗击新冠疫情的经验表明为了纳入不同的观点和经验，在决策委员会的组成中注意性别均等极其重要，这一点也适用于处理数字化问题的委员会。

专家委员会还敦促，国家为推动数字化投入大量资金，分配这些资金时应注意其对性别平等的影响。为此，委员会建议，对 2021 年联邦预算中与数

---

① 参见德国联邦家庭、老年、妇女与青年事务部（2020）《联邦政府性别平等战略》；BMFSFJ-Bundesministerium für Familie, Senioren, Frauen und Jugend (2020c): Gleichstellungsstrategie der Bundesregierung, Berlin. Down-load at: https://www.bmfsfj.de/resource/blob/158356/b500f2b30b7bac2fc1446d223d0a3e19/gleichstellungsstrategie-der-bundesregierung-data.pdf。

字化有关的支出进行性别预算分析以制定未来预算分配的准则；另外还有其他方面的建议，比如数字化背景下服务于男女平等的法规影响评估需要有约束力的规定，以及制定以性别平等为导向的技术评估的标准化程序。最后一点同样也十分重要，就是将数字化作为一个主题纳入新的联邦性别平等基金会中。①

六、性别平等政策指导周期

专家委员会主席艾瑟尔·约卢托克教授在提交报告时说道："数字化为我们打开了一个机会之窗。在这个看似纯技术性的发展过程中，我们能够让普遍的性别关系显露出来，我们也必须这样做，质疑性别陈规观念，并且重新协商权力关系。我们在性别平等方面是否能够取得进步，取决于框架条件和数字转型的设计。"《第三次性别平等报告》为此提出了许多建议。委员会基于分析结果共制定了101项行动建议。一方面，它确定了广泛的研究需求，例如在网络平台工作中的性别关系、数字产业中的创业和个体户以及数字暴力。另一方面，委员会确定了从行政部门、司法部门、立法部门以及私营经济出发的行动需求。

因此，定期地进行性别平等报告是实施性别平等的有效体制机制框架中的一个重要因素。性别平等报告旨在支持政府制定和实施一项经过实际验证的、一以贯之的、以目标和影响为导向的性别平等政策。例如，《第二次性别平等报告》的结论就曾被纳入基民盟、基社盟和社民党联合政府的组阁协议内容中，也被收入2020年首次通过的联邦政府跨部委性别平等战略②。另外，

---

① 参见关于针对数字行业的行动建议（2021）；Zu den Handlungsempfehlungen für die Digitalbranche vgl. Bundesregierung (2021): Dritter Gleichstellungsbericht. BT-Drucksache 19/30750, Berlin, S. 225 ff。

② 英文版联邦政府性别平等战略的相关信息下载网址 Informationen über die Gleichstellungsstrategie der Bundesregierung in englischer Sprache, Download at: https://www.gleichstellungsstrategie.de/rgs-en。

性别平等报告中的总结反过来也是对政府政策实施效果监测的一部分。①

目前由社民党、绿党和自民党组成的联合政府也采纳了《第三次性别平等报告》中的部分行动建议，例如关于帮扶女企业家的措施或数字暴力问题。② 根据《第三次性别平等报告》中关于数字化专题的认识和建议，跨部委的性别平等战略将继续进行。

联邦性别平等基金会是性别平等政策指导周期的另一块重要基石。该基金会成立于2021年5月，是根据公法设立的基金会，总部设在柏林。该基金会的目标是加强和促进德国的性别平等。根据法律草案，联邦性别平等基金会有以下任务：

- 收集、处理和提供有关性别平等主题的信息、数据和事实，并在必要时委托外部组织进行研究。
- 参与并支持全国范围内关于性别平等问题的公共讨论。
- 加强实际的性别平等工作，特别是通过向行政部门、民间社会、科学界和商界提供关于制定解决方案及其实施的建议。
- 制定和测试实现平等的创新措施，包括酌情采取相关的奖励措施。
- 联合联邦、各州、地方当局、民间社会、学术界和商界的力量。
- 支持性别平等政策倡议，特别是把基金会作为民间社会交流的平台，为性别平等倡议提供一个开放的场所。

联邦基金会将接管性别平等报告的编制工作。

参考文献

1. BMFSFJ – Bundesministerium für Familie, Senioren, Frauen und

---

① 内容详见 Ausführlich dazu: https://www.dritter-gleichstellungsbericht.de/de/topic/69.die-gleichstellungsberichte.html.

② 参加德国社民党（SPD）、绿党和自民党（FDP）2021至2025年联合执政周期的组阁协议：《敢于进取：为实现自由、公正和可持续化而努力的联盟》；Koalitionsvertrag 2021–2025 zwischen der Sozialdemokratischen Partei Deutschlands (SPD), BÜNDNIS 90/DIE GRÜNEN und den Freien Demokraten (FDP) (2021): Mehr Fortschritt wagen. Bündnis für Freiheit, Gerechtigkeit und Nachhaltigkeit. Download at: https://www.spd.de/fileadmin/Dokumente/Koalitionsvertrag/Koalitionsvertrag_2021-2025.pdf.

Jugend (2011): Neue Wege – Gleiche Chan-cen. Gleichstellung von Frauen und Männern im Lebensverlauf. Erster Gleichstel-lungsbericht der Bundesregierung. BT-Drucksache 17/6240, Berlin, S. 30 sowie zentrale Ergebnisse und Handlungsempfehlungen in englischer Sprache, Download at: https://www.gleichstellungsbericht.de/kontext/controllers/document.php/60.3/0/882dd1.pdf. (德国联邦家庭、老年、妇女与青年事务部：《新途径——机会平等：生命历程中的性别平等》，《联邦政府第一次性别平等报告》)

2. Bundesministerium für Familie, Senioren, Frauen und Jugend (BMFSFJ) (2017): Zweiter Gleichstellungsbericht der Bundesregierung. BT-Drucksache 18/12840, Berlin, S. 215ff., Download at: https://www.bmfsfj.de/resource/blob/117916/7a2f8ecf6cbe805cc80edf7c4309b2bc/zweiter-gleichstellungsbericht-data.pdf. (德国联邦家庭、老年、妇女与青年事务部：《联邦政府第二次性别平等报告》)

3. Bundesverband Deutsche Startups e. V. (2019): Female Founders Monitor 2019, Berlin, S. 38; Bundesregierung (2021): Dritter Gleichstellungsbericht. BT-Drucksache 19/30750, Berlin, S. 119.（德国初创企业协会：《女性初创企业家监测数据》）

4. Initiative D21 e. V. (2020): Digitales Leben. Rollenbilder und Geschlechterunterschiede im Privaten, Professi-onellen und im Zwischenmenschli-chen, Berlin, S. 41.（D21倡议注册协会：《数字生活：私下里、工作上以及人与人之间交往上的榜样角色和性别差距》）

5. Dengler, Katha-rina/Matthes, Britta (2020): Substituierbarkeitspotenziale von Berufen und die möglichen Folgen für die Gleichstellung auf dem Arbeitsmarkt. Expertise für den Dritten Gleichstellungsbericht der Bundesregierung, Geschäftsstelle Dritter Gleichstellungsbe-richt der Bundesregierung, Berlin, S. 51f.（卡塔琳娜·登格勒、布里塔·马修斯：《职业的可替代性和其对劳动力市场性别平等的可能影响》）

6. Vgl. Döring, Nicola/Mohseni, M. Rohangis (2020): Gendered hate speech in YouTube and YouNow comments: Results of two content analyses. In: SCM 9 (1), S. 62–88.（尼古拉·多林、M. 罗汉吉斯·莫赫塞尼：《YouTube 和 YouTube 评论中的性别化仇恨言论：两个内容分析的结果》）

7. Siehe auch Frey, Regi-na/Lange, Katrin (2018): Der Zweite Gleichstellungsbericht der Bundesregierung. Impulse für diese Legislaturperiode. In: GiP – Gleichstellung in der Praxis, 3/2018, S. 15-21 sowie die Zusammenfassung des Zweiten Gleichstellungsberichts der Bundesre-gierung in englischer Sprache. Download at: https://www.bmfsfj.de/resource/blob/122438/4ba437d4515ba928d1c03d31e67d4d3a/zweiter-gleichstellungsbericht-der-bundesregierung-eine-zusammenfassung-englisch-data.pdf.（雷吉娜·弗雷、卡特琳·朗格：《德国联邦政府第二次性别平等报告——针对本次联邦议会任期的建议》）

8. Götz, Maja/Prommer, Elisabeth (2020): Ge-schlechterstereotype und Soziale Medien. Expertise für den Dritten Gleichstellungsbericht der Bundesregierung, Geschäftsstelle Dritter Gleichstellungsbericht der Bundesregierung, Berlin, S.70.（玛雅·格茨、伊丽莎白·普罗默：《性别方面陈规定型观念和社交媒体》）

9. Hohendanner, Christian (2020): Geschlechtsspezifische Arbeitskräftefluktuation. Auswertungen des Be-triebs-Historik-Panels und des IAB-Betriebspanels. Im Auftrag der Sachverständigenkommission Dritter Gleichstellungsbericht der Bundesregierung, Berlin.（克里斯蒂安·霍亨丹纳：《与性别有关的劳动力流动情况：分析企业历史调查和 IAB 调查所得信息》）

10. Holtzblatt, Karen/Marsden, Nicola (2018): Retaining Women in Technology. Uncovering and Measur-ing Key Dimensions of Daily Work Experiences. In: Conference proceedings, ICE/IEEE ITMC 2018. 2018 IEEE International Conference on Engi-neering, Technology and Innovation (ICE/ITMC). Stuttgart, 17.6.2018– 20.6.2018. IEEE International Technology Manage-

ment Conference. Piscataway, NJ: IEEE, S. 1–8., S. 2.（凯伦·霍尔茨布拉特、尼古拉·马斯登：《留住技术领域的女性员工：发现和衡量日常工作经验的关键层面》）

11. Vgl. Mauß, Bärbel/Schrader, Gertrud (2020): Comput-erisierung und Frauen*arbeitsplätze – Feministische Perspektiven auf Informations- und Kommunikationstechnologien. Sicherung feministischer Wissensbestände der 1980er und 1990er Jahre. Expertise für den Dritten Gleichstellungsbericht der Bundesregierung, Geschäftsstelle Dritter Gleichstellungsbericht der Bundesregierung, Berlin; Fuchs, Johanna/Knaut, Andrea/Güney-Frahm, Irem/Spangenberg, Ulrike (2020): Unternehmenskultur, neue Arbeitskonzepte und Stereotype in der Digitalwirtschaft. Dokumentation eines Hearings der Sachverständigenkommission für den Dritten Gleichstellungsbericht, Geschäftsstelle Dritter Gleichstellungsbericht der Bundesregierung, Berlin.（巴尔贝尔·莫斯、格特鲁德·施拉德：《计算机化和女性的工作场所——信息和通信技术的女权主义视角：确保80年代和90年代的女权主义知识》）

12. Vgl. Mumford, Enid (2006): The story of socio-technical design: reflections on its successes, failures and potential. In: Information Sys-tems Journal 16 (4), S. 317–342.（伊尼德·芒福德：《社会技术设计的故事：对其成功、失败和潜力的思考》）

13. Plan International Deutschland e. V. (Hg.) (2020): Free to be online? Erfahrungen von Mädchen und jungen Frauen mit digitaler Gewalt. Zusammenfassung, Ham-burg, S. 5.（德国国际培幼会：《自由上网？女孩和年轻女性遭受网络暴力的经历》）

14. Plan International Deutsch-land e. V. (2019): Rollenbilder in den Sozialen Medien und ihre Auswirkung auf die Gleichberechtigung, Hamburg. S. 7.（德国国际培幼会：《社交媒体中的榜样形象和其对性别平等的影响》）

15. Vgl. Sen, Amar-tya Kumar (2000): Ökonomie für den Menschen. Wege

zu Gerechtigkeit und Solidarität in der Marktwirt-schaft, München: Carl Hanser Verlag.（阿马蒂亚·库马尔·森:《为人而服务的经济学：在市场经济中实现正义和团结的途径》）

（张晏 译）

作者简介

［德］乌尔里克·施潘根贝尔格，女，博士，法律工作者，柏林社会工作和社会教育研究所《联邦政府第三次性别平等报告》办事处的主任之一。

我国性别平等与反对家庭暴力的实践与思考

杜爱萍　朱晓婧

性别平等与反对家庭暴力是国际社会关注的重要议题，基于联合国的《消除对妇女一切形式歧视公约》(The Convention on the Elimination of All Forms of Discrimination aganist Women, 以下简称《消歧公约》或 CEDAW)可知，性别不平等表现为有意或无意地导致妇女处于不利地位，妨碍女性行使权利，《消歧公约》第 16 条更是直接指出应当在有关婚姻和家庭的一切事物上消除对妇女的歧视。[①] 此外，1993 年联合国颁布的《消除对妇女的暴力行为宣言》(The Declaration on the Elimination of Violence aganist Women, 以下简称《行为宣言》) 第 2 条[②] 指出，家庭暴力是历史上男女权力不平等关系的一种表现，这种不平等关系造成了男子对妇女的支配地位和歧视现象，并妨碍她们的充分发展。从上述《消歧公约》《行为宣言》来看，家庭暴力是性别不平等的问题之一，解决家庭暴力问题，可以促进性别的实质平等。

对于家庭暴力问题，学界已经做了以下有益的探索：有学者从遏制家庭暴力的角度，探讨了警察权的行使问题（张彩凤、沈国琴，2009）；有学者认为，对于家庭暴力犯罪案件的量刑，要考虑其特殊情形，法律效果与社会效

[①]《消除对妇女一切形式歧视公约》第 16 条："缔约各国应采取一切适当措施，消除在有关婚姻和家庭关系的一切事项上对妇女的歧视，并特别应保证她们在男女平等的基础上：(a) 有相同的缔婚权利……"。参见刘伯红、刘小楠编著《〈消除对妇女一切形式歧视公约〉导读》，中国政法大学出版社 2022 年版，第 71—72 页。

[②]《消除对妇女的暴力行为宣言》第 2 条："对妇女的暴力行为应理解为包括但不仅限于下列各项：(a) 在家庭内发生的身心方面和性方面的暴力行为，包括殴打、家庭中对女童的性凌虐、因嫁妆引起的暴力行为……"。参见联合国新闻部《联合国与提高妇女地位（1945—1995 年）》，联合国复制科印制 1995 年版，第 537 页。

果要相统一（黄尔梅，2000）；有学者认为，家庭暴力问题的治理需要政府与社会的合力，政府应加大管理力度，构建社会协作防控体系，加强反对家庭暴力的宣传与教育、提升女性的权利保护意识（汪萍、童星，2011）；有学者认为须注意家庭暴力的特殊性，通过联合防治的手段对其加以综合干预（张智慧，2016）；有学者认为，可借鉴国外经验进一步完善反对家庭暴力的政策法规，如用性别与人权理论丰富反对家庭暴力的政策框架、明确反对家庭暴力的协调责任、提高妇女的参政比例以及树立性别平等的新家庭美德等（郭夏娟、郑熹，2017）；有学者通过对中国裁判文书网中涉家庭暴力案的二审判决书进行分析，总结了目前反家庭暴力工作中存在的各种问题并提出解决建议（蒋月，2019）。学界的研究为反对家庭暴力提供了理论支撑，促进了我国反对家庭暴力事业的发展。但学界鲜少将性别平等与反对家庭暴力问题相结合进行研究。本文立足反家庭暴力的民事立法和司法实践，分析实践中存在的不足，并对未来的工作提出了展望和思考，以期促进实质的性别平等。

一、促进性别平等与反对家庭暴力面临的挑战

随着社会的发展、人类文明的进步，促进性别平等与反对家庭暴力工作都取得了很大的进展，但随着新冠疫情的暴发，全球性别差距有所加剧，家庭暴力现象也更加严重。

（一）全球性别差距有所加剧

性别差距一直都是国际社会关注的重要话题，新冠疫情的暴发进一步加剧了性别差距。世界经济论坛（World Economic Forum，简称 WEF，又称达沃斯论坛）《2021 年全球性别差距报告》（Global Gender Gap Report 2021，以下简称《差距报告》）数据显示，受新冠疫情影响，实现全球性别平等的时间已经从 99.5 年增加到了 135.6 年①。该《差距报告》也显示，疫情对女性的

---

① 世界经济论坛：《全球性别差距报告（2021 年）》，2021 年 3 月 30 日，见 https://www.weforum.org/。

影响更大，主要表现在以下几个方面：一是女性的失业率高于男性。数据显示，疫情期间女性的失业率高于男性失业率1.1个百分点。二是女性负担加重。疫情期间，由于社会照护机构的关停，女性花在照顾家庭上的时间增加，负担加重，导致其压力更大[①]。德勤（Deloitte）的《2021职场女性调查》也显示疫情使女性面临更大的困境，数据表明，全球女性对工作效率、满意度和积极性评定为"良好"的比例由疫情前的75%下降到不足50%；有23%的受访女性表示，受新冠疫情影响，正考虑离职或有可能离职[②]。

（二）全球家庭暴力现象更为严重

联合国妇女署2020年报告显示，2019年全世界有2.43亿15至49岁的女性遭遇过来自亲密伴侣的性别暴力。同时报告也指出，2020年疫情使全球约40亿人居家隔离，这会加剧家庭暴力的发生。如果不对此问题加以解决，家庭暴力的激增将进一步加剧性别不平等，从而造成经济损失。在疫情发生前，据估算，家庭暴力可能会造成约1.5万亿美元的经济损失，疫情导致的家庭暴力的激增将使损失更为严重[③]。

二、我国促进性别平等与反对家庭暴力的实践

从前文可知，疫情使全球的性别不平等和家庭暴力问题更为严重，促进性别平等与反对家庭暴力均遇到严峻挑战。尽管如此，为反对家庭暴力，进而推动性别平等，我国做出了诸多努力，积累了不少经验，尤其在民事立法和司法领域表现显著。具体如下：

（一）民事立法方面

我国法律将男女平等作为基本国策，男女平等的精神亦贯彻于立法始终，

[①] 世界经济论坛：《全球性别差距报告（2021年）》，2021年3月30日，见 https://www.weforum.org/。
[②] 德勤（Deloitte）：《2021年职场女性调查报告》，2021年6月4日，见 https://www2.deloitte.com/cn/zh.html。
[③] 联合国妇女署：《新冠大流行折射下的"家暴"问题》，2020年7月21日，见 http://news.un.org/zh/story/2020/07/1062671/。

并在诸多法律中得到体现。在整个法律体系中,《中华人民共和国民法典》（以下简称《民法典》）的诞生标志着我国正式进入民法的法典化时代,其作为规定民事权利的基本法律,对促进性别平等和反对家庭暴力均发挥着举足轻重的作用。除此之外,为遏制家庭暴力行为,使反家庭暴力工作更好地开展,我国还制定了专门的《中华人民共和国反家庭暴力法》（以下简称《反家庭暴力法》）。

1.《民法典》中的性别平等与反对家庭暴力

《民法典》是民事生活领域的基本法律,亦是促进性别平等、反对家庭暴力的民事基本法律。有关促进性别平等与反家庭暴力的规定在《民法典》总则、人格权以及婚姻家庭部分的立法中均有体现。

（1）规定了民事领域的平等原则。《民法典》第一编总则第一章第四条规定:"民事主体在民事活动中的法律地位一律平等。"此条规定彰显了民事主体,无论男女的民事权利能力、地位一律平等,且平等地享有权利负担义务、平等地适用法律以及受法律保护。平等原则是《民法典》的基本原则,亦是促进性别平等、反对家庭暴力在民事领域的最高原则。

（2）人格权禁令的确立。《民法典》第四编人格权第一章第九百九十七条明确地规定了民事主体的人格权正在被违法行为侵害或者即将被侵害时,有权向法院申请人格权禁令。[1]家庭暴力是严重的侵害受害人人格权的行为,囿于《反家庭暴力法》规定的适用对象范围,在实务中,无共同生活的前配偶等实施的暴力行为很难得到有效规制。[2]因此,《民法典》的人格权禁令规定有效地扩大了暴力侵害或者即将侵害当事人人格权的保护范围,对于反家庭暴力,有效保护民事主体的人格权提供了强有力的法律支持。《民法典》生效后,部分地方的司法实践证明了人格权禁令的积极意义。如重庆江津区法院

---

[1] 《中华人民共和国民法典》第九百九十七条:"民事主体有证据证明行为人正在实施或者即将实施侵害其人格权的违法行为,不及时制止将使其合法权益受到难以弥补的损害的,有权依法向人民法院申请采取责令行为人停止有关行为的措施。"

[2] 2022年10月30日修订通过的《中华人民共和国妇女权益保障法》已对此问题作出回应。

发出的首份人格权侵害禁令，克服了《反家庭暴力法》适用对象的限制，有效地保护了暴力的受害者。①

（3）明确规定性别平等与反家庭暴力系列制度。《民法典》明确促进性别平等与反对家庭暴力的规定集中体现在第五编婚姻家庭，第五编既有明文规定性别平等与反对家庭暴力的条款，如第一章中第一千零四十一条与一千零四十二条直接明确规定"男女平等"和"禁止家庭暴力"；②也有倡导性的关于性别平等与反对家庭暴力的规定，如第三章第一千零四十三条中的"优良家风""家庭美德""互相尊重"等规定。③除此之外，在第五编的第四章"离婚"立法部分，第一千零七十九条规定法院在离婚案件调解无效时，实施家庭暴力是应当准予离婚的条件之一。第一千零八十七条规定，离婚时，夫妻对共同财产分割无法达成协议的，照顾无过错方是法院分割共同财产的原则之一。第一千零九十一条规定，实施家庭暴力导致离婚的，无过错方有权请求损害赔偿。毋庸置疑，这些规定在规范婚姻家庭关系时，对促进性别平等与反家庭暴力均发挥着非常重要的作用。

当然，在立法过程中，为保护婚姻家庭稳定，保护婚姻当事人和未成年人，进而促进性别平等与反家庭暴力，《民法典》首次规定了登记离婚冷静期。对于该制度，学界争议颇大，尤其是离婚冷静期是否应该规定适用的例外情形，如当事人遭遇家庭暴力等。但不可否认的是，离婚冷静期对于维护婚姻家庭稳定的意义重大。其一，其回应了我国的现实需求。民政部的数据显示，我国离婚率自 2016 至 2020 年均呈上升趋势，尽管 2020 年回落至 3.1‰，但同期结婚率也从 8.3‰ 跌至 5.8‰。④ 可见，我国的离婚率仍然较高。高离婚率

---

① 任然、李伶俐：《重庆江津区法院发出首份人格权侵害禁令》，《中国妇女报》2021 年 3 月 31 日。
② 《中华人民共和国民法典》第一千零四十一条第二款："实行婚姻自由、一夫一妻、男女平等的婚姻制度"；第一千零四十二条第三款："禁止家庭暴力。禁止家庭成员间的虐待和遗弃"。
③ 《中华人民共和国民法典》第一千零四十三条："家庭应当树立优良家风，弘扬家庭美德，重视家庭文明建设。夫妻应当互相忠实，互相尊重，互相关爱；家庭成员应当敬老爱幼，互相帮助，维护平等、和睦、文明的婚姻家庭关系。"
④ 中华人民共和国民政部：《2020 年民政事业发展统计公报》，2021 年 9 月 10 日，见 https://www.mca.gov.cn/article/sj/tjgb/。

固然受经济社会发展、婚姻观念变化等因素的影响，但轻率离婚仍是较为重要的原因之一。因此，离婚冷静期可使当事人离婚时"冷静思考"，有效缓解轻率离婚现象，进而维护婚姻关系的稳定。其二，离婚冷静期在我国具备充分的实践基础。为阻却轻率离婚，我国早在1994年的《婚姻登记管理条例》中即规定了一个月的离婚审查期，但离婚审查期制度对于离婚事项的规定较为笼统，需要更为细化的规定。从地方实践来看，浙江省慈溪市试行由婚姻登记机关适用的预约离婚制度，天津市由市妇联推动实施的"试离婚"制度以及各地基层法院开展的冷静期试点都取得了较好的实践效果。

2.《反家庭暴力法》中的性别平等与反对家庭暴力

2015年，我国通过了《反家庭暴力法》，该法的通过在我国促进性别平等与反对家庭暴力工作中具有里程碑意义。

（1）明确了适用对象。《反家庭暴力法》明确定义了什么是家庭暴力，根据该法的规定，界定某一对象是否适用《反家庭暴力法》，须考虑是否是"家庭成员"和"家庭成员以外共同生活的人"两个要素。尽管现行的《反家庭暴力法》未对"家庭成员以外共同生活的人"的范围予以明确界定，但各地的地方立法对此都有细化和创新，如云南界定为"具有监护、抚养、扶养、寄养、同居等关系的共同生活的人"，山东界定为"具有监护、扶养、寄养、同居等关系的共同生活的人"。须注意的是，现行立法将"家庭成员以外"的人员限定于"共同生活"，给反家庭暴力在实践中适用带来一定困难，如法院签发人身安全保护令时，对是否将前配偶、前姻亲等纳入调控范围就颇具争议。实践中也反映出将前配偶、前姻亲等排除在适用主体之外，可能会引发恶性的刑事案件。

（2）明确规定告诫制度。告诫制度是反家庭暴力中的一个重要制度。《反家庭暴力法》第十六条规定，家庭暴力情节较轻的，由公安机关对施暴者予以"告诫"。告诫制度的充分运用，一方面有利于家庭暴力的受害人保存证据；另一方面，由公安机关出具告诫书也可以较为有效地吓阻家庭暴力。但在反家庭暴力实践工作的调研中，仍然有基层公安机关反映，在适用告诫制度过程中，何为"情节较轻"，如何衡量情节之轻重，法律并未予以明确规定，具体适用的公安机关工作人员极难把握，不同的执法人员可能有不同的理解，进而导致类似情形可能会出现不同的处理后果。除此之外，基层公安干警反映，在实践中，仍然存在"接警后如何处理隐私权的界限；报警后又和好，出具告诫书是否妥当"等诸多困惑，需要法律进一步加以明确和细化。

（3）明确强制报告义务主体。根据《反家庭暴力法》第十四条的规定，"学校、幼儿园、医疗机构、居民委员会、村民委员会、社会工作服务机构、救助管理机构、福利机构及其工作人员"发现无民事行为能力人、限制民事行为能力人遭受或者疑似遭受家庭暴力时，有强制报告的义务，其既有利于及时保护家庭暴力受害者，也体现出反家庭暴力是全社会的共同责任。与新修订的《未成年人保护法》相比，当无民事行为能力人、限制民事行为能力人遭受家庭暴力时，现行《反家庭暴力法》的强制报告义务主体范围仍然有扩大的空间。[①]

（4）明确规定人身安全保护令制度。人身安全保护令是《反家庭暴力法》的一大亮点，家庭暴力受害者可以通过申请人身安全保护令得到直接的救济。自人身安全保护令制度实施以来，其申请数量逐年上升，是该制度反对家庭暴力效果显著的重要体现。[②] 但是，对于人身安全保护令，《反家庭暴力法》未明确其性质。对此，学界主要有法律制裁说、行为保全说、家事非讼程序说以及折中说之争；人民法院在适用人身安全保护令上也有不同理解，有的认定为民事强制措施，而有的则认定为行为保全。此外，因为上位法未明确规定人身安全保护令的性质，一些地方立法规定：在对被申请人适用人身安全

[①] 《中华人民共和国反家庭暴力法》第十四条："学校、幼儿园、医疗机构、居民委员会、村民委员会、社会工作服务机构、救助管理机构、福利机构及其工作人员在工作中发现无民事行为能力人、限制民事行为能力人遭受或者疑似遭受家庭暴力的，应当及时向公安机关报案。公安机关应当对报案人的信息予以保密。"《中华人民共和国未成年人保护法》第十一条："任何组织或者个人发现不利于未成年人身心健康或者侵犯未成年人合法权益的情形，都有权劝阻、制止或者向公安、民政、教育等有关部门提出检举、控告。国家机关、居民委员会、村民委员会、密切接触未成年人的单位及其工作人员，在工作中发现未成年人身心健康受到侵害、疑似受到侵害或者面临其他危险情形的，应当立即向公安、民政、教育等有关部门报告。有关部门接到设计未成年的检举、控告或者报告，应当依法及时受理、处置，并以适当方式将处理结果告知相关单位和人员。"

[②] 2019年、2020年、2021年人身安全保护令签发数量分别为2004份、2169份、3356份。数据来源2019年、2020年、2021年《最高人民法院工作报告》，相关报告分别于2020年5月28日、2021年3月11日、2022年3月11日经第十三届全国人民代表大会会议通过，见 http://gongbao.court.gov.cn/。

保护令，或者被申请人违反人身安全保护令时，其将被适用失信联合惩戒。调查显示，部分寻求有关部门救助的家庭暴力受害者，因担心施暴者的信用影响家人而不愿申请人身安全保护令的现象不容忽视。

（5）明确规定各主体的职责。《反家庭暴力法》明确规定了各部门、组织在反家庭暴力工作中的职责，以保障反家庭暴力的效果。因反家庭暴力是一个系统工程，其通常涉及报警、救助、就医、法律援助等众多工作，部门之间的协调、联动尤为重要，特别是对于危险性高、伤害后果严重的家庭暴力案件，机构间的协同更不可或缺。现行立法仍有可完善空间，即在明确规定各主体职责的同时须明确规定多部门联动机制，而且，如何打通多部门的联动也是理论和实务须思考的问题。

（二）司法方面

在司法方面，反对家庭暴力，促进性别平等实践亦取得了重大进展。主要反映在以下几方面：

1.家庭暴力案件举证难问题的应对

根据我国民事诉讼证明责任分配规则，在家庭暴力案件中，家庭暴力受害者主张遭受家庭暴力需要提供相应的证据。但是，对家庭暴力受害者而言，举证困难是实务和理论界公认的难题之一。理由如下：其一，因为家庭暴力发生在具有一定私密性的场所，外人一般无法目睹家庭暴力场景。当双方当事人对是否存在家庭暴力各执一词时，一般没有证人证言作支撑。即便有证人存在，当需要出庭作证时，也会因为各种原因不愿作证。其二，家庭暴力案件中，当事人最先接触到的公权力部门一般是公安机关，公安机关的出警记录、告诫书等可作为法院认定家庭暴力事实存在的重要证据。可现实中，家庭暴力发生之时，被施暴者难以及时向公安机关报警求救，而事后报警，在没有相关证人而施暴者又极力否认的情况下，警察单凭受害人的陈述，很难对事件准确定性，自然也就不会出具相应的文书[①]。其三，家庭成员之间存

[①] 参见石春雷《德国表见证明理论在家庭暴力民事诉讼中的适用》，《大连理工大学学报（社会科学版）》2018年第6期。

在着特殊的情感,很少有被施暴者在第一次遭遇家庭暴力时立即向司法机关寻求法律的帮助,更不会想到收集保存相关证据,其向法院起诉一般是无法忍受、别无他法时的选择,但此时很多证据已经遗失或损坏,法院难以认定家庭暴力是否存在。不可否认,有的被施暴者有诊疗记录,诊疗记录当然可以作为一项重要证据,并且获取相对容易,但是,如果相关医务工作人员没有反家庭暴力意识,诊疗记录或许只能证明其受到过伤害,其为何受伤、伤为何人所致却无法证明,而这才是证明的难点所在。

对此,最高人民法院联合全国妇联、教育部等发布了《关于加强人身安全保护令制度贯彻实施的意见》(法发〔2022〕10号),该《意见》提出依法、及时、有效保护受害人原则,并指出家庭暴力具有私密性、突发的特点,应提高家庭暴力案件受害者的证据意识并指导其及时保存与提交证据。此外,该《意见》还指出,公安机关应注重搜集和固定证据,并应配合人民法院依职权调取证据。①

此外,最高人民法院发布了《关于办理人身安全保护令案件适用法律若干问题的规定》(法释〔2022〕17号,以下简称《规定》),该《规定》不仅明确规定受害者可申请人民法院调查收集证据以及人民法院可依职权主动收集证据,还明确规定了证据的形式以及证据标准。据该《规定》,申请人提交的证据可证明面临家庭暴力"较大可能性"的,人民法院即可作出人身安全保护令,将人身安全保护令申请与一般的民事诉讼案件证明规则相区别,降低了家庭暴力案件在申请人身安全保护令过程中的证据要求,更有利于保护家庭暴力受害者。并且该《规定》明确列举了10种证据形式,不仅可以有效指导审判实践,某种意义上也将为家庭暴力受害者留存证据、收集证据提供清晰的指引。②

2. 充分考虑家庭暴力犯罪案件中的防卫因素和过错责任

为了准确认定家庭暴力犯罪案件中的正当防卫因素,最高人民法院、最

---

① 参见最高人民法院、全国妇联、教育部、公安部、民政部、司法部、卫生健康委《关于加强人身安全保护令制度贯彻实施的意见》(法发〔2022〕10号),2022年3月5日,见 https://www.court.gov.cn/。
② 参见最高人民法院《关于办理人身安全保护令案件适用法律若干问题的规定》(法释〔2022〕17号),2022年7月14日,见 https://www.court.gov.cn/。

高人民检察院、公安部、司法部印发了《〈关于依法办理家庭暴力犯罪案件的意见〉的通知》(法发〔2015〕4号,以下简称《通知》)。根据《通知》精神,对正在进行的家庭暴力采取制止行为,符合刑法规定的正当防卫条件,应当认定为正当防卫,不负刑事责任。构成防卫过当的,应当负刑事责任,但应当减轻或者免除处罚。在家庭暴力犯罪案件中,应充分考虑防卫因素和过错责任,对于符合条件的以暴制暴被告人可以酌情从宽处罚。①《通知》在司法实践中得到了贯彻落实,如毛某某故意伤害案,②检察机关在全面了解案件情况的基础上,认定毛某某在面对现实、紧迫的人身危险时,取刀反击的行为属于正当防卫。综合考虑防卫手段、损害后果等因素,毛某某的行为属于防卫过当。鉴于该案由家庭矛盾引发,且毛某某有自首情节,检察机关依

---

① 参见最高人民法院、最高人民检察院、公安部、司法部印发的《〈关于依法办理家庭暴力犯罪案件的意见〉的通知》(法发〔2015〕4号)第三部分第19条:"准确认定对家庭暴力的正当防卫。为了使本人或者他人的人身权利免受不法侵害,对正在进行的家庭暴力采取制止行为,只要符合刑法规定的条件,就应当依法认定为正当防卫,不负刑事责任。防卫行为造成施暴人重伤、死亡,且明显超过必要限度,属于防卫过当,应当负刑事责任,但是应当减轻或者免除处罚。认定防卫行为是否'明显超过必要限度',应当以足以制止并使防卫人免受家庭暴力不法侵害的需要为标准,根据施暴人正在实施家庭暴力的严重程度、手段的残忍程度,防卫人所处的环境、面临的危险程度、采取的制止暴力的手段、造成施暴人重大损害的程度,以及既往家庭暴力的严重程度等进行综合判断。"第20条:"充分考虑案件中的防卫因素和过错责任。对于长期遭受家庭暴力后,在激愤、恐惧状态下为了防止再次遭受家庭暴力,或者为了摆脱家庭暴力而故意杀害、伤害施暴人,被告人的行为具有防卫因素,施暴人在案件起因上具有明显过错或者直接责任的,可以酌情从宽处罚。对于因遭受严重家庭暴力,身体、精神受到重大损害而故意杀害施暴人;或者因不堪忍受长期家庭暴力而故意杀害施暴人,犯罪情节不是特别恶劣,手段不是特别残忍的,可以认定为刑法第二百三十二条规定的故意杀人'情节较轻'。在服刑期间确有悔改表现的,可以根据其家庭情况,依法放宽减刑的幅度,缩短减刑的起始时间与间隔时间;符合假释条件的,应当假释。被杀害施暴人的近亲属表示谅解的,在量刑、减刑、假释时应当予以充分考虑。" 2015 年 3 月 5 日,见 https://www.spp.gov.cn/。

② 毛某某与王某某系夫妻,王某某酗酒,经常酒后打骂毛某某。2019 年 6 月 25 日中午,王某某得知毛某某将自己被打的事情告诉了朋友,说晚上回家要砍断毛某某的脚。于是,毛某某买了一把刀,藏在卧室衣柜内。当晚,王某某回家后在客厅一边喝酒一边打毛某某,并将菜刀放到饭桌上。因孩子哭闹,毛某某回卧室哄孩子。王某某酒后进入房间,继续殴打毛某某,说要用菜刀砍断毛某某的脚,并走出房间拿菜刀。毛某某从衣柜拿出刀向王某某身上乱砍,分别砍在王某某头顶、手臂、腹部等处。王某某夺下刀后,受伤倒地。后毛某某到王某某的二姐王某娟家求助,王某娟的丈夫报警。经鉴定,王某某损伤程度为重伤二级,毛某某为轻微伤。2019 年 6 月 26 日,浙江省江山市公安局对此案立案侦查,8 月 6 日移送检察机关审查起诉。2019 年 12 月 2 日,浙江省江山市人民检察院依据刑事诉讼法第一百七十七条第二款的规定对毛某某作出了不起诉决定。参见最高人民检察院《关于印发依法惩治家庭暴力犯罪典型案例的通知》,最高人民检察院官网,2021 年 4 月 28 日。

照刑事诉讼法规定[①]对毛某某做出了不起诉决定。[②]

三、关于促进性别平等与反对家庭暴力实践的建议和展望

前文已述,在反对家庭暴力与促进性别平等实践中,我国的民事立法和司法均取得了一系列进展,随着实践的进一步开展,在以下方面的改进与完善将会带来反家暴事业的更大的进展。

(一)立法层面

1. 离婚冷静期制度应更加科学

《民法典》已经实施了两年有余,但对于争议较大的离婚冷静期制度,目前尚未发现学术界或者实务领域对其实施效果加以全面评估。在该制度的适用过程中,如果不考虑家庭暴力等过错因素,不做任何区别的适用,毫无疑问会导致其他社会问题的出现。因此,随着《民法典》的贯彻实施,对于离婚冷静期制度,适时地、客观地评估该制度的适用效果,并考虑通过法律解释的方式列举冷静期适用的例外情形,如发生家庭暴力,尤其是严重的家庭暴力等情形,离婚冷静期将不予适用,从而更好地反对家庭暴力,实现性别平等以及《宪法》《民法典》保护婚姻自由的目的。可以预见,随着实践的深入,离婚冷静期制度也将更加科学有效。

除了评估离婚冷静期的适用效果以外,《民法典》第五编婚姻家庭之第一千零七十九条第二款涉及"家庭暴力"的规定也应加以科学评估,在法律中真正贯彻家庭暴力"零容忍"精神。

2. 法律适用对象范围应更加明确

前文已述,《反家庭暴力法》未对"家庭成员以外共同生活的人"的范围

---

① 《中华人民共和国刑事诉讼法》第一百七十七条第二款:"对于犯罪情节轻微,依照刑法规定不需要判处刑罚或者免除刑罚的,人民检察院可以作出不起诉决定。"

② 参见最高人民检察院《关于印发依法惩治家庭暴力犯罪典型案例的通知》,最高人民检察院官网,2021年4月28日。

予以明确界定，须进一步加以细化。当前，我国各地的反家庭暴力地方立法对此已经有了诸多创新。国家层面的立法，可以吸收地方立法的经验，用列举的方式进一步扩大法律的适用对象，并将具有前配偶、前姻亲、恋爱等关系的主体纳入家庭暴力的主体范围，但需要加以"共同生活"的条件限制，不具备"共同生活"要素的上述人员，若遭遇暴力行为的伤害，可以适用《民法典》第九百九十七条加以救济，具体由相关当事人向人民法院申请采取责令行为人停止有关行为的措施。

3. 强制报告义务主体范围应更加广泛

对于当前强制报告义务主体范围较窄的问题，可借鉴《未成年人保护法》的规定，扩大强制报告义务主体范围。一是肯定任何组织和个人有权向相关机关反映所发现的家庭暴力案件，并鼓励其行使权利；二是与家庭暴力受害者密切接触的单位或人员应当及时向相关机关报告，告知其所了解到的家庭暴力案件。通过增加强制报告义务主体，加强对受害者的保护。

4. 人身安全保护令制度应更加完善

（1）明确人身安全保护令的性质。人身安全保护令的性质多有争议，不同的理解会导致不同的结果。因此，可以明确将其界定为一种行为保全措施。将人身安全保护令界定为行为保全，可避免信用联合惩戒的滥用，减少被施暴者申请人身安全保护令时的顾虑，从而更有效保护其人身权利。

（2）明确失信联合惩戒制度适用范围。失信联合惩戒制度有利于提高整个社会的诚信治理水平，但是，在家庭暴力治理领域，很多遭遇家庭暴力的受害者都对施暴者遭受失信联合惩戒可能对家人带来的不利影响表达了担忧，因此，一部分家庭暴力的受害者选择忍受家庭暴力，而不是通过法定途径获取帮助。正因如此，应正确认识失信联合惩戒，准确定位其功能。同时，设立明确性原则与引入比例原则。一方面，通过立法明确规定可实行失信联合惩戒的范围，并对不同领域的"失信"采取不同程度的惩戒措施予以明确规定，取消当前"有关""相关"类不确定性的表达，实现失信联合惩戒工作的精细化、层次化；另一方面，引入比例原则以确保该措施与期限的合理恰当，对不同领域不同程度的"失信"设定不同的期限,保证适用的科学性与合理性。①

在反家庭暴力领域,为鼓励更多的家庭暴力受害者向社会求助,对违反人身安全保护令者不宜列入失信联合惩戒的范畴。可以预见,随着失信联合惩戒制度不断完善,适用范围的明确,将促进反家庭暴力的立法更为完善。

5.应有专门的性别平等立法

很长时间以来,我国反对家庭暴力的法律依据主要是《中华人民共和国妇女权益保障法》,其主要强调干预各种因素造成的妇女地位不平等,且将家庭暴力的受害者主要定位为妇女,但《民法典》《反家庭暴力法》将家庭暴力的受害者指向了家庭成员以及家庭成员之外共同生活的人员,不再局限于妇女。这样的变化扩大了法律制度保护的主体范围,表明我国立法者对性别平等有了更加深刻的理解。但进步与困境并存,由于没有专门的性别平等法加以引导,女性作为家庭暴力的主要受害者,可能被性别中立化的价值立场忽视。②

因此,未来条件成熟时,应开展专门的性别平等立法,通过性别平等法保障性别平等,以性别平等法推动反家庭暴力法不断完善,在法律的完善过程中对前述的家庭暴力的范围作出明确的回应,最终构建成我国完整的性别平等与反家庭暴力的法律体系。

(二)司法和执法层面

1.专门审理家事案件的家事法庭的设立

在当前的司法实践中,家事案件(包括涉家庭暴力案件)的处理与一般的民事案件并无差别,但家事案件与一般的民事案件不同,且极易引发更大的冲突,如果能设立专门的家事法庭审理家事案件,将有利于各方当事人权利的保护,而且,家事法庭的法官须经过专门的培训,具备更高的专业能力、丰富的办理家事案件的经验。与此同时,从2021年《最高人民检察院关于印

---

① 参见张鲁萍《失信联合惩戒的限度研究》,《新疆社会科学》2020年第5期。
② 参见郭夏娟、郑熹《性别平权发展与反家庭暴力政策框架变迁:联合国经验的启示》,《国外社会科学》2017年第4期。

发依法惩治家庭暴力犯罪典型案例的通知》中的武某某等故意杀人案来看，对于家庭暴力案件，符合公开审理条件的，可以公开审理。尤其是可以到社区、村庄等当事人所在地进行审理，这有助于达成"办理一个案件，警示教育一片"①的法治宣传效果。

2. 多部门联动沟通机制的建立

多部门联动有利于家庭暴力的预防和处置，须加强法院、司法行政、妇联、居委会和派出所等参与处理家庭暴力纠纷单位部门之间的联动沟通机制，从各单位各部门单独处理家庭暴力案件的工作模式转变为各单位各部门互相沟通协调，必要时还可以联合当事人所在单位、未成年学生所在学校共同干预家庭暴力纠纷，力求更好地、更有效地预防和处置家庭暴力案件。

3. 公安机关处理家庭暴力能力的提升

公安机关在家庭暴力的处置方面发挥着非常重要的作用。前文已述，对"情节较轻"认识不同，会导致不同的处理结果。为解决此问题，应系统地提高公安机关处置家庭暴力的能力。一是应该对公安机关工作人员进行性别平等意识、家庭暴力危险性评估以及处置、反家庭暴力技能等方面的培训，引导其正确识别家庭暴力，纠正家庭暴力是"家务事"，处理"家务事"侵害隐私的错误观点；二是进一步规范公安机关对家庭暴力案件的接出警行为，如接到家庭暴力报警须及时出警，出警后须开展完整的记录工作并及时对家暴行为中的施暴者和受害者做出妥善的处理。在对公安机关的访谈调研中，公安机关也提出了应该运用信息化手段，指导民警处理家庭暴力案件，包括对家庭暴力的接警、出警行为，借鉴"枫桥经验"，妥善解决家庭暴力案件。除此之外，公安部门还应当联合妇联、医院、检察等机构，建立一站式家庭暴力处置模式，以避免反复伤害家庭暴力中的受害者。

除上述措施外，还应加强性别平等与反对家庭暴力的宣传与教育，贯彻家庭暴力的"预防为主、早期干预"原则，进一步反对家庭暴力，实现家庭

---

① 参见最高人民检察院《关于印发依法惩治家庭暴力犯罪典型案例的通知》，最高人民检察院官网，2021年4月28日。

内部的性别平等，进而由"小家"带动"大家"，促进社会性别实质上的平等，最终达成消除家庭暴力、促进性别平等的目标。

参考文献

1. 郭夏娟、郑熹：《国外反家庭暴力政策框架变迁及其对我国的启示》，《浙江大学学报（人文社会科学版）》2017年第2期。

2. 郭夏娟、郑熹：《性别平权发展与反家庭暴力政策框架变迁：联合国经验的启示》，《国外社会科学》2017年第4期。

3. 黄尔梅：《家庭暴力与刑事犯罪》，《妇女研究论丛》2000年第3期。

4. 姜大伟：《离婚冷静期：由经验到逻辑——〈民法典〉第1077条评析》，《华侨大学学报（哲学社会科学版）》2020年第4期。

5. 蒋月：《我国反家庭暴力法适用效果评析——以2016—2018年人民法院民事判决书为样本》，《中华女子学院学报》2019年第3期。

6. 李瀚琰：《论人身安全保护令执行体系与中国立法的完善》，《妇女研究论丛》2017年第6期。

7. 李拥军：《民法典时代的婚姻家庭立法的突破与局限》，《法制与社会发展》2020年第4期。

8. 秦奥蕾：《论婚姻保护的立宪目的——兼回应"离婚冷静期"争议》，《法学评论》2021年第6期。

9. 石春雷：《德国表见证明理论在家庭暴力民事诉讼中的适用》，《大连理工大学学报（社会科学版）》2018年第6期。

10. 佟新：《不平等性别关系的生产与再生产——对中国家庭暴力的分析》，《社会学研究》2000年第1期。

11. 汪萍、童星：《我国家庭夫妻暴力治理研究》，《南京社会科学》2011年第7期。

12. 王曦影、董晓珺、夏天、乔东平：《性别、代际与家庭暴力的幸存者：一项基于两代受暴妇女的生命史研究》，《上海大学学报（社会科学版）》

2019年第4期。

13. 王兴禾：《家暴引发离婚诉讼宜慎用冷静期》，《检察日报》2018年11月26日第4版。

14. 文华：《联合国驻华系统"基于性别的暴力及研究"研讨会综述》，《妇女研究论丛》2013年第3期。

15. 颜卉：《家事诉讼立法中增设特殊行为保全制度研究——以家庭暴力案件中的人身安全保护令为切入点》，《甘肃政法学院学报》2018年第6期。

16. 杨立新、蒋晓华：《对民法典婚姻家庭编草案规定离婚冷静期的立法评估》，《河南社会科学》2019年第6期。

17. 阳雨璇：《〈民法典〉离婚冷静期制度的法理阐释与规范完善》，《华南理工大学学报（社会科学版）》2022年第2期。

18. 张彩凤、沈国琴：《家庭暴力案件中警察权的权限及行使原则——性别平等主义视角下的分析》，《中国人民公安大学学报（社会科学版）》2009年第1期。

19. 张力：《〈民法典〉离婚冷静期条款的适用原理：内涵与外延》，《法治研究》2022年第1期。

20. 张鲁萍：《失信联合惩戒的限度研究》，《新疆社会科学》2020年第5期。

21. 张伟、马钰凤：《家庭暴力司法干预的调查与思考——以陕西省为例》，《河南省政法管理干部学院学报》2010年第3期。

22. 张智慧：《家庭暴力的多元形式与主体流动——从〈反家庭暴力法〉引发的一点思考》，《中国图书评论》2016年第5期。

23. 赵敏：《婚姻身份协议的社会性别分析》，《妇女研究论丛》2011年第5期。

作者简介

杜爱萍，女，云南师范大学副教授，长期从事妇女权益与反家庭暴力研究。

朱晓婧，女，云南师范大学法律硕士，从事妇女权益与反家庭暴力研究。

社会性别视角下的妇女组织参与社会治理：思想演进与核心问题

王晓莉

一、社会治理的思想演进与核心问题

现代社会治理思想的兴起，饱含着对人类社会治理发展规律的认识与理解，特别是在治理过程中所涉及的"国家"与"社会"的起源与发展以及二者间的相互关系。马克思主义的社会治理思想不仅揭示了人类社会发展的本质规律，还为一定社会形态下的社会治理提供了理论指导与实践指南，对于现代社会的治理具有十分重要的指导价值。在马克思、恩格斯看来，国家与社会是治理的两个基本主体，两者的形成与发展是马克思主义社会治理思想的基本前提。社会治理所关注的中心问题就是利益问题，由于社会共同利益的需要导致国家的产生，其目的就是为了对相互冲突的利益关系进行调整。阶级矛盾的缓和与国家具体功能的变化是相辅相成、互为因果的，国家与社会从分离走向合作是实现共产主义社会治理的不二之路。

新中国成立以来，在从社会管理到社会治理的道路探索中，历届领导集体互相接力，以毛泽东为核心的第一代中央领导集体以维护政权稳定、保证人民民主专政而进行探索，形成了理论成果，并获得了实践经验；以邓小平为核心的第二代中央领导集体以党的工作重心转移、立足四项基本原则而继承发展，积累有中国特色的社会管理经验；以江泽民为核心的第三代中央领导集体以党内民主带动人民民主、依法治国而开拓创新，积累中国特色社会主义社会管理经验；以胡锦涛为总书记的中央领导集体，以科学执政、民主执政、依法执政、构建和谐社会而与时俱进，积累党的领导、人民当家作主、依法治国有机统一的社会管理经验。新时代，以习近平同志为核心的党中央以人民为中心，围绕国家治理体系和治理能力现代化，在历届领导集体的理论和实践成果的基础上，开启了社会治理新篇章。

党的十九届四中全会首次正式提出"社会治理共同体"的概念，并认为社会治理不再是单纯的政府负责，而是要人人有责，需要在全社会培育更强的责任意识。基层社会中出现的一些问题，很大程度上与群众的公共责任意识薄弱有关。增强群众的公共责任，就是要形成"大事""小事"和"私事"的合理边界，政府为群众办好大事，群众为自己的私事负责，而那些个人办不了的小事，则由群众通过自我组织的方式合作办理。人人尽责，需要增强群众组织起来履行责任的能力。基层组织要着力动员和激励群众中的积极分子，使他们成为群众组织起来办小事的"关键群体"，通过积极分子激活和带动更多群众参与，政府和基层组织提供有效外部支持，提升群众的组织效能感和获得感。人人享有，则是人人有责和人人尽责的自然结果。人人享有和人人尽责是一种相互依存互利共生的良性关系，它剔除了人人追求个体权利潜藏的竞争性和互斥性，是一种更加契合中国传统文化的智慧，有效地深化了社会治理理念。

二、社会性别视角下的社会治理与核心问题

社会性别主流化（Gender Mainstreaming）是 1995 年第四次世界妇女大会（简称"'95 世妇会"）上联合国确定的推进性别平等的全球战略，中国政府是首先承诺社会性别主流化战略的 49 个国家之一。'95 世妇会将国际上流行的"社会性别"概念引入中国，尽管在学术层面上还存在各种理解的分歧，但为我国妇女研究者、决策者、实务工作者提供了一个重要的分析范畴，而不仅仅是一个语法概念，着重讨论社会性别是一种社会建构。在使用上，它与"男女平等"的概念常常有异曲同工之妙。

治理理论与马克思主义妇女观、社会性别理论结合后，已演化成了一个涉及社会学、政治学及行政学等不同学科的交叉领域。按照研究取向来分，影响范围广泛的主要有女性主义经验论、女性主义立场论两大类（王宇颖，2011）。第一类，经验论的研究主要是"关于女性""为了女性"的治理研究。它积极推动妇女参政，呼吁法律、政策上的妇女权益保障以及两性机会平等；第二类，立场论的研究发起了"依靠女性"、重建社会治理中妇女主体性的努力。它关注女性领导力、倡导社会性别主流化、倡导公共服务和社区工作中的女性参与，关注生态环境保护、气候变化与灾害管理等。

总体上，经验论和立场论的两类研究取向旨在重新认识性别问题被长期排斥在社会主要问题之外所导致的社会治理危机，着重解决妇女无法平等享有改革发展成果的问题。在 20 世纪 70 年代到 90 年代的不同阶段，前后使用过"妇女参与发展"（Women In Development，简称 WID）、"性别与发展"（Gender And Development，简称 GAD）、"性别与可持续发展"（Gender And Sustainable Development，简称 GASD）等不同概念。但这些概念对于目前我国妇女参与社会治理的推动和意义，还有待深入探讨。为此，我们需要将国际和国内学界关于社会性别分析、社会性别主流化的其他研究纳入视野，这些研究往往是与对传统社会性别文化和社会性别结构的反思和干预一并推进的。它是以社会性别关系和社会性别结构为分析对象，而非仅仅以女性为分析对象，旨在探讨某一特定社会环境中男女两性的价值、系统性差异、责任和权利是如何制造并再生产出来的，这些关系如何与国际、国家、市场、社区、家庭的权利关系相互联系和作用，从而提出变革性的对策，促进公私领域的性别平等。

三、社会性别视角下的妇联参与社会治理

妇联的职能定位是指根据某一时期国家政治、经济、文化、社会发展状况，依法明确妇联在社会事务中所应履行的职能的行为。新时期妇联组织改革在实践中做了大量创新探索，取得了一系列实际成效。经过改革，妇联由

纵向的、具有科层制特征的封闭组织体系向开放、动态、灵活的组织网络演进。主要的改革路径有四个：村（社区）妇代会改建妇联、乡镇（街道）妇联区域化建设、新领域基层妇联组织建设、建好用好"妇女之家"。从历史逻辑来看，妇联改革在继续强化并扩大其政治职能的同时，不断从机关化行政化走出来迈向基层。从实践逻辑来看，一方面是妇联"悬浮""四化"（行政化、机关化、贵族化、娱乐化）等妇联自身发展的问题倒逼其进行改革，一方面是妇女群体日趋分化、社会治理问题复杂化等治理问题迫切需要妇联改革。从理论逻辑来看，妇联的改革依然延续"为了妇女""依靠妇女"的经验论和立场论取向，在推动改变传统社会性别结构方面着力甚微。

通过改革，基层妇联参与社会治理的政治优势、组织网络优势、工作队伍优势以及群众工作优势更加突出，充分体现了"为了妇女""依靠妇女"的改革逻辑，在家庭家教家风"三家"建设、经济、文化、公共服务、环境、应急、维稳领域取得了一系列突出成效。一是以党建带妇建、妇建促党建，基层妇联组织与党政部门实现了更紧密的合作，广大妇联执委由普通妇女完成了身份转变，更好地代表党和国家做妇女工作、群众工作；二是通过基层妇联横向、纵向组织网络的拓展形成了纵到底、横到边的全国性组织网络体系，打破了行业、组织、城乡、行政边界，以灵活多样的形式最大限度地延伸了妇联工作的触角；三是通过改革增强了基层工作力量，最大范围地吸纳基层优秀的妇女代表，产生了一大批专职、兼职、挂职等不同形式的基层妇联干部，成立了巾帼志愿者队伍，不断引领、联系并孵化女性社会组织；四是改革后建立了常态化的联系服务妇女群众的工作制度机制，结合女性优势与妇女工作特点，创新了妇女参与社会治理的形式，使得改革成效有制度保障，保障了最大限度联系妇女群众、服务妇女群众。

四、社会性别视角下的女性社会组织参与社会治理

1995年北京召开联合国第四次世界妇女大会并将"NGO"的概念引入中

国，一大批女性社会组织应运而生。从数量上，呈现出直线增长的趋势。从质量看，其人才基础、组织规模、理念能力等均有了较大的提升。女性社会组织参与中外交流频繁、业务范围广泛，扎根于中国社会实际并借鉴发达国家治理经验，积极与妇联寻求合作，在许多治理的议题领域做出了令人赞叹的成绩，如反贫困、反对家庭暴力、参政议政、土地权益保障、乡村治理等。历经20余年的发展后，女性社会组织已经发展成为组织类型丰富多样、议题领域广泛深入、参与方式灵活多样的社会治理主体。女性社会组织成功地将一系列社会治理的边缘议题、从属议题引入治理议题的主流。这些议题不仅是事关广大妇女的切身利益与需求、基层社会稳定，更是涉及推动传统社会性别结构变革等深层次问题。

一个典型是家庭暴力问题，过去被限于家庭私领域的范围，妇女组织的工作者在自身的意识觉醒后，充分利用传统媒介和新媒体将"家庭暴力"公共化，组成专家将反家暴立法工作列为重要目标，最终成功推动国家反家暴立法，并持续调研监测《反家庭暴力法》的实施。又如妇女土地权利问题，随着我国农村推进土地联产承包家庭责任制而浮出水面，在快速城镇化推进中又不断加剧。女性社会组织在对这一议题进行干预方面，达成了共识，即清除传统社会性别文化中的潜规则，着力性别平等的观念更新、村规民约修订以及制度变革，并且在实践中取得了令人欣慰的持续成效。女性社会组织在对议题进行诠释、传播与推动方面发挥了突出的倡导优势。

女性社会组织在推动议题主流化、探索问题解决的过程中，充分调动相关社会组织及组织成员、政府部门、公检法司部门、企业主体协同治理，探索出了全国性社会组织网络、联合性公众宣传教育、以法律服务和法律援助为核心的综合性服务体系、以修订村规民约为抓手的乡村治理变革、以孵化乡村妇女组织为载体的组织化干预等创新性路径和方案。进一步地，女性社会组织在参与社会治理的各个层级、各个维度、各个环节，非常注重推动性别平等的理念，反思并挑战传统的男女不平等的正式或非正式制度安排，从个体层面的意识提升与行动改变、到社区层面的移风易俗与规约修订，再到国家层面的立法推动、政策倡导与执行监督,将性别平等的理念与原则一以贯之加以落实。女性社会组织在推动社会性别主流化的进程中发挥着不可替代的作用。

五、推进将社会性别视角纳入基层社会治理创新

与妇女参与社会治理的蓬勃趋势不相称的是,当前无论是学术界或是政界都很少将社会性别主流化作为一个特定的范畴纳入基层社会治理的研究或实践中。而这样的缺失,容易让参与基层社会治理的妇女陷入公共领域的失声状态,忽视妇女在基层社会治理中的主体地位和作用,忽视妇女在尊严、价值、权利、机会、责任、结果等方面的不平等,忽视社会文化对于妇女的隐性歧视,从而不利于进一步推动男女平等基本国策的落实。总结来看,将社会性别主流化纳入基层社会治理至少有以下三方面的重要意义。

(一)有助于推动基层社会治理研究视角的细化与更新

目前被讨论的基层社会概念主要是"总体性社会"消解后从单位制、人民公社中分离出来的,具有相对自治属性的地域生活共同体,围绕基层社会的研究自世纪之交也经历了社区概念的讨论、社区硬件等基础设施、法制法规等管理体系的建设以及在今天所倡导的治理语境下,基层社会作为国家治理现代化的基础,如何构建共同体,如何激发多元主体平等、有序的参与基层社会治理以实现秩序与活力之间的平衡。治理理念下,有关基层社会治理的研究也从国家—社会关系的宏大叙事走向更加注重主体性、情景性、互构性的微观研究,而产生这种转向的重要原因即为强国家—强社会的双强格局以及以社会的有限度自治来弥补公共行政的缝隙成为越来越多研究者的共识。在宏大叙事向微观、经验领域的研究转向过程中,探讨治理主体间关系模式的研究理应需要更为精细化与准确的视角,而社会性别视角恰恰可赋予基层社会治理研究一次视域革新,即通过性别视角的切入,将治理主体(如居民、社会组织等)内部实现细分,以更好地去分析治理主体间在具体治理情境下

所构成的关系。同样地，社会性别本身强调的就是其社会建构性，是一种动态的、开放的、生成性视角。将社会性别视角纳入基层社会治理的研究中，可以突破传统的自国家—社会二元、静态的结构性分析，而更能突出体现以性别作为划分的治理主体之间或治理主体内部所产生的博弈、合作等策略性过程，提升基层社会治理研究经验层面的丰富性，提升研究的质感。

（二）社会性别主流化的引入与社会治理的理念高度耦合

社会治理强调多元治理主体在平等的基础上，通过协商、合作等形式达成关于公共事物的集体行动。社会性别视角的引入，有助于实现对于治理主体的识别、赋权与增能，该过程与治理的理念是高度耦合的。一组重要的数据预测，世界范围内的人口性别结构正在发生转变，在21世纪前25年里，全世界60岁及以上的女性老年人口将增加1倍，达到6.45亿；在发达国家，老年妇女人数将由现在占总人口的1/10上升到1/7，更具结构性的变化将发生在发展中国家，到2025年全世界3/4的女性老年人口将在发展中国家产生，75个发展中国家的女性老年人口在不到30年的时间里将增加150%，中国也概莫能外。国家统计局2005年全国人口抽样调查数据显示，60岁及以上老年人口性别比为95.2（以女性为100），60岁及以上女性人口占全部老年人口的51.1%。根据第六次全国人口普查数据（2010年），我国人口平均预期寿命，男性为72.38岁，较2000年提升2.75岁，而女性为77.37岁，相较2000年提高4.04岁，男女预期寿命之间的差值也由3.70岁扩大到4.99岁。人口性别结构的转换暗示着居住于社区并且参与社区公共生活的女性将会占据主体地位，成为一支不可忽视的力量，传统以男性为代表的治理主体将会潜在遭遇人口性别结构转换所带来的挑战。

在谈及乡村振兴时，女性在基层社会治理中仍然处于相对边缘的地位。实际上，"留守妇女"恰恰是助力乡村振兴的生力军，此类案例不胜枚举。例如利用农村电商的契机，妇女通过多种渠道搭建宣传平台售卖当地土特产实现增收致富。再如一些地方在基层妇联的带领下，以群众自治为根基，以平安建设为着力，以群众需求为导向，大力培育女性社会组织，引导其参与人居环境创建、集镇管理、信访代办、美丽庭院创建、文明实践、疫情防控等各项工作,突出女性在社区治理中的优势地位,助推一元治理成功转化为多元治理,形成共建共治共享的基层社会治理新体系。以上案例表明,女性完全具备成为社会治理主体的能力,进一步地,女性的关怀伦理使其在调节邻里关系、夫妻关系等日常纠纷中具有治理优势,因而社会性别视角引入社区治理的首要步骤就是识别女性的主体地位来扭转长期以来女性在公共领域中的弱势形象,使性别平等的理念进入社区治理的日常实践中。

女性治理主体的地位被识别与明确后,应积极为女性参与社区治理拓展边界、增加空间,为女性治理主体有效赋权。赋权被广泛应用于各发展领域,成为理解个人、组织和社区发展的重要框架,成为很多学科和领域的主流理论。例如在共建中推动女性参与,一方面增加女性在基层党组织等代表国家力量维度的治理空间中的人数比例,通过发展农村女党员,提高妇女进村级自治组织的比例,探索推进妇女参与的制度化建设;另一方面,在社会自治的维度中,促进女性投身于基层社会治理的公共场域中,例如在组织建设中应充分建立邻里关系、夫妻关系调解组织或是一些书画、合唱团等艺术组织。一方面,组织覆盖面的扩充可有效增强治理的效能;另一方面,这些组织的建设也符合现实生活中的性别分工,有助于吸纳女性群体进入其中并且发挥实际效用,实现对女性治理主体的有效赋权。

有效的赋权潜在推动了女性参与基层社会治理的实际行动,而该种行动也会提升女性自我参与感,实现自我增能,是真正实现治理主体建构的重要一环。而识别、赋权与增能的过程恰恰是一种社会建构与自我建构的动态过程,将推动女性自发、平等的投身于基层社会治理中,这本身与社会治理的理念也是高度耦合的,这将会引发更注重参与、平等、民主的基层治理创新。党的十八届三中全会提出由"管理"向"治理"的过渡,被视为中国社会治理理念的首次革新,而引入社会性别视角则可被视为治理理念的第二次革新。它强调在治理中坚持社会性别视角,推动性别平等进程,注重发挥女性治理主体在特定治理情景下的性别优势,为女性治理主体赋能,注重女性公共空间、女性社会组织的构造，激发其参与感，特别是长期在主流话语建构下的所谓弱势女性群体，充分激发这些女性群体的内生动力，消除社会的刻板印象。

（三）有助于发挥女性治理优势，提升基层社会治理水平

女性在基层社会治理中的优势至少可体现在两个方面，首先是女性在社区中的性别定位。美国女性主义学者摩塞认为，女性在社会中有三重角色：一是再生产者，包括生养孩子、照顾别人等；二是生产者，例如参加工作；三是社区责任者，例如参与社区的活动与管理，而男人通常只有一种角色——生产者，他们较少过问社区事务（郭剑卿、石凤珍，2020）。从现有的主流文化价值判断来看，男性以事业为主的普遍社会认同并没有得到根本性扭转，而这也将造成其对于发生在社区中的琐事兴趣并不高，例如在日常生活中居委会成员构成以女性居多、参与家庭矛盾调解等一些侧重于生活领域的事务女性身影也较男性更多，因而女性角色契合于作为家庭生活初步拓展的社区生活。

纳入性别视角，有助于推动家庭家教家风在社会治理中发挥重要作用。将建设好家庭、实施好家教、弘扬好家风纳入基层社会治理体系以及基层社会治理评价考核内容，有助于将家庭文明建设的制度优势转化为基层社会治理的治理效能，实现妇女发展与社会治理进步的双赢。推动发展家庭服务、推动家庭教育、建设家庭文明"三位一体"建设，以妇女为中心、以家庭为载体、以"三家"建设为抓手，进一步发挥妇女在家庭建设和社会治理中的独特作用。纳入性别视角，有助于发挥女性独特的关怀伦理在解决社区公共事务中的优势。很多研究也论证了女性的性别优势，在治理质量上，女性在社区中的精神层面、邻里关系层面、心理保健和社区救助层面都发挥着不可替代的作用，女性在社区服务中有着综合素质高和用心程度高的优势（蔡巧玉，2009）。女性在社区治理中的地位和作用，对于构建和谐社区所具有的重要价值，也同样证明将社会性别视角纳入基层社会治理，提升基层社会的情感治理的重要意义。

参考文献

1. 蔡巧玉：《构建女性社区服务网络：深圳、香港的比较研究》，《中华女子学院山东分院学报》2009年第4期。

2. 郭剑卿、石凤珍：《社会性别视角下女性参与城市社区治理刍议》，《山西大同大学学报（社会科学版）》2020年第6期。

3. 王宇颖：《女性主义公共行政理论》，中国社会科学出版社2011年版。

4. Population Division of United States: World Population Prospects: *The 1996 Revision*, Social Information & Policy Analysis Press, United Nation, 1996.

作者简介

王晓莉，女，中共中央党校（国家行政学院）社会和生态文明教研部副教授。

在性别平等的基础上塑造德国的未来
——《联邦政府性别平等战略》研究

刘越莲

一、《联邦政府性别平等战略》的里程碑意义

2020年7月,正当新冠疫情在全球肆虐之时,德国联邦内阁通过了首个跨部门的《联邦政府性别平等战略》。这充分表明了德国推进性别平等的坚强决心和坚实国力。联邦家庭、老年、妇女与青年事务部(以下用德文缩写BMFSFJ)部长Franziska Giffey将2020年称作德国的"平等年"和"平等的里程碑"[1]。她说,"'基本法'责成国家促进男女权利平等的实际执行,并努力消除现有的不利条件。25年来,联邦政府首次为此制定了共同的目标。今天提出的性别平等战略是平等政策的一个里程碑,它为政府行动和今后的立法制定了标准。该战略将性别平等作为所有部委以及各个领域的指导原则。认为性别平等不再只是妇女事务部的事情,现在也属于整个政府的职责范围。因为只有联邦政府的所有部门都积极致力于实现性别平等,才能够消除对妇女的现有不利因素,确保机会平等"。

德意志联邦共和国是一个稳定的社会福利国家,拥有强大的市场经济。即使在新冠病毒肆虐时期,联邦政府也在竭尽所能,努力实现人人都能参与的经济和社会进步。平等意味着妇女和男子在社会所有领域享有平等的实现机会。它是国家和社会可持续发展的先决条件和动力,也是整个政府的任务。

---

[1] 参见德国联邦家庭、老年、妇女与青年事务部(BMFSFJ)官网性别平等栏目,https://www.bmfsfj.de/bmfsfj/service/publikationen。

国家的民主应该得到妇女和男子的共同支持,其产生的政策也应该始终是为妇女和男子服务。因此,德国政府首次启动的性别平等战略,其中所有部门都承诺在其政策领域内为促进德国的两性平等作出贡献。[①]

德国政府的两性平等战略符合国际社会和欧洲联盟的目标。它以联合国《2030年可持续发展议程》为遵循,通过发展合作,为在全世界范围内实施可持续发展目标,包括关于性别平等的可持续发展目标5作出贡献。联合国《消除对妇女一切形式歧视公约》(以下简称《消歧公约》)作为关于妇女的最重要的国际人权文书,也成为德国承诺遵守的基本平等政策标准。在2020年下半年担任欧盟轮值主席国期间,德国政府把性别平等作为一个重要议题加以推广。在其担任欧盟理事会主席的框架内,支持通过一项雄心勃勃的欧盟性别平等行动计划(GAP Ⅲ)。此外,还积极参与"一代平等进程"。该进程在法国、墨西哥和联合国妇女署的领导下,促进《2030年可持续发展议程》目标5"实现性别平等,增强所有妇女和女童的权能"的实施。为此,还接管了经济权利和正义行动联盟的共同领导权。总之,德国政府正努力通过欧盟和国家可持续发展战略实现联合国可持续发展目标。

二、《联邦政府性别平等战略》的产生过程

定期报告德国的两性平等状况是进一步制定性别平等政策的重要工具。平等意味着妇女和男子在社会所有领域享有平等的实现机会。它是国家和社会可持续发展的先决条件和动力,也是整个政府的任务。[②]

2005年,德国联邦议院要求联邦政府在每个立法期间提交一份关于男女

---

① 参见《联邦政府性别平等战略》(Gleichstellungsstrategie der Bundesregierung),联邦政府出版物,BMFSFJ公共关系司2020年10月,第8页,见 https://www.bmfsfj.de/bmfsfj/service/publikationen/gleichstellungsstrategie-der-bundesregierung-158362。

② 参见《联邦政府性别平等战略》(Gleichstellungsstrategie der Bundesregierung),联邦政府出版物,BMFSFJ公共关系司2020年10月,第8页,见 https://www.bmfsfj.de/bmfsfj/service/publikationen/gleichstellungsstrategie-der-bundesregierung-158362。

平等的报告。2008年，联邦政府任命了一个跨学科专家委员会，负责为《第一次性别平等报告》编写专家报告。专家委员会于2011年1月向联邦政府提交了报告，联邦政府对此报告发表了意见。这个专家委员会的报告和联邦政府对专家委员会报告的意见共同构成了联邦政府的《第一次性别平等报告》。该报告于2011年9月出版，题为《新途径——机会平等：生命历程中的性别平等》[①]。联邦政府的《第一次性别平等报告》为德国政府落实性别平等政策和改进措施打下了良好的基础。它所依据的生命历程观点被证明是一种方法，不仅对联邦政府，而且对联邦各州、协会、工会和许多其他方面的平等政策都有很大的影响。

联邦政府的《第二次性别平等报告》始于2015年5月。当时的BMFSFJ委托一个由12名专家组成的跨学科委员会编写一份关于性别平等的工作报告。该报告在充分开展调研的基础上完成于2017年元月。随后，该部与联邦政府其他部门就专家委员会提交的报告和行动建议发表了意见。2017年6月联邦内阁通过了这一意见，并向德国联邦议院提交了联邦政府的《第二次性别平等报告》，题为《共同重塑有偿报酬工作和照料工作》。[②]

专家委员会的工作报告侧重于探讨究竟采取哪些具体的步骤，以便根据《第一次性别平等报告》的结果，消除现有的不利条件，以实现真正的男女平等。调查数据表明，真正的平等是一个尚未实现的目标。男女的不平等表现在生活的许多领域，在社会、经济和政治参与方面的不平等也是显而易见。因此，在专家委员会的报告中，以平等为导向的有酬就业和照料工作的设计是一个共同的主题。他们认为，成功的平等政策必须确保妇女和男子在整个生命历程中能够更公平地分享有报酬的工作和分担无报酬的照料工作，并在给联邦政府的"行动建议"中提出了10个需要改进的方面，期望联邦政府能

[①] 德国《联邦政府第二次性别平等报告》，联邦政府出版物，BMFSFJ公共关系司2017年6月，第24页。

[②] 德国《联邦政府第三次性别平等报告》，联邦政府出版物，BMFSFJ公共关系司2020年10月，第43页，见 https://www.bmfsfj.de/bmfsfj/ministerium/berichte-der-bundesregierung。

够制定平等政策的目标以及打算采取哪些措施来实现这些目标。

《联邦政府性别平等战略》就是在这个背景下应运而生的。平等战略的依据是联邦政府《第二次性别平等报告》中专家委员会的调研结果和行动建议。① 在专家报告中，歧视、暴力关系、体制规定和框架条件造成的结构性不利条件以及性别刻板印象被认为是实现平等机会的障碍，尤其是有酬就业和照料工作的社会组织方式对两性平等有着很大的影响。由于经济、工作和社会组织方式使独立的生活保障建立在全职工作的基础上，造成妇女和男子难以兼顾有报酬的工作和照料工作。联邦政府认为《第二次性别平等报告》对未来的政策制定者做出正确的决策是很有价值和意义的。专家报告中反映出的性别关怀差距清楚地说明：在德国，男女平等政策还没有在生活的所有领域发挥作用。因此，平等战略必须创造机会，使所有人能够更好地协调工作、家庭和家务，并在人生的不同阶段也能很好地发挥作用。

三、联邦政府推进性别平等战略的实践路径和目标达成情况

联邦内阁通过的首个《联邦政府性别平等战略》并不仅仅是政府的一纸公文，而是通过跨部门的合作，将各个联邦部委在两性平等领域的贡献捆绑在一起。其目的是加快消除现有的平等结构性障碍，并扩大落实平等政策措施的覆盖面。"Stark für die Zukunft"（"使未来更强大"）成为德国联邦政府推进性别平等战略的一个口号。希望能够在性别平等的基础上塑造德国的未来，让德国更强大。②

为了确保性别平等战略的科学性和有效性，联邦政府锁定了三个导向性

---

① 《联邦政府性别平等战略》(Gleichstellungsstrategie der Bundesregierung)，联邦政府出版物，BMFSFJ 公共关系司 2020 年 10 月，第 10 页，见 https://www.bmfsfj.de/bmfsfj/service/publikationen/gleichstellungsstrategie-der-bundesregierung-158362。

② 《联邦政府性别平等战略》(Gleichstellungsstrategie der Bundesregierung)，联邦政府出版物，BMFSFJ 公共关系司 2020 年 10 月，第 10 页，见 https://www.bmfsfj.de/bmfsfj/service/publikationen/gleichstellungsstrategie-der-bundesregierung-158362。

的问题：一是我们如何才能使女性和男性在其一生中能够用自己的收入过上同样好的生活，发展自己的事业并承担起照顾他人的责任？二是我们如何才能确保妇女和男子在经济、政治、文化和科学领域平等地参与塑造我们国家的未来？三是联邦政府如何才能在所有政策领域实现男女平等？为了找到这些问题的答案，从而将平等政策落到实处，联邦政府结合专家委员会的行动建议，以基本现状为根据，以数据分析为支撑，提出了实实在在的9大目标和67项具体措施。

（一）我们如何才能使女性和男性在其一生中能够用自己的收入过上同样好的生活，发展自己的事业并承担起照顾他人的责任？

目标1：实现同工同酬和独立的经济保障

联邦政府在性别平等战略中提出的第一个目标就是在其职权范围内实现男女薪酬平等，并使他们在生命历程中获得独立的经济保障。

专家委员会在其报告中使用了一些指标，这些指标可用于查明实现机会的不平等以及妇女和男子在机会和风险分配方面的不平等。性别薪酬差距是一个常见的重要指标，表明男女之间的薪酬差距。性别工资差距表示为女性平均每小时毛收入相对于男性平均每小时毛收入的百分比差异。数据显示，2019年性别薪酬差距为20%。在《2016年德国可持续发展战略》中，联邦政府为自己设定了到2030年将男女薪酬差距缩小到10%的目标。薪酬差距是由结构因素和男女之间的就业历史差异形成的。例如，基于性别的职业选择、妇女担任决策职务的人数减少、与家庭有关的职业中断等等，导致了男女平均收入的不同。[①]

除了与收入有关的指标外，专家委员会还提出了一项关于妇女和男子时间使用情况的新指标。所谓的"性别护理差距"是指妇女和男子平均每天用于无报酬护理工作的时间的百分比差异。无偿照料差距包括家务活动（包括修理、园艺、照料动物），对儿童和成人的照料与照顾，以及志愿服务和对

---

① 德国《联邦政府第二次性别平等报告》，第47页。

其他家庭的帮助。数据显示，妇女从事的无偿照料工作大约是男子的1.5倍。按绝对值计算的话，平均每天多工作87分钟。[1] 联邦政府将其视为男女平等的指标。这些数据表明，男子更容易从事全职工作，而妇女更多地从事兼职工作，以便有时间做家务和照料孩子。由此造成妇女一生中收入较低，并导致独立的养恤金权利也较低。专家委员会还发现，一些法律阻碍了已婚妇女和男子之间的平等。由于这些法律确保已婚妇女少工作或根本不工作，所以她们在经济上只能依赖丈夫。因此，专家委员会建议政府修改法律，使更多的已婚妇女就业，从而使她们在经济上更加独立。联邦政府同意专家委员会的行动建议，在其性别平等战略中提出了实现同工同酬和终身独立的经济保障这一目标，并辅之以指导性的措施5项：一是进一步支持《薪酬透明法》的法律应用，包括通过在联邦反歧视机构为受影响者提供咨询和服务，并为公司提供经认证的审计程序；二是进一步发展和扩大对女性创始人和企业家的支持措施；三是通过促进（准）父亲的工作安排，提高男性和（准）父亲对非全时工作的接受程度；四是不落性别俗套的职业和学习选择倡议；五是促使有移民背景的母亲加入"ESF联邦计划"。[2]

目标2：将社会职业变成有吸引力的职业

社会职业的升级是联邦政府计划实现的目标之二。专家委员会认为，社会职业还没有根据其专业知识和社会意义进行评估。性别薪酬差距的四分之三可以通过统计学解释为男女就业履历和就业行为的结构差异。这些解释因素包括：妇女更经常地在工资较低的部门和职业中工作，她们达到管理职位的频率较低，而且她们比男性更多地从事兼职和小型工作，因此平均每小时收入较低。在德国劳动力市场上，妇女和男子在行业和职业中的分布有着明显的差别。从绝对值和相对值来看，卫生和社会护理部门仍然是拥有最多妇女的经济部门，女性雇员的比例为77%。2019年男性在日托中心的教学、管

---

[1] 德国《联邦政府第二次性别平等报告》，第47页。
[2] 参见《联邦政府性别平等战略》，第38页："ESF联邦计划"。

理和行政人员比例只占 6.7%，从事老年护理的男性雇员为 15.5%。①

现实情况是，众多的社会职业确保了德国的繁荣和良好的共存。尤其是幼儿园和从事护理职业的人员为社会承担了双重责任：一方面，他们确保了儿童的早期教育和平等机会，以及对老人和病人的专业护理；另一方面，他们确保了数百万其他家庭成员的就业。目前，整个社会在新冠疫情中切身体会到了这种双重责任的重要性。特别是在卫生和社会服务领域以及教育领域的就业方面，它起到了稳定整个国家和社区正常运转的作用。

专家委员会认为，在这种背景下，投资于早期教育职业人员仍然是必要和值得的。良好的就业机会，包括有偿和免学费的培训，以及与绩效相关的薪酬和职业选择，对于吸引和留住这一职业领域的女性和男性专业人员以及对性别问题有敏感认识的熟练员工至关重要。

为了使女性和男性在社会工作、早期教育以及保健和护理专业方面拥有平等的职业机会，联邦政府同意专家委员会的建议，并提出了 6 项实现目标的指导性措施：一是改善长期护理的薪酬；二是为教育工作者提供免学费、有社会保险的带薪培训；三是通过《加强护理人员法》（PpSG）立即采取措施，改善长期护理和医院部门的人员配置；四是通过改善工作条件，提高护理职业的吸引力；五是扩大对护理亲属的支持，以便吸引足够的人能够留在这个行业，确保护理行业的发展；六是促进职业转换，类似于示范项目"职业转换者——日托中心的男性和女性"，以提高社会职业的价值。

目标 3：制定数字生活和工作中的平等政策标准

数字化转型正在影响社会和经济活动的所有领域。这包括日益强大的 IT 系统，日益增长的互联网使用，更好的机器人技术和传感器技术，信息的不断可用性和通信的变化等。数字化提供了许多机会，但也带来了风险。它不仅改变了私人和社会的沟通过程，还导致了劳动力市场的重大变化，对两性关系将产生无法预见的影响。数据显示，德国信息技术部门妇女占 16%；IT

---

① 《联邦政府性别平等战略》，第 16 页，见 https://www.bmfsfj.de/bmfsfj/service/publikationen/gleichstellungsstrategie-der-bundesregierung-158362。

职业的性别薪酬差距为 7%。性别领导差距：女性雇员与女性在高级管理层中所占的比例为 5∶1。另外，与其他职业相比，IT 职业的兼职比例也较低，女性 19%，男性 5%。①

联邦政府认为自己有责任在各部委的参与下积极推进数字化领域的性别平等。要求所有政府部门在其数字化规划中考虑数字生活和工作环境中的平等政策标准问题。2019 年 4 月，联邦政府委托一个由 11 位跨学科专家组成的委员会负责调查需要采取哪些步骤，以确保妇女和男子在数字变革中享有平等的实现机会。联邦政府期待跨学科专家委员会的报告为联邦政府《第三次性别平等报告》②即"性别平等地打造数字化"提供决策性的行动建议。这一点尤为重要，因为当前的新冠疫情加速了数字化的进程，使人们面临着影响日常生活各个领域的快速变化。

专家委员会在其调研报告中首先概述了数字变革对妇女和男子生活的影响、机遇和风险以及两性之间的差异。它还就如何设计以平等为导向的数字化、为所有人提供实现这一目标的机会提出了建议。报告中的行动建议面对的不仅是整个联邦政府，还有各州和市政当局以及公司、协会和民间社会组织。德国政府同意专家委员会的观点，即数字化提供了许多机会，但也带来了风险。专家委员会在其关键问题"需要采取哪些步骤来塑造数字经济的发展，使妇女和男子有平等机会实现这一目标？"的报告中提到了《第二次性别平等报告》"共同重新设计就业和护理工作"的主要调查结果和行动建议，因为"平等仍然是一个尚未实现的目标。在数字化转型的条件下，这些不平等现象再次出现"。③

德国政府同意专家委员会的观点，即数字化提供了许多机会，但也带来了风险。因此，从两性平等的角度来看，仍然需要消除导致两性不平等的障

---

① 《联邦政府性别平等战略》，第 18 页，见 https://www.bmfsfj.de/bmfsfj/service/publikationen/gleichstellungsstrategie-der-bundesregierung-158362。
② 《联邦政府第三次性别平等报告》已于 2021 年 6 月 10 日发表，见 https://www.bmfsfj.de/bmfsfj/ministerium/berichte-der-bundesregierung。
③ 参见《联邦政府第三次性别平等报告》专家建议报告的前言部分。

碍。结构框架条件以及社会价值观、规范和保护机制必须以这样一种方式设计,即男女能够在人生历程中和所有社会变革中更好地实现他们的目标和愿望。这也适用于数字化。

目标4:促进男女之间平等分配有报酬的工作和无偿照料工作

平等分配无偿照料工作是平等政策的一个重要目标。无偿照料工作是指对某人或某物的健康、福祉、照顾和保护等至关重要的工作,而从事这些工作的人没有报酬。《2016年德国可持续发展战略》也将护理和照料工作的不平等分配确定为德国的一个主要不平等问题,目标必须是在家庭工作中以伙伴关系的方式分担责任。

在德国,"养家糊口模式"也曾经是德国家庭的主导模式。[1]一个"唯一的收入者"与一个"家庭主妇"生活在一个"供养婚姻"中。后者包揽了家庭无报酬的照料工作,使她们很难追求职业生涯。由于很大一部分护理工作是由家庭完成的,公共基础设施也不发达。另外,所谓的"养家糊口者"(主要指男性)将时间和精力几乎全部投入到全职工作中,与家庭的关系很难加深。

随着妇女越来越平等地融入有酬就业,她们往往遵循四个阶段的模式:从开始工作到育儿假,再到兼职工作,再到重返全职工作。然而,从平等政策的角度来看,这仅仅意味着家庭养家糊口模式的变化。而对于大多数男性养家糊口者来说,几乎没有什么变化,他仍然很少有时间与家人在一起。超过80%的父亲发现他们没有足够的时间和孩子在一起。另外,主要是女性依然承担着兼顾非全时工作和家庭照料工作的责任。此外,兼职工作几乎无法实现独立的生计保障和职业发展机会。

鉴于无薪照料工作主要由妇女从事,而且目前照料工作与有偿工作结构之间的相容性差,联邦政府制定了性别平等战略的第四个目标,旨在协调家庭、照料和工作的关系,促进男女之间平等分配有报酬的工作和无报酬的照

---

[1] 《联邦政府第二次性别平等报告》,第101页。

料工作。实现该目标的具体措施有九项：一是改善幼儿教育、护理和教育的措施[①]；二是计划在小学获得全日制护理的法律权利[②]；三是在一定条件下，向在职父母、单亲家庭、老年人和受扶养人提供经济资助，以获得与家庭有关的服务；四是进一步发展父母津贴[③]；五是推行"家庭成功因素"企业方案[④]；六是开展对现行家庭照顾时间安排的审查；七是男子更多地参与平等政策——建立网络、咨询、解决办法和资助；八是继续加强以男性为重点的咨询和培训；九是加强农村地区的流动性和宽带覆盖，以更好地兼顾工作和照料工作。

（二）我们如何确保妇女和男子平等地参与塑造我们国家在经济，政治，文化和科学方面的未来？

目标5：职业机会平等和男女参与领导岗位

调查数据显示，妇女在领导岗位上的代表性持续不足。2019年德国上市公司和共同决策公司董事会中的女性比例为9.6%，在有配额的监事会中的比例为33.9%，在无配额的监事会中19.9%。女性和男性在职业发展方面的差异是由生命历程中的许多个人因素造成的，但与此同时也受到公司和公共部门陈规定型角色的影响。在这种情况下，公司框架条件有时会对职业和护理工作的兼容性构成障碍。

鉴于妇女在管理职位上的代表性仍然不足，联邦政府认为，必须继续并加强实现男女平等参与管理职位的目标，并推行实现这一目标的具体措施。一是执行《FüPoG修正案》[⑤]，对不遵守执行委员会和管理层目标报告义务的

---

① 《儿童日托优化法》（Gute Ki Ta Gesetz）于2019年1月1日正式生效。联邦政府首次为进一步发展保育质量和提高儿童保育的参与度提供了总计约55亿欧元的资金投入。

② 《联邦政府性别平等战略》，第75页。联邦政府认为专家委员会关于扩大小学适龄儿童的托儿服务的建议是正确的。并指定20亿欧元用于扩大全日制学校和儿童保育设施。

③ 修订后的联邦父母津贴和育儿假的第二项法律已于2021年9月生效。父母津贴已被证明是社会变革的催化剂，促进了基于伙伴关系的家庭模式。

④ 联邦家庭事务、老年、妇女和青年部（BMFSFJ）与德国主要的商业协会（BDA、DIHK、ZDH）和德国工会联合会（DGB）密切合作，通过"成功因素家庭"的企业计划，促进有利于家庭的工作环境。已经有超过7500家会员公司活跃在网络中。

⑤ FüPoG是《关于男女平等参与私营和公共部门领导职位的法案》的德文缩写。

行为进行制裁，并在陈述"零"目标时有义务说明理由；二是在《联邦任命法》（简称 BGremBG）中进行规范。对于只需任命两名成员的机构，联合会应遵守适用的配额规定。BGremBG 是 FüPoG 的一部分，联邦政府希望通过以上措施来提高 FüPoG 的有效性，以便让更多的妇女进入领导岗位，从而加强领导岗位的平等参与。联邦政府每年提供公开透明的信息，说明妇女和男子在管理层以及私营和公共部门机构中的比例情况。并根据《联邦刑法》第 23 条第 1 款的规定，提供一份监督报告。

目标 6：妇女平等参与各级议会

在本届议会任期内，德国引入妇女选举权 100 周年。"妇女选举权 100 年"纪念活动突出了妇女在参政方面取得的成功和进展，并强调了采取进一步行动的必要性。然而，在实行妇女选举权 100 年后，仍然没有实现妇女的平等政治参与。目前，德国联邦议院中的女性比例已降至 31%，在州议会中的比例为 30%，而在市政一级，平均只有 27%。这对于真正想要实现男女平等的政府来说是一个令人震惊的信号。因此，必须提高公众对平等问题的认识，改善框架条件，以鼓励妇女（尤其是年轻妇女）追求职业发展，从而不断消除政治进程中的结构性不利因素。

为了提高妇女在政治领域中的代表性，并为更多的妇女进入政界铺平道路，联邦政府将延续行之有效的政治方案，如"Helene Weber Kolleg"（海伦·韦伯学院）和"Helene Weber Preis"（海伦·韦伯奖）。Helene Weber Kolleg 是唯一的全国性跨党派网络，旨在促进更多的妇女参政；Helene Weber Preis 是对杰出的地方政治家的奖励，旨在增加妇女在（地方）政治中的比例（包括有移民背景的妇女），以改善妇女在政治中的参与度和晋升机会。

目标 7：男女在文化和科学领域的平等存在和参与

德国文化委员会 2016 年的"文化和媒体中的妇女"表明，文化和媒体中的妇女在担任领导职务和获得报酬方面仍然处于不利地位。联邦政府文化和媒体专员在第 18 个立法期对性别不平等问题做出了反应，成立了"文化和媒体中的妇女"圆桌会议，在会上共同提出了促进性别平等的行动建议，并随后付诸实施。这包括德国文化委员会的"文化和媒体中的妇女"项目办公室的财政支持。

德国政府打算继续通过平等权利促进文化的可持续进步，并努力提高公众对妇女的媒体认识，打击在描绘妇女和男子方面的陈规定型观念，尤其是在电影和广告中。通过对外文化政策和教育政策，联邦政府鼓励妇女在世界范围内讲述自己的故事，尤其是教育经历，让她们拥有更多的听众。

在科学系统中实现男女机会平等是所有利益相关方的一项核心任务。近年来，持续地增加妇女在科学系统不同资格水平上的代表性，直至最高职位。在大学实现机会平等的一项措施是联邦政府和各州的女教授计划。大学通过平等机会方案获得参加该计划的资格。这些方案由一个独立的审查委员会评估。如果评估是积极的，大学可以获得最多三个女教授职位的启动资金。在获得最佳奖项的情况下，第四个教授职位也可以得到资助。"女教授计划"（Professorinnenprogramm）可持续地增加德国大学的女教授人数，并通过具体措施加强大学的性别平等结构。妇女的才能和潜力被纳入科学系统，特别是年轻妇女被激励着从事科学事业。妇女在科学系统所有资格级别的代表性得到持续改善，在科学部门担任高层职位的女科学家人数也在增加。

（三）联邦政府如何在所有政策领域实现男女平等？

目标8：加强联邦公务员队伍中管理职位的示范作用

联邦统计局代表联邦家庭、老年、妇女与青年事务部公布了最高联邦当局的年度平等指数，除其他外，该指数提供了关于最高联邦当局中女性兼职管理人员比例的信息。目前联邦最高当局的兼职情况：在公务员队伍中妇女的比例为31%，男子7%；在管理岗位上的女性21%，男性4%。公共部门的性别薪酬差距是9%。联邦政府看到了公务员队伍的示范作用，并以此为目标，重新组织公共服务部门雇员的有偿工作和照料工作，并为加强妇女平等参与联邦公共服务管理职位做出努力。

兼顾家庭照料和工作是平等工作条件和晋升机会的重要组成部分。拥有

480万名员工的公共服务部门应以身作则，因为它对整个社会负有责任。基于兼容性的工作条件，如灵活的工作形式和时间，使妇女和男子能够以伙伴关系的方式履行家庭和职业责任。

在公共部门，职业发展和职务晋升比私营部门更正规。绩效考核对员工职务晋升方面起着很关键的作用。在非全时工作、育儿假、照顾和家庭照料以及使用远程工作或流动工作的情况下，存在着一种风险，即工作表现不会被视为与全时工作或在岗的雇员相同。① 这种风险存在于基于绩效的评估系统中。当然，也可以通过培训或其他措施来降低这种风险。

联邦政府希望比以前更有力地促成公共服务部门管理职位的兼职工作。在良好的工作与生活平衡越来越重要的背景下，管理者和未来的管理者也希望有更灵活的工作模式。通过提供兼职管理岗位，可以更好地利用以女性为主的兼职员工的潜力，更好地满足对高素质专家和管理人员的需求。

目标9：男女平等是一项必须贯穿于所有政府工作的义务。

德国《基本法》规定了平等权利的要求，并将其扩展到社会现实。它为国家规定了一项具有约束力的任务，即在未来实现两性平等。根据《联邦政府议事规则》（GGO第2条），平等是贯穿始终的指导原则，并在联邦各部委分管领域的所有政治、标准制定和行政措施中得到促进。德国《联盟协议》指出："对我们来说，男女之间的真正平等是一项承诺，必须贯穿政府的所有工作"。为了加快性别平等战略目标的实现和措施的落实，联邦政府责成各部门采取了一系列的行动，并取得了显著的成效。

1. 建立联邦性别平等基金会

关于建立联邦性别平等基金会的法律于2021年5月28日生效。该基金会以公法规定的基金会的法律形式成立，总部设在柏林。基金会的目标是加强和促进德国的两性平等，支持和建立有献身精神的人的网络，并促进两性平等的新想法。该基金会将成为一个平等的开放之家，是所有致力于在德国

---

① 《联邦政府第二次性别平等报告》，第131页。

实现更多平等的人的聚会场所。

2. 欧盟理事会主席国

德国将继续在欧盟理事会主席国的框架内，并作为三重主席国（与葡萄牙和斯洛文尼亚）的合作伙伴，促进欧盟的性别平等，并使之受到关注。作为理事会主席国其目的是推进欧洲性别平等政策项目，并在国家层面实施和加强这些项目；利用欧洲的指导方针和建议以及最佳做法作为推动性别平等进步的动力和政治动机。具体而言，联邦家庭事务、老年公民、妇女和青年部将在主席国任期内重点关注性别平等和青年议题，联邦政府文化和媒体专员将集中讨论"文化中的性别平等"议题。此外，重点将放在"妇女、和平与安全"的议程上。

3. 设立一个 BMFSFJ 办公室

为了更好地推进性别平等战略的实施，德国政府将在联邦家庭、老年、妇女与青年事务部设立一个办公室，主要任务是在评估立法影响和规划筹资措施时，就性别主流化问题向各部委提供咨询。

4. 实施《2021—2024 年行动计划》

2021 年 3 月，联邦内阁通过了《2021—2024 年行动计划》的实施报告。该行动计划规定了联邦政府在未来四年内实施联合国安全理事会的《妇女、和平与安全议程》的战略，并确定了目标和内容。

5. 执行《妇女权利公约》

2020 年 11 月，BMFSFJ 出版了一本关于联合国《消除对妇女一切形式歧视公约》的德文翻译手册。它是对平等政策感兴趣的人以及政治和司法部门负责人的工作指南。《消除对妇女一切形式歧视公约》的执行需要有效的监督机制，其中包括各个国家定期报告程序和关于定期报告的听证会以及与民间社会的对话进程。德国在 2021 年 3 月提交了第九次国家报告。

6. 为环境、自然和气候保护制定 BMU① 性别平等战略

性别平等是贯穿联邦政府整个工作的一项承诺。两性平等也应该作为一项指导原则纳入环境保护政策。但到目前为止，环境政策尚未充分考虑到不同性别的不同需求及其对性别问题的影响。在 BMU 性别战略的帮助下，今后应统一、系统地开展这项工作。

7. 通过法律规定加强妇女在卫生部门自治机构中的代表性

妇女在健康保险基金及其协会的自治机构中的比例是一个重要的先决条件。因此，增加妇女的比例，例如在健康保险基金及其协会的自治机构、在医生和牙医的自治机构中，是一个重要目标。2020 年 4 月 1 日生效的《法定健康保险公平竞争法》（GKV-FKG）确保了妇女和男子在法定健康保险基金全国协会（GKV-Spitzenverband）决策机构中的代表性。与此同时，补充修订的《妇女平等参与私营和公共部门领导职位条例》（FüPoGII）规定，在有多名成员的健康保险基金董事会中至少要有一名女性代表。

8. 跨部门性别平等战略的实施

德国《联盟协议》中明确表示："我们希望消除仍然存在的结构性障碍，并将制定一项部门间两性平等战略，并通过一项行动计划加以实施"。联邦政府认为这种实践路径完全适合于促进目标的实现。因为只有跨部门的方法才能与性别政策的技术广度相匹配。

为了将九大目标落在实处，联邦政府将 67 项措施按目标进行了分类，并与各个联邦部委在性别平等领域的贡献捆绑在一起。对于每项目标和措施的落实，都确定有牵头部门和协作部门，而且在德国《联盟协议》中都有明文规定和随后将进行的审查与评估。《联盟协议》中明确要求："对我们来说，男女之间的真正平等是一项承诺，必须贯穿政府的所有工作"。为了加快推进《联邦政府性别平等战略》目标及措施的落地，联邦政府各部门采取了一系列实际行动。截至 2021 年 7 月初，16 项措施已经完成，46 项正在进行，2 项

---

① BMU 是指联邦环境、自然保护和核安全部。

正在计划中，3项待定。这表明《联邦政府性别平等战略》中的大部分措施正在进行或已经完成，这是联邦政府为在性别平等的基础上塑造强大的德国未来所作出的一大贡献。

参考文献

1. 德国联邦政府：《联邦政府第二次性别平等报告》：《共同重塑有偿报酬工作和照料工作》，联邦政府出版物，BMFSFJ 公共关系司 2017 年 6 月，柏林。

2. 德国联邦政府：《联邦政府第一次性别平等报告》：《新途径——机会平等：生命历程中的性别平等》，联邦政府出版物，BMFSFJ 公共关系司 2011 年 9 月，柏林。

3. 德国联邦政府：《联邦政府第三次性别平等报告》：《性别平等地打造数字化》，联邦政府出版物，BMFSFJ 公共关系司 2021 年 6 月，柏林。

4. 德国联邦政府：《联邦政府性别平等战略》，联邦政府出版物，BMFSFJ 公共关系司 2020 年 7 月，柏林。

5.BMFSFJ：《平等战略措施进展情况》，联邦政府出版物，MFSFJ 公共关系司，2021 年 9 月，柏林。

6.Schildmann, Christina: Geschlechtergerechtigkeit in der digitalen Arbeitswelt. Fünf entscheidende Felder. Böll Brief Dezember 2018, Berlin, www.boell.de/sites/default/files/boll.brief_tg6_geschlechtergerechtigkeit_in_der_digitalen_arbeitswelt.pd f?dimension1=division_bw . (Abruf: 07.10.2020).

7.Schreyer, Jasmin/Schrape, Jan-Felix: Plattformökonomie und Erwerbsarbeit. Auswirkungen algorithmischer Arbeitskoordi-nation – das Beispiel Foodora. Working Paper 87, Düsseldorf, 2018. www.boeckler.de/pdf/p_fofoe_WP_087_2018.pdf. (Abruf: 08.11.2021).

8.SPD-Fraktion im Bundestag: Gleichstellungsstiftung des Bundes kommt. Pressemitteilung, 07.07.2020, Berlin. Schneider, Carsten, www.spdfraktion.de/

node/4883390/pdf . (Abruf: 01.12.2020).

9.Zucco, Aline: Der Gender Pay Gap in IT-Berufen. Expertise für den Dritten Gleichstellungsbericht der Bundesregierung, Geschäftsstelle Dritter Gleichstellungsbericht der Bundesregierung, Berlin, 2020. www.dritter-gleichstellungsbericht.de/(Abruf: 17.07.2020).

作者简介

刘越莲，女，西安培华学院副校长，原西安外国语大学代校长，德语教授，博士生导师，长期从事语用学和跨文化交际学研究。

附录

性别平等地打造数字化
——德意志联邦共和国联邦政府《第三次性别平等报告》（节选）

编者按

根据德国联邦议会决议，德国政府在每个执政期内都要提交一份性别平等报告。这里节选的是德国政府的《第三次性别平等报告：性别平等地打造数字化》（简称《第三次性别平等报告》）。这份报告由德国联邦家庭、老年、妇女与青年事务部（Bundesministerium für Familie, Senioren, Frauen und Jugend，以下称"联邦家庭事务部"）部长弗朗西斯卡·吉菲（Franziska Giffey）于2019年4月委托跨部门跨学科的专家委员会编写。目的是在发展数字经济中实现性别平等。

为撰写此次报告，专家委员会搜集了上百份研究资料，组织撰写了17份专题研究报告，举办了跨学科、行业协会及多个机构共同参与的5次听证会，在政界、法律界、行政部门及公众间展开了广泛讨论，使报告集思广益并具透明度与代表性。专家委员会克服新冠疫情的影响与困难，于2021年1月按计划高质量地完成了这个具有重要现实意义的性别平等报告。

我国也面临着数字经济的发展和性别平等的实现，这个内容丰富、对策翔实的报告对我们实现这样两大任务有着重要的借鉴意义。由于篇幅限制，我们只选取了报告的重点刊载。哪位读者若对与报告相关的文献和资料感兴趣，可从下列网址中获得。

报告成稿过程中所有专家意见，请参见www.dritter-gleichstellungsbericht.de/de/topic/62.expertisen.html；

听证会资料记录，请参见www.dritter-gleichstellungsbericht.de/de/topic/63.dokumentationen.html；

各界别开展的工作会谈，请参见www.dritter-gleichstellungsbericht.de/de/topic/60.dritter-gleichstellungs-bericht.html；

德文版原文，请参见www.dritter-gleichstellungsbericht.de/gutachten3gleichstellungsbericht.pdf。

目 录①

第一部分 性别平等的数字化：获取、使用、打造 …………………（332）
  一、报告委托与结构 ……………………………………………………（332）
  二、自我实现机会与社会技术理论 ……………………………………（335）
    （一）自我实现机会理论 ………………………………………………（335）
    （二）社会技术理论 ……………………………………………………（336）
  三、数字化分类 ……………………………………………………………（337）
    （一）数字化、算法与决策 ……………………………………………（337）
    （二）数据驱动数字化 …………………………………………………（339）
  四、数字转型过程中的性别平等 ………………………………………（340）
    （一）性别平等地获取 …………………………………………………（341）
    （二）性别平等地使用 …………………………………………………（342）
    （三）性别平等地打造 …………………………………………………（344）
  五、数字转型过程中的性别平等政策目标 ……………………………（346）

第二部分 性别平等地打造数字化 ……………………………………（349）
  一、数字产业 ………………………………………………………………（349）
    （一）技术设计与性别平等的数字化 …………………………………（350）
    （二）性别平等的就业机会与留在数字产业 …………………………（361）
    （三）数字化相关创业活动 ……………………………………………（371）
  二、数字经济 ………………………………………………………………（380）

---

① 为方便读者阅读，本部分目录中添加了页码。——编者

  （一）平台经济及通过线上中介的新型职业 …………………（381）
  （二）平台经济中的性别关系 ……………………………………（383）
 三、数字化经济 ……………………………………………………（403）
  （一）数字化转型进程中的工作和劳动力市场 …………………（405）
  （二）对于数字素养及其习得的要求 ……………………………（419）
  （三）算法与人员选拔 ……………………………………………（431）
  （四）对有偿工作和护理工作进行协调 …………………………（444）
 四、社会数字化 ……………………………………………………（462）
  （一）性别的刻板印象和社交媒体 ………………………………（463）
  （二）与性别有关的数字化暴力 …………………………………（473）
  （三）数据和基本权利 ……………………………………………（490）

第三部分　加强性别平等政策的结构与工具 …………………（506）

一、推动平等的行动计划和行动战略 ………………………………（507）
二、基于平权的预算政策／性别预算政策 …………………………（511）
三、性别平等导向的法律影响及技术影响评估 ……………………（515）
四、传播平权知识的机构 ……………………………………………（519）

第一部分　性别平等的数字化：获取、使用、打造

一、报告委托与结构

在讨论人工智能、物联网、未来工作世界等事物时，问题早已不再是"是否需要对数字转型进程进行规约？"，而是"应当制定怎样的政策来打造、辅助及规约数字转型进程？"

新冠肺炎疫情推动了数字化进程，也使相关讨论变得更为激烈。例如，疫情防控期间，居家办公可能存在哪些负面影响？尤其是对子女也要同时居家学习的母亲们工作的影响。从中清晰地看出，若不能性别平等地应用新技术，那么数字化将会多么迅速而强力地使人们的自我实现机会大打折扣。

德国联邦政府希望能够打造数字转型进程，并已在"**打造数字化**"（**Digitalisierung Gestalten**）执行战略等框架下发起了多项行动。同时，联邦政府有义务促进实现男女平等，消除现有的不平等现象（《德国基本法》第3条第2款）。为协调实现二者，必须仔细甄别把握社会数字化对性别关系在哪些方面有着何种影响。

在此背景下，德国联邦家庭、老年、妇女与青年事务部部长弗朗西斯卡·吉菲（Franziska Giffey）于2019年4月组建了《第三次性别平等报告》专家委员会，并委托委员会就以下问题撰写报告："为发展数字经济，使女性与男性能够拥有同样的自我实现机会，必须制定何种方针？"

以巴克特与希克斯的研究结果（Bukht and Heeks，2017）为基础，委员会完成了本次报告（参见图1）。以洋葱为模型，逐层扩大：从数字产业到数字经济、数字化经济，再到社会数字化。此外，"洋葱的每一层"都配有促进性别平等的温床——性别平等政策结构与工具。

洋葱模型的最内一层为"数字产业"，即信息通信技术（IKT）产业。这里是生产数字技术的地方，即计算机硬件、计算机软件、网络基础设施等商品。此领域还包括基础服务，例如信息通信技术领域的咨询与培训、相应商品及服务的营销与销售。

在过去 10 年中，信息通信技术已发展成为一项关键技术。互联网、移动电话、宽带网络的迅速普及表明，信息通信技术已无处不在。各类经济领域（卫生、金融、制造业、社会服务业等）都在使用数字产业生产的商品与服务。因此，数字产业与几乎所有其他产业都息息相关，并通过数字商品与服务的使用在其他产业引领变革。

20 世纪 90 年代，数字变革主要与互联网的出现紧密相关。21 世纪前 20 年里，性能与内存的巨幅增长、微系统技术的小型化又为信息通信技术的变革加薪添柴。平板电脑、上网本、笔记本等技术得到了进一步发展，智能手机、3D 打印、云计算、大幅进步的增强现实及虚拟现实系统等新的技术不断出现。机器人技术也愈发复杂而完善。如今，虚拟及实体物品能够彼此相连，进行技术交流；它们配有各类传感技术，自带处理器，并被集成到所谓的智能房屋、智能汽车或智能服饰当中（物联网）。此外，如今还可以收集和分析大量数据，进而有利于获取新的知识及研究方法。

确定经济领域中的数字元素变得愈发困难，原因之一在于数字产业内部的变化十分迅猛，之二在于数字产业外部对数字技术的使用不断增多。因此，本报告对数字经济（Digitale Wirtschaft）与数字化经济（Digitalisierte Wirtschaft）进行了区分，区分标准为"密集"或"广泛"使用信息通信技术（Narasimhan，1983；转引自 Bukht and Heeks，2017）。按照这一标准，广泛使用信息通信技术扩大了经济活动的边界，也就是说，只有通过引入技术才会存在经济活动。此处也包括新的商业模式，例如平台经济、零工经济或共享经济（Bukht and Heeks，2017）。

从这一角度而言，**数字经济**（Digitaler Wirtschaft）是指信息通信技术产业的核心领域以及所有广泛的信息通信技术经济活动。相应企业的经济活动侧重于对信息通信技术的使用，而非生产。数字经济的这一定义是动态的，即会随着信息通信技术的发展而变化。

与之相反，**数字化经济**（Digitalisierte Wirtschaft）是指密集使用信息通信技术、并改变现有经济活动的所有经济活动。在数字化经济中，信息、通信与交易通过数字网络进行，信息通信技术被用于为商业流程提供支持（Bukht、

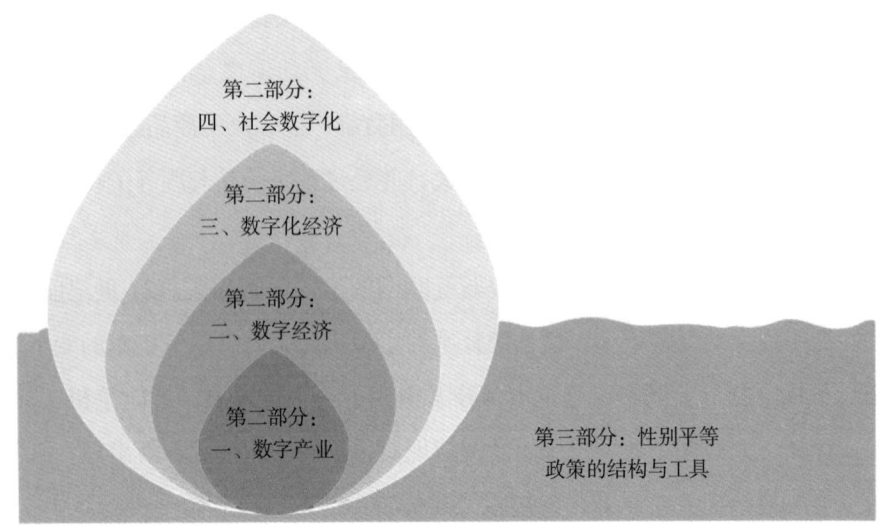

图 1 洋葱模型：数字化相关领域

Heeks，2017）。数字化经济的范围包括数字仓库管理、在超市引入自助收银台、护理领域的电子记录系统。

伴随着**社会数字化**（**Digitalisierung der Gesellschaft**），专家委员会也将目光投向了经济领域之外。原因在于，信息通信技术不仅会影响经济进程，数字技术已经渗透到整个社会生活当中。数字互联（Digitale Vernetzung）使个人拥有了将各个生活领域及各类要求联系起来的新的可能。数字联通意义上的互联（Vernetzung）（Nowak et al.，2019）包含了人与人、人与（工作）技术系统之间各种数字交流的可能性，也跨越了职业工作与个人生活的界限。因此，数字产业、数字经济、数字化经济相互联系，相互影响，相互促进；它们的辐射范围涉及整个社会，故其整体影响比各部分的总和更大。

"通过对我们的生活进行测量、量化及分析，谁能够控制对数据的解释，谁就拥有权力。"（Jarke，2018）然而，并非只在数据解释方面才存在权力问题，早在技术的开发、设计及使用决定时，便已涉及权力问题。应当在哪些领域使用技术？是否有使用所有的技术可能性？谁来制定政策方向？谁来决定相关资源的获取？谁来决定谁能如何使用哪些技术？对这些问题的回答也会影响到性别关系。

二、自我实现机会与社会技术理论

专家委员会一致同意以两项核心理论为基础，考察数字转型与性别平等之间的联系：1. 经济学家、哲学家阿玛蒂亚·森（Amartya Sen，2000）的**自我实现机会理论**（Ansatz der Verwirklichungschancen）；2. 社会学家、计算机学家依妮德·芒福特（Enid Mumford，1995、2006）的**社会技术理论**（**Soziotechnischer Ansatz**）。

（一）自我实现机会理论

按照专家委员会的宗旨，平等是指在一个社会当中，无论性别，人人享有同等的自我实现机会；在生命历程及社会转型进程中，机会与风险得以平等分配。

自我实现机会["能力（Capabilities）"]理论追求的核心理念是实质性的机会平等：即并非只是消除入门障碍，而是关注结构性不平等问题，即便是在相同的起始条件下，也可能存在结构性不平等。

该理论旨在使人们在生活中不仅拥有名义上的选择可能性，也切实拥有真正的选择可能性（Sen，1985、1992、2001）。也就是说，人们拥有能够自主决定如何生活的可能性。为此必须具备某些前提条件，而这也是自我实现机会理论的关注重点。除了充足的社会资源及经济资源外，个人潜力也属于一项前提条件，即个人能够使用这些资源的能力；此外，为使用这些资源，还必须要具备相应的社会及制度框架条件。

个人潜力、社会及制度框架条件被统称为"转化因素"（Umwandlungsfaktoren），因为它们对将资源切实转换为自我实现机会起到决定性作用。只有在资源与"转化因素"的相互作用中，才会产生对个人而言切实可行的行动可能，个人才能够在不同的行动可能中作出明智选择，实现自我价值（Sen，1985、1992、2001）。

自我实现机会理论符合现今对《德国基本法》中特殊平等原则的解读。《德国基本法》第3条第2款及第3款旨在消除结构性不利因素，明确规定，国家有义务切实促进男女平等的实现，并力求消除现有的不平等现象。

在《第一次性别平等报告》及《第二次性别平等报告》中，专家委员会已经以自我实现机会理论为基础撰写了报告书，并作出了扩展及补充。借助生命历程理论（Lebensverlaufsperspektive），前两份性别平等报告表明，个人的行动可能性会发生动态变化。在生命历程的不同阶段，个人的自我实现机会也会发生变化。例如，生命历程中的典型转折可能包括入学、选择接受职业培训或就读大学、进入职场、第一个孩子出生、职业变更、亲属需要照顾、结婚或离婚。在这些时刻，个人的行动可能性会得到重新调整：可能是受到限制或完全终结，也可能是得以扩展或出现新的可能；个人获取社会及经济资源的可能性会发生变化，个人潜力也可能会得到更好或更差的发挥。

社会转型进程也可能会改变人们的生命历程，进而改变人们的行动可能性。例如，随着技术的革新，原本需要学习的职业渐渐消失，或者有新的职业面世。人们必须不断检验自我实现机会，对相应的框架条件作出调整。唯有如此，政策、经济与社会才能确保在人们的每个生命阶段当中，在社会转型进程发生时及结束后，自我实现机会都能够不受性别影响，得到公平地分配与实现。

毫无疑问，数字化是一场全面的社会变革。为把握这一转型进程对不同性别的影响，并能够为如何在这一进程中创造更好的自我实现机会提供行动建议，专家委员会选择将社会技术理论作为理论指导。

（二）社会技术理论

技术的发展并非完全中立，而会受到结构及文化语境的影响。正如性别关系会影响社会一样，性别关系也会影响数字化；反之，数字化也会影响社会，进而影响到性别关系。也就是说，数字化与性别关系之间存在相互影响。对于数字化而言，并非只有性别才具有重大意义，其他多重交叉（Intersektional）[①]的社会不平等现象及种类同样不可忽视（Crenshaw，2017；Winker and Degele，

---

① 20世纪80年代，美国法学家金伯莉·克伦肖（Kimberlé Crenshaw）通过类比道路交叉点（英文：Intersection），提出了交叉性这一概念，并用以解释多重歧视的现象。其中至少包含四个意义层面：①种族主义与性别主义彼此交叉，导致了歧视问题与结构性压迫体系，使得黑人女性落于这一交叉点，其他受到边缘化及多重歧视的群体同样如此；②落于交叉点中心导致被卷入不幸事件的风险增加；③因此，黑人女性及其他边缘群体尤其易受伤害也与交叉性直接相关，此类群体尤其需要特殊保护；④不幸事件不会只有一个原因，相应地便也不可能明确归咎或查明罪责。[参见君达·维尔纳研究所（Gunda-Werner-Institut），年份不详]

2009）——专家委员会从交叉性的角度来看待性别问题。

社会技术理论始终在社会背景下考察人类的自动化进程及基于数据的决策，并对其作出评估。其中包括政治框架条件，国家机构、企业及其他组织的利益及影响，参与者的价值观；此外还包括计划外技术应用的社会、经济及生态后果。以上各方面都必须被纳入对社会技术系统的规划及影响评估当中，并且会影响到社会技术系统的社会接受度（Mumford，2006）。数字转型的各个领域彼此交叠，社会技术理论使我们能够捕捉这些领域，并对其作出规划。

社会技术理论对于技术发展有着独特的理解，该理论并不认为技术发展是中立且与社会因素无关的。正如女性主义自然科学与技术科学的研究结果所显示的那样，正是在假定与社会因素无关的前提下，自然科学与技术科学才具有合理性（Schiebinger，1993；Scheich，1993；Orland and Scheich，1995）。将技术与社会分开分析有碍于充分考虑到技术发展过程中技术的社会成分，尤其不利于充分考虑到激化不平等关系的技术后果（参见 Scheele，2018）。

社会信息学为将社会与技术一并研究提供了理论框架。罗德与伍尔夫（Rohde and Wulf，2011）曾论及信息技术人造物的双重性，原因在于，尽管信息技术人造物符合符号处理及形式逻辑的严格规则，但最终结果却仍是由人类解读。人类只能部分预测到使用信息技术人造物将如何改变社会系统。社会信息学"需要融合社会学、经济学、法学、文化学、人文科学的认识成果及实证研究方法与信息学、工程学的设计理念"。与"实证主义、纯工程技术学的设计视角"不同，社会信息学的视角能够让我们思考"技术设计解决方案与社会技术条件之间的辩证联系"（Rohde and Wulf，2011）。

三、数字化分类

在探索如何以平等为导向打造数字转型之前，有必要对数字化、算法、人工智能等核心概念以及"数字驱动"作出解释，并进行技术分类。

（一）数字化、算法与决策

在信息技术中，数字化是指将模拟信号转换为数字信号。图像、文字、声音等所有成为数字的事物都必须预先经过多级处理，转换为离散的单位。

数字转型意味着以某种方式整理及规划世界。计算机是处理符号的计算机器。要成为计算机科学的处理对象，必须经过符号化（以符号描述）、形式化（系统化与标准化）及算法化（可计算化与规则导向化）（Nake, 1993）。严格来说，这一过程始终伴随着信息的丢失；这是某一事物能够由信息技术（即计算机）处理的一项前提条件。

算法是指计算机系统的计算程序，它能够处理输入的数据，并将数据作为结果再进行产出。算法是"自动处理数学问题的信息学工具"（Zweig, 2018）。若算法能够自行改进参数或规则，即所谓的学习型算法（Lernende Algorithmen），便将其称为机器学习（Maschinelles Lernen）。

算法系统由大量作为软件组件的算法组成，这些算法以复杂的方式协同工作。通常而言，编制算法系统是为了解决具体的问题。软件组件实际可能分布于不同的硬件上，来自不同的制造商，并定期进行更新（德国数据伦理委员会，2019）。

人工智能是计算机科学的一个分支学科，研究如何通过计算来模仿人类的决策、学习或知识转移过程。简单通俗来讲，借助统计模型训练后，学习型算法能够从数据中提炼出固定模式；在采用不同基础模式的情形下，学习型算法甚至能够在此过程中自行作出改动。"人工智能"（Künstliche Intelligenz）一词未能体现出这项技术的机制性。

与之相似，"算法决策系统"（Algorithmische Entscheidungssysteme）一词也是将计算与决策两项全然不同之事等量齐观。但实际上，就像所有信息技术系统一样，算法决策系统也只是能够进行计算而已，计算结果需要经过对大量数据进行处理及分类的复杂过程才能够得出。最终还是需要人类通过编程来作出区分和加权，人类能够从计算机系统与人类的交互界面上读取计算结果，并根据计算结果作出决策。因此，与其称之为算法决策系统，倒不如称之"辅助人类决策过程的算法工作系统"更为准确。如此也能够避免从道德角度看待机器，认为机器具有承担责任的能力。采取行动的并非"信息技术系统"[①]，而是人类，只是可能是在算法系统的辅助下。许多人在不同的时间节点参与了算法系统的委托、开发与使用，相应地，责任的承担问题也变得十分复杂。

（二）数据驱动数字化

在数字化初期，计算机要解决的大多都是数学问题。自20世纪70年代引入数据库系统后，随着计算机组件性能的不断提高及存储成本的逐步降低，信息处理的对象愈发由数字（Zahlen）转为数据（Daten）；如今，这些数据大多进入到了用于决策的算法系统当中（Steinmüller, 1981; Mittelstadt et al., 2016）。因此，测算世界的新颖之处便在于其数据驱动性（Datengetriebenheit）。对于技术设计者而言，这便意味着如今他们必须具备以下能力："辨别社会环境，把握社会环境中的问题，设计新的工作与生活组织形式，并将其写入正式模型"（Schelhowe, 2006）。

数字驱动的数字化使人们有可能迅速、便捷、价廉地将各种来源的各类信息结合起来，如此便能够对个人及个人所属群体作出判断，并将其用于各类决策。为此所需的数据——无论是私人、经济还是政治数据——都存储于服务器和大型计算机设备当中，这些服务器和设备属于有意并能够负担其费用的组织。

每个数字处理链的起点与终点都是数字（Zahlen）。只有极少数人会对数据的来源产生怀疑，算法系统的使用进一步模糊了计算过程。人们能够读取的只有决策结果，而非数据进程。人们能够依托数据模型使用各类数据源来收集数据，此种数据收集法又为借助算法进行数据评估打下了基础。在数据进程的任何节点，性别等因素造成的偏离效应（偏差，英文：Bias[②]）都会悄然潜入并改变结果；预先写入的歧视也会相互强化。然而，通常人们也不可能追踪到引发偏离效应的是何种类型的何种数据。这是由于下一步信息总是以现有信息为基础，并动态地

[①] "信息技术系统"一词主要源自德国联邦宪法法院；除个别技术组件外，信息技术系统还包括互联网、互联汽车等。

[②] 这里的偏差（bias）是指数据处理结果的偏离效应。性别偏差（gender bias）是指进入数据处理的预设会引发性别相关的偏离现实情况的现象。纠正偏差（de-biasing）是指主动校正偏离操作。

进入决策当中。

从性别平等政策的角度来看，其中主要有以下两个问题：其一，若认为性别相关数据并不重要，因此并未收集与处理相应数据，决策便可能出现偏差，人们便可能会因其性别、性别认同或性取向而遭受不利。其二，若性别相关数据被纳入决策过程当中，但决策时却并不重视这些数据，人们便也可能会因其性别、性别认同或性取向而遭受不同对待及不利；即便没有明确的性别相关数据，但从在线时间、已用浏览器数据、互联网地址、电子邮件或信息的收件人等数据中能够推测出性别，那么情况也同样如此。

鉴于这一情况，在数字化领域的性别平等问题方面，有以下两大核心任务。第一，保护面临歧视风险的人群及其数据具有重大意义；第二，此类人群积极平等地参与数字化进程对于民主及性别平等地打造数字化而言至关重要。

四、数字转型过程中的性别平等

每项新技术的面世都会推动对现有主流性别关系的全新讨论以及对主流权力关系的质疑与颠覆（MacKenzie and Wajcman 1999；Webster 2014）。

性别相关障碍不利于实现人人享有均等的自我实现机会，其中主要包括结构性不利因素、性别刻板印象及性别相关暴力。

• **结构性不利因素**（Strukturelle Benachteiligungen）源自不平等现象，在政策管理、企业或社会伙伴关系层面上表现为社会价值、规范、规章、制度结构等方面的不平等。此处所指的结构性不利因素不仅限于违反本国、跨国或国际法律规范的行为，以及违反其中禁止歧视或不平等待遇规定的行为。原因在于，即便是反歧视法所允许的规则或结构，若其仍会阻碍人们的自我实现机会，也会产生不利影响，因此从性别平等政策的角度来看，也不应当接受此类不公正的规则或结构。

• **性别刻板印象**（Geschlechterstereotype）是指对人们的性别期望。此种期望源于社会，但也可能内化为人们的行为模式，进而限制自己的行动可能性。我们可以将性别刻板印象理解为非正式的规则与规范。

• **暴力经历**（Gewalterfahrungen）会对相关人的生命历程产生巨大影响。只有当一个人不必为其身心不受侵犯而忧惧、不必为其生存而顾虑时,才有可能过上自己所憧憬的生活。人们既需要能够自由追求个人目标,也需要能够自由实现与完成那些对个人安康至关重要之事。

在数字转型的背景下,性别相关的结构性不利因素、刻板印象及暴力经历也会发生变化;至于是增加抑或减少,则要取决于数字转型进程的框架条件及规划。

《第三次性别平等报告》专门就这一框架条件展开了讨论:第一,无论何种性别,实现均等的自我实现机会需要均等的获取相关资源及能力的机会;第二,必须消除结构性障碍,为性别平等地使用数字技术创造可能;第三,必须性别平等地打造数字转型。

(一)性别平等地获取

难以获取数字技术的人在参与劳动力市场、维护社会关系、进行政治参与方面的机会也更少。反过来,社会参与不足又会加剧现有的不平等问题,进而加剧资源的不平等分配——这便陷入了一种恶性循环(Van Dijk, 2012)。

正如德国"D21 数字指数 2018—2019"(D21-Digital-Index 2018/2019)特别评估的结果显示,目前在性别相关机会获取方面阻碍重重(Initiative D21 e. V. 2019)。这表明,男女之间的数字化程度存在着极大差距(数字性别差距,英文:Digital Gender Gap)。数字化程度能够衡量一个社会在数字化方面的进展程度,并在此基础上评估当前与未来的发展趋势,把握社会进步情况,并就此提出相应的行动方案(Initiative D21 e. V. 2019)。D21 数字指数包括四个子项:(1)数字化获取机会,例如借助设备及互联网;(2)数字应用的使用时间及种类;(3)数字主题的相关知识;(4)对数字化的开放程度(衡量标准为对使用互联网和数字设备的态度以及对数字世界变革的态度)。

然而,在专家委员会看来,数字化获取机会所涉及的范围远不仅限于 D21 数字指数中的信息通信技术实体设备以及传授数字化相关能力。除以上因素外,时间自主、空间自主、信息自决等资源也愈发重要:

• **时间自主(Zeitsouveränität)**是一种非实体资源,能够使人们在生命历程中根据自身需求规划工作与私人生活。

● **空间自主**（Raumsouveränität）是指能够借助新的信息通信技术灵活规划（工作）空间。

● **信息自决**（Informationelle Selbstbestimmung）是指个人有能力自主决定如何在数字化社会中行动。①

个人拥有的行动可能性越多，便越能够说是切实拥有自我实现机会。要想拥有此种行动空间必须要具备上述前提条件，并且不受性别因素限制，也即：均等享有获取数字设备及数字化相关能力的机会、时间自主与空间自主、信息自决。为此，必须消除结构性障碍、性别刻板印象及歧视风险，强化相关机制，以保护相关人群免受暴力侵害。

（二）性别平等地使用

保证均等享有获取数字设备及数字化相关能力的机会、时间自主与空间自主、信息自决仍然无法保证人们切实不受性别限制地利用自我实现机会。为此，还有哪些框架条件不可或缺？为回答这一问题，必须在社会框架条件下考察数字化，并将结构性障碍、性别刻板印象及歧视风险一并纳入考虑范围，例如：

● **数字产业**的收入性别差距（Gender Pay Gap）要小于其他经济领域。尽管如此，数字产业的女性比例依然较低。此外，在进入数字产业后，女性的从业时间相对较短。这表明，数字产业在工作文化方面存在问题。

● 在**数字经济**中，平台工作的出现带来了一种新型商业模式，即通过算法系统分配服务。数字经济的准入门槛低，透明度高，但工作委托的分配却常常难以追踪。这便导致社会刻板印象极有可能继续延续下去，例如将能力与性别挂钩。

● 在**数字化经济**中，日常工作中新的技术可能性使职业要求发生了变化。由于目前数字化相关能力的企业培训主要面向全职雇员或管理人员，而女性多从事兼职工作，且在管理层中所占比例较低，因此便难以获得培训机会。然而，当女性有机会接受培训时，女性半途中断培训的风险也要高于男性。

---

① 通过将不同数据迅速、便捷、价廉地结合起来，数字服务与数字平台便能够对个人及个人所属群体作出判断，其中也包括通过评估他人行为而收集的数据。如此一来，个人便失去了控制权——其中不仅包括对个人数据的控制，也包括对由此给他人带来的后果的控制。

• 在**社会数字化**的进程中，人们通过社交媒体建立联系，相互交流。社交媒体本身几乎不存在访问障碍，但在社交媒体上经历过性别相关数字暴力的人会在相应平台上显示出较低的参与度，甚至会完全退出社交媒体。

正如广义上的社会参与一样，在数字转型参与方面同样存在性别差异。必须对其细节进行考察，方可评估数字化为性别平等带来的机会与风险。

数字化带来的一大机会在于，职场工作与护理工作之间的界限能够更为灵活可变。数字互联的技术可能使得人们能够跨域时间与空间的界限，使得有偿工作或无偿工作变得更为灵活可兼顾。边界可变性并非只带来了单方面的影响，也就是说，不仅只是工作延伸到了私人生活当中，社会领域也以全新多元的方式交织在了一起。如此一来，员工便能够在工作时间内短暂切换至私人任务频道，实现"切换（Switch）"（Paulus and Stiehler, 2020）的主要方法是使用智能手机等数字设备。安排托幼事宜、采买食品、电子购物等——即便并非从事文职工作，越来越多的员工也能够借助智能手机直接在工作场所完成这些事情。与数字化一同而来的还有私人领域与工作领域之间边界的消解（Entgrenzung）。如此一来，人们便能够高度根据自身需求调整并结合工作与私人生活。通俗来说便是通过数字技术实现交际的倍增及向各个方向的扩展，这是一种"数字连通（Digitale Konnektivität）"（Nowak et al., 2019），甚至是通过数字技术实现社交空间的混杂（Welskop-Deffaa, 2019）。由此可见，数字化使得各项过程在时间与空间上更为灵活，个人也因此拥有了各种生活机会；许多雇员也积极推动私人生活与工作之间界限的消解。

如此一来，使用数字技术能够为负有护理责任的人群带来新的行动可能性，从而为其提供自我实现机会。但与此同时，边界的消解也可能带来风险：数字化可能会压缩和加速各项过程；在不同领域之间边界消解之时，危险可能也会随之而来；工作压力或会增加；尤其对于负有护理责任的人来说，不断转换注意力也是一项挑战（这种紧张境况也带有明显的性别色彩）。

因此，能否实现资源利用，进而把握机会实现自我价值，要取决于如何打造数字化。

(三) 性别平等地打造

当前数字化的动态发展向我们提出了一个基本问题：数字转型似乎不可阻挡，并且部分已不可逆转，它究竟以何为驱动力？例如，欧盟委员会的"欧洲数字化单一市场战略"（Strategie für einen digitalen Binnenmarkt für Europa）旨在实现数字互联无界限；互联的数字化单一市场将在短期内创造高达 2500 亿欧元的额外增长；欧盟将以此方式创造数十万新的就业岗位，尤其是年轻求职者将迎来新的工作机会，从而打造一个积极而充满活力的知识型社会。为此，应当对电信法、著作权法、数据访问法、数据保护法、竞争法等领域的法律法规作出现代化调整，以满足无界限的欧洲数字化单一市场的需求（EU KOM，2015）。如何民主地打造这一重大转型过程？欧盟尚欠考虑。然而，若放任由市场来打造数字化，便难以期待在性别平等方面取得良好效果。其背后的原因在于，性别平等地参与数字转型进程需要针对性地作出规划。

根据社会技术理论，为实现性别平等地打造数字转型进程，集体行动以及能够在政治、社会、技术、经济等领域的权力结构中有所参与具有重大意义（Oosterlaken and Van den Hoven，2011）。

不同性别的人参与技术规划的机会不尽相同。在信息通信技术的培训、高等教育及职业领域，女性的占比始终很低。[①] 很久以来，人们便已意识到这些领域普遍存在着结构性障碍。在未来，改善相关框架条件有利于性别平等地分配数字化打造权力。

人们尚未了解并承认的一点是，性别平等政策目标也会影响技术发展的核心内容。人们大多认为技术发展价值中立，并且不受社会进程影响（Bath，2006），

---

① 在计算机的历史发展过程中，女性所发挥的作用则完全不同：在计算机技术早期，即早在计算机科学成为一门正式学科之前，女性在计算机技术领域占有相当大的比例。例如，在机器计算实现之前，女性作为计算员（在英文中"计算员"也叫作 computer）承担起了数学计算工作，对天体物理学作出了重大贡献（Sobel，2016）。女性还参与到了电子计算机的设计当中，她们用表格册、纸和笔计算弹道轨迹和天体距离，或进行光谱分类。时至今日，女性的这些贡献与成就仍然隐于幕后。在相关领域中，如美国国家航空咨询委员会〔NACA，美国国家航空航天局（NASA）前身〕，雇用女性的原因除了女性拥有卓越的数学知识及认真负责的表现外，女性的薪酬也远低于男性。非裔美国女性获得的薪酬及认可度甚至要低于美国白人女性。

并且人们多是如此被教导的，社会技术理论派则对此持批判态度。以所谓的学习型算法为例，技术与社会类别（如性别）之间的复杂关系能够得到很好地说明：

• 德国生物新技术公司（BioNTech）总部位于德国美因茨，其所有者为奥兹朗·图雷利（Özlem Türeci）与乌古尔·萨欣（Uğur Şahin）夫妇。该公司与美国制药公司辉瑞（Pfizer）合作研发新冠疫苗，并于 2020 年秋季取得重大突破。这一消息受到了媒体的广泛关注，乌古尔·萨欣先生成了报道的焦点。随后，德国最大搜索引擎的算法将乌古尔·萨欣显示为 BioNTech 公司的首席执行官——毫无问题，而奥兹朗·图雷利女士则仅被显示为萨欣的妻子，而非 BioNTech 公司的首席医疗官（Rainer, 2020）。

• 机器翻译将德语句子 "Lovelace war Programmiererin, Hopper war Informatikerin."（拉芙蕾丝是一名女程序员，霍普是一名女计算机学家。）[①] 译为英语的结果是 "Lovelace was a programmer, Hopper was a computer scientist"（拉芙蕾丝是一名程序员，霍普是一名计算机学家）。但回译为德语后的结果却是 "Lovelace war Programmierer, Hopper war Informatiker"（拉芙蕾丝是一名程序员，霍普是一名计算机学家）。若想让翻译软件给出令人满意的结果，软件必须能够将单词置于上下文语境当中，才能给出正确的词义解释。

• 在一项新娘识别研究中，施宾格与周（Schiebinger and Zou, 2018）发现，在进行自动图像识别时，性别始终会被冠以霸权主义（殖民主义、白人、西方）的解读。美国白人新娘的图片会被识别为新娘，但印度北部地区新娘的图片经过识别后却被归类为"特色服装"。为何会出现这一情况？下列数字给出了清晰的答案：在当下颇受欢迎的 ImageNet 数据库中，45% 以上被标记为机器可识别的图片源自美国，而美国人口仅占世界总人口的 4%；相反，来自中国和印度的图片仅占约 3%，但两国人口却占世界总人口的 36%。由此可见，被用于训练算法系统的数据十分重要。

上述案例清晰地表明，算法系统会对性别平等地打造数字化产生影响，进而

[①] 德语中名词分为阴、阳、中三种词性，例句中的词尾 -in 表示为女性职业——译者

影响不同性别的人实现自我价值的机会。

借助社会技术理论，我们能够把握数字转型不同层面之间的相互联系。从这一角度来看，数字化不仅与技术发展和技术设计息息相关，例如产品、服务、软件、硬件，也与结构条件和组织条件密不可分，例如政府与企业打造方案、工作文化。

因此，数字化经济的数字化进程对于性别平等而言究竟意味着风险还是机遇并非取决于技术，而是工作组织、工作分工与工作评价（Kutzner，2020），也取决于主导的工作文化，即公司、企业或团队的价值、规范、阐释模式以及由此衍生的行为等（Schein，1985）。

工作文化会受到性别刻板印象的影响，反之亦然。也就是说，工作文化总是会带有性别色彩，例如男性霸权式规范的制定。许多组织的工作文化会要求其成员采取某些行为或持有某些观念，只有这样才能够获得他人认同。例如，某些工作文化认为，"事业心"意味着工作时间比合同规定的时间更久，或者将业绩突出等同于随时待命及高度的抗压能力（参见 Höyng and Lange，2004）。

如今，公司的内部层级愈发扁平化，依托于各参与方及相关人的参与及意见。此种截然不同的工作文化起源于数字产业，是性别平等地打造数字化的关键所在。在此最为重要的是，应当从一开始便将性别层级与权利关系之间的张力以及可能的利益冲突一并考虑在内。

五、数字转型过程中的性别平等政策目标

数字技术的发展并非处于真空当中。生命历程各阶段的自我实现机会始终与性别息息相关。在性别关系方面，尤其必须以工作与私人生活之间的关系——更准确地说，必须以有偿职场工作与无偿护理工作之间的关系为出发点，考察、评判与打造数字转型过程。

在过去的 30 年里，女性就业人数逐渐增加。虽然在两德统一初期，德国东部地区女性就业率急剧下降，但在 2019 年，女性就业人数达到了历史顶峰。目前，德国的女性就业率接近 72%，位列欧盟第四（德国联邦劳动局，2019）。但女性大多从事非全职工作，工作多集中于某些特定行业及职业，尤其集中于私人及社会服务业,且女性多从事迷你工作。这一发展趋势体现为收入性别差距(Gender Pay Gap)。而不同性别人群所承担的无偿护理工作也并不均等,压力主要落于女性肩头,这一情况则体现为护理性别差距(Gender Care Gap)。相应地,此种具有性别差异的分工模式也意味着,对于那些不想或不能将职场工作作为生活重心,而是想要承担起护理工作的男性来说,他们实现自我价值的机会也要更少。在个体家庭层面,主要由男性负责赚钱养家,女性额外挣些收入,这样的组合已成为德国的常见模式。退休之后,便又会出现养老金性别差距(Gender Pension Gap)。

从性别平等政策的角度来看,我们必须一如既往地致力于消除导致性别不平等问题的障碍与壁垒。在设置结构性框架条件、社会价值与规范、保护机制时,必须保证人们能够不受性别限制,在生命的各个阶段,在社会变革的各个阶段(也包括在数字产业、数字经济、数字化经济及社会数字化的背景下),都能够实现自己的目标及期愿。

从性别平等政策的角度而言,这便意味着:当在数字转型动态发展的过程中出现新的障碍及挑战时,必须及时补充新的平等政策目标。专家委员会将下列性别平等政策目标定为《第三次性别平等报告》的指导规范:

- 性别平等地进行技术开发与技术设计;
- 保证不受性别限制地获得数字化相关能力;
- 保证不受性别限制地获取数字化相关资源(数字技术、时间自主与空间自主、信息自决);
- 通过性别平等地融入数字化经济,实现独立自主的经济保障与社会保障;
- 在数字化经济中,实现同工同酬;
- 在数字化背景下,消除性别刻板印象;
- 在数字化背景下,性别平等地分配无偿护理他人的工作;
- 在数字化背景下,协调兼顾职场工作、护理他人及护理自我;
- 消除网络世界及真实世界中的歧视现象,保护人们免受性别相关暴力侵害;

• 在打造经济、政治、管理及社会领域的数字转型时，保证人人不受性别限制，享有平等的权利。

专家委员会倡导人人能够不受性别限制，享有平等的自我实现机会。为在语言层面实现这一目标，报告选择使用性别包容性的语言（Geschlechterinklusive Sprache），即尊重所有性别，并在称呼时将所有性别可视化。唯有如此，才能将那些性别认同并非男性或女性的群体（如间性人、非二元性别者①）一并涵盖在内。此外，本报告的语言性别包容性还包括使用性别中立的表述［例如 Lehrkräfte（意为：师资力量）］，使用所谓的性别星号（Gendersternchen），即当意指所有人群（如某职业群体），而不仅限于某种性别时，在词尾添加星号［例如"Lehrer*innen"（男教师与女教师）］。②

在选择使用性别包容性的语言形式时，与其他学者相同，专家委员会也同样面临着一大问题，即不得不参考以往未采用性别包容法的研究与调查。例如，若某项统计数据中仅包含"男性"与"女性"两类性别，其结果便不适用于非二元性别者的生活状况及需求；在引用此类研究时，专家委员会也面临着同样的问题。也就是说，当下文引用关于女性／男性或女童／男童的既有调查研究时，所指的便是相应研究中所列出的性别类型——实乃无奈之举。

---

① 非二元性别者是自我性别认同既非单性亦非双性之人的自称。非二元性别者（Nichtbinäre）可以指自我性别认同并非男性或女性的人，也可以指自我性别认同既是男性又是女性的人，还可以指自我性别认同不固定或不在男性／女性框架内的人。（某些）跨性别者（Transpersonen）及间性人（Intersexpersonen）也会自称为"非二元性别者"。

② 法律评估：《德国基本法》第 3 条第 2 款涉及男女性别平等。根据该款第 2 句（"国家有义务促进男女平等的实现并力求消除现有的不平等现象。"），若能够消除结构性不利因素，则也允许采取使女性受益的政策措施。同时，《德国基本法》第 3 条第 3 款规定，禁止因性别歧视他人。德国联邦宪法法院（BVerfG）曾就除男、女之外的第三种选项作出判决，从中可以看出，任何形式的二元性别论都有悖于对《德国基本法》第 3 条第 3 款的理解。因此，我们需要包容性的语言形式。迄今为止，性别星号（Gendersternchen）是德语中落实最好的包容性语言用法——杜登德语词典编辑部也作此评价。从计算机科学的角度来看，在许多操作系统及计算机系统中，星号"*"都是可用于代替任意字符串的"通配符"，例如各种后缀。本报告以数字化为主题，星号在内容关联性方面要优于其他语言形式。

第二部分　性别平等地打造数字化

一、数字产业

数字产业生产数字技术，即计算机硬件、计算机软件、网络基础设施等商品。该产业还包括基础服务，例如数字技术相关的咨询与培训、上述商品及服务的营销与销售。这些商品与服务会被用于数字经济、数字化经济及社会的不同领域中。如此一来，数字产业构成了数字转型进程的基石；在洋葱模型中，数字产业是洋葱的"芯"，包含于其他洋葱层当中，并向所有洋葱层辐射。

相反，数字经济、数字化经济及社会的发展与需求也会对数字产业产生影响，也就是说，这是一个相互作用的过程。产品与服务的开发和设计问题始终是经济和社会发展的映照。

专家委员会认为，数字产业的以下三个核心领域对于性别平等的数字转型具有重大意义：技术开发与设计（详见第二部分第一章第1节）、在数字产业中获得从属性就业岗位（Abhängige Beschäftigung）及就业稳定性（详见第二部分第一章第2节）、通过数字化相关创业打造数字化（详见第二部分第一章第3节）。

人们在数字产业进行技术开发与设计，有必要加强对参与式技术开发与设计的重视。技术是如何开发的？技术会带来哪些性别相关影响？只有性别平等地进

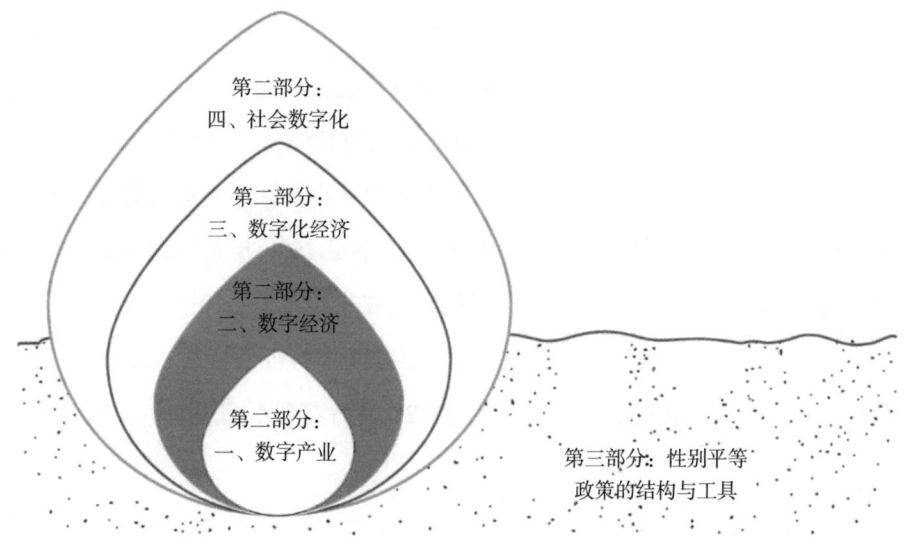

行技术开发与设计，才能够真正地说人人都能够在打造数字转型方面不受性别限制，享有平等的权利。

要在数字产业这个"洋葱芯"中获得打造数字化的可能性，就要继续从数字产业从属性就业的角度进行考察。均等的自我实现机会，需要有性别平等的就业准入机会以及能够在业内站稳脚跟的框架条件。因此，我们需要考察数字产业及其主要结构。此外，我们也不能忽视数字产业中的自雇者（Selbständige），他们通过创业活动一同参与了打造数字转型的进程。

（一）技术设计与性别平等的数字化

1. 初始状况

2015年3月14日，露·塞尔比博士（Dr. Lou Selby）在推特上向她的健身房提起投诉。她指出，虽然自己拥有健身房的出入许可，但却无法使用女更衣室。① 健身房设有带 PIN 码的电子门禁系统。露·塞尔比博士在注册表上填写了博士头衔，结果却是，系统自动将拥有博士学位的人归为男性。这一系统设定将博士头衔性别化，导致露·塞尔比博士无法使用女更衣室。连锁健身房为此向露·塞尔比博士致歉，并称这是一个"系统故障"（Glitch in the System）。（参见 Wheaton, 2015; Turk, 2015）

非裔美国计算机科学家乔伊·布兰维尼（Joy Buolamwini）在美国佐治亚理工学院就读期间发现，当时的面部识别软件并不能够识别她的脸，但却可以识别她白人同学的脸。但如果她带上一个白色面具，甚至不需要具备人脸特征，就能够被软件识别（Buolamwini, 2016）。布兰维尼与其他合作者共同完成了一项知名研究，结果显示，若面部识别软件根据性别等社会特征对人进行分类，那么目前软件识别白人男性的结果最好，识别错误率不足 1%（Buolamwini and Gebru, 2018; Raji and Buolamwini, 2019）。深色皮肤或非西方面部特征的女性最常被误认，识别错误率高达 35%。深色皮肤或非西方面部特征的男性也要比白人女性更难被识别（前者的识别错误率最高可达 12%，后者则不超过 7%）（Buolamwini

---

① 参见 https://twitter.com/louselby/status/576767050074443777，最后访问日期：2020年6月28日。

and Gebru，2018）。这一结果同样适用于德国和欧洲，因为国家与个人使用的也是国际销售的面部识别系统。许多面部识别系统都经过了系统的测试，且评估结果对外公开，但测试却几乎都是在美国完成，例如美国标准与科技协会（NIST）的"人脸识别供应商测试"（Face Recognition Vendor Test，简称 FRVT）。德国也参考了这一测试（Galbally et al.，2019；Bundespolizeipräsidium Potsdam，2018）。虽然人们使用这些面部识别技术的时间已有数十年之久，但恰恰是这些研究才导致从制造商与测试程序开始就已经为识别某些用户群体时出现偏差（Bias）埋下了伏笔（Buolamwini，2016；Buolamwini and Gebru，2018；Raji and Buolamwini，2019）。若是在监视或管控等情形下，也许弱势群体和边缘群体恰恰希望能够不被识别。然而，若是在解锁智能手机、使用图像编辑软件、使用视频会议软件、机场快速办理通行手续等情形下，无法识别便可能导致某些人群无法使用面部识别功能，或软件的功能性降低。

上述人脸识别系统的例子已不仅涉及偏差问题，或是技术的功能是否适用于所有人的问题，而是涉及技术设计的社会与政治层面。肤色、年龄、性别等类别被称为软性或人口学生物识别数据，数十年来，这些数据对于设计生物识别系统而言始终是一项挑战（Knaut，2017）。直至近些年，人脸识别供应商测试才开始关注技术在种族主义、性别主义、年龄歧视等方面为人们带来的不利影响，首次转变是 2019 年的人脸识别供应商测试（Grother at al.，2019）。从批判计算机学领域的项目中，我们能够很好地看到上述问题的存在。例如，"社会特权演示器"（Social Privilege Demonstrator）以互动的方式使人们更好地了解人脸识别技术，并反思社会特权问题（Klumbyte et al.，2020）。在社会技术理论中，技术的设计可以并且必须要让制造商与客户以外的更多行为体参与进来，从而应对各类相关人群及不断变化的环境。到目前为止，技术开发时仍然极少将相关用户群体考虑在内。

博卢克巴西（Bolukbasi）等人于 2016 年发表了题为《男人之于计算机程序员就像女人之于家庭主妇？——词嵌入除偏》（Man is to Computer Programmer as Woman is to Homemaker? Debiasing Word Embeddings）的文章，揭示了社会歧视与

性别刻板印象是如何被嵌入到软件中以及如何通过社会技术手段来消除这些偏差。若使用包含刻板印象特征归类的数据集（Datenset）[①]来训练算法，例如大量输入女性与护士、男性与医生相关的语境联想，软件就会学习这种归类，并在未来继续输出这样的结果。

技术发展并非只能助长歧视现象，还可以使其显性化，为消除现有偏见创造可能。但也有人批评通过使用软件来消除歧视现象。认为，歧视只是社会的映照；在计算机科学中，人们通常将之称为"错进错出"（Garbage in – Garbage out）。要为歧视承担责任的是"社会"，尤其是在数据密集应用的大背景下。然而，本报告将技术发展视为社会的一环。从社会技术理论的角度来看，这便意味着要在数字产品与数字服务的实际规划、设计和开发过程中，努力追求与落实性别平等。

2. 分析

（1）"自我法"（I-methodology）：参与及技术设计的结合

对性别及相关特征（如年龄、出身）缺乏敏感度可能会导致性别刻板印象、种族主义等问题的延续。这种问题的延续会在数字技术中变得"理所当然"，通常只有当不是所有人都能使用某种产品或服务时，或此类歧视性技术的社会后果被揭露之后，人们才会意识到该问题的存在（Eubanks，2017；Wachter-Boettcher，2017）。女性参与度低、数字产业缺乏多样性（参见第二部分第一章第2节），这不仅是性别平等政策问题，也阻碍了对可用、可持续技术与产品的开发，不利于经济发展（Peña，2016；Schubert，1993；Schwartz and Zimmerman，1993）。原因在于，若技术没有充分经过检查歧视后果，或检查对人造成的过度不利影响，可能需要被重新开发。从经济、社会和生态的角度来看，这都不符合可持续发展的要求。

开发技术产品是为了完成某些任务，例如为活动提供支持或实现流程自动化。对此，设计人员、开发人员、公司董事等人拥有决策权，他们将决定：技术将重塑哪些现实？未来用户是哪些群体？用户能够借助新产品获得哪些行动可能

[①] 数据集（英文：Data Set）是一种用于训练学习型算法的数据集合。数据集中的数据已经过人工分类及关键词标注。

性？针对当前现实情况，玛德莱娜·阿克里奇（Madeleine Akrich）提出了"自我法"（I-methodology）这一概念，即技术开发者和决策者用自己和自己的经验来代表其他用户群体（参见 Akrich，1995；另见 Oudshoorn et al.，2004）。

当技术开发者与决策者认为自己能够代表其他用户时，由于参与不平等[①]，常常无法顾及不同人群的不同处境、需求及要求（Peña，2016；Paul，2019）。此外，技术开发时通常先在团队内部进行测试，团队人员构成越是同质化，便越难发现该技术仅适用于该群体（Oudshoorn et al.，2004）。阿克里奇（Akrich，1992、1995）指出，通常这些技术开发不足都是无意识的。

有些技术开发会导致歧视问题延续，或不是所有人都能使用该技术，其原因是多方面的：未纳入各类用户的观点与需求；数据集与模型有缺陷、不完整；技术后果评估，尤其是对弱势群体和边缘群体的评估不足；对社会不平等现象的认识不足；对技术的社会方面认识缺失或不足。从结构上看，社会与技术的脱钩与技术人员所接受的教育与培训密切相关（Bläsing and Draude，2020）。然而，数字技术的使用越是广泛，结合社会能力与技术能力便越是重要。

为弥补"自我法"的缺陷，就必须要提高数字产业的多样性。但这并不意味着在开发团队中，将应当并且能够指出技术中潜在歧视问题的任务交予女性及 BIPoC 群体[②]。"从天性上"或"从性格上"来看，女性及 BIPoC 群体也并非一定能够设计开发更好、歧视更少或更具社会意义的技术。真正要做的是必须在技术开发时便从根本上结合考虑社会与技术，尤其应当在数字技术当中、借助数字技术实现自我价值。为打造性别平等的数字化，必须制定能够实现社会诉求、具体应用领域、技术开发三者之间转换的方法、步骤与程序，并将其用于实践当中。

（2）数据、性别与基于算法的决策

新的数据驱动型、数据密集型信息技术系统会带来新的挑战，并且已然超出

[①] 此处是指（白人）中青年男性比例过高，而女性、BIPoC 群体（见下一条注释）、残疾人等群体的比例过低（主要见 Kapor Center、ASU CGEST，2018；Peña，2016）。

[②] BIPoC 为黑人、原住民和有色人种（Black，Indigenous，People of Color）的缩写，是有过种族主义经历人群的自称，这些人群不被认为属于白人或西方人。黑人与白人并不代表肤色，而是政治概念，代表着结构性不平等与权力关系（NdM，2020；Migrationsrat，2020）。

了反思不足和"自我法"的范围。

正如上述健身房门禁系统案例所显示的那样，数据驱动（参见第一部分第三章）给性别平等带来了特殊的挑战：分类体系将各类信息联系起来，如职业（医生）与性别（医生＝男性），如此一来性别不平等便被写入技术系统当中。此外，该例也说明了以往人类活动或机械系统（如门锁系统）是如何实现数字自动化的。信息技术也能够在决策时提供更多帮助与支持，并被用于识别大量数据中的固定模式。在医疗领域，已经有机器操作胜过纯人类专业知识与经验，或能够为人类提供补充助益的成功案例，例如对乳腺癌的诊断（Ehteshami Bejnordi et al., 2017）。

尤其对于学习型算法系统而言，并非只有开发者、团队或委托者才会影响技术产品或服务，所使用的数据对于最终效果也起着至关重要的作用。因此，数据驱动信息技术纳入了一整套不同的参与方与环境，必须从社会技术的角度对其加以考量。由此提出的问题主要包括：数据是由何人以何种方式收集而来？数据的历史有多久？数据有何背景？数据的建模及处理方式是怎样的？谁能够访问数据？各个数据驱动系统对哪些人群有着何种影响？在数据的获取、汇编、分类、建模、处理方面都存在着各种陷阱。人脸识别软件一例清晰地表明，若系统训练数据中缺少某些群体（如该例中缺少黑人），便会导致社会不平等被嵌入到技术运作方式当中。歧视偏差也能够从历史数据集（如翻译软件）中继承，或通过文化霸权、地域霸权（如图像搜索）延续，进而使得社会不平等自动化（参见Eubanks, 2017）。

在性别更为平等、歧视更少的数字化方面，存在和使用某些类型数据极具矛盾性。一方面，数据集中缺少某些群体和个人的数据会带来不利影响。尤其在工程、计算机科学、医学、设计、建筑等领域，数据的缺失会导致某些群体无法使用及获取产品与服务，甚至会危及这些群体的利益（Criado-Perez, 2019）。

另一方面，对于某些群体而言，数据的收集与受关注度的提高可能会存在问题，例如女性、BIPoC 群体、LSBTIQ +群体[①]（Browne，2015；Shephard，2016、2018；Weinberg，2017）（参见第二部分第四章第 2 节"数字暴力"）。若要通过扩大数据收集来消除技术系统中的偏差，就必须要考虑到社会不平等关系；扩大数据收集不应导致边缘群体面临更多危险。此外，任何分类及归类（男性 / 女性、异性恋 / 同性恋、年长 / 年轻）都有可能导致对某些群体的不当刻板印象受到强化。此外，个人相关的分类体系也可能存在历史问题，例如采用种族主义的分类方式，或传输反同性恋的观点（Mahmud，1999；Schiebinger and Swan，2007）。因此，在进行数据分类及归类时，基于算法的决策就必须已经考虑到弱势群体与边缘群体的历史经历与现实境况（Draude et al.，2020）。

此外还要考虑到以下因素：即便没有收集和使用任何性别、性取向、种族等方面的数据，也能够从元数据（Metadaten）中推导出这些信息。如此一来便能够借助算法（各类栅格[②]与排序）在数据收集时发现固定模式、规律、关联性或非典型流程。在过去，这一切只能借助结构性数据实现；而现在，在大数据（Big Data）[③]及机器学习领域，也有方法能够搜索非结构性数据和完全不同类型的数据。此类系统能够识别所谓的替代信息（"代理"，英文：proxies），故而能够在完全不直接使用受到法律特别保护的个人数据的情况下，出现歧视个人及群体的问题（Orwat，2019）。

近年来，随着经济领域大数据、科学领域数据学（Data Science）的兴起，人们开始关注大数据。算法通常会被预先给定，或者在过程中"学习"如何分类模糊的数据。例如，若某人的应聘申请中缺少性别信息，则可能会被直接忽略，或可能在评分时因"信息不全"而获得低分，也可能被补上"性别男"，因为该职位 90% 的应聘者通常都是男性。

[①] LSBTIQ+ 为德文女同性恋（Lesbisch）、男同性恋（Schwul）、双性恋（Bisexuell）、跨性别（Trans）、间性人（Intersexuell）、酷儿（Queer）等群体的首字母缩写。该缩写代表着不同的性别认同与性取向。+ 号表示该缩写并未穷尽所有群体。通常来说，LSBTIQ+ 群体并不认为自己只属于某一类特定人群。
[②] 栅格是最简单直接的空间数据结构，即将空间分割成有规律的网络，是算法的一种工具。
[③] 大数据（Big Data）是一类技术总称，此类技术能够在越来越短的时间内收集、处理、存储、分析大量数据。"在数字化当中，数据量呈指数倍增长，大数据作为一种复杂的社会技术现象，为使用数据创造价值创造了基础。"（WBGU，2019）

由此获得的信息可能会进入决策当中,例如决定至少获得多少分才能在较高条件下获得贷款或者完全被拒绝贷款,又或是决定申请资料至少获得多少分才能被邀请参加个人面试。在数据收集及权重过程中悄然出现的错误不会显示在结果当中。也就是说,如果欠缺性别相关数据或考虑到多重维度的数据,那么决策便可能不利于女性或 BIPoC 群体,因为随后统计时评价这些数据所遵循的是异性恋白人男性的标准。这不仅会导致基于数据的决策受到简化,还会因为使用此种数据集而打开了性别歧视的大门——即便本意并非如此。

对于算法辅助系统的用户及相关群体而言,机器与社会技术的背景及流程通常并不容易理解。系统为何会提出某些建议?为此使用了哪些数据?如何评估这些数据?算法如何运行?从人机互动中并不能得出这些问题的答案。各项(跨)学科研究,也包括部分计算机科学,都认为这是有问题的。尤其是关键数据研究(Critical Data Studies)、可解释的人工智能(Explainable Artificial Intelligence)、算法体验(Algorithmic Experience)等研究领域以及数据保护法都对数据驱动型信息技术的透明度、可理解性及公平性提出了要求(Ananny and Crawford, 2018; Bellamy et al., 2018; Klumbyte et al., 2020)。上述研究领域提出的主要问题包括:

如何打造社会技术信息技术系统,实现:

- 避免因数据及不当分类而造成偏差;
- 内部流程更为透明;
- 能够进行决策管控;
- 在技术使用层面,保证背景信息与简单兼容使用之间的良好平衡?

此外,目前有一系列最佳实践,在打造算法系统时以应用为导向,致力于培养意识,提高敏感度,保证透明度,确保数据集的多样化及场景化,进行风险评估。

(3)设计数字化的权力要以性别平等的技术设计为基础

借助社会技术理论,我们能够对数字化的技术驱动视角提出质疑。2013 年,克莱恩(Kleinn)等人在德国多所高校开展了一项名为"计算机科学世界观"(Weltbilder der Informatik)的研究。研究结果表明,实现计算机科学性别平等的许多努力明显仍未渗透到该学科当中，"几乎所有学生都天真地持有保守的性别差异观，认为男性拥有技术天赋，女性则擅长社会、语言或美学领域——尽管计算机科学领域同样不乏女性身影"（Kleinn et al.，2013）。学生群体构成本身缺乏多样性也助长了这种性别观。重要的是，有着不同个人经验、兴趣、习惯、目标的不同性别的学生，能够在计算机科学文化中重新找到自我。就计算机科学中的性别知识展开探讨也具有重大意义（Schinzel，2013）。

为结合已有技术科学与性别研究，仍需找到恰当的契合点，尤其是计算机科学与社会、社会信息学、软件工程学、软件人体工程学、人机交互等分支学科（Paech and Poetzsch-Heer，2013）以及学科中已有的伦理学、数据保护法、技术史、技术社会学、社会政治学及哲学方面的专业知识都能够成为很好的契合点。

在设计信息技术时考虑到多元的关键知识是一大挑战。这不仅是因为技术人员与其他领域的参与者之间缺乏合作，也与计算机的基本原理相关。目前，在社会多样性方面，计算机科学及工程学领域的规则、标准化及算法大多具有排他性。但规则与标准也为积极将无歧视、性别平等等规范性要求设立为数字化目标提供了可能性。然而，为能够在开发信息技术系统时得到落实，性别平等的知识必须具备可操作性。尤其在国际范围内，一些设计方法采取了此种做法。

（4）参与型设计方法

参与协作型的设计方法有助于弥合开发者与技术使用者之间的差距，旨在设计出适合于各项活动的可用技术（Wagner et al.，2010）。

参与型设计（**Participative Design**）特别着眼于技术开发中的权力关系与层级关系，并且有效利用了社会工作与技术工作之间的交叉关系（Trigg and Ishimaru，2013；Simonsen and Robertson，2013）。参与型设计具有权力批评性、解放性与参与导向性。例如，在"性别"范畴方面，该方法已经向人们揭示了性别关系与工作条件如何影响活动的技术支持（Webster，2014）。

价值敏感型设计（**Value Sensitive Design**）旨在系统性地将价值与规范引入社会技术规划过程。巴蒂亚·弗里德曼（Batya Friedman）关键性地提出了一种基于理论的规划模式。以往人们常将以人为本的信息技术开发简化为技术的可用性，而弗里德曼则将其扩大至信息技术的社会接受度与伦理问题（Friedman, 1998; Friedman et al., 2013）。然而，与参与型设计方法一样，这一方法也必须首先将性别平等与消除歧视设立、定义及认同视为重要价值。确立这些价值需要学界及积极分子们的专业知识，相关群体也应当参与进来。

反压迫设计（Anti-Oppressive Design）借鉴了希尔·柯林斯关于种族公正的研究[①]（参见Hill Collins, 2010）及关于边缘群体系统性压迫的概念，并将其转而用于信息技术系统的设计框架内（Smyth and Dimond, 2014）。这一框架结合了以下两个方面：（1）压迫与边缘化的结构与机制；（2）技术开发。

性别扩展研究与开发模式（Gender Extended Research and Development Model，简称GERD模式）则专门针对信息技术的研究与开发（图2）。GERD模式使得多重性别研究能够被整合到软件技术的开发周期当中，旨在结合性别研究理念与信息技术设计逻辑。性别研究所得知识成果以反思的形式呈现出来（图2：A），关于各项反思都有一个问题集（图2：B），而该问题集又适用于各个阶段及各项反思（图2：C）。此外，该模式中也包含信息技术研发的真实案例，以直观地说明性别与多样性视角的益处（Draude and Maaß, 2018; Draude, 2020）。GERD模式的设计初衷是能够在信息技术研发时致力于技术的低门槛使用。

上述所有方法的共同点在于，它们都尝试以价值为导向（民主、解放、性别平等、反歧视等）介入技术发展的流程逻辑。

3. 行动建议

社会问题不能依靠技术手段解决；技术是在现有的文化、经济、法律及社会框架内发展起来的，并反映了这些框架条件。尤其计算机科学是一门具有塑造力的学科，其产品会影响到生活的各个领域。性别平等、无歧视的信息技术系统必须成为规范与标准，并切实落实。相应地，参与式地打造数字化必须要立足于研究与教学当中。

[①] "种族公正是指系统性地、公平地对待所有种族的人，结果是为所有人带来公平的机会及出路。种族公正，又称种族公平，它已超越了'反种族主义'的范畴。它不仅是指无歧视、无不公，还包括通过前瞻性的防范措施为实现及维持种族公平提供审慎的体系与支持。"（NEA, 2018）

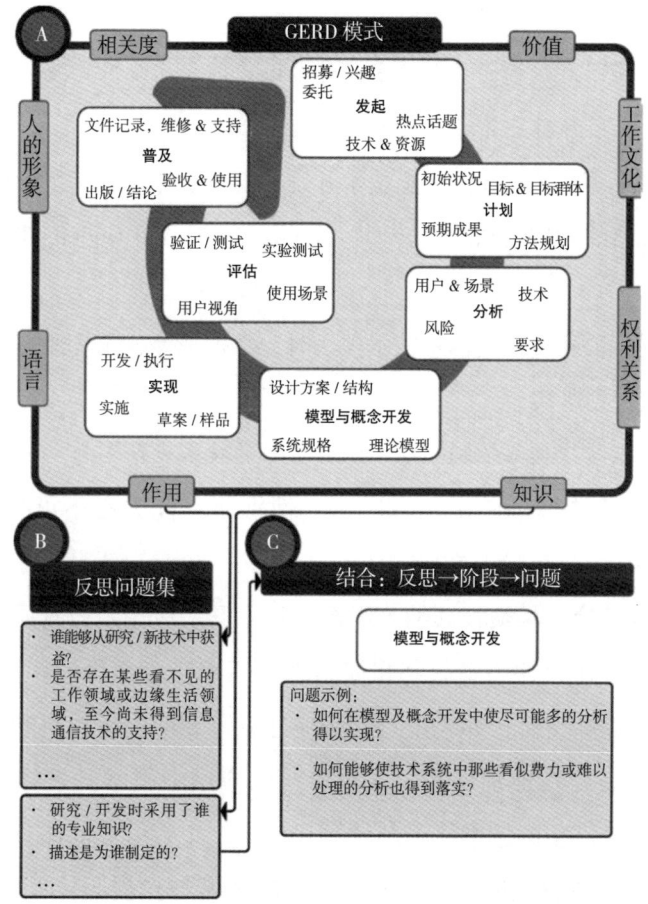

图 2　性别扩展研究与发展模式（GERD 模式）（Draude，2020）

为性别平等、无歧视的信息技术系统制定具有法律约束力的标准

关于性别平等技术设计的研究成果可以转化成行业规范。应该在相应项目的研究资助框架内、合适的教学机构及公司中鼓励这种做法。国家及个人制定规范及标准必须坚持性别公正、无歧视。建议鼓励德国标准化协会（DIN）、国际标准化组织（ISO）、国际电工委员会（IEC）等大型标准化机构整合相应规范与标准，并将国家研究资助的确定及发放同性别平等标准化挂钩。

经由德国标准化协会、国际标准化组织、国际电工委员会等机构制定的个人规范及标准并不直接具有法律约束力。若国家要通过法律标准、法律参照或管理条例等手段加以采纳，就必须注意确保这些规范及标准的性别平等性及无歧视性,并确保相关社会利益团体的参与。

将性别平等、无歧视的信息技术设计纳入德国联邦政府的数字战略,并在委托公共信息技术项目时一并考虑在内

对于性别平等、无歧视的信息技术开发,德国联邦政府应当将其作为一项战略纳入数字战略的"创新与数字转型"(Innovationen and Digitale Transformation)行动领域。

在委托受到公共资助的信息技术项目时,性别平等、无歧视的信息技术系统的设计要求应得到落实。

在研究与教学中树立性别平等、注重参与的技术设计理念

在技术学及计算机科学领域内部,性别研究能力必不可少。性别研究(Gender Studies)及科技人文研究(Science and Technology Studies)为此提供了理论与实践经验,必须将其纳入组织、技术开发应用及教育层面。

专家委员会建议德国各联邦州应当为各高校在跨学科计算机科学领域的现有组织机制提供支持;如果没有,则应建立起相应的组织机制。

此外,还需要在性别平等、注重参与的应用型技术开发领域展开研究。必须在多重、兼容型的性别研究与计算机科学、工程学之间展开交流。为此,应当在技术学领域设立性别研究专业方向的教席与教授职位;此类教学人员能够持续教授研究中有关性别平等、无歧视、注重参与的技术开发的实质性内容。此种机制要比德国联邦教育与研究部(BMBF)或德国科学基金会(DFG)的短期资助项目更具有可持续意义。

在工程学、计算机科学、自然科学与数学中纳入并持续教授有关性别与多样性的能力及内容也会对高校教学产生影响。为此,必须确保整合在性别研究及科技人文研究方面的教学内容与教学活动,并认可相关成绩。应当始终将信息自决与(性别)歧视问题视为软件开发的固定环节,并加以相应处理。这一原则应扎根于算法系统生产人员或设计人员的培训及教学中。

在数据驱动系统中考虑到性别与多重性问题

除了算法系统的使用者之外,算法系统的开发者或委托者也有义务确保

无歧视地使用算法系统。在数据密集型算法系统开发及机器学习技术方面，专家委员会建议德国联邦政府将委托者、开发者等相关参与者聚集在一起，提高其对信息技术可能产生的歧视性影响的认识。可行的形式包括宣传活动、工作坊、智库、研讨会或黑客松（Hackathon）[①]等。为此，来自法学、性别平等、软件公司等不同领域的参与者必须共同采取行动。

专家委员会建议，首先要实现数据集在人群及场景方面的多样化；其次，在此过程中，对于数据收集、可见性、分类会对可能受到歧视的群体带来哪些影响，必须要提高认识。

核查高风险技术带来的限制

尤其对于可能会对弱势群体及边缘群体带来高风险后果的技术，必须考虑禁止使用该技术。上述生物识别技术一例便能够很好地说明这一点。借助人脸识别系统能够对一个人的身份下定结论，如年龄、性别、肤色等。这一目的却难免与乔装打扮、酷儿、与身体不匹配的身份相冲突。虽然也有生物识别系统的行业标准考虑到了相关法律与社会问题，但都只是提出建议，主要目的是提高公众对生物识别监控技术的接受度。

专家委员会建议，对使用生物识别系统设置较高的数据保护法限制，此外，还建议核查是否应当在公共监控中禁止使用生物面部识别技术。为此，建议分析和比较世界范围内其他国家的监管方法，从而对生物识别监控技术作出管制，并落实德国及欧洲对危险数字技术的限制。

（二）性别平等的就业机会与留在数字产业

1. 初始状况

数字产业是数字化的主要推手。因此，数字产业从业者在打造社会数字化方面发挥着重要作用。在数字产业的正式工作中，就业机会与所选职业培训或大学专业密切相关。2020年，在全德所有第一学位中，MINT学科毕业学位总数占比远超三分之一。2018年，在全德需缴纳社会保险的雇员中，MINT行业从业人员

[①] 黑客松：计算机术语，指编程马拉松或黑客日，是一种特定的线下活动形式。——编者

占近三分之一（Jeanrenaud，2020）。

然而，在数字产业中，并非每种性别的人都能够享有均等的自我实现机会，性别不平等问题会影响是否能进入数字产业。MINT 学科新生人数很好说明了这一点：2018—2019 年冬季学期，仅有 1/3 的 MINT 学科新生为女性；计算机科学女性新生人数不足 22%，约 20 年前，这一比例略低于 17%。毕业学位的情况也十分相似：1999—2019 年，女性毕业生的比例由略低于 12% 上升至约 20%。[①] 绝对数字尤其能够直观地说明性别不平等现象：2018 年，计算机科学毕业生总人数为 27000 名，但女性毕业生仅 7600 人（Destatis，2020；Jeanrenaud，2020）。

数字产业就业机会的性别差异十分明显。2012 年至 2018 年间，在信息通信技术领域当中，需缴纳社会保险的雇员人数总体约增加 20 万人，其中女性雇员的比例仍始终处于较低水平，仅占约 16%。在绝对数字方面，2012 年，信息通信技术领域需缴纳社会保险的女性雇员人数为 95209 人，而男性雇员人数为 498354 人；2018 年女性雇员 131521 人，男性雇员 659975 人（Dengler and Matthes，2020）。

除雇员人数外，女性在数字产业的就业稳定性似乎也低于男性；德国 IT 领域女性雇员流动率较高[②]便是很好的证明（Hohendanner，2020）。与世界其他国家的比较研究也得出了类似的结论。在欧盟范围内，在 IT 行业工作的 30 岁女性约占 20%，而到了 45 岁，女性占比则只有 9%。这一趋势似乎愈发明显：2015 年女性离开数字产业的频率要比 2011 年略高（Iclaves，2018；Holtzblatt and Marsden，2018）。

在消除性别相关就业障碍方面，德国已出台许多帮扶措施（Jeanrenaud，

[①] 与世界其他国家相比，德国 MINT 学科高校毕业生虽然在绝对数字上名列前茅，但其中女性毕业生的比例却低于平均水平（OECD，2017）。在波兰、英国、希腊、意大利、土耳其等许多欧洲国家，MINT 学科女性毕业生占比明显较高（Anger et al.，2020: 106）；阿拉伯国家的数据表现也十分亮眼，有时女性毕业生占比可达 50% 以上（UNESCO、EQUALS Skills Coalition，2019: 78f.）。

[②] 雇员流动率这一指标能够说明某一行业的就业稳定性。流动率是整体衡量人员流动的重要标准，计算的是所有聘用人员与离职人员在企业总雇员中所占的比例。在专家委员会委托的特别评估中，霍恩丹纳博士（Hohendanner，2020）计算得出，IT 行业女性雇员的流动率为 0.461，远高于男性雇员 0.248 的流动率。

2020），但现有帮扶策略的效果却并不明显。从性别平等政策的角度看，这一发现说明了很多问题，表明数字产业在就业机会方面依然还未实现性别平等。从经济政策的角度看，这一发现也说明在保障专业人才供应方面存在很多问题。从企业经济角度看也存在较大问题，这一情况意味着企业要承担较高的人员流动成本，无法发挥创新潜力（Berger，2011；Herring，2009）。研究结果还显示，由不同生活背景成员组成的工作团队对企业成功有着积极的作用（Gerwing et al.，2017；Krell，2011；Hunt et al.，2018；Rock and Grant，2016；Beilock，2019）。性别、年龄、种族背景等方面多元化的团队有利于提高员工满意度，降低离职率与请假率（Berger，2011）。

2020年底，政界、商界、民间社会、教育界与科学界共同发起了#SheTransformsIT（"她改变IT"）动议，该动议也引起了人们对于数字产业性别不平衡的关注。

2. 分析

（1）性别刻板印象：数字产业的就业阻碍

让雷诺博士（Jeanrenaud，2020）指出，性别刻板印象仍然会影响MINT相关领域。大多数儿童在六岁时便已在内心相信能力与性别挂钩，例如认为男性更有数学天赋（Cvencek et al.，2011）。因此，早期教育在防止产生性别刻板印象方面十分重要。教育工作者和父母作为守门人（Gate Keeper）尤其起到了关键作用。在与家长和老师的相处中，儿童能够培养起对MINT学科的兴趣，但也可能学到性别刻板印象（Jeanrenaud，2020）。一项相关研究表明，若父母支持年轻女性对技术和相关职业的兴趣，会明显产生积极效果（Vogel，2000）。

例如，女生对数学的兴趣和取得的好成绩较少受到老师等认可，这会对她们的自我认知产生负面影响。好成绩"是因为老师好或考试难度低，甚至是运气好，而数学成绩差则是由于（性别导致的）自身能力不足"（Steffens and Ebert，2016）。仅仅是知道自身属于某种性别，就会导致孩子的考试成绩明显较差，并且也不利于考试发挥（Steele，1997）。事实表明，父母和老师会遵循性别刻板印象，在成绩与能力相近的情况下，认为男生在MINT学科方面要优于女生

（Schmirl et al.，2012；OECD，2015；Steffens and Ebert，2016）。

目前，许多措施与动议都力图消除中小学、高校与企业中普遍存在的性别刻板印象（Ihsen et al.，2017；Jeanrenaud，2020）。例如，"女孩日"（Girls' Day）等倡议尝试提高年轻女性对MINT学科与职业的兴趣。然而，性别刻板印象早在生命历程早期便已形成。故旨在提高MINT学科兴趣的项目也必须更早开始（Funk et al.，2019；Jeanrenaud，2020）。但我们难以准确确定此类措施的有效性，因为评估难度高，并且往往不具备可比性（Ihsen，2018；Ihsen et al.，2017，Jeanrenaud，2020）。

早在20世纪70年代和80年代，德国便已推出降低女性进入工业技术职业难度的试点项目（德国联邦职业教育研究所委员会，1987；Foster，1988；Alt，1988）。当时的行动指导原则多基于女性能力不足的观念。按当时的说法，这些试点项目旨在"使女孩能够顺利完成工业技术类培训，并且在职场中也能'站稳脚跟'"（德国联邦职业教育研究所委员会，1987）。但当时教育体系的结构框架却没有作出改变，没有向着性别平等的方向发展。例如，在20世纪70年代双元制职业教育转型时，教学计划既没有变得更为国际化，也没有变得更具跨学科性，更没有变得更为性别平等。如今的数字化转型进程提供了弥补这些遗漏的机会。

职业教育与高等教育需要改换角度重新思考数字化相关能力。在正规教育方面，高校已有办法消除与性别相关的入学障碍。例如，德国柏林应用科技大学设置了女性专业——"计算机科学与经济学"（HTW，2020），卡尔斯鲁厄理工学院成立了"she.codes"（她代码）高校社团（Hochschulgruppe she.codes）。柏林应用科技大学设置的女性专业将单一教学与学术考察、企业项目、实习融为一体，该项目前景可期，应当受到更多关注。

（2）收入性别差距（Gender Pay Gap）与领导性别差距（Gender Leadership Gap）

现今的国家帮扶措施仍然更注重个人兴趣与能力培养["改造女性（Fix the Women）"]，而非让公司承担起责任["改造公司（Fix the Company）"]（Knaut，2020）。然而，就像许多其他行业一样，信息通信技术行业也受到了性别不平等问题的影响，例如收入差距显著。收入性别差距因职业领域①而异：IT销售与编程领域的收入性别差距为12%；而在信息技术领域，男性的收入平均"仅"比女性高6%（Zucco，2020）。放眼整个IT行业，祖可博士计算得出的收入性别差距为7%（Zucco，2020）。

研究结果显示，企业规模越小，收入性别差距越大。在数字行业中，近76%的企业都是雇员不超过9人的微型企业（Hohendanner，2020），其收入性别差距为15%。在雇员数为10至499人的企业中，收入性别差距为10%。在拥有500人以上雇员的大型企业中，收入性别差距为8%（Zucco，2020）。在编程领域，企业规模与收入性别差距之间的相关性尤其明显：在雇员数不超过9人的企业中，男性雇员的收入要比女性雇员高出34%（Hohendanner，2020）。通常来说，企业规模越大，人事政策越是正规，并且还有机制化的利益代表团体，致力于减少薪资歧视现象，信息通信技术行业当然也不例外（Busch-Heizmann et al.，2018；Achatz et al.，2010；Busch，2013；Busch and Holst，2013）。

女性在数字产业中担任领导职务的比例如何？若"领导岗位中的女性比例与所有雇员中的女性比例相当"，则认为衡量指数为1。而事实上，第一管理层的指数约为0.2，第二管理层约为0.8（Hohendanner，2020）。也就是说，在数字产业的高层管理岗位上，女性身影极其少见。在数字转型进程中，数字产业是数字化的重要驱动力，因此领导层中具有代表性的女性比例尤为重要。若高层管理岗位中的女性占比相当可观，也会导致工作文化发生变化，并表明企业对女性及混合性别的管理团队持开放态度（Busch-Heizmann et al.，2018）。对于数字产业各层级的女性而言，女性领导都能够发挥积极的榜样作用（Battistini，2015）。这种榜样力量不仅限于从属性就业形式，女性在创业时也能够以这些高层女性管理人员为榜样（Rocha and Van Praag，2020；Philipps，2005）。

---

① 计算中所指的IT行业包括：信息技术（硬件与软件解决方案支持，医学、地质学、媒体等应用领域的复杂IT系统支持），IT销售（IT系统分析、IT应用咨询、IT销售），IT组织（IT网络工程、IT协调、IT管理、IT组织），编程（软件开发、编程）（Zucco，2020: 4）。

（3）性别化的工作文化

维恩（Wynn，2019）在其题为《硅谷科技公司中的性别平等》（Gender Equality in a Silicon Valley Technology Company）的研究中指出，组织流程是结构性不平等问题的一个重要原因。因此，仅仅是为女性提供个人指导项目或为男性提供意识提升培训还不足够，更重要的是改变工作文化（Wynn，2019）。对此，阿克尔（Acker，1990）提出了"性别化的组织"这一概念。若某组织以男性的生活世界为参照标准，忽视了女性在生活中需要更多地考虑兼顾工作与家庭的问题（Achatz，2008），那么女性想要在职场站稳脚跟便会遭遇阻碍。

在由男性主导的行业中，作为职场上的少数派，有时女性会被工具化，即公司通过设置女性岗位来证明女性在公司中拥有代表地位——但有时女性雇员的数量仍然很少。此外，有时女性雇员也不被视为独立的个体，而是所有女性的"代表"（Herling et al.，2020）。① 她们自己有时也会感到在公司中处于边缘地位，这一问题会引发员工不满（Taylor，2010）。即便女性成功进入了 IT 行业，也经常要面对关于女性的刻板印象以及"开发员"所附带的男性职业形象。为应对行业主流文化带来的阻碍，女性会倾向于离开组织或公司（Mucha，2014）。

霍尔茨布拉特与马斯登（Holtzblatt and Marsden，2018）认为，工作日常与企业文化是导致数字经济领域人员流动率高的核心原因（参见 Fuchs et al.，2020）。二人提出，数字经济中存在着所谓的"英雄文化"（Hero Culture），公司期待员工能够为了完成或"拯救"项目而接受更长的工作时间。此种工作文化意味着预设雇员会全天候待命，故而会导致公司内部竞争加剧，工作与生活之间的边界消解。尤其是对于需要护理他人的雇员来说，此种工作文化可能导致他们选择辞职（Holtzblatt and Marsden，2018）。

数字产业的主流工作文化也能够解释为何该行业中非全职工作的比例较低。欧洲性别平等研究所对 2016 年劳动力调查的数据分析结果显示，在 IT 行业内，女性平均每周工作 36.9 小时，男性平均每周工作 39.8 小时。不仅如此，IT 行

---

① 在女性较多的社会服务业中，男性也面临着同样的风险。

业女性的平均工作时间也要比其他行业更长（其他行业平均工作时长为33.6小时）。此外，IT行业只有19%的女性和5%的男性从事非全职工作，非全职工作的女性比例尤其明显低于其他行业（其他行业的平均值为女性31%，男性8%）（EIGE，2018）。

女性IT专家尤其会在空闲时间里也感到较大的职业压力。19%的女性IT专家经常会在空闲时间里还心系工作：这一比例要比男性IT专家高出4个百分点，比医疗卫生行业的女性从业者高出7个百分点。此外，在IT行业中，约三分之一的从业者在空闲时间里仍会工作；而在其他行业中，这一比例要低得多（EIGE，2018）。

此种工作文化不仅将许多女性拒之门外，也排除了所有不想或不能满足"超额完成任务"要求的人。公司内部专门为女性提供的帮扶措施可能会令雇员相信传统的性别形象，致使女性不被平等地视为同事，而是需要保护的个体（Acker，2006；Holtzblatt and Marsden，2018）。这一两难困境还体现在，有时新的女性工作人员会拒绝接受性别平等专员（Gleichstellungsbeauftragte）提供的咨询，因为接受咨询会被视为软弱和缺乏领导能力的表现（Rastetter et al.，2011；Busch-Heizmann et al.，2018）。

美国皮尤研究中心（Pew Research Center）的一项调查显示，MINT领域的女性（50%）要比其他行业的女性（41%）更常遭遇性别不公对待（Funk and Parker，2018）。29%的女性表示自己的能力没有得到认可；20%的女性表示曾在工作中受过委屈；18%的女性表示，与完成同样工作的男性同事相比，自己得到的领导支持更少。拥有较高学历的女性雇员（62%）要比只有本科学历或未上过大学的雇员（41%）遭受更多不公对待（Funk and Parker，2018）。

（4）数字产业的敏捷性

尤其是在数字行业，敏捷方法（Agile Methods）已被视为一种替代方案，用以代替基于典型层级制度的僵化管理理念，因此有时人们会讨论将敏捷方法作为不受性别限制提高自我实现机会的恰当方法。

敏捷方法的特点在于采用动态的工作方式，该方法基于以下价值理念：在尽可能扁平的层级结构中，参与商品与服务制造的人之间能够直接、灵活互动；与客户开展密切合作，以便在发生变化时能够动态调整产品；以高质量标准保证产品与服务的快速运行能力（Diebold et al.，2016；Kusay-Merkle，2018）。15 年来，敏捷工作流程便已成为软件开发的常用方法；目前，数字产业以外的经济领域也越来越多地采纳这一方法。采用敏捷方法的决定性因素往往是为了有力减少甚至避免投资不当或软件项目失控，更有效、更高效地"利用人力资源，提高产品适销性"（Mauß and Schrader，2020）。

　　对于数字产业的女性专业人员而言，敏捷工作流程似乎向她们承诺了更好的自我实现机会（Marsden，2015；Barke，2015）。这种承诺不仅是因为在扁平化的等级制度下，所有参与者都对工作结果负有同等责任，也是因为在任务分配和进度处理时必须进行沟通。例如，在 Scrum 方法中，每个工作日都以一次站立进行的每日立会（Daily Scrum）为开端，会议不超过 15 分钟，会上只会询问每个团队成员已经做了什么，需要做什么以及什么阻碍了工作。在这种反馈文化中，既有的性别刻板印象也能够得到更多关注与解决。此外，工作被划分为较小的任务包（Tasks），在各个工作阶段开始和结束时，都有着严格限制时间的明确的计划、总结与回顾阶段。在一个项目中，所有要完成的任务都有着明确的分工与命名，并被列置于一面大墙上，人人可见，这便使得所有雇员的工作全都公开透明，不受性别影响。定期、有约束力、有时间限制的协调与评估周期也大有裨益，负有护理责任的雇员尤其能够从中受益。

　　但敏捷方法也蕴藏着性别相关风险。扁平化结构取代传统的等级制度并不能够自动消除性别刻板印象，例如，"与传统的工作方式相比，敏捷工作更强调自我批评、同理心与相互关怀……"（Fuchs et al.，2020）。出众的沟通能力是敏捷方法的前提，而人们通常认为这是女性的长项，因此认为女性更适合担任 Scrum 主管。然而，此种看似正面的先入之见也蕴含着风险：例如，女性缺乏沟通能力会被视为个人能力不足，而善于沟通的男性则会特别受到赞扬。此外，扁平化的等级结构中也会存在无法洞察其中不平等结构及性别相关问题的风险（Nafus，2012）。因此，将敏捷方法称为"女性化的工作风格"并不一定恰当，也不一定会有所帮助（Herling et al.，2020），反而可能会重现和加深刻板印象。

赫林等人（Herling et al.，2020）指出，敏捷方法的一大风险在于团队的动态性，这是由于团队中取消了领导角色，取而代之的是团队成员之间非正式的相互监督。社会心理学的研究结果表明，少数群体（如数字产业中的女性）尤其会受到此种团队动态性（更确切地说是团队压力）的负面影响（Herling et al.，2020）。此外，在敏捷方法中，简短会议要求快速思考，这便意味着时间压力。这也可能带来问题，因为在时间压力下作出的决定往往是基于内在思维方式（因此也包括性别刻板印象），并会影响之后的工作流程。目前的敏捷方法中缺乏防止团队中可能出现不公平动态性的准则与实践。因此，劳动力市场上已知的性别不平等问题也可能会悄然再现于这种"新的"企业文化当中（Mucha，2014）。

在数字产业当中，当下主导的性别化工作文化的主要特征便是性别刻板印象，这一点亟须改变。第二部分第一章第1节中所述的GERD模式可被用于性别平等的参与式技术开发与设计，该模式与Scrum等敏捷项目管理实践兼容性很高，能够帮助改变性别化工作文化；GERD模式可以被嵌入到Scrum流程当中，尤其是GERD模式也包含迭代式的开发周期，并且十分注重沟通与评估。GERD这类参与式的技术开发模式能够允许不同的、甚至并非直接客户的利益群体（各项技术开发的相关人员及用户）参与进来。结合敏捷方法与参与式技术开发不仅会使数字经济中的技术更加性别平等，也会使工作流程更加性别平等。

3. 行动建议

由于数字产业发挥着愈发重要的作用，创造性别平等的就业机会及留在产业内的机会尤其不容忽视。关键问题终究是谁能、谁不能参与打造数字转型。此外，必须要确保无论何种性别，人人都能够从数字产业不断增加的就业与收入机会中受益。

德国的《促进男女薪酬透明法》（Entgelttransparenzgesetz，简称《薪酬透明法》）是促进私营企业与公共部门职业平等的重要手段。报告撰写期间，德国推出了《促进私营企业与公共部门领导岗位性别平等法》（FüPoG II）；专家委员会对此表示赞同。然而，由于数字产业中约95%的企业都属于小微企业，因此难以实现力求达到的改进效果。

专家委员会提出的行动建议主要集中于以下两个目标：（1）消除性别刻板印象；（2）打造性别平等的工作与组织文化。

提高学科相关性别能力

继续推行现有的 MINT 学科资助项目具有重要意义，不仅可以减少现有的准入障碍，弥补女性在数字经济领域的低参与度，还可以消除现有的性别刻板印象。专家委员会建议，德国各联邦州应当继续拓展相应方案，并将其扩展至早期教育领域。

此外，对于将在职业学校及普通学校中教授专业相关 IT 技能与性别能力及多样性能力结合起来的项目，专家委员会主张持续为其提供资助。在学校方面，德国文化教育部长联席会议的"数字世界的教育"（Bildung in der Digitalen Welt）战略应当增加性别能力这一基础模块。德国联邦职业教育研究所在发展现有和新的 IT 职业时，应当将性别能力与多样性能力纳入培训计划当中。

此外，专家委员会建议，应当对结合高等学校与职业学校单一教育与共同教育的效果展开学术研究，并制定相应的学业与教学方案。

制定与落实性别平等的敏捷方法

专家委员会建议，通过试点项目开发性别平等的敏捷方法，并且与数字经济及数字化经济领域的实践伙伴共同进行测试与评估。为此，专家委员会建议在敏捷方法中设立"性别多样性主管"（Gender-Diversity-Master）的角色。

专家委员会建议，信息通信技术产业将敏捷方法与参与式技术设计方法（例如 GERD 模式）相结合；在数字经济的项目管理中，只有将敏捷方法与参与式技术设计方法结合使用，才有可能产生性别平等、包容、参与式的塑造力。

此外，专家委员会建议，强制要求私营机构与工商会在其提供的敏捷方法认证课程中加入性别能力与多样性能力模块。

"改造公司（Fix the Company）"，国有企业与政府部门先行

在国有企业、国家与联邦州的政府部门当中，信息通信技术领域正发挥着愈发重要的作用。必须在这些领域积极促进和打造性别平等的工作与组织文化，发

挥榜样力量。专家委员会建议，德国联邦政府及各州应当为国有企业及政府部门的信息通信技术领域制定性别平等的工作及组织方法，并加以落实。

（三）数字化相关创业活动

1. 初始状况

从政策角度而言，创业往往被视为增长的关键动力（德国联邦经济与能源部，2019）。创业活动是指"通过发掘和利用新产品、新流程或新市场的潜力来创造或扩展经济活动，进而创造价值"（OECD and EU，2016）。数字化过程中开发的技术有可能加速价值创造过程，带来新的价值创造形式（Nambisan，2017；Kollmann，2020），并为所有产业中的创业带来新的潜力。

《第三次性别平等报告》专家委员会十分重视数字化相关创业，即关注与纯数字生产流程相关的初创企业，并关注利用数字技术补充或弃用当前产业中现有商业模式的创业者。数字化相关创业是指数字产业与数字经济领域的初创企业，例如：应用程序设计公司、汇集图像专家与客户的数字平台、提供人工智能产品或服务机器人的公司、经营大数据分析或影响者营销（Influencer Marketing）等业务的社交媒体经纪公司。

为性别平等的数字化相关创业提供支持便意味着为性别平等地打造社会数字转型进程提供支持。迄今为止的研究结果表明，女性自雇者（Selbstständige）"多集中于服务业及教育、医疗卫生等典型的女性行业，这些行业的利润及收入较低；而男性自雇者则多集中于收入机会更好的经济领域，例如MINT行业"（Trenkmann，2017）。因此，在与MINT行业密切相关的数字产业中，自雇者结构也呈现出明显的性别化趋势：数据显示，2018年，在计算机科学及信息通信技术行业中共有女性自雇者7000名，男性自雇者80000名（Bonin et al.，2020）。《女性创始人观察》报告（FFM）的数据显示，17.9%的男性创业者拥有信息学、计算机科学或数学学位，而女性创业者中仅有3.6%拥有这些学位（Bundesverband Deutsche Startups，2020）。工程学方面的情况也很类似：拥有工程学学位的男性创业者占20.4%，而女性创业者仅有10.2%。自然科学方面的差异稍小（男性13.5%，女性8.5%）。

关于创业者性别比例的整体数据已经十分有限（Gather et al., 2017），关于数字化相关创业中创业者性别比例的数据更是寥寥无几：博宁等人计算得出，在信息通信技术领域工作的女性当中，4.4%是自雇者，而男性的比例则为8.8%（Bonin et al., 2020）。德国莱布尼茨学会旗下的欧洲经济研究中心（ZEW）的一项特别评估显示，在高科技领域的创业牵头人中，女性比例仅不到5%（Michler, 2016）。与之相较：在2019年的所有创业者当中，女性占比为35.5%（Metzger, 2020）。

《女性创始人观察》调查结果显示，女性在初创企业中的比例明显更低：在德国初创企业当中，15.7%由女性创办，84.3%由男性创办（Bundesverb and Deutsche Startups, 2020）。男性主要以团队形式创业，而女性则多是独自创业（Bundesverb and Deutsche Startups, 2020）。与男性领导的初创企业相比，仅由女性领导的初创企业雇用的员工更少（Bundesverb and Deutsche Startups, 2019、2020）。

还有一些整体上的不足以及数据偏差。第一，《女性创始人观察》所覆盖的受访者仅包括《德国创业观察》的合作伙伴，因此该调查不具有代表性。第二，根据定义，个体自营创业者（soloselbstständige Start-up-Gründer-innen[①]）并未被纳入该调查当中（Kollmann et al., 2020）；而在个体自营创业者中，女性比例尤其高（Martinez Dy et al., 2018）。凯与韦尔特（Kay and Welter, 2021）根据微型人口调查的数据计算得出，在所有自雇者中，1/3为女性，而其中近2/3为个体自营创业者。第三，目前的创新理念仅以技术为基准；因此，调查数据中并未包含定位在社会技术创新领域的初创企业。第四，初创企业的目标被定义为营业额和/或雇员数的增长，即强调经济目标；而社会或生态可持续性等其他目标却没有被考虑在内。这一缺陷也与性别相关，因为半数的初创企业女性创始人都会在设定目标时考虑到社会层面（Bundesverb and Deutsche Startups, 2019）。第五，在受访的女性创始团队中，仅有9%会将自己归类为数字产业，而近36%

[①] 指男性和女性的初创企业家。

> **聚焦新冠疫情**
>
> 在一项调查中，《女性创始人观察》就新冠疫情的影响访问了 155 名女性创始人：近 70% 的女性创始人表示，新冠肺炎疫情为其业务带来了负面影响；同样近 70% 的女性创始人认为，与疫情前相比，女性在创业领域的机会不会得到改善，甚至还会恶化（Bundesverb and Deutsche Startups，2020）。受访者认为，营业额下降、订单延迟、活动取消是较大的挑战。
>
> 然而，略多于半数（53.8%）的女性创始人较为乐观地预计，由于新冠肺炎疫情会推动数字化的发展，因此也会推动自己所在行业的创新。而有子女的女性创始人在预计时则更为消极（Bundesverb and Deutsche Startups，2020）。
>
> 专家委员会认为，若有大量女性失业，以及 / 或者在疫情之后发现要比男性更难找到常规工作，创业可能会成为许多女性赚取收入的重要选择。能够预测，创业活动将多集中于（数字领域的）个体自营创业。此外还可预计，新冠危机之后的"紧急创业"将会增多。

的男性创始团队会将自己归类为数字产业（Bundesverb and Deutsche Startups，2020）——自我归类不能被视为统计分类的客观标准。

在目前的研究中，对初创企业情况全面展开性别相关的调查与分析基本仍是一片空白，必须要从多重交叉的角度进行研究。

2. 分析

《第二次性别平等报告》发现，个体自营创业与自雇为性别平等政策带来了重大挑战（德国联邦政府，2017），专家委员会认同这一结论。结构性障碍包括个体自营创业者社会保障缺失或不足、性别刻板印象的不良影响、缺少兼顾工作与家庭的机会，数字产业与数字经济领域的自雇者同样也面临着这些阻碍。在社会保障方面，2018 年推出的新规为产妇津贴（Mutterschaftsgeld）提供了保障，但该津贴仅针对极少数的女性群体，即类似雇员的自由职业者（仅为一个委托方工作）。

此外，还有一些挑战是由数字产业与数字经济的特殊情况决定的。数字化相关创业属于所谓的创业生态系统的一部分，创业生态系统是指创业活动发展所处的环境。除初创企业外，创业生态系统还包括许多其他的参与方：企业组织，国家机构，民间社会组织。这些参与方之间的相互作用共同构成了创业者的环境，并影响到了创业者能够使用哪些资源，以及哪些发展机会向创业者开放。同时，创业生态系统受到创业环境中参与方的规范理念影响，而这种创业环境具有强烈的男性特质（Brush et al.，2019；Euler et al.，2020；Isenberg，2014；Brown and Mason，2017；Mangematin et al.，2014）。

（1）数字创业背景下顽固存在的性别刻板印象

研究结果显示，所有行业的创业行为都多与男性特质联系在一起：男性刻板印象持续存在，一再重复（Lee and Huang，2018；Malmström et al.，2017；Welter，2020；Ahl，2006；Hughes et al.，2012）。根据安德烈斯（Andres et al.，2020）等人的调查，"极为自信、执行力强、愿意承担风险、以目标为导向、以自我为中心"这类男性特质的个性特征总被认为与创业成功相关（Gupta et al.，2009；Laguía et al.，2019）。相反，"有创造力、乐于交流、自我批评、乐于助人、有同理心"（Andres et al.，2020）等关于女性的刻板印象则被认为不符合成功创业者的个性特征。

在数字产业与数字经济当中，刻板的男性企业家理想形象尤为突出，原因主要在于这一形象源自风险资本推动的硅谷模式（Silicon-Valley-Modell）。借助风险资本的东风，硅谷模式迅速扩大（Lam and Seidel，2020；Kenney and Zysman，2019；Morozov，2014；Mundy，2017）。在典型的理想硅谷模式中，技术被理解为普遍适用的中性工具，人们认为，成功的创业要有扩张式的行事方法及对快速增长的专注，而非公司经济成功的可持续性（Harrison et al.，2020；Lam and Seidel，2020；Kenney and Zysman，2019）。

来自数字经济与数字化经济领域的创业者在采访中表示，现有的性别刻板印象以及榜样力量的缺乏是两大障碍。受访者还提到，希望能够提高女性企业家的可见度，希望媒体更深入地报道女性企业家。

（2）性别视角下的创业动机与收入

经合组织与欧盟的数据（OECD and EU，2017）显示，在一些国家，男性自雇者的收入是女性自雇者的两倍以上，这一情况与经济领域及工作时间有关，但也与创业动机相关。

在全球范围内,女性创业往往都是因为她们没有其他选择来维持自己和家庭的基本生计(Vivarelli,2013;GERA,2017;OECD and EU,2017)。女性多通过个体自营创业的方式来获得收入;而限于其框架条件,这种创业形式非常不稳定(Martinez Dy et al.,2018;Güney-Frahm,2018)。在创业方面,德国的情况表明,出于失业等经济需要而创业的女性人数几乎是男性的两倍(Bundesverband Deutsche Startups,2019:22)。相较于受访的男性创业者,对于受访的女性创业者而言,通过创业致富并非一项重要因素(Bundesverb and Deutsche Startups,2019)。

促使女性创业的另一个动机在于希望更好地兼顾职场工作与护理工作,加特等人(Gather et al.,2017)在为《第二次性别平等报告》撰写的专家意见中已详细就此展开讨论。但这并不意味着自雇便能够保证良好的兼顾;恰恰相反,比克纳等人(Birkner et al.,2020)调查发现,兼顾护理工作与自雇工作是一项艰难的挑战。

除创业动机外,关于创业者的研究还凸显了男女不同的行为模式。研究结果多次强调,女性创业者大多倾向于规避风险,而害怕风险的行为模式对收入有着负面影响(Bode,2019)。相反,目前的研究中几乎从未探讨过背后的结构性原因。例如,博德(Bode,2019)指出,女性创业者会遭到客户歧视,因为客户的价格预期是,女性创业者提供服务的价格必定低于男性创业者。

国际研究的结果显示,女性的初创企业存活率更高,并且在经济上更具可持续性(OECD and EU,2016;Abouzahr et al.,2018)。这可能也与女性从一开始便以更高的经济可持续性为创业目标有关(Birkner et al.,2020)。

在数字经济领域的创业动机方面,社会因素对女性创业者的影响要比对男性创业者的影响更大。约2/3的女性创业者将获得商业成功视为创业动机,而持此想法的男性创业者则有3/4。而在公益创业(Social Entrepreneurship)方面,情况则恰恰相反:半数的女性创业者认为自己属于公益创业,而男性创业者中持此想法的人仅占1/3。从以上数字可以看出,女性创业者要比男性创业者更关注社会问题的解决，更注重通过创业为社会集体作出贡献（Bundesverband Deutsche Startups，2019；Birkner et al.，2020）。因此，女性创业者在数字产业的平等参与，能够为我们的社会带来的机会要远远超出为产业本身带来的机会。

（3）获得启动资金

融资与获得资金对于初创企业尤为重要。经合组织与欧盟（OECD and EU，2017:14）的数据显示，在德国，男性获得启动资金的可能性是女性的1.5倍。

《女性创始人观察》（FFM，2019）比较了创业资金方面的性别差异：女性团队明显更常使用家庭与朋友提供的资金（45%，男性团队为30%），并且更常动用自己的积蓄（84%，男性团队为80%）。而男性则明显更常通过天使投资（Business Angels）处获得资金，即商业人士或投资人用资金与技术来提供支持：从这一渠道获得资金的男性团队占22%，而女性团队只占不到10%。通过风险投资与孵化器获得资金的情况也较为类似：前者为男性团队17%，女性团队8%；后者为男性团队13.3%，女性团队8.7%。在获得国家资助方面，男性团队（近36%）也明显多于女性团队（21%）（Bundesverb and Deutsche Startups，2019）。

另外，通过众筹（Crowdfunding）创业的女性团队（6.1%）要多于男性团队（2.3%）（Bundesverb and Deutsche Startups，2019；Olteanu，2020）。众筹分为两种类型：①向初创企业或公司提供股份或贷款的众筹；②捐款型众筹（捐款活动的支持者可能会获得感谢、产品或其他回报）。关于全球最大的捐款型众筹平台Kickstarter网站的研究表明，女性更有可能在捐款型众筹活动中获得成功，尤其是在那些她们处于弱势地位的领域（Greenberg and Mollick，2016）。

总体来说，女性创业者"经常使用不同来源的资金"（Birkner et al.，2020）；但与男性创业者相比，女性创业者不得不更多地依赖于个人贷款与积蓄。在通过天使投资、风险投资及政府资金为初创企业筹措资金方面，存在着性别相关障碍。

马尔姆斯特罗姆、约翰逊与文森特（Malmström，Johansson and Wincent，2017）解释了为何在获取创业资金方面存在性别相关障碍：由于存在性别刻板印象，男性创业者与女性创业者面临着系统性的不平等待遇。决策机构会给男性冠以企业家、商人、创新者、发明家等头衔，而女性则几乎无此待遇，这表示理想的创业者形象是男性（Malmström, Johansson and Wincent, 2017）。研究还表明，女性创业者更多被问及在创业过程中可能遇到的挑战，甚至包括生育意愿、兼顾职业工作与护理工作等问题（Kanze et al., 2017）。

格根胡伯与克吕格（Gegenhuber and Krüger, 2020）的一项探索研究表明，融资领域缺乏促进性别平等的措施——性别平等观念缺乏，在组建决策机构时也同样缺乏。在研究中，多数受访的项目工作人员表示，资助不以申请者的性别为标准，而是以申请质量为标准；而这些标准又应当如何衡量，通常却并不清楚。格根胡伯与克吕格指出，所获数据的可比性十分有限，例如以组织的名义申请资助时便会无法收集到性别相关数据。资助率证明，男性申请人与企业家占大多数，我们距离性别平等仍然任重道远（Gegenhuber and Krüger, 2020）。为了能够在全德范围内启动促进性别平等的措施，自上而下地发起改革进程，必须要统一收集相关数据。

3. 行动建议

在数字产业与数字经济领域的初创企业中，性别关系完全不对等，专家委员会发现了一系列与性别相关的创业阻碍。女性极少拥有技术专业学习背景，因此在数字产业当中所占比例很低。女性的创业动机往往不同于男性：除经济因素外，促使女性创业的主要动机是社会因素。募集资金对于女性创业者而言是一大挑战。通过分析，专家委员会提出以下行动建议。

系统性地收集与评估数字化相关创业数据

有关德国数字化相关创业的数据不足，因此无法将其作为循证政策的基础。有必要系统性地收集与评估数字产业与数字经济领域的性别相关数据，并从多重交叉的角度进行考察。

鼓励有关数字产业及数字经济领域个体自营创业女性的研究

有必要对数字产业与数字经济领域中开展个体自营创业活动的女性及边缘群体进行更多研究。到目前为止，此方面尚无可推广的可靠结论。

制定国家行动计划"德国：社会技术创新基地"（Soziotechnischer Innovationsstandort Deutschland）

专家委员会建议，不应将技术创新视为普遍适用的中性工具，而是可设计的、需要设计的社会技术创新。这符合对联合国可持续发展目标中可持续性的理解，即将经济、社会与生态价值融为一体，创造不受性别限制的平等的自我实现机会。强化此种性别相关的可持续创新观念能够使女性创业活动获得更多关注。

专家委员会认为，有必要由德国联邦政府牵头，在民间社会与企业、学界及行业协会共同讨论创新的含义。例如，讨论可以由"研究与创新"（Forschung und Innovation）专家委员会发起，并加入性别研究专业人士的力量。

专家委员会建议制定国家行动计划——"德国：社会技术创新基地"。若德国和欧洲想要制定自己的未来创新战略，并且有别于美国的硅谷模式及中国的模式，就必须要重新理解创新，这一新的理解要与更为性别平等的数字化相关创业相辅相成。从社会技术角度理解创新能够打破主流性别刻板印象，进而消除与性别相关的创业障碍。

建立、巩固、扩展协调帮扶措施

目前已有专门支持女性创业者的项目与组织，但各联邦州之间、联邦州与联邦政府之间现有的帮扶项目不尽相同。

专家委员会建议，德国联邦政府与各联邦州应当制定全面、协调的帮扶战略，以消除数字化相关创业的性别障碍，帮助初创企业取得成功。对此，应当扩展面向女性创业者的资助与培训项目。女性商业日（Frauenwirtschaftstage）、女性创始人日（Female Founders Days）、女性创始人之夜（Female Founders Nights）、女性加速器计划（Female-Accelerator-Programme）等活动使女性创业者之间能够建立起网络。另一项重要措施是建立起导师平台并做好维护，以提高女性在创业领域的比例。

在设计帮扶方案时，专家委员会建议系统性地加入公共福利型行动计划，例如"编码社区"（Coding Communities），此类社区追求实现性别平等、包容的编码文化。"代码好奇"（Code Curious）组织是个很好的范例，该组织通过非正式学习与社会学习的方式,向没有任何基础知识的女性、非二元性别者及跨性别者传授编程知识,帮助她们跨行迈入数字经济与数字化经济的大门。专家委员会建议,应当积极主动提供资助与帮扶措施,从相应的行业协会与行动计划中招募潜在的女性创业者,动员她们加入创业网络。

推出性别平等的资助项目

必须保证创业者能够性别平等地获得启动资金。

为此,专家委员会建议评估现有的公共资助项目。应当从性别视角评估资助分配程序,并分析性别相关影响。系统性地记录、评估性别相关的资金分配情况,并公布评估结果。在此基础上,制定以性别平等为导向的指导方针,同时对资助分配制定性别配额。

必须审查及落实以性别平等为导向的资金分配程序。为制定相应的筛选程序,必须征求来自女性创业者网络、现有的性别平等包容性资助项目及加速器领域专业人士的意见。此外,有必要为资助项目的工作人员提供性别能力培训。专家委员会还认为,为确保人人都能够不受性别限制,在数字化相关创业方面享有均等的权力,必须提高女性在资助项目决策部门中的比例。专家委员会建议,应强制公共资助项目落实平等的人员配额,私人资助项目可自愿执行。

专家委员会建议,单独为数字产业与数字经济领域的女性创业者设立资助方案。公共及私人投资者都应当参与进来。

最后,建议建立女性投资者网络。目前已有一些旨在动员女性成为风险投资人的网络,应当支持并扩大此类网络。

通过宣传、活动等方式提高可见度,加强网络建设

各类宣传、活动及网络提高数字产业与数字经济领域女性创业者的可见度,消除性别刻板印象。在这些活动上,女性创业者们相互交流经验,建立网络,分享自己的专业知识。对此,由德国联邦教育与研究部(BMBF),联邦家庭事务部(BMFSFJ),联邦经济与能源部(BMWi)及欧洲社会福利基金会(ESF)资助的"德国女性创业者联邦署"(Bundesweite Gründerinnenagentur,简称BGA)发挥了积极作用。该机构是一个支持女性自主创业的能力与服务中心,为各个创业阶段

提供支持，在德国各地开展跨行业的工作。当来自相近领域、面临相近挑战的女性创业汇聚在一起时，在女性创业者网络中交流经验、相互支持的积极效果便更为显著；因此，将数字产业及数字经济领域的女性创业者联合起来的意义重大。专家委员会建议，通过联合初创中心、资助项目、高校、孵化器等相关参与方的方式，有针对性地加强数字化相关初创企业之间的网络建设。

对于旨在提高女性创业者可见度及网络建设的项目，必须确保持续对其进行评估。

性别平等地建立线下数字化相关创业空间

对于数字化相关初创企业而言，实体工作场所与聚会空间是十分重要的基础设施。一些联合办公空间中设置了托幼服务，例如由德国联邦经济与能源部资助的"与娃娃一起工作"（Coworking Toddler）项目，此举符合平等自我实现机会的理念。此外，针对联合办公空间中组织文化多由男性主导的情况，目前已成立了一些只向女性开放的联合办公空间。

专家委员会建议，在建立联合办公空间或类似场所时投入了公共资金，必须在其中规划设立托幼基础设施并落实，以支持工作人员更好地兼顾护理工作与自雇工作。

二、数字经济

在数字经济中，对于信息和通讯技术的应用是所有经济活动的首要核心。此处所指的是只有通过数字技术才可实现的大范围经济活动，尤其是数字平台的建立。

在技术发展的进程中，直接形式的信息交流越来越为数字平台以及与之相关联的网络结构所取代，例如网上购物平台、通讯服务或是社交网络。这类平台不仅仅将人们连接到一起，而且还能促进他们的交流；此外，它们还联结了更多的应用和增值服务（即附加服务）。然而，数字平台的运营商所提供的绝不仅限于技术上的可能性，而是开展新的商业模式，利用虚拟服务获取经济利益：例如对数据进行采集和应用，投放广告以及收取费用和佣金。通常情况下，数字平台的运营商不认为自己在提供原始服务，而是将自己视为中介和基本设施的供应方。但实际上，他们可以利用技术和内容上的规定对所提供的服务和产品行使相当大

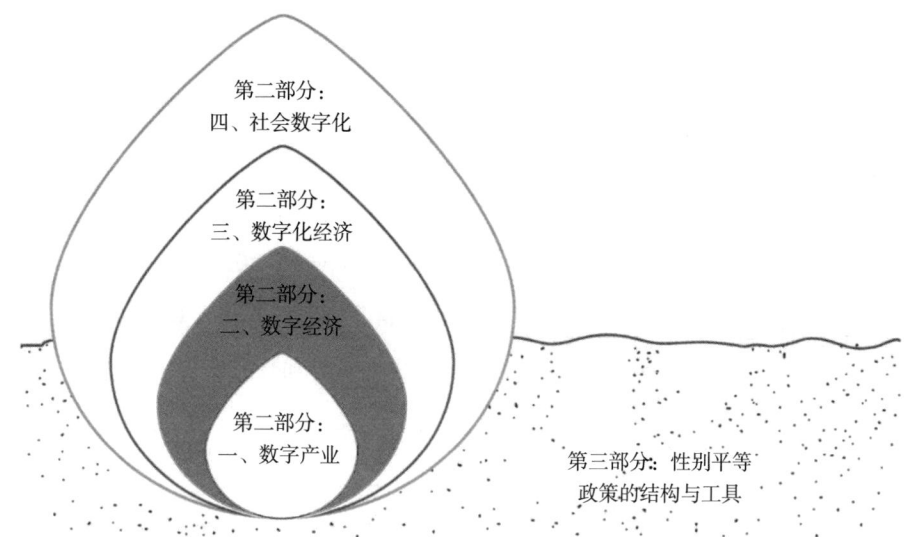

的权力，包括监控用户对其他服务的访问。

数字平台不仅改变了人们交流的方式和业余时间的安排，还通过新的劳动组织和分配形式对有偿工作领域造成影响。

在数字经济这一"洋葱层"上，专家委员会重点关注的是进行工作中介的数字平台。对于通过平台中介的新型工作的获取渠道及其框架条件，我们面对与传统劳动力市场相类似的问题，具体有如下方面：不分性别的、平等的自我实现机会，特别是在通过能够平等地融入数字化经济以获得自主的经济保障方面；对调和有偿工作和护理工作的影响；防止歧视；获得职业资格的机会；薪酬平等；社会保障以及以平权为导向的规划方案。

（一）平台经济[①]及通过线上中介的新型职业

现在有许多进行工作中介的平台，人们称之为点击工作（Click Work）、云工作（Cloud Work）、众包工作（Crowd Work）甚至是零工（Gig Work）。这些平台

[①] 随着平台在价值创造过程中越来越重要，"平台经济"这一概念应运而生。肯尼和齐思曼（Kenney、Zysman，2016）甚至认为，如果说官僚工厂曾是工业革命的理想型组织形式，那么数字化转型的主要组织形式就是平台。鉴于主要依托平台进行运营的企业在股票市场中会获得较高的估值，这一论调得到了印证。

有Helpling、Lieferando、优步，广义上还包括爱彼迎，可以安排家政服务、外卖送餐服务、出租驾驶服务或出租房间或住宅的中介服务。除了上述平台之外，还有Clickworker、Testbird或99designs之类的平台，主营领域是软件和产品设计，在生成或标记数据或者测试软件程序方面进行数字服务的中介。

"众包工作"、"基于平台的工作"或"平台工作"之类的概念指的是所有通过在线平台中介的有偿工作[①]。文可巴赫（Wenckebach, 2020）将平台工作分为：

① 地点相关工作，也被称为线下（Offline）工作或零工（Gig Work）。包括须在特定地点实际进行的工作，如清洁、园艺、送货和驾驶服务。

② 地点无关工作，也被称为在线（Online）或云工作（Cloud Work）。包括可在任意地点进行的工作，如翻译、平面设计、编程、文案。

此外，现在还有越来越多既可线上也可线下进行的工作，如咨询、家教、语言和音乐课程以及体能课程。

平台工作既包括体力工作（比如送货和运输服务），也包括脑力工作（比如在线上论坛中回答问题），既有简单的任务（比如对分类和标记数据），也有复杂的任务（比如产品设计或软件编程），有些对正式资格并无要求，有些却只能由受过培训的专业人士完成（Hensel, 2020）。

工作中介平台的共同点是，它们是在虚拟空间中对工作进行组织，即便地点相关工作也是如此（Risak, 2020）。平台并不是委托方，而是作为中介机构将订单和任务（Tasks）发给群体（Crowd）或个别平台工作人员（Schreyer and Schrape, 2018; Hensel, 2020）。

当前很少有能够展现有关平台工作实际规模信息的实证研究，且这些研究在核心论述上彼此矛盾（Hensel, 2020）。现有数据表明，从数量上看，平台工作尚未成为德国的主要工作形式（Bonin and Rinne, 2017; Serfling, 2018; Huws et al., 2017）。据估计，在德国，约2%的信息经济和制造业企业会使用线上平台中介的服务（Erdsiek et al., 2018）。然而，也有估计认为平台工作的规模与

---

① 下文将以"平台工作"指代不同工作形式的总概念。

劳务派遣的规模大抵相当：根据不同的计算方法，从业者人数约为 50 万至 160 万（Wenckebach，2020）。此外，人们往往以不定期或兼职的方式从事平台工作，或者将其作为额外及次要的收入来源（Kramer，2016；Bonin and Rinne，2017；Freudenberg，2019；Urzì Brancati et al.，2020）。

由于缺乏相应的统计数据，我们对此几乎不可能得出明确的结论，但可以合理推测，平台工作在经济意义上的重要性正逐步提高（Kässi and Lehdonvirta，2018；Jürgens et al.，2017）。例如，对 16 个欧洲国家的评估显示，平台工作的数量在 2017 年和 2018 年得以增加（Urzì Brancati et al.，2020）。新冠肺炎疫情进一步推动了平台经济（Lambrecht and Heil，2020）。在企业内部，人们也逐渐开始通过众包工作的方法对工作进行组织（Zuchowski et al.，2016）。值得注意的是，这种新的劳动组织形式引领了风尚（Barth，2020；Güney-Frahm and Fuchs，2020）。国际劳工组织、经合组织和国际社会保障协会等国际组织都将平台工作视为未来工作的典型形式（OECD，2019；IVSS，2019）。

（二）平台经济中的性别关系

1. 初始状况

在关于平台工作的研究和文献中，性别关系很少被论及（Hensel，2020）。而同时，首先对于女性而言，平台工作被许诺为新的自我实现机会。

这些新机会尤其体现在平台工作的低门槛、灵活的办公时间和地点以及自主的就业和获得额外收入的可能性上。因此，对于那些由于劳动力市场的结构性阻碍、传统的性别角色或自身无法随工作流动而不能找到常规工作的群体来说，平台工作是绝佳的选择（Bauer and Gegenhuber，2017）。对于需照顾家人的群体而言，通过平台工作，他们能够以更简单的方式重新进入职场，并可以更好地协调工作和家庭之间的关系。这背后的原因是双重的：一方面，平台工作带来的新的工作机会不论在时间还是空间上都是灵活且易得的；另一方面，借助于平台服务，人们可以将家庭事务以一种简单和可负担的方式外包给他人。此外，平台工作所带来的新机会还在于算法的应用和匿名的任务分配机制可以打破并预防在线下工作场合中常常出现的性别歧视和传统性别刻板印象。特别是与家务相关领域的平台应在建立雇佣关系时确保自己履行了社会保险义务，并且具备较高的劳动标准（Hensel，2020；DGB，2020）。

然而，也有研究和文献指出平台工作可能带来的问题和风险。例如，这种新的劳动组织形式影响了相关劳动关系在法律上的分类，即劳动者应被归为自雇执业者或是受雇者，而这也进一步影响到关于最低工资、解雇保护、社会保障和防止歧视等方面的相关规定和条例的适用性（Risak，2020）。平台工作的范围有可能随之由常规的长期劳动关系拓展到各种类型的非典型就业方式（如"迷你工作"、限期劳动关系或临时工），并导致出现更多的自雇执业者，而这一群体在劳动法及社会法上并未享有足够的保障（Risak，2020；Eichhorst and Linkh，2017；Rammert，2003；Klinger and Weber，2017）。随着这一过程，有偿工作的风险更加个体化（Hunt and Samman，2019），而有偿工作这一概念的边界也逐渐模糊（Dickel and Thiem，2018；Kirchner，2019；Schmidt，2016）。因而，平台工作也许并不会改变劳动力市场上的性别歧视和边缘化对待风险，甚至会继续传递性别刻板印象，使得女性继续面临着难以平衡工作与家庭的困境。

2. 分析

（1）相关数据与研究基础不足

由于缺少不同性别的对照研究和数据，我们难以推测平台工作如何确保劳动者的自我实现机会免受性别因素影响。现有的少数评估通常仅限于计算通过平台工作的男女比例（Hensel，2020）。其中一些评估认为，男性参与平台工作的频率高于女性（Bonin and Rinne，2017；Bertschek et al.，2015；Berg et al.，2018；Baethge et al.，2019；Urzì Brancati et al.，2020）。也有其他研究表明，与传统劳动力市场中的情形类似，平台工作领域中的劳动者男女比例的差异主要是源于工作类型不同（Serfling，2018；Pesole et al.，2018）。例如，德国联邦劳动和社会部资助的项目"众包观察"（Crowdworking Monitor）调研显示，在手工业、咨询服务和编程领域的平台中，男性比例较高；而在文案工作领域相关平台中，女性比例更高（Serfling，2018）。有时，我们也会看到不同研究的结论彼此矛盾。测试和设计领域平台上的性别比似乎较为均衡（Leimeister et al.，2016）。

这些初步评估表明，在某些职业、领域和工作中，极为不均衡的性别分布状况会在平台工作中继续存在甚至加剧，但在另外一些领域中，这一状况可能会消失。在现有数据分散、部分互相矛盾且缺乏总体性研究的情况下，我们基本上无法得出普遍性结论。现有数据并未考虑到非二元性别者的情况。

（2）算法引发的歧视风险

人们在平台经济中对于自动化程序的运用，可能会以多种方式引发歧视风险。

在平台工作中，尤其是由软件驱动的任务分配系统及服务者排名模式容易受到性别歧视因素的影响。这一点不仅在纯线上的平台工作有所体现，在线下服务中也是如此（Berg et al., 2018）。人们常常以为，自动的任务分配机制自然是客观的，也就可以通过应用此类系统规避歧视。然而越来越多的研究表明，自动化系统可能恰恰会导致歧视。例如，有些排名系统能够决定工作者被分配到任务的概率，而评价越多、评分越高的工作者，也就享有越高的排名。这本身没什么问题；但是，在工作能力相当的情况下，是否能够获得评价或好评，有些时候却取决于工作者的性别和种族等因素（Hannàk et al., 2017）。

一些算法系统还通过年龄、性别或种族等个人数据来锁定潜在客户或服务提供者。这种绑定在一定程度上暗示着，性别因素与人们的某些特点或能力之间存在着联系。这不但无助于自我实现机会性别平权化的目标，反而会导致偏见的长期存在。就算性别因素没有直接被当成过滤标准，这种机制也会在事实上导致根据性别进行分类的情况出现。比如，平台会设置一些与性别相关的潜在标准：根据工作时长对平台上的劳动者进行分类。鉴于目前从事非全日制用工的劳动者主要是妇女，如果平台根据是否以全日制工作作为区分，也就相当于规定了性别潜在标准。因此，算法可以直接或间接地以性别为分类标准；算法控制机制也就可以直接或间接地施加歧视性影响。通常来说，算法是根据已有数据进行工作，而这些数据正是来源于社会的既有不公和结构性歧视之中；算法在此基础上进行预测并得出前瞻性决策。而这恰恰可能会使过去和既有的结构性歧视重现。

更为严重的是，间接歧视行为在现实世界中就已经很难被辨认出来，而由于系统的复杂性，它们在自动化决策的过程中更加难以得到识别。对平台运营方而言，所应用的算法和基础数据是其以数据为基础的商业模式的关键，所以他们一般不会公开代码和数据（Berg et al.，2018）。由于缺乏透明度，这种潜在性歧视很难得到证实。

算法系统还能通过记录每分钟的击键次数或截图等方式对劳动者加强监控（Leimeister et al.，2016）。绩效控制会让劳动者感到无能为力，并使他们承受更大的压力，这一点在传统的雇佣关系中就已得到印证（Foullong，2020）。此外，在传统雇佣关系中，雇主通过收集数据对雇员进行评估的行为会被后者视作监视，会"造成一种不安的氛围"（Staab and Geschke，2020）。而在平台工作中，局面更加恶化：监控劳动者工作表现的不再是上司，而是算法（Keller and Seifert，2020），这是一种"众包平台上的自动化和压制性监控"（Gerber，2020）。平台工作的自动监测机制具有特别的威慑力，因为平台工作者通常没有可以在紧急情况下求助的联络处；没有机构可以代表他们的利益或代行他们的权利。这是由于平台的商业模式必须"扩张"，因此在很大程度上依赖于无人类监测的自动化流程。

平台工作者还必须考虑，如果常常收到差评，他们的账户将在毫无预警或法律保障的情况下被注销。这种惩罚机制有时会导致劳动者被剥夺赖以生存的经济来源。通常情况下，平台工作者完全没有机会能够针对不准确和/或歧视性的评价进行辩护，他们甚至丝毫无法左右评价因子、标准和权重。大多数平台也不允许平台工作者互相进行任何交流（Fritsch and V. Schwichow，2020）。这对于那些在性别或其他方面处于弱势地位的群体而言尤为不利。

（3）网络信誉与评价系统的权力

网络信誉与评价系统的权力是自相矛盾的。一方面，它们帮助平台工作者记录他们所做工作的数量和类型以及他们自己的表现，即建立信誉。对于在平台中介的工作中建立信任（Resnick and Zeckhauser，2002）及为工作者赢得工作和收入机会（Tadelis，2016；Kittur et al.，2013）方面，网络信誉与评价系统发挥着核心作用。好评能够帮助平台工作者获得订单并提高报价或时薪。此外，所建立的信誉是在平台上获得的经验和能力的体现，也可能会在其他平台上或传统（线下）劳动力市场的工作中发挥作用。

而另一方面，评价系统也可能会引发性别不平等问题，因为无论是评价本身还是基于评价的选择都属于评价者的主观评估，也就可能受到社会偏见的影响。例如，根据汉纳克等人（Hannák et al., 2017）对任务兔（Task Rabbit）和Fiverr的研究，与能力相当的男性工作者相比，女性工作者收到的评价更少。被认为是亚洲人或黑人的工作者比被认为是白人的工作者得到更少且更差的评价。

而通过信誉实现收入的机会也是有限的。尽管许多平台工作者活跃在多个平台上（Baethge et al., 2019；Teubner et al., 2019），但他们不能将所获得的信誉带到其他平台或传统劳动力市场中；也就是说，信誉具有极低的可转移度。实际上，平台工作者通常必须为他们正在或想要活跃的每个平台分别建立信誉——而且不能在从其他平台获得的工作成果的基础上建立（Hesse and Teubner, 2020；Teubner, 2020）。平台往往会试图阻止信誉转移，以免失去关键性竞争优势。当客户打算通过平台寻找劳动力和服务者时，评价量越多的平台，被选中的概率也就越大（Plattform-Lock-In and Dix, 2019）。

对于平台工作者而言，失去现有信誉的风险使得他们难以转投其他平台，由此，他们对单一平台的依赖度得以加强，而这会在许多方面引发问题。平台工作者的账户有时会被随意封锁，平台工作者的数据会被未经同意或不透明地泄露给第三方，或者平台会单方面给他们强加新的义务。如果他们只在一个平台上活跃，那么一旦被封锁或离开平台，他们就有可能面临大幅度的收入损失，甚至失去生计。如果平台停止运营，他们则会面临丢失信誉相关信息的风险[①]。这一点从性别的角度来看格外严重，因为与男性相比，女性在经济上更有可能依赖于通过平台获得的收入。

对于跨平台工作和降低平台工作者依赖度而言，能够将信誉转移到其他平台或移入正规劳动力市场作为经验证明十分关键。为此，必须为平台制定一个

[①] 信誉的不可转移性虽然具有竞争效应，但也会导致经济效率低下。目前，信誉在很大程度上是在各个平台上孤立存在的，这阻碍了用户彼此之间建立信任，也就导致互利交易难以实现。平台之间几乎没有技术整合（除少数例外；参见 Hesse、Teubner, 2020）。虽然有许多大量涌现（也同样迅速消失）的初创公司想要充当在线信誉"整合工具"，它们到目前为止也没有产生过任何值得一提的影响（Hesse、Teubner, 2019）。

标准化信誉程序。例如在美国，人们可以转移在线学习中的信誉；一些大学和企业（如美国国家航空航天局、皮克斯动画工作室和华特迪士尼公司）使用数字徽章和"微型证书"（Micro-Credentials）对获得的信誉和经验进行通告和认证（Fedock et al.，2016）。然而，其中也有性别不平等的现象：平均而言，女性所获得的信誉点数只有男性的一半左右。根据梅等人（May et al.，2019）的说法，这种差异是由于男性对于客户提问所作出的回答数量更多，且其回答比女性得到更多好评。因此，有必要研究信誉系统本身是否会产生预期以外的负面影响，比如是否会造成性别歧视；而已有的性别不公可能会通过信誉的可移植性继续恶化。我们必须在社会技术方法的基础上建立允许信誉移植或者能够提升信誉移植性的程序，否则，性别刻板印象、种族主义和歧视还会重现，而少数群体的自我实现机会非但不会被创造，反而会被摧毁。

除了信誉之外，在平台工作中获得的（数字）素养证明也会丢失。由此，平台工作者更加难以进入常规、标准化的劳动力市场，而这一点也能够从性别角度进行批判。如果人们在由于家庭原因退出常规劳动力市场之后通过平台工作习得了（数字）素养，而不能在重新进入常规劳动力市场时应用之，那么想要通过平台工作对有偿就业和家庭护理工作进行调和就只能是扬汤止沸。若通过平台工作获得的经验和技能无法得到展现或证实，那么它们也就不能在人生进程的过渡阶段中为工作者扫除障碍。

（4）协调有偿工作和护理工作

与移动办公一样，平台工作被视为能够帮助具有护理责任的人更好地协调有偿工作和护理工作的一种工作形式（德国联邦政府，2017）。在某种程度上，平台甚至明确地借由此类叙事将妇女作为目标群体，从而强化了关于护理工作的分工和妇女作为家庭中的次要经济来源的性别刻板印象（Hensel，2020；Sauerborn，2021）。妇女之所以选择平台工作，似乎主要是为了能够居家办公；而背后的原因则首先在于她们对儿童或老人的护理责任（Berg，2016）。也有其他评估表明，人们经常是出于兼顾护理责任的考虑而选择平台工作（Berg et al.，2018；Urzì Brancati et al.，2020）。迄今为止，未有迹象表明由于家庭原因中断事业的劳动者会借由这种工作形式重返职场,对此须进一步研究。

平台工作可以使劳动者更灵活地选择工作地点,这可以帮助来自农村或欠发达地区的群体协调有偿工作和护理工作的关系。法宁等人(Fahning et al., 2018)对数字化影响下农村地区妇女的就业状况进行了调研;然而,作为有偿就业形式的平台工作却并没有出现在他们的研究中。为了得出真正能够改善妇女缺少自我实现机会现状的解决方法,必须对农村或欠发达地区的平台工作情况进行研究。

平台工作者仅可在有限程度上享有与居家办公和移动办公的雇员相当的办公灵活度。根据阿达姆斯·普拉斯尔和伯格的研究(Adams-Prassl and Berg, 2017),57%的男性和67%的女性平台工作者每周在平台上工作六到七天。有空闲时间,就能够得到工作机会,也就有了收入机会。美国的研究表明,有护理责任的妇女倾向于选择短期、碎片化、简单且对于注意力和技能要求较低的工作,因为只有这样,她们才能够将有偿工作和护理工作平衡起来(Adams-Prassl and Berg, 2017)。对平台工作者而言,因为他们一直处于彼此竞争的状态,所以比有时也需要承担护理工作的居家办公的常规雇员处于更大的随时待命的压力之中。众包工作中的一大典型风险就是由于其他工作者能够更快或更好地完成工作,所以自己虽然也完成了任务,却没能拿到报酬(Hensel, 2020)。有时,已经完成的工作直接被否决——这不仅额外造成了收入风险,也进一步阻碍了协调有偿和护理工作的可能。

总的来说,移动办公中出现的性别相关风险在平台工作中变本加厉;此外,平台工作往往不在常规的雇佣关系框架内进行,也就缺少相应的劳动和社会法律保护条例进行监管(Hensel, 2020; Schoenbaum, 2016)。这些结构性框架条件的缺失被"在护理责任之余把握简单灵活的收入良机"之类的话语掩盖了。在平台工作中,移动办公中既有的问题愈发凸显;特别是在工作者须同时兼顾护理工作的情况下,平台有偿工作对办公灵活性的要求导致了多重高压——而这又可能会引发健康风险。

(5)性别暴力和性骚扰

随着数字化进程,工作中的性别暴力和性骚扰形式也有所改变。这是由于工作的"平台化"所致，因为在平台上"出现了新的暴力空间或暴力产生的可能性"（Frey，2020）。在平台工作的框架中，传统的工作场所和劳动力市场中的性骚扰和性别暴力风险不仅继续存在（Hunt and Samman，2019），而且发生性侵犯和其他侵犯形式的风险也大为提高；这一点不仅限于在私密空间中进行的线下平台工作，即使是线上工作也是如此。更为严重的是，作为自雇执业的一种，平台工作缺乏相应的法律保护义务和保护机制。

如在驾驶或保洁服务之类工作的相关地点，遭遇性别暴力和性骚扰的风险尤为巨大。由于此类工作具有私密性（通常不是在公开场合，而是在密闭空间中进行）、匿名性且缺乏平台运营方的支持，可能发生的侵犯行为有了质的变化（Hensel，2020；Schoenbaum，2016）。根据拉文内尔（Ravenelle，2019）的观点，由于工作的不安全性、工作者的弱势地位、工作的短期性、交流形式的随意性和往往由平台刻意营造的（平台"家庭"式）集体归属感，受害者往往难以识别逾矩行为或倾向于容忍它们。伊莎贝尔·亨塞尔（Hensel，2020: 35）认为，共享经济①的一个核心特征就是，在其他领域被视为逾矩的行为在此处很难被识别和命名。另外，也有平台报告其评论和反馈机制遭到滥用，甚至不完全受平台调控（Crowdguru，2020；Hensel，2020）。

迄今，各平台面对性侵犯的反应依然犹豫不决。此外，平台工作中缺失咨询服务和联络人（Fritsch and Von Schwichow，2020）。因此，有必要在法律上明确指出平台负有保护劳动者免受性别暴力和性骚扰的义务。《伊斯坦布尔公约》和《欧洲人权公约》都要求，各国应规定并应用适当的法律条款以保护劳动者免受暴力侵害（EGMR，2008、2010、2013）。《德国一般平等待遇法》（简称AGG）中规定的反歧视保护中就将性别暴力和性骚扰纳入了适用范围，且责成雇主对此采取适当的措施（AGG第6条第3款）。然而，这种保护不针对自雇执业者，因此，若平台工作者属自雇执业者范畴，则该保护并不适用。

平台运营方和平台工作者之间订立有中介合同，由于这种中介合同的存在，

---

① "共享经济"指的是，在共享资源的基础上创立商业模式、平台和方法程序的企业的整体环境。

使得平台工作与无中介方（如通过个人发布广告得来）的服务工作区分开来。中介合同规定，平台运营方有义务保护其缔约对方的权利、法益和利益（BGB 第 241 条第 2 款）。由此，只要平台允许第三方（此处特指客户）触及平台工作者的权利、法益及利益，那么平台就有义务保护平台工作者不受第三方的刑事骚扰。因此，平台必须主动采取制裁性举措。若平台违反该义务，劳动者可依法提出赔偿要求（BGB 第 280 条第 1 款、第 241 条第 2 款），除非平台运营方能够证明其已采取了所有必要的保护措施。《德国民法典》第 618 条具体阐述了该保护义务，确立了私法中预防性职业健康保护的基本规范；该法条要求，接受劳务方普遍有义务保护提供劳务者的生命健康。这不仅限于《德国民法典》第 611a 条中所指的雇佣关系，还普遍涵盖了所有的雇佣关系（BGH，1995）。在类似应用中，《德国民法典》第 618 条规定的保护义务延伸到了与服务合同类似的工作合同和委托关系里（Nebe，2018；Julius，2004；Bremer，2007），因此也涵盖了平台中介工作的领域——无论平台工作者在法律意义上身份如何。

平台工作者往往不了解自己面对平台享有哪些权利，或者会因为担心差评和其他制裁而放弃行使它们。因此，必须向平台工作者告知他们的权利，并设立帮助其行使权利的机构；其中不仅包括平台本身的负责人员，还包括由平台参与出资设立、提供咨询及资助服务的第三方机构，如工会和非政府组织。

（6）与性别相关的收入及薪酬差距

与传统劳动力市场一样，平台上的收入机会受许多不同因素的影响。然而，由于缺乏相应的数据，很难对平台工作中的性别收入差距进行深入分析。

国际劳工组织的评估显示，平台工作多为低薪，主要因为平台工作者将几乎四分之一的工作时间用于寻找订单或准备工作，而这两者都属无偿劳动（Berg，2016；Berg et al.，2018）。关于最低工资的法定条例只针对雇佣关系，所以只有在平台工作属非自雇执业的情况下才可适用。此外，如果在国内或国际范围内遭遇工作效率更高、质量更好的竞争者，或者工作成果被否决，那么所完成的工作就有可能得不到报酬。贝塔斯曼基金会在对德国 710 名平台工作者的调查中得出，有较大比例（31%）的平台工作者的月净收入总额超过 3000 欧元；同时，

25% 的工作者月收入低于 1500 欧元。若仅依靠平台工作，56% 的平台工作者每月最多只能挣到 400 欧元，每周花费 6 小时（Baethge et al.，2019）。

传统劳动力市场中出现的性别薪酬差距（参见第二部分第三章第 1 节）在数字经济领域中也产生了类似的问题。然而，目前尚缺乏对平台工作收入水平的全面研究；该类研究应按照性别、出身、年龄和残健等因素对工作者进行区分，考察工作范围以及以手续费或佣金形式进行的抽成，对评价和监控机制进行调研，查问社会经济框架条件，并将农村和城市地区一并纳入研究范围。

对于长时间在平台上工作且将平台工作作为正式收入来源的工作者而言，获得收入的机会尤为重要（Hensel，2020）。有研究指出，即使在不公开工作者性别信息的情况下，平台工作中也依然存在着性别薪酬差距。

一项关于优步在美国的研究显示，男性司机的时薪比女性司机高 7%（优步女性司机共占比 27.3%）。这背后有三重因素：男性的驾驶速度更快（每时间单位行驶量更多），在平台上的平均经验更长，以及男性司机更倾向于选择（例如犯罪率较高）司机更少的区域，这些区域的车费也因此更为昂贵（Cook et al.，2018）。结构性因素，如部分司机对他人负有护理责任，在研究中未有涉及。负有护理责任的司机——大多为女性——可能会减少工作时长，而且只能接短途订单，这自然也会影响她们的经验数据。我们可以推测，负有护理责任的司机相比之下难以充分利用非核心工作时间，且女性司机会尤其避开犯罪率较高的区域。在此，我们鼓励后续研究对时薪差异的结构性原因进行分析调查。

阿达姆斯·普拉斯尔和伯格（Adams-Prassl and Berg，2017）发现，"亚马逊土耳其机器人"（Amazon Mechanical Turk）上的女性工作者时薪比男性同事低 20% 左右，并将这种差异归因于不同的工作模式。女性会倾向于避免选择复杂和耗时的任务，并更经常中断工作。与之相对，男性工作者会大量地接受并交付订单以达成学习效应和规模效应，从而获得更高的薪水。研究中的访谈显示，这一收入差异在身为母亲——特别是幼儿的母亲——的女性平台工作者身上格外明显。

巴兹莱和本·大卫（2017）在对某个虽未直接显示性别信息、但可以从姓名和头像中看出用户性别的平台进行研究时发现，男女之间的平均时薪毛额差异

37%，并可被评分、经验、工作类型、工作范围和学历等因素抵消。性别导致的收入差尤其因工作类型而异，女性在所有工作领域内的收入都更少，差额数值从5%（设计和创意领域）至63%（法律领域）不等。

即使在Upwork、Helpling或Textbroker等由平台工作者自主确定薪资（由工作者对时薪或每字收费等提出报价）的平台上，也存在相当大的男女收入差异。这种差异主要是由于女性从事的工作往往更为低薪，如笔译、行政或客服工作，而男性则倾向于选择收入较高的工作，如信息技术和通信行业、建筑、工程或编程领域。这表明，在数字经济中，各工作领域也存在着男女比例极度失调的现象，这一点与传统劳动力市场类似。

然而，也有一些女性占收入优势的例子。特伊伯纳（Teubner）、格根胡伯（Gegenhuber）和森德（Send）对2019年起Textbroker平台上的直接订单进行研究发现，女性的每字报酬较男性高出10%（Teubner，2020）。该差异主要是由于女性更经常创作特别短或特别长的文本，而这两类文本的每字报酬格外高；此外，女性创作的文本的退回率比男性低15%。在保洁服务平台Helpling（男性工作者占比61%）上，女性工作者所要求的时薪比男性高4%。即使控制了诸如名字、评价、经验、地区购买力差异和区域女性保洁人员占比等因素后，该差异依然存在。实际上，女性提出的更高时薪要求的确为客户所接受，她们收到的订单量也比男性多约10%。

这一差异或许反映了对女性保洁人员的偏好，而这种偏好则是对男女工作质量的刻板印象或人们对女性更有安全感所致。尽管Helpling目前会在提及"保洁人员"时使用性别中性词汇，但仍在继续使用女保洁员的形象进行宣传。

此外，我们可以在Helpling平台上看到，"典型的"德国名字和所要求的时薪高低之间存在正相关关联；而平台上只有约13%的保洁人员的名字可被解读为此类（Teubner，2020）。研究表明，尤其是有移民背景和经历的女性愿意接受低薪，并容易陷入不稳定的雇佣关系（Bojadžijev，2020）。其中的一个原因可能是她们不具备稳定的居留资格（Risak，2020）。

为了探究平台上的与性别相关薪酬差异在何种程度上违背了反歧视禁令和同工

同酬要求,须对德国的平台进行评估,并在此基础上深入讨论。对此,本章所述研究各自推测出了不同的后果和原因。一方面,性别薪酬差距是由性别相关的生活现实以及自己或他人的刻板印象归因机制造成的;另一方面,这种差距也是由评价标准、监控机制或平台设计造成的。而如何对平台工作的性别薪酬差距进行估测并以此真实地反映出平台上不同的工作和薪酬结构,依然是悬而未决的难题。

(7) 社会保障

由于缺乏独立且能够保障生计的社会保险,许多平台工作者难以规避失业、疾病、需要护理、年老和生育的风险,尤其是处于低收入行业的自由职业平台工作者群体。我们可以推测,与传统自雇群体的情况类似,女性在高收入和极高收入的自雇执业群体中的占比远低于其在低收入群体中的占比(Gather et al., 2017)。《第三次性别平等报告》专家委员会继续强调《第二次性别平等报告》关于个人自雇形式对平权政治而言是一大挑战(德国联邦政府, 2017)的结论,还在下文中对数字经济(尤其是平台工作)的特点进行了更为细化的探讨。

根据上述由贝塔斯曼基金会于2019年进行的研究,只有四分之一可被称为自雇执业者的平台劳动者享有社会保险;他们所投的主要限于养老和疾病保险。线上平台工作者的投保比例为26%,略高于线下平台工作者的投保比例。三分之一的平台工作者表示会考虑社保问题,但也有同样比例的工作者表示,他们既不会考虑该问题,更不会投保(Baethge et al., 2019)。之前已有研究也指出社会保险投保率不足的问题(Brenke and Beznoska, 2016; Leimeister et al., 2016)。如果平台工作者仅将平台工作作为次要收入来源,那么可在必要情况下通过主要收入来源享受社会保障。然而,如果工作者以自雇执业的形式从事平台工作——其中女性比例尤其高(Kay et al., 2018)——那么可能他们本来就不具备这种由主要职业得来的社会保障。

由于往往不在劳动法和社会法的适用范围内,平台工作会导致工作者在法律上处于不稳定状态和保障空白中。根据德国联邦劳动法院2020年12月1日的决定(BAG, 2020),在"委托人可通过由其经营的线上平台对合作进行监控,使得受托人受其影响无法在地点、时间和内容方面自由组织其工作"的情况下,可将平台工作评估为雇佣关系。但法院的裁决首先仅根据具体情况而定。

作为雇员的平台工作者享有社会保障法的全面保护，而属于自雇执业者的平台工作者则毫无保障。我们可以在实际中看到，平台会特意让平台工作者以自雇执业者的身份签订劳动合同，或者使其在表面上持有自雇执业者身份（Wenckebach，2020）。这样，平台不仅可以逃脱劳动保护法的适用范围，还逃避了社会法义务（包括承担社会保险费用的责任）（Risak，2020）。

一些对个人自雇职业者而言已知的性别问题，也会在平台工作中有所体现。在家政相关服务中，平台自雇及迷你工作相结合的多重雇佣形式十分常见。这在女性从业者群体中尤其普遍，因为她们可以通过这种方式规避缴纳养老保险的义务。通过配偶或伴侣获得社会保险的选项更有利于平台自雇执业者；因为另一种选项，即拓展本身具社会保险义务的就业，在社会保险法和税法意义上弊大于利。另一个悬而未决的问题是，由于缺乏生育保障，女性自雇人士会在孕期及产后期失去收入来源。在平台工作者的社会保障方面，尚缺乏按照是否作为主要或次要收入、雇佣关系类型及保险形式等因素进行差异化采集的，并且区分性别信息的数据。

不仅限于性别维度，劳动力市场上的交叉性风险与问题也在平台上有所体现。"德国公平工作"（Fairwork，2020）研究报告指出，1/3 的平台雇员具备移民经历或背景。许多无法进入常规劳动力市场的移民将平台视为一种选择（Borkert，2020；Güney-Frahm and Fuchs，2020）。由于不稳定的居留资格或动荡的工作经历，他们可以接受较低或波动的收入以及没有社会保险的情况（Risak，2020）。有鉴于此，我们更有必要为低薪行业的自雇平台工作者提供更好的保护，并将他们纳入社会保障体系。首先，为保障平台工作者的法律地位，需要设置低门槛的诉讼程序。其次，需要制定相应法规，无论平台工作者的法律身份如何，都要为他们提供独立且能保障其生计的社会保险。《第二次性别平等报告》已经对（个人）自雇执业情况提出了保护性建议（德国联邦政府，2017）。如果将平台工作视为工作的未来写照（OECD，2019；IVSS，2019），那么需要我们在社会层面探讨数字经济应如何参与以就业为中心的社会保障体系的融资的问题。为解决工作合同导致工作者在社会法和劳动法上难以得到保障的问题，平台运营商的参与不可或缺。借助于平台，我们可以对自雇执业者的大量经济交易进行集中化和数字化记录，这无疑为社会保障管理和研究提供了新的潜力（Freudenberg et al., 2019）。

（8）缺少共同决策制度和利益代表

对于性别平权以及男女平等的自我实现机会而言，共同决定机制和利益代表的设立非常重要，因为集体管理制度可以减少性别不公平现象。在设有工资集体协商制度的企业，性别薪酬差异可以达到最低（汉斯·伯克勒基金会，2016）。此外，在家庭和工作领域中，集体利益代表也可以在劳动者利用反歧视保护进行法律索赔时提供支持。

由于平台特有的劳动组织可以逃避劳动法的要求，所以平台经济中往往没有设立共同决策制度和集体利益代表。其中也有一些例外，比如 Lieferando 在整个欧洲范围建立了工会组织，而 Rider 在挪威确立了工资集体协商制度。然而迄今为止，对于加强平台工作者参与共同决议或设立公平工作条件标准的倡议，几乎都没有围绕着性别不平等的议题展开。

关于平台工作者集体利益代表机制的设立，主要存在两大障碍。首先，平台工作如果被认定为自雇式执业，则不适用于企业组织法所规定的须在企业内部设立利益代表机构（如企业职工委员会）的义务。在法律上，平台中介工作的形式仍是灰色地带，其中的企业结构和概念均不明晰（Haipeter and Hoose, 2019）。而自雇执业者又不属于工会的典型成员，如果试图为个人自雇人士确立工资集体协商制度——能够改善集体工作条件的经典方式——则很快就会受到反垄断法的限制（Hensel, 2020; Podszun, 2020）。其次，由于平台的劳动组织没有确立固定的企业制度，也没有规定工作者须共同出席办公场所，所以平台工作者彼此之间难以进行信息交流，也就更难对他们的共同利益进行代表（Haipeter and Hoose, 2019; Fritsch and Von Schwichow, 2020）。与常规的雇佣关系不同，在平台工作领域中，不存在具备传统工会组织或企业职工委员会的企业。此外，由于平台工作的国际化和虚拟化特质，工作者更加难以在利益方面进行彼此交流、相互协议和共同组织（Hensel，2020；Risak，2020）。

德语国家中一些较小的平台为其工作者提供了共同参与决议的机会，其中主要涉及平台的职能工作流程方面，平台所提供的这种参与机会也主要是为了平台本身的利益着想；这与平台工作者为了打击工作环境中的不公平现象而确立的集体组织相差甚远。平台工作者的强烈愿望是，能够真正设立改变平台工作者、平台运营商和客户之间不平等权力关系的利益代表机制（Baethge et al.，2019）。许多倡议组织正在致力于加强平台工作者的权益保障。此外，由学术界发起的"公平工作"（Fairwork）倡议组织与各利益代表人、国际劳工组织、国家监管机构和其他相关组织共同拟定了针对平台的评价标准体系，其中包括工资、工作条件、合同条件、沟通和申诉机制以及共同决策制度（Fairwork，2020）。

另外，工会也在承担着保障平台工作者利益的使命。例如，跨国工会倡议组织"公平众包工作"（Fair Crowd Work）在《关于平台工作的法兰克福宣言》中公布了对数字平台上社会可持续工作条件的要求。该《宣言》在最低工资标准、社会保障和防止歧视、虐待和不当解雇的法律保护以及工会组织权等方面确立了最低标准（HK et al.，2016）。德国金属工业工会与部分德国平台进行对话，并与后者关于类似的最低标准的行为准则达成协议。德国金属工业工会还设立了一个监察处，负责处理关于薪酬或平台流程等问题的投诉，为平台运营商和平台工作者寻求融洽、公平的解决方案；前提是平台已签署相应的行为准则（Ombudsstelle IG Metall，年份不详）。然而，在上述要求和标准中并未涉及性别平等相关的问题，如与性别相关薪酬结构、保护免受网络暴力的法规和防止评分系统中的或由自动监控机制所引发的歧视问题。

3. 行动建议

填补平台工作中关于性别关系的知识空白

专家委员会建议，应加强对数字经济中性别问题的研究，尤其有必要分析平台工作中的自我实现机会在何种程度受性别因素影响，并提出以平等为导向的整顿方案，并应一并考虑到如出身、社会地位或地区差异等其他相关社会因素。必须在性别相关的自我实现机会方面对之前由联邦或各州委托或自己制定的针对平台经济的整顿方案进行重新审查。

《第二次性别平等报告》提出，须在社会空间中创造更多性别平等的复合护理安排的公共服务机会，这一要求现在依然有效。为此，专家委员会建议实施跨实施地方示范项目，试验公共平台或合作社平台所提供的复合护理安排，从性别平等和交叉性理论出发对护理空缺进行填补。

定性法律身份

由于平台工作者的法律身份不明确，导致工作者、客户及平台都在法律上有着很大的不确定性。因此，专家委员会建议设立低门槛的诉讼程序，确定平台工作者的法律地位。由于平台通常不对外透露其劳动组织形式，所以在举证责任分配上可以不遵循惯例。为此，对于存在《德国社会法典·第四卷》第7a条第1款中所指雇佣关系的法律推定应得到规范。

应尽量避免平台工作者个人诉讼以及由此蒙受经济损失的情况，女性群体由于收入较低，会格外受此影响。因此，相关机构应设立普遍性法律身份确定程序作为认证方式。为此，须在平台运营商提供的信息基础上对相关平台商业模式进行抽象规范审查；只要商业模式没有发生重大变化，就可以用这种方式对所有相关方定性平台工作者的法律身份，且该定性具法律约束力。

确保社会保障

如果不将平台工作者定性为雇员，或根据《社会保障法》第四部第12条第1款的规定将其视为家庭工作者，则须向他们提供与具有社保缴纳义务的雇员相当的保护，以防止低价竞争。如果将平台工作者定性为自雇执业者，则尤其是低收入行业亟需采取能够帮助工作者获得独立且能够保障生计的社会保险的支持性举措。由于护理工作中的不均衡分布现状，这一点主要涉及妇女及居留资格不稳定的群体。因此，即使在当前的法律状况下，平台工作者不被认定为具参加社保义务的雇员，也须将他们纳入社会保险体系，保证他们享受全面保障。

即使在当前法律状况不变的情况下，平台也有责任通过由平台缴费等方式为平台工作者提供社会保险的资助。

此外应采取以下配套措施：

①平台有义务向平台工作者告知参加养老保险的机会。法定退休金保险制度中的跨支助养老金信息项目计划也应将平台工作者纳入考虑范围，并向其告知养老保险信息。

②对女性而言，平台工作是一种非典型且大多不稳定的就业形式。为了确保妇女能够获得长期且独立的生活保障，《第二次性别平等报告》(和《第九次家庭报告》)中提出的关于改革夫妻共同报税制度和法定疾病及护理保险共同参保制度的建议仍然适用。

③在平台工作中，也可以通过多重兼职来规避对迷你工作的限制；今后必须对此情况进行防范。专家委员会建议，德国联邦政府应尝试将通过平台进行的所有经济交易进行集中化、数字化记录，税务机关则可以随后将数据传输到社会保障系统中。

将平台工作者纳入《德国一般平等待遇法》的适用范围

部分平台工作者被以雇员或类雇员的身份纳入劳动法反歧视禁令(《德国一般平等待遇法》第7条)的个人适用范围内；然而，为了法律的确定性、规范的明确性，填补保护空白，应进一步扩大《德国一般平等待遇法》的适用范围。

可将《德国一般平等待遇法》第6条第1款第1项第3目修改如下：

由于其经济上的非自雇身份而应被视为类雇员的人士；其中还包括受雇于家庭工作的人士、与之职业相似者以及通过一个或多个中介平台从事其职业活动者。

专家委员会还提出了更进一步的方案，由于《德国一般平等待遇法》第6条第3款目前的规定将《德国一般平等待遇法》对自雇执业者及管理层成员的适用范围局限于有偿就业的准入和职业晋升方面，委员会建议将其内容进行如下的重新修订：

《德国一般平等待遇法》第6条第3款：本款规定适用于自雇执业者和管理

层成员，尤其是总经理和董事会成员。

如此，自雇的平台工作者也将被涵盖在《德国一般平等待遇法》的保护范围内。其次，有了这项规定，本法将适用于自雇执业者和管理层成员，尤其是总经理和董事会成员，且不再仅限于就业准入和职业晋升方面，而是适用于有偿就业的全部范围。

此外，应对《德国一般平等待遇法》第6条第2款中对"雇主"概念的个人适用范围进行修改，保证该法的规定（尤其是第12条）能够适用于中介工作的平台运营者。由此，平台运营商将有义务针对保护平台工作者免受歧视和性骚扰而采取有效措施。

防止算法歧视

为规避由于应用算法而产生的歧视风险，法律义务应得到明确规定。其中包括将"平台工作中算法的任务分配机制"纳入《欧盟一般数据保护条例》（简称DSGVO）第35条第4款中所规定的正面表列中，对其进行数据保护影响评估。此外，数据保护影响评估的内容须将歧视风险添加在内（DSGVO第35条第7款）。监管机构应按照《欧盟一般数据保护条例》第35条的规定指示平台将歧视风险纳入影响评估范围内。

平台工作的特点是，平台运营商和工作者之间信息高度不对称，因此，若算法仅对平台方可见，则应对工作范围内的算法歧视采取举证责任倒置。《德国一般平等待遇法》第22条规定中应包括，平台运营商须承担举证责任，证明其在使用算法系统时未违反《德国一般平等待遇法》中关于反歧视保护的规定。

数据保护法（特别是DSGVO第15条）应进一步在平台工作中的算法系统应用方面细化规定。必须建立信息披露义务制度，确保相关人能够全面了解算法系统的应用及运作方式。

在工作环境中，性取向或与性别相关数据应按照《欧盟一般数据保护条例》第9条中所规定的特殊种类个人数据受到特别保护。原则上应禁止处理这些数据，除法律规定的特殊情形外（参见DSGVO第9条所列类别）。此类规定至少可以使人们更敏感地意识到，性别因素并不是评估工作表现的重要或合法标准。若须出于正当需求对性取向或性别相关数据进行处理，可通过例外规定为此类情况充分创造空间。此处的正当需求尤其指通过性别特定激励措施消除既有结构性弊端的情况（AGG 第 5 条）。

保障薪酬公平

平台经济同样适用于同工同酬的法律要求。专家委员会建议，应委托相关机构对平台薪酬差异进行研究，一方面深入探究性别和交叉性相关的收入及薪酬差异；另一方面参照性别薪酬差距指标设计收入差距计算方案。

在此基础上，应建立缩减薪酬差异机制。为此，首先，应将平台工作纳入《德国一般平等待遇法》反（薪酬）歧视保护规定的适用范围内，无论平台工作者被如何定性法律身份。其次，应引进平台对薪酬结构相关信息的报告义务以及平台工作人员的相应知情权，将歧视性结构暴露出来。

平台用户达到一定数量后，应依照报告义务将按性别区分的关键数据进行透明化处理，这些关键数据能够揭示关于注册工作者的人数、收入和工作（范围、类别）信息。此外还须研究，是否应将报告义务的适用范围拓展到其他有可能发生歧视的领域中。

除此之外，必须确保工作者在以自雇执业方式从事平台工作的情况下所获最低薪酬能够达到法定最低工资水平；对此须将从事平台工作所需全部必要工作内容计算在内，包括即使不可或缺但一直无偿的准备工作。相关协议不应仅以自愿的形式达成，而应被强制性设立在平台的一般商业条款中。

革新信誉系统，使工作者更轻松地过渡到常规劳动力市场

在转移到另一个平台时，平台工作者应有机会继续积累已有的线上信誉。为此可要求平台出示工作证明和全面信誉报告，或者确保平台信誉系统之间具备技术相互操作性。为实现这一目标，《欧盟一般数据保护条例》第 20 条（"数据可移植性"）规定也应将信誉数据纳入适用范围。

为防止第三方（如保险公司）利用《欧盟一般数据保护条例》第 20 条的规定对平台工作者的评估和相关信息对外传输，应明文规定禁止将该类数据用于除

评估工作表现的初始目的之外的任何目的。

由于线上信誉直接基于客户的评价数据，可能无法排除歧视因素，所以有必要为平台工作者设立透明的申诉机制，令其得以对评价进行澄清或驳斥。平台本身应有义务防止工作者遭受客户歧视，其中包括，平台应确保工作者和服务提供者所收到的评论和评价均基于客观标准，且得到透明化处理。

应确保平台工作者能够对其在平台工作过程中所获经验和数字素养进行正式证明，如此，他们向常规劳动力市场的过渡可以更加轻松。为此，德国联邦政府可以与各协会、工会和数字领域的专家共同制订一个标准化程序，对工作者由平台工作获得的经验和数字素养进行记录。

保障包括利益代表和共同决策制度的支持机制

无论平台工作者的法律身份如何，都必须确保其能够在平台工作中行使工会权利并享有企业共同决策制度。应相应扩大《德国集体谈判法》第12a条的适用范围，以防止反垄断禁令会影响到此处的结社自由。结社自由是国际劳工组织的核心劳工标准之一，在各人权公约中都得到了规定。

平台应有责任建立适当的沟通机制，如论坛或即时消息功能，为平台工作者创造可以在虚拟空间中相互交流的可能性。此外，还必须确保利益代表具备数字访问权限。

对于如公平工作组织（FairWork）和公平众包工作组织（FairCrowdwork）这样的新型联盟、团体和倡议组织或者平台在行为准则框架内的自愿承诺，我们应予以支持和巩固。平台的商业条款应依照《德国民法典》第305条及后续条款的规定受到一般商业条款的监督，并可参照国际劳工组织的性别平权相关标准引入性别平权内容。专家委员会建议，可为平台工作者设立联络、投诉和调解中心，在劳动权利、社会保障、歧视、性暴力和居留问题等方面提供法律咨询和调解服务，创造交流机会，开拓组织空间。

已确立的《欧洲议会和理事会于2019年6月20日出台的关于促进线上中介服务企业用户的公平性和透明度的第（EU）2019—1150号条例》应作为欧洲平台经济监管框架的基石，其覆盖范围不仅限于企业人员，还有所有在平台上活跃的人士。该《条例》将于 2022 年 1 月 13 日接受评估，我们应从性别角度出发，为此提供积极支持，并予以推动。

第（EU）2019—1152 号指令所针对的同样是线上平台的雇员，也包括类雇员。对于就业状况不稳定的平台工作者而言，该指令的个别方面（例如，解雇时的解释义务及举证责任倒置的规定）可以优化其信息获取状况，并加强其法律地位。因此，该指令应在全国范围内得以实施，并将类雇员的平台工作者一并纳入适用范围。然而，在透明化义务和最低要求方面，第（EU）2019—1152 号指令为平台工作者所提供的保护仍不完整。因此，《欧盟商业平台条例》应将其适用范围扩大到所有在平台上工作的群体，无论其法律身份如何。

防止数字性别暴力

在平台工作中，发生线上和现实暴力的风险更高了。根据《德国民法典》第 241 条第 2 款规定，平台有义务对平台工作者的权益进行保障，其中包括有效打击数字和现实中的性别暴力。

《德国民法典》第 618 条规定，接受劳务方普遍有义务保护劳务者的生命健康。立法应明确表明该普遍规范同样适用于平台运营商。同时，必须在平台的一般商业条款中落实防暴力保护措施，如设立相应的投诉程序、联系人和惩罚措施。《德国一般平等待遇法》若将平台工作纳入适用范围，则平台运营商除应出台相应禁令外，还有义务为保护相关人员免受暴力侵害采取制度性措施（AGG 第 12 条）。

同时，鉴于平台工作的特殊框架条件可能成为滋养逾矩行为的温床，平台必须主动向工作者告知性别暴力风险，预防风险的发生，并帮助他们了解其正当权利。为此，必须在平台自身以及工会或非政府组织等独立的咨询和支持机构中建立低门槛的支持机制。此外，为保护工作者免受歧视，平台必须建立包括社团诉讼在内的集体执行机制。

三、数字化经济

数字化经济涵盖了所有的经济领域，虽然信息通信技术并不是这些经济活动的核心，但在其中得到了密集的应用。这种应用改变了不同领域中的既有经济

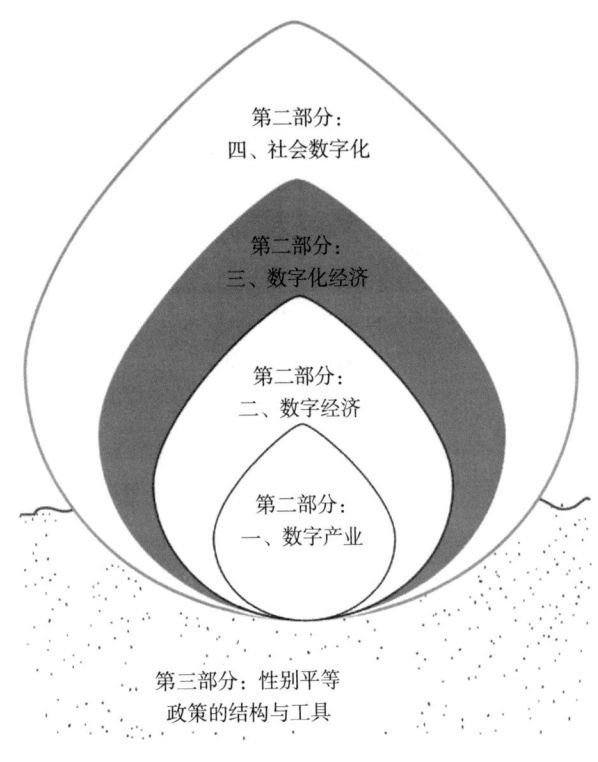

活动的形式，例如组织流程。因此，数字化经济是下一个"洋葱层"，它与数字经济息息相关，彼此相辅相成。只有在现有的性别关系语境中，才能对数字化转型进行分析。在德国，尽管女性就业率不断攀升，性别薪酬差距仍然居高不下。这种薪酬差距源于不同职业和行业的高度性别分化以及女性就业群体中兼职和迷你工作的比例增加。此外，在德国劳动力市场中，管理岗位上的女性数量明显不足——这一点在数字领域中尤为明显，而正是这一领域塑造着转型的进程。因此，数字化转型进程所影响的是一个性别化的劳动力市场。

专家委员会强调，不能简单地从技术决定论出发阐释数字化转型进程并对此全盘接受；相反，我们应在社会技术的框架内塑造这一进程。在数字化转型过程中，既有的、根深蒂固的不平等现象更加凸显出来。目前重要的是对现有状况进行合理调节，以在未来的运动中实现自我实现机会的平等化。

本章的重点是数字化经济中的自我实现机会如何在数字化转型过程中变化、增加或减少。专家委员会在这个问题上主要关注四个方面。首先，本文从性别角度出发对劳动力市场的数字化转型进行探究（本章第1节）。在这一方面，重要的是，通过平等（特别是同工同酬）地融入数字化经济，人们可以不分性别地获得独立的经济和社会保障。

本章第2节将研究为此所需的素养，以及必要的素养习得问题。该章所探讨的性别平等政治目标主要指的是，人们在整个人生过程中不论性别如何均能习得数字素养，并使得性别刻板印象随之消除。

在人生历程中，迈入新的工作岗位是一个重要的过渡阶段；借助于算法在人才选拔中应用的例子（本章第3节），这一部分的研究聚焦于技术（尤其是算法系统）的应用如何对该过渡时期中的自我实现机会施加影响。此处之所以选择人才招聘领域，是因为在非数字语境中，这一领域的性别歧视风险已是众所周知。该章所探讨的性别平等政治目标一方面旨在减少歧视，另一方面则在于消除性别刻板印象。

最后一部分探讨的是协调数字化经济中的有偿工作和护理工作（本章第4节）。在夫妻家庭中，"额外收入者模式"（即夫妻双方都从事有偿工作，但一方全职工作，另一方兼职工作且承担更多家务工作的家庭模式）（德国联邦政府，2017）仍然十分常见。在此背景下，数字化转型带来了哪些风险和机遇？该方面性别平等政治的目标是，促使无偿护理工作得到性别均衡化的分工，并协调有偿工作、护理工作和自我护理的关系。

（一）数字化转型进程中的工作和劳动力市场

1. 初始状况

与其他的科技社会发展进程相似，在围绕数字化进程的讨论中，主要的话题是科技能在多大程度上取代人力劳动。在当下社会中，无论是劳动力市场还是有偿工作与护理工作的分工都在按照性别划分，因此，工作和特定职业活动中的自动化问题也就与性别和平权问题息息相关。专家委员会从社会技术理论的视角出发，对此问题进行分析并指出，在数字化转型过程中，经济、法律以及社会框架条件至关重要，它们决定着劳动者能否在职业性别隔离的劳动力市场中把握机会并实现自我。

不论是理论还是实证研究中，关于技术变革对就业的影响的探讨都有着悠久的传统，然而，这场探讨在两个世纪以来都未得出明确的答案（Pianta，2005；Evangelista et al.，2014）。当下关于数字化对劳动力市场影响的研究也得出了不同的结论和预测（Laukhuf et al.，2019）。从目前的研究中，我们可以得出以下的讨论思路：

①据估测，数字化在宏观经济上所引发的就业效应较低。似乎没有理由担心技术的发展会导致就业普遍减少或者失业率的上升（Arntz et al., 2018; Bonin et al., 2015; Zika et al., 2018）。

②尽管在宏观上，数字化对于就业产生的净效应较低，但在这背后，一些职业和所需技能正处于变化和适应的过程中，导致许多职业以及部分行业发生了改变（Berger and Frey, 2016; Bughin et al., 2018）。所以，目前适用的职业资格和未来需要的职业资格可能会不再适用于之后的劳动力市场。为此，教育和培训系统必须得到相应的发展，以防错配（Mismatches）现象的发生（Kirchherr et al., 2018; Stohr, 2019）。

③劳动力市场的结构性变化对不同群体的就业状况持续产生不同的影响，根据职业资格技能、年龄、地区、职业、具体工作内容以及性别等因素的不同，这种影响会有所差异。

2. 分析

近几十年来，无论在普遍的劳动力市场上，还是在特定的工作领域中，众多发展进程都表明，技术发展只是影响就业的多种因素之一。

一方面，技术性和制度性、组织性条件之间相互作用，这决定了变化的实际规模。因此，人们几乎无法对劳动力市场上的实际变化进程进行准确预测；受专家委员会委托，对潜在可替代性（即可由计算机或计算机控制的机器替代的工作在相关职业中所占比重）进行计算的专家们也在鉴定中指出了这一点："某一职业的潜在可替代性很高并不一定意味着该职业内部会有大量工作岗位流失，因为现有的潜在可替代性并非总是，也不会立即得到充分发掘。"（Dengler and Matthes, 2020; Pfeiffer, 2019; Pfeiffer and Suphan, 2020）。

另一方面，对数字化相关发展的研究依赖于在现有劳动力市场结构基础上所作的预测。因而，这些预测对于未来所提供的视角总是由当前现状而定义的。例如，对于预测数字化未来会对工作岗位造成哪些性别相关影响而言，目前在就业中按性别区分的水平隔离（即男性和女性在不同的职业领域有极其不同的分布）

情况就起到参照系的作用。下文介绍的关于数字化对就业影响的分析，也大多在实证方面参考了现有的行业和职业结构，因此，这些参考模型往往本身就是隔离的。

在为专家委员会提供的专业鉴定中，邓勒和马特斯（Dengler and Matthes，2020）从性别角度出发，根据目前的就业结构对潜在可替代性进行了差异化分析，确定了主要由女性或男性从事的职业中可以完全由计算机或计算机控制的机器完成的工作所占份额。如果超过70%的工作可以由计算机或计算机控制的机器来完成，就可以断定该职业存在高度的潜在可替代性。鉴定显示，平均而言，女性比男性更少从事被认定为可替代的工作。但是，在许多主要由女性从事的职业中，潜在可替代性仅略低于70%的门槛值；在许多主要由男性从事的职业中，潜在可替代性也仅略高于70%。就此而言，这些数字并不支持认为男性受数字化的影响明显大于女性的绝对化观点，因为"这种差异是渐进的，而非普遍的"（Dengler and Matthes，2020）。因此，我们有必要进行多视角的观察。

（1）数字化转型进程中的"女性职业"和"男性职业"

不同职业和行业中的性别分布仍然是高度隔离的。须注意，主要由男性从事的制造业和制造技术相关职业具备相当高的潜在可替代性。相比之下，通常由妇女从事的社会和文化行业的服务性职业的潜在可替代性较低（Dengler and Matthes，2020）。然而，区分性观察表明，在一个职业群体内部的各个职业之间，潜在可替代性可能差异很大——这其中有性别因素的影响。这一点尤其体现在企业管理和组织上，主要由妇女从事的职业，其平均潜在可替代性为63%；而该领域男性职业的潜在可替代性仅为47%。这背后的原因在于，职业群体具有性别特定性。女性通常从事典型的"女性职业"，如秘书或办公室经理，其工作具有中高度的可替代性。而在管理岗位上，男性更加常见，其相关工作的潜在可替代性较低。

我们可以估测，在信息技术和科学服务的职业领域中也存在类似的关联。在该职业领域中，主要由女性从事的职业的潜在可替代性（47%）高于男性占多数的职业（37%）（Dengler and Matthes，2020）。在这一领域就业的女性比例总共只有 24%。这更凸显了数字化领域中的性别相关准入壁垒问题（参见第二部分第一章第 2 节），而较高的潜在可替代性可能会导致其更加恶化。

在有些可替代性高的职业中，女性比例极高；而在另一些可替代性高的职业中，男性占极高的比例。因此，以潜在可替代性的视角看来，女性和男性都面临着数字化对劳动力市场所造成的潜在影响。因此，为了尽早认识到性别相关的排斥风险，并在平权政策上对这些风险加以应对，未来仍有必要进行不断适应技术进步的差异化分析。

在就业形式方面，可以看出，兼职及迷你工作雇员的潜在可替代性明显低于享受社会保险的全职雇员，而前者的女性比例很高（Dengler and Matthes，2020）。如果对具缴纳社会保险义务的就业关系进行专门考察，同样可以看到，潜在可替代性具有明显性别化特征：对于主要由男性从事的工作，其数值为 34%，而对于主要由女性从事的工作则为 15%（Dengler and Matthes，2020）。所以，女性平等地进入有偿就业并以此实现独立经济保障的目标并没有普适性。与男性相比，女性在迷你工作和兼职就业中的人数更多，虽然她们受潜在可替代性影响较小，但毕竟属于非典型的就业形式，无法实现上述目标。另外，面临可替代性问题，全职雇员比其他雇员群体面临更大的冲击，这也指向另一个性别政治问题：此处最受波及的主要是男性雇员，而在仍然盛行的"额外收入者模式"中，正是他们承受着承担家庭主要收入来源的压力。

关于数字化能在多大程度上打击劳动力市场上的职业性别隔离问题，邓勒和马特斯（Dengler and Matthes，2020）指出，目前，性别隔离边界几乎没有发生任何变化。数字化的传统职业领域（如信息和通信技术行业）现在愈发重要，而在这些领域中仍持续存在明显的性别隔离。

（2）数字化进程中的性别相关职业发展机会

德国劳动力市场的垂直隔离程度也很高，也就是说，女性在领导岗位上的人数仍然严重不足。目前我们尚无法评估，在数字化转型进程中职业发展机制和排斥机制是否以及会在多大程度上发生改变（Pimminger and Bergmann，2020）。

在时间和地点上灵活的办公方式可以帮助人们更好地协调护理工作和有偿工

作的关系，从而拓展职业发展机会、开辟升职道路。主流工作文化认为，想要在职场得到晋升的前提是人们必须在企业现场办公，但这极不利于有护理责任的员工。由于数字化发展不断带来新的可能性（如移动办公），这种工作文化可能会渐渐衰落。

通过将在数字产业中常见的所谓扁平化组织（参见第二部分第一章第2节）引入数字经济和数字化经济中，我们可以滋养新的工作文化和管理文化，增加女性的职业发展机会。根据卢茨（Lutz，2018）的观点，尤其是企业内部条件决定着女性是否能够在一个企业中有所成就。"这里指的是如扁平化组织这样的结构性条件，这种组织形式由于层级数量少，具有沟通直接、高度透明、工作自主、办公灵活以及决策迅捷的特点。"（Lutz，2018: 5）这些都是能够更好地协调有偿工作和护理工作的框架条件。

重要的是，数字化为女性提供了在企业中获得提升的新的机会，而我们必须在制度上和社会中对这些新的机会进行加强和塑造，从而真正为女性创造平等的自我实现机会。总的来说，我们应确保"从性别平等的角度对职业发展机制进行深入分析，并在工作环境不断变化的背景下对现有的措施和方法进行评估"（Pimminger and Bergmann，2020）。

（3）数字化经济中的性别薪酬不公

普遍来说，迄今为止的研究尚未对数字化如何对性别收入差距造成影响的问题加以重视（Pimminger and Bergmann，2020）。虽然有一些研究关注了特定行业或者职业领域中收入发展状况，但是所得出的研究结果并未从性别角度进行区分和分析。

尽管安茨等人（Arntz et al.，2018）得出，就业不公和薪酬不公有了进一步恶化，但这一研究结果所依据的例证主要来自于男性比例较高的就业领域。另外，埃舍尔（Escher，2019）对来自于不同可替代性风险的职业领域的全职男女雇员的收入水平进行了比较，并得出，有可替代性风险的职业的性别薪酬差距平均为20%，无风险的职业则为30%。根据上述数据，"恰恰是那些未来比较重要的职业表现出特别明显的薪酬差距"（Escher，2019）。整体而言，在未来，性别薪酬差距很可能会继续扩大,因为女性在发展迅捷的职业领域(即数字行业的职业领域)中代表性不足。由此,女性比例较高的职业领域的薪酬水平可能会进一步落后于其他行业,这可能会导致她们的经济状况更加恶化(Pimminger and Bergmann,2020)。

目前对于数字化进程中性别收入差距的发展情况尚无可信的论述;这并不令人意外,主要导致性别薪酬差距的因素并不具备清晰或明确的的数据情况;这会影响职业领域和晋升机会、工作时间和合同框架条件的预期发展。为了自我实现机会的性别平等,并最终进一步实现薪酬公平,《第二次性别平等报告》专家委员会已经撰写了许多行动建议,它们将继续对联邦政府的行动发挥指导作用(德国联邦政府,2017)。

可以确定的是,如果我们不积极优化数字化转型进程,不利的劳动力市场结构和性别政治问题并不会随着数字化发展而"自动"消失。因此,专家委员会所遵循的社会技术理论并没有从技术中心主义的视角出发,而是侧重于规划方案,从而聚焦于企业规划政策,以性别平等的方式对组织性工作要求进行把握、拟定和评估。

(4)在企业中推进性别平等转型

尽管种种原因导致我们很难做出预测,但至少可以肯定地得出以下结论:在数字化不断发展的过程中,职业、工作内容和能力要求都在发生改变,并将继续改变着。因而,我们需要不断地对此进行深入分析,探讨职业、工作场所和相关工作的结构如何持续变化,处理好因此对雇员提出的工作要求(即其能力),并研究工作评估和个别工作分类的问题。

我们尤其需要关注的是雇主方面做出的决定。因为在劳动力市场的数字化转型中,关键的问题就是,哪些潜能会被应用或不会被应用,以及如何应用它们。我们必须在工作特征和能力要求方面对不同职业进行非常精确的分析,并推断这些职业在数字化过程中可能会发生多大的变化,是否真的会发生变化,以及数字化进程会给从业人员在多大程度上造成影响(Dengler and Matthes,2020)。

工作简介和工作评估

借助于工作评估，人们可以依照一套标准化的模式对某项工作的相关要求进行查定。各类工作会根据工作要求的不同被划入特定的薪酬组，每个组会对应某个薪酬值。系统化的职业描述和职务描述是确定工作要求的基础。在数字经济中，由于许多企业没有签订集体薪酬协议，通常并不具备这样的工作描述。就算在公共部门的具备职位描述的机构，这些职位描述也往往是过时的，或是不包含数字化相关要求，或是对数字化相关要求的描述并不充分。当前的职业分类可以追溯到1970年，此后一直没有随着时代变化进行过更新。虽然德国联邦劳动局（Bundesagentur für Arbeit，2011）在2010年对此进行了调整，但目前来看，该项调整在数字化进程方面也已过时。

在数字化转型过程中，我们需要对工作简介进行调整，审查工作评估程序是否与数字化相关的变化相适应，并在必要情况下对其进行扩展，以及对所更新的工作评估程序进行测试。用约尔根斯等人（Jürgens et al., 2017）的话说："可以认为，人们还没有对已在数字化过程中发生改变的工作要求重视起来，因此，雇主和社会伙伴应该修订其工作岗位评估方法，并在评估中体现这些标准，实现薪酬无歧视的目标。"

此外，人们对不同工作所赋予的价值也体现了性别差异。《第二次性别平等报告》已经指出，"与由男性主导的职业相比，实际上以女性为主的职业的价值往往被低估了"（德国联邦政府，2017）。可比价值指数可对此提供相关数据证明（Klammer et al., 2018）；通过这一指数，克拉默等人（Klammer et al., 2018）得出，"在所有行业中，如果分别对个人、合同和工作岗位的相关特征变量进行控制，那么，女性面对更高的工作要求和工作负荷所获得的报酬明显低于男性"。在护理职业方面尤其如此。布布利茨和雷格纳（Bublitz and Regner, 2020）认为，根据各自的具体工作情况不同，广义的社会工作（此处指医疗保健、教育以及社工和护理职业）的价值平均每月被低估500欧元。

工作评估程序应遵循"与工作要求相联系的公平薪酬原则"（Klammer et al., 2018）；如果有劳资协议或企业协议，则应在其中对此有所规定。性别平等的工作评估可以推动女性平等融入数字化经济，从而实现不分性别的独立经济保障。特别是在数字化转型进程的背景下，重新规划性别平等的工作评估至关重要。

能力

虽然工作的重心正在随着数字化的进程而发生变化，但女性比例较高的职业对能力要求的观念仍然更多地聚焦于社会能力，而不是数字能力。然而，如果我们不通过职业形象将数字化的相关发展针对性地传达出来，劳动力市场上的性别属性将继续延续、巩固，而不会被打破。因此，人们应理解、完善并宣传社会工作以及与之相关的数字化要求。海尔曼（Heilmann，2020）以病人护理为例对此加以说明：从数字文件、数字员工调度、网络化工作时间记录系统、电子病人档案等方面，我们都可以看到数字技术在病人护理中的广泛应用。但是"在按照劳资协议进行工作评估时，无论是在当前还是可预见的未来中，人们都没有将工作内容中的数字化变化纳入考虑范围。……因此，根据现有研究的结论，对于数字化是否有助于提升病人护理专业人员的工作价值的问题，我们目前可以明确地作出否定的回答"。

除此之外，办公室职业也可以作为数字化相关要求在以女性为主的职业中被低估的佐证。办公室职业不仅之前是最早受到技术发展（例如个人电脑的引入）影响的职业之一，而且至今仍在受其影响。这类职业的工作内容一方面基于对技术基础设施的应用，另一方面也基于对具体程序的应用（Bach et al.，2020）。冯·登·巴赫等人（Von Dem Bach et al.，2020）的研究表明，我们可以在办公室职业领域中找到成功实现技术转型的依据："不管是从前还是现在，办公室工作人员都能够在应用技术时，将其看作是补充性工具。在这个极具复杂性和不确定性的工作领域中，技术和劳动组织形式在不断发生变化，而这些工作者却能够证明自己可以胜任工作内容的要求。"这些都是"个体和自主的适应能力"（Von Dem Bach et al.，2020）。这一结论基本在新冠疫情期间得到了验证：疫情中最小的困难是，居家办公人群缺乏个体适应能力以及运用相关数字技术的能力，最大的困难则是劳动组织中缺乏根本性的扶持性和配套机制，而且有护理责任的群体难以对护理工作和有偿工作进行协调。

在设计工作评估系统时，必须保证系统能够以符合劳动产出情况且无歧视的方式记录和评估工作岗位要求和薪酬，对于数字化相关要求也是如此。《第二次性别平等报告》已提出了一些现有的工作评估方法：例如同工同酬检查和基于此确立的 CW 指数（德国联邦政府，2017）[①]。

斯托尔等人根据数字化经济中所需的能力和职业要求（包括专业能力和核心能力）对当前的招聘广告进行了评估，阐释了核心职业能力是如何被性别化的。例如，一些主要由女性从事的教育培训职业类型大多被描述为社会工作和办公室工作，而那些通常由男性从事的教育培训职业的关键词却主要是技术和手工活动。

目前，我们还无法预测哪些工作以及哪些必备工作能力会随着数字化进程而变得重要，而哪些则会变得不再重要。因此，我们应该将注意力投入到对过渡路径的规划上——尤其是通过企业内部培训措施的方式。培训的重点则应是，学习那些对于职业转型最为重要的能力。为了实现个人机会的平等化目标，我们必须以不分性别的方式对过渡路径进行开拓和规划。因此，就算是乍看之下似乎相差甚远的职业之间也需要建立过渡途径。

企业必须持续掌握各工作岗位实际上对于能力和知识的必需要求，只有这样才能了解哪些专业能力和技能将在未来发挥重要作用。为确保人力资源管理的性别公平化，我们有必要对工作岗位要求的变化情况进行密切关注。对于之前在岗位描述以暗示的方式所要求的数字素养，企业应作出明确阐释。此外，如果部分雇员由于工作要求的变化而受到波及，企业应向他们提供企业资格认证办法，此类办法应由公共资金进行资助。

企业内部利益代表

企业内部利益代表的任务是在谈判过程中共同决定应将哪些新技术投入实际应用，哪些岗位会受影响，影响范围会有多大，以及雇员应在多大程度上参

[①] 在部分企业工作评估的创新草案中，已经提出了一些关于有必要对于技能进行重新评估的结论和建议。例如，在为柏林会展中心而开发的新的工作评估系统中也包括一些针对传统上主要由女性从事的工作岗位而提出的新的工作要求，如社会心理要求（公平薪酬创新实验室，2017）。

与决策的引进和实施过程。专家委员会参考冯·登·巴赫等人（Von Dem Bach et al., 2020）的建议，在这方面提出了具体的参与性方案。为确保社会技术理论框架内的数字化创新达到最佳效果且雇员的接受度达到最高，我们应在整个革新进程中引入雇员的技能和经验。为实现数字化进程中个人实现机会的性别平等化，重要的是：第一，行动者须充分意识到资源、影响力和企业内部参与度等方面的性别不平等现状；第二，必须杜绝这些不平等现象在谈判过程中再次出现的可能（Kutzner, 2020）。

为了成功开展集体利益政治行动，应特别要求企业中的行动者（如平权专员和职工委员会成员）提出工作评估以及"同等价值的工作同等报酬"（等值同酬）的诉求，并向员工提供相关建议和帮助（Westerheide, 2020）。

（5）性别话语权不对称及其后果

迄今为止，主要由男性从事的职业一直是数字化讨论的重点，这使得以女性为主的职业鲜少受到关注。后者的工作由于往往会有社会心理方面的要求（Dengler and Tisch, 2020），所以无法为数字技术所替代，或者说无法直接由技术手段接管。在这些职业（特别是护理工作领域）中也会有体力劳动："我们可以借助于技术在不同环境中开展护理工作。技术所具有的最大潜力在于，它们提供了更好的联结和沟通途径、更便捷的信息收集和处理方式、更完善的劳动组织，并可以减轻体力负荷"（BGW, 2017）。在此，电子文件、远程护理/远程医疗、辅助技术以及机器人制造等技术发挥了重要作用。

在交叉性方面，辅助技术的应用有着重要意义。辅助系统主要为残障人士而开发，它们可以帮助人们克服（也可能由于衰老造成的）肌肉力量丧失或功能障碍（Burchardt and Uszkoreit, 2018）[①]。由于社会老龄化以及技术工人的短缺，辅助技术的获取和应用是一项重要资源，我们尤其可以借此对护理行业的老年员工提供帮助。应用辅助技术不但可以提升人们的就业能力，更可以改善（主要由女性构成的）护理行业员工在数字化转型过程中的个人实现机会。

---

① 早在19世纪就有例子可以充分证明这一领域的创新潜力——穆齐之所以发明电话，是为了帮助其因患病而行动不便的妻子。

然而，技术解决方案"几乎没有进入日常护理的领域"（Boll-Westermann et al., 2019）。例如，虽然辅助技术在研究和开发领域顺风顺水，但在项目期结束后，所开发的原型却并没有被收入辅助工具目录，从而在市场上推出并提供给机构和员工（Landtag NRW, 2020），而是"被束之高阁"（Endter and BGW, 2017）。这大概是由于从经济角度来看，使用人工劳动力更加划算，尤其是价值被低估的护理专业劳动力（Dengler and Matthes, 2020）。此外，出于技术伦理或数据保护的理由，人们对护理中的技术应用往往持怀疑态度。为此，我们需要在社会中开展一场科学而透明的公开辩论（Roland Berger GmbH et al., 2017），在辩论中暴露数字化话语中迄今的空白，从而在现实中塑造更加性别平等的职场环境。

专家委员会强调，涉及人的工作是十分复杂的；除技术问题外，这类工作在社会、心理、伦理和资金等方面也面临着挑战，尤其是以人为中心的技术发展（Bradshaw et al., 2013）。只有当人们以社会技术理论为基础，对辅助技术进行开发及可持续应用，并且始终将用户视角纳入考虑范围时，才可能实现管理和体力方面所要求的补偿和减压（格洛克等人，2018: 30；另见 Boger et al., 2016）。这是因为自动化预估的改进方案往往与日常工作中的实际经验相矛盾。例如，让机器承担重复性工作的做法虽然可以缓解时间压力，但是维护和操作机器也会增加工作量，造成工作强度提高（Sarter et al., 1997）：一来操作这些技术本身可能会很耗时，二来自动化又会拉高人们对于工作效果和工作效率的期待（Cockburn and Omrod, 1993）。在这种情况下，员工并不会由于以人为本的关怀而减压，反而可能会因为新增加的工作任务而负担更大（Daum, 2017: 36）。通过社会技术需求分析以及参与式技术构建，我们必须确保人们能够充分认识到人力就业领域中的劳动组织和工作规划的复杂性——否则，技术无法起到减轻负担的作用。

原则上，对于那些无法受益于时间地点灵活的办公方案的群体而言，数字化为他们开辟了新的工作方式。仔细观察那些看似必须设有固定的工作时间和地点的职业，我们可以发现，这些职业的许多工作也可以允许在工作时间和地点上采取灵活的办公方式。

雇员的专业技能资格认证对于推动社会工作数字化发展而言尤为重要。在护

> **聚焦新冠疫情**
>
> 那些在新冠疫情中被视作具有"系统重要性"的职业的一大特点就是女性从业者比例较高。我们尚不清楚未来人们将从所谓的"系统重要性"中得出何种结论,但不管怎样,如今我们亟需讨论,人们是否应该对主要由妇女从事的职业(尤其是护理行业,也包括零售业)的职业价值进行严肃的重新认定。
>
> 可以预见的是,虽然目前这些领域的数字化程度还比较低,但由于新冠疫情的流行,它们的数字化进程将会得到持续加速发展,比如护理行业。这种发展值得鼓励,然而,为了避免对那些刚刚被誉为危机英雄的工作人员(通常是女性)产生负面影响,我们在推动这类就业领域的数字化转型时,必须在社会技术的视角下开展技术应用。例如,当向"医院未来计划"投资时,就必须确保所投资金不仅流向技术创新,还须用于改善员工的结构性工作条件(Frey、Röhr,2020)。
>
> 一般认为由于新冠疫情的暴发会加快数字化进程。例如,联邦政府决议通过经济刺激计划,共投入30亿欧元用于持续推动公共行政的数字化进程。然而,如果女性此时离开或退出劳动力市场的话,就可能会就此被排除在基本的、快速推进的数字化进程和相应的技能资格之外。

理行业中,这一点格外明显。护理行业的数字技术推广主要依赖于专业的护理人员,然而,这些专业人员还没有在这方面接受充分培训(Roland Berger GmbH et al.,2017)。早在2016年,社会经济和社会管理信息技术协会(2016:6)就要求,相关机构须将关于应用技术的社会技术系统理论分析纳入护理专业培训的固定内容中。

3. 行动建议

数字化本身既没有对普遍接受的平等政治目标提出质疑,也没能解决既有的问题。在数字化的征兆下,我们仍需继续努力实现《第二次性别平等报告》所提出的,以性别平等为导向塑造有偿就业及其框架条件的目标。此外,其中提出的行动建议对于本次《第三次性别平等报告》专家委员会的报告而言,也具有指导性作用;但是随着数字化经济的进程,我们必须对这些建议作出进一步的解读和拓展:数字技术的应用改变了劳动力市场上就业人员的工作;我们必须以性别平等的方式作出改变,只有这样,数字化转型进程才能真正为女性平等进入有偿就业开启新的可能性。

将性别问题纳入数字化劳动市场研究，将数字化问题纳入性别劳动市场研究

专家委员会注意到，在大学、学院、研究机构和公共研究资助领域中，缺少从性别角度出发对数字化劳动市场进行的研究。此外，也尚未有人系统化开展关于数字化转型进程中的劳动力市场性别研究。专家委员会提议，联邦政府和州政府应采用社会技术研究方向，填补这一空白。

为了进一步优化"BMAS专业人员监测器"（即德国联邦劳动与社会事务部开发的劳动力市场预测工具），应将性别和多样性维度也涵盖在其参考范围内。

实行符合劳动产出且性别平等的职位描述以及工作评估程序

随着数字化转型的进程，我们显然需要对职位描述和工作评估系统（或集体谈判系统）进行更新，使之以符合劳动产出的方式体现出数字化相关要求。从性别平等的角度来看，这种更新早就该被落实了。

专家委员会建议对职位描述以及工作评估程序进行分析，并在分析时注意性别平等的职位描述、工作评估和薪酬所提出的要求以及必需的数字素养等方面。此外还应审核，行业改革（例如护理行业改革）在多大程度上遵循了技术方法的思路，而不是专家委员会所倡导的社会技术方法。

专家委员会认为，在数字化转型过程中，通过调整职位描述，我们能够更好地实现减少薪酬歧视和同工同酬的目标。政府应公开招标，委托相关机构开发相应的工作评估程序，并将其作为普遍推行的示范项目的一部分，在数字化经济中试行所开发的程序，最终推广实施。

进一步发展《薪酬透明法》，实现性别平等的数字化

《德国促进男女薪酬透明法》（以下简称《薪酬透明法》）是推动私营经济和公共部门职业性别平等的重要工具。它规定了个人知情权和报告义务，并要求雇主执行企业审查程序。为了实现数字化转型过程中的性别平等，我们还须对报告义务和企业审查程序作出进一步规定。

对报告义务的标准化、公开化、拓展和制裁

《薪酬透明法》(简称 EntgTranspG)规定,负有财务报告义务[①]且雇员通常超过 500 人的企业有义务出具报告,说明其为促进性别平等和薪酬平等在企业层面所采取了哪些措施(EntgTranspG 第 17 条第 1 款)。企业极有必要尽快在数字化转型进程中采取平权措施。劳动组织内部的职业过渡路径也随之变得愈发重要。在撰写报告的过程中,关于性别平等问题的需求会暴露出来,企业可以并根据这些需求制定并实施相关措施。

专家委员会要求,对于负有财务报告义务的企业,应取消对其报告义务的限制。应将一些中小企业也纳入《薪酬透明法》第 21 条所规定的出具性别平等和平等薪酬报告的义务的适用范围内,标准可依据欧盟委员会自 2014 年起提出的具 50 名或以上员工的雇主应进行定期报告[②]的建议(EU KOM,2014)。虽然数字行业的企业由于其规模结构迄今尚未受到《薪酬透明法》的影响,但可以在未来被纳入该法的适用范围。

迄今为止,人们还未为该报告确立统一且含有类似上述信息的规范,违反报告义务的行为也没有受到制裁。专家委员会建议联邦政府确立报告规范,使之得以标准化,并提高其知名度。为实现最后一点,政府可规定企业必须在网站上公开发布报告[③]。通过对报告进行标准化和公开化处理,我们可以更好地比较分析,各企业是否成功贯彻了内部措施。借助于标准化报告,我们也可以帮助企业和政治行为者确定可使用的具体杠杆,从而推动性别平等的数字化转型进程。

此外,专家委员会还建议,应制裁未遵守报告义务者(比如罚款,或公共机构公开招标时对涉事企业不予考虑),以提升约束力度。这种制裁行为很有必要,迄今为止,只有少数负有财务报告义务的企业遵守了上述报告义务。

重新修订审查程序

《薪酬透明法》要求,员工人数通常超过 500 人的民营企业须根据企业审核

---

① 参见德国《商法典》第 264 条及 289 条。
② 将薪酬情况根据性别、员工群体或职位等因素进行分类报告。
③ 迄今仅规定企业须在《联邦法律公报》上以附件的形式公布此类报告。

程序，定期审查其薪酬条例（EntgTranspG 第 17 条第 1 款）。专家委员会认为，鉴于经济的数字化转型，我们有必要重新修订此类审查程序。

审查程序也需要实现标准化。为此，可以让德国工商联合会作为跨行业协会参与进来。标准化审查程序必须依据性别中立且统一的评估标准，并考虑到数字化相关的特殊要求：数字化相关工作必须得到实际确定，相关要求必须实现公开透明；同等工作要求必须获得同等估值以及同等薪酬。在修订审查程序时，可在内容上参考联邦反歧视局所开发的薪酬平等审查工具 eg-check。以此为导向的标准化审查模型可以为民营和公共部门的雇主、企业及公共部门的职工委员会、多样性代表和平权专员提供参考准则。

专家委员会还建议降低审查程序的临界值。由于该审查程序所造成的开支大小取决于员工数量，所以也鼓励中小企业应用。

此外，还应提升企业审查程序的约束力度，制裁违规行为，比如对涉事者进行罚款或公共机构公开招标时对涉事企业不予考虑。

推动关于数字技术对护理行业员工影响的社会技术研究

正如德国联邦政府关于促进数字化转型的实施战略所体现的那样，起初，护理行业在数字化转型中处于空白状态，现在却格外受到关注。这一趋势值得被鼓励，并应得到进一步推动。

专家委员会建议，联邦政府应推动相关研究对人力就业领域中劳动组织和工作设计的复杂性进行探讨，并分析数字技术对雇员个人实现机会造成了哪些社会技术影响。只有这样，人们才能认识到数字化过程中的重要技术进展，并以性别平等的方式推动它们。此外，专家委员会建议政府应与福利组织开展合作，以保证这些研究成果最终得以投入实践。

（二）对于数字素养及其习得的要求

1. 初始状况

在数字经济和数字化经济中的有偿就业领域，部分特定素养是不可或缺的——这一点适用于生活在数字化程度日益提高的社会中的所有人。此处的素养可被理解为个人潜能，是达成个人实现机会的关键。在数字化转型过程中，这些素养决定了人们是否以及如何能够主动地共同塑造已有和潜在的改变。为此，所谓的新的、额外的技能或所谓的数字素养，或是仅仅单纯拥有某些科技设备都是远远不够的。仅仅是操作或消费技术设备并不足以帮助女性实现个人机会的性别平等。如果想要理解、使用并参与设计对于数字化世界的规划方案，需要我们具备整体性的，或者说深刻的知识、能力和观念。我们必须能够有意识地、自主地对待数字化进程。人人都必须要有机会借助数字技术（计算机、云系统、网络设备等）发展自我，并学会利用数字媒介进行自我反思。此外重要的是，在数字空间中，人们应该能够与其他人进行自主沟通，并维持人际边界。

素养的习得过程要经历培养、试验和巩固的阶段。因此，正如技术发展本身，素养习得是永无止境的。所有人，无论性别、出身、社会地位、是否残疾和年龄大小，都必须有机会习得数字素养，并进一步培养它们。所有人都必须有机会通过教育和培训习得数字素养并从中受益，使自己的专业、个人和经济水平得到进一步提升。

数字化不仅改变了所需的素养类型，而且也改变了习得素养的方式。这为性别平等开启了新的契机：通过数字技术，人们可以在灵活的时间和地点获取并进一步培养数字素养。学习不再受地点、基础设施和供应以及预先确定的时间窗口的限制，也就是说，人们可以根据个人的条件和需求定制学习过程——尤其是有护理责任的群体或残障人士。

2. 分析

（1）数字素养

有许多概念和术语可以用来对在数字化转型过程中重要的个人潜能进行分类和描述（VBW，2018），专家委员会之所以使用数字素养这一概念，是为了强调其中的社会技术导向。从德国计算机学会制订的《信息学教育标准》中对"信息学素养"术语的理解中，我们也能看见这种视角。根据这份标准的表述，"对于规范、法律、道德和社会方面的探讨……以及对于操作现代信息技术的责任感"［德国计算机科学学会（简称GI），2016］。与形式化、建模和执行的能力，通过算法解决问题的能力，或者将理论、抽象和设计结合起来的能力一样重要。

德国文化教育部长联席会议（KMK）也将数字素养强调为"数字世界素养"，并在2016年将其定义为数字世界中的教育战略。该联席会议向中小学、职业培训和高校提出了素养域列表，将数字教育的概念作为一种总体性素养拓展到所有科目中。列出的六个数字媒介相关素养域（KMK，2016）不仅涉及学校教育，对于所有面向数字经济和数字化经济以及社会数字化背景下的教育和培训服务而言都具有重要意义。这些素养域具体为：

①搜索、处理与存储，例如：如何搜索、批判性评估、存储和组织与某一特定主题相关的信息？

②沟通与合作，例如：如何通过不同的数字渠道进行互动？如何进行信息共享？如何进行数字化合作，数字交流的礼仪规则是什么？如何通过网络参与政治？

③创建与展示，例如：如何对视频、音频文件或数字演示进行开发和处理？如何尊重版权、使用权和个人权利？

④保护与安全行事，例如：如何识别数字空间的危险？如何保护个人数据？数字技术是如何对环境、自然或健康造成危害或进行保护的？

⑤解决问题与采取行动，例如：如何解决技术问题？哪个应用程序有助于解决哪个问题？如何共同解决问题？哪些算法有助于解决哪个问题？如何实施算法解决策略？

⑥分析与反思，例如：如何在社交媒体中对图片/个人资料进行规划？经济、政治或社会利益在其中发挥什么作用？

每个学科都应根据自己学科的特点，在这六个素养域的框架内开展关于数字媒体的应用培训，从而"促进个人和自我导向的学习，加强成熟度、自我认知和自信，并实现对于数字社会的自主参与"（KMK，2016）。

专家委员会认为，由于考虑到了社会技术的思路，德国文化教育部长联席会议所提出的关于数字媒介的素养域概念处于正确的道路上，但走得还不够远。因为对技术的获取、应用及设计的理解无法剥离性别因素，这一切都与性别密不可分。为了保证个人实现机会，所有人，无论性别如何，都必须能够理解并体会到，数字素养的习得是一个可参与塑造、透明化且可以影响的过程。因此，我们必须将数字素养与性别素养相联系。性别素养指的是对性别关系的反思与将从专业相关的性别研究中得出的认识投入实践的能力（Gender Kompetenz Zentrum，年份不详）。

对于数字素养的这种理解应该成为中小学校、职业教育和高等教育机构、大学和继续教育机构的行动指导原则。

在《联邦政府第一次性别平等报告》和《联邦政府第二次性别平等报告》中所要求的旨在消除性别刻板印象的措施就可以得到重视，如提供以性别平等为导向的职业指导和咨询、设计家庭友好的和以性别平等为导向的继续教育课程以及推行强调性别意识的教学法（德国联邦政府，2017、2011）。

（2）数字素养与性别素养的交融

专家委员会认为，数字素养必须与性别素养彼此交融，不可分割。为了保证所有教育机构的教育工作者都有能力以性别平等的方式培养特定类型的数字素养并设计学习素养的方式，他们必须具备数字化相关的性别素养。

《欧洲教师数字素养框架》（歌德学院，2019）为制定相关举措和发展培训课程提供了出发点。《欧洲教师数字素养框架》开发了一些参考框架、自我评估工具和培训项目，以此涵盖教师所需的各方面数字素养，并帮助教师评估自身素养、确定培训需求以及提供针对性培训。在数字化转型的背景下，对教师的需求在不断发生变化，我们需要比之前更有力地对旨在推行区域性和国家层工具和培训计划的定向援助进行整合，并从性别平等的个人实现机会的角度进一步发展它们。

为了能够传授数字素养，教师自身须具备数字化相关的性别素养，并拥有必要的资源（技术、教育、时间等）。如果教师想要实现数字化教学目标，开发新型数字化教学模式，则需要具备相应的素养作为支持；其中包括，教师应反思，自己在与技术打交道的过程中所代入的是何种（性别）角色。在长期的专业教育和培训过程中，教师可以培养并改进相关的态度和观念，通过积极反思、亲自体验数字媒介、交流与合作等方式，养成有知识储备的专业态度和思维方式。

专家委员会主张，应拓展教育工作者的数字化相关的性别素养。为此，我们必须将具性别问题敏感性的教学法中的方案和方法（Ebenfeld, 2018; Derichs-Kunstmann et al., 2009）、数字教育的方案（德国文化教育部长联席会议，2016）和本报告的结论一并结合起来。通过表1，专家委员会希望能够展现性别素养与数字素养之间彼此交织的关系。该表在性别素养中心（Gender Kompetenz Zentrum，年份不详）所开发的性别素养模型的基础上建立而成，涵盖了知识（通过获取信息的方式培养素养）、意愿（通过提高认识的方式培养素养）和能力（通过实际应用的方式培养素养）三个维度。基于德国计算机科学学会、德国文化教育部长联席会议和本报告的结论，数字素养也被纳入这三个维度之中。此外，这个表格还有不断拓展的空间，不应理解为盖棺定论。

表1 教育工作者的数字化相关性别素养

教育工作者的数字化相关性别素养		
知识 通过获取信息的方式	意愿 通过提高认识的方式	能力 通过实际应用的方式
1. 性别关系、性别的社会建构——与技术建构相关联 2. 社会媒体中对性别关系的重构、建构和解构 3. 学习边界管理 4. 数字暴力的形式及保护方案 5. 算法的潜在歧视风险 6. 数字化对行使基本权利造成的风险 7. 关于其他符合数据保护原则的服务和产品的知识 ……	1. 对以下方面进行反思： ①与数字技术相关的自身的性别角色 ②与数字技术相关的既有性别刻板印象 ③目标群体，尤其是女性、边缘及不受重视的群体 ④技术与人的紧密关联性 ⑤边界管理中的挑战 2. 在数字媒介背景下改变性别刻板印象的动机 ……	1. 针对不同类型的学习者运用不同的教学方法 2. 使用具有性别和多样性问题敏感度的语言和图片/材料 3. 鼓励学习者尝试数字媒介 4. 对女性、边缘群体和代表性不足的群体赋权 5. 实行防暴力保护方案 6. 实行边界管理方案 7. 符合数据保护的行为（如数据最小化、尊重他人个人权利） 8. 使用符合信息技术基本权利的服务和产品 ……

资料来源：根据参考性别素养中心（Gender Kompetenz Zentrum，年份不详）相关材料汇编。

（3）在人生的不同阶段习得数字素养

从顺利适应到参与塑造数字化经济和社会，数字素养都是必备条件。在人生的早期阶段，在进入高校、职业教育乃至入学之前，就已经存在针对数字素养的教育需求。然而，在教育工作者的专业教育和课程设置中，媒体教育和数字素养的教学仅占次要比重；联邦各州的教育计划对幼儿园/幼儿园中的"媒体"关键词的重视程度不同，有时甚至完全忽视（Reichert-Garschhammer，2020；Friedrichs-Liesenkötter，2019）。同时，越来越重要的是，我们必须确保日托机构中的儿童能够以反思、媒体批判和有意识的态度对待数字媒体和网络通信。这一点必须依靠教育工作者的专业指导，前提是，他们在专业教育、继续教育和高级培训中结合性别素养培养了自身的数字素养（Nieding、Klaudy，2020）。

不仅在早教中，就算在学校教育中，人们也没有认识到，数字媒介和网络通信在这个瞬息万变的世界中对性别平等具有如何重大的意义。在学校中，媒体尚未被视为学习过程中的固有元素。背后的原因除了技术配备和资金及时间资源投入方面的不足外，还因为部分教育工作者自身并不具备完善的数字素养（Autorengruppe Bildungsberichterstattung，2020）。教育工作者在将常规的无数字化教学模式转化为数字支持的模式时，往往会几乎原样照搬，而没有对数字教学方案以及数字技术的可能性和局限性进行充分认识和批判性反思，或以专业的水准进一步拓展教学模式——这通常不是因为意愿不足，而是因为他们的培训需求未被满足（Autorengruppe Bildungsberichterstattung，2020；Kutscher et al.，2020）。通过应用数字媒介，教育工作者就可以使用更多的教学方法，从而使更多的学习者受益。如果想要在教学中具备对于性别和多样性问题的敏感度，重要的教学法原则之一就是保证方法的多样性：教师可以针对知识基础不同的学习者应用不同的教学方法，从而培养不同的学习类型；此外，通过这种方式，我们可以促进机会均等化，使得不管是面临个人障碍还是具备个人能力的学习者都能享有平等的学习机会（参见工具箱"教学中的性别和多样性"，即 Toolbox "Gender und Diversity in der Lehre"中的指示，柏林自由大学，2020）。

在当今社会中，科技越来越融入日常生活，这使得父母和监护人也常常会感到焦虑——尤其是当他们在家中与数字媒介打交道时。在这种背景下，开展数字育儿素养教育十分必要，因为父母和监护人被要求成为合格的和具批判性的对话伙伴、限制者和引导者，他们需要具备极高的互补性能力和数字素养（DIVSI，2015）。此外，他们还必须有能力质疑并反思自己对待数字技术的态度和方式以及自身相关素养。为此，我们需要配备低门槛的教育服务（Wagner et al., 2016）。

（4）继续教育参与中的性别化

劳动力市场上普遍存在的不平等现象也会在继续教育领域中得到体现。在继续教育领域中普遍存在性别壁垒，对于性别素养的继续教育而言更加严重。在此背景下，我们应继续重视《第二次性别平等报告》中提出的相关要求。在数字化转型过程中，它们的重要性进一步提升，因为在数字经济和数字化社会中，具备数字素养是获得个人实现机会的先决条件。

实际状况表明，参加继续教育的人数在总体上有所增加：2018年，年龄在18—64岁的群体中有59%参加了继续教育，而在2012年，这个比例还是54%（Kuhnhenne, 2020）。然而，该群体中的性别分布却并没有随着人数的增加而变得更加均衡。一方面，男性参加继续教育的频率更高；另一方面，相比于女性，他们的上课时间更长，也就可以因此选择经济上更优惠的培训方案（Rüber and Widany, 2021）。此外，女性需要自己承担继续教育费用的情况比男性更多（Käpplinger and Kubsch, 2017）。这当然也是由于与男性相比，女性接受企业提供的继续教育的机会更少，更多的是参加商业性继续教育（Rüber and Widany, 2021）。由于育儿义务，女性更有可能长期无法从职业继续教育中毕业。专业技能较低和具有所谓的移民背景的群体也较少参加企业继续教育，而更多地会接受与个人职业相关的继续教育（Müller and Wenzelmann, 2020）。后者所指的是员工主要出于工作原因（例如在业余时间参加职业英语课程）而自主参加的学习活动，不属于企业所组织的继续教育范畴内，雇主完全不承担任何费用。最后应强调的是，人们可以通过接受继续教育和成功完成继续教育获得经济回报，例如加薪。

在这一背景下，国家继续教育战略显得愈发重要。该战略由联邦劳动与社会事务部及联邦教育与研究部与社会伙伴、行业协会、各州以及联邦劳动局共同制定，并于2019年发布。为改善继续教育服务以及接受继续教育的条件，战略中提出了相应的行动目标（BMAS and BMBF, 2019）。首先是创建以人生为导向的继续教育文化,"在数字结构变革中为员工、求职者和企业提供最佳支持"(Rüber and Widany,2021)。分别于 2019 和 2020 年先后推出的《德国提高资格认证机会并加强失业保险保障法》(以下简称《资格认证机会法》)及《德国促进结构改革中的职业继续教育并进一步发展培训援助法》(也称《明日劳动法》)进一步加强了预防性的继续教育战略(BMAS,2020)。专家委员会欢迎在数字化转型的背景下采取以人生为导向的预防性继续教育战略的行动方向;然而,其中仍然缺失性别视角——尽管《第二次性别平等报告》专家委员会已经对继续教育中的性别不平等现象进行了提醒。前述分析表明,这些不平等现象将继续存在,而且会随着数字化进程而越来越重要。

(5)数字化继续教育的参与情况

吕贝尔和维达尼(Rüber and Widany,2021)在其为《第三次性别平等报告》出具的专业鉴定中指出,性别不公不仅会影响无数字化继续教育方案的参与和应用情况,也会对数字化继续教育方案造成影响。2018 年,联邦教育与研究部的成人教育调查(AES)对继续教育中的数字化问题进行了问卷调查,并于 2020 年公布了主要调查结果(BMBF,2020):84% 的正规[①]教育活动和 38% 的非正规[②]教学活动——包括企业提供的继续教育、个人工作相关的继续教育和与工作无关的继续教育——受到数字媒介支持。这意味着,数字媒体在"继续教育背景下很大程度上被用于 a)信息或通讯方面和 / 或 b)组织不受限于时间和地点的学习活动"(BMBF,2020)。根据成人教育调查的数据,2018 年,在 18—69 岁的群体中,26% 的女性和 32% 的男性表示自己在过去 12 个月中参与过应用了数字媒介的教育培训(BMBF,2020)。在成年人群体中,男性在所有的数字学习形式中的参与比例都高于女性(Rüber and Widany,2021)。尤其是在非正规教育活

---

① 在德国,正规教育包括初等和中等教育课程以及高等教育(大学、技术学院和职业学院),通常指有组织的且连续的全日制教育课程,这些课程处于德国的国家资格框架内,学习时长至少达到 6 个月(Bilger et al., 2013)。

② 非正规教育则侧重于所有未被纳入德国资格框架内且有组织的教学 / 学习环境。其中包括企业提供的继续教育、个人工作相关的继续教育和与工作无关的继续教育等。根据成人教育调查(2012)的定义,其基本特征是:组织化程度极低、教学活动提供方身份明确、学习目标明确、规定了课程安排和起止时间(Bilger et al., 2013)。

动中，相比于工作无关的继续教育类型，在企业继续教育中和个人工作相关的继续教育中，数字媒介的使用率更高；此外，男性对数字媒介的使用率比女性更高（Rüber and Widany, 2021）。

在线课程的参与度总体较低，而且有性别差异：根据联邦统计局的数据，在2019年第一季度中，在10岁及以上的年龄段中，有9%的男性和7%的女性在互联网上修读了在线课程；在25—44岁的群体中，男性比例为15%，女性仅为9%（Destatis, 2019）。问题是，在线课程的辍课率普遍很高（Simpson, 2013）。吕贝尔和维达尼（Rüber and Widany, 2021）认为，课程满意度、以参与者需求出发的课程设计以及雇主方的支持是顺利完成学业的三大有利因素，而负面学习经历则会使之后的学习吸引力大为降低（Gorges and Hollman, 2015）。

关于接受继续教育能够在多大程度上对劳动力市场产生相关效应的问题，主要取决于资格认证，即毕业证明。在非正规的继续教育方面，霍夫曼等人（Hoffmann et al., 2020）得出，移民和低收入群体的辍学风险较高，而且女性的辍学风险高于男性（Hoffmann et al., 2020）。迄今为止，仅有少数研究对于中断继续教育的原因得出结论。我们必须分析为何某些群体的辍学风险较高，从而找出继续教育系统中的纰漏，通过调整框架条件对之进行弥补。

免费提供的在线教学材料、学习材料以及研究材料尤其应惠及女性群体，因为她们大多必须自己承担继续教育的学费（Rüber and Widany, 2021）。迄今为止，尚未有具代表性的研究对可用于非正规[①]及正规学习的公开且可免费获取的教学材料、学习材料和研究材料——即所谓的开放教育资源——的规模进行探析[②]。根据德国开放教育资源信息中心的总结，尤其是国家和集体性继续教育供应方[③]会提供较多的开放教育资源。与之相对，商业性和企业供应方所供给的开放教育资

[①] 非正规学习指具备学习意愿的前提下任何形式的自我组织的学习，且其中没有制度化的教师—学习者关系。

[②] 关于开放教育资源提供方的概述信息参见 https://open-educational-resources.de。

[③] 例如，联邦公民教育署、业余大学、德国成人教育研究所、德国成人教育研究所、德国新教成人教育工作协会、德国天主教成人教育–联邦工作协会、德国工商总会、德国手工业继续教育协会中心以及德国大学继续和远程教育协会。

源的占比较小。由于后者所提供的开放教育资源也可能会被用于政治游说，从而失去其教育目的，所以，我们应大力支持那些促使开放教育资源质量透明化，并提供高质量的开放教育资源的项目和组织（Rüber and Widany，2021）。

大型开放式网络课程（即慕课）是在线教育的一种特殊形式。在过去的10年里，慕课经历过热潮，之后却渐渐有些冷却下来：从2011年开始，慕课供应商数量大幅增加，直到2015年才逐渐稳定（Hüther et al.，2020）。慕课在性别问题上的优势在于，它没有入学限制（开放式），可以免费修读——然而，认证则可能需要费用。慕课的课程内容达到高校水准，而且具备学术性基础。然而，高校代表怀疑，修读慕课是否真的能帮助学生提高他们在劳动力市场上的竞争力——这也是因为，迄今为止几乎没有可靠的标准可以让雇主对慕课的课程结业质量进行评估。慕课在教育领域中没有发挥预期作用——高辍课率可能是背后的原因之一（Hüther et al.，2020）。

（6）数字化经济中以公共利益为导向的继续教育行动者

一些继续教育供应方以公共利益为导向，向女性及代表性不足的群体传授数字素养，但公共供应方还没有意识到这些服务领域的重要性。公益继续教育供应方通常侧重于编程语言，并通过辅导、咨询和指导的方式帮助受培训人群改善他们的教育背景和职业生涯（Rüber and Widany，2021）。此类机构的优点是，他们所提供的编程课程学习门槛较低，因此，我们应将此类继续教育视为正规教育的补充。

如上文所述，专家委员会呼吁数字素养与性别素养应彼此交融。继续教育教师须具备数字化相关的性别素养，从而一方面向学习者赋权，另一方面消除由性别因素产生的准入壁垒（Kaschuba and Derichs-Kunstmann，2009）。专家委员会列举了部分在进行教育工作时致力于推动这种交融化的教育服务供应方，作为相关范例（Rüber and Widany，2021），提供以编程和数字化为主题的培训课程和研讨课，并明确地面向女孩和/或妇女群体。

这些服务和课程有助于破除性别准入壁垒，从而对社会作出贡献。通常情况下，这些举措不受公共资金的资助，而是主要建立在发起人和教师的责任感之上，其中很多人以志愿者或者非典型雇佣关系的形式开展工作。此类课程服务多集中在大城市，除面授外，也有线上课程。

3.行动建议

在人生中所获得的全部素养和能力，能够决定一个人在社会中的个人实现机会。《第二次性别平等报告》专家委员会已经明确指出这一点；其中，针对性别平等的继续教育所提出的行动建议仍然具有指导意义和极高的实际重要性。在《第三次性别平等报告》中，重点在于数字化转型过程中，由于对素养的要求和获取所引发的特殊挑战。

传授数字素养：不论何种性别，不论处于何种人生阶段

专家委员会建议，为拓展数字化相关性别素养计划，并根据数字化转型的要求对其进行持续调整，联邦政府应专门确立长期研究重点。

专家委员会建议，联邦各州应在学前教育、中小学、职业院校、高校和大学以及普通继续教育中对数字素养的教学作出规定，而联邦政府应在职业继续教育中对数字素养的教学作出规定，并同时将性别素养作为重点。对此，前述表格"教育工作者的数字化相关性别素养"中列举了首批与之相关的核心参考点和联结点。这种素养概念必须在整个教育行业内为不同的教育机构类型所接受，并根据从业人员和目标群体的不同需求而不断进行调整。

在所有教育领域的教师资格中落实数字化相关性别素养

专家委员会建议，联邦政府和联邦各州应在其职权范围内[①]努力提升教育工作者的数字化相关性别素养。因此，教育机构应一律将数字化相关性别素养纳入教师培训以及继续教育计划中。此外，各教育领域的专业人员也应制定并完善自己的个人继续教育计划。

在中小学信息技术科目中确立社会技术理论视角

中小学的信息技术科目应建设成为关于数字素养的跨学科式教学。也就是说，正如德国文化教育部长联席会议提出的"数字世界素养"战略和德国计算机科学学会的教育标准中所描述的那样，这里的教学目标并不是培训程序员，而是

---

① 对于德国教育系统中的素养和结构相关问题，请参见2019年德国文化教育部长联席会议（KMK，2019）。

传授与社会相关的信息技术素养。

为此，专家委员会向各州建议，应该全方位地将社会技术视角纳入信息技术科目中。信息技术科目应该将社会技术的视角作为重点，深入探讨数字化于达成个人实现机会而言具有何种意义；此外，还应在课程内容中反思技术、性别和社会之间的关系。我们可以一方面通过素养习得，另一方面通过融入式教学的方式确保学生的社会参与。

开放教育资源，促使开放教育资源实现透明化和性别平等化

如果学员因为没有成功毕业而无法得到认证，从而不能在专业上、个人上和经济上得到提升，那么继续教育几乎无法帮助人们改善个人实现机会。分析显示，完全以数字化形式开展的继续教育的辍学风险更高，女性群体中尤甚。迄今为止，尚未有足够的证据能够解释，为何女性及代表性不足的群体在继续教育中的参与率较低，而辍学率较高。我们需要继续开展研究，找出继续教育系统中的缺陷，并在合适的框架条件下弥补这些缺陷。因此，专家委员会建议，联邦政府应委托开展研究，从性别角度出发，对用于数字化的非正规学习的公共免费的教学、学习和研究材料进行分析。

专家委员会建议，对于以公开透明的方式测评开放教育资源质量并促进高质量开放教育资源性别平等化的项目和机构，政府应予以资助。我们的目的是，通过透明化的评估，提高正规劳动力市场对开放教育资源的接受度。

向传授数字化相关性别素养的公益机构提供资助

在数字化相关的成人继续教育领域（例如信息技术和编程语言领域）中，在专注于性别平等的公益机构和倡议组织的努力下，性别不公的弊病在一定程度上得以消除。此类公益机构和组织的特点是，它们会为信息技术（尤其编程）培训设置较低的入门门槛，这也是为何此类机构应被视为正规教育的补充。

专家委员会建议，联邦政府应该以性别平等为导向开展工作，为相关学员创造学习重要数字技能的机会的继续教育供应方和倡议组织提供物资和人员支持；在资助时，应注意不能限制它们的工作灵活性。这些教育供应方能够鼓励学员，并帮助女性从业者在数字产业中建立起女性关系网。政府应对此加以重视，并予以支持。

专家委员会建议,联邦政府应在目前的基础上,创建更多的继续教育供应方和倡议组织,并建议推广单性别教学及男女混合教学结合的复合型教学模式,但未来应向所有性别同时开放教学。有了适当的资金支持,我们就可以在编程和信息通信技术领域推动文化改革,形成新的组织文化。

结合性别平等的目标,加强以人生为导向及前瞻性的继续教育战略

国家继续教育战略的具体行动目标是,改善继续教育供应水平,降低继续教育门槛(BMAS and BMBF,2019)。该战略所面向的是专业水平及文化水平较低,以及尤其能够从继续教育中受益的群体。专家委员会对此表示欢迎,但认为该战略在继续教育的性别平等化方面还有所欠缺。专家委员会建议,联邦政府应在性别平等维度上对国家继续教育战略进行全面评估。在此基础上,有必要在国家继续教育战略中纳入普遍的性别视角,以保证所有人——无论出自何种性别、处于何种人生阶段——都能受益于继续教育。

专家委员会还建议,政府应从性别视角出发,根据《资格认证机会法》和《明日劳动法》,考虑并评估资助的需求。如果我们以性别平等为导向设计筹资标准,就能够加速瓦解既有的不平等现状。

(三)算法与人员选拔

1. 初始状况

人事决定不仅会影响到初入职场的人士,也会对后续的晋升以及由于家庭原因或护理责任而中断事业后的重新入职过程造成影响。因此,人事决定对于工作中的个人实现机会而言至关重要。

人力资源经理通常不会独自做出选拔决定,也不会脱离相关的规章制度。他们以法律要求或企业协议或集体协议中规定的条例为指导,其中包括对人事安排程序和绩效评估系统的正式规定等。这种规则旨在确保相关决策基于实际标准,具备客观性。人力资源经理会应用这些人事程序,并往往是善意地认为自己在以客观标准为基础,以非歧视性的方式开展工作。然而,许多既往研究表明,即使在所谓的客观程序中,也可能蕴藏着相当大的歧视风险(Jaume-Palasí et al.,

2020）。在《第二次性别平等报告》中就涉及了对招聘选拔人员中的刻板印象式标准的探讨：这些标准往往遵循着一些潜在标准，符合以男性为主导的企业文化，例如对领导力的标准就与性别因素相关联，而随时待命的要求往往不利于负有护理责任的员工得到晋升等（德国联邦政府，2017）。

为了在人事决策中抵制刻板印象的评估标准，消除性别相关的结构性弊病，相关机构已经制定了许多法规和举措，例如公开招标、发布性别中立的招聘广告、确立透明化的评估和选拔程序以及性别平等评估机制等（Welpe et al., 2015; Hentschel and Horvath, 2015; Krell et al., 2018; ADS, 2014; Schreyögg, 2014; 德国联邦政府, 2017）。

然而，随着数字化转型，日益增长的机会也带来了新的挑战。数字化革新的必要性不仅体现在人事管理方面，在人事选拔过程中也是一样。尤其大型企业会利用数字化的评级和评分系统[①]对员工进行选拔和评估（Knobloch and Hustedt, 2019; Staab and Geschke, 2020; Spielkamp and Gießler, 2020）。

在实践中，用于人员选拔程序的软件最常使用分类、搜索和过滤算法。然而，也有部分软件会越来越多地长期使用人工智能研究领域的算法（Jaume-Palasí et al., 2020）。从社会技术的视角看来，我们须注意的是，在招聘程序中应用了算法系统绝不等同于决策过程的完全自动化——但我们经常使用的"算法决策系统"（Automated Decision-Making Technologies，ADM）概念却恰恰经常暗示这一点。算法系统只能对决策起到协助作用。人类完全是出于自己的目的使用并研发它们，这也就使得人类自己的假设、期望和偏见流入了算法系统中。

在招聘中，算法系统的作用应该是以最低的成本找到最合适的工作候选人。此外，在选择候选人时，算法系统应该比人类招聘者更能免受偏见的影响，并承诺为求职者找到量身定制的工作。匹配度是通过统计方法计算出来的，即将候选人的个人档案——例如简历、专业能力、软技能和偏好等信息——与企业的招聘

[①] "评级"指由独立的第三方所进行的评价或分类。"评分"是指对预测的人类行为进行自动归因和评估。借助数学统计模型，从中计算出的数值就是所谓的分数。评分概念可用于不同的语境中：在信贷决策方面，它指的是对信用度的评估；在社会信用体系中，它指的是社会信用分数。

要求相比较（Jaume-Palasí et al., 2020）。

这种对于匹配度的承诺不仅面向企业的人力资源部门，也可以适用于人力资源咨询公司，这些公司能够由此将其中介服务的范围从管理人员扩大到以信息技术专家为代表的专业人员（Pongratz, 2020）。他们在搜索职场人脉网络时，会使用招聘科技手段，为相关职位搜索并争取那些本身并不在找工作的人。然后，他们的数据会被有偿提供给职场人脉网络平台上的人力资源咨询公司（Jaume-Palasí et al., 2020）。

从企业的角度而言，算法对于提高效率的承诺看起来也很诱人：所谓的客观、低成本的人员选拔程序可以帮助他们从成百上千的申请中筛选出合适的候选人。人事服务机构已经率先发现了这一市场，并向开发人事招聘技术手段的初创企业进行投资（Pongratz, 2020）。

人事决策是否能免受歧视性因素的干扰，也受到数字化的人员招聘和人事组织的影响（Knobloch and Hustedt, 2019; Schünemann and Lebert, 2019）。算法也可以被用于打破性别刻板印象。例如，企业可以通过数字技术撰写包容的招聘广告，使其免受种族或性别歧视的刻板印象影响（Mihaljević, 2020）。此外，在机器学习和数据科学领域也有一些大有潜力的研究方法，可以用于创建尽量无歧视且公平的算法系统或分类机制（Bellamy et al., 2018; d'Allesandro et al., 2017）。然而，仅仅为了平等而应用算法系统的情况却十分罕见，而且几乎没人听说过这种情况；少数案例也并未得到可靠验证（Jaume-Palasí et al., 2020）。

诚然，到目前为止，在许多中小企业的人力资源部门中，所应用的技术手段往往仅限于文件和电子表格；至少在内部人力资源管理方面，许多企业几乎没有应用过比简单的排序、搜索和过滤算法更加复杂的数字技术。然而，在专家委员会看来，我们现在已经需要为人力资源管理中的算法系统应用创建相应的框架条件。这首先是由于当前人力资源管理软件的模块化，使得人们可以仅仅通过简单的功能扩展对平等的目标造成正面或负面的影响。鉴于既有的发展和趋势，我们十分有必要建立非歧视和以平等为导向的数字基础设施。

2. 分析

（1）人员选拔程序中的软件系统

从简单的办公和电子邮件程序到专业软件系统，各种各样的软件系统都可能在人员选拔程序中的各个招聘阶段中得到应用（Jaume-Palasí et al.，2020；Zweig et al.，2020）。

搜索潜在候选人

在招聘的第一阶段，即所谓的人才搜寻阶段，通常可能会应用搜索和推荐类算法[①]，以此创建潜在候选人名单或向潜在的申请人推送职位。

招聘方主要在拥有数百万用户的大型社交媒体平台上开展人才搜寻（Jaume-Palasí et al.，2020）。乍一看，这些数字平台的广泛影响力有利于信息的传播，也可以为工作和创业提供丰富的机会。然而，只有特定群体才能够受益于发布在社交媒体平台上的招聘广告，比如对技术有偏好的、属于特定的社会阶层、年龄阶段或性别的群体。如果只向拥有付费会员账户的群体显示招聘广告，那么这里的排他性问题就更加明显：那些不能（或不想）购买会员的群体就被排除在外了（Jaume-Palasí et al.，2020）。

对招聘广告的定向投放同样需要在算法的基础上进行。算法会依照特定标准决定，向哪些人展示哪些职位。这会导致求职者的同质化，使企业文化保持原有的单一状态。非营利性组织以 Facebook 为例进行的一项实验也显示，平台会以性别刻板印象为导向，以"性别定位"[②]的方式投放招聘广告。例如，在德国，"货车驾驶员"职位的招聘广告被展示给 4864 位男性用户和仅 386 位女性用户（约占 7%）。而同时投放的"教师"职位招聘广告却展示给了 258 位男性用户和 6456 名女性用户（占比将近 96%）。即使广告中并没有用阳性名词，而是用性别中立或阴性名词描述职位，符合刻板印象的性别定位依旧存在（参见 Kayser-

---

① "推荐算法"被用来预测用户对产品、服务或其他（数字）服务的兴趣。借助于此类算法，可以为产品、音乐或电影等创建个性化推荐清单。

② "定位"，即 Targeting，指在网站上向目标群体投放广告，而"性别定位"（Gendertargeting）则指的是根据用户的性别显示特定内容。

Bril，2020；Fröhlich，2020）。

筛选和检查申请材料

招聘方可以在对潜在候选人进行预选时应用基于算法的筛选工具，对申请材料进行筛选和检查（Ontrup et al.，2019）。借助于筛选工具，招聘方可以根据申请材料，即简历、证书和推荐信等，对求职者进行初步的筛选和排序。

筛选程序包括，按照例如学位类型、绩点或毕业院校等方面，对申请文件中的信息进行分类。这种算法的编程难度很低，可以将比如绩点不理想、不符合学位要求或者毕业院校不达标的求职者排除在外。尤其在这个阶段，对申请材料的自动评估确实"只考虑在数据中得到体现的标准"（Schünemann and Lebert，2019）。

尽管如此，筛选工具对申请文件进行"汇编"和过滤的方式也可能会导致不公平的结果产生。复杂的个人职业经历或生活经历很难简单地反映在可由机器进行处理的数据中，也就难以在自动化程序中完全得到体现。如果简历上有空白期，算法系统可能会将之简单认定为无业阶段，并作出负面解读，而不考虑背后的原因——比如育儿假、患病或家庭护理责任。在传统的，即非数字化的筛选程序中也存在这个问题，但在这种情况下，相关决策责任人不能将自己的责任外包给机器，而是自己直接进行评估和权衡，整体考虑所有的相关信息。也就是说，直接责任者是人类。乍看之下，由于机器的数据校正机制，它们所做的决策似乎更不会受主观偏见影响。然而有时，偏见和歧视性的刻板印象的确会对算法系统乃至于之后的选聘结果造成负面影响，但并无人员会对此直接负责。

更复杂一些的算法会使用多阶段随机过滤方法，利用学习算法将候选人以前的申请和简历信息与申请程序的结果联系起来（比如之前是否被拒、在职时长等）。算法可以从这些训练数据中得出统计学上的关联，并将其应用于新的申请。这方面有一个著名的例子：亚马逊的人力资源软件会基于相关训练数据，歧视信息技术行业的女性从业者（Orwat，2019）。问题是，训练数据集通常反映了真实的社会情况，因此也就反映并重复了既有的歧视性结构和行为。基于算法对未来工作表现做出预测，从而得出的选聘决策可能会对女性不利：因为与同龄男性相比，女性更可能会在成家的时候退出职场，她们的工作表现也就更有可能会得到负面评价。如果将特别成功的员工的职业特征和个人特征提炼出来，作为预测申请人业绩潜力的模板，就会导致再次招聘到具备类似特征的求职者——一切都会保持原状。

有些算法系统并不局限于所提交的申请材料，而是将所有可以在网上找到的信息汇编成一个数字文件，作为"社交媒体背景调查"的一部分（Pongratz，2020）。借助于搜索引擎和应用程序接口，算法可以利用所提交的材料中的信息（姓名、居住地、求职照）获取更多的信息。这种方法可用于推断性格心理特征，如外向或内向（Matz and Netzer, 2017）、性取向（Jernigan and Mistree, 2009）、政治观点或智力水平（Kosinski et al., 2013）。如果搜索不到某位候选人的任何信息，也会对其评估有所影响。

此外，还有一些嵌在通信应用程序中的筛查工具，其中包括聊天机器人[①]，可以在邀请候选人参加面试之前对一些环节进行说明。有时招聘方会使用聊天机器人或语音辅助系统开展第一轮面试，并以此筛选候选人。

选拔程序和最终决定

数字技术也可以为选拔程序和最终决定提供支持，其中包括访谈和工作面试、评估程序、其他能力测试以及背景调查。

其中较为简单的情况是，面谈会在数字空间进行，并能够以数字方式对其进行存储和评估。但也有更为复杂的算法。例如，有些技术可以记录、自动转录并分析对话内容，并在之后向面试官指出哪些问题和互动质量较高；通过这种方式，招聘方可以系统地优化面试问题，并提高面试效率。还有一些算法系统据称可以预测应聘者是否适合团队，以及是否能够应对未来的工作任务。通常来说，算法系统会向人类招聘者的人员选拔和雇用决定提供辅助性建议。然而，完全自动化的决策过程也是可能的；这种情况尤其在大型企业中更为常见，因为在大型企业的招聘程序中可能经常会多次出现相似的决策场景。

---

① 聊天机器人（Chatbot）是可与机器进行互动的程序，能够以人类的日常语言输入和输出文本。

（2）应用算法系统可能带来的歧视风险

正如分析显示，在普遍的人事工作中，而且尤其在人员选拔过程中，对算法系统的应用往往伴随着巨大的风险。

普遍化

部分或完全自动化的决策过程会以大量的数据为基础，因此会不可避免地导致普遍化倾向，忽视特殊或个体情况。

相对于自动化决策造成的普遍化倾向，个性化决策的重要性在数据保护法中就已有所体现。因此，《欧盟一般数据保护条例》在第21条规定了特殊情况下反对处理个人数据的特别权利，甚至在第22条第1款禁止了完全自动化的决策。然而，《欧盟一般数据保护条例》第22条第2款中又提出了许多例外，包括数据主体同意以及为缔结或履行合同而必须处理个人数据的情况。雇主在利用这些例外情况时，应根据《欧盟一般数据保护条例》第22条第3款的规定采取适当措施，对数据主体进行保护。然而，《欧盟一般数据保护条例》并未规定这些措施具体是哪些，或可以有哪些。

迄今为止，相关法律只对签订保险合同时的决策行为作出了与此相关的具体规定［《德国联邦数据保护法》（BDSG）第37条第1款第2项］。然而，对于包括建立雇佣关系在内的劳动法领域，除了《欧盟一般数据保护条例》第21、22条之外，并没有关于自动化决策的规定。国家法律的这一缺陷在雇员数据保护领域中显得尤为严重，因为《欧盟一般数据保护条例》在这一领域给予了欧盟成员国相当大的监管余地。《欧盟一般数据保护条例》第88条第1款规定，成员国可以在处理员工个人数据方面制定国家性法规，可以比《欧盟一般数据保护条例》的一般性条例更有力地对员工加以保护。由此，政府可以以欧盟法律为依据，管制招聘决策程序中对算法系统的应用情况。

性别歧视

算法系统在人事决策中的应用绝不总是性别中立的。上文提及过的性别定位，以及算法预测程序对年轻女性的潜在排斥，都表明了对算法的应用可能会导致性别歧视。

即使是复杂程度较低的、需要人工输入个人数据的算法系统也常有这方面的问题。一方面，这类系统往往仍以二元性别为准，只能将对象识别为男性或女性——这否定了非二元性别的生活现实，从根本上就无法以多样性友好的方式对数据进行进一步处理。另一方面，算法对性别相关数据的查询和处理行为也表明，性别因素的确会对工作表现的评估造成影响（Fröhlich，2020；Güney-Frahm and Fuchs，2020）。

由此，女性和其他不符合主流规范的群体的工作机会受到了限制，而符合刻板印象的性别分工依然存在，并将持续下去。总之，歧视性的结构、程序和行为会进一步恶化（Fröhlich，2020；Güney-Frahm and Fuchs，2020）。

由于《德国一般平等待遇法》出台的歧视禁令，这一弊端有所改善。《德国一般平等待遇法》禁止了在职场中以性别为由的歧视行为（AGG 第 2 条第 1 款、第 7 条第 1 款与第 1 条）。雇主不得在人员选拔和招聘程序、晋升决策、薪酬评估和终止雇佣关系等方面因性别因素歧视他人。不论是直接还是间接的歧视行为，都属于禁令的范畴之内。根据《德国一般平等待遇法》第 3 条第 1 款，当个人因性别因素受到与他人在类似情况下相比更差的待遇时，即发生以性别为由的直接歧视行为。根据《德国一般平等待遇法》第 3 条第 2 款，如果表面上中立的规则、标准或程序使个人因其性别而处于比他人更不利的地位，则存在间接歧视。并非所有因性别的区别对待都属于被禁止的歧视行为。根据《德国一般平等待遇法》第 5 条，如果是出于破除或弥补既有不利因素的目的，而对不同性别群体进行区别对待的行为（即所谓的积极性举措），是受到允许的；该规定尤其允许为女性群体提供针对性支持（Horcher，2019）。然而，即使在现实世界中，人们也很难对直接或间接的性别歧视行为进行证实。

此外，《德国一般平等待遇法》并没有为所谓的无受害者歧视行为规定充分的制裁措施。无受害者歧视指的是并没有明确受害者的歧视行为。在非数字语境中，类似的例子是仅面向男性求职者的招聘广告。这种招聘广告妨碍了女性进行职位申请，从而限制了她们参与工作的机会。即使没有具体的个人在实际上遭受不公，这也属于被欧盟法律所禁止的歧视行为（Berghahn et al.，2016）。早在

2008年欧洲法院就已规定，无受害者歧视也是不被允许的（EuGH，2008）。

数据保护法的信息处理禁令可以消减由于使用敏感数据而产生的不利后果。数据保护法规定，格外容易引发歧视的特殊类别数据应受到特别保护（Albers and Veit，2020），其中包括能够"表明种族或民族出身、政治观点、宗教信仰或世界观以及工会成员身份"的个人数据（DSGVO第9条第1款）。根据《欧盟一般数据保护条例》第9条第1款，除非在例外情况下并满足《欧盟一般数据保护条例》第9条第2款所规定的更严格的要求，否则原则上禁止处理这些特殊类别数据。

算法决策程序的不透明性

当今市场上的技术的具体工作原理通常十分复杂，只在营销文本中有简单解释，且并不会被提供为开源软件。虽然开发方通常承诺这些技术可以促进公平的选拔程序，有利于劳动力多样性，但人们无法核实这一承诺是否真的会兑现（Jaume-Palasí et al.，2020）。算法系统的不透明，导致关于歧视禁令的证据采集和法律执行都成了问题。因此，受到算法决策的影响的群体往往甚至到事后也并不清楚，究竟有哪些标准在多大程度上在人事决策中起了决定性作用，他们很难对由算法造成的歧视行为有所察觉。即使是使用算法系统的人力资源决策者往往也并不清楚它们的工作方式。由此，即使出台规定，要求保障算法系统透明度，例如规定对计算公式的获取权，也只能在有限的程度上有所帮助（Fröhlich，2020；Güney-Frahm and Fuchs，2020）。

鉴于透明度不足的现状，人们有可能会信任算法系统表面上的客观性，但这是十分危险的。正如在非数字化世界中一样，所谓的客观化系统若没有经过审查，也许很容易引发歧视风险。由于数字化经济中的法律不确定性，这一问题更显严重。人们并不清楚，谁应该对错误决策或意外的系统错误负责，尤其是在涉及自主学习型算法系统和具备许多附加服务的平台的情况下（Spiecker gen. Döhmann，2016）。

数据保护法的访问权和知情权（尤其《欧盟一般数据保护条例》第15条规定）可以改善这种情况。然而，出于企业设备保护、保密以及商业模式、开发者及用户保护的原因，这些权利的适用范围在对数据主体告知评估的技术和数学基础的义务方面是有争议的；这里存在法律上的不确定性（Fröhlich, 2020; Güney-Frahm and Fuchs, 2020）。因此，在某些情况下，如果没有比较数据和计算模型，人们（几乎）不可能察觉到由算法系统引发的歧视。

公共服务中的人员选拔和评估标准

与私营企业相比，公共部门的人事选拔程序受到更加严格的监管，除非有其他相关协议，否则只可根据《德国一般平等待遇法》中所规定的要求。例如，在人员选拔决策中，必须考虑《德国基本法》第33条第2款规定的所谓择优录取原则。因此，招聘方只能根据应聘者的能力、资格和专业水平开展人员选拔工作。相应地，招聘方在选拔过程中使用算法系统时，只能处理与工作表现相关的数据。联邦政府和各州政府的平等法进一步限制了对算法系统的应用，其中包括对招聘广告和求职者选聘的进一步规定，以及对人员选拔和评估标准的规范（《联邦平等法》，第6条及以下条款）。

在使用算法系统时也必须考虑到这些要求。因此，除了《德国一般平等待遇法》、《欧盟一般数据保护条例》和《德国联邦数据保护法》的规定外，仅从平等法的角度来看，在公共服务领域使用算法系统就面临着很大的障碍。由于算法的可理解性及客观性不足，而且仅使用数据分析程序可能会带来歧视风险，联邦政府至今没有使用此类招聘方法（德国联邦议院，2019）。

3. 行动建议

在人员选拔过程中使用算法系统虽然可能会带来机会，但更可能隐藏着风险。因此，我们必须对其应用进行严格的监测和限制。专家委员会强调，相关法律也应将仅提出建议而并不直接进行自动化决策的算法系统纳入适用范围，因为人类决策者可能会无保留地信任所谓的客观系统。

对软件系统进行风险评估

专家委员会同意数据伦理委员会关于对软件系统及其五个关键等级进行独立的风险评估的建议（数据伦理委员会，2019）。尤其人员选拔程序领域内的部分算法系统可能会被归入最高关键等级（数据伦理委员会，2019），因此必要情况下建议予以禁止。这种独立的风险评估可以由具备额外资源的监督机构进行，但也可以考虑其他公共机构。

为了保护相关群体免于歧视，要求企业进行数据保护影响评估

在数据保护影响评估中，企业必须考虑到应用算法系统可能会引发的歧视风险。如今，数据控制者必须在风险极大的数据处理操作之前对个人数据保护所产生的后果进行评估（DSGVO 第 35 条第 1 款）。

如果在《德国一般平等待遇法》第 2 条第 1 款第 1 项和第 2 项意义上的人事决策中应用了算法系统，可能会引发相当大的潜在歧视风险，因此应在《德国一般平等待遇法》中加入对应用算法系统的具体规定。《德国一般平等待遇法》第 11 条第 2 款应根据《德国促进男女薪酬透明法》第 4 条第 4 款进行如下补充：

如果雇主在最广义的人事举措方面应用了算法系统，即特别是与《德国一般平等待遇法》第 2 条第 1 款第 1 项和第 2 项中所指措施相关的情况下，则必须公开对其的应用事实。雇主必须确保，所应用的系统无论在整体上还是各部分中都排除了基于第 1 条中提到的任何理由而导致的歧视，尤其是基于性别的歧视。特别是，必须确保：

① 已对算法系统所依据的数据会引发的潜在歧视性影响进行检测，并排除对数据和相关联系的潜在歧视性应用。

② 以非歧视性的方式加权处理各区分标准。

③ 系统总体而言具透明性。

因此，只有当雇主在人员选拔过程中已经告知了使用算法系统的事实，并经核实清楚具体选择的系统符合上述要求时，才允许引入算法系统。

由于算法系统的复杂性，雇员通常无法提出任何可证明系统未经过审查的证据。因此，应由雇主承担《德国一般平等待遇法》新的第 11 条第 2 项所规定的关于遵守检查义务的举证责任。

专家委员会建议，企业可通过制订审查手册以及咨询外部专家的方式，权衡在企业内部使用算法系统的利弊（Stiller et al.，2020；Algorithmwatch，2020）。

企业必须对算法系统持续进行至少每年一次的审查。为了确保这种系统性审查得以进行，建议企业制定可对潜在歧视风险进行严格检测的企业内部审查手册。企业还须设立平等的企业内部委员会负责审查工作，其中除人事管理层外，还应纳入雇员或其利益代表，同时建议向专家寻求咨询支持。

此外，在使用基于算法的决策程序时，企业必须任命一名数据保护专员。企业若设有平权专员岗位，则应指派平权专员一并参与对基于算法的程序的制定工作。

确保自动化人员选拔系统的透明度

目前，人们只能在营销手册中找到对人员选拔系统工作原理的解释，这种情况亟待改变；具备如此高的歧视风险的技术决不能成为商业秘密。为了改变这一状况，同时保护开发商和企业的专业权及财产权，可以考虑采用不公开程序。这样的话，数据不会向公众公开，而是仅有特定专家可以在遵守保密义务的前提下查看并审查数据。

专家委员会建议，企业在开发相关技术时，应仅采用参与式设计方法。开发算法系统的企业须保证公开其技术规格、编程规定值、需求文档、文件和源代码。

在依照《欧盟一般数据保护条例》第42条的规定开展认证程序时，应对完全不在人员选拔和监控中使用算法系统的企业提出格外表彰。

除了《欧盟一般数据保护条例》第22条之外，还应在关于员工数据保护的国家法律中设立禁令，禁止企业在未考虑个人情况时将部分决策过程完全自动化的行为。由此，可以确保各程序步骤公平透明，且数据主体能够表达自己的个人观点。

仅在特殊情况下处理性别相关数据

至少在工作范围内，应按照《欧盟一般数据保护条例》第9条所规定的特殊类别数据标准，对可暴露性别或者其他受法律保护的信息（如性取向）的数据进行保护。原则上来说，除法律规定的特殊情况以外，应禁止他人处理此类数据（参见DSGVO第9条的分类）。这样的规定不仅可以促使人们认识到，性别并不是评估工作表现的合法标准，还可以大大降低直接的性别歧视风险。企业不能要求个人透露有关其性别或性取向的数据,也不能基于此类数据对个人进行歧视。为减轻间接歧视风险,可对直接信息及与性别相关的(表面)中立的潜在标准设立禁令。

对数据保护法的知情权作出具体化规定

考虑到人事决策中的算法系统应用情况,我们必须对现有的数据保护信息权(特别是《欧盟一般数据保护条例》第15条)作出更加具体化的规定。尤其是,必须在法律中建立信息披露义务制,确保数据主体全面了解算法系统的应用情况及其运作模式。此外,法律还须规定,员工和求职者有权要求企业数据保护专员审查算法决策过程;且审查必须尽快进行,最迟在员工提出要求后的六个月之内。

引入社团诉讼权

为了避免员工和求职者面临向雇主提出诉讼的压力,并保障相关方具备足够的权限和资源,以此进行有效监控,我们应强化机构性预防措施。为此,法律应向反歧视机构和协会赋予更多的权限(尤其社团诉讼权),从而使它们有权对无可识别受害者的歧视行为采取法律行动。

此外,还应设立可由反歧视机构索赔的一次性赔偿规定,赔偿款可用于推动旨在探讨如何强化企业中的数据保护的平权政策研究。

培训(企业及公共机构的)职工委员会

企业在人力资源管理中引入和使用算法时,必须考虑到职工委员会的参与权。科隆市州立劳动法院最近裁定,企业必须确保职工委员会拥有对于电子应聘管理工具的全面(读取)访问权,以保障《德国企业组织法》第99条第1款中所规定的知情权(LAG Köln,2020)。

根据《德国企业组织法》第75条第1款的规定,职工委员会还须负责监督企业是否遵守了歧视禁令。按照《德国一般平等待遇法》第17条第2款的内容,企业职工委员会和工会拥有诉讼权,如果雇主在使用算法系统时严重违反了《德国一般平等待遇法》规定的义务,它们可依法要求企业摒弃或停止这种违规行为。然而,集体利益代表中的行动者必须具备足够的数字素养以及相当的歧视敏感度，才能够充分理解在复杂的算法系统应用中出现的违规行为。因此，必须确保公职人员代表和企业职工委员会接受相应的培训。

促进跨学科及应用型研究

在机器学习和数据科学领域中已经有对非歧视性算法系统的初步研究，并在人事决策程序中得到应用。专家委员会建议，联邦政府应该对于此类侧重于平等及多样性的人力资源研究加以支持。企业应在示范项目的框架内，在开展人员选拔时测试所开发的技术并制定应用标准。

考虑到公共部门的特殊要求

专家委员会建议，公共部门应在计划使用算法系统时考虑到自身的特殊性。与私营领域相比，公共部门中的职业路径更加标准化，而且受到更加严格的平等法管制（BMFSFJ，2018）。公共部门的平权专员和职工委员会通常会在关注歧视风险方面接受特别培训。然而，他们也只有当所执行的程序具备充分的易懂度和透明度时，才能够发现其中的歧视风险。

为了避免歧视风险的产生，不论是传统的还是数字支持的、完全自动化的程序，都必须配备设计得当的流程、系统、文件以及对歧视风险敏感度高的专业检测人员。即使在系统高度透明的情况下，往往也只有受过特定（技术）培训的人员才能识别出其中的风险。

重要的是，不能让技术的发展导致公共服务领域在性别平等方面取得的进步前功尽弃。因此，专家委员会建议开展一项深入研究，探讨平等法对于公共部门中的人事程序提出的相关要求所得到的重视情况。

（四）对有偿工作和护理工作进行协调

1. 初始状况

有偿工作和私人生活的统一，即所谓的工作与生活之间的平衡，仍是专家和公众的关注焦点。对他人的无偿护理以及自我护理也属于私人生活的一部分。有偿工作、照顾他人和自我照顾中的任何一项就已经很耗费精力，如果还要为年幼或生病的儿童或需要照顾的亲属承担教养任务，则更加麻烦。人们需要为协调和组织这些任务付出大量精力，从而产生额外的"心理负担"（Rodsky，2019）。

下文提及的无偿护理工作指所有护理及自我照顾的非营利性工作，其中包括对儿童和成人的照管、家务劳动（包括修理、园艺、照顾宠物）以及志愿工作和对其他家庭提供的私人帮助——各项工作所需的通勤时间也计算在内（德国联邦政府，2017）。迄今为止，这些工作主要由女性承担。《第二次性别平等报告》记录了这一不平等的状况：其中，护理性别差距（Gender Care Gap）被设为一项指标（德国联邦政府，2017），用于显示无偿护理工作在男性和女性之间的分配情况。根据这一指标，女性平均每天在无偿护理工作中花费的时间比男性多52.4%，也就是87分钟（德国联邦政府，2017）[①]。此外，此报告新引入了护理性别份额（Gender Care Share）指标，以期补充护理性别差距指标的有效性。

如何以及在何种安排下协调有偿工作、护理工作和自我护理的问题，对个人实现机会而言意义重大。随着科技发展，人们比之前更加能够以时间地点灵活的方式从事有偿工作和护理工作；不局限于固定的办公场所的有偿工作方式（尤其是居家办公）经常被认为是协调工作和家庭的理想方案（德国联邦政府，2017）。在这种方案中，不仅工作生活延伸到了私人生活领域中，反之亦然。由此，生活中的不同领域能够以一种崭新且更多元化的方式交织在一起。然而，人们也会以批判性的眼光看待这种情况。根据德国联邦劳动保护与职业医学局的研究，四分之三的受访就业人员对工作和私人生活领域的分隔给予了正面评价（BAuA，2018）。

目前，在这两个领域所经历的根本性变革中，蕴藏着许多机遇。安茨等人（Arntz et al., 2019）的分析得出，育儿父母在获得移动办公的机会时，会倾向于增加合同工作时间，但程度不同：母亲每周增加3.5个小时的工时，而父亲每周只增加0.4个小时（Arntz et al., 2019）。因此，拓展并规范化移动办公可能有助于缩小性别工资差距。借助于数字技术，人们可以通过令人满意且自主的方式协调有偿工作和对他人及自己的护理工作。但前提是，有偿工作的灵活化必须确实能够有助于无偿护理工作实现性别平等的分工，促进伙伴式性别关系，消除性别

[①] 与之相关的"薪酬差距、护理差距、养老金差距：联结德国的关键性别差距，为监测性别平等并采取行动"项目，对护理工作分配不平等的原因进行了调研（Gärtner et al., 2020）。

刻板印象，并保护个人的健康和私人空间。

有时，某些职业群体会被排除在时间地点灵活的办公制度之外，因为人们认为他们的工作在时间和地点上不具备可变通的空间，例如医务人员及教育从业者。但是，在这些职业中，也存在不受固定地点和时间约束的工作任务：比如，人们也可以在企业或办公场所之外（比如在家里）从事编写和检查用药计划、规划轮班时间表或者阅读质量报告及研究报告之类的工作。贸然将特定职业群体排除在时间地点灵活的办公制度的考虑之外，会无故使得可以通过协调方案创造的个人实现机会被降到最低。因此，人们应尽可能以公开的形式对此展开讨论。

2. 分析

"居家办公"，即在自己的私人住宅中开展工作的办公方式，至少从新冠疫情暴发开始就成了热门词汇。为了实现相关的性别平等目标，更好地调和不同的生活领域，并为所有性别开辟平等的个人实现机会，专家委员会选择使用另一个术语："移动办公"。与其他已经有法律依据的术语（如"远程工作"或"远程办公场所"）相比，"移动办公"有意被设置得更加宽泛；在工资集体协商领域中已经开始使用这一术语。[①] 如果寄希望于通过工作地点和时间灵活的办公方式协调工作和个人生活，使用尽可能宽泛的术语才能达到目的。"移动办公"显然不仅指使用移动终端的工作，而是涵盖了雇佣合同下所有临时（时间灵活）或定期（时间固定）且在办公场所之外进行的工作。[②]

只要具备支持性且性别平等的框架和实施条件，移动办公的方式尤其有利于对他人负有护理责任的群体，帮助他们更灵活地计划并开展教育、照顾和护理工作。

（1）时间地点灵活的有偿工作和移动办公

获取方面的性别差异

是否能够实现人们对数字设备和应用程序的合理获取，取决于就业结构以及

[①] 例如西南金属电气雇主协会和德国金属业工会之间制订的 2018 年巴登—符腾堡州移动办公工资集体协商（IG Metall Bezirk Baden-Württemberg、Bezirksleitung Baden-Württemberg, 2018; IG Metall, 2015）。

[②] 专家委员会一般使用"移动办公"这一术语，只有在提到使用"居家办公"术语的相关研究时才会使用后者。

企业的主流工作文化。而这两个维度都是性别化的，从而导致两性对移动办公所需的数字设备的获取情况不同。

"数字性别差距"特别评估通过分析2020年"D21数字指数"的数据（近20500名14岁以上的人参与了调查问卷），得出了新冠疫情暴发之前，人们在获取"移动办公"所需的数字设备方面的性别差异（Initiative D21 e. V. and Kompetenzzentrum Technik-Diversity-Chancengleichheit e. V., 2020）。根据这项研究，在办公室全职工作的男性在数字设备和应用程序方面的装备情况明显优于全职工作的女性，尤其是笔记本电脑以及远程访问和视频会议应用程序。几乎一半的女性和大约五分之一的男性不具备由雇主提供的数字设备或应用程序。居家或移动办公的女性比例为14%，低于18%的男性比例。24%的男性和27%的女性没有参与居家或移动办公，而且也对此没有兴趣。这里的"没有兴趣"可能是因为他们更倾向于可以在办公场所开展的工作，或是喜欢有明确的界限感，或者不想在工作中与数字技术打交道。阿利普尔等人（Alipour et al., 2020）的研究得出，德国56%的就业人员具备居家办公的条件，但其中只有一半对此加以利用（在新冠疫情暴发之前），而这大大低于欧洲的平均水平（Chung and Van Der Lippe, 2018）。根据德国劳动力市场和联邦职业教育研究所的数据，企业方面所提供的居家办公机会和员工的实际参与居家办公的比例与之前相比都略有增加（Grunau et al., 2019）。德国联邦职业教育研究所的企业固定样本调查数据表明，数字化程度高的企业更有可能会提供时间地点灵活的工作（Lukowski, 2019）。

关于企业中的哪些因素能够决定谁获得移动设备，并被允许"移动办公"的问题，男性和女性给出了不同的答案。男性大多认为事实性标准和地位是影响数字技术配备情况的决定性因素；而大多数女性则认为并不存在系统化分配原则。女性比男性更多地认为工作类型是影响技术配备的决定性因素（Initiative D21 e. V. and Kompetenzzentrum Technik-Diversity-Chancengleichheit e. V., 2020）。此外，我们可以确定，对数字设备的获取障碍的大小很大程度上取决于雇佣关系的类型。兼职员工明显面临更大的获取障碍，而这一群体中的大多数是女性（Initiative D21 e. V. and Kompetenzzentrum Technik-Diversity-Chancengleichheit e. V.,

2020）。

在企业的所有职能部门中，主要是管理人员会采用居家办公和"移动办公"的办公形式（也就是说大多是男性）；从这一点中，我们能看到许多企业首先在规定上就设置了获取障碍，导致通往管理岗位的道路上既有的排斥机制继续存在下去。因此，在数字化中，排他性心理模式（Wippermann，2010）依然在继续发挥着影响。另一个获取障碍是由工作文化造成的，更准确地说是坐班办公文化和信誉文化：为了确定人们为何会放弃居家办公，洛特和阿本特洛特（Lott and Abendroth，2019）对德国劳动力市场和联邦职业教育研究所的相关人员固定样本调查数据进行了评估。调查显示，最常见的原因是，人们认为居家办公的方式与职业不匹配：几乎 80% 的受访者都给出了这样的答案。然而，近 70% 的受访者表示，他们之所以不居家办公，主要是因为他们的管理层认为坐班非常重要。60% 的受访者认为，从技术上看，他们的职业完全没有居家办公的条件。有 14% 的受访者称，他们能够在家里的电脑上完成自己的工作，但公司不允许。近 6% 的人担心，如果他们不来公司工作，会影响自己的晋升机会。与男性相比，更多的女性表示自己不被允许居家办公。工作文化的障碍将她们更加排斥在居家办公之外；她们也比男性更加担心自己会由于居家办公而在职场中受到排挤。关于后者，阿本特洛特和迪瓦尔德（Abendroth and Diewald，2019）在一项研究中指出，居家办公与特定工作文化的结合确实会导致女性遭到排挤；如果时间地点灵活的办公方式使得无边界职业更加成为规范或模范，就会发生这种状况（Diewald and Nebe，2020）。

实际应用的性别差异

通过分析德国青年研究所的"在德国成长：日常生活的世界"研究项目的数据，贝恩哈特（Bernhardt，2020）得出，在 2019 年，居家办公的形式就算在育儿父母中也并不普遍。2019 年，在接受调查的父母中，1/4 表示他们会每天或每周在家中完成工作任务，而不到 15% 的受访者表示自己会偶尔这样做，62% 的受访者则从未在家中工作过。总的来说，38% 的受访父母在雇佣关系中都曾或多或少地有过居家办公的经验，远高于雇员总体的居家办公比例（Bernhardt，

2020）。

关于移动办公有利于有年幼子女的父母协调有偿工作和无偿护理工作的猜测，并未在《第九次家庭报告》的分析中得到证实。分析表明，在需要花费大量精力照料的婴幼儿阶段，居家办公只能为母亲带来微弱的帮助，对父亲而言则只能发挥次要作用。幼子年龄的大小和移动办公之间的相关度很小。居家办公本身显然并不能起到协调有偿工作和对他人的护理工作之间的关系的作用。分析得出的另一个重要结论是，单亲父母居家办公的比例更小；这主要与单亲父母从事的工作的雇佣结构有关（德国联邦政府，即将出版）。

根据社会技术的观点，我们必须在有偿工作和护理工作分工的背景下看待移动办公和数字技术办公。《第二次性别平等报告》就已建议采用垂直分析法，根据性别护理差距指数对护理工作进行分类（德国联邦政府，2017）。专家委员会在一份专家鉴定书（Samtleben et al., 2020）中为本次的《第三次性别平等报告》计算了新的指标：性别护理份额。

性别护理份额指标衡量的是女性在夫妻家庭中所完成的非正式护理工作在总工作量中的比例。所以严格意义上，这指的是女性的护理份额；但为了与之前的指标名称相呼应，并强调护理是家庭的共同任务，专家委员会仍然选择了性别护理份额这一上位词。由于方案和数据的原因，性别护理份额指数无法覆盖单亲、同性伴侣以及其他类型的家庭组合，所以其有效性仅局限于异性伴侣家庭。专家鉴定得出的结论是：2017 年，德国所有异性夫妇中的性别护理份额为 66%；1997 年，该份额为 69%（Samtleben et al., 2020）。

性别护理份额是指（在家庭中）女性在家务和育儿工作所需总时间中所占的百分比，数值范围为 0% 至 100%。

该研究调查了夫妻家庭中女性和男性的居家办公情况与性别护理份额之间存在的因果关系。专业鉴定显示，在 1997—2014 年期间，居家办公的方式会明显影响伴侣关系中用于护理工作的时间（Samtleben et al., 2020）。在一次垂直分析中，研究者调研了部分在居家办公和不居家办公的有偿工作之间转换的受访者，并得出，在考虑到其他各种潜在影响因素的情况下，可以确定居家办公会对有偿工作和居家护理工作造成影响。萨姆特雷本等人在报告中表明，女性和男性都会在居家办公时做更多的护理工作。然而，女性所增加的工作量比男性更多：女性会在居家办公的情况下多做1.7个小时的护理工作，而男性只多做0.6个小时。因此，在异性伴侣家庭中，居家办公会导致女性和男性均增加了非正式护理工作的时间。由于女性增加量更大，所以时间地点灵活的办公方式使性别护理份额提高了1.2%（Samtleben et al.，2020）。然而，在下述情况中，居家办公却会导致性别护理份额的降低：如果在异性伴侣关系中只有男性一方居家办公，而其伴侣并不采用这种办公方式，性别护理份额则会相应减少。在伴侣双方都采用时间地点灵活的办公方式时的性别护理份额会明显高于只有女性居家办公的情况；因此，双方同时居家办公的情况更容易导致传统性别角色的回归。

此外，我们可以看出，在职位较低的女性居家办公的情况下，性别护理份额尤其会升高；而当职位较高的女性居家办公时，这一数值则会下降。担任高级职位的女性和男性在移动办公时，都会较少为无偿的他人护理工作投入时间。有趣的是，尤其当伴侣关系中的男性采取居家办公与弹性工作制相结合的办公方式时，会导致性别护理份额大为降低。而在大型企业工作的男性在居家办公时，几乎不会将由于不必出差而节省下的时间用于护理工作；因此，如果异性伴侣关系中的男性在有200名以上员工的企业中工作，则当其居家办公时，伴侣关系中性别护理份额的增加程度会高于平均水平。另外，对于男性自雇执业者而言，居家办公似乎是一种可以将无偿护理工作和有偿工作相结合的方式。在居家办公的情况下，他们能做更多的护理工作，从而降低性别护理份额。

到这里，我们可以确定，对实现护理工作均衡分配而言，移动办公并不是万能的。借助于数字技术，我们能够以越来越灵活的方式办公，但这并不一定会促进性别平等。新冠疫情暴发以来，人们普遍采用移动办公的方式；但深入观察这一现象后，我们可以得出，数字化转型只是为性别平等提供了机会，却并不会必然导致平等的结果。

（2）时间地点灵活的他人护理

数字技术不但通过移动办公的方式促进了有偿工作的灵活性，也加强了护

> **聚焦新冠疫情**
>
> 新冠疫情格外推动了移动办公的发展进程。各方数据来源（阿伦斯巴赫研究所，2020；Möhring et al.，2020）显示，大约有30% 16岁以下子女的父母在疫情期间居家办公，是之前的居家办公比例的3倍（德国联邦政府，即将出版）。一定程度上，前新冠时代中既有的社会结构差异依然存在，但对部分群体（如专业技能水平中下的男性）而言，这也为他们创造了采用居家办公方式的机会（Kreyenfeld et al.，2020）。即使在新冠疫情期间，对具有系统重要性的行业而言，移动办公依然没有很大的意义。
>
> 由于学校和儿童日托机构因防疫限制性政策而停课，我们经常能看到有人抱怨母亲需要首先承担额外的他人无偿护理工作（Koch，2020）。根据WZB在2020年3月至4月的在线问卷调查，母亲实际上比父亲缩减了更多的工作时间（Bünning et al.，2020）。然而，对社会经济小组的Covid研究（SOEP-CoV）的分析显示，男性增加育儿时间的程度与女性相近。平均而言，男性育儿时间从每日2小时增加到了4小时，而女性育儿时间从每日5小时增加到了7.5小时。因此，父亲的育儿时间相对增加量要高得多，尽管母亲所承担的绝对额外负担更多（Zinn，2020）。德国经济与社会科学研究所的调查证实了这一模式（Kohlrausch and Zucco，2020）。
>
> 在社会经济小组（SOEP）中，伯尔和朔勒（Boll and Schüller，2020）认为，在已婚父母的不同群体中，高达7%的人有望实现有偿工作和护理工作的性别平等分配。
>
> 许多女性受雇于"系统重要性职业"，而许多父亲则从事"可采用居家办公的工作"；这表明在私人和工作领域中尚有更加平等的劳动分工的潜力。由于在30%的有子女家庭中，父亲的职业比母亲的具备更高的灵活度，这部分父亲就可能会为无偿他人护理工作付出更多时间（Arntz et al.，2019）。在其他类型的家庭中，要么母亲的工作更加灵活，要么男女的工作灵活度相当；根据迄今为止的数据，我们可以判断，性别刻板印象式分工的现象尽管相对减少，但依然存在。对德国劳动力市场和联邦职业教育研究所的"新冠时代的生活和工作"问卷调查的评估也显示，四分之三的有未成年子女的在职父母认为育儿负担有所增加，其中女性比男性尤甚（FuchsSchündeln and Stephan，2020）。

理工作在时间和地点上的灵活度。西雷克等人的研究（Syrek，2018；Kühnel et al，2017）表明，很多人会出于私人目的在办公场所使用社交媒体（Burleson and Greenbaum，2019）；该研究对来自不同行业（其中比例最高的为工程服务业、信息技术行业及金融行业）的334名员工的社交媒体使用行为进行了考察。在德国青年研究所的"在德国成长：日常生活的世界"研究中，受访父母在工作期间与家人交流的次数明显多于在非工作时间因工作而交流的次数。虽然约有1/4的受访者表示，他们从不会在业余时间与上级、同事或客户交流工作事宜，但只有约12%的父母（其中父亲的人数是母亲的一半）表示自己从不会在工作期间与家人交流（德国联邦政府，即将出版；Bernhardt, 2020）。

保罗斯和施蒂勒（Paulus and Stiehler, 2020）认为，男性在工作期间偶尔向个人事务的"转换"（Switchen）会有助于其履行育儿和家务的责任，其中包括借助于数字设备与护理机构和教育机构进行协调，以及在分居情况下经营家庭生活等情况（Jurczyk et al., 2009）。保罗斯和施蒂勒对员工在工作时间处理的私人事务进行了如下分类：与家人沟通（15%）；写信或电子邮件（13%）；安排业余时间（12%）；帮助及照顾他人（10%）。在受访者所进行的活动中，仅有7%被作者归为专门的自我护理。父亲们在工作时向个人事务的"转换"可以被解释为对工作和生活之间的无边界感以及巨大工作量的抗拒，是面对工作重压的自我赋权（Paulus and Stiehler, 2020）；但这也可以被理解为，他们在试图克服自己在同时追求"事业成功"和"称职父亲"这两个目标时所面临的矛盾。从这个角度来看，数字设备主要用于这种"转换"（Vahle-Hinz et al., 2019），因此它们有助于进行"远距离护理"，同时也并没有对工作造成明显影响。

从非正式护理的例子中，我们可以看到"转换"的机会所在。2016年，31%的家庭主要护理者是男性，这一数据与1998年的20%相比有了明显的增长（TNS Infratest Sozialforschung, 2017）。2013—2015年进行的"工作与护理之间的男性"（MÄNNEP）研究项目得出，被调查的男性大多会以自己的有偿工作为中心组织安排对亲属的护理工作，并根据不同状况做出复合型护理安排；在大多数情况下，他们在护理阶段仍是全职工作（Auth et al., 2015）。在此背景下，为护理行业提供更多来自信息和服务业的支持，可以帮助男性对护理工作做出相应安排。因此，如果男性愿意在有偿工作之外的个人生活中承担护理工作，则可以在一定程度上从数字化创造的新机会中受益。这可能会提高未来男性在非正式护理中的参与度。

其他科技发展可能也会促使人们在对他人进行护理时，仍保留自己的有偿工作，其中涉及具体的利弊权衡。德国护理质量中心的一项满意度研究表明，74%的受访者"比较"或"非常"赞成建立固定装置的视频监控系统，使被护理者可以在家中的不同地点与亲属或护理服务进行联系，而后者也可联系前者。73%的受访者支持将被护理者的健康状况数据定期传输给专业人员，并让后者据此给出行动指示（Eggert et al.，2019）。这些通过技术获得的信息可以使家庭护理者在包括工作时间的任何时刻，都能通过智能手机或其他终端设备了解被护理者的具体情况，并在必要时采取措施。乍看之下，这似乎可以减轻人们协调有偿工作和护理工作时的手忙脚乱。然而，对于这种由于非正式护理而使个人生活进入有偿工作领域的现象，我们也必须批判性地看待；从研究中可以看出，对家庭护理者而言，有偿工作领域是他们在护理中遇到挑战时，可以有意识地加以利用的自我护理资源（Auth et al.，2018；TNS Infratest Sozialforschung，2017）。此外，伦理和数据保护问题也亟待解决，事实上，护理行业之所以数字化程度较低，正是因为在数据保护方面还有许多未解决的问题（Roland Berger GmbH et al.，2017）。

如果仅有技术解决方案，并不能保证有偿工作和护理工作能够得到成功协调。对于能否成功通过数字化协调有偿和护理工作，更重要的是，应确保资源获取渠道，并以社会技术方法设计相关的产品和服务。此外，建设注重护理的企业文化，也是成功协调有偿和护理工作的关键（Auth et al. 2015）。

（3）有酬工作、看护工作和自我照顾之间的时间冲突

实证表明：看护与有酬工作的责任与性别角色密不可分；组织及后勤的简化，例如有酬工作及看护工作在时间和地点上的灵活安排，并不能自动地成为补救手段，甚至反而会加强传统的社会分工实践。

许多男性是家庭的主要收入来源，并因此面临着巨大的社会业绩压力，他们通常倾向于放开对有酬工作限制并加强有酬工作。因此，即便是居家办公，他们也面临着随时随地和高强度的工作，以及加班——这常常会带来身心上的自我伤害（阿勒斯、洛特，2018；瓦尔特斯巴赫等，2019）。较之于女性来说，这一

行为更常见于男性。然而，从事灵活性工作的女性，比男性承担了更多的看护工作，因此也可以在此谈论它带来的"自我伤害"。换句话说：自我伤害的风险是性别化的。

男性和女性都会面临时间冲突：灵活性的工作方式增加了看护他人和有酬工作的时间。每天用于自我照顾的时间便相应减少了，对于两性来说都是这样。灵活性的工作会导致生活—工作失衡，并带来相应的健康风险（德国联邦劳动保护与职业病局，2019；健康和工作倡议组织·报告，2015）。

对于父母来说，在家办公会给职业和家庭生活带来更剧烈的冲突，这便是第九份《家庭报告》中所说的"工作对家庭的冲突"（联邦政府；贝恩哈特，2020）。不同的是，母亲更常遇到"家庭对工作的冲突"，而父亲常常面临的是"工作对家庭的冲突"（海恩斯等，2018）。空间和时间范围界限的缺失给父母带来了冲突；即便是在闲暇时间，家庭仍被视作是一种破坏性元素——霍克希尔德和马孔将这种状况称之为"非全职父母的困境"，提醒人们注意。比利时的一项研究证明，当父母在家办公时，如果白天更频繁地因为家庭事务而中断工作，晚上更频繁地进行工作上的沟通时，他们会遇到与家庭相关的剧烈冲突（德拉诺伊耶、维尔布鲁根，2019）。

为避免时间冲突，既需要个人能力，也需要能够划清边界的制度结构。男性的社会化——基于性别二元论和性别刻板印象的理解——会倾向于通过有酬工作来自我定义，并认同不受限制的就业要求（博尼施，2003）。近几十年来，这种"业绩中心论"越来越多地出现在女性身上，甚至有过之而无不及。这就要求人们对两个空间（有酬工作和家庭生活）进行自我定义，并将其与外部侵扰区隔开（Jürgens and Voß，2007），意即在"行为界限（Doing Boundary）"的意义上生成隐私及自我保护。这种界限及其划分对主体及其家庭有稳定的作用，可以被定义为一种"保护性的"行为实践（Jurczyk et al.，2009）。

依据德国消费者问题专家委员会的意见，将个人与私人和职业要求划清界限需要"数字主权"（2017）。如果没有合适的界限管理，个人使用数字化设备将会在有酬工作中降低职业业绩，在不同的任务之间持续切换会造成诸如注意力障碍等健康损害（瓦勒-欣茨等，2019）。消费者问题专家委员会将安全性和选择自由视作框架条件，此外，他们还将自决和自我控制称为个体的先决条件（消费者问题专家委员会，2017）。因此，它不仅关乎像技术知识这样的核心能力，而且在社会技术意义上，跟自我认知、内在独立以及技术和制度前提相关。

在何种条件下，有酬工作和其他生活领域之间较少的界限反而会对有些人群带来个人和权利平等政策上的优势，这一点仍有待研究。比如说，在替代性的工作形式、互助性和合作性经济形式中，有大量的从业者对有酬工作和生活有所要求，这一点和那些"唯业绩导向"的从业者不同。他们的工作和社会、政治参与之间的界限常常是模糊的，工作和私人生活常常是紧密相连的。总体而言，对居于"霸权"地位的男性，应减少社会关注及支持，将更多的关注和支持放在那些本身从事护理工作和/或从事替代型工作的人身上（霍英，2019）。

在这些分析的基础上，一项基于防卫和保护独立领域的政策是否能取得长期的成功，仍是存疑的。毋庸置疑，保护是一个重要的类别。然而，同时要问的是，如何在传统的严格分界线不复存在的情况下，去塑造一个社会。目前，我们可以设想存在着事实上的不平等和等级制度，它们包含着职业对私人领域的支配性优势——但是并非到处皆是，也并非一贯如此。那些进行界限管理的个人应得到支持，如果可能的话，应该减轻他们的负担。一方面，这应当通过相应的规定来实现，以便划清界限的任务不由个人独自承担；另一方面，要增进自我认知和知识，了解什么会增加福祉，什么会削弱福祉，甚至会损害健康（布吕克、君姆贝尔，2020）。那些不对员工提出无限制工作要求，并为他们设立保护性体制的组织，应当被视为榜样。

应对由界限消除和扩大化的"可及性"所产生的健康风险，是劳动保护和企业健康促进方面重要的行动领域。管理层和员工是平等的创造性的行为人，预防措施应覆盖到这两类人，教育及培训措施也应针对这两个群体（迪瓦尔德、内贝，2020）。

3.行动建议

有酬工作、看护工作和自我照顾如何以及在何种安排下能协调一致，这是人们自我实现的关键。随着技术的发展，就业以及看护工作在时间和地点上正在不断地变得越来越灵活机动。它们为不同生活领域之间的调和提供了一个改善的机会。然而，只有当就业和护理工作在数字技术的帮助下能够自主决定和以令人满意的方式得到协调，并且以性别平等和伙伴式的方式得以分配的时候，这一机会才真正存在。恰当的技术手段同健康及隐私保护同等重要。

从法律角度来看，以上阐述的问题领域引出了三个疑问：

（1）为使工作地点更易协调，劳动法提供了哪些可操作的空间？

（2）为使工作时间更易协调，劳动法提供了哪些可操作的空间？

（3）如何让更易协调的时间管理对健康有益？

基于这三个疑问，专家委员会提出了以下的行动建议：

确立和保障灵活性工作的合法权利

专家委员会建议采取相应措施保障灵活性工作的合法权利。

截至目前，德国仍未明确在家办公或者灵活性工作的法律权利。如果员工想要使用灵活的工作形式，通常需要得到雇主的同意，而雇主同意与否并非强制性的——除非在雇佣关系中已存有一项包含了此类法律权利的集体协议（劳资协定，企业协定或服务协定）。对某些雇员群体，法院已经根据现行法律状况承认了在个别情况下居家办公的法律权利；基于《德国社会法典·第九卷》第164条第4款[①]，这一条适用于残疾程度严重的残疾人以及与其情况类似者（参见《德国社会法典·第九卷》第2条第3款），同时也适用于那些不在家办公就无法协调其职业与家庭义务的雇员（汉诺威劳动法院，2007；内贝，2009；考特，2010）。因为没有明确的规定，这一权利的主张理据应部分回溯到德国宪法（《基本法》第6条第2款）或者欧盟法律[②]。这一法律状况对于雇员来说并非清晰透明的。此外，在当前具有约束力的欧盟要求的背景下，德国在立法上必须采取行动，规范在家办公和灵活性工作的权利，维护那些尤其需要被保护的就业者的权益。出于其他原因，自主选择工作地点对于所有相关参与者均有益处，这一点从目前新型

---

① 对于残疾程度较轻人士，这一权利也基于就业合同保护义务为科隆市州立劳动法院所承认（2016）。

② 关于休完育儿假后的工作安排，见基索（2018）和托马、内贝（2019）。

冠状病毒疫情进程中的经验可以得到实证。因此，这一法律权利不应仅限于上述那些特别需要被保护的就业者（残疾人或者需要被护理的人）。同时，在设计这些法律权利的时候，要特别考虑到这些人群的具体关切。

在常设工作场所之外，以就业为核心的工作效率是一个矛盾体，它蕴藏着机遇和危机。数字化对两者都是一种加强。随着数字化技术的应用，灵活性工作变得更加容易，同时也在兼容性上释放出巨大的潜力。然而，在常设工作场所之外的有酬工作意味着在时间和地点上失去界限，这可能会带来负面影响：它会明显增加健康负担，让隐私和个性保护更加困难，此外，与从事非灵活性工作的就业者相比，从事灵活性工作的就业者的参与和发展机会将受到负面影响。在此背景下，灵活性工作就业者的权利必须得到法律的保障。除非已经以法律允许的方式约定，否则在工作时间之外并无工作义务，不可随叫随到、随时随地工作。出于透明度的考量，工作时间之外不必被找到的权利必须在法律上得以确认。

确保灵活性工作的自愿性

反之，使得灵活性工作成为可能的法律权利不能与在常设工作场所之外开展工作的业绩义务相关联。对于雇主而言，基于《工商业管理条例》第106条，他们的回旋空间依然存在。然而，对于在家办公的单方面工作要求，该《条例》并未提供相应的法律基础（柏林勃兰登堡州立劳动法院，2018）。

确保劳动保护、健康保护和工作时长保护

灵活性工作造成的（特殊的）健康危害必须在现行的劳动和健康保护的法律框架内——根据现行的《德国劳动保护法》和《工作时间法》——予以应对处理。尽管如此，《德国劳动保护法》仍应对相关法律规定在灵活性工作的延伸规定上予以明确。根据法律，雇主应尽可能地对工作场所的危险性进行评估，对由员工自主选择的工作场所同样如此，即便是出于对隐私以及住宅的保护〔《德国基本法》第十三条（Art. 13 GG）〕而无法要求雇主们进入相关私人场所。在此基础上，须对员工进行危险性和保护措施的指导。要尽可能地对员工在自主选择的工作场所遵守保护措施予以监督，雇主对此负有义务。由于（空间和时间）界限消弭所增加的健康风险，必须通过对雇主（在"反压力规定"的意义上）义务的次级法律规定予以应对处理。

界限消弭导致负担增加，由此引发健康风险，这也应当通过其他方式——即通过单独的灵活性工作时间安排组织协议的规定——予以预防。在任何情况下，工作时间（同样适用于灵活性工作）必须按照《工作时间法》所要求的方式进行记录，这就是说，正如欧洲法院（EuGH）新近通过裁决所澄清的一样，要通过一套客观、可靠、可用的工作时间记录系统进行记录（欧洲法院，2019）。在理想状态下，应在劳资协定、企业协定或服务协定中做出规定。

为了预防界限消弭和自我危害，雇主应向其管理层和员工提供界限管理方面的培训。

提供工作场所设备或报销费用

在很多情况下，只有工作场所具有足够设备时，灵活性工作的业绩才能成为可能。这就导致了一个问题：由谁来承担设备成本和辅助成本？如果雇主安排了灵活性工作，例如居家办公，雇主有义务报销雇员的费用。如果雇员主张了灵活性工作的权利，雇主应在合理的范围内对物质及技术设备予以支持。如面临高额的成本负担，雇主可以对此项法律权利提起异议。反之，如果员工拥有可供个人使用的设备，则几乎不会产生额外费用。最好的情况是劳资双方就如何承担费用达成协议。法律中的一般规定应对双方予以一定程度的法律保障。

保护劳动者不因灵活性工作和居家办公受到歧视，确保参与平等权

居家办公的雇员一般会脱离工作场所，这与现今的出勤规范相背离。这可能会直接或间接地引发歧视。为应对这一特殊的参与性风险，就要求业绩评估以工作成果、而不以出勤为基础；另一个要求是，像对待其他非典型劳动者一样，普遍禁止歧视（参见《德国非全职工作与固定期限合同法》第4条）。

确保数据保护

在常设工作场所之外、地点灵活的工作在很多方面引发了数据保护问题。一方面，必须保护雇员在技术监控系统中的信息自决权。另一方面，必须确保私人数据的保护。移动性终端设备，无论是由雇主提供还是雇员个人所有，常常会成为私域的一个接口。雇主不可对雇员进行广泛的监控。

为灵活性工作，特别是居家办公，提供意外保险

要为灵活性工作，特别是在家办公，提供法定意外保险的保护。在经历最初的困境后，最高法院的裁决已经从原则上确认居家办公时从事与工作相关的活动以及在回家的路上，应受到意外保险的保护（德国联邦社会法院，2016）。

专家委员会建议扩大道路意外保险保护的范围，使其涵盖从工作地点——不论是居家办公的地点还是常设办公地点——到护理机构的直接路线。

防止对灵活性工作者的间接歧视

即便明确禁止歧视，同灵活性工作，特别是居家办公，伴生而来的矛盾性仍无法完全化解和克服。为此，要确保和灵活性工作相关联的性别潜力（尽管有护理的负担，仍需参与就业）的实现，并使和性别相关的风险得以最小化。为此必须定期严格地审查和评估灵活性工作这一形式的采用及其后果。像《德国促进男女薪酬透明法》第21条中所规定的报告义务应对此有所贡献。

扩大减税范围

截至目前，一个家庭办公室的减税额度是非常有限的：如果没有其他工作地点用于职业或经营性活动，每年最多可减税1250欧元。只有当职业活动主要在家庭办公室开展时，整个费用才能减免。此外，家庭办公室也必须以开展职业活动为主要用途。相比之下，对于雇主而言，员工的通勤费用每年可有4500欧元的减免额，或者根据凭证全额减免。

扩大劳动法的弹性范围

专家委员会建议引入选择工作时间的权利。一部"可选工作时间法"既要解决日常工作时间方面的灵活安排的需求，也要通过"兼容性休息"的方式，使因护理需要而产生的工作时间中断成为可能。

此外，专家委员会还建议，为了保证工作在组织上更易协调，要进行相关的法律澄清。为此，可以在《德国民法典》中新增第611C条，对雇主的义务进行规定：在工作组织框架内以合理的方式考虑雇员的个人利益，以便他们能够合理地协调依照合同应履行的工作业绩义务和与之并存的护理义务。

雇佣关系通常是一种持续性的义务关系。工作时间范围在合同订立时作为基本履约义务的一部分被约定并基本确定。密集的辩论和改革进程逐步克服了这种通常对妇女不利的模式。在《第二次性别平等报告》中,已经采用了生命历程视角,用以审视性别平等地参与就业所面临的生命不同阶段的特殊挑战。在现行的劳动法中,相当多的法律规范允许在诸如孕期、哺乳、抚育、看护和照顾工作期间灵活安排工作时间。这些成文的规定有助于减少性别成见,并在性别平等的条件下提供参与就业的机会。然而,通过仔细观察可以发现,所有这些规定的主要目的都是在合同上改变工作时间的范围。这就意味着,其他同样重要的灵活安排的需求在法律层面仍未有相应规定。

对于灵活安排的需求,现行的全国性劳动法并未给出明确的答案。在这一方面,以兼容性的方式使用时间存在着特殊的障碍。

鉴于立法改革的不充分,为协调工作义务和护理责任(家庭和职业的兼容,或者一般性的"工作—生活—平衡"),应赋予雇员个人适当的权利,这一法律性政治要求至今依然存在。

为了让所有部门的雇员都拥有适用的协调可能性,需要制订一项法律规定。目前,已经有了一些具体的建议,例如选择工作时间法或者可选工作时间协议等。只有一项具有法律依据的、有利于达成工作组织协调的权利,才能保证雇员具有必要的谈判能力。因为即便是在劳动力市场状况良好的情况下,人们也承认,与雇主相比,雇员在谈判中处于弱势地位。司法判决中通常会强调这一点。无论是雇佣关系建立时或者存续期间,雇员都缺乏相应的权利来就与他们具体生活状况相联系的劳动时间需求进行谈判。

新近通过的欧盟兼容性准则(准则:2019/1158/EU)给具有照顾义务的父母和家庭成员提供了灵活安排工作的重要推动力。德国劳动法中至今仍缺乏关于对因护理工作而(短期和/或临时)请假的明确规定(考特,2020);特别是对于那些需要长期照顾患病儿童和残疾儿童的家长而言,他们缺乏相关的权利(内贝,2011)。

家庭生活权受到宪法和人权法的保护[《基本法》第6条,《欧洲人权公约》第8条,《欧盟基本权利宪章》(简称 GRCh)第7、33条]。正像如今,特别是在雇佣关系中，健康保护和信息自决权都通过单行法律——通过《劳动保护法》和《数据保护法》——进行了具体规定，那么，在工作生活中对家庭结构的保护也必须通过单行法律的形式对其权利进行原则性和具体性的确认。德国法律中至今仍缺乏一种基础性的规范，根据这一规范，雇主必须支持有酬就业和家庭生活之间的协调和兼容。现在正是效仿欧盟法律来填补德国国内法律空白的时候。

弹性范围的使用要符合健康标准

专家委员会建议，在现行的劳动保护法规（《劳动保护法》及其下行实施规范）、企业健康促进法（《德国社会法典》）、领导及人事管理责任资格、雇员告知等框架下，处理灵活的工作组织形式对于雇员健康的矛盾性；同时，在企业的健康管理中，为了使灵活安排这一工具更好地符合雇员的健康需求，要推进人性化的工作环境建设。

《劳动保护法》如今已经规定，劳动者的身心健康都必须得到有效保护，而且要特别考虑到那些需要特殊保护的雇员群体的具体关切（参见《劳动保护法》第4条）。然而，在实践的过程中，劳动保护的实施一般很少建立在这样一般性条款规定的基础上，而是有大量的下行性规定和条例。如果护理和有酬就业之间的相互作用没有明确集中在与健康相关的层面，那么在对复杂工作环境中的风险因素进行广泛检查和处理时，它们很容易被忽视。这样，它们仍然会是一块有待填补的空白。在最糟糕的情况下，灵活化的负面伴随效应将成为现实，这样的话，以灵活的工作组织形式为基础的人性化职业发展将难以实现。

扩大社会福利的范围以促进兼容性

建议联邦政府研究现行的用于改善家庭、护理和职业之间兼容性的法律规定［特别是《护理法》、《德国家庭护理假期法》、《德国社会法典·第十一卷》，以及《联邦政府第六次护理报告》（2016）］，要确保其就业形式（例如在平台经济领域）迄今不属于上述法律的个人范围内的人也得以受益。

专家委员会建议扩大《德国社会法典·第十一卷》第4条第3款的范围，规定长期护理保险基金有义务为促进兼容性而发放福利。促进兼容性的护理建议措施应在各类护理报告中系统性地报告。

四、社会数字化

数字技术不仅影响经济过程,而且它已经渗透到整个社会生活当中。因此,专家委员会不光关注经济的数字化,同时也关注着整个社会的数字化。在这个意义上,数字化的社会是这个"洋葱"的最外层,其他所有层面都包含在它里面。

数字技术为个人提供了网络化新的可能性,从而为个人将丰富的生活领域和要求结合起来提供了机会。数字服务和产品可以让事情变得简单起来,比如说通过互联网购买活动门票;数字技术对于生命和身体来说变得重要起来。数字技术有时也会让事情变得更加困难,比如在不被监控的情况下阅读在线消息。人们在任何地点、任何时间都可以毫不费力地上网,并能够丰富多彩地塑造自己的日常生活,然而这种便捷性和所谓的简单性也有其弊端:数字技术隐藏着各种风险。

专家委员会将这一充满张力的关系分成三个中心议题:性别的刻板印象和社交媒体(本章第1节),性别有关的数字化暴力(本章第2节),以及数据和基本权利(本章第3节)。

专家委员会将性别平等政策目标定义为本报告的方向指南(参见第一部分第四章)。在社会数字化的背景下消除性别的刻板印象便是其目标之一。社交媒体的高速发展对其提出了新的挑战。在模拟和数字空间减少歧视和保护人们免受与性别有关的暴力这一目标也面临着相同的挑战;如今的高速发展

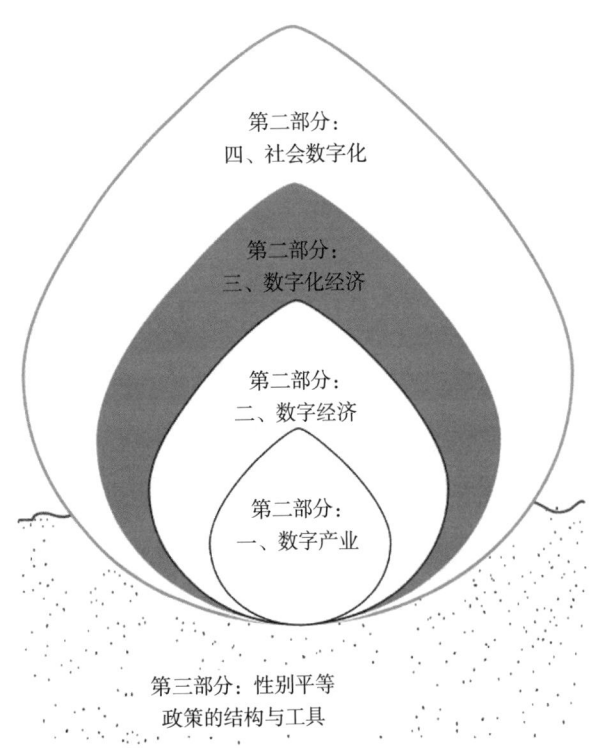

带来了新的与性别有关的暴力。

最后,从宪法的角度审视社会的数字化。鉴于数字化对于社会的影响,要着眼于采取必要的保护措施,以防止歧视,并为所有人不分性别地提供个人自我实现的机会。

(一)性别的刻板印象和社交媒体

1. 初始状况

社交媒体为广泛大众所熟知不过约 15 年的时间。它是一个相对年轻的社会现象,同时又具有极快的发展速度。根据全球数字报告,2020 年全球范围内有超过 38 亿人使用社交媒体,德国这一人数约为 4300 万人,其中大多数使用者的年龄在 25—34 岁(We Are Social 创意广告公司,2020)。"社交媒体"一词指的是数字网络化的媒体技术,这一技术允许其用户将各种类型的信息提供给公众,并建立起社会关系(施密特、塔迪肯,2017)。这将互联网用户从被动的消费者变成了主动的参与者,这一转变最初被定义为 Web2.0。在使用社交媒体时,主动的生产者和被动的消费者之间的区别变得模糊了。

根据玛雅·格茨和伊丽莎白·普罗玛(2020)的说法,社交媒体可以分为三类:

(1)社交网络;

(2)分享图片和视频的平台;

(3)微博服务。

不同的社交媒体有各自的侧重点。有的侧重于传播图片和短视频,有的以传播社会政治评论为重点,有的则以构建职业网络为目标;有的专注于讨论时事内容,有的用来展示创造性的自我表达;此外,还有面向游戏玩家的流媒体平台。尽管有这些趋势,然而在私人、政治或职业社交媒体之间,并没有非常明确的分野。

在德国 14 岁以上的人群中,有 1/4 的人每天都会使用社交媒体,而在 14 到 29 岁的人群中,有 59% 的人会这样做(贝施等,2019)。总的来说,年轻人在社交网络上的活跃程度明显高于年长的人。所有具备技术前提条件的人都有可能注册登录社交媒体平台,并根据需要主动或者被动地参与此类社交。社交媒体可以为民主化和展示多样化的声音开辟活动空间。

"从基本原则来看,社交媒体……为更丰富的多样性和性别平等提供了诸多机会。长期以来的权力结构——正如媒体行业之前普遍存在的那样——可以通过将生产权和出版权交到可能的每个人手中这一方式得以实现民主化。"(格茨、普罗玛,2020)

然而,实践表明,即便是在社交媒体上,霸权式的权力结构依然可以重复生产。这种权力结构带来了歧视性的空间和内容,加剧了碎片化,也就是所谓的"过滤气泡",并可能阻止事实上的民主化进程(斯皮克,2018)。

此外,正如格茨和普罗玛(2020)在专家意见中所说的那样,社交媒体中还充斥着性别的刻板印象,其中有一部分还是非常保守的印象类型。在这一背景下,性别平等政策的目标——在社会数字化进程中消除性别的刻板印象——就显得尤为重要。数字空间中的性别刻板印象阻碍了多样化榜样的发展。例如,它们会对职业选择产生影响,从而对年轻人的生活历程产生影响。因此,消除刻板印象是完成平等融入有酬就业、实现经济独立这一性别平等目标的重要一步。必须向所有年龄段的人传授与数字化相关的技能,以便他们能够在社交媒体中独立地、批判性地和自由地行动和发展自己,从而能够保护自己、自身的健康和数据。

2.分析

(1)与性别相关的社交媒体使用情况

即使在被动使用各类社交媒体方面,与性别相关的差异性也很明显。根据格茨和普罗玛(2020)的说法,女孩和妇女使用社交媒体更多的是用来交流,她们在Instagram、Snapchat 和 TikTok 等社交媒体平台上尤其活跃。男孩和男人使用社交媒体更多的是用来玩游戏和获取信息,他们经常活跃的平台是 YouTube 和 Twitter。

西南媒体教育学研究协会(mpfs)在 2019 年进行的"青少年、信息、媒介(JIM)研究"调查中,就 12—19 岁的青少年社交媒体使用行为进行了问卷调查:71% 的女性青少年和 59% 的男性青少年每周都会多次,甚至每天都会使用 Instagram。尽管 Instagram 的使用者最低年龄规定是 13 岁,但是在 12—13 岁的青少年中，仍有40%的女孩和20%的男孩至少每周都会使用这一媒体平台。在Instagram使用最频繁的用户群体中，有88%是16—17岁的女性青年。大部分的年轻人关注他们认识的人，但同时也关注明星、名人，以及品牌和公司。81%的使用者会评论照片和视频，至少有85%的12—19岁Instagram使用者自己会发布照片和视频（西南媒体教育学研究协会，2018）。

根据德国广播电视一台（ARD）和二台（ZDF）的在线研究：在14—49岁的人群中，有约50%的人至少每周都会使用Facebook；而在更高的年龄组中，该媒体平台的重要性急剧下降，但它也是唯一一个70岁以上的人群也会使用的社交媒体，而且在性别上没有明显的差异（贝施等，2019）。这种情况也表现在年轻人对于Facebook的使用上，总体上也是大幅度下降，比例现在已经被Instagram和Snapchat超过（西南媒体教育学研究协会，2020）。

YouTube以平均40分钟的时长，成为全球用户停留时间最长的平台（t3n.de网站调查，年份不详），在免费视频门户市场中无可争议地占据了优势地位（库普费尔施密特，2017）。根据德国广播电视一台（ARD）和二台（ZDF）的在线研究，2019年，德国有40%的成年人和82%的年轻人（年龄在14—29岁）至少每周都使用YouTube（贝施等，2019）。男性YouTube这一视频门户网站的使用一直略多于女性。性别差异最大的情况出现在最年轻的年龄群体：在14—29岁的群体中，有95%的男性和68%的女性至少每周都会使用YouTube（格茨、普罗玛，2020）。一般来说，年轻人对YouTube平台上的喜剧感兴趣，其次是音乐、游戏和新闻。所谓的关于外貌和身体改造的美容和生活方式视频，观看的女孩/年轻女性多于男孩/年轻男性（里尔、威格内尔，2019）。

在德国12—19岁的年轻人中，大约有50%的人每周多次甚至每天都会使用Snapchat，并且这一比例呈现出上升趋势（西南媒体教育学研究协会，2020）。女孩使用Snapchat的人数高于男孩，在16—17岁的群体中，每周至少使用一次该媒体的女性甚至有75%，而男性则为45%。30岁以上的人则几乎不使用Snapchat（格茨、普罗玛，2020）。"青少年、信息、媒介（JIM）"研究（西南媒体教育学研究协会，2018）表明，Snapchat首先是一种与朋友进行图像相关交流的媒介，86%的Snapchat青少年使用者会查看他们认识的人的图片和视频。

Twitter的主要用户群体是20—30岁的年轻人，其中男性使用频率要高于女性（格茨、普罗玛，2020）。在12—19岁的群体中，只有5%的女性和10%的男性使用这一媒体（西南媒体教育学研究协会，2020）。在30岁以上的群体中，这一比例同样较低。根据"青少年、信息、媒介（JIM）"研究，年轻人使用Twitter用来获取新闻主题、国际相关信息，并被用作调查研究的工具（西南媒体教育学研究协会，2018）。

TikTok是目前（截至2020年5月）拥有最年轻用户群体的社交媒体。根据iconkids & youth国际研究有限责任公司的研究，2019年，德国有100万6—19岁的用户活跃在TikTok上。在12—13岁的孩子中，26%的女孩和16%的男孩活跃在TikTok平台上，而在16岁以上的人群中，对该媒体的兴趣急剧下降（格茨、普罗玛，2020）。

Xing和LinkedIn是工作适龄人群的职业网络，没有表现出明显的性别差异（格茨、普罗玛，2020）。

如今，社交媒体已经表现出不可忽视的巨大社会意义。39%的男性和34%的女性表示，一个人必须出现在一定的应用程序/社交媒体中，才能躲开一些职业或私人的不利因素（D21倡议组织，2020）。

（2）社交媒体（主动）使用中的性别刻板印象（再）生产

在社交媒体的主动使用中——与具体的媒体相关联——可以观察到一些性别差异。在对自我呈现进行研究之后，格茨和普罗玛（2020）发现：这些自我呈现可能是非常具有性别刻板印象特征的，在年轻人中尤其如此。根据麦克罗比（2016）的说法，这种年轻女性陈词滥调式的自我表现被阐释为"后女权主义的化装舞会"，似乎展示了过时的女性形象。男性青少年也经常表现出比较传统的男性形象。性别的多样性和丰富性并不明细（罗德里格斯等，2016）。[①] 研

[①] 在线交友平台的情况也类似，那里似乎再现了陈规定型的性别关系。所使用的算法表明，寻找伴侣的女性通常会被推荐个人收入比其更高的男性，而寻找伴侣的男性通常会被匹配个人收入比其要低的女性——即使在每个案例中这并不是一个明确的愿望（德拉格、穆勒–艾瑟尔特，2019）。

究报告《社交媒体的榜样及其对性别平等的影响》的作者得出了这一结论："对 Instagram、YouTube 等媒体使用越多，对男性、女性角色分配的看法就越传统和刻板"。1/3 的受访者认为，社交媒体中刻板印象令其感到不安，2/3 的受访者认为，这种刻板印象不会对他们造成影响（国际计划德国协会，2019）。这里必须进行进一步的分析，并找出行动方法。

2019 年，玛丽莎基金会发表了一系列关于新媒体中性别呈现的研究，其中考察了性别上不同的代表性。这些研究表明，YouTube 上的可见度是与性别高度关联的，其中 69% 的活跃分子为男性，29% 为女性，2% 为双/跨/其他性别（玛丽莎基金会，2019）。男性 YouTube 上传者分享的主题主要是音乐和性等，女性 YouTube 上传者分享的主题主要涉及美容、美食和人际/两性关系等。虽然美容是女性 YouTube 上传者分享的重点主题，但她们也几乎与男性 YouTube 上传者一样，分享的内容涵盖了各种各样的话题。在科技主题领域，性别之间的差异相当小。然而，在 YouTube 流行视频中，女性的代表性明显不足。在排名前 1000 的频道中，女性 YouTube 上传者所占的份额仅有不到 1/4（普罗玛等，2019）。女性主要在私人空间（自己家中）展示自己，而男性则以公共空间为背景（玛丽莎基金会，2019）。

在 Instagram 上，对两组人群进行性别刻板印象分析所得出的结果非常有趣：在社交媒体中，特别是在 Instagram 上，再生产着性别标准化的身体图像。在国际计划德国协会的这项研究中，有一半的受访者表示，他们在社交媒体上关注最多的是自身性别的榜样（国际计划德国协会，2019）。在社交媒体上发布图片时，94% 的女性和 87% 的男性都至少采取了一种优化措施，通过图片滤镜的使用和图片的展示，身体和理想的美丽状态达到了统一。许多 12—19 岁的青少年在将自己的照片发布到 Instagram 之前会先编辑加工自己的身体特征。女孩编辑的目的主要有："肤色均匀/更漂亮"（70%），"头发/发型"（69%）和"肤色更深"（47%）。男孩编辑的目的主要有："头发/发型"（56%）、"肩膀更宽"（40%）和"手臂更强壮"（39%）（D21 倡议组织，2020）。一项名为"人人都需要一张完美的照片"研究追踪了女孩和年轻女性是如何模仿 Instagram 上的女性"影响者"，并试图通过滤镜软件以达到自身形象和理想的美丽状态相统一。被调查的女孩想要显得"自发"和"自然",这反而导致了对"自发"和"自然"理解的扭曲(格茨,2019)。格茨和普罗玛(2020)发现,女性"影响者"关注于自己和自己的身体,她们在社交媒体上的自我呈现——在体态、姿势、目光、表情、服装、地点,以及图片整体特征等方面——是相似的。不同职业背景的不同女性所找到的"影响者"都具有相似的个人品牌形式,自我表现的审美范围是很狭窄的,所塑造的个人形象过着一种快乐、充实和无忧无虑的生活(达菲、维辛格,2017)。

社交媒体中所谓的"完美影响者"现象给他们的关注者带来了压力,要求关注者优化自身,并花时间去改善和传播自己的照片和短视频——不仅只有女性是这样。不光身体特征、环境和背景需要优化,照片和短视频所展示的情绪也要优化,女性喜欢把自己描绘成更自信、更放松、更聪明的样子,而男性往往把自己表现得比他们自己认为的更酷、更有趣(国际计划德国协会,2019)。

关于社交媒体如何影响女孩和年轻女性对自己身体的满意度、情绪和心理健康的研究有一个总体而言是负面的发现:使用社交媒体让妇女和女孩对自己的身体更加挑剔和不满,这导致了抑郁症和饮食失调等问题。在社交媒体中展示自己的身体与饮食失调之间存在着联系(格茨、普罗玛,2020)。饮食失调是女孩和年轻女性中最常见的心因性疾病之一。这些复杂的临床表征在男孩和年轻男性中也越来越常见。这种病症的发病原因很多,而且有不同的加剧和触发因素。加剧这种疾病的一个因素是:在"赞美厌食者运动"的背景下,赞美极度消瘦和具有厌食症身体特征的女性形象,导致患上诸如厌食症、暴食症、肌肉上瘾症(格茨、普罗玛,2020)。性别刻板印象对健康的影响是显而易见的,因为随着大量地使用社交媒体,自尊心和身体满意度会下降。但也有"影响者"帮助他们的关注者克服饮食失调的少数正面例子——例如通过上传没有修过图的照片(格茨等,2019)。

(3)解构性别的刻板印象

然而,社交媒体也为人们提供了一个打破现有刻板印象的空间,并对其进行解构。例如以理工科主题(MINT)出名的女性YouTube上传者。社交媒体可以提供进入社区和安全空间的入口，增进交流，传递归属感和积极的反馈，并可以提高自尊（勒文特里，2019；莫斯，2016）。

社交媒体为不同的人提供了空间和机会，让他们通过自己的身份认同和生活计划参与公共讨论。一些社交媒体网站和运动旨在解构性别的刻板印象，并赋予不同性别、性认同的人以权力。门户网站 www.genderdings.de 便是一个例子，它涉及的主题包括家庭形式、性、女权主义、性别多样性、美的理想和反对反女权主义的论点，它以自我赋权的方式面向年轻人群。

（4）社交媒体中性别刻板印象的原因

实际上，社交媒体应该让用户能够通过用户生成的内容来创造出个性化和多样化的自我表达，并能够摆脱刻板印象。这样的趋势确实是存在的。然而，由于对点击数和点赞数的依赖，社交媒体还远远不是一个能够让偏离常规的多样化的声音和认同得到大力传播的地方，特别是因为算法系统在后台运行，算法策划着内容，并把控制权从用户手中拿走。①

20世纪90年代的赛博女权主义认为，互联网是一个有争议的但又是乌托邦式的场所，它为性别关系的重新协调提供了空间：超越刻板印象、二元性别和异性恋；与70年代和80年代远离技术的女权主义立场不同，哈拉维创造了"赛博格"这一概念，作为可以而且必须介入技术世界的女权主义形象（哈拉维，1985）。这个乌托邦并没有实现。目前的研究得出结论，数字化通信的特点是带有不平等的机制。

男性——或者某种类型的霸权（例如异性恋、白人）男性气概——在社交媒体上的表现比女性要强势，尽管最新的研究表明，年轻女性的参与度正在提高（利特拉特、布劳，2019）。对于为什么会这样，目前只有一些建立在经验之上的解释。国际计划德国协会的一项研究发现，社交媒体的使用与对性别刻板印象之间存在联系。17%的女性受访者和29%的男性受访者同意"我觉得女性在同一份工作中的收入低于男性并不是特别糟糕"的说法，这些受访者表示她们不会每

---

① 有趣的是，出于商业需求，Instagram 等平台开始隐藏对他人内容的点赞，理由是它们比广告得到的关注更多（卡瓦尔科夫斯基，2019）。

天使用社交媒体。然而，在每天都使用社交媒体的受访者中，同意上述说法的比例分别升至32%（女性）和52%（男性）（国际计划德国协会，2019）。然而，这种联系背后的机制仍需要更仔细地研究。

关于社交网络中的性别刻板印象行为产生的原因，目前存在着重大的研究空白。根据目前的研究状况，专家委员会（依据格茨、普罗玛，2020）确定了四个问题领域：通过广告对刻板印象内容和"影响者"进行再融资，歧视性的推荐算法，生产文化和数字暴力。

社交媒体具有商业动机，通过广告和广告短片获得资金。"影响者"可以通过广告挣钱，他们接受企业的付费，替企业宣传产品。"影响者"的营销和互动的橱窗构成了一种新的营销形式，这种形式是以人为中心的，顺便做产品广告或者推广特定的内容。作为女性"影响者"的年轻女性，她们最常合作的是化妆品和时尚公司。在像游戏和知识这样的其他领域，妇女和女孩赚钱的机会较少（格茨、普罗玛，2020）。一般来说，女性和男性"影响者"之间存在性别薪酬差距；根据卡纳霍娃（2020）的一项国际性研究，Posts网站这一薪酬差距为7%，Instagram平台差距为27%，而在Post/Story平台这一差距甚至可以达到49%。

YouTube、Instagram、Twitter或Snapchat等社交媒体算法系统的性别偏见几乎没有得到研究（格茨、普罗玛，2020）；然而，我们可以假设，算法系统的程序员本身并非不持有性别歧视和种族主义的态度，他们（有意识或无意识地）再生产了这些态度。社交媒体中基于算法的歧视的一个例子正是Twitter的照片预览：显而易见地，白人面孔比黑人面孔得到了更多的展示（里恩斯，2020）。社交媒体中的性别代表差异也是由精心管理自己的渠道造成的。账户必须定期更新内容，YouTube是每周数次，Instagram每天数次；此外，还包括社区管理、监测和回复评论（普罗玛等，2019）。此外，还必须用其他渠道宣传视频和照片。如果有人休息或者因为生病或护理工作被迫休息，或者有人为保护自己免受仇恨言论而关闭评论功能，那么他会在一定程度上受到惩罚：访问量减少，自身作品的曝光量减少（格茨、普罗玛，2020）。在这两种情况中，女性受到的限制比例过大。

电影和电视等经典视听媒体的男性主导生产文化同样也反映在社交媒体上。

男性编剧、导演和制片人是传统媒体的常态,这与女性同样在镜头前的能见度较低有关。这种情况也发生在社交媒体:男性内容是标准,而女性内容更像是所谓的小众产品(格茨、普罗玛,2020)。因此,重要的是增加生产领域的女性人员和作品内容的多样性。用户是多样化的——生产文化因此也必须同样地多样化,这样可以使生产的内容反映用户的多样性。

目前,越来越受到关注的一个话题是数字化暴力。针对妇女和LGBTIQ+人群的仇恨言论和语言暴力,导致受影响者在社交媒体上的活动减少或不再活跃。这已经影响到女孩和年轻女性,以及不能或不想符合霸权主义男性形象的男孩和年轻男性。"数字化暴力让女孩沉默",儿童权利组织"国际计划"如是表述,该组织调查了全球15—25岁的女孩和年轻女性在社交媒体中遭受数字暴力的经历。受影响的女孩大部分在14—16岁首次遭受数字化暴力。在德国,70%的受访女孩已经在网上受到骚扰、侮辱或威胁,远高于58%的全球平均水平。发生在Instagram(45%)和Facebook(35%)上的骚扰尤其常见。为了保护自己,许多女孩和年轻女性对是否发布和如何发布内容都很谨慎。有些人则完全离开了平台(国际计划德国协会,2020)。

3. 行动建议

社交媒体中对人的刻板的、二元性别的和异性恋的呈现,是一种霸权主义和权力结构的结果;它们没有描绘出人类性别的多样性。

为刻板印象服务有时会通过更高的收视率和赞助带来更多的金钱收入,从而进一步巩固和扩大结构性差异。因此,不仅要在个人层面采取适当的措施,而且首先要在结构层面采取适当的措施。

以下行动建议来自研究现状的总结和根本原因的分析,用以消除社交媒体中的刻板印象,并创造更大的性别平等。

推广榜样和正面例子

有一种危险,是女孩和年轻女性以刻板印象的描述作为导向,而不对其所传达的生活计划的刻板印象和自身限制提出质疑。这同样适用于男孩和年轻男性。因此,在描述性别、性别角色、身体和生活计划时,需要引入积极、多样的例子和榜样。它们需要得到保护和推广。

改变生产文化

社交媒体的生产文化和其他媒体的生产文化一样，都有性别歧视和其他形式的歧视。为了改变这些文化和结构，专家委员会建议对来自代表性不足的群体的活跃分子给予特别支持，使他们能够不受广告行业的影响。

欧洲经济和社会委员会（EWSA）在其关于性别平等战略（欧洲经济和社会委员会，2020）的意见中呼吁媒体和广告业打破性别刻板偏见。专家委员会认同欧洲经济和社会委员会的建议，并建议将措施——例如确保所有性别平等参与决策机构和管理职位的行为准则和程序——扩展到数字媒体和广告行业。此外，决策者应接受培训，使性别角色多样性和政治参与具有吸引力，特别是对年轻目标群体产生吸引力。

专家委员会呼吁联邦政府与联邦家庭、老年、妇女与青年事务部和数字化国务秘书一起制定或者委托他人制定相应的行为守则，该守则旨在要求社交媒体避免对性别刻板印象的呈现。此外，专家委员会建议奖励那些打破性别刻板印象、推动人类多样性呈现的广告和运动。

扩大媒体教育

媒体能力和公众参与的启蒙和教育，对性别角色和身体积极性的反思，能够让社交媒体的使用者克服占主导地位的性别刻板印象。

由于社交媒体的许多用户是学生，因此需要解决学校、教师和家长的问题。专家委员会建议，在实施德国各州文教部长联席会议（KMK）制定的"数字化世界教育战略"（德国各州文教部长联席会议，2016）时，要一致参考性别和其他差异类别，并整合与性别相关的数字化暴力主题。要明确提及网络欺凌，包括它的子形式身体羞辱以及仇恨言论。重要的是，要将学生理解成主动的使用者，而不是被动的消费者。

在对教师的培育、进修和深造中，应纳入与数字化相关的能力，其中包括对数字化暴力的知识、敏感度和处理方法。

为了支持提升年轻人的媒体能力，还应考虑他们的父母或法定监护人。父母或法定监护人自身的数字化能力往往是有限的，他们认为孩子的媒体教育是一项越来越复杂的任务。

检查和规范推荐算法

专家委员会认为，迫切需要让社交媒体的推荐算法减少性别偏见和歧视性。专家委员会建议联邦政府，对推荐算法的原则性标记和使用进行检查。必须用合适的方法对使用推荐算法（包含打分和资料收集等）的服务和软件制造商进行测试，以确保与性别相关的歧视可能性降到最低。在购买和使用前，测试程序和结果必须公开。

扩大保护机制

为了限制明显有害的内容呈现，促进社交媒体的多样性，有必要为平台制定严格的法律准则，并对其执行情况进行审查。

另一项重要的要求是，扩大社交媒体中被保护的公共法律虚拟空间，以使人们能够超越性别刻板印象，表达多样性、定位自己，并与同侪交流。当涉及交流不同的被歧视经历、性别主义或者种族主义等话题时，这一点尤为重要。因此需要有这样一个能不被仇恨言论所渗透，不为商业利益所绑架，并能提供教育性引导的空间。

与第九次家庭报告一样，专家委员会要求为改善青年媒体保护创造结构性条件，并对2020年10月通过的《青年保护法》修正案表示欢迎，该修正案旨在使法定的儿童和青年媒体保护与当今的数字化媒体现实相适应。联邦家庭、老年、妇女与青年事务部（2020）所要求的面向儿童和年轻人的全面保障和报告体系，当然也应该适用于网络上的性别主义、种族主义和其他歧视。

（二）与性别有关的数字化暴力

1. 初始状况

"作为一名女性博主，我经常收到不好的消息——从'喔，你好肥'或者'你好蠢'，到指责我，好像我得了饮食失调症都是我自己的错，说我只想得到关注，再到死亡威胁，说我只配去死。我的粉丝越多，收到的仇恨就越大。"

这是一位女性博主所写的有关收到仇恨言论的经历（国际计划德国协会，2020）。

"这次经历让我感到非常沮丧，以至于有一天我下班开车回家，想如果我现在就转弯，一切都会结束，我再也不用面对所有这些耻辱了。我不会有任何感觉。"

这段话的作者是劳伦·亚当斯，她是一名"复仇色情（Revenge Porn）"①的受害者，她在博客中描述了这段噩梦般的经历，以及与之相关的耻辱感（阿蒙森，2019）。

这些例子给人的第一印象是，与性和与性别有关的数字化暴力涉及的范围很广。尤其是对于女性来说，数字空间（互联网）中以及通过数字技术产生的暴力极大地限制了她们自我实现的机会：不仅在私人生活、工作生活中，还涉及参与民主的决策（弗莱，2020）和表达方面。

2018年，《欧洲委员会防止和反对针对妇女的暴力和家庭暴力公约》（又称《伊斯坦布尔公约》）在德国正式生效。它是迄今为止影响最深远、具有国际性法律约束力的打击针对妇女的暴力行为的文书——希望也能据此打击与性别有关的数字化暴力。在其实施过程中，必须加强对所有受到与性别有关的暴力影响的群体的保护，例如，也要加强保护受暴力影响的男性："男性的脆弱性——必须承认，男性也可能成为性暴力的受害者，要破除这种禁忌。"（德国联邦男性论坛，2020）

《伊斯坦布尔公约》对暴力进行了宽泛的定义，将针对妇女的暴力定义为"所有对妇女造成或可能造成身体、性、心理或经济伤害或痛苦的基于性别的暴力行为，包括威胁实施这类行为、胁迫或任意剥夺自由，无论其发生在公共或私人生活中"（第3a条）。《伊斯坦布尔公约》没有对数字化暴力进行定义；尽管如此，联邦政府认为，在数字化空间中利用电子辅助设备进行的心理暴力和跟

---

① 复仇色情是指未经当事人许可，将其私密照片和视频在互联网中传播（欧盟性别平等研究所，2017：3）。

踪等行为，仍在该《公约》的适用范围内（德国联邦议院，2018）。这种观点是合乎逻辑的，因为数字化和模拟暴力之间的根本性区分正变得越来越困难："虚拟"或者数字化空间已经不再能跟"真实"或者物质/物理空间相区分，两者之间的过渡是很平滑的；此外，如今朋友和熟人关系也已经从现实中转移到了社交媒体。

经常被使用的"家庭暴力"一词，表示暴力行为发生在自己家中，或者至少发生在"真实"的房间里。《伊斯坦布尔公约》在其对家庭暴力的定义中，已经考虑到所谓的"家庭暴力"与"施害者与受害者是否拥有或曾经拥有相同的居住地点"无关（第 3b 条）。然而，向数字空间的延伸并不包括在内（弗莱，2020），尽管数字通信的特点（如存储、同步性、可复制性和移动性）使施害者不论受害者在哪里都能够接触（德拉吉维奇，2018）。

数字化暴力不是一种脱离模拟暴力的现象；相反，它是暴力关系和动态的延续或补充（哈特曼，2017）。由于和性别有关的暴力实施的许多形式和工具只有在数字化的条件下才能成为可能，这时我们才可以称之为在谈论一种新的暴力。在打击数字化暴力时，要考虑到它的特殊性，其中包括：空间和时间的障碍被打破；匿名和身份盗窃使得追捕变得困难；国际性和隐匿的可能性给监管和起诉带来了挑战；数据是持久的易复制的和传播快速的（弗莱，2020）。

为了理解与性别有关的暴力，必须分析性别和其他社会性差异之间的相互交织的关系和相互作用（联邦政府，2017）。女性的社会群体是多种多样的：有移民和难民经历的受害女性也会因为种族主义和性别歧视的原因受到网络暴力和伤害（德国女性移民组织联合会，2019）。具有非二元性、转换性或酷儿性别认同的人在网络内外都会遇到特定的敌意，特别是当他们站出来表达自己关切的时候。

如果男性不符合某些人对男性气概的设想（联邦家庭、老年、妇女与青年事务部，2020），或者他们支持妇女解放和表达亲女权主义观点的时候，即便是男性，他们也会受到与性别有关的暴力侵害（弗莱，2020）。针对男孩和男人的暴力以及他们之间的暴力往往是通过与性别有关的诽谤进行的。这样一来，一种排斥性的、贬低性的，并最终不拒绝以暴力作为手段的男性气概规范，被反复呈现给所有自认为具有男性气概的人,并因此而传承下去。这样的机制减弱了多样性,并固化了刻板印象。

数字技术也可以用来防止暴力,这一点不能忽视。此外,互联网为联合行动共同反对网络仇恨提供了很多的可能性(亨切尔、施密特,2014)。

2. 分析

与性别有关的数字化暴力发生在社会的各个领域。根据弗莱(2020)的分析,可以划分为如下四个互相重叠和加强的领域:政治和志愿工作;有酬就业和公共领域;社会邻近空间;公共空间。这四个领域的数字化暴力具有不同的形式。

(1)政治和志愿工作

互联网对意见形成的重要性正在稳步上升,根据2019年第二次媒体多样性监测,互联网为29.8%,仅落后于电视约2个百分点。对于14—29岁的年轻互联网用户,潜在意见形成权重现在为59.5%,是人口平均水平的两倍(德国媒体主管部门工作组,2020)。社交媒体尤其扩大了政治讨论的话语领域。Facebook和YouTube或Twitter等平台提供了公开表达、与志同道合者建立联系以及采取政治行动的机会。数字空间已经成为言论自由和民主参与的必要先决条件(德国女性法学家协会,2019)。对于权利平等政策和女权主义活动来说,互联网也成为它们地域性、跨国性意见形成、构建网络和施加影响的可能(亨切尔、施密特,2014)。

与此同时,妇女正在互联网上遭遇数字化暴力,德国女性法学家协会指出:"只要妇女在网络上公开表达,甚至仅作政治表达,她们就会面临性别歧视、色情嘲弄、强奸威胁甚至死亡威胁"(德国女性法学家协会,2019)。

仇恨言论是一种特别常见的数字暴力形式。它指的是"基于某人的性别认同或其他特征而诋毁、侮辱、威胁或针对某人的语言"(欧洲委员会网络犯罪公约委员会,T-CY 2018;欧洲性别平等研究所,2017)。与男性相比,女性收到的评论更多的是攻击她们本人,而不是她们的意见(纳迪姆、弗拉德摩尔,2019)。

对女性的仇恨除了针对个人之外,被视为政策目标的两性平等和两性自我实现机会平等也经常成为它们攻击和诋毁的目标。仇恨运动也针对那些在网络上不活跃或者不太活跃的行为者。这些人可能是女性/性别平等专员（联邦劳动法院，2018）、性别研究者（哈尔克、维拉，2015），也可能是语言学（伊尔格纳，2018）或性教育学领域的教师。与男性政治家相比，女性政治家也特别容易受到仇恨或性别歧视言论的影响，即使她们并未阐明性别政治的立场（弗莱，2020）。

就民主参与的可能性而言，数字化暴力切断了女性自我实现的机会。德国女性法学家协会认为："事实上，很多女性退出并失去了参与和塑造数字公共讨论的机会"（德国女性法学家协会，2019）。

为了改善数字政治参与领域不分性别的自我实现机会，首先有必要修订法律（《德国网络执行法》）；此报告编写时，立法机构已经计划对此法律进行两处修订。

第一，联邦议院和联邦参议院在2020年夏天通过《更好地打击右翼极端主义和仇恨犯罪法》，这是保护人们免受与性别有关的数字化暴力的第一步；除了暴力行为威胁外，性攻击威胁也将受到惩罚。未来，社交媒体必须向当局主动报告强奸威胁、谋杀威胁，以及煽动民众等行为。在此报告编写时，这项修订尚未生效。联邦宪法法院于2020年5月27日作出裁决，宣布多项规范人工库存数据的法律违宪。这也涉及《更好地打击右翼极端主义和仇恨犯罪法》。

第二，在编写本报告时，另一项法律草案正在议会程序中。修订《德国网络执行法》（德国联邦议院，2020）的法律草案将会打击仇恨言论和与性别有关的数字化暴力。基于这项法律草案，在研判仇恨犯罪的相应线索，会将仇视女性或者性别歧视动机纳入进去。

然而，即便《德国网络执行法》有了这两处计划中的修订，相较于让人们能够不分性别地在政治参与领域获得更好的自我实现机会并使他们免受数字化暴力，现有的表达权和社会经济框架还是显得落后了。关于《德国网络执行法》的评估报告虽然基本包括了与性别有关的诉求，但并没有用特别的方式对其进行研究（德国联邦司法与消费者保护部，2020）。

数字化交流中的许多表达形式都受平台限制，并且经常以匿名或假名的方式进行，这就带来了一个特殊的困难。一方面，在匿名的保护衣下，数字空间中的攻击变得非常容易；另一方面，常常只有匿名的保护衣才能提供不分性别的自我实现机会。以调查为目的的用户身份识别形式不得使匿名和假名的保护全然失效。因此，媒体法学界经常提出的在互联网上发表任何观点都需要明确署名的要求，并不能解决现有的问题。

有关仇视女性和性别歧视的动机以及相应的犯罪结构研究数据，可以从中找到更好地打击仇恨犯罪的方法，但这些研究数据仍然是空白。必须密切关注和观察互联网上的数字化暴力这一主题领域，因为公共讨论的重要部分已经转移到这一空间，同时，现在已经很明显，社会上没有平等的自我实现机会来参与这些讨论。

（2）有酬就业和公共领域

在工作生活领域，与性别有关的暴力也随着数字化工作和通信手段的发展而变化，并以新的形式出现。受联邦反歧视局委托而进行的一项研究表明：如今，工作场所的性骚扰也以"网络性骚扰"的形式通过互联网发生。例如像包含性意味或色情内容的电子邮件或信息（施罗特勒等，2019）。网络性骚扰是一种特别普遍的数字化暴力形式；反复的攻击会给受影响的人带来沉重的心理负担，而且网络性骚扰往往伴随着对人身攻击的恐惧（T-CY，2018）。

相当多的人以职业为目的或以商业为目的使用互联网，他们面临着仇恨性评论和有针对性的仇恨运动所带来的被侮辱、被骚扰和暴力的风险。损害声誉的言论、评级和违法行为对受影响的人造成负面影响，也因为它们在网络上持续存在，并成为个人数字档案的一部分（联邦政府，2017）。仇恨言论尤其会影响那些在工作中暴露于公众并在网上受到广泛接受的人，例如"影响者"、主持人、艺术家（弗莱，2020）和记者（联邦政府，2017）。女性 YouTube 上传者比男性 YouTube 上传者收到更多的负面视频评论（多灵、莫塞尼，2020）。传统媒体的网络平台上情况也是类似的。虽然多数文章的作者是男性，但是大多数充满仇恨和非人的评论都发布在女性作者所写的文章下面，和文章的内容毫无关系，还能观察到种族主义的影响（《卫报》等，2016）。以专业人士身份面向公众的女性成为目标，只因为她们渗透进了男性所主导的领域。

与性别有关的数字化暴力在职业生活中的影响，除了情感和心理上的后果外，它还会给受影响的人带来经济损失。如果因此需要休息、改变职业甚至是认同,这样的损失可能是巨大的(德国女性法学家协会,2019)。仅仅是潜在的数字化暴力的威胁就使人们难以从事某种职业,并阻碍了商业理想的实现。因此,工作生活中数字化暴力的经济后果对自我实现机会产生了巨大影响。

(3)社会邻近空间

在社会邻近空间中,数字化暴力主要被用来让人——主要是妇女——为其所用,并控制她们。例如通过电子邮件或者信息进行不必要的联系;通过间谍应用程序或者在社交媒体的帮助下进行监视;通过公布个人数据或者图片进行威胁("复仇色情");以及偷窃身份或者伪造个人资料(哈特曼,2017)。在政治和志愿工作以及就业和公共领域,攻击行为通常是由不知名的施害者实施的,而在社会邻近空间中,施害者通常来自受害者周围,与受害者有或曾有过密切的社会关系(弗莱,2020)。他们往往是前伴侣、家庭成员或"朋友"。这种形式的暴力是对受害者身心完整性的大规模侵犯,从根本上让她们实现自决生活的机会成疑。居住状况不稳定的女性和有学习困难的女性特别容易受到数字化暴力的侵害(哈特曼,2017);生活拮据的女性对数字化暴力作出反应的可能性有限,因为她们不能轻易地更换新设备或与另一个供应商签订新的合同(弗莱,2020)。

在社会邻近空间,数字化暴力和模拟暴力紧密交织:那些因跟踪、性暴力和家庭暴力寻求建议的受害者通常也受到各种形式的数字化暴力(哈特曼,2017)。

跟踪软件

近年来,通过软件对前伴侣进行控制和监视的现象似乎大大增加了。但是,没有关于这种现象的有效数据。这里使用跟踪软件作为例子来处理网络跟踪的话题,它们是可以秘密观察和跟踪第三方的应用程序和软件(弗里德等,2018)。作为一个整体,网络跟踪现象还包括:通过电子邮件和短信进行持续的联系;在社交媒体上进行监视和跟踪;在汽车上秘密安装摄像头或定位仪;公布他人的私人或虚假信息(伍德洛克,2017;弗里德等,2018)。

跟踪软件可以在各种支持联网的设备上找到——从智能手机到电脑到移动媒体播放器。跟踪软件不仅可以创建活动档案,还可以记录信息、电话、浏览历史和密码(皮特安德尔,2019)。

在国际比较中，2019 年，针对用户在其设备上发现所谓的跟踪软件进行了排名，德国排名第五，这一数字在一年内增加了 35%（反对跟踪软件联盟、卡巴斯基，2019）。德国联邦妇女咨询中心与妇女紧急呼救联合会认为，这种形式的数字化控制在关系暴力的背景下也发挥着重要作用。受暴力影响的女性有理由担心"被人通过定位仪找到，或继续被孩子玩具中的摄像头监视"（赫希特，2020）。跟踪软件的例子显示了暴力是如何通过技术不断变化调整的："安装一个间谍软件需要进行一些初步的研究，花大约 15 分钟安装。你不需要投入大量的时间和只需支付一些钱，但你不必整天站在一个女人的门外。机会被简化，然后被更多地利用"（弗莱，2020）。

跟踪软件也对那些保护遭受暴力女性的庇护机构提出了新的挑战。寻求保护的女性可以通过跟踪器被定位到，这既危及受害者，也危及庇护机构及其工作人员（弗莱，2020）。对妇女庇护机构所在地址保密的基本原则也因这一发展而受到影响。目前，在妇女庇护机构协调协会①的"防止数字暴力，包括妇女庇护机构的数据安全"项目框架内，正在制订保护计划，并在示范点进行测试。

为了打击跟踪软件，反对跟踪软件联盟于 2019 年成立，联盟成员有 IT 公司、学术界和受害者保护组织，其中包括了德国联邦妇女咨询中心与妇女紧急呼救联合会。联盟建立一个网站②用于支持受害者并提高他们的敏感度，提交一项行业性的跟踪软件定义提案，促进对跟踪软件传播的研究，并说服了第一批杀毒软件供应商将跟踪软件作为有害或不受欢迎的程序来识别和报告（加尔佩林，2020）。由于监控软件——例如为痴呆症患者或回家路上的学生使用这些软件可能需要的——与跟踪软件在技术上没有区别，因此打击跟踪软件的工作变得更加困难。因此，全面禁止具有相应监控功能的软件是不合适的。

智能家居

随着智能家居技术的普及，私人家庭中的联网增加了数字化暴力滥用的可能性（弗莱，2020）。越来越多的可以通过应用程序或语音控制的技术设备被提供

---

① 参见 http://www.frauenhauskoordinierung.de/arbeitsfelder/digitale-gewalt/。
② 参见 http://stopstalkerware.org/。

给私人家庭。供应商宣称此类智能家居解决方案能使家居生活更舒适、更安全、更高效。

智能家居设备通常通过屋内的无线路由器联网，同时，它们又通过该路由器从互联网获取信息。"使用这些设备的先决条件不仅是私人家庭设备之间的联网……，而且还包括与制造公司、其他服务商以及在场或不在场的家庭成员的智能手机联网，即与外部世界的连接。"（施特尔肯斯，2019）。即使外联网络（互联网）和内部网络（内联网）是分离的，或者现代的路由器能自动进行区隔分离，但是在智能家居领域，传感器和执行器可以通过应用程序从外部进行控制仍然是一个卖点，比如当一个家庭还在度假归来的路上，他们就可以远程打开暖气了。内外网的连接非常方便，所以它被激活了。

这种可从外部访问的设备和传感器能用于控制和监控，也可用于骚扰（普茨，2018）。晚上灯忽然亮起，夏天把暖气开得很足，或者前伴侣发来短信评论受害者在家的穿着。私人领域被入侵和自己保护区域内基本功能被外部控制，会让人感受到巨大的威胁，有任人宰割的感觉。

对于那些无法控制智能家居或缺乏必要相关技能的人来说，此类设备的实用功能因此被证明是一个陷阱。这种形式的数字化暴力的受害者大多是女性，由于现有的性别刻板印象，必须假设，在获得智能家居相关的技术方面，男女是不平等的："男性被认为对精通功能负有责任，女性操作技术设备，但是对设备的技术背景不感兴趣。"（弗莱，2020；施特尔肯斯，2019）

目前还没有关于借助智能家居技术施加数字化暴力现象的有效数据。在德国，智能家居设备的使用也在增长——因此有必要将数字化暴力的滥用风险纳入有关数据安全和法律监管的讨论中。

游戏

对于游戏行业和电子竞技来说，有关性骚扰、性侵犯和有问题的互动文化——尤其影响女性——的报道越来越多；要求改变的呼声也越来越高。游戏行业的一些公司据称有一种男性"伙伴文化"，就其对数字化暴力的影响而言，迫切需要改革（克雷恩布林克，2020）。游戏平台和游戏的流媒体平台涵盖了许多社交平台的功能,特别是公共聊天和直接信息。它们有很大的影响力,特别是、但又不仅仅是在青年文化中,它们对许多人来说具有非常重要的作用。数字游戏世界中的互动往往包含了具有攻击性和侵犯性的行为方式,与其他形式的数字化暴力一样,这会对游戏者的整个生活产生影响(施瓦茨,2020)。这种情况也很危险,因为右翼极端分子和厌恶女性主义者在游戏平台上强化和极端化了彼此的观点。

要求拥有许多儿童和年轻使用者的大型平台的供应商进行长期不懈的监管是很有意义的,他们的任务是反对仇恨信息、反对有组织的仇恨运动和反对仇恨女性及极端右翼分子"招募"年轻人。为此,必须制定指导方针,提升监管者的角色,建设对监管者高强度工作的支持体系。

(4)公共空间

在公共汽车站、公园或去超市的路上——女孩和妇女一次又一次地在公共场所遭遇性骚扰。她们不得不听着性别歧视的口号,有时还伴随着种族主义的言论,或者未经同意就被触摸。一项调查显示,在德国超过 1/3 的女性曾遭受过性骚扰,1/10 的女性曾在街头遭受过性暴力(法国公共舆论研究所,2018)。因此,她们将公共空间视为恐惧空间,并在一天中的部分时间或特定时间内避开它们。公共安全是整个社会的问题。无论性别如何,人们都应该能够在公共场合毫无恐惧地、安全地行动。

窥淫癖和未经允许拍摄女性私密照片的例子展示了公共空间的攻击和数字化暴力是如何相互作用的。两者都不是新现象,但数字技术为它们增加了与性别有关的暴力的新维度。作为智能手机的一部分,数码相机无处不在,而且体积很小,不容易被发现;它们使犯罪者能够轻易地制作未经授权的图像或影片,并未经许可地在互联网上大范围传播。自 2019 年以来,"裙底偷拍"现象受到关注。类似的情况还有"领口偷拍"。"一方面,这是在公共空间对女性的骚扰;另一方面,这是针对女性的数字化暴力",公共辩论中也讨论了这一点(德国女性法学家协会,2019)。这种攻击通常发生在公共空间,例如在滚梯上,并不为受害者所注意。这些照片随后会被犯罪者在互联网论坛或者其他平台上分享。2019 年,许多人对这种形式的性暴力进行了抗议，2020年前，这种性暴力形式仅被追究为扰乱秩序的行为。

另一个例子是在更衣室或公共厕所使用微型摄像机录制非法视频，并上传到色情网站或特殊论坛。在德国，第一批此类案例是发生在音乐节上，但在游泳池、健身房、日光浴室和百货公司也有类似的秘密摄制。商业色情网站目前靠着这个挣钱（魏德曼，2020）。

最近，德国立法机构已经将"裙底偷拍"定为违法行为。2020年7月，德国联邦议院在《刑法典》（简称StGB）中增加了第184k条"私密部位的拍摄"。自2020年1月1日起，如未经授权对他人的私密部位进行图像记录，即在其衣服下拍照或摄影，可判处最高两年的监禁。传播这类照片现在也可以作为刑事犯罪受到惩罚。

（5）防止与性别有关的暴力并提供援助

在打击与性别有关的数字化暴力方面，有一个特殊挑战：在具体的知识上存在严重的差距："与性别有关的暴力问题专家的技术知识太少，无法为受害者提供支持，而网络犯罪领域的专家在处理与性别有关的暴力方面的缺乏经验"（弗莱，2020）。这既是咨询机构的问题，也是警察和执法机构的问题。

数字化暴力的受害者往往被建议停止使用他们的移动设备或删除他们的社交媒体账户。然而，让受害者退出数字空间并不是解决问题的办法。相反，防止与性别有关的数字化暴力的措施应针对的是犯罪者（库等，2019）。

数据和研究

目前，关于与性别有关的数字化暴力的范围和程度的有效数据很少（联合国大会，2018；欧洲性别平等研究所，2017）。因此，很有必要对其进行研究，以记录与性别有关的数字化暴力的原因、表现形式和传播方式，并制定保护受害者的行动战略。

缺乏有效数据首要原因是，德国目前没有最新的"发案率研究"，当局对相应的暴力行为的记录也不够充分。警方犯罪统计（PKS）和州警察当局的统计一般既不包含不同类型的数字化暴力犯罪（例如：间谍应用程序、身份盗窃），也不包含按性别区分的受害情况（德国各联邦州性别平等和妇女事务部部长、议员会议，2020）。此外，应当假设未报告的案件数量很高，因为许多受害者没有意识到他们是数字化暴力的受害者，或者因为他们在全面监控的情况下看不到任何自我防卫的可能。

信息与宣传

预防的一个重要举措是进一步扩大宣传、教育和提高认识的措施。联邦政府以及各州和各镇村已经在实施打击数字化暴力的措施（T-CY，2018）。这包括正在进行的"强于暴力"运动；它作为执行《伊斯坦布尔公约》和《联盟协定》的一部分，已被纳入联邦政府打击暴力侵害妇女及其子女的总体方案。

提供咨询和保护

近年来，在联邦和州的层面建立并资助了与性别有关的数字化暴力领域的咨询和保护基础设施。例如："女性暴力受害者援助热线"，该热线在其网站上将数字化暴力作为其中一个专题[1]；除电话咨询外，该援助热线还提供在线咨询。德国联邦妇女咨询中心与妇女紧急呼救联合会目前正在开展"积极反对数字化暴力"项目[2]（2019—2021）。此外，各种组织，例如 HateAid 非营利性责任有限公司[3]通过诉讼资助基金向受害者提供咨询和支持。

在这些倡议和项目中，通过大量的民间参与和志愿工作，积累了专业知识，并建立了部分网络化的支持性基础设施（弗莱，2020）。

执法和司法

数字化暴力领域中的一个特殊挑战是执法。通常，调查和执法缺乏与性别有关的数字化暴力领域相应的技术能力和设备（女性协调协会，2020）。此外，有时"很难在警方找到谁在具体负责数字化暴力案件"（哈特曼，2017）。也不一定能保证受害者及其关切总是能被执法和司法部门认真对待，因为这个问题往往是被低估了。在提高对与性别有关的数字化暴力的认识方面，许多警察部门仍有一

---

[1] 参见 http://www.hilfetelefon.de/gewalt-gegen-frauen/digitale-gewalt.html。
[2] 参见 http://www.frauen-gegen-gewalt.de/de/das-haben-wir-im-projekt-vor.html。
[3] 参见 https://hateaid.org/。

些追赶工作要做。对于那些受害者来说,这导致了保护漏洞,诸多相关领域的专家视其为最紧迫的问题(德国女性法学家协会,2019)。仔细观察,保护漏洞与其说是由现行法律状况造成的,不如说是由现行法律执行缺位造成的。有效保护受影响者所遇到的障碍特别大。

近年来,在反歧视法和性犯罪法方面都发生了示范性的变化。在德国关于性犯罪的文献中,长期以来一直对《刑法典》有所批评,认为其第13节的规定不符合《欧洲人权公约》或《伊斯坦布尔公约》的要求(伦季科夫斯基,2015)。在围绕2015年科隆新年夜事件的激烈讨论过程中,经过短暂的议会辩论,通过了《性犯罪法》修订草案(厄尔-加齐,2016);旨在改善对性自决权保护的第50部《刑法典》修订法案于2016年11月10日生效。虽然围绕着法典修订中的体系严谨性问题一直存在着各种批评,但是就确保性自决权而言,这一修订法案被一致认为是规范性原则方面的示范性变化。现在,认定行为是否违法的焦点落在性行为是否得到了受害人的同意,这就明确符合了《伊斯坦布尔公约》第36条的要求(合意原则)。

然而,在保护免受基于性别的暴力的法律领域,还需要做出更多的努力:上述所有保护免受(性)骚扰和暴力的法规的实际执行中,除了要介绍新的刑罚和处罚之外,更重要的是要改变意识,并从根本上提高这一领域的研究、调查、行动和审判人员的敏感性。

3. 行动建议

扩大和资助民间倡议和项目

专家委员会建议联邦政府扩大和资助关于与性别有关的数字化暴力专题的民间倡议和项目,目的是建立可持续的结构并长期保存所获得的专门知识。

此外,应采取措施加强对与性别有关的数字化暴力专题的宣传和教育,正如"强于暴力"倡议所做的那样,需要为女性和其他受害者提供更多服务,以提升他们在数字化暴力方面的媒体和数字化相关能力。这些服务应侧重于传授有关数字设备工作方式方面的知识,因为那些能够控制自己的数字设备的人不易成为数字化暴力的受害者。

建设和提升与数字化暴力有关的能力并在专业咨询机构建立可持续结构

联邦和各州政府应持续加强与性别有关的数字化暴力领域的咨询结构建设，通过进修和指导来改善咨询师的工作环境，并检查保护他们的措施。其中一种保护措施是在简化他们在注册登记时对地址实施保密的程序。此外，应提升专业咨询机构和庇护机构人员的数字化相关能力。

加强警察、执法、监管和司法部门的能力及可持续结构建设

立法和行政部门应通过强制性培训确保当局，特别是警察、执法、监管以及司法部门对数字化暴力的重要性和相关危险的敏感性，以便对此类犯罪进行恰当的法律起诉。

应通过培育、进修和深造等方式，持续进行与数字化暴力有关的能力建设，其中也包括将该主题纳入法律从业者的教学和考试材料。相关的能力应是有性别意识的、反种族主义的。各州应研究如何在联邦刑事犯罪调查局（BKA）的学士课程"刑事执法"框架内对与性别有关的数字化暴力主题予以更多考虑。

此外，专家委员会建议在州一级建立明确的联系结构，增加调查和执法机构的信息技术专业知识和技术资源，例如，为警方的行动确立指导方针，其中包括对手机的取证分析。

就数字空间中的匿名与身份识别问题设立一个有科学基础、民间参与的独立委员会

专家委员会建议，就匿名保护和言论的可追溯性的重新平衡协调问题，推动开展有科学基础的、有民间参与的讨论，其中包括去中心化的注册格式、技术安全措施和审查规定的开发。为此，应委托一个独立的专家委员会，以确保程序合规。目的应是防止与保障言论自由这一最初目标不相符的身份数据的进一步使用。

设计并建立抵御数字化暴力的保护屏障

联邦政府应研究是否以及如何使受到与性别有关的数字化暴力影响的人或在这方面处于高风险的人迅速得到保护，而不需要付出高昂的官僚主义费用。比如说，这可以在独立机构风险分析的基础上进行，该机构与当事人、当局和企业共同实施必要的步骤，例如保全证据、删除仇恨评论、保护经过验证的账户、启动快捷民事登记信息封锁等。

开发和使用检测仇恨言论的混合方法

借助算法控制的检测器或者混合方法（交互式机器学习）来删除仇恨言论，同时又不会限制言论自由，做到这一点的可能性有多大，对于这一问题的研究应予以资助。

就发案率和未报案率进行交叉视角的委托研究

专家委员会强调了第30届德国各联邦州性别平等和妇女事务部部长、议员会议决议的相关性，该决议要求联邦政府"提交一份关于针对女性数字化暴力的有代表性的实证研究，以便今后能够更好地支持受数字暴力影响的妇女，并制定有效的预防措施"（德国各联邦州性别平等和妇女事务部部长、议员会议，2020）。专家委员会还建议，在这类研究的框架内，要委托进行相应的暗中实地研究，并资助与性别有关的数字化暴力专题研究项目，特别是具有交叉视角的研究。

此外，还应调查男性所受到的与性别有关的暴力，无论这种行为是发生在公共空间或是伴侣之间，在家庭中，还是在护理或儿童及青少年工作中，这一点是不为人熟知的。尽管受性暴力影响的主要是女性，而男性通常是犯罪者，但必须要承认男性的脆弱，并使之可见。

此外，警方的刑事犯罪统计数据和各州警方当局的统计数据应该扩大，例如在侮辱或诽谤等罪行中，除了记录受害者和犯罪者的性别之外，还应记录数字媒体是否从中起了作用。

开发记录和监测数字化暴力的指标

在执行《伊斯坦布尔公约》的过程中，应全面考虑数字化暴力问题，并使用监测工具。为此，必须开发和使用可衡量的指标，以便更好地掌握数字化暴力的新维度，并采取适当的，必要时也可以是法律性的措施。

加强平台运营商的责任和对受害者的保护

平台运营商应有义务在其平台上搜索、删除或阻止所有非法内容的副本。

平台运营商应有义务设立投诉机构，为确保数字化暴力的受害者能快速得到支持，这些机构应能够并且必须迅速采取行动。

报告程序应标准化和简单化。此外,透明度报告的编写需要更多的法律规定。其他方面:要有一个将误删内容恢复的程序,对社交媒体的保护措施要扩展到其他传播特定内容的平台,要规范知情权。

所提到的措施旨在删除和阻止内容;同样紧迫的是要采取措施,更好地调查犯罪者并追究其刑事责任。这包括在德国可访问的平台运营商的报告和证据保全义务,例如在终止相应的帖子的可访问性的同时,有保全证据的存储义务。光是删除和封锁内容是不够的,还要对犯罪行为进行追究和威慑性地惩罚。

必须为仇恨言论的受害者引入扩展的赔偿规定,这些规定必须扩展到造成严重后果的心理暴力的受害者。

平台运营商应有义务以匿名的方式免费提供研究数据。

进一步发展针对数字化暴力的劳动保护

专家委员会同意《第二次性别平等报告》中关于保护工作生活中免受数字化暴力的建议。其中包括主张索赔的足够期限、集体诉讼的可能性、降低投诉程序的门槛以及设立咨询机构(联邦政府,2017)。特别要明确的是,工作中的网络骚扰和其他形式的骚扰属于《德国一般平等待遇法》中的反歧视保护范围。

专家委员会还建议,消除《德国一般平等待遇法》现行领域中的保护漏洞,比如在工作场所针对大学生的数字化性骚扰,或者在工作场所针对个体自营职业者的数字化性骚扰。

利用性别平等的、参与式的技术开发和设计作为反对数字化暴力的措施

对于智能家居、物联网和社会邻近空间中无处不用的技术而言,要采用性别平等的技术设计原则。

必须让软件公司和技术供应商在对新技术的滥用、暴力和监控危险评估中承担起更多的责任,并在开发过程中尽早发现潜在的威胁。为此,必须在参与、权力关系和脆弱性方面存在着性别不平等的背景下理解"智能"技术在社会邻近空间中的使用。

对于物联网和智能家居技术背景下的设计,具体是指:

①除了技术专长外,还应包括各个领域知识,例如性别研究和社会工作领域

的社会科学知识，以及有关受害者的知识。

②要完善关于性别脆弱性的认识，并将其纳入隐私和安全原则。

③应使用明确面向女性的参与式的设计方法，以提高她们在智能家居技术领域的塑造权和影响力，以及以后的使用积极性和知识。这还包括智能家居技术如何赋予女性权力以保护自身免受暴力侵害的问题。重要的是要考虑到女性的多样性，例如：考虑残疾女性、不同的社会经济背景以及不同的年龄。

④必须对智能家居技术进行检查，看它们工作的时候是否带有特定的性别刻板印象。例如，智能音箱等辅助系统使用女性声音和拟人化，这可能会让女性助手的刻板印象具体化，为此需要采取对策。

⑤可联网设备的安全设置以及防病毒软件都是为了抵御来自外部的攻击。然而未曾料到的是，攻击可能来自邻近空间，例如，攻击者可以物理访问设备或拥有解锁设备的密码。应用平台和移动设备上的数据保护和安全措施的设计应能防止这两种类型的威胁。

打击网络跟踪

专家委员会建议联邦政府研究是否可以以及应该禁止哪些跟踪应用程序，并在必要时启动相应的禁止措施。

程序员和开发者应有义务为他们的合法监控软件采取预防措施，因为众所周知，这些软件被滥用于监视和数字化暴力，要尽可能地排除这些行为对其技术使用。

此外，这些应用程序的潜在用户中如果有人会将监控用于实施数字化暴力，那么他们应当获得被监控的，或者在其设备上被安装程序的第三方的明确同意才行。

发展无暴力的游戏文化

游戏领域的企业和平台应当致力于改变它们的基本文化规范。促进公平的、无歧视的游戏文化是运营者的第一责任。

平台上和游戏环境中的设计措施可以最大限度地减少暴力和歧视。对于那些意图实施数字化暴力的玩家，如果他们可以换个用户名重新注册登录，那么销号和屏蔽是不够的。游戏公司和平台运营商应围绕防止骚扰、攻击和数字化暴力行为的功能扩展交互行为的可能性。

评估"裙底偷拍"禁令

专家委员会对在《刑法典》中增加了第184k条"私密部位的拍摄"以及将"裙底偷拍"和"领口偷拍"定义为对性自决的侵犯表示欢迎。专家委员会建议对《刑法典》第184k条的实施进行评估。

有必要检查在性骚扰和数字化暴力领域需要进一步规定的地方,并在法律上澄清未来是否应将"裙底偷拍"等数字化暴力定义为性骚扰,即使没有身体接触。

(三)数据和基本权利

1. 初始状况

数据伦理委员会的结果显示,鉴于"大量的数据和技术所引发的权力的集聚,以及新的排外和歧视的危险"(2019),有必要采取整顿措施。专家委员会对此表示支持,但也从性别的视角出发,从国家和宪法理论的角度对数字化的问题进行研究:必须在有数据安全保护措施的前提之下才能获取并使用数字技术,因为消除/防止歧视的有效措施可以为所有人提供实现自我的机会——不分性别、公平分配的机会。

通过观察数据保护和互联网技术安全的社会价值需要多久能被普遍承认,可以看出法律的发展程度。正如其他的章节中已经交代的,数字化的开端可以追溯到数十年前,在20世纪60年代和20世纪70年代,数字化经历了第一次重大的发展。1983年,数字化再一次经历了卓越的进步,不仅仅第一部移动电话获批上市,同年出现了至今仍在使用的互联网协议以及BTX主板,这也为现代互联网和大规模网络化奠定了基石。此外,同年还出现了外接硬盘的个人计算机(PC),这成了第一个在大型组织或者国家之外可以进行数据处理的系统。1984年,大量数据被计算,个人信息被广泛记录,这一年也恰恰是乔治·奥威尔那部经典著作的标题。这些背景导致公众强烈反对综合数据评估以及对人进行数据化处理。原计划在西德进行的人口普查引发了大规模的游行示威。这些游行示威表达了民众"在面对信息技术时严重的不信任。信息技术的后果无法预见,从相关受众的角度来看，信息技术很可能会干预他们的行为，并剥夺他们按照自己的意愿生活的权利"（Simitis et al., 2019；vgl. Simitis, 2000）。对于此次人口普查，参与申诉的人数空前之多，依据宪法诉讼规定，联邦宪法法院禁止进行人口普查并最终制定了第一部信息技术基本法，即信息自决权或数据保护基本权利。

随后，德国出台了第二部信息技术基本法，它旨在数据保护，保障信息技术系统的机密性和完整性（《德国基本法》第10条）。两项信息技术基本法旨在实现使每个人都能参与到越来越受数字化进程影响的社会中来。

此外，数据处理也常与电信自由权（《德意志联邦共和国基本法》第10条）和一般个人权利（《德国基本法》第2条第1款，并结合第1条第1款）相关。日常生活中的终端设备（例如智能手机、智能家居、智能购物、智能旅行、智能银行、智能汽车等），特别是移动设备，都使用电信基础设施收集数据并允许对用户的通信进行评估。由此，他人可以通过智能手机或笔记本电脑的通讯地址数据，获取使用者广泛的社会关系及其行动轨迹（Biermann, 2015）。即使是用户隐藏了其性别或其他信息，这些数据依旧有可能为性别歧视或其他方面的歧视提供条件。相关技术如跟踪软件也可能为网络暴力所用。

其他专门面向隐私保护的基本权利，如《德国基本法》第13条住宅保护，《德国基本法》第12条和第14条贸易以及商业机密保护，都为数字化背景下的数据安全提供了进一步的保障。《德国基本法》第3条强化了相关法令，从而界定了性别平等，这一点将在下文中进一步阐述。

越来越多的数据可被使用和调取，我们也无法监控数据处理，即使在这种情况下，数据保护和通信法也应确保所有人，无论性别，都可以平等地参与社会生活，并且不必担心失去自由。数据保护法可以防止信息所引发的权力不对等（Simitis et al., 2019）。

在欧洲方面，防止监视和未经授权的数据访问的法律保护主要源于《欧盟基本权利宪章》的第7条和第8条，保护数据和保障个人和家庭通信自由的基本权益。根据《欧盟基本权利宪章》第52条第3款第1条，《宪章》中的基本权益与《欧洲人权公约》中的相应基本权益具有相同的意义内涵和效力范围。因此，对于《欧洲人权公约》第 8 条的解读就对于理解《欧盟基本权利宪章》第 7 条和第 8 条以及欧洲法院的判例十分重要。该条款要求尊重私人和家庭生活，它影响了欧洲人权法院（EGMR）在数据保护方面的理解，并影响了其司法判决。但《欧洲人权公约》对于数据保护的设想已经远远超越了最初的隐私保护，不再是一个与社会生活隔绝的领域，而是适应了《欧盟基本权利宪章》以及《欧盟一般数据保护条例》的要求（Schiedermair in Simitis et al., 2019）。

无论个人的技术知识如何，也无论自我保护的技术及其他手段如何，都必须保证每个个人和公司的权益得到法律的保障并获得法律的回应。更确切地说，特别是当个人缺乏相关的技术知识时，法律的保护尤为重要。需要强调的是，这些侵犯基本权利的数据泄露往往是发生在人们不知情的情况下。例如一些热门的应用程序会根据其默认设置访问用户的地址簿，虚拟助手会记录家中访客的声音并分析其行为。为了确保数据及其处理以及相关的社会技术系统受到有效控制，并确保个人的基本信息权益，我们需要相关的高水平的专业知识以及相关资源的广泛利用（Roßnagel, 1997）。因此，联邦宪法法院早已呼吁，在组织、监管和技术层面采取进一步的保护措施（《联邦宪法法院判决汇编》65, 1, 44）。同时，欧洲的法律，尤其是《欧盟一般数据保护条例》也基于同样的理解（Simitis et al., 2019）。据此，国家必须创造社会条件，以确保即便是在国家的管控之外，也能在私人领域保障个人的基本权利（《联邦宪法法院判决汇编》65, 1, 42）。对于国家和欧洲来说，保护数字化相关的基本权益还意味着，国家必须以调控的方法限制企业日益增长的权力，以确保个人权益的实现。

在数字化的大势所趋之下，信息技术基本权利一方面是应对国家采集数据的防御手段，另一方面也旨在保护个人的基本权利及其背后的基本价值体系，以免受到第三方的侵害。

2. 分析

（1）信息技术基本权利强化权利平等

信息技术基本权利的重要性

信息技术系统的保密性和完整性，对于控制数据和决策以及避免信息权力的不对称至关重要。这就是说，个人对数字技术的访问以及对这些技术和基础数据的使用必须得到保护，以防止未经授权的访问，并防止未经用户同意的改动。只有这样，才能确保公民基本权利不会受到威胁。因为公民在面临自己的数据被评估和进一步使用时，会产生无法逃遁和被支配的感觉。

当越多的设备拥有数字技术，我们就越需要相关的保护措施。跟踪软件的例子说明，智能手机会显示位置数据，并能够记录精确的移动轨迹以及其他数据。使用所谓的跟踪软件可以轻松监控合作伙伴。通常情况下，这类跟踪软件可以在智能手机等终端设备上秘密地播放。这些跟踪软件在后台处于开启状态，并将用户的位置以及音频和视频记录共享给第三方。另一个例子是云存储中的标准在线备份，以便用于调用个人数据。如果云运营商不对其进行保护，那么这些私人生活核心领域的数据甚至可以被公开访问。①

终端设备在越来越多的生活领域收集和处理数据，并将这些信息外包，存储在用户无法直接控制的云端。鉴于终端设备的数量之大、移动性之强，几乎所有人都有可能被完全地监控。这使得不具备相关知识的社会群体尤其容易受到侵害。

对于这场"算法革命"（Frieder Nake and Ullrich，2019）以及它所带来的新的威胁来说，既要考虑到用户的信息自决权，也要考虑到保证信息技术系统的保密性和完整性（Schallbruch，2018；Albrecht，2020；Dreier，2013）。信息技术基本权利源自《德意志联邦共和国基本法》第 2 条第 1 款和第 1 条第 1 款，并成为信息自决权的延伸和补充。从法律保护理念来看，信息技术基本权利更关注的是数据处理的技术层面，而非个人数据的保护，由此它扩大了对基本权利的保护范围（《联邦宪法法院判决汇编》，120，274；Britz，2008）。信息技术基本权利特别强调了防止"未经授权"的访问，也由此强调了防止他人对数据库进行可能的未经许可和未被发现的更改，但同时也要防止算法和决策目标被篡改（Hoffmann-Riem，2008）。对数据库的相应访问和更改是无法被追踪的，特别是在使用具有学

---

① 2014 年 8 月发生的所谓"Celebgate"丑闻，揭示了云存储的安全隐患：大约 500 张名人（其中大多数是女性）的裸照被人从私有的云存储中复制，并在被害者不知情的情况下，有违其意愿地在互联网论坛上发布（Kremp，2014）。

习能力的算法系统时，我们无法基于结果对数据泄露进行控制。因此，我们必须预先实施适当的保护措施。

信息技术基本权利对平权的重要性

从根本上来讲，信息技术基本权利是为对抗国家干预《德意志联邦共和国基本法》所规定的自由和平等权利的防御措施。同时，它体现了一个社会的价值观。因此，在公民的基本权利受到威胁时，不论这种威胁是来自于国家还是来自第三方，国家都有义务采取行动保护公民的基本权利。

尤其是《德意志联邦共和国基本法》第3条第3款禁止歧视和第3条第2款促进男女平等的要求，补充或规定了国家在保护数据和防止数据自动使用方面，有提供保护和保障的义务，《德意志联邦共和国基本法》考虑了基于历史的歧视情况，为特定人群提供特别保护，使其免受不平等待遇和结构性的不公正对待（Baer and Markard，2018）。依照《德意志联邦共和国基本法》的第3条第3款，任何人不得因其性别、出身、种族①、语言、国籍、出身、信仰、宗教和政治观点或残疾而受到歧视。这些反歧视的规定一方面是通过国家干预而反对歧视，另一方面也推动国家减少结构性不平等，保护特定群体免受来自他人的歧视（Baer and Markard，2018；Jarass，2020）。这种国家的保护义务也存在于社会的数字化进程中：当现实条件发生改变，如经历了数字化的变革，那么国家就必须对此做出反应，并确保平等的目标在新的社会领域中也得到维护。其中包括，不得对使用数字化的服务、产品或平台的人进行违反《德意志联邦共和国基本法》的第三条第三款所述的歧视行为。

关于性别不平等问题，《德意志联邦共和国基本法》明确授予国家权力，以推动平等的实际落实并努力消除不利于权利平等的现有条件（第3条第2款）。此外，国家有义务消除社会中普遍存在的关于性别的固化认识（Baer and Markard，2018），这同样适用于数字化经济模式，例如，在选择雇员时使用算法

---

① 目前正在讨论用"种族歧视"或"种族划归"取代《德意志联邦共和国基本法》中的"种族"一词，因为该词重复了国家社会主义的术语，并错误地暗示了人种的存在（Cremer，2010；kritisch zur Streichung des Begriffs Barskanmaz、Samour，2020）。

系统，这种对自动化数据的使用会造成经济性的不平等。

除了经济层面之外，也需要保护公民的人格基本权益。根据统计知识和性别刻板印象，算法系统会揣测不同人群的特征和偏好。依据《德意志联邦共和国基本法》第2条第1款，这损害了一般个人权利（Baer、Markard，2018）；依据《德意志联邦共和国基本法》第2条第1款和第1条第1款，损害了公民自决个人信息公开的权利，这一点在信息自决基本权利的相关规定中也有详细说明（《德意志联邦共和国基本法》第2条第1款、第1条第1款）。据此，法律保障每个人都有基本的自由，来决定自己传达怎样的个性形象（《联邦宪法法院判决汇编》82，236［269］）。然而当算法系统将个人数据与统计值相结合并构建了一个全面的形象时，公民的这种自决权就被剥夺了（Fröhlich and Spiecker gen. Döhmann，2018）。一些数据与个人的性别认同相关，而正是这些数据尤为容易引发针对个人的刻板印象并形成人格建构。

（2）社会数字化进程中信息和权力不对称性

根据《德意志联邦共和国基本法》第2条第1款以及第1条第1款的规定，每个人都有权利自由地展现其人格，这一点在大数据的背景下也不例外。然而在现代数据处理的前提下，这种个性的展现却不再是自由的。来自生活各个领域的大量数据都可以被调取、组合和分析。这不仅可能将消费者和用户①的信息泄露给国际化经营的信息公司，也有可能将公民的信息泄露给国家。②"数据的采集、汇总、访问和排除等问题目前与权力问题密切相关，已经远远超出了市场权力的层面"（Schneider，2019），并对性别平等问题产生了影响。当可获取的数据越多，并且当社会及其各部分越来越多地被测量和计算时，那么国家和个人就越可能通过自身手段，来固化这种信息方面的权力不对称的结构，并实现自己的目的。这

---

① 案例之一是，英国选举和营销机构重复使用美国大型社交网络5000万用户的数据来影响民主选举和公投结果。这一所谓的剑桥分析丑闻（Cambridge-Analytica-Skandal）揭示了数据安全的隐患（ICO，2020）。

② 当国家建立并利用大规模数据库时，就会发生这种情况。例如：通过数据留存（制定对流通数据的存储义务和最长存储期限进行规定的法律，关联各种来源的数据库［规定联邦刑事警察局和联邦与各州在刑事警察事务方面合作的法律：联邦刑事警察署法案（BKAG）］以及建立大型数据库的建立，如享有法定健康保险人的基本数据（通过数字化和创新完善护理行业的法律，数字护理法）。

种对数据的使用加大了性别歧视的风险。

无论是用户非真正自愿地将数据传递给大型科技公司,还是出于受官方要求交予国家,当信息数据必须传递给第三方时,会出现两个基本问题。问题之一在于,由于潜在的对用户的监视,以及对用户个人数据缺乏管控,会出现违背用户意愿的数据调整。这无论对于个人还是对整个民主和自由的社会来说,都是一种危险。《德意志联邦共和国基本法》第2条第1款规定了公民享有一般行动自由,《德意志联邦共和国基本法》第5条第1款第一句的前半句规定了公民享有言论自由,从根本上来讲,这使得每个人在不侵犯他人权益的前提之下,都拥有自我表达和决定自身行为的空间。只有公民的这种自由空间受到保护,才能保证社会的开放性。基本权利中所包含的客观价值秩序,要求国家创造相应的条件,并在公民的相关自由得不到保障时进行干预。

第二个问题在于,在社会数字化的背景下,公民对社会生活的参与,以及上文所述的人格自由、言论自由和行为自由,都很大程度地依赖于对数字技术的使用。若因为数字技术在数据存储方面存在泄露的可能性,就不使用数字技术,那么我们不仅仅无法实现数字经济,也会降低社会参与度和意见多样性。因此必须确保数字技术的安全可用,让人们可以不受监控、不被画像、不受行为控制地参与社会生活。而在现今条件下,用户即便不使用程序也会遭到数据分析,并以数字的方式共享给第三方。这就更加需要提高数字技术的安全性。

对于易被歧视困扰的人群来说,普遍存在的信息不对称现象尤其令人不安。例如,如果求职者在申请过程中不知道他/她的潜在雇主掌握了哪些背景信息和资料,他/她就无法站在平等的层面与其进行沟通和交涉。即便在求职过程结束后,求职者也无法知晓应聘者是根据哪些信息、经过何种评估程序才做出决定,因此也无从得知其中是否涉及了歧视问题。为防止性别歧视和其他形式的歧视,必须对可获取的信息以及评估技术加以管控。

尤其成问题的是,一些声称免费提供公众相关信息的服务,实际上是依靠收集、汇总、重组、评估和传递个人数据运行的,这无异于"数据交换服务"的模式。此外,私营和公共的供应商越来越多地基于用户的个性化偏好对其进行分类，并提供对应的服务和产品，通过算法对个人进行分组并对其倾向、偏好、决定和行为进行分析和预测，以便为他们提供具有个性化和针对性的产品（Spiecker gen. Döhmann，2018）。这甚至会导致供应商由于不希望为特定客户提供服务，而拒绝用户对私营或公共的供应商产品的访问和使用（Fröhlich、Spiecker gen. Döhmann，2018）。因此，这种个性化的定制会加剧对特定人群的排斥和歧视。

数据保护法以及技术性的数据保护自出台以来一直致力于平衡和防止因收集和分析大量数据所造成的权力不平衡（Simitis et al.，2019）。因此，法律的制定就变得尤为重要，法律的保障可以确保开发出一套真实可靠并且能保障公民基本权利的、符合数据保护和互联网技术安全要求的信息技术作为替代方案。然而，符合数据保护的信息技术意味着更高的使用门槛，并且无法为客户提供那种看似免费的数字服务和产品。如果用户不知道这些替代方案，或者不选择使用这些方案，那么，这些为了研发出致力于保护网络参与者和防止信息权力不对称的新方案的努力就会成为徒劳。

（3）使用算法系统时对基本权益的保护

对信息的管理和控制不仅是个人或团体的责任。公共信息和机密信息之间那扇门的看守者往往不再是人，而是越来越多地被基于数据分析的算法系统所替代。算法系统可以对信息进行分类并制定一系列相关决策。我们感知世界的方式越来越多地受算法系统决定（Spiecker gen. Döhmann，2018）。在数据使用方面，数据保护基本权益和基本隐私权无法有效控制那些对后续决策产生影响的数据，也无法保障其所涵盖的基本权利。

决策的结果之中包含着数字化的编码，而由于算法系统所造成的歧视及其导致的其他不良影响也可以被视为其他多种原因的结果，因此我们通常无法通过其结果检验其决策过程。我们无法从决策结果之中获悉，决策过程中参考了哪些数据，这些数据是如何被评估的，以及这些数据产生了何种整体性影响。因此，以通用的方法仅根据私人或国家的决策结果，不足以判断决策过程是否侵犯了公民的基本权利。自动化的数据处理会提高个人信息权益受到侵害的风险（Simitis et al.，2019）。我们更需要的是对数据及其分析程序实施一种预防性的管控措施。

权力不对称问题不仅源于信息泄露，也要归咎于对信息进行评估和整合的技术本身。因此，我们也要重视处理和评估技术的能力不对称的问题。如果使用者缺乏资源与能力来对不同服务和产品的数据保护和互联网技术的安全性进行评估的话，那么用户就不能进行自我保护。大量方便快捷的数据服务往往掩盖了它们对用户自身以及对他人造成的威胁。

媒体的发展越来越多地整合了数字化的形式，同时也要求提高公众在数字权利、数据保护和信息技术安全方面的意识。迄今为止，媒介的发展尚未真正在数据保护和信息技术安全方面建立安全意识，这将导致人们为了保护自身和他人的利益，选择其他的、可能以不同方式运行和通过其他联网方式的数字产品（Kozyreva et al., 2020; Palmetshofer et al., 2017）。我们必须认识到，公民能够采取的自我保护措施很少，并且往往是无效措施。因此，仅仅在信息公开方面要求数据自决是不够的，必须辅之以额外的保障措施。这在联邦宪法法院和欧洲法院的判例法中，以及《欧洲基本权利宪章》第7条和第8条中都有规定：推行程序性的保护措施，同时为公民的基本权利提供实质性的法律保障。

在宪法层面上，明令禁止对他人数据进行传播和利用，数据使用者有义务在使用时进行说明、提供信息并按要求删除数据。同时，为保障信息自决权，德国联邦宪法法院还要求设置数据保护代表和独立的监督机构（《联邦宪法法院判决汇编》65，1，44）。在欧洲层面上，关于建立独立监督机构及维护其有效性的制度保障的要求源于《欧盟基本权利宪章》第8条第3款以及《欧洲联盟运行条约》的第16条第2款。程序性和制度性的保障措施在任何情况下都是保护公民基本权利的一部分（Polenz, 2019）。

制度化特别包括以下内容：独立监管机构（《欧盟一般数据保护条例》第51条 ff.①），及其职权的扩大（《欧盟一般数据保护条例》第58条），以及征收高额罚款（《欧盟一般数据保护条例》第83条），加强其行动权（《欧盟一般数据保护条例》第80条）；尤其是在大公司设置数据保护代表（至少在德国实现）（《欧

---

① ff. 表示引用本页和下一页。

盟一般数据保护条例》第 37 条及《联邦数据保护法》第 38 条）。这些规定明确地表明，与其他基本权利不同，要保障信息技术基本权利，不能依靠单一职能。因此，配套的制度性和程序性保障措施的设计必须符合数据保护的要求，并以专业性的知识和技术设备作为支撑。

几年前联邦政府设立了独立机构"数据保护基金会"（Stiftung Datenschutz），以实现有效的数据保护。作为一个数据政策的讨论平台，该基金会将数据安全领域的不同参与者召集在一起。然而联邦政府方面依旧缺乏一致性的、进一步的对自身义务的界定，以实现进一步的权利维护。

迄今为止，在引入算法系统后产生的歧视相关的问题尚未被监管机构和数据保护人员所关注，也并未被纳入其理论和实践体系中。为了在未来得到更多的关注，必须有足够的人员从事相关工作，并且必须对数字化所引发的歧视问题进行适当的宣传。

（4）保障基本权利

尤其是在社会数字化的背景之下，公民能够共享和获得私人和公共性的服务和产品，并在决策、评估和信息结构之中拥有尊严并享有自决权，这是有效民主的基本前提。这就要求相关的风险情况被纳入对公民基本权利的考量范围内。同时，国家和私营部门也要比以往更慎重地对待这些风险情况。

基本权利是公民在面对国家时的特别的防御手段。通过更有效地限制国家收集和分析数据，限制国家使用算法系统来监测公民的情况并为其画像，可以确保基本权利受到更高的重视。个人受到一般行动自由权以及多种特殊权利的保护，国家的权力受到了制约：在社交媒体领域，个人特别受益于言论和信息自由（《德意志联邦共和国基本法》第 5 条第 1 款第 1 句）；数字和数字化经济的广泛领域，个人特别受益于职业自由和竞争自由（《德意志联邦共和国基本法》第 12 条第 1 款）。

然而，特定风险的出现和提高可能使公民难以甚至不可能行使其基本权利：例如，当个人利用他们的基本权利损害他人权益，并由此极大程度地限制他人自由时。在这种特殊情况下，依据宪法的要求，为维护社会领域的符合基本权利的客观价值体系，国家需要采取具体的行动。国家可以依据基本权利履行更强的保护义务，并更为主动地限制私权。此外，在考虑到基本权利之间的相互冲突的基础上，这种机动的调整从原则上来讲，不受立法的约束。这些调整可以明确需要解决的问题领域，并在尊重各方基本权利的前提下，通过普通法规定进行干预。

在普通法中，已经存在了针对以数据作为回报的交易行为（"数据交换服务"）的相关法律和规定。它们用于解决信息的不对称的问题，并解决以牺牲用户和公民为代价发展自身的技术优势。这些规定为维护基本权利为基础的客观价值秩序提供了部分保障。相关的法律规定包括：竞争法、版权法、消费者保护法和保密法。到目前为止，这些法律主要针对的并不是与性别有关的问题，但原则上也对性别相关的问题保持开放。一些法律甚至明确带有保护弱势群体的目的，如消费者保护法或者网络执行法。

反歧视法的基本目标之一，就是保护特定人群免受由于被归类而造成的不利影响。

因此，在决策过程中，必须排除损害到这些受到法律特别保护的群体的相关信息。这种对信息的限制有利于强化基本权利和民主进程，并且长期以来依据宪法和普通法在其他问题领域实施，尤其是针对专业的法官和法律性的决策者。在此基础上，也可以拓展和补充对弱势群体的保护措施，特别是通过反歧视法对其进行保护，以实现为权力的平等自由以及社会的民主化提供充足的发展空间。

（5）数字过滤器影响下的舆论形成

社会的碎片化可以被视为数字化所引起的对《德意志联邦共和国基本法》第20条第1款所规定的民主基础的威胁。与其他的数字化隔离手段一样，社交媒体中所谓的过滤气泡（Filter Bubbles）（Pariser，2011；Spiecker gen. Döhmann，2018）使用户只能接收片面的信息（Dörr and Natt，2014；Spiecker gen. Döhmann，2018）。这些过滤气泡部分是由其背后的公司通过推荐算法以及其他的筛选手段有针对性地进行推广的。因此，不断出现的丰富多样的平行世界便成为数字化社会的核心要素。然而，数字化不仅使用户简化为破碎的数据，更重要的是，供应商和国家在数字化的基础上为用户提供各种选择，通过制定个性化方案，在用户进行选择的过程中，就实现了对人的破碎化（Spiecker gen. Döhmann, 2018）。这影响了《德意志联邦共和国基本法》第 20 条第 1 款中的社会基本民主结构。

民主制度设立了一系列具有内容开放性的机构，以应对变化、新的观点以及不断变化的政治立场，从根本上来讲，民主制度并没有受到破碎化的威胁，而是以数字化所带来的破碎化作为变革的工具（Spiecker gen. Döhmann, 2018）。然而这种破碎可能会危及民主的有效运作。由于多样化的生活方式被减少，人们不再容许其他生活方式的出现，那么破碎化的过程就会将人简化为固定的过滤气泡和数字回音室。当社交空间被压缩，或者人们无法进入公共空间、共享公共资源时，便有可能出现这种负面的破碎化（Spiecker gen. Döhmann, 2018）。平台定向地为其用户提供定制化的信息（外部造成的破碎化），或者用户自身定向地拒绝访问特定的信息（自我造成的破碎化）。这可能会导致一些与外界断绝联系的社会群体的出现，这些群体在面对与他们不同的人时（例如在性别、语言、信仰或政治观点方面）持不容忍和敌视的态度。其结果就是，公共意见受到技术的制约从而形成了错误的舆论导向。

3. 行动建议

国家和私营部门希望尽可能多地获取使用数字服务的用户的个人信息，对用户信息的评估、用户自身信息保护意识的薄弱以及国家方面无法为数据保护和信息技术安全提供持续的制度性的实际保障，这些都会导致现有的法律在相关方面失去效力。受到威胁的不仅仅是公民的信息自决权，也包括信息技术系统的机密性和完整性，因为不仅是现有的数据，潜在的可用数据也可能被泄露。对于女性、非异性恋者以及其他受歧视的群体而言，数据泄露很有可能减少其实现自我的机会，这也往往发生在他们不知情的情况下，他们也没有能力保护自己。为了保障民主、自由和非歧视性得以实现，专家委员会全面提倡，要对数据保护、隐私、信息自决和信息技术安全予以高度重视。

以权利平等为导向，实施数据道德委员会的建议

联邦政府于 2018 年 7 月成立了数据道德委员会。委员会于 2019 年 10 月 23 日提交报告（数据道德委员会，2019），其中仅对数据和算法系统可能对性别关

系产生的负面影响进行了少量说明。尽管如此，第三次性别平等调查报告的委员会依旧对数据道德委员会的建议予以重视和支持，并尤其关注了如何在处理数据和使用算法系统的过程中尽量减少歧视。专家委员会呼吁，要尽快落实数据道德委员会的建议。

加强研究

专家委员会建议，推动对数字化进程中如何实现基本权利的研究，并重点关注不平等问题以及性别问题。

推动对数据保护和信息技术安全知识的正确教育

必须推动数据保护和信息技术安全教育，相关的知识应成为数字化相关能力的一部分，并从小就进行相关教育。由于个人无法评估信息技术和通信技术背后的过程，也无法预估其后果，因此应首先让用户意识到使用信息技术的危险性（如为用户画像，未经许可地对个人数据进行评估，对个人数据的滥用，歧视行为以及数据对用户的行为引导和操控）。其次，要向用户介绍符合数据保护要求的其他方案（如数据加密，减少在使用过程中泄露数据，选择适当的数据保护设置，分散地储存数据）。

专家委员会建议，州政府为公民提供终生的数据保护和信息技术安全教育，也就是说，相关教育应贯穿儿童早期教育、学校教育、职业培训以及一般的深造；同时，联邦政府也应在职业培训阶段提供相关安全教育。

推广能够兼顾数据保护和信息技术安全的服务和产品

许多数字产品都是基于"数据交换服务"这种交换机制。因此需要有针对性地推广有严格数据用途规定的替代性方案，以便让每个人，无论性别，都可以参与到数字化之中，并无需担心歧视、监视和数据安全问题。

全面监督算法系统

使用算法系统时，就会有多种可能的因素会导致歧视等不良后果，因此需要对算法系统进行全面的监督。为了避免歧视——尤其是因算法对用户进行画像和监控而产生的歧视，必须对算法系统的数据库（输入监督）、算法对数据的评估（算法监督）以及算法系统基于数据评估所作出的决策（输出监督）进行监督。

无论决策的主体是国家还是私人,都应确保这种监督的有效性。

签订数据保护和信息技术安全公共合同

受公共委托的数字化服务、产品、软件和硬件必须是非歧视性的,不仅要符合数据保护和信息技术安全的要求,同时也要推动二者的发展。

加强维护数据保护和信息技术安全的相关机构对歧视问题的敏感度,并相应为相关机构提供设备支持

监管机构和数据保护官员应有针对性地提高相关认识,即数据保护惠及并且尤其要惠及弱势群体,例如非异性恋者。数据保护措施可以保障弱势群体参与社会话语的建构,参与社会生活和民主制度。

在评估数据处理过程时必须考虑到,是否会影响受歧视群体的参与度。联邦和州政府必须为数据保护监管机构提供充裕的设备支持,以便其在面对设施完备的国际信息公司时也能保障数据安全。作为一个重要的机构,数据保护基金会应该在确保数据安全的同时对性别问题拥有更高的敏感度。这一基金会由联邦政府和各州维护,并为正在进行的业务提供充分的资金支持。

在基本权利方面执行国家保护任务

在数据保护的背景之下,为维护客观价值体系,必须推进数字化的基础设施建设,并推进一种不会将个人数据被国家或市场所全面占有的数据处理的方式。具体措施如:在使用过程中减少数据泄露,严格控制数据用途,信息技术安全,分散地储存数据以及限制数据的获取和使用。国家应积极承担维护客观价值体系的责任,以保护弱势和边缘化的群体,为其提供安全的网络渠道,并推进社会平等。

加强符合数据保护和信息技术安全性的基础建设

公共部门应该提供有利于维护自由和平等权利的基础设施。这就需要建设一个面向公共利益的、性别平等并且具有包容性的、具备数字化的基本服务并可以进行政治参与的平台。在学校和教育机构中,需采取必要手段来保障数据和信息技术安全,防止学生和教师的数据遭到传播,并防止与商业性的社交网络联网。建议学校提供和使用开放源代码的应用程序,并且其提供的服务也必须是开放源代码。根据相关合同和法律,学校的数据禁止传往欧洲司法领域之外。这项禁

令的实施尚需要受到监督。

积极执行一般数据保护条例的要求，包括严格控制数据用途

专家委员会呼吁，联邦、州和地方政府的所有国家机构积极并重点提供社会基本条件，以便公民的基本权利诸如数据保护、隐私、信息自决和信息技术安全等真正得到落实，并且惠及全体公民（《德意志联邦共和国基本法》第3条第3款）。同时，也要求各级政府的国家机构积极贯彻和执行欧盟一般数据保护条例的要求。

不得使用数据分析工具对政府和私营企业进行大批量的数据评估（例如保留数据、为用户画像、大规模的数据交换以及建立数据收集中心）。在数据使用方面，要严格控制数据用途。专家委员会抵制任何可能将数据用于诸多其他用途或者缺乏对用途和数据处理者说明的中央存储器。

制定电子隐私条例以加强数据保护

需有针对性地推出有利于数据保护的默认设置。根据欧盟计划出台的电子隐私条例，德国应努力确保以下措施得以实施：要针对数据分析程序以及难以被察觉的信息储存（尤其是缓存文件）制定严格的选择性加入方案；依据一般数据保护条例的要求以及隐私条例，软件制造商在隐私保护设计方面负有严格义务和责任；高效的、用户友好型的反跟踪措施；端到端加密；明确限制资料汇集和记录；禁止对数据进行宣传和定价。

加强信息技术安全

作为一项信息技术安全的基本权益，保障信息技术系统机密性和完整性的权利，在其内容和影响方面迄今为止一直被忽视。联邦政府、州政府和国家机构必须重视并努力确保数据的真实性，维护其保密性，并对数据进行访问保护。这包括：支持欧盟保护信息技术安全的举措；强化对数据进行的加密保护以防止未经授权的访问；为信息技术安全与数据保护领域研究的进展提供经济和结构方面的支持；防止安装服务于政府的、有针对性的安全漏洞。

克服破碎化并保护虚拟空间，尤其是在教育领域

立法和行政部门必须采取行动来防止对用户的破碎化，这种破碎化会产生过

滤气泡，并导致某些群体被孤立。因此首先需要维护虚拟的社交空间，在这些空间中，可以观察到人类生活方式的多种形态，其中存在着尤其是受歧视人群的不同的生活现状、生活设想以及人生价值观。我们可以通过这些虚拟的空间观察和感知这些生活的不同形态。在私立和公立教育中，对教育机会的区分和选择标准必须基于这一目标，即公立教育机构与私立教育机构不应有本质的差距。

第三部分　加强性别平等政策的结构与工具

报告的前几章重点介绍了数字化转型过程中，如何评估和促进权利平等的实现。已制定的建议举措包括改善结构和强化措施来促进平等（洋葱模型中的"洋葱层次"）。但是存在于"洋葱层次"之外的政策和措施也必不可少，它们也属于权利平等的政治范畴。第一次平权调查报告已经指出："平等政策是联邦政府的一个独立政策领域，相关部门是联邦家庭、老年、妇女与青年事务部（联邦家庭事务部）。作为一项跨领域政策，平等政策要求各部门和参与者有意愿和能力参与合作。"（联邦政府，2011）在关于平等的国际话语中，例如在联合国妇女权利公约（简称CEDAW）的背景下，这些推进平等政策的措施和结构被称为体制机制（CEDAW-Allianz Deutschland，2019）。在洋葱模型的示意图中，这些体制机制为洋葱的生长提供了土壤。即便是在数字化的背景之下，体制机制依旧能确保公民拥有平等的自我实现的机会，并提供切实的条件。

第一份和第二份性别平等报告中专家委员会已经指出，依据《德意志联邦共和国基本法》的第3条第2款，体制机制和结构的关联性，是制定出一套完备的、以目标和作用为导向的平等政策的前提（联邦政府，2011）。《第三次性别平等报告》为政策的出台提供了设计方案，性别平等报告由此证明了自身的必要性。联邦政府在2020年首次通过了跨部门的权利平等战略。除了诸多措施外，该战略还包含了一些具体标准，根据这些标准可以检验平等政策的实施情况。同时，在联合政府协议中，确定设立联邦平等基金会（CDU，CSU and SPD，2018[①]）。这一基金会在未来不仅要配合平等政策，也协助民间团体建立网络系统，同时推进了性别研究。

此外，与平权相关的预算政策仍然缺乏制度性的保障。尽管男女平等已经成为一项贯穿各领域的原则，但迄今为止，在财政政策实践中几乎没有深入研究立法提案对男女平等的影响。

---

① 这三个缩写分别指德国三个党派，基民盟、基社盟、社民党。

第二部分讨论了在商业和社会领域中，数字化所产生的问题及其建议举措，这就对相关的体制机制以及社会结构提出要求，促进和保证数字化在权利平等的框架内推行。第三部分介绍了《第二次性别平等报告》中所提出的结构和建议（联邦政府，2017），并联系数字化转型过程，更为具体地完善和发展了相关内容。

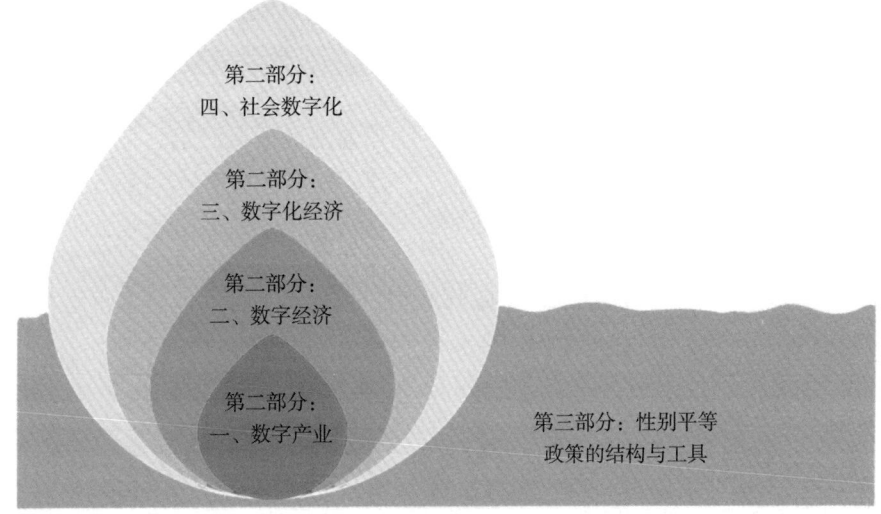

一、推动平等的行动计划和行动战略

（一）初始状况

《德意志联邦共和国基本法》第3条第2款规定的男女平等适用于所有政治领域以及不同的职权范围。正如本报告所展示的，男女平等的原则同样也适用于遍及社会全部领域的数字化。

由于部级管理具有高度专业化的特点，因此，性别平等这类跨领域的问题是对于政策协调的一种挑战。各部委主要处理其所负责的领域，同时也要注意不僭越与其他部门之间的界限（Kuhl，2020）。因此，需要制定跨部门合作的行动战略，并明确各部门的共同目标。在此基础上，各部门便可以制定和实施具体的措施。此外，应在每个立法的阶段对实施情况进行评估，以便联邦政府在参照平权报告的情况下作出后续调整。

《第二次性别平等报告》的专家委员会建议联邦政府制定权利平等的战略，

并在其中包含具体的目标、措施和指标（联邦政府，2017）。2020年7月，联邦政府首次通过了这样一部国家性的平权战略，它包含9个目标，其中也包括"在数字化的生活和工作领域建立与平权相关的政策性的标准"（BMFSFJ，2020）。

同时，针对数字化问题，联邦政府还制定了跨部门的战略。联邦政府所制定的"实现数字化"的执行战略重点关注五个行动领域："数字能力、基础设施和设备、创新和数字转型、数字变革中的社会以及现代国家"（联邦政府，2020）。依据《联邦部委联合议事规则》的第2条，权利平等被定义为一个跨领域的问题。

它"应该作为一致的指导原则，并在联邦各部的所有政治、标准制定和行政措施中得以推行，在数字化的进程中也一样"（联邦政府，2020）。此外，各种个别措施同样旨在实现性别平等，其中包括如联邦家庭事务部所制定的保护妇女和女童免受数字暴力的措施（联邦政府，2020），而这也是本报告的一个重要主题。

（二）分析

数字化转型过程不仅会影响有酬就业，还会影响每个人的私人生活。在这个转型过程中，现有的性别不平等问题以一种新的、不同的方式出现。因此，实现平等不仅是一个巨大的挑战，同时也是一项紧迫的任务。因此，跨部门的平权战略必须与"实现数字化"的国家战略协调一致，共同落实。

1. 跨部门的平权策略

跨部门的平权战略将"数字化的生活和工作领域中与平权相关的政策性的标准"视为九个目标之一。它受到八项措施的支持（BMFSFJ，2020），其中包括：

（1）在基于算法系统作出决策时，要防止歧视（BMJV）；

（2）对数字经济中的劳动保护成果进行检验；为推进移动办公提供法律体制的保障；对数字经济中的反歧视措施进行审查；对职场和福利社会进行观察和研究（BMAS）；

（3）加强数字平台的客户和平台工作者的权益（BMAS und BMWi）；

（4）在设立新的和完善现有的数字化机构时，应考虑到权利平等问题

（所有部门）；

（5）联邦政府的《第三次性别平等报告》讨论了在数字经济中女性和男性自我实现机会的问题（BMFSFJ）；本《报告》就是在这一背景下编写的。

本《报告》明确指出，以平等为目标的措施不仅要着眼于数字化经济领域，同时也要关注其他的社会领域。专家委员会制定的建议举措补充并明确了数字化背景之下跨部门平权战略的措施，并为进一步的战略发展奠定重要基础。

为了评估平权战略的有效性，各部委应该从战略施行之初就制定可检验的标准并予以公布，并制定可验证的标准来完善在数字化领域业已出台的措施。迄今为止，对相关措施的检验和审查大多都缺乏具体的标准。

为保证跨部门的平权战略的协调运转，需要财政和人力资源各司其职、密切配合。除了需要联邦家庭事务部作为平权问题的牵头部门进行协调，也需要正在筹备建立的联邦平权基金会提供支持。

2."实现数字化"执行战略

联邦政府所制定的"实现数字化"的执行战略依托于《联邦部委联合议事规则》的§2中所要求的社会性别主流化原则。在联邦各部委必须在其职权范围内所有的政策性、规定性和管理性措施中促进男女平等。

尽管尚未确定在个别措施中，平权问题是否真正实现了跨部门协作，但迄今为止，执行战略一直以权利平等作为一般指导原则。旨在实现妇女和女童权利平等的措施，仅限于联邦家庭事务部（防止数字暴力，联邦政府，2020）以及联邦经济合作与发展部（BMZ）（提高发展中国家妇女与女童的数字技能，联邦政府，2020）的相关举措。然而正如本报告所示，数字化背景之下的性别平等所面临的挑战远不止数据保护和提高女性数字技能。

其他的数字化相关的战略则缺乏对性别问题以及女性的政策性关注（德国妇女委员会，2019），如联邦政府制定的"人工智能战略"（2018），以及联邦教育及研究部的数字战略："数字未来：学习、研究、认识"（2019）。在撰写报告的过程中，与不同的数字委员会的对话印证了德国妇女委员会的这一观点。① 同时，在"人工智能战略"的框架之下，联邦家庭事务部启动了三个与平权相关的试点项目。

《第二次性别平等报告》已经指出，许多与数字化相关的机构和政府规划，都没有顾及性别关系的问题（联邦政府，2017）。由联邦司法和消费者保护部（BMJV）和联邦内政、建筑和社区部（BMI）共同成立的数据道德委员会旨在规避使用处理数据的算法系统时产生歧视的风险。然而，对于数据和算法系统所产生的性别不平等问题的讨论却很少（数据道德委员会，2019）。因此，联邦政府在跨部门的平权战略中规定，"所有涉及未来发展和数字化的机构，都应遵循社会性别主流化原则"（联邦家庭事务部，2020）。

一方面，专家委员会认为，为检验当前的策略在权利平等方面的影响，科学地对联邦政府的数字化战略"实现数字化"展开评估是十分有意义的。另一方面，需要相关配套措施来支持各部委在平权方面的实际执行。

其他与数字化相关的战略也应系统地检验其在平权方面的实施效果并加以调整。其中包括，与数字化相关的委员会施行平等的代表制，而这不仅仅关涉到了民主的问题。只有当足够数量的女性进入委员会时，才能为机构的相关工作带来不同的经验和视角，并使其工作更为高效。因此，为使委员会在工作中更重视性别相关的问题，应将性别问题作为其议程的常规部分，并在必要时外聘性别平等领域的专家。

为了在数字化转型期间始终保证性别之间机会均等，有必要关注到每一个受数字化发展影响的个体的观点和经验。因此，正如德国妇女委员会（2019）所呼吁的，必须及早让各种民间的行为主体参与数字化的进程。

（三）行动建议

调整跨部门平等战略，适应数字化的转型

专家委员会建议，对跨部门的平权战略进行审查、调整并使之适应数字化转型。评估权利平等的政策性目标，找出为实现相关目标所采取的措施之中存在的不足。

---

① 参见 https://www.dritter-gleichstellungsbericht.de/。

跨部门的平权战略应根据《第三次性别平等报告》中的建议举措，更新和明确自身的目标和指标。

在"实现数字化"的执行战略中实现权利平等

在"实现数字化"的执行战略中必须推行权利平等的基本原则。为此，专家委员会建议对联邦政府的数字化战略进行科学的评估。

此外，专家委员会还建议制定配套的方案，以配合联邦政府数字化战略中权利平等的相关措施。在科学评估的基础上，并基于《第三次性别平等报告》的结果，首先应在上文所述的 5 个行动领域之内，以具体的平权相关的措施完善数字化战略。可以通过这些平权相关的配套方案，来支撑试点项目的建设。

数字化相关的委员会施行平等代表制

联邦数字委员会是否始终是《联邦委员会法》意义上重要的一员尚有待验证（《联邦委员会法》第 5 条第 1 款）。因此，联邦机构必须确保男性与女性成员的数量平等（《联邦委员会法》第 5 条第 2 款）。

为联邦家庭事务部中的跨部门的平权战略的协调运转提供资源

作为平权问题的牵头部门，联邦家庭事务部需要人力与资金的支持，以便能够支持特定部门和跨部门的工作。此外，正在筹备建立的联邦平权基金会对数字化问题的关注，也会为联邦家庭事务部带来支持。

二、基于平权的预算政策/性别预算政策

（一）初始状况

性别预算政策，旨在从性别平等的角度出发，评估国家收入和支出（Frey，2010）。其中包括，评估国家的财政政策对性别问题产生的影响，努力解决平权的相关问题。性别预算还包括，财政机构中女性和男性代表的人数均等，共同决定公共资金的去向。性别预算符合民主国家的要求，并提高了财务决策的质量（Kuhl and Frey，2019）。

（二）分析

1. 公共资金的分配加剧了性别不平等

在数字化的背景之下，性别平等相关的预算决策尤为重要。大量公共资金

流向数字化建设。在联邦经济事务和能源部数字议程的框架之下，联邦政府果断地推进经济的数字化转型。例如在2021年的联邦预算中，为数字化建设分配了4.61亿欧元（德国联邦议院，2020）。

此外，财政预算包括：以工业4.0为重点，支持数字技术，以推动经济发展；资助试点项目，以寻找未来的重点资助对象；资助刚刚起步的创新型信息技术和通信技术企业；资助人工智能的进一步发展，并提供其所需的数字化基础设施（德国联邦议院，2020）。

如果没有性别相关的数据和分析，就无法判断这种财政分配政策对性别平等产生多大程度的正面或者负面的影响。而本报告分析了技术发展对性别关系产生的影响，即财政预算中的资金主要流向了以男性为主导的社会领域（Pimminger and Bergmann，2020）。本报告的分析包括如：片面关注以男性为主导行业的就业状况，为信息和通信技术行业的初创企业提供资金支持以及技术开发和设计中展现出的性别偏见。

同时，新冠疫情期间，联邦政府和欧盟对其采取的经济刺激方案分性别进行了评估，评估结果表明，平等问题并没有受到充分的重视：

（1）"抗击新冠病毒、确保繁荣、加强面向未来的能力"经济和危机管理一揽子计划（联邦政府，2020），使政府在公共行政、安全以及新军备项目等领域对数字化建设的投资高达100亿欧元。然而在这些领域，女性员工的比例往往低于平均水平（Hammerschmidt et al.，2020）。在抗击新冠病毒中，护理行业发挥了至关重要的作用，而即便护理行业在数字化方面有压抑许久的需求，却几乎没有从联邦政府的一揽子计划中得到资助（Frey and Röhr，2020）。

（2）在重点以数字化建设为目标的"医院未来计划"中，资金可能会大量流向技术创新。而以女性从业者为主的护理人员的利益以及她们对专业技术的需求则受到忽视（Frey and Röhr，2020），在这一领域中的确存在大量问题。

（3）欧洲复苏基金（ERF）旨在刺激经济，并主要为数字化产业提供资金支持，却忽视了新冠病毒对于护理行业的影响（Klatzer and Rinaldi，2020）。同时在对数字产业进行资金支持时必须关注，推行了哪些推动性别平等建设的相关措施。

如果缺乏系统性的、注重效率的、关注性别平等的预算政策，现有的不平等问题会更加根深蒂固甚至加剧。因此，2021年的联邦预算中，与数字化相关的支出必须在性别预算政策的框架之下受到监督。

2. 联邦预算层面推动平权的手段

依据《联邦部委联合议事规则》第2条，男女平等是"一项一贯的指导原则，应在联邦各部门的所有政治、规范和行政措施中得以推进（社会性别主流化原则）"。依据《联邦部委联合议事规则》第2条、第43条第1款第5项及第44条第1款，在联邦政府的立法提案中，明确性别平等的根本性法律结果。因此，还必须在年度联邦预算基础——预算法中说明预算对性别平等产生的主要影响。

然而联邦政府称，狭义的预算法，即整体的预算计划和概况，只需负责草拟专项政策的财政框架，而不必确立或者更改与性别相关的诸如社会角色分配以及劳动分工问题。因此，在行使财政权力时考虑其可能的影响，是专项政策的任务（联邦政府，2020）。这一方面没有认识到，哪怕是仅仅在财政预算中指定财务开支的重点项目，就可能加剧或者消除性别的不平等问题。另一方面，联邦预算草案是根据各部未来的财政需要制定的，因此必须在财政预算和资金分配中考虑到权利平等的问题（联邦预算概览，Kuhl and Frey，2019）。

迄今为止，财政预算中尚没有系统性地对社会性别预算进行确定。在第二章中已详尽讨论了数字化对性别关系以及大量公共资金流向所产生的影响，在未来依旧会有大量公共资金投入数字化的建设。鉴于此，有必要从平等的角度分析资金的使用情况。这为具体推进系统化的社会性别预算提供了基础。

最后，需要对义务进行明确规定，预算中的所有资金都应该符合平权的要求，并为具体的计划制定明确的平权方面的目标。在第二份与第三份性别平等报告中具体给出的平权目标不仅能起到导向作用，还可以在数字化的背景下指导行动。

3. 以平等为导向的公共资金分配方法

在政府部门、复兴信贷银行（KfW）这类公共权力组织等国家机构以及德国科学基金会这类私人组织中，公共资金分配是否平等也并没有得到充分的评估。例如，在数字化领域实行推动相关研究进展和经济发展的资金平等分配措施，有助于减少性别歧视现象。为此，必须先对当前的资金分配进行分析，并在此基础上证明采取行动的必要性。

贝克曼等人（2017）从社会性别角度出发，对奥地利数字化领域研究的资金情况进行了分析。借鉴该研究，皮姆明格和贝克曼（2020）对数字化领域研究资金的初步分析提出了三个要点：首先，一方面要关注专门以平等为导向的资金，另一方面要考察不关注性别平等的资金；第二，考察受资助的研究领域是男性还是女性主导；第三，考察获得资金的女性和男性的数量。由奥地利联邦教育、科学与文化部选择性资助的研究资助项目也做过性别预算分析，该分析提供了其他研究视角。该分析一方面量性地考察了资助项目对个人的影响（项目内部时间与资金资源的分布；对工作和收入的影响），另一方面对资助项目在研究内容和研究结果上的影响进行了质性分析（Frey and Spangenberg，2007）。

欧洲社会基金的资金性别预算分析，一方面考察了不同性别参与者的数量和参与各自项目的时长，另一方面还调查了性别平等目标的实施方向（联邦劳动和社会事务部，2019；欧洲社会基金平等办，2013）。这类研究在推动数字化领域建设等方面具有重要意义。

（三）行动建议

推动数字化建设的资金以平等为导向进行分配

需要对各部门推进数字化建设的单项计划中部分或所有财政资金项目内部性别平等的情况进行分析（2021年联邦预算，数字化议程部分）。该举措目的在于为即将到来的预算报表形成指导方针。

此外，应对性别平等情况进行强制检查，以保证即使是短时间内制定并实施的短期举措中的公共资金分配也符合性别平等的要求，例如在新冠疫情影响下制定的经济刺激计划。

亟需一个深入调研数字化领域资金分配的示范项目，并基于相关研究提出以性别平等为导向的财政资金分配建议。

获取更翔实的数据基础

在性别平等导向的财政预算分配分析中常常缺乏性别差异相关数据的收集和

处理。因此，专家委员会支持建立全国性研究数据基础设施建设的计划（德国联邦议院，2020）。计划实施过程中，必须确保性别预算分析所需数据和信息的获取，例如在分析数字化领域研究资金分配方面。

加强平等导向的公共资金分配结构

专家委员会支持性别平等战略宣布的"对资助举措中社会性别主流化工作援助的更新"（联邦家庭事务部，2020），也支持 BMSFSJ 宣布设立一个专门岗位，来为相关职能部门进行法律影响评估和激励措施计划提供社会性别主流化方面的咨询服务。专家委员会认为，这些举措同样可以促进《预算法》和公共资金分配中性别预算部分的实施。

三、性别平等导向的法律影响及技术影响评估

（一）初始状况

《第二次性别平等报告》已经强调了法律影响评估对于一般性的良好立法的重要性，同时特别强调了其对于实现性别平等的重要性（联邦政府，2017）。数字化背景下法律影响评估仍旧非常重要，对于技术影响的评估尤为重要。

（二）分析

1. 数字化领域的拟议立法

当前以性别平等为导向的法律影响评估义务的实施依旧仅限于不定期的、不深入的一些审查行为，例如对性别平等化语言的审核。另外，在法律草案中常常存在一些模板化的语段，而这些语段对于男女平权没有明显的影响作用（Hummel et al., 2020）。数字化领域的拟议立法同样如此。

例如居家办公就证明了审查移动办公的请求权情况对于平权目标的重要性。数字科技推动了时间、地点灵活的工作形式的发展，这样的工作形式有可能促进有酬工作和护理工作的结合，却同时也有可能加剧两者的割裂。以具体的平权目标为导向的影响评估可以阻止不良结果出现，为此，需要为请求权制定统一的、有针对性的配套整体框架。

平权导向的影响评估之所以实施不充分，背后有多重原因。一方面，联邦层面上缺乏专业知识（包括必要的数据和研究基础）以及财政储备和人力资源，以

至于无法处理大量专业的需求。另一方面，到目前为止，还没有有效的执行机制。尽管根据《联邦部委联合议事规则》第45款和第6附件，联邦家庭事务部将参与执行评估：设立一个专门岗位，为相关职能部门进行法律影响评估和激励措施计划提供社会性别主流化方面的咨询服务（联邦家庭事务部，2020）。但是这种咨询服务成本极高，因此，相应的岗位必须有相应的财政和人才储备来支撑。另外，联邦层面上还缺乏上级中央主管单位，来检查《联邦部委联合议事规则》对法律影响的要求是否得到落实。

在这个背景下，联邦政府完善项目效能方向和主题相关预算分析框架下的措施（所谓的支出审计）整体上来看是值得推崇的。在2019—2020年周期对继续教育、再就业、就业创业主题的讨论中，也第一次就这些主题中的性别问题进行了讨论（联邦政府，2020）。

2. 技术追踪评估

技术追踪评估是追踪评估的一种特殊形式，其评估内容包括技术对社会的影响、技术自身情况以及"与技术相关的人类行为和社会进程的后果"（Hummel et al., 2020; Grunwald, 2002）。此概念意指各种"对技术和技术化的条件与后果进行科学研究以及对其进行社会性评估的系统性过程"（Grunwald, 2002）。该评估过程一方面对技术创新进行审查，这包括技术创新可能会产生的预期后果，以及由于非预期的后果而给人类带来的风险。另一方面，社会和环境情况也在评估过程中被纳入考虑范围。因此，进行综合全面的技术追踪评估还应涉及"除技术方面以外的政治性和社会性框架条件"（Decker et al., 2014），如生态条件、自然景观保护因素以及技术的社会性影响和对技术的接受程度（Hummel et al., 2020）。

在数字化的背景下，技术追踪评估的重要性日益凸显。到目前为止，主要有以下主题作为核心讨论点日益受到广泛关注：

"工作场所的机器人和自动化、信息和通信技术（ICT）[包括（健康）应用程序、IT安全、数据保护和信息自决]、工业4.0、算法、人工智能、监控和大数据，以及技术与工作领域之间的交互（工作效率的提高、工作效果、二者的兼容性）"（Hummel et al., 2020；Aichholzer et al., 2017）。

在技术追踪评估领域，迄今为止，仅有不成体系的基于性别研究方法的讨论，且只有少量孤立实证研究（Hummel et al., 2020）。对于数字化进程的技术领域，无论在议会层面还是非议会层面，都有以平权为导向的方式处理各种数字技术的实例，如：机器人技术、各应用领域的软件开发（游戏、智能移动、安全气囊、辅助系统/机器人）、人工智能和算法以及工作领域的虚拟现实技术。此外，德国联邦议院技术追踪评估办公室还在相关研究中考虑到了性别因素，如：数字媒体在教育中的作用、新电子媒体与成瘾行为之间的联系，以及议会工作中的在线参与形式（Hummel et al., 2020）。

除了对技术创新的后果进行回顾性评估外，还有如何在前期技术开发过程中就将性别要素纳入其中的思考。因为如果技术追踪评估仅在现有技术投入使用后才进行（Hummel et al., 2020），那么在性别平等方面所能作出的改进仅限于边缘性的、非本质的问题；因此在技术开发过程中，最好尽早就开始从性别平等问题出发进行技术设计。在弗劳恩霍夫项目"研究中的性别问题"中就规定了有关在技术开发的早期阶段考虑性别问题的准则，而该准则亦在信息与通信技术等相关领域的各种案例研究中得以使用（Bührer and Schraudner, 2006；Hummel et al., 2020）。需说明的是，并非所有在上述项目框架内所考虑到的案例研究都可被归类为典型的技术追踪评估。然而这些案例研究使人们注意到，当性别问题在技术开发过程中被忽视时，各种技术发展将会带来种种意想不到的且往往是负面的副作用（Hummel et al., 2020）。

从主题来看，过去10年间，与性别问题有关的技术追踪评估主要着眼于研究日常生活中人类与技术的互动。而对于与人类生活非直接相关的技术领域，如基础研究领域，则较少受到关注。以往的案例研究往往基于对性别对立的刻板印象和二元论的理解，即设定不同性别的特定偏好。从根本上讲是由于缺乏对性别问题的系统性思考和方法论建议（Hummel et al., 2020）。

(三) 行动建议

加强以性别平等为导向的法律追踪评估

迄今仍然缺乏制度化的结构性方案，以确保法律法规受到恰当审查，并在其制定过程中切实以性别问题为导向。专家委员会强调了《第二次性别平等报告》中提出的建议（联邦政府，2017），即以性别平等为导向的追踪评估应成为工作中的辅助性工具，对各相关主管部门具有约束力，并提供必要的技术支持。值得一提的是，该辅助性工具将被纳入电子化法律追踪评估程序中。然而，该工具的电子化应用能否加强其在工作中的辅助力度，还有待观察。

追踪评估的结果应公开透明。

将平权导向型观点纳入技术追踪评估过程

专家委员会建议，将性别观点纳入当前所使用的技术追踪评估方法中。应进一步以平权为导向开发技术追踪评估的标准化程序，例如核查清单等，并使之与现有评估程序相兼容。

在此过程中，重要的是要将性别研究的结果——尤其是女权主义科学技术研究的成果纳入考量。因为尽管技术追踪评估是一个跨学科的领域，但在平权问题方面仍需要迎头赶上。这也与讲求恰当分寸的性别概念有关，其中亦包括种种不同类型的歧视现象的共性。

技术追踪评估应在项目开发的早期阶段进行，以便能够将平权问题纳入实际的规划、发展和实施中——而不是事后才发现该项目在平权问题方面的不良后果，并试图亡羊补牢。此外，以平权为导向的技术追踪评估应通过广泛的应用，包括在基础研究中的应用，与技术自身的高速发展保持同步。

在技术追踪评估机构和程序中结构性地确立平权导向性观点

以平权为导向的观点应从结构上被系统地纳入现有的技术追踪评估机构和评估程序。就这一点举例而言，联邦教育及研究部是联邦境内的一家重要相关机构，积极开展其创新和技术分析计划。为促进平权导向性观点在上述方面的系统性确立，有必要加强具体主管部门的专业知识以及对他们的专业支持，例如通过配备相应的联邦平权基金会来提供必要支持。

专家委员会关于加强以平权为导向的法律追踪评估的上述建议也同样适用于议会化、常规化的技术追踪评估。例如，德国联邦议院的技术追踪评估办公室不仅应关注和提升工作人员在性别问题方面的能力，而且在邀请外部专家时也应考虑到这一点。

在研究资助领域，申请人及其项目是否注意到性别方面的问题，也应成为其是否能通过申请和对其进行项目评估时的判断标准。

四、传播平权知识的机构

（一）初始状况

为可持续地实施性别平等政策，需要设立适当的机构以提供支持，特别是要进行平权知识的传播并为行政部门提供长期咨询服务。在其他政治性领域，此类机构亦应成为常规。正如《第二次性别平等报告》（联邦政府，2017）中所指出的，在国际和欧盟层面都曾有过类似的机构设置，且目前仍然有此类机构，例如欧洲性别平等研究所（EIGE）。

随着联盟协议的达成，执政联盟同意建立一个促进平权的联邦基金会（CDU，CSU and SPD，2018）。2020年7月，联盟议会党团同意设立公法下的联邦平权基金会，并就其建设情况达成一致（联邦议院社民党议会党团，2020；基民盟、基社盟议会党团，2020）。此外，学界和民间人士也持续关注这一进程，要求明确时间进度安排、任务范围和资源情况（德国消除对妇女歧视联盟，2019），并敦促加快基金会的建设（GMEI and DF，2020：20）。

（二）分析

在对其他欧洲国家现有的平权机构进行对比分析时（Kuhl，2020），可以确定各个机构均服务于同样的三类目标群体，即公共行政部门、活跃于平权政治领域的民间社会人士以及在平权政策方面没有明确定性的协会和利益团体，例如公司和工会。

在公共行政部门方面，这些平权机构为其提供专业建议，支持其将平权导向的观点纳入常规工作，并评估政府部门的工作。民间社会人士为平权机构在平权政策领域的重要合作伙伴，这些机构引导其了解相关知识，包括来自性别研究成果的知识，并助其对相关问题的认识进行结构化、系统化提升（Kuhl，2020）。这些机构支持民间社会人士构建联系网络，并能够为其知识管理提供基础设施。而其他协会和利益集团则是这些机构实施平权政策的重要合作伙伴，对于这一目标群体，这些机构积极主动地开展工作，为其提供量身定制的专家建议和有针对性的信息（Kuhl，2020）。

此外，规划中的联邦平权基金会也可以为这些机构的运作机制提供支持，以及将相关任务进行结合：它可以支持对平权战略和其他进一步行动计划的评估工作，也可以支持平权导向性的预算分析和追踪评估。这些功能在当前数字化的背景下亦尤为重要。因为数字化发展是复杂的、极其动态的，而与之相关的知识则往往只能在信息科学等相关学科中获得，并且对公共行政部门和民间社会的工作都构成了相当大的挑战。特别是关于数字化发展和平权问题之间联系的情况往往不为人知，因此在工作实践中，例如在技术追踪评估中，这样的前沿知识并没有得到充分的利用。这些因素都使知识的实用性转换变得尤为紧迫，并且使人意识到，设置一个集中地、可持续地服务于不同活跃群体的机构的重要性，该机构将能够筛选、汇编以及为委托方提供知识，从而使来自专业领域的、具有高度社会相关性的复杂知识易于被人们获取。

（三）行动建议

在联邦平权基金会建立数字化工作区

专家委员会重申在关于性别平等问题的第一次和第二次报告中所提出的行动建议，即建立一个平权问题知识传播机构。尽管在此期间已经在这方面采取了一些措施，但目前即在完成本报告时仍未建立这样一个机构。

随着联邦平权基金会的发展，该基金会已经可以满足建立联系网、提供信息、加强实地的平权实践和开发创新的平权方法（联邦议院的社民党议会党团，2020）等任务，由此平权问题也可以在数字化发展中得到可持续的实施。特别是对于以平权为导向的法律追踪评估，这一正在建设中的基金会是决定其成功与否的重要因素。数字化进程等动态发展情况则强调了尽早为任务概况配备适当人员和资源的必要性。为此，专家委员会建议在基金会中设立一个单独的数字化工作区。

出版人

德意志联邦共和国联邦政府《第三次性别平等报告》专家委员会

社会工作与社会教育学研究所（Institut für Sozialarbeit und Sozialpädagogik e.V.）（德国联邦政府《第三次性别平等报告》办事处）

资助

德国联邦家庭、老年、妇女与青年事务部

（毕丰皓　尹田田　邱袁炜　译）